D1076538

GOLDMANN

Bill Bryson wohnt in einer alten Pfarrei im britischen Norfolk. Als er eines Tages durch die Zimmer schlendert, fragt er sich, warum sein Heim eigentlich so aussieht, wie es aussieht. Und so beginnt die Reise durch die Geschichte der alltäglichen Dinge, denn hinter jeder Tür verbirgt sich eine andere Entdeckung, zu jedem Alltagsgegenstand gibt es eine spannende Erklärung, und immer wieder ergeben sich neue Fragen, auf die Bryson amüsant und unterhaltsam antwortet. Warum haben wir uns eigentlich irgendwann entschieden, unser Haus in verschiedene Zimmer einzuteilen? Warum benutzen wir Salz und Pfeffer und nicht Zimt und Chili, um unser Essen zu würzen? Und weshalb heißen manche Dinge so, wie sie nun einmal heißen, obwohl ihre Bezeichnung auf den ersten Blick vielleicht eine ganz andere Bedeutung nahelegt? Fragend bewegt sich Bill Bryson im alten Pfarrhaus von einem Zimmer zum anderen und schon bald stellt sich heraus, dass die Geschichte des häuslichen Lebens mitnichten nur eine von Betten, Sofas und Küchenherden ist, sondern ebenso eine von Skorbut, Guano und Bettwanzen, eine Geschichte des Eiffelturms und der Leichenräuberei, also eigentlich von allem, was je passiert ist.

Weitere Informationen zu Bill Bryson sowie zu lieferbaren Titeln des Autors finden Sie am Ende des Buches

Bill Bryson

Eine kurze Geschichte der alltäglichen Dinge

Aus dem Englischen
von Sigrid Ruschmeier

GOLDMANN

Die Originalausgabe erschien 2010 unter dem Titel
»At Home. A Short History of Private Life«
bei Doubleday, an imprint of Transworld Publishers, London.

Sollte diese Publikation Links auf Webseiten Dritter enthalten,
so übernehmen wir für deren Inhalte keine Haftung, da wir uns
diese nicht zu eigen machen, sondern lediglich auf deren Stand
zum Zeitpunkt der Erstveröffentlichung verweisen.

Penguin Random House Verlagsgruppe FSC® N001967

13. Auflage
Taschenbuchausgabe Juni 2013
Copyright © der Originalausgabe
2010 by Bill Bryson
Copyright © der deutschsprachigen Ausgabe 2011
by Wilhelm Goldmann Verlag, München,
in der Penguin Random House Verlagsgruppe GmbH,
Neumarkter Str. 28, 81673 München
Umschlaggestaltung: UNO Werbeagentur, München
Umschlagabbildung: Fine Pic®, München
KF · Herstellung: Str.
Druck und Einband: GGP Media GmbH, Pößneck
Printed in Germany
ISBN: 978-3-442-15755-6

www.goldmann-verlag.de

Für Jesse und Wyatt

Inhalt

Ein paar Worte vorweg

Einige Zeit nach unserem Einzug in ein ehemaliges Pfarrhaus der anglikanischen Kirche mitten auf dem Land in der Grafschaft Norfolk musste ich auf den Dachboden, um zu erkunden, woher es langsam und unerklärlich tröpfelte. Da keine Treppe zum Dachboden führte, blieb mir nichts anderes übrig, als eine hohe Trittleiter zu erklimmen und mich dann eher unschicklich durch eine Luke zu winden – weshalb ich bis zu besagtem Tag auch noch nie oben gewesen war (und seither nur mit mäßiger Begeisterung wieder hochgeklettert bin).

Als ich endlich durch die Luke geplumpst war und mich in Staub und Düsternis aufgerappelt hatte, fand ich zu meiner Überraschung eine von außen nirgendwo sichtbare Tür. Sie ließ sich leicht öffnen und führte zu einer kleinen Stelle auf dem Dach, nicht größer als eine Tischplatte, zwischen vorderem und rückwärtigem Giebel. Viktorianische Häuser sind häufig ein Konglomerat baulicher Irrungen und Wirrungen, doch auf das hier konnte ich mir nun gar keinen Reim machen. Warum ein Architekt irgendwo eine Tür anbringen ließ, die offensichtlich weder notwendig noch zweckdienlich war, blieb mir schleierhaft, doch ich musste staunend zugeben, dass man von dort oben eine wundervolle Aussicht hatte.

Irgendwie ist es ja immer aufregend, auf eine Welt hinabzuschauen, die man gut kennt, aber noch nie aus diesem Blickwinkel gesehen hat. Ich befand mich etwa fünfzehn Meter über dem Boden, was einem mitten in Norfolk einen mehr oder weniger vollständigen Überblick beschert. Direkt vor mir stand die uralte, aus Feuerstein erbaute Kirche, zu der unser Haus einmal gehört hat; dahinter, ein kleines Stück den Hang hinunter und getrennt von Kirche und Pfarrhaus, war das beschauliche Dorf. Und in der anderen Richtung, nach Süden hin, zeichnete sich am Horizont Wymondham Abbey ab, ein wuchtiger, prächtiger, mittelalterlicher Kasten. Auf halbem Wege dazwischen zog ein knatternder Traktor schnurgerade Furchen ins Erdreich. Ringsherum lag ruhige, angenehme, zeitlos englische Landschaft.

Der ich mich besonders deshalb sehr vertraut fühlte, weil ich am Tag zuvor mit meinem Freund Brian Ayers einen Gutteil davon durchwandert hatte. Brian, gerade als Grafschaftsarchäologe in Pension gegangen, weiß wahrscheinlich mehr über Geschichte und Landschaft Norfolks als irgendjemand sonst auf der Welt. Da er noch nie in unserer Dorfkirche gewesen war, wollte er unbedingt einen Blick hineinwerfen. Sie ist hübsch und alt, älter als Nôtre Dame in Paris, ungefähr das Baujahr der Kathedralen von Chartres und Salisbury. Doch in Norfolk, wo es von mittelalterlichen Gotteshäusern nur so wimmelt – insgesamt sind es 659 –, übersieht man leicht eines.

»Ist Ihnen schon mal aufgefallen, dass die Kirchen auf dem Land langsam in den Boden sinken? Jedenfalls hat es den Anschein«, sagte Brian, als wir den Kirchhof betraten. Denn auch dieses Gotteshaus stand in einer Kuhle, wie ein Gewicht auf einem Kissen, und die Grundmauern befanden sich einen ganzen Meter tiefer als der Kirchhof, der das Gebäude umgab. »Wissen Sie, warum das so ist?«

Wie so oft, wenn ich mit Brian durch die Gegend zockele, musste ich zugeben, dass ich es nicht wusste.

»Also, diese Kirche versinkt nicht etwa«, sagte Brian lächelnd, »sondern der Friedhof hebt sich. Wie viele Menschen, meinen Sie, liegen hier begraben?«

Ich versuchte es anhand der Grabsteine zu schätzen und sagte: »Keine Ahnung. Achtzig? Hundert?«

»Na, das halte ich für leicht untertrieben«, erwiderte Brian nachsichtig. »Überlegen Sie mal. In einer Landgemeinde wie dieser leben durchschnittlich zweihundertfünfzig Menschen, was etwa eintausend Sterbefälle pro Jahrhundert bedeutet. Dazu kommen ein paar Tausend Seelen, die es nicht bis ins Erwachsenenalter schaffen. Multiplizieren Sie das Ganze mit der Anzahl der Jahrhunderte, die die Kirche auf dem Buckel hat, und Sie sehen, dass es sich hier nicht um achtzig oder hundert Grabstätten, sondern eher um zwanzigtausend handelt.«

Diese Worte fielen, bitte ich zu beachten, nur wenige Schritte von meiner Haustür entfernt. »Zwanzig*tausend*?«, stieß ich hervor.

Er nickte, völlig unbeeindruckt. »Ich muss ja wohl nicht betonen, dass das eine ganze Menge ist. Deshalb hat sich der Boden um einen Meter gehoben.« Er ließ mir eine Minute, um das zu verdauen, und fuhr dann fort: »In Norfolk gibt es eintausend Gemeinden. Und die haben natürlich über die Jahrhunderte hinweg viel – wie wir Archäologen sagen – *materielle Kultur* hinterlassen. Bauten, Geräte, Werkzeuge, Schmuck und eben auch Gräber.« Er musterte die diversen Kirchtürme in der Ferne. »Von hier aus kann man zehn, zwölf weitere Gemeinden sehen. Das heißt, in unserer unmittelbaren Umgebung befinden sich wahrscheinlich eine Viertelmillion Grabstätten – und das alles in einem Landstrich, der immer nur ländlich ruhig war, wo nie großartig was passiert ist.«

Das war Brians Art zu erklären, wie man in einer bukolischen, dünn besiedelten Region wie Norfolk auf 27 000 archäologische Funde pro Jahr kommen kann, auf mehr als in jeder anderen englischen Grafschaft. »Hier lassen die Menschen schon seit langem Dinge fallen – lange, bevor England England wurde.« Er zeigte mir eine Karte aller bekannten archäologischen Fundstellen in unserer Gemeinde. Auf fast jedem Acker und jeder Wiese war etwas geborgen oder entdeckt worden – jungsteinzeitliche Werkzeuge, römische Münzen und Keramik, angelsächsische Broschen, Grabstätten aus der Bronzezeit, Wikingergehöfte, und gleich hinter unserem Pfarrhaus hatte zum Beispiel ein Bauer beim Überqueren eines Feldes im Jahre 1985 einen seltenen römischen, unmöglich misszudeutenden phallusförmigen Anhänger gefunden.

Ich stelle mir immer wieder voller Staunen und Verwunderung vor, wie dort, wo jetzt mein Grundstück endet, einst ein Mann in einer Toga stand, sich von oben bis unten abklopft und bestürzt zur Kenntnis nimmt, dass er sein liebevoll gehütetes Andenken verloren hat, das dann siebzehn, achtzehn Jahrhunderte lang unbemerkt in der Erde liegt – während Angelsachsen, Wikinger und Normannen kamen und gingen, während die englische Sprache und Nation entstanden und die britische Monarchie und tausenderlei andere Dinge sich entwickelten. Und zum guten Schluss, Ende des zwanzigsten Jahrhunderts, hebt dann jemand, der nun seinerseits verblüfft dreinschaut, das verlorene Schmuckstück auf.

Als ich auf dem Dach meines Hauses stand und den unerwarteten Ausblick genoss, kam mir plötzlich der Gedanke, wieso der Fund eines römischen Phallusanhängers die (zugegeben kurze) Aufmerksamkeit der Welt erregt hatte, nicht aber das ganz normale Tun und Treiben der Menschen in all den zweitausend Jahren, seitdem das Ding in den Staub gefallen war. Klar, die Leute sind jahrhundertelang brav und unauffällig ihren Alltagsgeschäften nachgegangen – Essen, Schlafen, Sex und den anderen kleinen Freuden des Lebens –, dachte ich. Und dann fiel es mir wie Schuppen von den Augen: Ja, genau! Daraus besteht Geschichte schließlich. Daraus, dass viele, viele Menschen normale Dinge tun! Selbst Einstein hat in seinem Leben sicher manchmal an seinen Urlaub gedacht und daran, was es zum Abendessen gab oder was für zierliche Fesseln die junge Dame hatte, die gegenüber aus der Straßenbahn stieg. Aus solchen Dingen besteht unser Leben und Denken, doch wir behandeln sie als zweitrangig und ernsthafter Betrachtung kaum wert. Ich weiß nicht, wie viele Stunden meines Schülerdaseins ich mich in US-amerikanischer Geschichte mit dem Missouri-Kompromiss oder in englischer mit den Rosenkriegen beschäftigen musste, jedenfalls wurde ich bei Weitem häufiger dazu angehalten als dazu, über die Geschichte des Essens und Schlafens, der Sexualität oder anderer kleiner Freuden nachzudenken.

Deshalb, fand ich, ist es vielleicht nicht uninteressant, sich ein Buch lang einmal nur mit ganz gewöhnlichen Dingen zu befassen und ihnen endlich Beachtung zu schenken. Bei einem Gang durch mein Haus war ich beispielsweise verblüfft, ja, sogar ein wenig entsetzt darüber, wie wenig ich über die Welt hier drinnen wusste, und als ich eines Nachmittags am Küchentisch saß und gedankenverloren mit Salz- und Pfefferstreuer spielte, fiel mir auf, dass ich keinen blassen Schimmer hatte, warum wir von allen Gewürzen dieser Erde ausgerechnet eine solch anhaltende Liebe zu diesen beiden hegen. Warum nicht zu Pfeffer und Kardamom oder zu Salz und Zimt? Und warum haben Gabeln vier Zinken und nicht drei oder fünf? Für all das muss es doch Gründe geben.

Beim Anziehen fragte ich mich, warum alle meine Anzugjacken eine Reihe sinnloser Knöpfe an den Ärmeln haben, und als ich im Radio hörte, wie jemand davon sprach, dass er für Kost und Logis bezahle, merkte ich, dass ich nicht wusste, woher dieser Ausdruck kommt. Urplötzlich schien das Haus voller Geheimnisse zu stecken.

Und so kam ich auf die Idee, einmal hindurchzugehen, von Raum zu Raum, und zu überlegen, was für eine Rolle jeder einzelne über die Jahrhundert hinweg im Alltag der Menschen gespielt hat. Im Badezimmer würde ich auf die Geschichte der Körperhygiene stoßen, in der Küche auf die des Kochens, im Schlafzimmer auf die der Sexualität, des Sterbens und Schlafens – und so weiter und so fort. Ich wollte eine Geschichte der Welt schreiben, ohne dass ich das Haus verlassen musste.

Ich muss sagen, das Vorhaben hatte einen gewissen Reiz. Vor einiger Zeit habe ich ja in einem Buch versucht, das Universum zu verstehen und wie sich alles ineinanderfügt – kein geringes Unterfangen, wie Sie sich vorstellen können. Mich mit etwas zu beschäftigen, das so adrett begrenzt und angenehm endlich ist wie ein altes Pfarrhaus in einem englischen Dorf, war also sehr verlockend. Dazu musste ich nicht mal die Pantoffeln ausziehen.

Natürlich kam es ganz anders. Häuser sind erstaunlich komplex, wahre Fundgruben. Zu meiner großen Überraschung stellte ich nämlich fest, dass alles, was in der Welt geschieht – alles, was entdeckt, erschaffen oder bitter umkämpft wird –, zum guten Schluss auf die eine oder andere Weise im Haus landet. Kriege, Hungersnöte, die Industrielle Revolution, die Aufklärung – alles ist da: verborgen in Ihren Sofas und Kommoden, in den Falten Ihrer Vorhänge und den fluffigen Daunenkissen, in der Farbe Ihrer Wände und dem Wasser in Ihren Wasserleitungen. Die Geschichte der Dinge, die zu unserem Alltag gehören, ist eben nicht nur eine der Betten, Sofas und Küchenherde, wie ich leichthin angenommen hatte, sondern auch eine von Skorbut, Guano und Bettwanzen; sie hat mit dem Eiffelturm zu tun und mit Leichenräuberei, also eigentlich mit allem, was je passiert ist. Häuser sind keine Rückzugsgebiete von der Geschichte. In Häusern landet die Geschichte.

Ich muss wohl kaum darauf hinweisen, dass jede Art von Geschichte die Tendenz hat, sich auszuweiten. Um die Geschichte der alltäglichen Dinge in ein Buch zu packen, musste ich, das war mir von Anfang an klar, penibel auswählen. Und obwohl ich ab und zu in graue Vorzeiten zurückgehen werde (man kann nicht über Bäder und Badezimmer sprechen, ohne die Römer zu erwähnen), konzentriert sich das, was nun folgt, hauptsächlich auf die letzten einhundertfünfzig Jahre, mit besonderer Betonung auf der zweiten Hälfte des neunzehnten Jahrhunderts, als die moderne Welt wirklich geboren wurde – und das deckt sich zufällig genau mit der Zeit, seit der das Haus existiert, durch das wir nun wandern.

Wir haben uns an so viele Annehmlichkeiten gewöhnt – es warm zu haben, sauber gewaschen und wohlgenährt zu sein –, dass wir eines leicht vergessen: All diese Errungenschaften sind noch gar nicht so alt. Es hat Ewigkeiten gedauert, bis wir so weit waren, und dann kam meist alles auf einmal. Wie genau das passierte und warum es so lange brauchte, darum geht es auf den folgenden Seiten.

Obwohl ich den Namen des Dorfes, in dem das alte Pfarrhaus steht, nicht ausdrücklich nenne, möchte ich darauf hinweisen, dass es den Ort tatsächlich gibt und dass auch die Menschen, von denen ich erzähle, dort leben beziehungsweise gelebt haben.

Innenansicht von Joseph Paxtons lichtdurchflutetem Kristallpalast bei der Weltausstellung 1851. Das Tor steht heute in Kensington Gardens.

Erstes Kapitel

Das Jahr

I.

Im Herbst 1850 wuchs im Hyde Park in London ein absolut erstaunliches Gebäude in die Höhe: ein luftiges, riesiges Gewächshaus aus Eisen und Glas mit einer Grundfläche von etwa 77 000 Quadratmetern und von solch ungeheuren Ausmaßen, dass vier St. Paul's Kathedralen darin Platz gefunden hätten. Während seines kurzen Erdendaseins war es das größte Gebäude der Welt. Offiziell als »Palast der Weltausstellung der Werke der Industrie aller Nationen« bekannt, war es ein wahrer Prunkbau, der vor allem deshalb für Erstaunen sorgte, weil er so atemberaubend gläsern, so prächtig und unerwartet schnell fertig war. Douglas Jerrold, Kolumnist der satirischen Wochenzeitschrift *Punch*, taufte ihn den »Crystal Palace«, und der Name blieb.

Der Bau selbst hatte gerade mal fünf Monate gedauert. Es war ein Wunder, dass er überhaupt rechtzeitig vollendet wurde, denn ein Jahr zuvor hatte er noch nicht einmal als Idee existiert. Die Ausstellung, für die er erdacht wurde, war der Traum eines Beamten namens Henry Cole, der sich ansonsten als Erfinder der Weihnachtskarte einen Anspruch auf einen Platz in der Geschichte erworben hat. (Er wollte die Leute dazu bringen, die neue Penny Post zu benutzen.) 1849 besuchte Cole die Industrieausstellung in Paris – eine vergleichsweise provinzielle Angelegenheit und nur von französischen Herstellern beschickt – und wollte unbedingt etwas Ähnliches in England auf die Beine stellen, aber in größerem Stil. Er begeisterte viele gesellschaftlich wichtige Menschen, einschließlich Prinz Albert, seines Zeichens Gatte Königin Victorias, für die Idee, und so fand am elften Januar 1850 das erste Vorbereitungstreffen für eine Weltausstellung statt. Am ersten Mai des folgenden Jahres sollte Eröffnung sein. Man hatte also knapp sechzehn Monate Zeit, um das größte Gebäude zu planen und zu bauen, das sich je einer vorgestellt hatte. Außerdem mussten Zehntausende von Ausstellungsstücken aus allen Teilen der Welt herbeigekarrt werden, Restaurants und Toiletten gebaut, Personal eingestellt, Versicherungen abgeschlossen, Handzettel gedruckt und für Polizeischutz gesorgt werden. Es gab tausenderlei Dinge zu tun, und das in einem Land, das keineswegs davon überzeugt war, dass es eine solch kostspielige und aufwändige Veranstaltung überhaupt wollte. Das Ziel war ohnehin in der kurzen Zeit unerreichbar. Allein für die Ausstellungshalle wurden in einem offenen Wettbewerb zweihundertfünfundvierzig Entwürfe eingereicht – und ausnahmslos als nicht realisierbar verworfen.

Angesichts der drohenden Katastrophe tat das Komitee, was Komitees in verzweifelten Situationen gern tun: Es ernannte ein neues Komitee mit einem wohlklingenderen Namen. Das »Baukomitee der Königlichen Kommission für die Weltausstellung der Werke der Industrie aller Nationen« bestand aus vier Männern – Matthew Digby Wyatt, Owen Jones, Charles Wild und dem großen Ingenieur Isambard Kingdom Brunel – und hatte einzig und allein die Aufgabe, mit einem eng begrenzten, schmalen Budget einen Entwurf zu präsentieren, der der in zehn Monaten beginnenden größten Ausstellung der Geschichte würdig war. Nur der junge Wyatt war ausgebildeter Architekt, er hatte jedoch bis dato noch nichts gebaut und verdiente sich seine Brötchen in der schreibenden Zunft. Wild war Ingenieur, hatte aber fast nur mit Schiffen und Brücken zu tun gehabt; Jones war Innenarchitekt. Nur Brunel hatte Erfahrung mit großen Projekten. Er war auch ohne jeden Zweifel genial, doch insofern enervierend, als es fast immer langwierig und kostspielig war, einen Kompromiss zwischen seinen hochfliegenden Visionen und dem realistisch Machbaren zu finden.

Der Bau, den die vier Männer aussheckten, war gelinde gesagt verunglückt: riesig und niedrig, ein trübselig dunkler Schuppen mit der heiteren Atmosphäre eines Schlachthofs. Es sah ganz so aus, als hätten hier vier Architekten in aller Eile jeder für sich etwas ersonnen. Die Kosten waren kaum zu kalkulieren, doch man hätte das Gebäude ohnehin nicht bauen können, weil man dreißig Millionen Backsteine gebraucht hätte. Woher die nehmen, geschweige denn in der kurzen Zeit verbauen? Gekrönt werden sollte das Ganze mit einer eisernen Kuppel von circa sechzig Metern Durchmesser, so jedenfalls Brunels Vorschlag – eine tolle Sache, gewiss, doch auf einer einstöckigen Halle vielleicht einen Hauch abwegig. Noch nie war etwas derart Riesiges aus Eisen konstruiert worden, und Brunel hätte natürlich erst anfangen können, herumzutüfteln, wie man das Trumm aufs Dach bekam, wenn der Bau darunter stand. Dabei sollte alles zusammen in zehn Monaten fertig sein! Unklar war auch, wer nach einem halben Jahr alles wieder abreißen würde und was aus der mächtigen Kuppel und den Millionen Backsteinen werden sollte; das bedachte man erst gar nicht.

Mitten in dieser sich verschärfenden Krise trat Joseph Paxton auf den Plan, ein ruhiger Zeitgenosse, Obergärtner im Chatsworth House, dem Hauptwohnsitz des Duke of Devonshire, der – unüberbietbar englisch – in Derbyshire gelegen ist. Paxton war ein Wahnsinnstyp. Er wurde 1803 geboren und stammte aus einer armen Bauernfamilie in Bedfordshire, die ihn, als er vierzehn war, zum Arbeiten in eine Gärtnerlehre schickte. Dabei zeichnete er sich rasch aus und leitete bereits sechs Jahre später eine Versuchsbaumschule für die renommierte neue Horticultural Society in Westlondon, die kurz darauf in *Königliche* Gartenbaugesellschaft umbenannt wurde – ein ungemein verantwortungsvoller Job für jemanden, der kaum dem Knabenalter entwachsen war. Als er sich einmal mit dem Duke of Devonshire unterhielt, der Chiswick House nebenan sein Eigen nannte (und außerdem ein Gutteil der restlichen britischen Inseln, insgesamt achthundert Quadratkilometer fruchtbaren Grund und Boden samt sieben großen Herrenhäusern), schloss der Duke ihn sofort ins Herz, offenbar weniger, weil er in Paxton schon das Genialische witterte, als vielmehr, weil der junge Mann laut und deutlich redete. Der Herzog war nämlich schwerhörig und wusste eine klare Sprache zu schätzen. Spontan fragte er Paxton, ob er Obergärtner in Chatsworth werden wollte. Paxton wollte. Er war zweiundzwanzig Jahre alt.

Ein überraschender und obendrein äußerst kluger Schachzug des Aristokraten. Denn Paxton stürzte sich mit schier schwindelerregender Energie und Hingabe in den Job. Er entwarf und baute den berühmten Emperor Fountain mit einem Wasserstrahl, der fast hundert Meter hoch in die Luft schoss, eine Meisterleistung der Ingenieurskunst, die in Europa bisher nur einmal übertroffen worden ist; er legte den größten Steingarten im Land an, plante ein neues Dorf auf dem Anwesen des Herzogs, wurde der führende Dahlienexperte der Welt, gewann Preise, weil er die feinsten Melonen, Feigen, Pfirsiche und Nektarinen im ganzen Land zog, und baute ein riesiges Tropenhaus, bekannt als Great Stove, großer Ofen. Das war mit einer Fläche von etwas über viertausend Quadratmetern so weitläufig, dass Königin Victoria bei einem Besuch 1843 mit einer Pferdekutsche durchfahren konnte. Durch verbesserte Bewirtschaftung und Verwaltung half Paxton dem Herzog außerdem, eine Million Pfund Schulden abzutragen. Und mit dem Segen seines Herrn gründete und leitete er zwei Gartenzeitschriften und eine landesweite Tageszeitung, die *Daily News*, bei der Charles Dickens kurze Zeit Redakteur war. Paxton schrieb Gartenbücher, investierte so geschickt in Eisenbahnaktien, dass er in den Vorstand von drei Gesellschaften berufen wurde, und ließ den ersten Stadtpark der Welt in Birkenhead bei Liverpool nach seinem Entwurf anlegen. Als der Chefbotaniker von Kew Gardens, dem königlichen botanischen Garten,

Paxton 1849 eine kränkelnde, seltene Lilie schickte und fragte, ob er sie wohl retten könne, baute Paxton ein besonderes Treibhaus und – das versteht sich wohl von selbst – brachte sie in drei Monaten zum Blühen.

Als er erfuhr, dass die Verantwortlichen für die Weltausstellung verzweifelt nach einem Entwurf für die große Schauhalle suchten, kam er auf die Idee, dass etwas Ähnliches wie seine Treibhäuser vielleicht funktionieren würde. Er kritzelte also, während er eine Vorstandssitzung der Midland Railway leitete, eine grobe Skizze auf ein Stück Löschpapier und stellte in den nächsten zwei Wochen die gesamten Zeichnungen zur Begutachtung fertig. Dann wurden für ihn sämliche Wettbewerbsregeln gebrochen. Sein Entwurf wurde noch nach dem Abgabetermin angenommen und zudem explizit verbotene brennbare Materialien akzeptiert, zum Beispiel viele Quadratmeter Holzboden. Außerdem wiesen Architekturfachleute durchaus berechtigt darauf hin, dass er kein ausgebildeter Architekt sei und in dieser Größenordnung noch nie etwas gebaut habe. Gut, das hatte überhaupt noch niemand, und niemand konnte deshalb auch guten Gewissens behaupten, dass das Ganze machbar sei. Viele befürchteten, dass sich die Halle unerträglich aufheizen würde, wenn die Sonne darauf brannte und die Menschen sich darin drängelten. Andere hatten Angst, dass sich die Fenstersprossen oben in der Sommerhitze ausdehnen, die riesigen Glasscheiben lautlos herausfallen und die Besuchermassen darunter erschlagen würden. Die größte Sorge aber war, dass das äußerst zerbrechlich aussehende Gebilde in einem Sturm einfach weggeweht werden würde.

Die Risiken waren also beträchtlich, und man war sich ihrer sehr wohl bewusst, doch nach wenigen Tagen besorgten Zögerns erteilten die Kommissionsmitglieder Paxton den Zuschlag. Nichts – ja, wirklich absolut nichts – sagt mehr über das viktorianische Großbritannien und die Geniestreiche aus, zu denen es fähig war, als dass man einen Gärtner mit dem Bau des kühnsten Gebäudes des Jahrhunderts betraute. Für Paxtons Kristallpalast brauchte man nämlich keinerlei Backsteine, ja, auch keinen Mörtel, keinen Zement und kein Fundament. Er wurde wie ein Zelt zusammengeschraubt und auf den Boden gestellt. Das war nicht nur eine findige Antwort auf eine monumentale Aufgabe, sondern auch eine radikale Abkehr von allem, was bisher versucht worden war.

Der größte Vorteil von Paxtons luftigem Palast war, dass man ihn aus vorgefertigten, normierten Teilen errichten konnte. Grundelement waren gusseiserne Träger, etwa neunzig Zentimeter breit und gut sieben Meter lang, die man miteinander verschraubte, so dass ein Rahmen entstand, in den man die Glasscheiben einsetzen konnte – fast einhunderttausend Quadratmeter oder ein Drittel all des Glases, das normalerweise in einem Jahr in Großbritannien produziert wurde. Zum Einbauen konstruierte man eine besondere mobile Plattform, die sich an den Dachträgern entlangbewegte, so dass die Arbeiter achtzehntausend Scheiben in der Woche schafften – eine Effizienz und Produktivität, die selbst heute noch an ein Wunder grenzen würde. Um die notwendigen laufenden Meter Dachrinnen anzubringen, insgesamt mehr als dreißig Kilometer, entwarf Paxton eine Maschine, mit deren Hilfe ein kleines Team etwa sechshundert Meter am Tag verlegen konnte. Bisher wäre das die Tagesleistung von dreihundert Mann gewesen. Das Projekt war in jeder Hinsicht der helle Wahn.

Paxton hatte allerdings großes Glück, was das Timing betraf, denn genau rechtzeitig zur Weltausstellung wurde Glas plötzlich in Mengen verfügbar wie nie zuvor. Es war immer ein heikles Material gewesen. Gutes Glas zu produzieren war schwer, ja, überhaupt welches herzustellen war nicht leicht. Nicht umsonst war es so lange ein Luxusgegenstand gewesen. Doch erfreulicherweise brachten zwei neue technische Erfindungen eine Veränderung. Zunächst einmal erfanden die Franzosen Walzglas, das so genannt wurde, weil das flüssige Glas auf Platten ausgebreitet und dann gewalzt wurde. Zum ersten Mal konnte man wirklich große Scheiben und damit auch große Schaufenster herstellen. Das Walzglas musste aber zehn Tage abkühlen, wenn es ausgerollt worden war, was bedeutete, dass die Platten die meiste Zeit belegt waren. Danach musste jede Glasscheibe ausgiebig geschliffen und poliert werden. Was das Ganze natürlich teuer machte. 1838 wurde eine billigere Herstellungsmethode entwickelt: Flachglas. Das hatte die meisten guten Eigenschaften von Walzglas, kühlte aber schneller ab und musste nicht so lange poliert werden, war also viel billiger in der Herstellung. Plötzlich konnte man Glas in großen Scheiben unbegrenzt und preiswert produzieren.

Gleichzeitig wurden gerade zur rechten Zeit zwei uralte Steuern abgeschafft: die Fenstersteuer und die Glassteuer (die, streng genommen, eine Verbrauchssteuer war). Die Fenstersteuer stammte aus dem Jahre 1696 und war so exorbitant, dass die Leute, wo irgend möglich, überhaupt keine Fenster in ihre Häuser bauten. Die zugemauerten Fensteröffnungen, die uns heute an vielen historischen Gebäuden in Großbritannien auffallen, waren nur angemalt, damit sie wie Fenster aussahen. (Manchmal ist es sehr, sehr schade, dass sie nicht immer noch angemalt sind.) Die Steuer war als »Steuer auf Luft und Licht« zutiefst verhasst, denn sie bedeutete, dass Diener und andere Menschen mit begrenzten Mitteln dazu verdammt waren, in luft- und lichtlosen Räumen zu wohnen.

Die zweite Steuer wurde 1746 eingeführt und richtete sich nicht nach der Anzahl der Fenster, sondern nach dem Gewicht des Glases in den Fenstern. Also wurde während der gesamten georgianischen Ära dünnes, schwaches Glas produziert, während man die Fensterrahmen zum Ausgleich sehr robust machte. In der Zeit kamen auch die sogenannten Ochsenaugen oder Butzenscheiben auf. Mit Ochsenauge bezeichnete man die Stelle auf einer Glasplatte, an der das Nabeleisen des Glasmachers ansetzte. Weil dieser Teil des Glases als Makel galt, wurde er nicht besteuert und entwickelte einen gewissen Reiz für die, die aufs Geld achten mussten oder wollten. Butzenscheiben wurden beliebt in einfachen Gasthöfen und Läden sowie in Privathäusern auf der hinteren Seite des Hauses, wo es nicht auf Schick und Eleganz ankam. Die Glassteuer wurde 1845 abgeschafft, unmittelbar vor ihrem einhundertsten Geburtstag, und kurz danach auch die Steuer auf Fensterscheiben, zufällig – und praktisch – 1851. Just in dem Moment, als Paxton mehr Glas brauchte als je ein Mensch zuvor, sank der Preis um mehr als die Hälfte. Zusammen mit den technischen Neuerungen bei der Glasherstellung war das dann ein wesentlicher Grund, warum der Bau des Kristallpalastes überhaupt erst möglich wurde.

Der fertige Palast war (passend zum Jahr seiner Fertigstellung) genau 1851 Fuß (564 Meter) lang, 408 Fuß (124 Meter) breit und in der Mitte fast 110 Fuß (33,5 Meter) hoch, so dass man eine viel bewunderte Allee mit Ulmen darin belassen konnte, die sonst hätten gefällt werden müssen. Wegen der Größe des Gebäudes war der Materialeinsatz enorm: 293 655 Glasscheiben, 33 000 Eisenrahmen und tausende Quadratmeter Holzfußboden. Doch dank Paxtons Bauweise beliefen sich die letztendlichen Kosten auf höchst genehme 80 000 Pfund. Alles in allem brauchte man für den Bau knapp fünfunddreißig Wochen. Der Bau der St. Paul's Kathedrale hatte fünfunddreißig Jahre gedauert.

Gut drei Kilometer entfernt werkelte man im Übrigen schon seit einem Jahrzehnt an dem neuen Parlamentsgebäude, und es war immer noch längst nicht fertig. Ein Autor des *Punch* schlug vor, und das nur halb im Scherz, die Regierung möge doch Paxton mit dem Entwurf eines Kristallparlaments beauftragen. Für verfahrene Situationen entstand die Redensart »Fragt Paxton«.

Der Kristallpalast war zugleich das größte und das leichteste, schwebendste Gebäude der Welt. Heute sind wir große Glasflächen gewöhnt, doch für jemanden, der im Jahre 1851 lebte, war die Möglichkeit, durch weite hohe, luftige Räume im Inneren eines Gebäudes zu wandeln, überwältigend, ja schwindelerregend. Den Blick, der sich dem ankommenden Besucher von Weitem auf die glitzernde, transparente gläserne Ausstellungshalle bot, können wir uns einfach nicht mehr vorstellen. Es muss so zart und flüchtig, so wunderbar zaubrisch ausgesehen haben wie eine Seifenblase. Ja, den Leuten, die in den Hyde Park kamen, müssen beim Anblick des über den Bäumen schwebenden, im Sonnenlicht funkelnden Prachtbaus regelrecht die Knie weich geworden sein.

II.

Als der Kristallpalast in London entstand, wurde neben einer uralten Dorfkirche unter dem weiten Himmel Norfolks unweit des Marktstädtchens Wymondham ein wesentlich bescheideneres Gebäude errichtet: ein eher unauffälliges, geräumiges Pfarrhaus mit unsymmetrischem Dach, kecken Schornsteinen und holzverzierten Giebeln – »recht groß, auf verlässliche, respektabel hässliche Weise bequem«, beschrieb Margaret Oliphant, eine ungeheuer populäre und produktive viktorianische Romanschreiberin, Häuser dieser Gattung.

Mit dem Haus werden wir es in diesem Buch immer wieder zu tun haben. Es wurde für Thomas J. G. Marsham, einen jungen Pfarrer aus guter Familie, von einem Edward Tull aus Aylsham erbaut, einem Architekten, der, wie wir noch sehen werden, faszinierend wenig Talent besaß. Marsham war neunundzwanzig Jahre alt und Nutznießer eines Systems, das ihm und seinesgleichen einen mehr als anständigen Lebensunterhalt bot und im Gegenzug wenig dafür verlangte.

1851 gab es 17 621 Geistliche in der anglikanischen Kirche, und ein Landpfarrer, der sich um das Seelenheil von nicht einmal zweihundertfünfzig Gemeindemitgliedern kümmern musste, kam auf ein Durchschnittseinkommen von fünfhundert Pfund im Jahr – nicht weniger als ein höherer Staatsbeamter wie zum Beispiel Henry Cole, der Mann hinter der Weltausstellung. Jüngere Söhne aus hohem und niederem Adel hatten die Wahl: Sie konnten in den

Kirchendienst treten oder zum Militär gehen. Und sie brachten oft auch noch Familienvermögen mit. In vielen Pfarrstellen besserte man außerdem sein Einkommen durch das Verpachten von Pfarrland auf, also von Ackerflächen, die zu der Stelle gehörten. Selbst weniger privilegierten Amtsinhabern ging es im Allgemeinen richtig gut. Jane Austen wuchs in einem Pfarrhaus in Steventon in Hampshire auf, das sie als peinlich unzureichend betrachtete, doch es hatte ein Wohnzimmer, eine Küche, ein Empfangszimmer, ein Arbeitszimmer, eine Bibliothek und sieben Schlafzimmer; Not litt hier niemand. Die reichste Pfründe befand sich in Doddington in Cambridgeshire; sie umfasste 38 000 Morgen Land und bescherte dem glücklichen Inhaber bis zu ihrer Aufteilung im Jahre 1865 ein jährliches Einkommen von 7300 Pfund – was heute ungefähr fünf Millionen Pfund wären.[*]

Damals gab es zwei Arten von Pfarrern in der anglikanischen Kirche: *vicars* und *rectors*. Der Unterschied war, was das Geistliche betrifft, minimal, in finanzieller Hinsicht allerdings riesengroß. Traditionell waren die *vicars* Ersatzleute für die *rectors*, doch zu Zeiten von Mr. Marsham war diese Unterscheidung schon weitgehend geschwunden, und ob ein Pfarrer *vicar* genannt wurde oder *rector*, richtete sich hauptsächlich danach, welcher Begriff in der betreffenden Pfarrgemeinde üblich war. Nur die Differenz im Einkommen, die blieb.

Die Entlohnung eines Geistlichen erfolgte nicht durch die Kirche selbst, sondern ergab sich, je nach Pfarrstelle, aus Pachten und dem Zehnten. Letzterer bestand entweder im Großzehnten

---

[*] Geldsummen von 1851 mit heutigen zu vergleichen ist nicht unkompliziert, denn man kann verschiedene Methoden dabei anwenden. Außerdem waren Dinge, die jetzt teuer sind (Ackerland, Dienstboten) damals verhältnismäßig billig, und umgekehrt. Ich danke Professor Ranald Michie von der Durham University für den Hinweis, dass man die akkuratesten Ergebnisse erhält, wenn man die Einzelhandelspreise von 1851 und heute vergleicht. So betrachtet, entsprächen Mr. Marshams fünfhundert Pfund heute etwa 400 000 Pfund. Das jährliche Pro-Kopf-Einkommen in Großbritannien betrug 1851 etwas mehr als zwanzig Pfund.

(von den Hauptfeldfrüchten wie Weizen und Gerste) oder dem Kleinzehnten (Gemüse aus dem Garten, Masttiere und was man sonst noch futtern konnte). Die *rectors* bekamen den Großzehnten, die *vicars* den Kleinzehnten, was zur Folge hatte, dass Erstere durchweg die Wohlhabenderen waren, bisweilen um ein Erkleckliches. Da der Zehnte ständiger Grund für Spannungen zwischen Pfarrherrn und Bauern war, beschloss man 1836, ein Jahr vor der Thronbesteigung Königin Victorias, die Angelegenheit zu vereinfachen. Von nun an sollte der Bauer seinem Pastor nicht mehr einen vereinbarten Teil seiner Ernte geben, sondern eine feste jährliche Summe zahlen, die man anhand des allgemeinen Werts seines Landes errechnete. Das bedeutete, dass die Geistlichen auch dann ein Anrecht auf die ihnen zugebilligten Abgaben hatten, wenn die Bauern schlechte Jahre hatten, andersherum gesagt: Die Pfarrer hatten von nun an immer gute Jahre.

Der Job des Landgeistlichen war bemerkenswert locker. Fromm musste man nicht sein, das wurde nicht einmal erwartet. Um in der anglikanischen Kirche ein Amt zu bekleiden, musste man einen Universitätsabschluss haben.

Doch da die meisten Pfarrer Altphilologie und keineswegs Theologie studierten, hatten sie keinerlei Ausbildung im Predigen oder darin, anderen Menschen Inspiration zu sein, Trost zu spenden oder sonst einen sinnvollen christlichen Halt zu geben. Viele machten sich auch gar nicht erst die Mühe, Predigten zu schreiben, sondern kauften sich ein dickes Buch mit fertigen Texten und lasen jede Woche einen vor.

Völlig unbeabsichtigt kam dabei heraus, dass eine Kaste sehr gebildeter, gut situierter Leute entstand, die unendlich viel Zeit zur Verfügung hatten. Und die als Folge davon wiederum begannen, oft gänzlich aus dem Blauen heraus, sich für außergewöhnliche Dinge zu interessieren. Niemals zuvor in der Geschichte hat sich eine Gruppe von Leuten in einem derart breiten Spektrum von Gebieten so verdienstvoll hervorgetan, vorzugsweise in Aufgabenfeldern, für die sie keineswegs bestallt worden waren.

Schauen wir uns ein paar an:

George Bayldon, *vicar* in einer entlegenen Ecke Yorkshires, hatte stets so wenige Besucher in seinen Gottesdiensten, dass er die halbe Kirche in einen Hühnerstall verwandelte, sich autodidaktisch zum Sprachwissenschaftler ausbildete (und zwar zu einer echten Koryphäe) und das erste Wörterbuch des Isländischen verfasste. Nicht weit von ihm entfernt schrieb Laurence Sterne, Pfarrer einer Gemeinde unweit Yorks, populäre Romane, von denen *Leben und Ansichten von Tristram Shandy, Gentleman* der bekannteste ist. Edmund Cartwright, *rector* einer Landpfarre in Leicestershire, erfand den mechanischen Webstuhl, der letztlich die Industrielle Revolution wahrhaft industriell machte. Zur Zeit der Londoner Weltausstellung waren allein in England über eine Viertelmillion seiner Webstühle in Gebrauch.

In Devon züchtete Pastor Jack Russell den Terrier gleichen Namens, während in Oxford Pastor William Buckland die erste wissenschaftliche Beschreibung eines Dinosauriers abfasste und nicht zufällig die führende Autorität der Welt auf dem Gebiet der Koprolithen wurde, dem versteinerten Kot urweltlicher Tiere. Thomas Robert Malthus in Surrey schrieb *Eine Abhandlung über das Bevölkerungsgesetz; Oder eine Untersuchung seiner Bedeutung für die menschliche Wohlfahrt in Vergangenheit und Zukunft, nebst einer Prüfung unserer Aussichten über seine künftige Beseitigung oder Linderung der Übel, die es verursacht* und begründete die Disziplin der politischen Ökonomie. (Wie Sie sich vielleicht aus Schulzeiten erinnern, behauptete er, dass mathematisch gesehen die Produktion von Nahrungsmitteln unmöglich mit dem Wachstum der Bevölkerung Schritt halten könne.) Pastor William Greenwell aus Durham war einer der Gründerväter der modernen Archäologie, ist aber unter Anglern bekannter geworden als Erfinder von »Greenwell's Glory«, der allseits beliebten Forellenfliege zum Fliegenfischen.

In Dorset wurde ein Mann mit dem kecken Namen Octavius Pickard-Cambridge der Welt führender Spinnenexperte, während sein Zeitgenosse Pastor William Shepherd mit einer Geschichte der schmutzigen Witze aufwartete. John Clayton aus Yorkshire demonstrierte in der zweiten Hälfte des siebzehnten Jahrhunderts zum ersten Mal praktisch, wie Gasbeleuchtung funktionieren könnte, und Pastor George Garrett aus Manchester entwickelte eines der ersten U-Boote*. Adam Buddle, Pfarrer-Botaniker in Essex, war der Namenspatron der Buddleia, des prächtig blühenden Schmetterlingsflieders. Pastor John Mackenzie Bacon aus Berkshire war ein Pionier der Heißluftballon-Fahrt und Vater der Luftfotografie. Sabine Baring-Gould (ja, ein Mann) schrieb das Kirchenlied »Onward, Christian Soldiers« und – worauf man wohl nicht sofort käme – den ersten Roman, in dem ein Werwolf vorkam. Pastor Robert Stephen Hawker aus Cornwall verfasste ausgezeichnete Gedichte und wurde von Longfellow und Tennyson sehr bewundert, obwohl er seine Gemeindeschäfchen stets ein wenig in Alarm versetzte, weil er einen rosafarbenen Fez trug und einen Großteil seines Lebens unter dem machtvollen, wohltuenden Einfluss von Opium verbrachte.

Gilbert White im Western Weald von Hampshire war der angesehenste Naturforscher und -schützer seiner Zeit und Autor der brillanten und sehr beliebten *Naturgeschichte Selbornes*. In Northamptonshire wurde Pastor M.J. Berkeley zum führenden Experten auf dem Gebiet der Pilze und Pflanzenkrankheiten. Leider, leider war er offenbar verantwortlich für die Verbreitung vieler schädlicher Pflanzenkrankheiten, einschließlich der bösartigsten, dem Echten Mehltau. John Michell, *rector* in Derbyshire,

---

* Das Schiff hieß *Resurgam,* »Ich werde auferstehen«, was sich als eher unglücklicher Name erwies, denn drei Monate nachdem es 1878 vom Stapel gelaufen war, sank es in der Irischen See und erstand nie wieder auf. Garrett im Übrigen auch nicht. Von seinen Erfahrungen entmutigt, gab er das Predigen und Erfinden auf und zog nach Florida, wo er sich als Landwirt erprobte. Auch das erwies sich als Desaster, und er beendete sein enttäuschendes, gnadenlos immer weiter bergab führendes Leben als Infanterist des amerikanischen Heeres im Spanisch-Amerikanischen Krieg und starb, verarmt und vergessen, 1902 in New York an Tuberkulose.

zeige William Herschel, wie man ein Teleskop baut, und Herschel entdeckte damit den Uranus. Michell erfand auch eine Methode, wie man die Erde wiegen kann, was wohl das raffinierteste wissenschaftliche Experiment des ganzen achtzehnten Jahrhunderts war. Er starb, bevor es durchgeführt werden konnte, aber das erledigte dann schließlich in London Henry Cavendish, ein aufgeweckter Verwandter von Paxtons Arbeitgeber, dem Herzog von Devonshire.

Der genialste Geistliche von allen war indes Pastor Thomas Bayes aus Tunbridge Wells in der Grafschaft Kent, der von 1701 bis 1761 lebte. Nach allem, was man weiß, war er ein schüchterner Mensch und hoffnungsloser Prediger, gleichwohl aber ein begnadeter Mathematiker. Er erfand die mathematische Gleichung, die als Bayes'sche Regel bekannt geworden ist und so aussieht:

$$p\,(\theta\,|\,y) = \frac{p(\theta)p(y\,|\,\theta)}{\int p(\eta)p(y\,|\,\eta)d\eta}$$

Leute, die die Formel verstehen, können damit verschiedene äußerst komplexe Probleme lösen, bei denen es um Wahrscheinlichkeitsverteilungen oder, wie man auch sagt, inverse Wahrscheinlichkeiten geht. Man kann nämlich aus unvollständigem Wissen statistisch verlässliche Wahrscheinlichkeiten errechnen. Das Frappierende an der Bayes'schen Regel ist, dass sie zu ihres Schöpfers Lebzeiten überhaupt nicht angewendet werden konnte. Man braucht leistungsstarke Computer, um Berechnungen in dem Umfang anzustellen, die nötig sind, um das entsprechende Problem zu knacken. In den Tagen von Bayes war es nur ein interessanter, aber vollkommen zweckloser Denksport.

Er selbst hielt offenbar so wenig von seiner Regel, dass er sich nicht darum kümmerte, sie in der Öffentlichkeit bekannt zu machen. Ein Freund schickte sie 1763, zwei Jahre nach Bayes' Tod, an die Royal Society in London, die sie in ihren *Philosophischen*

Transaktionen unter dem bescheidenen Titel »Versuch zur Lösung einer Aufgabe aus der Lehre vom Zufall« publizierte. In Wirklichkeit war es ein turmhoher Meilenstein in der Geschichte der Mathematik. Heute wird die Bayes'sche Regel beim Erstellen von Modellen des Klimawandels benutzt, zum Vorhersagen von Börsenentwicklungen, zur Feststellung von Messergebnissen mit der Radiokarbonmethode, zur Interpretation kosmologischer Ereignisse und überall sonst, wo es um Wahrscheinlichkeit geht – und das nur deshalb, weil sich ein englischer Geistlicher im achtzehnten Jahrhundert mal ein paar Gedanken gemacht und sie notiert hat.

Viele andere Kirchenmänner produzierten keine großartigen Werke, sondern großartige Kinder. John Dryden, Christopher Wren, Robert Hooke, Thomas Hobbes, Oliver Goldsmith, Jane Austen, Joshua Reynolds, Samuel Taylor Coleridge, Horatio Nelson, die Schwestern Brontë, Alfred Lord Tennyson, Cecil Rhodes und Lewis Carroll (der selbst ordiniert wurde, den Beruf aber nie ausübte) waren alles Pfarrerskinder. Wie über die Maßen groß der Einfluss der Geistlichkeit war, sieht man, wenn man im Internet im britischen *Dictionary of National Biography* nachschaut. Wenn man *rector* eingibt, erhält man viertausendsechshundert Treffer, bei *vicar* weitere dreitausenddreihundert. Dagegen nehmen sich die 338 für »Physiker«, 492 für »Ökonom«, 639 für »Erfinder« und die 741 für »Naturwissenschaftler« sehr bescheiden aus. Sie sind interessanterweise nicht sehr viel zahlreicher als die für »Schürzenjäger«, »Mörder« oder »geistig Kranke«, werden allerdings von »Exzentrikern« mit 1010 Treffern erheblich übertroffen.

Unter den Pfarrern leisteten viele derart Hervorragendes, dass man über diesen wirklich außergewöhnlichen Herrschaften leicht vergisst, dass die meisten anderen, sofern sie überhaupt Großes vollbrachten oder den Ehrgeiz dazu hatten, keinerlei Spur davon hinterlassen haben – wie unser Mr. Marsham. Ruhm erlangte er bestenfalls als Urenkel von Robert Marsham, dem Begründer der Phänologie, der Wissenschaft (falls man sie so nennen kann), die jahreszeitliche Veränderungen verfolgt, die ersten Knospen am Baum, den ersten Kuckuck im Frühling und so weiter. Eigentlich könnte man annehmen, dass sich die Leute dergleichen selbstverständlich merkten, doch dem war bisher nicht so gewesen, jedenfalls hatten sie es nicht systematisch aufgeschrieben, und als Marsham erst einmal damit angefangen hatte, wurde es in aller Welt ein höchst beliebter, angesehener Zeitvertreib. In den Vereinigten Staaten betätigte sich zum Beispiel Thomas Jefferson als begeisterter Phänologe. Selbst als er schon Präsident war, fand er die Zeit, das erste und letzte Auftauchen von siebenunddreißig Obst- und Gemüsesorten auf den Märkten in Washington zu notieren und seinen Verwalter in Monticello, seiner Plantage in Virginia, anzuweisen, ebenfalls auf solche Dinge zu achten, damit man sehen konnte, ob die Daten signifikante Klimaunterschiede zwischen den beiden Orten anzeigten. Wenn heutige Klimaforscher sagen, dass die Apfelblüte drei Wochen früher als vor zweihundert Jahren stattfindet, berufen sie sich auf Robert Marshams Aufzeichnungen. Dieser Marsham war auch einer der reichsten Männer East Anglias. Er besaß ein großes Gut in einem Dorf bei Norwich, das sich mit dem kuriosen Namen Stratton Strawless schmückt. Dort wurde Thomas John Gordon Marsham im Jahre 1821 geboren. Als Erwachsener musste er dann nur ein paar Kilometer weiterziehen, um den Pfarrersposten in unserem Dorf anzunehmen.

Über sein Leben hier wissen wir fast nichts. Doch über den Alltag eines Landpfarrers im goldenen Zeitalter der Spezies viel, weil wir die fleißigen Aufzeichnungen von einem haben, der in der Nachbargemeinde Weston Longville lebte, acht Kilometer über die Felder nach Norden (und vom Dach unseres Pfarrhauses noch sichtbar). Er hieß James Woodforde und lebte in der zweiten Hälfte des achtzehnten Jahrhunderts. So viel anders als zu Mr. Marshams Zeiten wird es damals nicht gewesen sein. Woodforde war weder besonders fromm noch gebildet und auch nicht mit besonderen Begabungen gesegnet, doch er freute sich seines Daseins und führte fünfundvierzig Jahre lang munter Tagebuch, das, wie gesagt, einen ausgesprochen detaillierten Einblick in das Leben eines Landpfarrers bietet. Fast eineinhalb Jahrhunderte lang war es vergessen, doch nachdem es entdeckt wurde, veröffentlichte man es in gekürzter Form 1924 als *Tagebuch eines Landpfarrers*. Und obwohl es, wie ein Kritiker bemerkte, »wenig mehr war als eine Chronik der Völlerei«, wurde es zum internationalen Bestseller.

Welche Unmengen an Nahrungsmitteln im achtzehnten Jahrhundert aufgetischt wurden, ist schon erschütternd, und Woodforde setzte sich kaum zu einer Mahlzeit hin, die er hinterher nicht liebevoll in allen Einzelheiten beschrieb. Folgendes wurde bei einem typischen Abendessen im Jahre 1784 kredenzt: Seezunge in Hummersauce, junges Hähnchen, Ochsenzunge, Rinderbraten, Suppe, Kalbsfilet mit Morcheln und Trüffeln, Taubenpastete, Kalbsbries, junge Gans und Erbsen, Aprikosenkonfitüre, Käsekuchen, gedünstete Champignons und Trifle. Bei einem anderen Ma(h)l konnte er von einem Schleieteller probieren, einem Schinken, drei Hühnern, zwei gerösteten Enten, Nackenstück vom Schwein, Plumpudding und Zwetschgenkuchen, Apfeltörtchen, verschiedenen Früchten und Nüssen und das Ganze mit Rot- und Weißwein, Bier und Apfelwein herunterspülen. Nichts ging über ein gutes Essen. Als seine Schwester starb, hielt er seine aufrichtige Trauer schriftlich fest, fand aber auch Platz für die Bemerkung »Zum Abend heute feiner Truthahnbraten«. Aus der Außenwelt drang nicht viel in das Tagebuch. Der Amerikanische Unabhängigkeitskrieg wurde kaum erwähnt, und den Sturm auf die Bastille 1789 notierte der gute Pastor zwar knapp als nackte Tatsache, schilderte aber *en détail*, was er zum Frühstück gefuttert hatte. Passenderweise betrifft auch der letzte Tagebucheintrag einen leckeren Schmaus.

Woodforde war sicher ein anständiger Mensch – von Zeit zu Zeit schickte er den Armen Essen und führte ein untadeliges, tugendhaftes Leben –, doch in all den Jahren, in denen er brav sein Tagebuch vollschrieb, scheint er nicht einmal auch nur einen Gedanken an das Verfassen einer Predigt verschwendet oder besondere Zuneigung zu seinen Pfarrkindern empfunden zu haben – außer dass er sich freute, wenn sie ihn zum Essen einluden, und stets gern hinging. Falls er nicht typisch ist für das, was typisch war, dann sieht man hier jedoch, was möglich war.

Wie Mr. Marsham in all das hineinpasst, wird man nie erfahren. Wenn es sein Lebensziel war, möglichst wenige Spuren in der Geschichte zu hinterlassen, dann erreichte er das auf glorreiche Weise. 1851 war er neunundzwanzig Jahre alt und unverheiratet (was er zeit seines Lebens blieb). Seine Haushälterin, eine Dame mit dem interessant ungewöhnlichen Namen Elizabeth Worm, blieb – bis zu ihrem Tode 1899 – bei ihm, wenigstens sie muss ihn also nett gefunden haben. Ob ihn sonst noch jemand nett und unterhaltsam fand, wissen wir leider nicht.

Einen kleinen ermutigenden Hinweis allerdings haben wir. Am letzten Sonntag im März 1851 führte die anglikanische Kirche eine landesweite Umfrage durch, um in Erfahrung zu bringen, wie viele Leute an dem Tag die Kirche besucht hatten. Die Ergebnisse waren schockierend. Mehr als die Hälfte aller Bewohner von England und Wales war überhaupt nicht zur Kirche gegangen und nur zwanzig Prozent in einen anglikanischen Gottesdienst. Wie genial die Pfarrer auch im Erdenken von mathematischen Regeln oder Anlegen von Wörterbüchern waren, für ihre Gemeinden waren sie offenbar nicht mehr annähernd so wichtig wie früher.

Gott sei Dank hatte sich das in Mr. Marshams Pfarrei noch nicht herumgesprochen. Die Umfrage dort ergab, dass an dem Sonntag neunundsiebzig Gläubige den Morgengottesdienst und sechsundachtzig den am Nachmittag besucht hatten. Das waren etwa siebzig Prozent der Schäflein in seinem Kirchspiel – ein deutlich über dem landesweiten Durchschnitt liegendes Resultat. Angenommen, diese Beteiligung war normal bei ihm, dann war unser Mr. Marsham offenbar ein geachteter Mann.

III.

In dem Monat, als die anglikanische Kirche ihre Besucherumfrage durchführte, fand in Großbritannien auch eine Volkszählung statt, bei der man mit vertrauensbildender Präzision zu dem Ergebnis kam, dass das Land 20 959 477 Einwohner hatte. Die Briten stellten zwar nur 1,6 Prozent der Weltbevölkerung, doch dafür waren sie so reich und produktiv wie keine andere Nation. Diese 1,6 Prozent der Menschheit zeichneten für die Hälfte der weltweiten Kohle- und Eisenproduktion verantwortlich und beherrschten fast zwei Drittel der Seefahrt und ein Drittel des Handels. So gut wie alle Baumwollerzeugnisse der Welt wurden in britischen Fabriken hergestellt, auf Maschinen, die in Großbritannien erfunden und gebaut worden waren. Die Londoner Banken verfügten über größere Einlagen als alle anderen Finanzzentren der Welt zusammen, und London war im Zentrum eines riesigen, wachsenden Empire, das zu seinen Hochzeiten knapp dreißig Millionen Quadratkilometer umfasste und in dem »God Save the Queen« die Nationalhymne eines Viertels der Weltbevölkerung war. Großbritannien war in fast allen messbaren Kategorien Weltspitze. Es war das reichste, kreativste, leistungsstärkste Land – in dem eben auch Gärtner zu Größe aufstiegen.

Plötzlich hatten die meisten Menschen zum ersten Mal in der Geschichte die Qual der Wahl. Karl Marx, Wohnsitz London, stellte erstaunt und mit einem leisen Unterton hilfloser Bewunderung fest, dass man in Großbritannien fünfhundert verschiedene Typen von Hämmern kaufen konnte. Allenthalben boomte die Wirtschaft. Heutige Londoner leben umgeben von großartigen viktorianischen Bauwerken, während die Leute damals von Baulärm umgeben waren. Binnen zwölf Jahren wurden acht Eisenbahnhöfe eröffnet, und die Unruhe und das Chaos – die Gräben, die Tunnel, die aufgerissene Erde, der ständige Stau der Fuhrwerke und anderer Fahrzeuge, der Rauch, der Lärm, das Drunter und Drüber –, die mit dem Bau von Eisenbahnen, Brücken,

Kanalisationsanlagen, Pump- und Kraftwerken, U-Bahn und dergleichen einhergingen, bedeuteten, dass das viktorianische London nicht nur die größte Stadt der Welt war, sondern auch die lauteste, stinkendste, schmutzigste, lebendigste, verkehrsreichste und am meisten umgewühlte.

Die Volkszählung von 1851 ergab im Übrigen, dass im Königreich mittlerweile mehr Menschen in Städten lebten als auf dem Land (zum ersten Mal auf dem ganzen Erdenrund!), und diese ungeheuren Menschenmassen fielen überall ins Auge. Es gab Heerscharen von Arbeitern, von Reisenden, von Leuten, die zur Schule, ins Gefängnis oder ins Krankenhaus gingen. Wenn sie sich vergnügten, geschah das natürlich auch in Massen, und nirgendwo gingen sie mit solch überbordender Begeisterung hin wie zum Crystal Palace. Denn nicht nur das Gebäude war fantastisch, auch drinnen kam man aus dem Staunen nicht heraus. Verteilt auf vierzehntausend Ausstellungsobjekte wurden fast einhunderttausend Dinge gezeigt. Unter den Neuheiten waren ein Messer mit 1851(!) Klingen, Möbel, die aus entsprechend großen Kohleblöcken geschlagen worden waren (einzig und allein deshalb, weil man demonstrieren wollte, dass es möglich war), ein Bett, das zum Rettungsfloß umgebaut werden konnte, und eines, das seinen verblüfften Insassen selbsttätig in ein frisch eingelassenes Bad kippte; ferner Flugapparaturen aller Arten (außer funktionierenden), Instrumente für den Aderlass, der größte Spiegel der Welt, ein Riesenklumpen Guano aus Peru, die berühmten Diamanten mit Namen Hope beziehungsweise Koh-i-Noor*, das Modell einer Hängebrücke, die zwischen Großbritannien und Frankreich

---

* Der Koh-i-Noor war zwei Jahre zuvor eine der Kronjuwelen geworden, und zwar nachdem er von der britischen Armee bei ihrer Eroberung des Punjab dem unrechtmäßigen Besitzer abgenommen (oder, je nach Standpunkt des Betrachters: erbeutet) worden war. Die meisten Leute waren allerdings von dem Juwel eher enttäuscht. Obwohl der Stein – mit fast zweihundert Karat – groß war, war er schlecht geschliffen, und es mangelte ihm an Brillanz. Nach der Weltausstellung wurde er beherzt auf funkelndere einhundertneun Karat heruntergestutzt und in die Königskrone eingesetzt.

hätte gebaut werden können, sowie unendlich viele Maschinen, Textilien und alle möglichen anderen Manufakturwaren aus der ganzen Welt. *The Times* rechnete damals aus, dass es zweihundert Stunden dauern würde, sich alles anzusehen.

Nicht jedes Ausstellungsstück war prickelnd. Neufundland widmete seine gesamte Standfläche der Geschichte und Herstellung von Lebertran und wurde zu einer Oase der Ruhe, sehr geschätzt von allen, die Erholung von den sich durchschiebenden Massen suchten. Der Stand der Vereinigten Staaten wäre beinahe gar nicht bestückt worden. Weil der Kongress in einem Anfall von Sparsamkeit keine Mittel herausgerückt hatte, musste das Ganze privat finanziert werden. Doch als die amerikanischen Produkte in London ankamen, stellte man fest, dass die Organisatoren nur so viel bezahlt hatten, dass die Waren bis zum Hafen, nicht aber weiter zum Hyde Park transportiert werden konnten. Allem Anschein nach hatte man auch kein Geld bereitgestellt, den Stand aufzubauen und für fünf Monate mit Personal zu beschicken. Zum Glück sprang der in London lebende US-amerikanische Unternehmer George Peabody ein und rettete die amerikanische Delegation aus der selbstverschuldeten Krise, indem er einen Notgroschen von fünfzehntausend Dollar zur Verfügung stellte. All das bestätigte nur die mehr oder weniger allgemeine Überzeugung, dass die Amerikaner liebenswürdige Hinterwäldler und für unbeaufsichtigte Ausflüge in die große weite Welt noch nicht reif waren.

Umso größer war die Überraschung, als alles aufgebaut war. Am amerikanischen Stand schien es nicht mit rechten Dingen zuzugehen: Fast alle Maschinen taten etwas, was die Welt auch inständig von Maschinen erwartete – Nägel ausstanzen, Steine schleifen, Kerzen ziehen –, aber das mit einer Akkuratesse, Schnelligkeit und nimmermüder Zuverlässigkeit, angesichts derer sich andere Nationen nur verwundert die Augen reiben konnten. Elias Howes Nähmaschine beeindruckte die Damenwelt immens und verhieß das Unmögliche, nämlich, dass eine der ödesten häuslichen Tätigkeiten zum aufregenden Zeitvertreib werden konnte. Cyrus McCormick stellte eine Mähmaschine vor, die angeblich die Arbeit von vierzig Männern erledigte, eine derart verwegene Behauptung, dass sie kaum einer glaubte. Doch als man mit dem Vehikel hinaus aufs Land fuhr, zeigte sich, dass es alles konnte, was man versprochen hatte. Am aufregendsten aber war Samuel Colts neuer Trommelrevolver, der mehrschüssig und daher gnadenlos tödlich war – und obendrein noch manufakturmäßig hergestellt werden konnte.

Nur eine einheimische Kreation konnte es mit derartigen Meisterleistungen hinsichtlich Neuheit, Nützlichkeit und Präzision aufnehmen – Paxtons großartige Halle selbst, doch ausgerechnet die sollte nach dem Ende der Ausstellung verschwinden. Für viele Europäer waren die amerikanischen Erzeugnisse der erste beunruhigende Hinweis darauf, dass die Tabak kauenden Hillbillys jenseits des Großen Teichs in aller Stille auf dem Weg zum Industriegiganten waren – aber dann wieder fanden sie es so unwahrscheinlich, dass sie es nicht mal glaubten, als es tatsächlich so kam.

Die beliebteste Attraktion auf der Weltausstellung waren indes keine Ausstellungsstücke, sondern die eleganten »Rückzugsräume«, wo sich die Besucher in allem Komfort erleichtern konnten. Das Angebot wurde dankbar und begeistert von 827 000 Leuten in Anspruch genommen, einmal an einem einzigen Tag von 11 000 dringend Bedürftigen. 1851 bestand ein erschreckender Mangel an öffentlichen Toiletten. Im Britischen Museum mussten sich bis zu 30 000 Besucher am Tag gerade mal zwei Außenaborte teilen. Im Crystal Palace aber gab es sogar Spülklosetts, was die Besucher so entzückte, dass sie nichts Eiligeres zu tun hatten, als sich zu Hause ebensolche einbauen zu lassen. Was, wie wir später sehen werden, rasch katastrophale Folgen für London haben sollte.

Neben dieser hygienischen Neuerung gab es auf der Weltausstellung auch ein gesellschaftliches Novum, denn zum ersten Mal kamen Menschen aus allen Schichten zusammen und gingen quasi auf Tuchfühlung miteinander. Viele hatten Angst, dass die einfachen Leute – »die hehren Ungewaschenen«, wie William Makepeace Thackeray sie noch im Jahr zuvor in seinem Roman *Die Geschichte von Pendennis* genannt hatte – sich des in sie gesetzten Vertrauens als unwürdig erweisen und den Hochmögenden alles verderben, ja, vielleicht sogar Sabotage betreiben würden. Schließlich war es erst drei Jahre her, dass es in Paris, Berlin, Krakau, Budapest, Wien, Neapel, Bukarest und Zagreb Volksaufstände gegeben hatte und Regierungen gestürzt worden waren.

Man befürchtete ganz besonders, dass die Ausstellung Chartisten und ihre Sympathisanten anziehen würde. Der Chartismus war eine populäre Bewegung – der Name stammt von der »People's Charter« (die wiederum in Anlehnung an die Magna Charta formuliert worden war) aus dem Jahre 1837. Man forderte eine Reihe politischer Reformen, die sich im Rückblick allesamt eher bescheiden ausnehmen: Es ging von der Abschaffung von *rotten* und *pocket boroughs** bis zur Einführung des allgemeinen Wahlrechts für Männer. Über einen Zeitraum von etwa zehn Jahren reichten die Chartisten eine Reihe von Petitionen im Londoner Parlament ein, von denen eine fast zehn Kilometer lang und angeblich von 5,7 Millionen Menschen unterschrieben war. Das Parlament zeigte sich beeindruckt, lehnte sie aber trotzdem ab, natürlich zum Besten des Volkes. Ein allgemeines Wahlrecht, so die einhellige Meinung, war eine gefährliche Sache – »gänzlich

---

* In *rotten boroughs* konnte ein Parlamentsabgeordneter von einer sehr geringen Anzahl Menschen gewählt werden. Im schottischen Bute zum Beispiel besaß gerade mal ein Einwohner von vierzehntausend das Wahlrecht und konnte sich auch selbst wählen. In *pocket boroughs* wiederum wohnte überhaupt niemand, aber sie waren mit einem Sitz im Parlament »vertreten«, den derjenige, der darüber verfügte, verkaufen oder auch mal einem »schwer vermittelbaren« Sohn vermachen konnte. Der berühmteste *pocket borough* war Dunwich, einstmals eine Küstenstadt in Suffolk mit einem großen Hafen, dem drittgrößten in England, der zusammen mit der Stadt 1286 in einem Sturm ins Meer gespült worden war. Trotz seines unübersehbaren Nichtvorhandenseins wurde dieser *borough* bis 1832 von einer Reihe privilegierter Nullen im Parlament repräsentiert.

unvereinbar mit dem Bestehen einer Zivilisation«, wie es der Historiker und Parlamentsabgeordnete Thomas Babington Macaulay ausdrückte.

1848 spitzte sich die Situation in London zu. Die Chartisten kündigten eine Massenkundgebung auf dem Kennington Common, südlich der Themse, an. Man befürchtete, die wutschnaubende Menge würde sich in eine solche Entrüstung hineinsteigern, dass sie über die Westminster Bridge rasen und das Parlament stürmen würde. Rasch wurden in der ganzen Stadt Regierungsgebäude gesichert. Im Foreign Office verbarrikadierte Lord Palmerston, seines Zeichens Außenminister, die Fenster mit gebundenen Bänden der *Times*. Auf dem Dach des Britischen Museums wurden Männer mit einem Vorrat an Backsteinen postiert, die sie auf die Köpfe all derer herniederprasseln lassen sollten, die das Gebäude zu erobern versuchten. Vor der Bank von England wurden Kanonen aufgestellt und die Staatsdiener in mehreren Behörden sogar mit Schwertern und uralten, vielleicht nicht durchweg topgepflegten Musketen ausgerüstet, die für ihre Benutzer genauso eine Gefahr darstellten wie für diejenigen, die ihnen mutig entgegentraten. Einhundertsiebzigtausend Sonderschutzmänner – hauptsächlich reiche Herren und ihre Diener – standen in Alarmbereitschaft; das Kommando hatte der tattrige Herzog von Wellington, der zweiundachtzig Jahre alt und taub für alles war, was nicht extrem laut und beherzt daherkam.

Schließlich aber zerstreute sich die Versammlung friedlich, und das nicht nur, weil sich der Führer der Chartisten, Feargus O'Connor, auf einmal sehr bizarr verhielt (eine syphilitische Demenz war noch nicht diagnostiziert und führte erst im Jahr darauf zu seiner Einweisung in eine Anstalt). Die Versammelten waren vielmehr im Grunde ihres Herzens keine wilden Revolutionäre, und ein großes Blutvergießen wollten sie weder anzetteln noch ihm zum Opfer fallen. Außerdem sorgte ein rechtzeitiger Platzregen dafür, dass die Option »Rückzug in den Pub« weitaus reizvoller erschien als »Sturm auf das Parlament«. *The Times* befand, dass der »Londoner Pöbel weder heroisch noch poetisch, patriotisch, aufgeklärt oder sauber sei, dafür aber ein gutmütiger Haufen«. Und so herablassend dieses Urteil auch klang – es war nicht ganz von der Hand zu weisen.

Obwohl also erst einmal Entwarnung angesagt war, hielt die Erregung auch 1851 in einigen Lagern noch unvermindert an. Henry Mayhew bemerkte in seinem im selben Jahr veröffentlichten, viel beachteten *Die Armen von London*, dass die werktätige Bevölkerung »bis auf den letzten Mann« sehr wohl aus »hitzköpfigen Proletariern mit umstürzlerischen Gedanken« bestehe.

Doch allem Anschein nach liebten selbst die hitzköpfigen Proletarier die Weltausstellung. Ohne Zwischenfälle eröffnete sie am ersten Mai 1851, »ein wunderschönes, beeindruckendes und berührendes Spektakel«, bemerkte eine strahlende Königin Victoria, die den Eröffnungstag (offenbar aus tiefster Überzeugung) als »größten Tag in unserer Geschichte« bezeichnete. Die Menschen kamen aus allen Ecken und Enden des Landes. Eine fünfundachtzigjährige Frau namens Mary Callinack wurde berühmt, weil sie die mehr als vierhundert Kilometer aus Cornwall herbeigewandert war. Während der fünfeinhalb Monate, die die Ausstellung dauerte, kamen sechs Millionen Besucher; der Tag mit den meisten war der siebte Oktober: Fast 110 000 wurden eingelassen. Einmal waren gleichzeitig 92 000 Menschen im Palast – die größte Anzahl Menschen, die sich je im Inneren eines einzelnen Gebäudes aufgehalten hatte.

Nicht alle Besucher waren entzückt. William Morris, Designer und Ästhet in spe, damals siebzehn, war so entsetzt von dem, was er als Mangel an Geschmack und Kult um Maßlosigkeit ansah, dass er aus dem Gebäude hinaustaumelte und sich im Gebüsch erbrach. Doch die meisten Menschen fanden es wunderbar, und fast alle benahmen sich auch gut. Während der gesamten Weltausstellung wurden gerade mal fünfundzwanzig Besucher kleiner Vergehen angeklagt – fünfzehn wegen Taschendiebstahls und zehn wegen Bagatelldiebstählen. Die geringe Kriminalität ist sogar noch erstaunlicher, wenn man bedenkt, dass der Hyde Park damals berüchtigt für seine Gefährlichkeit war, besonders von Beginn der Dämmerung an, wenn das Risiko, überfallen zu werden, so groß war, dass die Leute Gruppen bildeten, bevor sie ihn durchquerten. Dank der Menschenmassen bei der Weltausstellung war er ein knappes halbes Jahr einer der sichersten Orte Londons.

Die Ausstellung machte einen Gewinn von 186 000 Pfund, so viel, dass man dreißig Morgen Land südlich des Hyde Park kaufen konnte, ein im Volksmund Albertopolis genanntes Gelände, wo die großen Museen und Institutionen gebaut wurden, die das Viertel heute noch dominieren: unter anderem die Royal Albert Hall, das Victoria and Albert Museum, das Naturgeschichtsmuseum, das Royal College of Art und das Royal College of Music.

Paxtons mächtiger Kristallpalast verblieb bis zum Sommer 1852 im Hyde Park; dann kam man endlich zu einer Entscheidung über sein weiteres Schicksal. Fast niemand hatte ja gewollt, dass er gänzlich verschwand, doch man konnte sich partout nicht einigen, was aus ihm werden sollte. Ein ziemlich durchgeknallter Vorschlag war, ihn zu einem dreihundert Meter hohen gläsernen Turm umzugestalten. Schließlich baute man ihn im Süden Londons, in Sydenham, in einem neuen Park wieder auf, der Crystal Palace Park genannt wurde. Aus unerfindlichen Gründen wurde er bei dem Prozedere noch größer: nämlich eineinhalb Mal so groß, und man verbrauchte noch einmal so viel Glas wie vorher. Weil er an einem abschüssigen Gelände errichtet wurde, war der Wiederaufbau viel kniffliger. Viermal brach alles in sich zusammen. Etwa 6400 Arbeiter waren am Werk, sie brauchten mehr als zwei Jahre, und siebzehn verloren ihr Leben. Was am ersten Kristallpalast wie durch Zauberhand Gestalt angenommen hatte, fehlte nun. Seinen Platz in der Gunst der Nation gewann er nie wieder zurück. 1936 brannte er ab.

Zehn Jahre nach der Weltausstellung starb Prinz Albert, und ein großes neugotisches Raumschiff namens Albert Memorial wurde ihm zu Ehren westlich des Ortes errichtet, an dem der Crystal Palace gestanden hatte. Die Kosten betrugen satte einhundertzwanzigtausend Pfund oder eineinhalb Mal so viel wie die des Kristallpalasts. Da thront Albert nun unter einem riesigen vergoldeten Baldachin, ein Buch auf dem Schoß: den Katalog der Weltausstellung. Für Joseph Paxton oder Henry Cole gibt es weder Statuen noch sonstige Denkmäler. Von Paxtons ursprünglichem Crystal Palace sind nur die zwei großen schmiedeeisernen Tore erhalten, die sich an der Kartenkontrolle am Eingang befanden und die heute unerkannt die Grenze zwischen dem Hyde Park und den Kensington Gardens markieren.

Auch das goldene Zeitalter der Landpfarrer endete abrupt. In den 1870er Jahren setzte eine schwere Krise in der Landwirtschaft ein, die Grundbesitzer und alle, deren Wohlstand vom Land abhing, hart traf. Binnen sechs Jahren verließen einhunderttausend Bauern und Landarbeiter das Land. In unserer Gemeinde fiel die Bevölkerungszahl in fünfzehn Jahren um die Hälfte, der Einheitswert für die Grundsteuer der gesamten Gemeinde betrug gerade mal 1713 Pfund, knappe einhundert Pfund mehr, als Thomas Marsham drei Jahrzehnte zuvor der Bau seines Hauses gekostet hatte.

Am Ende des Jahrhunderts belief sich das Durchschnittseinkommen des englischen Landpfarrers auf weniger als die Hälfte dessen, was es fünfzig Jahre zuvor betragen hatte. In Kaufkraft ausgedrückt war es geradezu ein Hungerlohn. Pfarren auf dem Land waren keine attraktiven Pfründe mehr. Viele Geistliche konnten es sich nicht einmal mehr leisten zu heiraten. Wer schlau war und die Möglichkeit dazu hatte, setzte seine Fähigkeiten woanders ein. »Um die Jahrhundertwende«, schreibt David Cannadine, »waren die besten Köpfe einer Generation nicht mehr in der Kirche zu finden, sondern ganz woanders«.

1899 wurde der Familienbesitz der Marshams aufgeteilt und verkauft, und damit endete eine gute, wichtige Beziehung mit der

Grafschaft. Komischerweise war ein unvermutetes Ereignis in der Küche für die verheerende Landwirtschaftskrise der 1870er Jahre und danach weitgehend verantwortlich. Zu dem Ereignis kommen wir bald, doch bevor wir das Haus betreten und unseren Rundgang beginnen, sollten wir vielleicht ein paar Seiten lang die hier, finde ich, relevante Frage erörtern, warum die Menschen überhaupt in Häusern leben.

Zweites Kapitel

Das Haus

I.

Wenn wir Pastor Thomas Marsham wieder zum Leben erwecken und in sein Pfarrhaus bringen könnten, wäre er am meisten überrascht (abgesehen davon, dass er überhaupt wieder da wäre), dass das Haus praktisch unsichtbar geworden ist. Heute steht es in einem dichten Wäldchen, das zum Grundstück gehört und ihm eine ausgesprochen abgeschiedene Atmosphäre verleiht. 1851 stand es, brandneu, beinahe allein in freier Wildbahn, ein roter Backsteinbau an einem freien Feld.

Und obwohl dieser Backsteinbau natürlich nun einige Jährchen älter ist und ein paar elektrische Leitungen und eine Fernsehantenne dazugewonnen hat, ist er seit 1851 fast unverändert. Heute wie damals wird er als Wohnhaus genutzt. Und strahlt, wie es sich gehört, Geborgenheit aus.

Das kommt nicht von ungefähr. Alles an unserem Haus (und an jedem anderen auch) musste erst erdacht werden – Türen, Fenster, Schornsteine, Treppen –, und für vieles brauchte man, wie wir sehen werden, viel mehr Zeit und Herumexperimentieren, als man gemeinhin annimmt.

Eigentlich sind Häuser seltsame Dinger. Sie können nahezu jede Form und Größe haben, beinahe aus jedem Material sein und fast an jeder Stelle stehen. Doch einerlei, wo auf der Welt wir hingehen, Häuser und dass sich Menschen dort ein Zuhause geschaffen haben, erkennen wir sofort. Sie tun es auch schon seit unvordenklichen Zeiten, und einen ersten Hinweis auf diese bemerkenswerte Tatsache erhielt man zufällig genau in dem Jahr, als unser altes Pfarrhaus erbaut wurde, im Winter 1850. Da zog ein mächtiger Sturm über Großbritannien hinweg, ja, einer der schlimmsten seit Jahrzehnten, und hinterließ weit und breit eine Spur der Verwüstung. An den Goodwin Sands vor der Küste von Kent zerschellten fünf Schiffe, und alle Seeleute kamen um. Vor Worthing in Sussex ertranken elf Männer, die in einem Rettungsboot einem in Seenot geratenen Schiff zu Hilfe kommen wollten und deren Boot in einer gigantischen Welle kenterte. Vor Kilkee an der Westküste Irlands lief ein irischer Segler namens *Edmund*, unterwegs nach Amerika, aus dem Ruder, und Passagiere und Mannschaft mussten hilflos zusehen, wie ihr Schiff auf Felsen zutrieb und zerbarst. Sechsundneunzig Menschen ertranken, doch ein paar kämpften sich an Land, darunter eine ältere Dame, die sich auf dem Rücken des tapferen Kapitäns festklammerte, der Wilson hieß und Engländer war, wie die *Illustrated London News* mit grimmiger Genugtuung bemerkte. In der Nacht kamen mehr als zweihundert Menschen im Meer um die Britischen Inseln um.

Im Crystal Palace, an dem in London fleißig gebaut wurde, ruckelten und klapperten die neu eingesetzten Glasscheiben, blieben aber an Ort und Stelle, und das halb fertige Gebäude selbst widerstand den peitschenden Winden mit kaum einem Ächzen. Sehr zur Erleichterung von Joseph Paxton, der versprochen hatte, dass es sturmfest sei, sich aber freute, als sich das auch bestätigte.

Siebenhundert Meilen weiter im Norden tobte der Sturm auf den Orkney Inseln vor Schottland tagelang. In Bay o' Skaill riss er von einem großen, merkwürdig unregelmäßigen Hügel, den man dort oben *howe* nennt und der schon seit Menschengedenken als Wahrzeichen galt, die Grasdecke ab.

Als sich das Wetter endlich wieder beruhigt hatte und die Inselbewohner ihren umgemodelten Strand in Augenschein nahmen, sahen sie dort, wo der *howe* gestanden hatte, zu ihrer Verblüffung die Reste eines uralten Steindorfes, dessen insgesamt neun Häuser dicht zusammenstanden, keine Dächer mehr hatten, ansonsten aber wundersamerweise intakt waren und noch viele Dinge der ursprünglichen Bewohner bargen. Das Dorf war fünftausend Jahre alt, somit älter als Stonehenge und die Pyramiden – nur eine Handvoll Bauten auf Erden ist überhaupt älter –, und es erwies sich als unendlich selten und wichtig. Es heißt Skara Brae.

Dank der Vollständigkeit und des guten Erhaltungszustands wirkt es fast gespenstisch wohnlich. Nirgendwo bekommt man ein besseres Gefühl für das Leben in der Steinzeit als hier. Man hat wirklich den Eindruck, als hätten die Menschen es gerade erst verlassen. Allemal beeindruckt der hohe Entwicklungsstand. Die Häuser waren sehr geräumig und hatten verschließbare Türen, ein Abwassersystem und anscheinend sogar elementare sanitäre Anlagen wie zum Beispiel Schlitze in den Wänden, um Abfälle und Exkremente hinauszubefördern. Die noch stehenden Wände sind bis zu drei Meter hoch, es gab also genügend Kopffreiheit, und die Böden sind mit Steinen ausgelegt. Jedes Haus hat außerdem eingebaute Kommoden aus Stein, Nischen für Vorräte, kistenartige Teile, wahrscheinlich Betten, außerdem Wasserspeicher und Isolierschichten, die das Innere bestimmt gemütlich und trocken gehalten haben. Da die Häuser alle gleich groß und nach dem gleichen Plan gebaut sind, liegt die Vermutung nahe, dass hier eine Gemeinschaft lebte, die keine hierarchische Gliederung kannte. Zwischen den Häusern verliefen überdachte Gänge und führten zu einem Bereich, dessen Boden ebenfalls mit Steinen ausgelegt und der für Zusammenkünfte gedacht war – die ersten Archäologen nannten ihn den »Marktplatz«.

Schlecht scheint das Leben der Bewohner Skara Braes nicht gewesen zu sein. Sie hatten Schmuck und Töpferwaren, bauten Weizen und Gerste an und konnten sich reichlich Schalentiere und Fische aus dem Meer holen, darunter bis zu siebzig Pfund schwere Kabeljaue. Sie hielten Rinder, Schafe, Schweine und Hunde. Das Einzige, was sie nicht hatten, war Holz. Zum Heizen verbrannten sie Seetang, der sehr schwer brennt, doch was für sie ein Problem war, ist für uns gut. Hätten sie ihre Häuser aus

Holz gebaut, wäre nichts davon übrig geblieben, und wir hätten uns Skara Brae nicht einmal vorstellen können.

Man kann die Einzigartigkeit und Bedeutung von Skara Brae gar nicht genug betonen. Das prähistorische Europa war ein weitgehend leerer Kontinent. Auf den Britischen Inseln lebten vor fünfzehntausend Jahren vielleicht nicht einmal mickrige zweitausend Menschen. Bis in die Zeiten von Skara Brae stieg die Zahl unter Umständen bis auf zwanzigtausend, doch damit kam immer noch nicht mehr als ein Mensch auf siebeneinhalb Quadratkilometer. Was erklärt, weshalb es heutzutage recht aufregend ist, auf ein Lebenszeichen aus der Steinzeit zu stoßen. (Damals wäre es natürlich nicht minder aufregend gewesen.)

In Skara Brae gab es auch allerlei Merkwürdigkeiten. Ein Gebäude steht zum Beispiel ein wenig abseits von den anderen und ist von außen verriegelt, was eigentlich nichts anderes bedeuten kann, als dass jeder darin Befindliche eingesperrt war. Was wiederum den Eindruck trübt, dass hier alles Friede, Freude, Eierkuchen war. Warum man meinte, in einer solch kleinen Gemeinschaft jemanden in Haft halten zu müssen, kann man natürlich nach so langer Zeit nicht mehr sagen. Mysteriös sind auch die wasserdichten Vorratsbehältnisse, die man in allen Behausungen fand. Allgemein glaubt man, dass Napfschnecken darin gehalten wurden, Weichtiere mit hartschaligem »Napf«, die es in der Umgebung von Skara Brae massenhaft gibt. Warum aber jemand stets frische Napfschnecken vorrätig halten will, bleibt, selbst wenn man wild herumspekuliert, ein Rätsel, denn Napfschnecken sind zum Essen grauenhaft, sie enthalten nur eine Kalorie pro Tierchen und sind so gummiartig, dass man sie beim Kauen gar nicht richtig klein kriegt. Ja, man verbraucht mehr Energie zum Kauen, als man von ihnen bekommt.

Wir wissen absolut nichts über die Menschen von Skara Brae – woher sie kamen, welche Sprache sie sprachen, was sie dazu brachte, sich an einem so einsamen Außenposten am baumlosen Rand Europas niederzulassen –, doch allem Anschein nach existierte das Dorf ununterbrochen sechshundert gemütlich ruhige Jahre. Dann, um etwa 2500 v. Chr., verschwanden die Bewohner eines Tages, offenbar Hals über Kopf. Im Gang vor einem Haus fand man Schmuckperlen verstreut, die sicher für die Besitzerin oder den Besitzer wertvoll waren. Offenbar war eine Kette zerrissen und der Träger oder die Trägerin zu sehr in Panik oder Bedrängnis, um sie aufzulesen. Warum die glückliche Idylle Skara Braes ein derart jähes Ende fand, bleibt genauso im Dunkel wie vieles andere auch.

Nach der Entdeckung des Dorfs verging erstaunlicherweise mehr als ein Dreivierteljahrhundert, bevor es sich überhaupt mal jemand ordentlich anschaute. Nur der Entdecker William Watt aus dem in der Nähe gelegen Skaill House hatte ein paar Gegenstände gerettet, und an einem Wochenende im Jahr 1913 machte sich dann eine mit Spaten und anderen Werkzeugen bewaffnete Partygesellschaft aus Skaill House auf, plünderte fröhlich die Fundstätte und nahm, Gott weiß was, als Souvenir mit – furchtbar!

Intensiver beschäftigte man sich nicht mit dem Steinzeitdorf. Doch als 1924, auch wieder in einem Sturm, ein Teil eines Hauses ins Meer gespült wurde, begriff man, dass man den Ort wohl besser absichern und von Fachleuten begutachten lassen sollte. Den Job bekam ein in Australien geborener, interessant schräger, brillanter marxistischer Professor der Universität von Edinburgh, der Feldforschung hasste und nur hinausging, wenn er unbedingt musste. Er hieß Vere Gordon Childe.

Childe war kein ausgebildeter Archäologe. Das waren Anfang der 1920er Jahre nur wenige Leute. Während seines Studiums der Altphilologie und Philosophie an der Universität von Sydney entwickelte er eine leidenschaftlich tiefe und bleibende Liebe zum Kommunismus, die ihn für die Exzesse Josef Stalins lange blind, seine archäologischen Theorien aber interessant und überraschend lebendig machte. 1914 kam er nach Oxford, wo er sich dem Studium der frühen Völker widmete und zur führenden

Vere Gordon Childe in Skara Brae, 1930

Autorität auf diesem Feld wurde. 1927 ernannte ihn die Universität von Edinburgh zum neu geschaffenen Abercrombie Professor der Prähistorischen Archäologie. Damit war er der einzige akademisch bestallte Archäologe Schottlands, und wenn Stätten wie Skara Brae untersucht werden mussten, rief man natürlich ihn herbei. Im Sommer 1927 brach er per Bahn und Schiff gen Norden auf, zu den Orkney Inseln.

Fast alle Zeitgenossen, die Childe beschrieben haben, widmeten sich beinahe liebevoll seinem merkwürdigen Gebaren und sonderbaren Aussehen. Sein Kollege Max Mallowan (der, wenn überhaupt, der Nachwelt als zweiter Gatte Agatha Christies bekannt ist) meinte, Childe habe ein »so hässliches Gesicht, dass es einem wehtat, es anzuschauen«. Ein anderer Kollege erinnerte sich an Childe als »groß, ungelenk und hässlich, exzentrisch gekleidet und abrupt in seiner Art, eine seltsame, oft beunruhigende Persönlichkeit«. Gewiss, die wenigen erhaltenen Fotos Childes bestätigen, dass er keine Schönheit war – dürr und kinnlos, Eulenaugen hinter großen Brillengläsern und ein Schnauzbart, der aussah, als werde er jeden Moment lebendig und davonkriechen –, doch die Leute mochten noch so Unfreundliches über das äußere Erscheinungsbild seines Kopfes sagen – das Innere war eine Schatzkammer. Childe hatte ein wunderbar aufnahmefähiges Gedächtnis und eine außergewöhnliche Sprachbegabung. Er las mindestens ein Dutzend lebender und toter Sprachen, so dass er zu jedem Thema, das ihn interessierte, sowohl alte als auch moderne Texte durchforsten konnte – und es gab kaum Themen, die ihn nicht interessierten. Die Mischung aus schrägem Aussehen, nuscheligem Sprechen und Schüchternheit, körperlicher Unbeholfenheit und geradezu überwältigender Intelligenz war eben mehr, als viele Leute ertragen konnten. Ein Student erinnerte sich, wie Childe sich an einem eigentlich geselligen Abend in einem halben Dutzend Sprachen an die Anwesenden wandte, demonstrierte, wie man mit römischen Ziffern schriftlich dividierte, sich kritisch über die chemischen Methoden zur Altersbestimmung von Bronzezeitfunden ausließ und des Langen und Breiten aus einer Unzahl klassischer Dichtungen in der Originalsprache zitierte. Viele Leute fanden ihn einfach nervig.

Das Ausgraben selbst interessierte ihn, gelinde gesagt, nicht die Bohne. Beinahe ehrfürchtig bemerkte sein Kollege Stuart Piggott, dass Childe »unfähig ist, archäologisches Beweismaterial im Feld zu würdigen und die Vorgehensweise zu beachten, wie man es birgt, erkennt und interpretiert«. Fast alle Bücher Childes basieren auf Lektüre und nicht auf persönlicher Erfahrung. Selbst die vielen Sprachen beherrschte er nur eingeschränkt. Er konnte sie zwar einwandfrei lesen, bediente sich aber beim Sprechen einer selbstgemachten Aussprache, so dass ihn niemand, der die Sprache konnte, verstand. Als er in Norwegen einmal seinen Kollegen imponieren wollte und sich an der Bestellung von Himbeeren versuchte, bekam er zwölf Bier.

Ungeachtet seines kuriosen Aussehens und Verhaltens trieb er die Sache der Archäologie voran. Im Verlaufe von dreieinhalb Jahrzehnten verfasste er sechshundert Artikel und Bücher, sowohl populäre als auch wissenschaftliche, unter anderem die Bestseller *Triebkräfte des Geschehens: Die Menschen machen ihre Geschichte selbst* (1936, dt. 1949) und *Stufen der Kultur: Von der Urzeit zur Antike* (1942, dt. 1952), die viele Archäologen nach eigenem Bekunden bewogen haben, den Beruf zu ergreifen. Vor allem aber war er ein origineller Denker, und genau zu der Zeit, als er in Skara Brae herumstocherte, hatte er die vielleicht größte und originellste Idee der Archäologie des zwanzigsten Jahrhunderts.

Traditionell wird die Vergangenheit der Menschen in drei sehr unterschiedlich lange Epochen unterteilt: die paläolithische (oder altsteinzeitliche), die vor 2,5 Millionen Jahren begann und bis vor ungefähr zehntausend Jahren ging, die mesolithische (mittelsteinzeitliche), die die Periode des Übergangs von der Jäger-und-Sammler-Lebensweise zum weitverbreiteten Beginn des Ackerbaus bezeichnet und viertausend Jahre dauerte, und die neolithische (neusteinzeitliche), die die letzten, extrem kreativen circa zweitausend Jahre bis zur Bronzezeit umfasst. Innerhalb aller drei Perioden gibt es viele weitere Unterteilungen – Oldowan, Mousterien, Gravettien und so weiter –, doch sie interessieren hauptsächlich Spezialisten und sollen uns hier nicht weiter beschäftigen.

Festhalten lässt sich aber, dass wir in den ersten 99 Prozent unserer Geschichte als Menschen nicht viel mehr getan haben, als uns fortzupflanzen und zu überleben. Dann jedoch entdeckten Menschen überall auf der Welt Ackerbau und Viehzucht, die Kunst der Bewässerung, das Schreiben, die Architektur, das Regieren und all die anderen Raffinessen des Seins, die zusammen das ausmachen, was wir liebevoll Zivilisation nennen. Dieser Moment ist oft als folgenreichstes Ereignis in der menschlichen Geschichte beschrieben worden, und der Erste, der das in vollem Umfang erkannte und den gesamten komplexen Prozess begrifflich fasste, war Vere Gordon Childe. Er sprach von der »neolithischen Revolution«.

Sie bleibt eines der großen Mysterien der Menschheitsentwicklung. Die Wissenschaftler können uns genau sagen, wo und wann sie passierte, aber immer noch nicht, warum. Mit an Sicherheit grenzender Wahrscheinlichkeit (na ja, meinen wir zumindest) spielten große Klimaveränderungen eine Rolle. Vor etwa zwölftausend Jahren begann sich die Erde recht schnell zu erwärmen und wurde dann für ein ganzes Jahrtausend aus unbekannten Gründen abrupt wieder bitterkalt, als schnaufte die Eiszeit noch ein letztes Mal auf. Diese Periode wird von den Wissenschaftlern Jüngere Dryas genannt. (Nach einer arktischen Pflanze, der Silberwurz oder Dryas octopetala, die zu den Ersten gehört, die nach dem Abtauen einer Eisplatte anfängt, wieder zu wachsen. Es gab auch eine Ältere Dryas, doch die war für die menschliche Entwicklung belanglos.) Nach zehn weiteren Jahrhunderten beißender Kälte jedenfalls erwärmte sich die Erde abermals rasch und ist seitdem vergleichsweise warm geblieben. Fast alles, was wir als höher entwickelte Wesen geschaffen haben, passierte in diesem kurzen Zeitraum klimatischer Herrlichkeit.

Interessant an der Neolithischen Revolution ist, dass sie überall auf der Erde stattfand, unter Menschen, die keine Ahnung davon hatten, dass weit von ihnen entfernt andere genau das Gleiche taten. Ackerbau und Viehzucht wurden unabhängig voneinander mindestens sieben Mal erfunden – in China, Neuguinea, den Anden, Mexiko, Westafrika, im Nahen Osten und im Amazonasbecken. Auch Stadtsiedlungen entstanden gleichzeitig an sechs verschiedenen Orten – in China, Ägypten, Indien, Mesopotamien, Mittelamerika und in den Anden. Dass das überall auf dem Globus geschah, oft ohne dass die Menschen irgendeine Möglichkeit zu Kontakten hatten, ist auf den ersten Blick beinahe unheimlich. Ein Historiker drückte es so aus: »Als Cortés in Mexiko landete, fand er Straßen, Kanäle, Städte, Paläste, Schulen, Gerichtshöfe, Märkte, Bewässerungsanlagen, Könige, Priester, Tempel, Bauern, Handwerker, Armeen, Astronomen, Kaufleute, Sport, Theater, Malerei, Musik und Bücher vor« – alles vollkommen unabhängig von ähnlichen Entwicklungen auf anderen Kontinenten entstanden. Manche Dinge sind auch auf den zweiten Blick unheimlich. Hunde wurden zum Beispiel in grob der gleichen Zeit an Orten domestiziert, die so weit voneinander entfernt lagen wie England, Sibirien und Nordamerika.

Die Vorstellung, dass auf dem ganzen Globus allen Menschen zur gleichen Zeit plötzlich ein Licht aufging, ist zwar verlockend, doch weit übertrieben. Diese Entwicklungen brauchten meist sehr, sehr lange. Versuch und Irrtum und erneute Anpassung folgten aufeinander, oft über einen Zeitraum von Tausenden von Jahren. Mit dem Ackerbau begann man vor 11 500 Jahren in der Levante, vor achttausend Jahren in China und vor etwas mehr als fünftausend Jahren in großen Teilen des amerikanischen Doppelkontinents. Die Menschen lebten auch schon seit viertausend Jahren mit domestizierten Tieren, bevor jemand auf die Idee kam, die größeren Tiere arbeiten, nämlich einen Pflug ziehen zu lassen; im Abendland quälte man sich noch weitere zweitausend Jahre mit einem schweren, unhandlichen, höchst ineffizienten Pflug mit ge-

rader Schar ab, bis jemand mit der einfachen gekrümmten Pflug-
schar ankam, die die Chinesen schon von jeher einsetzten. In Mesopotamien wurde das Rad erfunden und sofort benutzt, doch im
benachbarten Ägypten wartete man zweitausend Jahre, bevor man
es auch zum Einsatz brachte. Unabhängig davon erfanden die
Maya in Mittelamerika ebenfalls das Rad, doch da ihnen keinerlei praktische Anwendung dafür einfiel, nahmen sie es ausschließlich als Kinderspielzeug. Die Inka hatten überhaupt keine Räder.
Auch kein Geld oder Eisen und keine Schrift. Kurzum, der Fortschritt schritt alles andere als vorhersehbar und gleichmäßig fort.

Lange dachte man, dass die sogenannte Sesshaftwerdung mit
dem Beginn von Ackerbau und Viehzucht Hand in Hand ging.
Man nahm an, dass die Menschen aufhörten, als Nomaden um-
herzuziehen, und Land bebauten und Haustiere hielten, um sich
verlässlichere Nahrungsquellen zu verschaffen. Wilde Tiere zu erlegen ist schwierig und riskant, und die Jäger kamen bestimmt
manches Mal mit leeren Händen nach Hause. Da ist es doch viel
besser, die Kontrolle über seine Nahrungsmittel selbst in die Hand
zu nehmen und diese dauerhaft und bequem in Reichweite zu haben. Doch die Forscher begriffen schon sehr früh, dass auch das
Sesshaftwerden keineswegs glatt und reibungslos verlief. Ungefähr zu der Zeit, als Childe in Skara Brae buddelte, arbeitete eine
Archäologin namens Dorothy Garrod von der Universität Cambridge in Palästina und entdeckte in der Skubah-Höhle eine uralte
Kultur, die sie Natufien nannte, nach dem Wadi An Natuf, einem
in der Nähe gelegenen trockenen Flussbett. Die Menschen des
Natufien bauten die ersten Dörfer und gründeten Jericho, das zur
ersten echten Stadt der Welt wurde. Diese Menschen waren also
sehr sesshaft. Doch sie betrieben weder Ackerbau noch Viehzucht.
Was alle überraschte. Aber bei anderen Grabungen überall im Nahen Osten entdeckte man dann, dass es gar nicht ungewöhnlich
war, dass Menschen sich, lange bevor sie sich produzierenden
Wirtschaftsweisen zuwandten, in dauerhaften Gemeinwesen nie-
derließen – manchmal bis zu achttausend Jahre früher.

Doch wenn die Menschen nicht sesshaft wurden, weil sie Landwirtschaft betreiben wollten – warum begannen sie dann mit dieser komplett neuen Lebensweise? Wir kennen den Grund nicht – das heißt, wir können viele Gründe nennen, aber wir wissen nicht, ob einer davon richtig ist. Felipe Fernández-Armesto behauptet, es gebe mindestens achtunddreißig Theorien, die erklären, warum die Menschen in festen Siedlungen zu leben begannen: Manche besagen, sie seien durch Klimaveränderungen dazu gezwungen oder von dem Wunsch getrieben worden, bei ihren Toten zu bleiben; andere, dass sie das übermächtige Bedürfnis verspürten, Bier zu brauen und zu trinken, und dass das nur möglich gewesen sei, wenn man an einem Ort blieb. Eine offenbar ernsthaft vorgebrachte These (die Jane Jacobs in ihrem grundlegenden Werk von 1969, *Die Ökonomie der Städte,* zitiert) lautet, dass »zufällige Schauer« kosmischer Strahlen Mutationen verursachten, die das Gras veränderten und plötzlich zu einer leckeren Nahrungsquelle machten. Die kurze und bündige Antwort dazu: Niemand weiß, warum sich die Landwirtschaft überhaupt und in dieser Weise entwickelte.

Nahrung aus Pflanzen zu gewinnen ist ungeheuer schwierig. Die Verwandlung von Weizen, Reis, Mais, Hirse, Gerste und anderen Gräsern in Grundnahrungsmittel ist eine der großen, wirklich erstaunlichen Leistungen der Menschheit. Betrachten Sie doch nur den Rasen vor Ihrem Fenster, und Sie sehen sofort, dass das Gras dort für uns Nichtwiederkäuer als Futter nicht in Frage kommt. Gras kann man für Menschen überhaupt nur mit viel Findigkeit zum Verzehr geeignet machen. Nehmen Sie Weizen. Weizen kann man erst essen, wenn man ihn zu etwas viel Komplexerem und Anspruchsvollerem verarbeitet hat wie zum Beispiel Brot, und das kostet keine geringe Mühe. Man muss die Körner herauslösen, zuerst zu grobem, dann zu feinem Mehl vermahlen und dann das mit anderen Zutaten wie Hefe und Salz zu einem Teig vermischen. Der Teig wiederum muss so lange geknetet werden, bis er eine bestimmte Konsistenz hat, und zum Schluss muss der entstandene Klumpen sorgsam und präzise gebacken werden. Allein beim letzten Arbeitsgang kann man so vieles falsch machen, dass in allen Gesellschaften, in denen Brot eine Rolle spielte, das Backen schon sehr früh Profis überlassen wurde.

Ackerbau und Viehzucht haben übrigens die Lebensqualität nicht großartig gehoben. Die Kost des typischen Jägers und Sammlers war abwechslungsreicher, und er nahm mehr Proteine und Kalorien zu sich als seine sesshaften Artgenossen. Er nahm auch fünfmal so viel Vitamin C auf als ein Durchschnittsmensch heute. Selbst in der eisigsten Eiszeit – das wissen wir jetzt – aßen nomadisch lebende Menschen verblüffend gut und gesund. Im Gegensatz dazu wurden sesshafte Menschen von einem viel kleineren Angebot an Nahrungsmitteln abhängig, das Ernährungsmängel zwangsläufig mit einschloss. Die drei großen Getreidearten, die damals angebaut wurden, waren Reis, Weizen und Mais, doch als Grundnahrungsmittel hatten sie alle erhebliche Nachteile. John Lanchester schreibt dazu: »Reis beeinträchtigt die Wirkung von Vitamin A; Weizen enthält eine chemische Substanz, die die Aufnahme von Zink hemmt und zu vermindertem Wachstum führen kann, und Mais hat zu wenige lebenswichtige Aminosäuren, aber Phytat, das die Eisenaufnahme verhindert.« In den Anfangszeiten der Landwirtschaft im Nahen Osten sank die Durchschnittsgröße der Menschen um fünfzehn Zentimeter. Selbst auf den Orkney-Inseln, wo man in der Vorgeschichte vermutlich so gut lebte, wie es in der Zeit nur möglich war, erwies sich nach einer Analyse von dreihundertvierzig Skeletten, dass kaum jemand älter als zwanzig geworden ist.

Die Bewohner der Orkney-Inseln starben aber nicht an Mangelernährung, sondern an Krankheiten. Bei eng zusammenlebenden Menschen ist die Wahrscheinlichkeit sehr groß, dass sich ringsum immer alle anstecken; auch in der trauten Gemeinschaft mit den domestizierten Tieren konnten sie sich die Grippe (von Schweinen oder Geflügel), Pocken und Masern (von Kühen und Schafen) und Milzbrand (unter anderem von Pferden und Ziegen) holen. Soweit wir heute wissen, haben sich praktisch alle ansteckenden Krankheiten erst verbreitet, als die Menschen anfingen zusammenzuleben. Sich gemeinsam niederzulassen führte außerdem zu einer horrenden Zunahme an »Kommensalen« – Mäusen, Ratten und anderen Tierlein, die mit und von den Menschen leben und sehr, sehr häufig als Krankheitsüberträger fungieren.

Sesshaftigkeit brachte also schlechtere Ernährung, mehr Krankheiten, reichlich Zahnschmerzen und Zahnfleischerkrankungen und früheren Tod mit sich. Wahrhaft erstaunlich ist aber, dass alles, was von unseren jungsteinzeitlichen Vorfahren angepflanzt wurde, noch heute verspeist wird. Von den dreißigtausend Sorten essbarer Pflanzen auf Erden machen gerade mal elf – Mais, Reis, Weizen, Kartoffeln, Maniok, Sorghumhirse, Hirse, Bohnen, Gerste, Roggen und Hafer – ganze dreiundneunzig Prozent unserer Ernährung aus, und alle elf gab es damals schon. Absolut das Gleiche gilt für die Viehhaltung. Die Tiere, die wir heute zum Verzehr halten, essen wir nicht, weil sie besonders lecker oder nahrhaft sind oder weil es ein Vergnügen ist, sie um sich zu haben, sondern weil sie die ersten waren, die in der Steinzeit domestiziert wurden.

So gesehen sind wir immer noch Steinzeitmenschen. Da können wir noch so viel Lorbeerblätter und gehackten Fenchel auf unsere Speisen streuen. Und wenn wir krank werden, leiden wir an Steinzeitkrankheiten.

II.

Wenn man Sie vor zehntausend Jahren gefragt hätte, wo sich wohl später einmal die größte Zivilisation herausbilden würde, hätten Sie sich vermutlich für den einen oder anderen Teil Mittel- oder Südamerikas entschieden, denn mit Nahrungsmitteln stellte man dort absolut Erstaunliches an. Die Wissenschaftler nennen diesen Teil der Neuen Welt Mesoamerica, ein gefällig vager Terminus, mit dem man Mittelamerika bezeichnen kann plus so viel oder so wenig von Nord- oder Südamerika, wie man braucht, um eine Hypothese zu untermauern.

Die Mesoamerikaner waren die größten Bauern aller Zeiten, doch von all ihren vielen Errungenschaften war keine so wichtig und wundersam wie die Züchtung von Mais. Wie sie das genau angestellt haben, ist uns immer noch ein Rätsel. Wenn man primitive Arten von Gerste, Reis oder Weizen mit ihren modernen Pendants vergleicht, sieht man die Verwandtschaft sofort. Doch nichts in der wilden Natur ähnelt auch nur im Geringsten dem modernen Mais. Genetisch ist sein nächster Verwandter ein flauschiges Gras namens Teosinte, doch über die Chromosomen hinaus gibt es keine erkennbare Verwandtschaft. Mais wächst als kräftiger Kolben an einem einzelnen Stängel, seine Körner stecken in schützenden steifen Hüllblättern. Eine Teosintenähre ist im Vergleich dazu nicht einmal zweieinhalb Zentimeter lang, hat keine Hüllblätter und wächst an einer Vielzahl von Stängeln. Als Nahrung ist sie für uns fast wertlos; ein Mais*korn* enthält mehr Nährwerte als eine ganze Teosintenähre.

Es liegt jenseits unserer Vorstellungskraft, wie die Menschen aus einer derartig dünnen, wenig vielversprechenden Pflanze Maiskolben züchten konnten – ja, wie sie überhaupt darauf kamen, es zu versuchen. In der Hoffnung, die Angelegenheit ein für alle Mal zu klären, trafen sich 1969 Lebensmittelwissenschaftler aus aller Welt an der Universität von Illinois zu einer Konferenz »Zum Ursprung des Maises«, doch die Debatten wurden so aggressiv, bitter und sogar persönlich, dass sich die Versammlung in völligem Durcheinander auflöste und niemals ein Ergebnis veröffentlichte. Etwas Ähnliches hat man seitdem nie wieder versucht. Heute sind sich die Wissenschaftler aber einigermaßen sicher, dass Mais zum ersten Mal im mexikanischen Hochland kultiviert wurde, und hegen, dank der Wunderwaffe Genetik, schon gar keine Zweifel mehr daran, dass er auf irgendeine Weise aus Teosinte ins Dasein gelockt wurde. Doch wie das geschah, ist und bleibt ein Geheimnis.

Aber die Menschen haben es geschafft! Sie erschufen die erste voll von Menschen gemachte Pflanze der Welt – und zwar so gründlich, dass die Pflanze heute ohne uns gar nicht überleben könnte. Maiskörner lösen sich nicht spontan vom Kolben; wenn sie nicht abgestreift und ausgepflanzt werden, wächst kein neuer Mais. Nur weil man ihn kontinuierlich seit Tausenden von Jahren hegt und pflegt, ist er nicht ausgestorben. Die Erfinder des Mais erschufen nicht nur eine neue Pflanze, sondern auch – eigentlich aus dem Nichts – ein neues Ökosystem, das es sonst nirgends auf der Welt gab. Denn im Gegensatz zu Mesopotamien, wo schon überall natürliche Wiesen wuchsen und es bei der Züchtung in der Hauptsache darum ging, natürliche Kornfelder in besser gemanagte zu verwandeln, kannte man im ariden Buschland Mittelamerikas keine Wiesen und Felder. Menschen, die dergleichen noch nie gesehen hatten, erschufen sie! Das war, als hätte jemand in einer Wüste Rasenflächen imaginiert.

Heute kann man auf Mais weit weniger verzichten, als den meisten Leuten klar ist. Maisstärke wird bei der Herstellung von kohlensäurehaltigen Getränken, Kaugummi, Eis, Erdnussbutter, Ketchup, Autolack, Balsamierflüssigkeit, Schießpulver, Schädlingsbekämpfungsmitteln, Deodorants, Seife, Kartoffelchips, Verbänden, Nagellack, Fußpuder, Salatsoßen und Hunderten anderer Dinge verwendet. Um mit Michael Pollan zu sprechen: Es ist weniger so, dass wir den Mais fortentwickelt haben, als vielmehr so, dass der Mais uns fortentwickelt hat.

Im Moment allerdings steht zu befürchten, dass die Pflanze die sie schützende genetische Variabilität verliert. Fährt man heute an einem Maisfeld vorbei, sieht man, dass alle Stängel identisch sind. Sie sehen einander nicht nur extrem ähnlich, sie sind vor allem auch gentechnisch identisch. Gruselig! Die Replikanten leben in perfekter Harmonie, weil keiner mehr mit dem anderen ums Überleben kämpfen muss. Aber sie sind auch alle in gleicher Weise anfällig. Als 1970 die sogenannte Blattfleckenkrankheit überall in den Vereinigten Staaten den Mais vernichtete und man begriff, dass praktisch die landesweite Ernte aus Samen mit genetisch identischem Zellplasma bestand, geriet die Maiswelt in helle Panik. Wäre das Zellplasma direkt betroffen oder die Krankheit bösartiger gewesen, würden heute Ernährungswissenschaftler auf der ganzen Welt vor ein paar Teosintenähren sitzen und sich am Kopf kratzen, und wir würden alle Kartoffelchips und Eis essen, die nicht so schmeckten, wie wir es gewöhnt sind.

Das andere große Nahrungsmittel aus der Neuen Welt, die Kartoffel, stellt uns vor viele ebenso faszinierende Rätsel. Kartoffeln gehören zur Familie der Nachtschattengewächse, die, wie allseits bekannt, giftig sind. Sie strotzen in ihrer wilden Form von giftigen Glykoalkaloiden, eben dem Zeugs, das, in geringeren Dosen, Koffein und Nikotin den Pep verleiht. Um wilde Kartoffeln essbar zu machen, musste man das Glykoalkaloid auf ein Fünfzehntel bis ein Zwanzigstel des normalen Gehalts reduzieren. Da ergeben sich jede Menge Fragen, und die offensichtlichste lautet: *Wie* hat man das gemacht? Und woher wusste man, dass man es richtig anstellt? Wie merkt man denn, ob man den Giftgehalt um zwanzig oder fünfunddreißig Prozent oder irgendwas dazwischen gesenkt hat? Wie misst man, ob man wirklich weiterkommt? Aber vor allem: Woher wusste man, dass die ganze Übung sinnvoll war und am Ende ein ungiftiges, nahrhaftes Lebensmittel herauskam?

Eine ungiftige Kartoffel hätte natürlich auch spontan entstehen und vielen Generationen experimentelles selektives Züchten ersparen können. Doch selbst dann, woher wussten die Menschen, dass die Kartoffel mutiert war und dass unter all den giftigen wilden Kartoffeln um sie herum hier endlich eine war, die man ohne Gefahr für Leib und Leben verspeisen konnte?

Es bleibt dabei: Die Menschen in der Urzeit haben oft Dinge getan, die nicht einfach nur überraschend, sondern geradezu unfasslich sind.

III.

Während die Mesoamerikaner Mais und Kartoffeln ernteten (und Avocados, Tomaten, Bohnen und ungefähr hundert weitere Pflanzen, die wir heute nur ungern missen würden), bauten die Menschen auf der anderen Seite des Planeten die ersten Städte. Und auch die sind mysteriös und verblüffend.

Wie verblüffend, zeigte sich einmal wieder bei einer Entdeckung in der Türkei im Jahre 1958. Da fuhr eines Tages der junge britische Archäologe James Mellaart mit zwei Kollegen durch die Einöde Zentralanatoliens und bemerkte einen unnatürlich aussehenden, »distelbewachsenen Buckel«, der sich über die rappeldürre Ebene zog. Er war gut fünfzehn Meter hoch und sechshundert Meter lang und bedeckte insgesamt eine Fläche von etwas mehr als 133 000 Quadratmetern – ein rätselhafter, ziemlich großer Hubbel in der Landschaft. Mellaart kehrte nach einem Jahr zurück, polkte probeweise ein wenig dort herum und entdeckte zu seinem Erstaunen, dass in dem Hügel eine uralte Stadt lag.

Die hätte es in Anatolien eigentlich gar nicht geben sollen. Uralte Städte kamen, wie sogar Laien wussten, in Mesopotamien und in der Levante vor, aber nicht in Anatolien. Doch hier war eine der allerältesten, womöglich *die* allerälteste Stadt der Welt mitten in der Türkei und von bisher nie erlebter Größe. Çatal Höyük (was »gegabelter Hügel« bedeutet) war neuntausend Jahre alt, gut tausend davon durchgehend bewohnt gewesen und hatte zu Hochzeiten achttausend Einwohner gehabt.

Mellaart bezeichnete es als erste Stadt der Welt, und diesem Urteil verlieh Jane Jacobs noch einmal zusätzliches Gewicht und Aufmerksamkeit in dem schon genannten *Die Ökonomie der Städte*. Das ist aber in zwei Punkten inkorrekt. Çatal Höyük war nämlich keine Stadt, sondern wirklich nur ein sehr großes Dorf. (Für Archäologen besteht der Unterschied darin, dass Städte nicht nur eine bestimmte Größe, sondern auch eine erkennbare Verwaltungsstruktur haben.) Relevanter allerdings ist, dass andere

Gemeinwesen – Jericho im palästinensischen Autonomiegebiet, Ain Mallaha in Israel, Abu Hureyra in Syrien – nachweisbar beträchtlich älter sind. Nur erwies sich keines als seltsamer als Çatal Höyük.

Vere Gordon Childe, Namensgeber der Neolithischen Revolution, erlebte diese Entdeckung leider nicht mehr. Kurz zuvor war er nach fünfunddreißig Jahren zum ersten Mal wieder zu Besuch in seine australische Heimat gefahren. Mehr als die Hälfte seines Lebens war er fort gewesen. Beim Wandern in den Blue Mountains sprang oder stürzte er in den Tod. Er wurde jedenfalls am Fuß eines Felsvorsprungs gefunden, der Govett's Leap heißt. Dreihundert Meter darüber fand ein Spaziergänger sein sorgfältig gefaltetes Jackett, darauf ordentlich abgelegt Brille, Kompass und Pfeife.

Was hätte Çatal Höyük Childe fasziniert, denn eigentlich passte dort nichts zusammen. Die Stadt hatte keine Straßen oder Gassen. Die Häuser drängten sich mehr oder weniger dicht aneinander. Diejenigen in der Mitte konnte man nur erreichen, wenn man über die sämtlichst unterschiedlich hohen Dächer anderer Häuser kraxelte – ein umwerfend unbequemes Arrangement. Es gab keine Plätze und Marktplätze, keine städtischen oder sonstigen Verwaltungsgebäude – überhaupt keine Anzeichen einer gesellschaftlichen Organisiertheit. Wer bauen wollte, errichtete vier neue Wände, wenn nötig, an schon existierenden Wänden. Es sieht ganz so aus, als hätten die Menschen in Çatal Höyük noch nicht herausgefunden, wie kollektives Leben genau funktioniert. Was ja durchaus sein kann. Auf jeden Fall gemahnt es *uns* daran, dass die Funktion eines Gemeinwesens und der dazugehörigen Gebäude nicht von vornherein festgelegt ist. Für uns mag es normal sein, dass Türen auf ebener Erde und Häuser durch Straßen und Gassen voneinander getrennt sind, doch die Menschen in Çatal Höyük sahen das offenkundig anders.

Es führten im Übrigen auch keine Straßen und Wege zu dem großen Dorf oder von ihm weg. Es war in einem Überschwemmungsgebiet erbaut, also auf morastigem Boden. Meilenweit darum herum gab es unendlich viel Platz, und doch drängten sich die Menschen dicht aneinander, als würden sie von allen Seiten von hereinströmenden Fluten bedroht. Absolut nichts gibt einen Hinweis darauf, warum sie dort zu Tausenden zusammenhockten, obwohl sie auch in der Umgebung hätten siedeln können. Denn ihre Felder und Viehweiden lagen mindestens zehn Kilometer entfernt. Das Land um das Dorf herum war kein gutes Weideland, Obst- und Nussbäume wuchsen dort nicht, genauso wenig gab es andere Nahrungsquellen. Es mangelte auch an Holz zum Heizen. Mit einem Wort: Es gab keinerlei sichtbaren Grund für Menschen, sich dort niederzulassen, und trotzdem taten sie es in großer Zahl.

Dabei war Çatal Höyük nicht primitiv, sondern für seine Zeit auffallend entwickelt und zivilisiert. Es gab Weber, Korbmacher, Zimmerleute, Schreiner, Perlenmacher, Bogenmacher und viele andere Handwerker mit spezialisierten Fähigkeiten. Auch die Kunstwerke hatten ein beachtliches Niveau, und es gab nicht nur Stoffe, sondern eine Vielzahl stilistisch wunderschöner Webarten. Die Bewohner konnten sogar Streifen weben – was bekanntermaßen nicht leicht ist. Außerdem legten sie Wert auf gutes Aussehen. Ist es nicht verblüffend, dass die Menschen gestreifte Stoffe ersannen, bevor sie an Türen und Fenster dachten?

All das zeigt nur noch einmal, wie wenig wir über die Lebensweise und Gewohnheiten der Menschen wissen, die in der Steinzeit gelebt haben; ja, wie wenig wir sie auch nur erraten können. Dessen eingedenk gehen wir nun endlich ins Haus und sehen dort, wie wenig wir auch über das Haus selbst wissen.

Drittes Kapitel

Die Eingangshalle

I.

Kein Raum ist im Laufe der Jahrhunderte in seiner Bedeutung tiefer gesunken als die Eingangshalle. Heute putzt man sich dort die Schuhe ab und hängt die Mütze auf, doch einst war es der wichtigste Raum im ganzen Haus. Ja, lange Zeit *war* die Halle das Haus. Um zu erzählen, wie es dazu kam, muss ich auf die frühen Anfänge Englands vor eintausendsechshundert Jahren zurückgehen, als ganze Bootsladungen voller Menschen vom europäischen Festland anlandeten und auf absolut mysteriöse Weise alles übernahmen. Wir wissen erstaunlich wenig darüber, wer diese Leute waren, und das bisschen, was wir wissen, ergibt oft keinen Sinn. Doch mit ihnen beginnt die Geschichte Englands und des modernen Hauses.

Normalerweise wird es ja immer so geschildert, als sei es völlig unkompliziert gewesen: Im Jahre des Herrn 410 brach das Römische Reich zusammen, die Römer zogen sich konfus und in großer Eile von den Britischen Inseln zurück, und germanische Stämme – die Angeln, die Sachsen und Jüten aus tausend Schulbüchern – kamen in Scharen und nahmen ihren Platz ein. Doch alles deutet darauf hin, dass es ganz so nicht war.

Erstens kamen die Invasoren nicht in Scharen. Nach manchen Schätzungen kamen in den hundert Jahren nach dem Rückzug der Römer womöglich nicht mehr als zehntausend Fremde nach Britannien – im Durchschnitt also gerade mal hundert Menschen pro Jahr. Die meisten Historiker halten diese Zahl für viel zu niedrig, mit gesicherten Angaben können sie aber auch nicht aufwarten. Und überhaupt, es kann auch keiner sagen, wie viele einheimische Briten da waren, um die Invasoren freundlich oder unfreundlich zu begrüßen. Die Zahlen schwanken zwischen 1,5 und fünf Millionen – schon das allein zeigt, wie wenig über die Periode bekannt ist, mit der wir es zu tun haben. Beinahe sicher scheint nur zu sein, dass die Eindringlinge denen, die sie eroberten, zahlenmäßig weit unterlegen waren.

Warum die besiegten Briten weder die Mittel noch den Mumm besaßen, sich effizienter zur Wehr zu setzen, ist schlicht unerklärlich. Schließlich gaben sie eine Menge auf. Fast vier Jahrhunderte lang hatten sie zur mächtigsten Zivilisation auf Erden gehört und deren Wohltaten genossen – fließendes Wasser, Zentralheizung, gute Verkehrswege, vernünftige Regierungen, heiße Bäder. Ihre ungehobelten Eroberer aber kannten dergleichen nicht und freundeten sich auch nicht damit an. Wie indigniert die Einheimischen waren, als sie feststellen mussten, dass sie von analphabetischen, ungewaschenen Heiden aus den waldigen Rändern Europas überrollt wurden, kann man sich leicht denken. Doch ändern ließ es sich nicht. Unter der neuen Herrschaft gaben sie fast alle materiellen Annehmlichkeiten auf und bekamen sie tausend Jahre lang nicht wieder.

Es war die Zeit der Völkerwanderung, als überall ganze Stämme – die Hunnen, Wandalen, Goten, Westgoten, Ostgoten, Ungarn, Franken, Angeln, Sachsen, Dänen, Alemannen und viele mehr – eine seltsame, offenbar unstillbare Rastlosigkeit an den Tag legten, wie eben auch die Eindringlinge, die nach Britannien kamen. Den einzigen uns erhaltenen schriftlichen Bericht über das Geschehen hat ein Mönch namens Beda, der Ehrwürdige, dreihundert Jahre später verfasst. Beda erzählt uns, dass die Neuankömmlinge aus Angeln, Sachsen und Jüten bestanden, doch wer genau sie waren und in welcher Beziehung sie zueinander standen, erfahren wir nicht.

Die Jüten sind ein vollkommenes Rätsel. Gemeinhin nimmt

man an, dass sie aus Dänemark kamen, weil es dort eine Provinz namens Jütland gibt. Doch der Historiker F. M. Stenton wies darauf hin, dass Jütland seinen Namen lange nach dem Weggang der Jüten erhielt, und ein Gebiet nach einem Volk zu benennen, das gar nicht mehr dort ist, wäre schon sehr ungewöhnlich. Aber wie dem auch sei, Jótar, das altnordische Wort, von dem Jütland stammt, hat nicht notwendigerweise, ja nicht einmal plausibel, etwas mit einer Gruppe oder einem Stamm zu tun. Beda erwähnt im Übrigen als Einziger die Jüten, und auch nur einmal und nie wieder. Manche Forscher glauben sogar, dass die Erwähnung eine Hinzufügung von späterer Hand ist und gar nicht von Beda stammt.

Die Angeln sind kaum weniger obskur. Da sie von Zeit zu Zeit in europäischen Texten erwähnt werden, können wir wenigstens davon ausgehen, dass sie existierten. Doch nichts deutet darauf hin, dass sie sonderlich relevant waren. Falls sie gefürchtet oder bewundert wurden, dann eher im kleinen Kreis. Deshalb ist es höchst ironisch, dass ihr Name mehr oder weniger zufällig an einem Land hängen blieb, zu dessen Entstehung sie keineswegs viel beigetragen haben.

Damit bleiben nur die Sachsen, die sich ohne jede Frage auf dem europäischen Kontinent herumtummelten – davon legen noch im heutigen Deutschland Sachsen, Sachsen-Anhalt sowie die Sachsen-Coburgs und ihresgleichen Zeugnis ab –, aber sich offenbar durch nichts hervortaten. Das Beste, was Stenton über sie sagen kann, ist, dass sie der »am wenigsten dubiose« der drei genannten Stämme waren und im Vergleich zu den Goten, die Rom plünderten, oder den Wandalen, die über Spanien herfielen, keine besondere Rolle spielten. Allem Anschein nach wurde Britannien nicht von Kriegern, sondern von Bauern erobert.

Außer ihrer Sprache und DNA brachten sie kaum etwas Neues mit. Nichts an ihrem technischen Entwicklungsstand oder ihrer Lebensweise bot auch nur die geringste Verbesserung gegenüber dem, was es schon gab. Beliebt können sie nicht gewesen sein, großen Eindruck auch nicht gemacht haben. Doch aus irgendeinem Grunde hatten sie einen so tiefgreifenden Einfluss, dass heute, mehr als eineinhalb Jahrtausende danach, vieles von ihrer Kultur noch in der britischen zu finden ist. Wie zum Beispiel, dass die Engländer zwar nichts über ihren Glauben wissen, aber immer noch drei ihrer Götter, Tyr, Wotan und Thor, mit den Namen ihrer drei mittleren Wochentage *Tuesday, Wednesday* und *Thursday* ehren. An Odins Frau Frigg wird jeden Freitag, *Friday*, erinnert. Das ist doch ganz schön nachhaltig.

Die Neuankömmlinge löschten die bestehende Kultur einfach aus. Die Römer waren exakt 367 Jahre in Britannien gewesen und die Kelten mindestens eintausend, doch jetzt war es, als hätten beide nie existiert. So etwas geschah nirgendwo sonst. In Gallien und auf der Iberischen Halbinsel ging das Leben nach dem Abzug der Römer im Großen und Ganzen weiter wie zuvor. Die Bewohner hielten an ihrer Version des Vulgärlateins fest, das sich schon zum modernen Französisch und Spanisch entwickelte, die Regierung blieb, die Geschäfte blühten, Münzen blieben im Umlauf, die Strukturen der Gesellschaft intakt. In Britannien aber hinterließen die Römer kaum fünf Worte und die Kelten nicht mehr als zwanzig, meist geografische Namen, die für Britannien typische landschaftliche Merkmale bezeichneten.

Nach dem Abzug der Römer flohen ein paar Kelten nach Frankreich und gründeten die Bretagne. Andere kämpften und wurden erschlagen oder versklavt. Doch die meisten scheinen die Invasion akzeptiert und ihr Leben nach dem Motto »Pech gehabt!« den neuen Bedingungen angepasst zu haben. »Große Gemetzel und Blutvergießen waren vielleicht gar nicht nötig«, erzählte mir einmal mein Freund Brian Ayers, der schon genannte ehemalige Grafschaftsarchäologe von Norfolk, als wir das Feld hinter meinem Haus betrachteten. »Wahrscheinlich schaute man eines Tages auf sein Feld und sah, dass dort zwanzig Leute campierten, und langsam dämmerte es einem, dass sie nicht mehr verschwinden, sondern einem das Land wegnehmen würden. Sicher, ein paar blutige Zusammenstöße gab es hier und dort, doch insgesamt, glaube ich, lernten die Menschen, sich den dramatisch veränderten Lebensumständen anzupassen, und damit hatte es sich.«

Es gibt etliche Berichte über Schlachten. In einer am Crecgan Ford (wo der war, weiß man nicht) sollen viertausend Briten gefallen sein, und uns ist natürlich auch so manche Mär von der tapferen Gegenwehr König Artus' und seiner Mannen überliefert. Aber mehr als Mären und Sagen haben wir wiederum nicht. Nichts, was die Archäologie bisher gefunden hat, deutet auf Massenmord oder ganze Bevölkerungen hin, die vor den heranbrausenden Invasoren geflohen sind. Nicht nur waren die Eindringlinge keine mächtigen Krieger, sie waren, soweit man das sagen kann, noch nicht einmal gute Jäger. Alle archäologischen Befunde zeigen, dass sie vom Moment ihrer Ankunft an von Haustieren gelebt und so gut wie nicht gejagt haben. Auch Ackerbau scheinen sie sofort weiterbetrieben zu haben. Nach dem wenigen, was man herausgefunden hat, ist der Übergang so glatt verlaufen wie ein Schichtwechsel in einer Fabrik. Das wiederum kann gar nicht so gewesen sein, aber wie es wirklich war, werden wir wahrscheinlich nie erfahren. Es wurde eine Zeit ohne Geschichte. Britannien war nicht mehr nur am äußersten Zipfel, sondern jenseits der bekannten Welt.

Selbst das, was wir dank der Archäologie wissen, ist oft schwer zu verstehen. Zum Beispiel wollten die Neuankömmlinge offenbar nicht in den römischen Häusern leben, obwohl sie nur hätten zugreifen müssen. Die Häuser waren solide gebaut und weit, weit besser als alles, was sie in der Heimat gehabt hatten. Trotzdem ließen sie die Finger davon und errichteten, oft direkt neben den verlassenen römischen Villen, viel primitivere Bauten. Auch an den römischen Städten hatten sie kein Interesse. Dreihundert Jahre lang stand London großteils leer.

Auf dem Festland hatten die germanischen Völker hauptsächlich in Langhäusern gelebt, einem »klassischen« Bauernhaus, in dem das Vieh am einen und die Menschen am anderen Ende wohnten, aber auch solche Langhäuser bauten sie in den nächsten sechshundert Jahren nicht. Keiner weiß, warum. Stattdessen stellten sie seltsame kleine Hütten in die Landschaft, sogenannte Grubenhäuser, die man von Rechts wegen eigentlich gar nicht als Häuser bezeichnen kann. Ein Grubenhaus bestand nämlich nur aus einer knapp fünfzig Zentimeter tiefen Grube mit schrägen Innenwänden, über der ein kleines Haus errichtet war. In den ersten beiden Jahrhunderten der angelsächsischen Besetzung waren das die zahlreichsten und offenbar wichtigsten neuen Gebäude im Land. Viele Archäologen meinen, dass über die Grube ein Boden gelegt war und sie damit zu einem flachen Keller wurde, dessen Zweck allerdings unklar ist. Die beiden am meisten verbreiteten Theorien besagen, dass man die Gruben zur Vorratshaltung benutzte. Dafür spräche, dass verderbliche Dinge in der kühlen Luft unten weniger schnell verdarben. Zum anderen meint man, dass die Gruben angelegt wurden, um die Luftzirkulation zu verbessern und die Bodenbretter vor dem Verrotten zu bewahren. Doch die Mühe, solche Löcher auszuheben – manche waren sogar aus Felsgestein herausgeschlagen –, steht in krassem Missverhältnis zur eventuellen Verbesserung der Luftzufuhr, und man hält es sowieso für extrem unwahrscheinlich, dass bessere Luftzirkulation dazu beigetragen hätte, dass Vorräte und Bodenbretter sich länger hielten.

Das erste Grubenhaus fand man im Jahre 1921 – erstaunlich spät, wenn man bedenkt, wie viele es gab (das weiß man aber erst jetzt) – bei einer Ausgrabung in Sutton Courtenay, jetzt in Oxfordshire, damals in Berkshire. Der Entdecker war Edward Thurlow Leeds vom Ashmolean Museum in Oxford, und der Anblick, der sich ihm bot, behagte ihm, ehrlich gesagt, nicht. In einer Monografie aus dem Jahr 1936 ereiferte er sich, dass die Menschen, die darin wohnten, »im Grunde wie Eiszeitmenschen in Höhlen hausten« und es darin so schmutzig sei, dass man »es als moderner Mensch gar nicht glauben mag«. Die Leute hätten »in Dreck und Abfall, zerbrochenen Knochen, Essen und Tonscherben gelebt […] unter Bedingungen, wie man sie sich primitiver gar nicht vorstellen kann. Auf Sauberkeit legten sie offenbar keinerlei Wert, sondern warfen die Reste einer Mahlzeit fröhlich in die entfernteste Ecke der Hütte und ließen sie dort liegen.« Für Leeds waren die Grubenhäuser offenbar ein Verrat an der Zivilisation.

Fast dreißig Jahre lang herrschte diese Ansicht vor, doch dann begannen Fachleute allmählich zu hinterfragen, ob die Menschen wirklich in diesen komischen kleinen Behausungen gewohnt haben. Sie waren winzig – im Allgemeinen nur etwa zwei mal drei Meter – und hätten selbst für den kleinsten Kleinbauern ein extrem enges Hüttchen abgegeben, besonders wenn ein Feuer darin brannte. Doch eigentlich blieb für Menschen gar kein Platz, wenn die Feuerstelle 2,2 Meter einnahm und das Grubenhaus selbst nur 2,8 Meter in der Breite maß. Vielleicht waren also die Grubenhäuser gar keine Wohnhäuser, sondern Werkstätten oder Vorratsschuppen, obwohl die Frage, wozu der unterirdische Teil nötig war, auch dann noch nicht geklärt ist.

Gott sei Dank brachten die Neuankömmlinge, die Engländer, wie wir sie von nun an nennen können, einen zweiten Gebäudetyp mit, von dem es viel weniger gab, der aber letztlich bei Weitem wichtiger wurde. Er war viel größer als ein Grubenhaus, ein schlichtes, scheunenähnliches Gebilde mit einer offenen Feuerstelle in der Mitte. Das Wort für diese Art von Haus war im Jahre 410 schon alt und wurde jetzt eines der ersten Worte im Englischen. Die Häuser hießen *halls,* im Deutschen Hallenhäuser.

In dieser weitgehend leeren, immer verqualmten, riesigen Kammer fand praktisch alles Leben bei Tage und bei Nacht statt. Familie und Gesinde aßen zusammen, schliefen zusammen und kleideten sich zusammen an – »eine Gepflogenheit, die weder der Behaglichkeit noch den Regeln des Anstands förderlich war«, bemerkte J. Alfred Gotch mit einem deutlichen Mangel an Behagen seinerseits in seinem Klassiker *Das Entstehen des englischen Hauses* im Jahre 1909. Während des gesamten Mittelalters bis weit ins fünfzehnte Jahrhundert hinein war die *hall* das Haus, ja, es wurde sogar Brauch, komplexere Gebäude so zu nennen, wie die

Hardwick Hall oder Toad Hall (aus dem Kinderbuchklassiker *Der Wind in den Weiden* – in der deutschen Fassung von Harry Rowohlt heißt das Schloss Krötinhall).

Alle unter einem Dach – Diener und unterhaltsbedürftige Bekannte und Verwandte, die Witwen des vorherigen Besitzers und alle anderen fest Dazugehörenden – galten als ein Haushalt. Beim Essen indes nahmen der Hausherr und seine unmittelbare Familie im wahrsten Sinne des Wortes eine Sonderstellung ein. Sie saßen an leicht erhöhter (und möglichst wenig zugiger) Stelle im Hallenhaus auf einer Art Podium – ein Brauch, an den immer noch die *high tables* in britischen Colleges und Internaten erinnern, die natürlich ein Gespür für alte Traditionen haben oder gern so tun. Der Herr des Hauses, des »hus«, war der *huseband,* der Haushälter oder Hausbesitzer, aus dem im Englischen, wie bekannt, viel, viel später der *husband,* der Ehemann, wurde.

Selbst die feinsten Häuser hatten nur drei oder vier Bereiche im Inneren: die Halle selbst, eine Küche und vielleicht eine oder zwei Seitenkammern, in die sich der Haushaltsvorstand zurückziehen konnte, um private Dinge zu erledigen. Im neunten, zehnten Jahrhundert gab es dann auch Kapellen, die aber ebenso sehr für Geschäftliches wie für Gottesdienste benutzt wurden. Manchmal wurde auf diese Privaträume noch ein weiteres Stockwerk gesetzt, das man über eine Leiter oder primitive Treppe erreichte. Diese Räume waren kaum mehr als Vorratskammern, von Zimmern im modernen Sinn noch weit entfernt. Die Menschen dachten in der Tat so wenig an die Aufteilung eines Hauses in abgeschlossene Bereiche, dass das betreffende Wort *room* dafür im Englischen erst für die Tudorzeiten verbürgt ist, also vom fünfzehnten Jahrhundert an.

Die Gesellschaft bestand, grob gesagt, aus Freien, Leibeigenen und Sklaven. Beim Tode eines Leibeigenen hatte der Herr das Recht, einen kleinen persönlichen Gegenstand, wie zum Beispiel ein Kleidungsstück, als eine Art Erbschaftssteuer zu verlangen. Oft besaßen Bauern nur ein Kleidungsstück, eine Art losen Kittel mit dem Namen *cotta*. Dass diese *cotta* das Beste war, was ein Bauer zu geben hatte, und der Grundherr sie sich nehmen konnte, besagt eigentlich alles, was man über das Verhältnis der Stände im Mittelalter wissen muss. Die Leibeigenschaft war eine unauflösbare Bindung an einen bestimmten Grundherrn, und man verpflichtete sich dazu im Namen Gottes, was mehr als ein paar Nachkommen bekümmert haben muss, denn wenn einmal eine Leibeigenschaft eingegangen worden war, galt sie auf ewig für alle Kinder und Kindeskinder des Leibeigenen. Das Schlimmste war, dass sie den Betroffenen die Freiheit nahm, woanders hinzuziehen oder außerhalb des Gutes zu heiraten. Sie konnten aber durchaus wohlhabend werden. Im späten Mittelalter besaßen fünf Prozent der Leibeigenen fünfzig und mehr Morgen Land – beträchtlicher Besitz für die damalige Zeit. Im Gegensatz dazu hatten die Freien im Prinzip zwar ihre Freiheit, waren aber zu arm, um davon Gebrauch zu machen.

Sklaven, meist in kriegerischen Zeiten gefangen genommene Feinde, gab es vom neunten bis zum elften Jahrhundert reichlich. Über siebzig zum Beispiel auf einem Gut, das im Domesday Book aufgeführt wird, dem 1086 auf Veranlassung Wilhelms des Eroberers angelegten Reichsgrundbuch. Doch es war nicht die entmenschtliche Sklaverei, wie wir sie aus moderneren Zeiten etwa aus dem Süden der Vereinigten Staaten kennen. Obwohl Sklaven Eigentum waren und verkauft werden konnten – sehr wohl gewinnbringend: ein gesunder männlicher Sklave war acht Ochsen wert –, durften sie selbst Eigentum besitzen, heiraten und sich innerhalb des Gemeinwesens frei bewegen.

Mittelalterliche Güter waren oft sehr verstreut. Ein Thane (ein angelsächsischer Gefolgsmann) namens Wulfric hatte zweiundsiebzig Besitztümer überall in England, ja, selbst kleinerer Besitz lag häufig weit auseinander. Mittelalterliche Haushalte waren folglich ständig unterwegs – und nicht selten sehr groß. Königliche Haushalte kamen leicht auf fünfhundert Diener und Gefolgsleute, wichtige hohe Adlige und kirchliche Würdenträger hatten kaum weniger als einhundert. Und da es bei solchen Zahlen ebenso leicht war, mit dem Haushalt zum Essen zu gehen, wie das Essen zum Haushalt zu bringen, war man mehr oder weniger ständig auf Achse, und alles war auf Mobilität eingerichtet (wobei nicht ganz zufällig auch das Wort *Möbel* entstand). Mit Einrichtungsgegenständen war man im Allgemeinen sparsam, sie waren tragbar, absolut funktionell und wurden, um Witold Rybczynski zu zitieren, »eher als Ausrüstungsgegenstände denn als wertvolle persönliche Besitztümer behandelt«.

Dass sie häufig hin und her transportiert wurden, erklärt auch, warum viele alte Truhen und Kästen gewölbte Deckel hatten: da floss das Wasser ab, wenn es unterwegs regnete. Der große Nachteil von Kästen ist natürlich, dass man das Unterste zuoberst kehren muss, je nachdem, an welche Sachen man will. Doch es dauerte bemerkenswert lange – bis weit ins siebzehnte Jahrhundert hinein –, bevor jemand auf die Idee kam, Schubladen einzubauen und Truhen und Kästen in Kommoden zu verwandeln.

Selbst in den besten Häusern bestand der Fußboden meist nur aus nackter Erde, die mit Binsen belegt war, in denen sich »Spucke und Erbrochenes, Urin von Hund und Mensch, verschüttetes Bier und Fischreste und anderer unaussprechlicher Unrat sammelten«, berichtete der holländische Theologe und Reisende Desiderius Erasmus, genannt Erasmus von Rotterdam, 1524 ein wenig spitz. Normalerweise wurden zwei Mal im Jahr neue Binsenschichten auf die alten gelegt, diese aber selten entfernt, so dass Erasmus verdrossen hinzufügte: »Die untere Schicht bleibt oft zwanzig Jahre lang liegen.« Im Grunde waren die Böden ein sehr großes, bei Insekten und lichtscheuen Nagern beliebtes Nest und eine perfekte Brutstätte für Seuchen. Doch ein dicker Belag verriet auch ein gewisses Renommee. Im Französischen sagte man von einem reichen Mann, dass er »bis zur Taille im Stroh« stecke.

Fußböden aus nackter Erde blieben im ländlichen Britannien und Irland bis ins zwanzigste Jahrhundert die Norm. Selbst als zu Shakespeares Zeiten in besseren Häusern Holz- oder

Kachelböden üblich wurden, waren Teppiche zu kostbar, um ständig darüberzulatschen. Man hängte sie an Wände oder legte sie auf Tische. Oft aber wurden sie auch in Truhen aufbewahrt und nur herausgeholt, wenn man bei besonderen Besuchern Eindruck schinden wollte.

Esstische waren Bretter, die man auf Böcke stellte, und Schränke gab es in Form von schlichten Holzborden, auf denen man Tassen und andere Gefäße aufbewahrte. Viel Geschirr hatte man eh nicht. Glasgefäße waren rar, und man musste beim Essen gewöhnlich mit dem Nachbarn eines gemeinsam benutzen. Erst sehr viel später wurden die Bretter dann in kunstvollere Schränke eingearbeitet.

Bescheidenere Behausungen waren über die Maßen simpel ausgestattet. Das einfache Brett, das als Esstisch diente, hing, wenn nicht in Gebrauch, an der Wand, und lag, wenn in Gebrauch, auf den Knien der Esser. Man saß dabei auf einfachen Bänken – französisch *bancs,* von denen »Bankett« kommt. Bis ins siebzehnte Jahrhundert hinein waren Stühle selten, und sie waren auch nicht zum bequemen Sitzen gebaut, sondern so, dass sie Autorität verliehen. Auch heute noch hat derjenige das Sagen, der den Vor»sitz« bei einer Versammlung führt.

Bei mittelalterlichen Banketten aßen die Menschen allerlei uns heute sehr exotisch anmutendes Getier. Vögel waren besonders beliebt. Adler, Reiher, Pfauen, Spatzen, Lerchen, Finken, Schwäne, ja, fast alles, was zwei Flügel hatte, wurde gern und viel verspeist. Nicht deshalb, weil Schwäne und andere ausgefallene Vögel so wahnsinnig lecker waren – waren sie nämlich nicht, deshalb essen wir sie ja auch nicht mehr –, sondern weil es kein anderes, besseres Fleisch gab. Rindfleisch, Hammel und Lamm wurden tausend Jahre lang kaum gegessen, weil man die Tiere wegen ihres Fells und Leders, ihres Dungs oder ihrer Muskelkraft brauchte und sie deshalb zum Schlachten viel zu wertvoll waren. Fast das gesamte Mittelalter hindurch nahmen die meisten Menschen den Großteil ihrer tierischen Eiweiße mit dem Räucherhering zu sich.

Ein mittelalterliches Bankett

Aber auch wenn man Fleisch in Hülle und Fülle gehabt hätte, wäre sein Verzehr die meiste Zeit verboten gewesen. Im Mittelalter mussten die Leute drei Fischtage in der Woche einlegen, dazu kamen vierzig Tage Fastenzeit und viele andere religiöse Feiertage, an denen der Verzehr von Vierbeinern verboten war. Die Summe der Tage mit Essbeschränkungen änderte sich über die Jahre, doch in den schlimmsten Zeiten waren fast die Hälfte im Jahr »schmale« Tage. Im Übrigen gab es kaum einen Fisch oder sonst ein schwimmendes Viech, das nicht verzehrt wurde. In den Küchenbüchern des Bischofs von Hereford steht, dass man in seinem Haushalt Hering, Kabeljau, Schellfisch, Lachs, Hecht, Brassen, Makrelen, Leng, Seehecht, Plötzen, Aale, Neunaugen, Stockfisch, Schleie, Forellen, Elritzen, Gründlinge, Knurrhahn und viele andere zubereitete – mehr als zwei Dutzend Arten insgesamt. Ebenfalls häufig auf dem Speiseplan standen Barben, Hasel und sogar Tümmler. Bis in die Zeiten Heinrich VIII. drohte – zumindest theoretisch – die Todesstrafe auf Nichtbeachtung der Fischtage. Nach dem Bruch mit Rom wurden die Fischtage abgeschafft, doch von Elisabeth I. zur Unterstützung der englischen Fischereiflotte wieder eingeführt. Auch die Kirche war erpicht darauf, die Fischtage beizubehalten, weniger aus irgendeiner religiösen Überzeugung heraus als vielmehr, weil sie ein einträgliches Nebengeschäft daraus machte, Zuwiderhandelnden Ablässe zu verscherbeln.

Schlafgewohnheiten waren sehr informell. Heutzutage »machen wir ein Bett«, weil es im Mittelalter hauptsächlich das war: Man rollte eine Art dünne Matratze aus oder häufte einen Strohhaufen auf, suchte sich eine Decke oder sonst etwas zum Darüberlegen und machte es sich so bequem es eben ging. Wie man schlief, wurde offenbar sehr lange sehr locker gehandhabt. In den *Canterbury Tales* wird das Abenteuer der Müllersfrau erzählt, die bei sich zu Hause in ein falsches Bett steigt, was ihr wohl kaum passiert wäre, wenn sie jede Nacht am selben Ort geschlafen hätte. Bis weit ins siebzehnte Jahrhundert hinein bedeutete im

Englischen »Bett« nur die Matratze und womit sie ausgestopft war, nicht Bettrahmen, Pfosten und Bettzeug. Dafür gab es das Wort »Bettstatt«.

Haushaltsinventarlisten bis ins Elisabethanische Zeitalter zeigen, dass den Leuten ihre Betten und ihr Bettzeug lieb und teuer waren. Gleich danach kam die Kücheneinrichtung. Erst dann schaffte es das sonstige Mobiliar in die Listen, aber auch nur in vagen Begriffen wie »ein paar Tische und einige Bänke«. Allem Anschein nach hingen die Menschen ebenso wenig an ihren Möbeln wie wir Heutigen an unseren Haushaltsgeräten. Wir möchten sie nicht missen, aber heißgeliebte Erbstücke sind sie nicht. Eines allerdings nahmen die Menschen auch noch sorgfältig in die Verzeichnisse auf, und das war Fensterglas. Wie schon berichtet, waren Fensterscheiben außer in Kirchen und ein paar wohlhabenden Häusern bis weit über das Jahr 1600 hinaus eine Rarität. Eleanor S. Godfrey berichtet, dass ein Ratsherr in Doncaster 1590 sein Haus seiner Frau hinterließ, die Fenster aber seinem Sohn. In der gleichen Zeit ließen die Besitzer von Alnwick Castle ihre Fenster immer dann, wenn sie nicht da waren, herausnehmen und wegstellen, damit diese in ihrer Abwesenheit nicht zu Bruch gingen.

Selbst in den größten Häusern hatten meist nur die Fenster in den wichtigsten Räumen Scheiben. Alle anderen hatten Läden. Weiter unten auf der sozialen Stufenleiter waren Glasfenster eben lange noch selten. Zur Zeit von Shakespeares Geburt im Jahr 1564 hatten oft nicht einmal Glaser Glasfenster in ihren Häusern, doch zur Zeit seines Todes etwa ein halbes Jahrhundert später hatte sich das, wenn auch nicht vollkommen, geändert. Die meisten Bürgerhäuser hatten sie in etwa der Hälfte der Zimmer.

Eins aber sollte klar sein: Auch in den besten Häusern suchte man Bequemlichkeit vergebens. Ja, eigentlich ist es erstaunlich, wie lange die Menschen brauchten, um ein klein wenig Komfort genießen zu können. Es gab einen guten Grund dafür: Das Leben war hart. Während des gesamten Mittelalters bestand das Alltagsleben hauptsächlich aus der Sorge ums *Über*leben. Hungersnöte waren an der Tagesordnung. Da man nirgendwo große Lebensmittelreserven anlegen konnte, litt man sofort Hunger, wenn die Ernte mager ausfiel, was durchschnittlich alle drei, vier Jahre der Fall war. War die Ernte völlig vernichtet, folgte unweigerlich der Hungertod. England erlebte 1272, 1277, 1283, 1292 und 1311 und dann mörderisch hintereinander von 1315 bis 1319 besonders katastrophale Ernten. Hinzu kamen natürlich stets Seuchen und sonstige Krankheiten, die Millionen dahinrafften. Menschen, die nur ein kurzes Leben erwarten und regelmäßig Notzeiten erleben, machen sich wahrscheinlich weniger Gedanken um die Ausstattung ihrer Häuser. Doch auch wenn man all das in Betracht zieht, bemühte man sich merkwürdig langsam um selbst bescheidene Ausmaße an Bequemlichkeit.

Zum Beispiel ließen Löcher im Dach zwar Rauch hinaus, aber auch Regen und Wind hinein, bis endlich, reichlich spät, jemand eine laternenartige Konstruktion mit Lamellen ersann, die es erlaubte, dass der Rauch entwich, aber Regen, Vögel und Wind abhielt. Es war eine wunderbare Erfindung, doch als man im vierzehnten Jahrhundert darauf kam, gab es schon die ersten Schornsteine, und man brauchte die Lamellenabdeckungen nicht mehr.

Ansonsten wissen wir praktisch nichts über Hauseinrichtungen vor dem Hohen Mittelalter. Ja, der Möbelhistoriker Edward Lucie-Smith meint, wir wüssten mehr darüber, wie die alten Griechen und Römer saßen oder lagen, als über die Engländer von vor achthundert Jahren. Aus der Zeit vor 1300 sind so gut wie keine Möbel erhalten, und Darstellungen in Handschriften oder Gemälden sind dünn gesät und widersprüchlich.

Außerdem sollte man eins nicht vergessen: Die Häuser der verhältnismäßig Betuchten waren nicht unbedingt erheblich besser und üppiger ausgestattet als die der etwas ärmeren Zeitgenossen. Vornehmere Häuser hatten einfach nur größere *halls*.

Über Häuser allgemein wissen wir deshalb so wenig, weil kaum etwas von dem erhalten ist, was sich über der Erde befand. Die Angelsachsen liebten Holz, *timber*, als Baumaterial, und zwar so sehr, dass sie sämtliche Gebäude *timbran* nannten. Aber leider hat Holz es an sich, dass es verrottet und fast nichts davon übrig bleibt. In Großbritannien ist, soweit man das sagen kann, eine einzige Tür aus der angelsächsischen Zeit erhalten geblieben, eine schon arg ramponierte Eichentür in einem äußeren Vorraum der Westminster Abbey, die bis zum Sommer 2005 der Aufmerksamkeit entgangen war. Doch da begriff man auf einmal, dass sie neunhundertfünfzig Jahre alt und mithin die älteste bekannte Tür im Land war.

In diesem Zusammenhang sollte man einen Gedanken daran verschwenden, wie man das Alter einer Tür bestimmen kann. Nämlich mit der Dendrochronologie, dem wissenschaftlichen Zählen der Jahresringe. Baumringe sind ein sehr präziser Anhaltspunkt, jeder Ring steht für ein Jahr, und alle zusammen bilden eine Art hölzernen Fingerabdruck. Wenn man ein Stück Bauholz hat, dessen Alter gesichert ist, kann man die Ringmuster benutzen, um andere Hölzer aus derselben Periode damit zu vergleichen und zu datieren. Um durch die Jahrhunderte zurückgehen zu können, muss man einfach nur identische Muster finden. Hat man zum Beispiel einen Baum, der von 1850 bis 1910, und einen anderen, der von 1890 bis 1970 lebte, sollten sich die Muster aus den Jahren 1890 bis 1910 überlappen, also für die Zeit, in der beide Bäume lebten. Baut man eine Bibliothek der Ringfolgen auf, kann man weit in der Zeit zurückgehen.

In Großbritannien hat man insofern Glück, als sehr viel aus Eiche gebaut wurde, denn das ist der einzige Baum dort, der brauchbare deutliche Beweise liefert. Doch selbst die besten Hölzer bergen Probleme. Niemals haben zwei Bäume genau dasselbe Muster. Der eine hat vielleicht schmalere Ringe als ein anderer, weil er im Schatten wuchs, mehr Konkurrenz am Boden oder weniger Wasser hatte. Man benötigt also sehr viele Baumringsequenzen, um eine verlässliche Datenbank anlegen zu können, und man muss viele raffinierte statistische Anpassungen vornehmen, um akkurate Messwerte zu bekommen – und dafür nun wieder braucht man die Zauberformel von Pastor Thomas Bayes aus dem ersten Kapitel.

Nachdem die Wissenschaftler aus der Tür in der Westminster Abbey eine etwa bleistiftdicke Probe entnommen und sie den erwähnten Tests unterzogen hatten, konnten sie errechnen, dass die Tür aus dem Holz eines zwischen 1032 und 1064 gefällten Baumes hergestellt wurde, kurz vor der normannischen Eroberung. Und diese einzelne Tür ist fast alles, was aus der Zeit der Angelsachsen erhalten ist.[*]

Da man so wenig Anhaltspunkte dafür hat, wie die Häuser wirklich aussahen, kann man sich natürlich trefflich streiten. Jane Grenville bringt in ihrem wissenschaftlich maßgebenden Werk *Wohnen im Mittelalter* zwei faszinierende Abbildungen, die zeigen, wie sich zwei archäologische Teams, die dieselben Informationen benutzen, das Erscheinungsbild eines Langhauses in Wharram Percy vorstellten, einer mittelalterlichen Dorfwüstung in Yorkshire. Auf der einen Abbildung sieht man ein auffallend schmuckloses, aufs Elementare beschränktes Haus mit Wänden aus Lehm oder einer Mischung aus Lehm und Dung sowie einem Dach aus Gras oder Grassoden. Auf der anderen sieht man ein viel massiveres, technisch aufwändigeres Gebäude, in dem ein hölzerner Gurtbogen als Dachkonstruktion auf den Außenmauern liegt. Es hilft nun einmal nichts: Die archäologischen Befunde geben uns vielleicht Auskunft darüber, wie und wo die Gebäude auf der Erde standen, aber nicht, wie sie aussahen.

Lange glaubte man, dass mittelalterliche Bauernhäuser kaum

---

[*] Die niedrigen Türen vieler alter europäischer Häuser, an denen sich die chronisch Gedankenzerstreuten unter uns gern mal den Schädel aufschlagen, sind nicht, wie allgemein immer noch angenommen, deshalb so niedrig, weil die Menschen früher kleiner waren und den Platz nicht brauchten. Im Gegenteil, so klein waren die Menschen in grauer Vorzeit gar nicht. Die Türen waren aus demselben Grund klein wie die Fenster: Sie waren teuer.

mehr als primitive Hütten waren – fragile, aus Zweiglein gebaute Häuschen, wie sie der große, böse Wolf im Märchen wegpustet. Man meinte, sie hätten nie länger als eine Generation gehalten. Grenville zitiert einen Wissenschaftler, der im Brustton der Überzeugung sagte, dass die Häuser der einfachen Menschen bis in die Tudorzeiten »in ganz England durchweg von schlechter Qualität« waren – ein pauschales Urteil und offenbar falsch. Heute deutet alles zunehmend darauf hin, dass auch die einfachen Menschen im Mittelalter und vermutlich lange vorher gute Häuser bauen konnten, wenn sie wollten. Ein Indikator dafür ist im Spätmittelalter die Zunahme spezialisierter Gewerbe wie die Reetdachdeckerei, das Zimmermannshandwerk, das Verputzen und dergleichen. Türen hatten auch immer häufiger Schlösser – ein klares Anzeichen dafür, dass Gebäude und ihr Inventar als wertvoll erachtet wurden. Vor allem aber entwickelten sich die Hütten zu einer Vielzahl von Typen – Full Wealden, Half Wealden, solche mit einreihigem oder doppelreihigem Grundriss, mit Kuhstall oder ohne und so weiter und so fort. Ganz sicher war der Besitz eines Hauses, und sei es noch so schlicht und klein, schon früh eine Quelle des Stolzes.

Eins aber machte den Menschen im Mittelalter sicherlich weniger Freude: Fast der gesamte Raum über Kopfhöhe war nicht benutzbar, weil meist voll dicker Rauchschwaden. Eine offene Feuerstelle hatte zwar deutliche Vorteile, weil sie Wärme in alle Richtungen ausstrahlte und die Leute ringsherum sitzen konnten. Doch es war auch so, als habe man ständig ein Lagerfeuer in der Mitte des Wohnzimmers. Rauch und Funken wehten dorthin, wo ein Luftzug sie hinblies – und ohne Scheiben in den Fenstern muss einem jedes Mal, wenn jemand kam oder ging, der Rauch ins Gesicht geweht worden sein. Ansonsten stieg er eben zur Decke und hing dort immer dichter, bis er durch ein Loch im Dach abzog.

Man brauchte also etwas, das, oberflächlich betrachtet, ganz unkompliziert zu sein scheint: einen praktischen Schornstein. Aber es dauerte lange, bis man einen erfand, nicht, weil es am guten Willen mangelte, sondern, weil die Sache technisch doch nicht ohne war. Ein prasselndes Feuer in einer großen Feuerstelle erzeugt eine Menge Hitze, braucht einen vernünftigen Rauchabzug und Schutz vor Funkenflug, und bis 1330 wusste keiner, wie man gute Schornsteine baute. Es existierten zwar schon Kamine mit welchen – die Normannen hatten sie mit nach England gebracht –, aber sehr beeindruckend waren sie nicht. Man höhlte einfach die dicken Wände von Burgen ein wenig aus und bohrte ein Loch in die Wand, damit der Rauch nach draußen entschwand. Da nicht viel Luft durchziehen konnte, entstand kein großartiges Feuer, also auch nicht viel Wärme. Außer in Burgen wurden diese Kamine nicht viel gebaut. In Holzhäusern konnte man sie schon gar nicht ohne Verbrutzelungsgefahr benutzen, denn die meisten Häuser waren, wie gesagt, aus Holz.

Den entscheidenden Durchbruch brachte schließlich die Entwicklung von guten Backsteinen, die Hitze auf Dauer sogar besser vertragen als fast alle Natursteine. Mit vernünftigen Schornsteinen konnte man dann auch auf Kohle als Heizmaterial übergehen, gerade zur rechten Zeit, denn die Holzvorkommen gingen rapide zur Neige. Weil Kohlenqualm beißend und giftig war, musste er im Kamin bleiben, aus dem er durch einen Rauchfang abgeleitet wurde. Was die Häuser innen sauberer, die Welt draußen aber schmutziger machte.

Nicht alle freuten sich über das Verschwinden der offenen Feuerstellen. Viele Leute vermissten den umherschwebenden Rauch und waren überzeugt, sie seien gesunder gewesen, als sie ständig »gut durchgeräuchert« waren, wie es ein Beobachter formulierte. Noch im Jahre 1577 behauptete ein William Harrison steif und fest, dass in den Zeiten der offenen Feuerstellen »unser Kopf niemals wehe tat«. Rauch unter dem Dach hielt Vögel davon ab, dort zu nisten, und man glaubte, er mache die Balken fester. Vor allem aber klagten die Leute, dass sie es nicht mehr annähernd so warm hatten, und das traf zu. Weil Kamine so ineffizient waren, wurden sie ständig vergrößert. Manche wurden so riesig, dass man Bänke hineinbaute und sich *in* den Kamin setzte, denn das war der einzige Platz im Haus, an dem man es schön mollig hatte.

Doch wie groß auch der Verlust an Wärme und Gemütlichkeit war, der Gewinn an Raum erwies sich als unwiderstehlich. Die Entwicklung des Kamins war ein enormer Fortschritt. Plötzlich war es möglich, Bretter über die Balken unter dem Dach zu legen und oben eine ganz neue Welt zu erschaffen.

II.

Der Ausbau des Hauses nach oben änderte alles. Als begüterte Hausbesitzer erst einmal entdeckten, wie befriedigend es war, Raum für sich selbst zu haben, bauten sie dort immer mehr Zimmer. Der erste Schritt war ein weitläufiger neuer Raum, ein großer Saal, in dem der Herr und seine Familie all dem frönten, dem sie bis dato unten in der *hall* gefrönt hatten – essen, schlafen, herumhängen, spielen –, nur nicht mit so vielen anderen Menschen um sich herum. In die große Halle unten ging die Familie nur noch zu Banketten und anderen besonderen Ereignissen. Die Diener gehörten auch bald nicht mehr zur Familie, sondern wurden … na ja, Diener.

Für sich persönlich Raum zu haben kommt uns heute vollkommen normal vor, doch damals war es eine Offenbarung. Die Leute konnten gar nicht genug davon kriegen. Bald reichte es nicht mehr nur, getrennt von seinen Untergebenen zu leben, sondern auch von Seinesgleichen.

Als den Häusern sozusagen Flügel wuchsen und sie sich ausbreiteten und die häuslichen Arrangements vielfältiger wurden, schuf oder übernahm man für all die neuen Zimmertypen natürlich entsprechende Worte: Studierstube, Bettkammer, Abortkammer, Wandschrank, Stube, Plauderstübchen und Bibliothek. Bald kamen dazu: Empore oder Galerie, großer Saal oder große Galerie, Audienzzimmer, Ankleidekammer, Salon, Gemach, Wohnung und Suite. »Was für ein Unterschied zu dem alten Brauch, dass der ganze Haushalt Tag und Nacht in der großen Halle lebte!«, schrieb Gotch in einem seltenen Moment überschäumender Lebensfreude. Ein neuer Raum, den er nicht erwähnt, war übrigens das Boudoir, wörtlich ein Raum, »in dem man schmollt« (vom Französischen *bouder*, schmollen), der von Anfang an mit Kabalen und Liebe assoziiert wurde.

Selbst mit zunehmender relativ privater Sphäre blieb das Leben viel gemeinschaftlicher und weniger diskret als heute. Toiletten hatten mehrere Sitze, damit man dort auch gepflegt miteinander plaudern konnte, und auf Bildern sieht man ganz normal Paare munter zwanglos im Bett oder im Bad, während Diener sie bedienen und Freunde in netter Runde danebensitzen, Karten spielen und schwatzen, alles bequem in Sicht- und Hörweite.

Der Gebrauch der neuen Zimmer war lange Zeit nicht so strikt getrennt wie heute. Alle waren eigentlich auch Wohnräume. In italienischen Bauplänen aus der Renaissance und späterer Zeit wurden Räume nicht nach Typen benannt, denn sie dienten keinen festgelegten Zwecken. Die Leute bewegten sich im Haus, suchten Schatten oder Sonne und nahmen gegebenenfalls das ein oder andere Möbel mit. Als die Zimmer dann ein Etikett verpasst bekamen, war die Rede von »mattina« (zum morgendlichen) oder »sera« (zum nachmittäglichen und abendlichen Gebrauch). Weitgehend ähnlich unangestrengt ging es in England zu. Ein Schlafgemach wurde nicht nur zum Schlafen benutzt, sondern auch für Mahlzeiten, die man für sich einnehmen wollte, oder um besondere Gäste darin zu empfangen. Ja, ins Schlafgemach zog man sich bald so oft und gern zurück, dass man darüber hinaus noch privatere Zimmer schaffen musste.

Die kleinen Räume, die von der Schlafkammer abgingen,

wurden für alle Arten persönlicher Zwecke benutzt, vom Stuhlgang bis zum Rendezvous, und die jeweiligen Worte dafür haben oft eine kuriose Wandlung hinter sich. *Closet* hatte, wie Mark Girouard uns erzählt, »eine lange, ehrenwerte Geschichte, bevor es schließlich als großer Schrank oder als Zimmer für das Spülbecken und die Schrubber der Küchenmagd in Schmach und Schande fiel«. Anfänglich war es mehr eine Studierstube als eine Kammer zum Aufbewahren von Sachen, und *cabinet,* ursprünglich eine Verkleinerungsform von *cabin* (Kammer*),* bedeutete Mitte des sechzehnten Jahrhunderts noch eine Schatulle, in der man Wertgegenstände verwahrte. Schon bald danach – kaum ein Jahrzehnt später – bedeutete es den ganzen Raum drumherum. Die Franzosen verfeinerten den Begriff (wie so oft) in eine Vielfalt von Zimmertypen, so dass ein großes französisches Schloss bis zum siebzehnten Jahrhundert neben einem simplen *cabinet* noch ein *cabinet de compagnie,* ein *cabinet d'assemblée,* ein *cabinet de proprieté* (jeweils eine Art Minisalon) sowie ein *cabinet de toilette* (eine Frisiertoilette für die Damen) haben mochte.

Im Englischen wurde das *cabinet* zur exklusivsten, persönlichsten aller Kammern – zum Innersanktum, in dem die vertraulichsten Treffen stattfinden konnten. Dann machte das Wort, wie das Worte manchmal an sich haben, einen bizarren Wandel durch und beschrieb etwa im Jahre 1605 nicht nur das Zimmer, in dem sich der König mit seinen Ministern traf, sondern auch die Gruppe der Minister selbst: das Kabinett.

An diesem privaten Raum gab es früher oft eine kleine Zelle oder einen Alkoven, der allgemein als *privy,* als Abort bezeichnet wurde, aber auch als Lokus, Latrine, Ort der Erleichterung, Necessarium oder Aborterker und in dem sich eine Bank mit einem Loch befand, die sich strategisch günstig hoch über einem Wassergraben oder einem tiefen Schacht befand. Man nimmt oft an und schreibt es auch manchmal, dass *privy* Namensgeber von Insignien und staatlichen Einrichtungen in England ist, vor allem für das *Privy Seal,* das Geheim- oder Kleine Siegel, und den

Privy Council, den Geheimen oder Staatsrat. Doch diese Begriffe kamen mit den Normannen nach England, fast zweihundert Jahre bevor *privy* seinen Toilettensinn annahm. Es stimmt allerdings, dass der Mensch, der für das königliche *privy,* den Abort, zuständig war, den Titel Kammerherr des Stuhls trug und mit der Zeit vom Toilettenreiniger zum bewährten Ratgeber des Monarchen avancierte.

Einen ähnlichen Bedeutungswandel durchliefen viele andere Worte. »Garderobe«, zum Beispiel, kann heute Oberbekleidung bedeuten, den Kleiderbestand eines Menschen, einen Raum oder eine Stelle in einem Haus, den Ort in einem öffentlichen Gebäude, an dem man seine »Garderobe« abgibt, den Umkleideraum eines Künstlers oder ein Möbelstück.

Um alle neuen Zimmer unterzubringen, wuchsen die Häuser nach links, rechts, nach hinten und nach oben. Ein vollkommen neuer Haustyp mit Namen *prodigy house,* »Wunderhaus«, entstand und verbreitete sich überall im Land. Solche Häuser hatten nie weniger als drei oder manchmal vier Stockwerke und waren oft riesengroß. Das riesengrößte war Knole in Kent, in dem 1892 die Schriftstellerin Vita Sackville-West geboren wurde. Es wuchs und wuchs, bis seine Grundfläche um die 16 000 Quadratmeter betrug und es sieben Höfe (einen für jeden Tag in der Woche), zweiundfünfzig Treppenaufgänge (einen für jede Woche im Jahr) und dreihundertfünfundsechzig Zimmer (eines für jeden Tag im Jahr) hatte – jedenfalls behauptete man das lange.

Wenn man solche Häuser heute betrachtet, kann man manchmal wunderbar sehen, wie die Bauleute nach und nach dazugelernt haben. Ein beeindruckendes Beispiel ist Hardwick Hall in Derbyshire, das 1591 für die Countess of Shrewsbury, genannt Bess of Hardwick, gebaut wurde. Hardwick Hall war ein Wunderwerk der Zeit und wurde, weil es so große Fenster hatte, als *»Hardwick Hall, more glass than wall«* sofort berühmt. Für moderne Augen sind Größe und Anordnung der Fenster ziemlich normal, doch 1591 war es etwas derartig Neues, dass der Architekt (vermutlich Robert Smythson) nicht wusste, wie und wo er die vielen Fenster, die vorgesehen waren, alle einbauen sollte. Manche sind allerdings Attrappen, hinter denen sich Rauchfänge verbargen. Andere gehören zu Zimmern auf verschiedenen Stockwerken. Manche großen Zimmer haben viel zu wenige und manche winzigen fast nur Fenster. Nur ab und zu passen die Fenster und die Räume, denen sie Licht geben, überhaupt zusammen.

Bess stattete das Haus mit Silbersachen aller Art, Tapisserien, Gemälden und allem Möglichen aus, wie man es exquisiter in einem Privathaus in England kaum finden konnte, doch das Auffallendste für heutige Betrachter liegt darin, wie karg und bescheiden der Gesamteindruck ist. Die Böden waren mit schlichten Binsenmatten bedeckt. Die große »lange Galerie« war mehr als fünfzig Meter lang, aber es standen nur drei Tische, ein paar Bänke und Stühle mit hoher, gerader Rückenlehne und zwei Spiegel darin. Letztere waren allerdings im elisabethanischen England extrem wertvolle Kostbarkeiten, wertvoller als jedes Gemälde.

Die Leute bauten nicht nur enorm große Häuser, sie bauten Unmengen enorm großer Häuser. Hardwick Hall ist zudem deshalb bemerkenswert, weil es gleich daneben schon eine Hardwick Hall gab, die vollkommen in Ordnung war und von nun an Hardwick Old Hall genannt wurde. Heute ist es eine Ruine, doch zu Bess' Zeit und noch einhundertfünfzig Jahre danach war sie bewohnt.

Normalerweise waren es die Monarchen, die große Häuser errichten ließen – und ein Haus nach dem anderen erwarben; Heinrich VIII. hatte bei seinem Tode nicht weniger als zweiundvierzig Paläste. Doch seine Tochter Elisabeth war klüger und sah, dass es viel billiger war, andere zu besuchen und ihnen die Reisekosten aufzubürden. Sie nahm in großem Stil die altehrwürdige Praxis der jährlichen königlichen Reise wieder auf. Weit gereist ist sie allerdings nie – sie verließ England kein einziges Mal und reiste auch nicht viel im Land herum –, doch als Besucherin war sie einsame Spitze. Wenn sie einmal im Jahr auf die königliche Reise ging, dauerte die acht bis zwölf Wochen, und dann besuchte sie ungefähr zwei Dutzend Adelssitze.

Diejenigen, die die Monarchin beehrte, erwarteten den royalen Tross fast immer mit einer Mischung aus freudiger Erregung und Bangen. Einerseits boten sich einzigartige Möglichkeiten zu Beförderung und gesellschaftlichem Aufstieg, andererseits war es ein unglaublich teures Vergnügen. Der königliche Haushalt umfasste bis zu fünfzehnhundert Menschen, und viele davon – etwa einhundertfünfzig bei Elisabeth I. – begleiteten die königliche Hoheit auf Reisen. Die Gastgeber mussten nicht nur für die maßlosen Ausgaben für Kost, Logis und Unterhaltung einer ganzen Bande privilegierter, verwöhnter Leute aufkommen, sondern immer auch mit erheblichen Diebstählen und Schäden an ihrem Besitz sowie einigen ungesunden Überraschungen rechnen. Nachdem um das Jahr 1660 der Hof Charles II. Oxford verlassen hatte, bemerkte einer der Zurückbleibenden, verständlicherweise entsetzt, dass die hohen Gäste »ihre Exkremente in jeder Ecke, in Kaminen, Arbeitszimmern, Kohlenkellern und Kellern« hinterlassen hatten.

Da sich ein Besuch trotzdem sehr bezahlt machen konnte, gaben sich die meisten Gastgeber alle erdenkliche Mühe, um die Herrschaften zufriedenzustellen. Als Minimum lernten sie, aufwändige Masken- und Historienspiele zu veranstalten, doch viele legten in der Hoffnung auf einen kleinen Entzückensschrei aus königlichem Munde Seen an, auf denen man Bötchen fahren konnte, bauten Flügel an ihr Haus und modelten ganze Landschaften um. Selbstverständlich überhäuften sie die Gäste mit Geschenken. Ein glückloser Höfling namens Sir John Pukering, der Elisabeth einen mit Diamanten geschmückten Seidenfächer, mehrere nicht eingefasste Edelsteine, ein Gewand von seltener Pracht und zwei außergewöhnlich feine Cembali geschenkt hatte, musste erleben, wie sie beim ersten Dinner das Silberbesteck und einen Salzstreuer bewunderte und beides ohne ein weiteres Wort in die königliche Handtasche gleiten ließ.

Selbst Elisabeths altgediente Minister lernten, peinlichst darauf zu achten, woran ihre Königin sich delektierte. Als sie sich über den langen Weg zu Lord Burghleys Landhaus in Lincolnshire beschwerte, kaufte er eines mehr in der Nähe, in Waltham Cross in einer Grafschaft unweit Londons, und baute es aus. Christopher Hatton, Elisabeths Lordkanzler, ließ ausdrücklich für den Besuch der Königin einen Riesenkasten namens Holdenby House errichten. Doch sie kam nie, und er starb mit achtzehntausend Pfund Schulden, einer kolossalen Summe, die heute etwa neun Millionen Pfund entspricht.

Eine große Wahl hatten die Erbauer dieser Häuser meist nicht. James I. befahl dem loyalen, aber unbedeutenden Sir Francis Fane, Apethorpe Hall in großem Stil umzubauen, damit er, der König, und sein Lover, der Herzog von Buckingham, ein paar angemessen prachtvolle Räume hatten, durch die sie auf dem Weg ins Schlafgemach schlendern konnten.

Wenn man eine dauerhafte kostspielige Verpflichtung gegenüber der Krone auf sich nehmen musste, war das schon eine furchtbare Zumutung. Dieses Los erwischte Bess of Hardwicks Gatten, den sechsten Lord Shrewsbury. Sechzehn Jahre lang musste er Gefängniswärter für Mary, Queen of Scots, spielen, was bedeutete, den Hof eines kleinen, unglaublich illoyalen Staates in seinem eigenen Haus zu unterhalten. Wir können uns nur vorstellen, wie ihm das Herz in die Hose rutschte, als er die achtzig Pferdekutschen – der Zug der Fahrzeuge war mehr als einen halben Kilometer lang – erblickte, die mit der schottischen Königin, fünfzig Dienern und Räten und all deren Besitztümern seine Auffahrt heraufkamen. Und er musste diese große Anzahl von Menschen nicht nur ernähren und unterbringen, sondern auch noch eine Privatarmee unterhalten, um für deren Sicherheit zu sorgen. Die Kosten und der emotionale Druck sorgten dafür, dass seine Ehe mit Bess nie sonderlich glücklich war – aber das wäre sie wohl ohnehin nicht geworden. Bess' Verschleiß an Männern war eher hoch; Shrewsbury war ihr vierter Gatte und ihre Ehe mit ihm mehr ein geschäftlicher Zusammenschluss als eine Herzensbindung. Sie beschuldigte ihn schließlich sogar, eine Affäre mit der schottischen Königin zu haben – ob berechtigt oder nicht, ein gefährlicher Vorwurf! –, und sie trennten sich. Dann ließ Bess eines der großen Häuser der Zeit erbauen.

Als sich das Leben immer tiefer in immer größere Häuser zurückzog, verlor unsere alte *hall* ihren ursprünglichen Zweck und wurde eine Eingangshalle mit einem Treppenaufgang, ein Raum, in dem man empfangen wird und durch den man zu wichtigeren Räumen geht. So war das auch in der Hardwick Hall – trotz ihres Namens. Alle wichtigen Räume sind dort in den oberen Stockwerken. Die ursprüngliche *hall* war nichts Besonderes mehr. Schon 1663 bezeichnete das Wort nur noch einen beliebigen bescheidenen Raum, besonders aber den Eingangsbereich. Ganz im Gegensatz dazu wurde gleichzeitig der ursprüngliche Sinn bewahrt, ja, sogar noch ausgedehnt, um große, wichtige Gebäude, besonders öffentliche, zu benennen, wie zum Beispiel die Carnegie Hall oder die Royal Albert Hall.

Im Privathaus jedoch bleibt die *hall* der semantisch am meisten degradierte Raum. In unserem alten Pfarrhaus ist sie wie in den meisten Häusern heute ein geschrumpfter, kleiner Vorraum, mit praktischen Schränkchen und Haken, wo wir die Schuhe ausziehen und unsere Jacken aufhängen.

Und so eingestimmt legen wir unsere Garderobe ab und treten endlich in das Zimmer, das der wahre Mittelpunkt des Hauses ist.

Viertes Kapitel

Die Küche

I.

Im Sommer 1662 lud Samuel Pepys, ein aufstrebender junger Mann im britischen Flottenamt, seinen Boss Peter Pett, Kommissar selbstdort, zum Abendessen in sein Haus in der Seething Lane ein, unweit des Towers in London. Pepys war neunundzwanzig Jahre alt und wollte wahrscheinlich einen guten Eindruck bei seinem Vorgesetzten machen. Doch als man ihm seinen Teller mit Stör vorsetzte, sah er bestürzt und voller Grausen, dass »viel kleines Gewürm darin herumkreuchte«.

Dass das Essen, das einem serviert wurde, sehr lebendig sein konnte, war zwar selbst zu Pepys' Zeiten nicht alltäglich – es war ihm also wirklich peinlich –, doch hinsichtlich Frische und Reinheit ließ man tunlichst immer einen Hauch Misstrauen walten. Waren die Speisen wegen unzureichender Konservierung auch nicht im Zustand fortschreitender Verwesung, bestanden zumindest gute Chancen, dass sie mit gefährlichen und unappetitlichen Substanzen gefärbt oder gestreckt waren.

Fast nichts, scheint es, war vor den üblen Tricks der Lebensmittelpanscher gefeit. Zucker und andere teure Ingredienzen wurden oft mit Gips, Kalk, Sand, Staub oder anderem gestreckt, Butter mit Talg und Schmalz aufgepeppt. Ein Liebhaber feinen Tees konnte, nichts Böses ahnend, das Getränk mit zugemischten Sägespänen und pulverisiertem Schafsdung brauen. Judith Flanders berichtet, dass bei einer gründlich untersuchten Schiffsladung Tee zutage kam, der aus gerade mal einer guten Hälfte aus ebendem bestand, ansonsten jedoch aus Sand und Schmutz. Um Essig schön scharf zu machen, fügte man ihm Schwefelsäure hinzu, Milch wurde mit Kreide vermischt, Gin mit Terpentin. Mit Kupferarsenit wurden Gemüse grüner und Gelees glänzend. Bleichromat verlieh Backwaren einen goldenen Schimmer und Senf strahlende Frische. Bleizucker machte Getränke süßer, und Mennige schenkte Gloucesterkäse ein schöneres Aussehen, wenn auch nicht mehr Nährwert.

Anscheinend gab es wirklich kein Nahrungsmittel, das man nicht mit einer Prise List und Tücke aufbessern und für den Händler kostengünstiger machen konnte. Der schottische Schriftsteller und Dichter Tobias Smollett berichtete, dass Kirschen taufrisch schimmerten, wenn der Verkäufer sie sanft ein wenig im Mund herumwälzte, bevor er sie feilbot. Wie viele arglose Damen von Rang und Namen, überlegte Smollett weiter, verspeisten wohl genüsslich einen Teller mit knackigen Kirschen, die vorher »ein Höker aus St. Giles zwischen seinen schmutzigen und vielleicht eitrigen Lefzen herumgerollt und benetzt hat«.

Mit Brot trieb man es ganz besonders arg. In seinem populären Roman *Humphry Clinkers Reise* von 1771 beschreibt Smollett das Londoner Brot als giftige Mixtur aus »Kalk, Alaun und Knochenasche, von Geschmack fade und für die Constitution schädlich«, doch solche Klagen waren zu der Zeit und wahrscheinlich schon seit Langem gang und gäbe, wie die Drohung des Riesen aus *Hans und die Bohnenranke* beweist: »Ich zermalm seine Knochen/und mach daraus Brot.« Die Behauptung, dass Brot fast überall verfälscht wurde, fand man zum ersten Mal in einer Publikation mit dem Titel *Gift entdeckt: Oder erschröckliche Wahrheiten*, die 1757 anonym von »Meinem Freunde, einem Doctor« verfasst wurde und »aus zuverlässiger Quelle« enthüllte, dass »Bäcker nicht selten säckeweise alte Knochen verbacken« und man die »Beinhäuser der Toten auskehrt, um dem Essen der Lebenden Dreck beizumengen«. Fast gleichzeitig kam ein anderes, sehr ähnliches Buch heraus, *Die Beschaffenheit von Brot, Lauter und Unlauter*

Gebacken« von Joseph Manning, Doctor medicinae, der berichtete, Bäcker setzten routinemäßig jedem Laib, den sie backten, Bohnenmehl, Kreide, Bleiweiß, Löschkalk und Knochenasche zu.

Selbst jetzt noch werden solche Aussagen regelmäßig als Tatsachenbehauptungen wiederholt, obwohl Frederick A. Filby in seinem Klassiker *Nahrungsmittelfälschung* schon vor über siebzig Jahren stichhaltig begründet hat, dass sie schlicht nicht stimmen können. Filby unternahm den interessanten und eigentlich naheliegenden Schritt, mit den angeblichen Zusatzstoffen in genau den angegebenen Mengen und auf die beschriebene Weise selbst Brot zu backen. Außer in einem Fall war es entweder hart wie Beton oder wurde überhaupt nicht fest, und fast alle Laibe rochen oder schmeckten widerlich. Da etliche auch mehr Backzeit als ein normaler Laib benötigten, waren sie in der Produktion sogar noch teurer. Kein einziger der verunreinigten Brotlaibe war genießbar.

Tatsache ist, dass Brot zu panschen gar nicht so einfach ist und man es garantiert merkt, wenn Dinge, einerlei, in welchen Mengen, unter den Teig gemischt werden, die dort nicht hineingehören. Was allerdings für die meisten Lebensmittel gilt, denn auch dass jemand eine Tasse Tee trinkt und nicht herausschmeckt, dass zu fünfzig Prozent Eisenspäne mit aufgebrüht worden sind, ist schwer zu glauben. In gewissem Ausmaß wurde bestimmt getrickst, besonders wenn die Farbe kräftiger oder das Aussehen frischer sein sollte, aber die meisten angeblichen Fälschungen waren entweder Ausnahmen oder unwahr, und das trifft besonders für alles zu, was angeblich ins Brot gemengt wurde – mit der einzigen denkwürdigen Ausnahme von Alaun, worauf ich gleich noch einmal zu sprechen komme.

Zunächst ein paar Worte dazu, wie wichtig im neunzehnten Jahrhundert für die Engländer das Brot als Nahrungsmittel war. Für viele war es nicht etwa eine unabdingbare Beilage zu einer Mahlzeit – es war die Mahlzeit selbst. Bis zu achtzig Prozent des Familieneinkommens wurden laut dem Brothistoriker Christian Petersen für Essen ausgegeben, und bis zu achtzig Prozent davon wiederum für Brot. Selbst Menschen aus dem Bürgertum gaben bis zu zwei Drittel ihres Einkommens für Essen aus (heute ungefähr ein Viertel!), das auch bei ihnen zum großen Teil aus Brot bestand und natürlich nicht zu teuer sein sollte. In einer ärmeren Familie, erzählen uns fast alle zeitgenössischen Berichte, bestand die tägliche Kost höchstwahrscheinlich aus ein paar Tassen Tee, ein paar Gramm Zucker, ein wenig Gemüse, ein, zwei Scheiben Käse und alle Jubeljahre einmal einem Fetzchen Fleisch. Ansonsten nur aus Brot.

Weil Brot eine so wichtige Rolle spielte, waren die Reinheitsgesetze streng und die Strafen für Verstöße schwer. Ein Bäcker, der seine Kunden betrog, konnte mit zehn Pfund für jeden verkauften Laib oder einem Monat schwerer Arbeit im Zuchthaus bestraft werden. Eine Zeitlang erwog man ernsthaft, erwischte Übeltäter nach Australien zu deportieren. Das alles durften die Bäcker nicht auf die leichte Schulter nehmen, denn da Brotlaibe beim Backen durch Verdunstung Gewicht verlieren, konnte ihnen ohne jede böse Absicht immer einer zu leicht geraten. Deshalb gaben sie manchmal ein wenig mehr – das berühmte »Bäckerdutzend«, das dreizehn Stück ausmachte.

Beim Alaun verhält sich die Sache anders. Alaun ist eine chemische Verbindung – genau genommen ein schwefelsaures Doppelsalz – zum Fixieren von Farben. Es ist, um den exakten Terminus zu verwenden, ein Beizmittel. Außerdem findet es als Klärmittel bei allen möglichen industriellen Produktionsprozessen Verwendung, beim Zurichten von Leder und zum Weißmachen von Mehl, was nicht unbedingt schlimm ist, da man nur winzige Mengen dazu braucht. Schon drei, vier Löffel machen hundert Kilogramm Mehl wunderbar weiß, und so verteilt schadet das Alaun niemandem. Selbst heute noch fügt man es Lebensmitteln und Medikamenten zu. Es ist üblicher Bestandteil in Backpulver und Impfstoffen, und wegen seiner klärenden Eigenschaften versetzt man sogar manchmal das Trinkwasser damit. Mindere Qualitäten von Mehl, das ernährungsphysiologisch völlig in Ordnung, aber nicht sehr appetitlich anzusehen war, wurden durch wenige Gramm Alaun bei der Masse der Menschen akzeptabel, und die Bäcker konnten mehr aus ihrem Weizen herausholen. Sie verwendeten es auch als Trocknungsmittel, und das war vollkommen vernünftig.

Nicht immer übrigens bediente man sich fremder Substanzen, um die Produkte zu strecken. Manchmal plumpste auch etwas hinein. Bei einer parlamentarisch angeordneten Überprüfung von Bäckereien im Jahre 1862 fand man nicht selten »massenweise Spinnweben, die unter dem Gewicht von darauf angesammeltem Mehlstaub in Fetzen herunterhingen« und jederzeit in jeden Backtrog und auf jedes Backblech fallen konnten. Insekten und allerlei Ungeziefer huschten an Wänden entlang und über Arbeitsplatten. In einer Probe Eiskrem, das 1881 in London verkauft wurde, fand man laut Adam Hart-Davis Menschenhaare, Katzenhaare, Insekten, Baumwollfasern und mehrere andere nicht unbedingt gesunde Dinge, was ganz gewiss an einem Mangel an Hygiene lag und nicht daran, dass man aus betrügerischen Absichten Füllmittel zugesetzt hatte. Zur gleichen Zeit wurde ein Konditor zu einer Strafe verurteilt, weil er »seine Waren mit Farbstoffen gelb gefärbt hatte, die ihm vom Streichen seines Karrens übrig geblieben waren«. Doch gerade weil Zeitungen diese Fälle aufgriffen und groß herausbrachten, muss man annehmen, dass es Ausnahmen und nicht die Regel waren.

Tobias Smollett malt in seiner Briefromanschwarte *Humphry Clinker* ein solch anschauliches Bild des englischen Lebens im achtzehnten Jahrhundert, dass selbst jetzt noch viel daraus zitiert und für bare Münze genommen wird. In einer der drastischeren Passagen beschreibt er, wie Milch in offenen Eimern durch die Straßen Londons getragen wurde und »Spucke, Rotz und Stücke von Priemen Vorübergehender« hineinfielen, ferner »Spritzer von randvollen Fäkalienkarren und Kutschenrädern, Dreck und Unrat, mit dem böse Buben sich aus Übermut bewarfen, Ausgespienes von Säuglingen [...] und schließlich Ungeziefer, das aus den

Lumpen der garstigen Vettel plumpste, die diese kostbare Mixtur feilbot«. Was gern übersehen wird, ist, dass das Buch eine Satire und keine Reportage sein sollte und sein Verfasser nicht einmal in England war, als er es schrieb, sondern todkrank in Italien, wo er drei Monate nach der Veröffentlichung starb.

Natürlich heißt das nicht, dass es keine schlechten Lebensmittel gab. Selbstverständlich gab es die, insbesondere Fleisch von kranken Tieren und solches, das sein Verfallsdatum lange überschritten hatte. Der Schmutz auf dem Smithfield Market in London, dem Hauptfleischmarkt, war berühmt-berüchtigt. Bei einer behördlichen Überprüfung im Jahre 1828 sagte ein Zeuge, er habe »einen Übelkeit erregenden Kuhkadaver« gesehen, »an dem das Fett nur noch triefender gelber Schleim« gewesen sei. Tiere, die von weither dort hingetrieben wurden, waren oft erschöpft und krank und erholten sich ja nun nicht gerade am Ort ihrer Hinrichtungsstätte. Viele Tiere waren mit eiternden Wunden bedeckt. Auf dem Smithfield Market wurde so viel verdorbenes Fleisch verkauft, dass man dort eigens einen Namen dafür hatte: *cag-mag*, was so viel wie »billige Scheiße« hieß.

Selbst wenn die Absichten der Produzenten rein waren, waren das ihre Lebensmittel nicht immer. Letztere in essbarem Zustand zu entfernten Märkten zu befördern war ja auch stets schwierig. Andererseits träumten die Leute davon, Dinge von weither oder außerhalb der Saison zu essen. Im Januar 1859 verfolgte halb Amerika eifrig, wie ein Schiff mit dreihunderttausend saftigen Orangen und vollen Segeln von Puerto Rico zu den Neuenglandstaaten fuhr, weil man beweisen wollte, dass es möglich war. Bei der Ankunft waren zwei Drittel der Fracht zu einer duftenden Pampe verrottet. Produzenten in entlegeneren Ländern konnten nicht einmal auf einen solchen Erfolg hoffen. Die Argentinier hielten auf ihren endlos weiten Pampas riesige Rinderherden, aber wie sie das Fleisch verschiffen sollten, wussten sie nicht. Also kochten sie Knochen und Talg der Viecher aus und warfen das Fleisch weg. Der deutsche Chemiker Justus Liebig entwickelte zwar eine Formel für Fleischextrakt, um ihnen zu helfen, doch das eigentliche Problem war damit immer noch nicht gelöst.

Man brauchte unbedingt eine Methode, um Nahrungsmittel länger frisch zu halten, als es die Natur erlaubte. Ende des achtzehnten Jahrhunderts verfasste ein Franzose namens François Appert (vielleicht auch Nicolas Appert, die Quellenlage ist verwirrend) ein Buch mit dem Titel *Die Kunst alle animalischen und vegetabilischen Substanzen nähmlich alle Gattungen Fleisch, Geflügel, Wildpret, Fische, Zugemüse, Kuchen – Arzneygewächse, Früchte, Sulzen, Säfte; ferner Bier, Kaffeh, Thee u.s.w. in voller Frische, Schmackhaftigkeit und eigenthümlicher Würze mehrere Jahre zu erhalten.* Und er schaffte tatsächlich einen Durchbruch. Seine Methode bestand im Wesentlichen darin, Lebensmittel in Gläsern dicht zu verschließen und sie dann langsam zu erhitzen. Die Methode funktionierte im Allgemeinen auch sehr gut, doch mit der Versiegelung klappte es nicht immer, und Luft und Verunreinigungen drangen ein, was diejenigen, die den Inhalt trotzdem verzehrten, in heftige Magen-Darm-Bedrängnisse brachte. Da man Apperts Gläsern nicht hundertprozentig vertrauen konnte, blieb eine gewisse Vorsicht beim Verzehr angeraten.

Kurzum, bis Essen den Weg auf den Tisch fand, konnte vieles schiefgehen. Als also Anfang der 1840er Jahre ein Wunderprodukt daherkam, das alles zu verändern versprach, war die Aufregung groß. Dabei kannte man es gut: Eis.

II.

Im Sommer 1844 eröffnete die Wenham Lake Ice Company – nach einem See in Massachusetts benannt – ein Ladenlokal am Strand in London und stellte dort jeden Tag einen frischen Eisblock ins Schaufenster. Noch nie hatte man in England einen derartig großen Eisblock gesehen – jedenfalls nicht im Sommer, nicht mitten in London –, und auch keinen, der so glatt und klar war. Man konnte eine Zeitung hindurch lesen. Und eine solche wurde auch immer hinter dem Block aufgehängt, damit die Leute selbst sehen und staunen konnten. Das Schaufenster war die Sensation und ständig von Zuschauern belagert.

Thackeray erwähnt Eis von Wenham in einem Roman; Königin Victoria und Prinz Albert bestanden darauf, dass es auch im Buckingham Palast benutzt wurde, und verliehen der Firma die königliche Urkunde für Hoflieferanten. Viele Leute dachten, der Wenham-See sei ein riesiges Gewässer, etwa so groß wie der Michigansee oder ein anderer der Großen Seen, doch der englische Geologe Charles Lyell wollte es genau wissen und fuhr, als er sich auf einer Vortragsreise befand, von Boston aus extra dorthin, was gar nicht so einfach war. Fasziniert davon, wie langsam das Wenham-Eis schmolz, vermutete er, es habe etwas mit seiner berühmten Reinheit zu tun, doch es schmolz genauso schnell oder langsam wie jedes andere Eis. Außer dass es so weit gereist war, war absolut nichts Besonderes dran.

Eis aus einem See war ein wunderbares Produkt. Es entstand von selbst, also ohne dem Hersteller Kosten zu verursachen, war sauber, unbegrenzt erneuerbar und bei den entsprechenden Temperaturen stets vorrätig. Nur leider gab es weder entsprechende Transport- noch Lagerungsmöglichkeiten und auch noch keinen Markt, auf dem man es hätte verkaufen können. Um eine Eisindustrie ins Leben zu rufen, musste man Verfahren entwickeln, wie man es in großen Mengen schneiden und heben konnte, man musste Lagerhäuser bauen, Handelsrechte erwerben, eine verlässliche Anzahl von Spediteuren und Zwischenhändlern rekrutieren und vor allem eine Nachfrage nach Eis an Orten schaffen, an denen man selten oder nie Eis gesehen hatte und deshalb ganz bestimmt gewillt war, dafür Geld hinzulegen. Der Mann, der das alles schaffte, war aus guter Bostoner Familie und liebte Herausforderungen. Er hieß Frederic Tudor, und die Vermarktung von Eis als Massenware wurde ihm zur fixen Idee.

Eis aus Neuengland zu fernen Häfen zu verschiffen galt als vollkommen verrückt – ein Zeitgenosse nannte es gar die »Grille eines gestörten Hirns«. An der ersten Schiffsladung nach Großbritannien rätselten dann auch die Zollbeamten zwecks Klassifizierung der Ware so lange herum, dass die dreihundert Tonnen geschmolzen waren, bevor man sie aus dem Hafen abtransportieren konnte. Reeder waren höchst unwillig, es als Fracht zu akzeptieren. Die erniedrigende Erfahrung, mit einer Handvoll nutzlosem Wasser in einen Hafen einzulaufen, fanden sie wenig reizvoll, doch realer war die Gefahr, dass die Tonnenlast sich verschieben und das hin- und herschwappende Schmelzwasser ihre Schiffe zum Kentern brachte. Ihre seefahrerischen Instinkte waren schließlich darauf gerichtet, Wasser *aus* dem Schiff zu halten, da wollten sie sich ungern auf ein derart spleeniges Unternehmen einlassen, zumal am Ende desselben nicht einmal ein sicherer Absatzmarkt wartete.

Tudor war ein seltsamer, schwieriger Mann – »herrisch, eitel, verächtlich gegenüber Konkurrenten und unversöhnlich gegenüber Feinden«, meint der Historiker Daniel J. Boorstin. Der Mann aus Boston verprellte seine engsten Freunde und missbrauchte gnadenlos das Vertrauen von Kollegen. Fast alle technologischen Neuerungen, die den Eishandel möglich machten, waren im Übrigen das Werk seines zurückhaltenden, gutwillig langmütigen Partners Nathaniel Wyeth. Tudor kostete es Jahre und sein gesamtes Familienvermögen, um das Eisgeschäft in Gang zu bringen, doch allmählich hatte es Erfolg und machte ihn und viele andere reich. Mehrere Jahrzehnte lang war das Eis vom Gewicht her das zweitgrößte Handelsprodukt der Vereinigten Staaten. Gut isoliert hielt es sich überraschend lange. Es überstand sogar die Fahrt von sechzehntausend Seemeilen von Boston nach Bombay, die einhundertdreißig Tage dauerte, das heißt, es überstand sie zu wenigstens zwei Dritteln, die aber reichten, um Gewinn mit dem Trip zu machen. Eis wurde in die entlegensten Ecken Südamerikas verschifft und von Neuengland nach Kalifornien über Kap Horn. Sägemehl, bis dato ohne jeden Wert, erwies sich als hervorragendes Isoliermaterial und verschaffte den Sägewerken in Maine zusätzliche Einnahmen.

Der Wenham-See spielte nur noch eine sehr nebensächliche Rolle, als der Eishandel der Vereinigten Staaten boomte. Aus ihm gewann man nie mehr als etwa zehntausend Tonnen Eis im Jahr, im Vergleich zu etwa einer Million Tonnen jährlich aus dem Kennebec River in Maine. In England redete man mehr über Wenham-Eis, als dass man es tatsächlich verbrauchte. Ein paar Firmen ließen es sich regelmäßig liefern, Haushalte (außer, wie erwähnt, dem königlichen) jedoch kaum. Ab den 1850er Jahren war das meiste in England verkaufte Eis nicht von Wenham und auch nicht aus den Vereinigten Staaten, sondern aus Norwegen. Die Norweger, normalerweise kein Volk, bei dem einem als Erstes gerissene Geschäftspraktiken einfallen, hatten nämlich den Oppegaard-See bei Oslo in Wenham-See umbenannt und sich lukrative Marktanteile gesichert. Allerdings muss man sagen, dass die Briten das Eis nie so richtig lieben lernten. Selbst heute noch wird es im Vereinigten Königreich oft verkauft, als sei es verschreibungspflichtig. Der eigentliche Markt, stellte sich heraus, war in den Vereinigten Staaten selbst.

Gavin Weightman weist in seiner Geschichte des Eisgeschäfts, *Der Handel mit gefrorenem Wasser*, darauf hin, dass die US-Amerikaner Eis wie kein anderes Volk liebten. Sie benutzten es als fiebersenkendes Mittel, kühlten damit Bier und Wein, verwendeten es in köstlichen eiskalten Cocktails und einem ungeheuren Spektrum anderer gefrorener Gaumenfreuden. Besonders beliebt wurde Eis*krem* – und was für originelle Sorten man erfand! In dem berühmten New Yorker Restaurant Delmonico's konnten die Gäste unter vielen frappierenden Geschmacksrichtungen Pumpernickel-Roggeneis und Spargeleis bestellen. Die Stadt New York allein konsumierte fast eine Million Tonnen Speiseeis im Jahr. Brooklyn schlotzte 334 000 Tonnen weg, Boston 380 000, Philadelphia 377 000. Die US-Amerikaner wurden ungeheuer stolz auf die Kulturleistung Eis. »Wann immer Sie hören, dass man schlecht über einen Amerikaner redet«, sagte ein solcher zu seiner britischen Besucherin Sarah Maury, »denken Sie an das Eis.«

Richtig zeigen, was in ihm steckte, konnte das Eis bei der Kühlung von Güterwagen, denn nun ließen sich endlich Fleisch und andere verderbliche Waren von Küste zu Küste transportieren. Chicago wurde zu *dem* Eisenbahnknotenpunkt, unter anderem, weil man dort riesige Mengen Eis erzeugen und lagern konnte. Manche Eishäuser in Chicago fassten bis zu 250 000 Tonnen.

Vor den »Eiszeiten« war Milch (die natürlich warm aus der Kuh kam) bei Hitze nur ein, zwei Stunden trinkbar, dann wurde sie sauer. Hühnchen mussten an dem Tag, an dem man sie rupfte, gegessen werden. Frischfleisch war selten länger als einen Tag genießbar. Jetzt aber konnte man Lebensmittel sowohl am Ort frisch halten wie auch auf entfernten Märkten verkaufen. 1842 bekam Chicago seinen ersten Hummer; er wurde in einem gekühlten Güterwagen von der Ostküste gebracht. Die Chicagoer bestaunten ihn, als sei er von einem fernen Planeten. Zum ersten Mal in der Geschichte mussten die Lebensmittel nicht mehr in der Nähe dessen, wo man sie erzeugte, verzehrt werden. Und die Farmer der endlosen Ebenen des amerikanischen Mittleren Westens, die Lebensmittel nicht nur billiger und in größeren Massen als überall sonst produzierten, konnten sie jetzt auch fast überallhin verkaufen.

Andere Entwicklungen verbesserten die Möglichkeiten zur Lebensmittellagerung ebenfalls. 1859 löste ein Amerikaner namens John Landis Mason das Problem, das der Franzose François (oder Nicolas) Appert länger als ein halbes Jahrhundert lang nicht in den Griff bekommen hatte. Mason ließ das Gewindeglas mit metallenem Schraubdeckel patentieren. Damit konnte man jetzt das Innere perfekt versiegeln und alle möglichen Lebensmittel konservieren, die bis dato verdorben wären. Das Masonglas wurde allenthalben ein großer Hit, obwohl Mason selbst kaum etwas davon hatte. Er verkaufte die Rechte daran für eine bescheidene Summe und wandte sich dann anderen, wie er meinte, aussichtsreicheren Erfindungen zu – einem faltbaren Rettungsfloß, einer Kiste, in der Zigarren nicht austrockneten, einer Seifenschale, aus der das Wasser abfloss. Doch damit hatte er nicht nur keinen Erfolg, sondern sie waren auch nicht besonders gut. Als es mit einer nach der anderen nicht klappte, zog er sich in milde Demenz und Armut zurück und starb einsam und vergessen in einer New Yorker Mietskaserne.

Eine andere und letztlich erfolgreichere Methode zum Haltbarmachen von Lebensmitteln, nämlich in Metallkonserven, wurde zwischen 1810 und 1820 in England von einem Mann namens Bryan Donkin perfektioniert. Doch die ersten Behälter waren aus Schmiedeeisen, deshalb schwer und praktisch nicht zu öffnen. Bei einem Konserventyp lieferte man die Anweisung, wie sie mit Hammer und Meißel zu öffnen seien, gleich mit. Soldaten attackierten sie vorzugsweise mit dem Bajonett oder beschossen sie mit Kugeln. Damit aus der Erfindung was wurde, musste man auf die Entwicklung leichterer Materialien warten, um dann die Dosen auch in Massen produzieren zu können. Während zu Beginn des neunzehnten Jahrhunderts ein Arbeiter – wenn er sich ranhielt – ungefähr sechzig Dosen am Tag herstellen konnte, warfen im Jahre 1880 Maschinen täglich eintausendfünfhundert aus. Nur das Öffnen blieb noch sehr lange ein Riesenproblem. Verschiedene Geräte wurden patentiert, doch leicht zu handhaben war keines und manches hochgefährlich, wenn es abrutschte. Der sichere moderne Dosenöffner – der mit den beiden Rädern und dem Drehknebel – stammt erst aus dem Jahr 1925.

Die Neuerungen in der Lebensmittelkonservierung waren Teil einer viel breiteren Umwälzung in der Landwirtschaft. Die Mähmaschine von McCormick erlaubte die Massenproduktion von Getreide, was in den Vereinigten Staaten zur Folge hatte, dass man Vieh in industriellem Maßstab halten konnte. Das führte zur Entstehung großer Fleisch verarbeitender Zentren und verbesserter Methoden der Kühlung, und hier blieb das Eis bis weit in moderne Zeiten wichtig. Noch 1930 gab es in den Vereinigten Staaten 181 000 Kühlwaggons, die mit Eis betrieben wurden.

Die Möglichkeit, dass man plötzlich Lebensmittel rund um den Globus transportieren konnte, veränderte die Landwirtschaft in den unterschiedlichsten Ländern. Weizen aus Kansas, Rindfleisch aus Argentinien, Lammfleisch aus Neuseeland und andere Leckerbissen von überall aus der Welt tauchten Tausende von Meilen entfernt auf den Esstischen auf. Die Folgen für die traditionelle Landwirtschaft waren enorm. Man muss nicht weit in einen Wald in Neuengland stapfen, um die gespenstischen Grundmauern verlassener Bauernhäuser und alte Feldmauern zu sehen. In der ganzen Region verließen die Farmer im neunzehnten Jahrhundert massenhaft ihre Höfe, entweder, um in Fabriken zu arbeiten, oder, um ihr Glück auf besserem Land weiter westwärts zu suchen. In einer Generation verlor Vermont fast die Hälfte seiner Bevölkerung. In Europa war es ähnlich. »Die britische Landwirtschaft brach in den letzten dreißig Jahren des neunzehnten Jahrhunderts förmlich zusammen«, sagt Felipe Fernández-Armesto, und mit ihr verschwand alles, was dazugehörte: Landarbeiter, Dörfer, Dorfkirchen und Dorfpfarren, der Landadel. Zum Schluss gingen unser Pfarrhaus und Tausende andere in Privathand über.

Bei einem Besuch in Neuengland im Herbst 2007 bin ich von Boston zum Lake Wenham gefahren, um mir den See anzuschauen, der für kurze Zeit einmal weltberühmt war. Heute liegt er an einem ruhigen Highway in reizvoller Landschaft etwas mehr als zwanzig Kilometer nördlich von Boston, und besonders auf der Fahrt von Wenham nach Ipswich hat man einen malerischen Blick auf ihn. Er dient Boston als Wasserreservoir, ist von einem hohen Maschendrahtzaun umgeben und für die Öffentlichkeit gesperrt. Eine Plakette an der Straße weist auf die Feier des dreihundertjährigen Bestehens der Stadt Wenham im Jahre 1935 hin, aber vom Eishandel, der sie einmal berühmt gemacht hat, ist keine Rede.

III.

Wenn wir 1851 die Küche des Pfarrhauses betreten hätten, wären uns sofort sehr viele Unterschiede zu heute aufgefallen. Zum einen gab es damals noch kein Spülbecken. Mitte des neunzehnten Jahrhunderts waren Küchen (zumindest in bürgerlichen Häusern) nur zum Kochen da; der Abwasch wurde in einer separaten Spülküche erledigt (die wir im nächsten Kapitel besuchen werden). Was bedeutete, dass man jeden Teller und jeden Topf über den Flur tragen musste, wo er geschrubbt, abgetrocknet und weggestellt oder zu erneutem Gebrauch wieder in die Küche geschleppt werden musste. Und das hieß viel Hin- und Herlaufen, denn die Viktorianer kochten viel, und zwar immer eine beeindruckende Anzahl von Gängen.

Das populäre Buch einer Lady Maria Clutterbuck (in Wirklichkeit Mrs. Charles Dickens) aus dem Jahre 1851 bietet einen guten Einblick in die damaligen Kochgewohnheiten. Der Menüvorschlag für ein Abendessen mit sechs Personen lautete »Karottensuppe, Steinbutt in Garnelensauce, Hummerpastetchen, geschmorte Nierchen, Lammrücken, gekochter Truthahn, Schweinshaxe, Kartoffelbrei und Bratkartoffeln, gedünstete Zwiebeln, *cabinet pudding* (ein heiß und mit Fruchtsoße servierter Brot- oder Kuchenpudding mit kandierten Früchten, Rosinen und Korinthen), Flammeri mit Sahne und Makkaroni«. Für eine solche Mahlzeit waren, hat man ausgerechnet, bis zu 450 Teile in Gebrauch, die hinterher natürlich auch abgewaschen werden mussten. Die Schwingtür von der Küche zur Spülküche stand bestimmt nie still.

Wäre man in die Küche gekommen, als Miss Worm und ihre Helferin, ein neunzehnjähriges Mädchen aus dem Dorf namens Martha Seely, darin buken und kochten, taten sie wahrscheinlich etwas, das bis kurz zuvor überhaupt noch nicht üblich gewesen war – sie maßen sorgfältig die Zutaten ab. Bis fast zur Jahrhundertmitte waren die Anweisungen in einem Kochbuch immer herrlich unpräzise: »etwas Mehl« oder »genug Milch«. Ein Ende bereitete all dem das geradezu revolutionäre Buch einer schüchternen und nach allem, was man hörte, liebenswürdigen Dichterin in Kent namens Eliza Acton. Weil sich ihre Gedichte nicht verkauften, schlug ihr Verleger mit sanftem Nachdruck vor, sie solle sich doch an etwas Einträglicherem versuchen, und da schrieb Miss Acton 1845 *Modernes Kochen in Privathaushalten*. Es war das erste Kochbuch, das genaue Mengenangaben und Kochzeiten nannte, und es wurde das Werk, nach dessen Vorbild seitdem alle Kochbücher, meist gar nicht wissentlich, verfasst worden sind.

Es erfreute sich beträchtlichen Erfolges, wurde dann aber jäh von einem keckeren Werk verdrängt, dem merkwürdigerweise viel einflussreicheren *Buch der Haushaltsführung* von Isabella Beeton, das jahrzehntelang auf den Hitlisten blieb. Ein solches Buch hatte es vorher noch nie gegeben. Es wurde schlagartig zum Erfolg und sollte es bis weit ins folgende Jahrhundert bleiben.

Von der ersten Zeile an ließ Mrs. Beeton keinerlei Zweifel daran, dass Haushaltsführung ein todernstes, freudloses Geschäft war. »Die Herrin eines Hauses ist vergleichbar einem Befehlshaber beim Militär oder dem Leiter eines Unternehmens«, erklärte sie und würdigte zuvörderst ihren eigenen selbstlos heroischen Einsatz: »Ich muss freimütig gestehen, dass ich nie so kühn gewesen wäre, dieses Buch auch nur zu beginnen, wenn ich vorher gewusst hätte, dass es mich eine solche Mühe kosten würde.« Womit sie ihrer Leserschaft auch noch gleich ein schlechtes Gewissen machte.

Trotz des Titels *Das Buch der Haushaltsführung* prescht das Werk durch dieses Thema auf gerade einmal dreiundzwanzig Seiten, während es sich auf den nächsten neunhundert Seiten lang und breit dem Kochen widmet. Dabei kochte Mrs. Beeton ja auch nicht gern und setzte, sofern es sich nur irgend vermeiden ließ, offenbar keinen Fuß in ihre eigene Küche. Um diesen Eindruck zu gewinnen, muss man nur ein paar ihrer Rezepte lesen – zum Beispiel den Vorschlag, Nudeln eine Eindreiviertelstunde lang zu kochen, bevor man sie servierte. Wie viele ihres Volkes und ihrer Generation hegte sie ein angeborenes Misstrauen gegenüber allem Exotischen: Mangos äße nur, »wer auch nichts gegen Terpentin« habe; Hummer sei »im Grunde unverdaulich« und »nicht von solchem Nährwert, wie stets behauptet«, Knoblauch »widerwärtig«. Kartoffeln wiederum solle man »mit Vorsicht genießen; viele sind suchterregend und manche schädlich«. Käse fand die Dame nur für Leute bekömmlich, die viel sitzen – warum, sagte sie nicht –, und dann auch nur in »sehr kleinen Mengen«. Fernhalten solle man sich aber insbesondere von Käse mit Adern, denn das seien Pilzwucherungen. »Ganz allgemein«, fügte Mrs. Beeton einen Hauch uneindeutig hinzu, »sind verwesende Dinge keine gesunde Nahrung, und irgendwo muss man eine Grenze ziehen.« Am allerschlimmsten traf es übrigens die Tomate: »Die ganze Pflanze hat einen unangenehmen Geruch, und wenn man ihren Saft dem Wirken des Feuers aussetzt, verdampft er mit einem mächtigen Schwall, der Schwindel und Erbrechen verursacht.«

Mrs. Beeton scheint das Eis als Konservierungsmittel nicht gekannt zu haben, doch wir können davon ausgehen, dass sie es nicht gemocht hätte, weil sie generell was gegen kalte Speisen hatte. »Alte, empfindliche Menschen und Kinder sollten weder Eis noch kalte Getränke zu sich nehmen«, schrieb sie. »Man sollte sich ihrer auch enthalten, wenn einem sehr warm ist oder unmittelbar nach heftiger Betätigung im Freien, denn in manchen Fällen waren tödlich verlaufende Krankheiten die Folge.« Zahllose Nahrungsmittel und Aktivitäten hatten nach Mrs. Beetons Meinung tödliche Konsequenzen.

Obwohl sie so matronenhaft daherkam, war sie erst dreiundzwanzig, als sie mit dem Buch begann. Sie schrieb es für den Verlag ihres Gatten, in dem es ab 1859 in dreiunddreißig monatlichen Fortsetzungen und zwei Jahre später, 1861, in einem Band veröffentlicht wurde. Übrigens hatte Samuel Beeton schon eine schöne Stange Geld mit *Onkel Toms Hütte* verdient, das in Großbritannien eine ebensolche Sensation war wie in den Vereinigten

Staaten. Er gründete auch einige populäre Zeitschriften, unter anderem 1852 das *Englishwoman's Domestic Magazine* mit vielen Neuerungen wie einer Lebenshilfe-Ratgeber-Rubrik, einer Gesundheitskolumne und Schnittmustern.

Fast allem in Beetons *Haushaltsführung* merkte man an, dass es hastig zusammengehudelt worden war. Die Rezepte kamen zum Großteil von den Leserinnen und Lesern, und fast der gesamte Rest war sonst irgendwo abgekupfert. Die Dame stahl ungeniert aus den offensichtlichsten und leicht zu überprüfenden Quellen. Ganze Passagen sind wörtlich aus der Autobiografie Florence Nightingales gemopst, andere ohne viel Federlesens von Eliza Acton. Erstaunlicherweise passte Mrs. Beeton nicht einmal das Geschlecht der beklauten Autoren an, so dass ein, zwei ihrer Geschichten mit einer Stimme erzählt werden, die, verwirrend und irritierend, nur männlich sein kann. Darüber hinaus ist das Ganze völlig unausgewogen. Sie räumt der Zubereitung von Schildkrötensuppe mehr Seiten ein als Frühstück, Lunch und Abendessen zusammen; den englischen Nachmittagstee erwähnt sie nie. Man findet die fantastischsten Widersprüche. Auf derselben Seite, auf der sie lang und breit die gefährlichen Mängel der Tomate erläutert (»man hat festgestellt, dass sie eine bestimmte Säure, ein ätherisches Öl, eine braune, stark duftende, harzige Substanz, eine pflanzlich-mineralische Substanz, Mucosaccharin, Salze und höchstwahrscheinlich ein Alkaloid enthält«), bringt sie ein Rezept für gedünstete Tomaten, die sie eine »köstliche Beilage« nennt, und plappert dann weiter: »Es ist eine gesunde Frucht und leicht verdaulich. Ihr Wohlgeschmack regt den Appetit an und wird fast allenthalben geschätzt.«

Trotz seiner mannigfachen Eigentümlichkeiten war Mrs. Beetons Buch, wie erwähnt, ein riesiger, anhaltender Erfolg beschieden. Die überragende Selbstgewissheit und der riesige Themenumfang waren unwiderstehlich. Das Viktorianische Zeitalter war von Angst besessen, und Mrs. Beetons Wälzer versprach, die besorgte Hausfrau durch alle schäumenden Untiefen des Lebens zu geleiten. Beim Durchblättern der Seiten konnte die Leserin lernen, wie man Servietten faltet, eine Dienerin entlässt, Sommersprossen entfernt, ein Menü zusammenstellt, Blutegel anlegt, einen *Battenberg cake,* einen von Marzipan umhüllten, sehr süßen Kuchen, backt und jemanden wiederbelebt, der vom Blitz getroffen worden ist. Mrs. Beeton erläuterte auch in genauen Schritten, wie man heißen gebutterten Toast macht, nannte Mittel gegen Stottern und Soor, erörterte die Geschichte der Lämmer als Opfertiere, gab eine vollständige Liste der Bürsten und Besen (Ofenbesen, Kranzleistenbürste, Geländerbürste, Reisigbesen, Teppichbesen, Tischbesen – insgesamt ungefähr vierzig), die man in jedem Haus brauchte, das auch in hygienischer Hinsicht respektabel sein wollte, ließ sich über die Gefahren voreilig geschlossener Freundschaften und die Vorsichtsmaßnahmen aus, die zu ergreifen waren, bevor man ein Krankenzimmer betrat. Es war ein Handbuch mit Anleitungen, denen man blind folgen konnte, und genau das wollten die Leute. Mrs. Beeton hatte zu jedem Thema einen entschiedenen Standpunkt – sie war eben das häusliche Pendant zu einem Kasernenhofschleifer.

Sie starb mit erst achtundzwanzig Jahren an Kindbettfieber, acht Tage nach der Geburt ihres vierten Kindes, doch ihr Buch lebte weiter und erfreute sich bis weit ins zwanzigste Jahrhundert hinein stetigen Absatzes.

Von heute aus betrachtet ist es beinahe unmöglich, sich zu den Viktorianern und ihren Essgewohnheiten eine vernünftige Meinung zu bilden. Zunächst einmal war das Sortiment der Lebensmittel überwältigend umfangreich. Augenscheinlich aßen die Leute alles, was da kreuchte und fleuchte oder aus dem kühlen Nass gezogen werden konnte. Schneehühner, Störe, Lerchen, Feldhasen, Waldschnepfen, Knurrhähne, Barben, Stinte, Bachstelzen, Schnepfen, Gründlinge, Weißfische, Aale, Schleie, Sprotten, junge Puter und viele heute meist vergessene Köstlichkeiten fanden Eingang in Mrs. Beetons viele Rezepte. Auch Obst und

Gemüse gab es in scheinbar endloser Vielfalt. Allein bei den Äpfeln konnte man, heute kaum noch zu glauben, aus mehr als zweitausend Sorten mit hochpoetischen Namen wie Worcester Parmäne, Schönheit von Bath oder Cox Orange Pippin auswählen.

Thomas Jefferson zog auf seinem Landsitz Monticello zu Beginn des neunzehnten Jahrhunderts dreiundzwanzig verschiedene Sorten Erbsen und mehr als zweihundertfünfzig Arten Obst und Gemüse. (Er war, ungewöhnlich für seine Zeit, praktisch Vegetarier und aß nur kleine Portionen Fleisch als »würzige Zutat«.) Außer an Stachelbeeren, Erdbeeren, Pflaumen, Feigen und anderen Dingen, die bei uns heute auch noch zu haben sind, taten sich Jefferson und seine Zeitgenossen an Taybeeren (einer Kreuzung zwischen Brombeeren und Himbeeren), Rainfarn, Portulak, Japanischen Weinbeeren, Damaszenerpflaumen, Mispeln, Schraubenbaumgewächsen, Rouncevalerbsen, Zuckerwurzeln, Schwarzwurzeln, Liebstöckel und Dutzenden mehr gütlich, die man heute nur noch selten oder gar nicht mehr findet. Jefferson war übrigens sehr experimentierfreudig. Zu seinen vielen Leistungen zählt es, dass er als Erster Kartoffeln längs zerschnitt und sie briet. Er war also nicht nur Vater der amerikanischen Unabhängigkeitserklärung, sondern auch der Pommes frites.

Ein Grund, warum die Leute so gut essen konnten, bestand darin, dass es viele der Nahrungsmittel, die für uns heute Delikatessen sind, damals zuhauf gab. An den britischen Küsten wimmelte es geradezu von Hummern, und man verfütterte sie an Häftlinge und Waisen oder zermahlte sie zu Dünger. Diener baten um schriftliche Vereinbarungen, dass man ihnen nicht mehr als zweimal pro Woche Hummer vorsetzte.

Die US-Amerikaner lebten geradezu im Schlaraffenland. Allein im New Yorker Hafen gab es die Hälfte aller Austern weltweit, und man fischte dort so viel Stör, dass man Kaviar als Snack in Bars anbot. (Natürlich mit dem Hintergedanken, dass die Leute nach viel Salzigem mehr Bier trinken würden.) Menge und Vielfalt möglicher Gerichte und Gewürze waren atemberaubend. Ein

Hotel in New York hatte im Jahr 1867 einhundertfünfundvierzig Gerichte auf der Speisekarte. Ein beliebtes amerikanisches Rezeptbuch, *Kochen zu Hause,* von Mrs. J. Chadwick, sagte en passant, man solle einen Topf mit Gumbo mit einhundert Austern »verfeinern«. Mrs. Beeton übrigens brachte nur für Saucen nicht weniger als einhundertfünfunddreißig Rezepte.

Dabei zügelten sich die Viktorianer noch vergleichsweise in ihrem Appetit. Das goldene Zeitalter der Völlerei war das achtzehnte Jahrhundert, die Ära von John Bull, der feuerrotgesichtigen, überfressensten, Herzinfarkt gefährdetsten Ikone, die je eine Nation in der Hoffnung erkor, andere Nationen zu beeindrucken. Und es ist vielleicht auch kein Zufall, dass sich die beiden fettesten Monarchen in der britischen Geschichte hauptsächlich im achtzehnten Jahrhundert die Wampe vollschlugen. Die erste war Queen Anne. Obwohl Gemälde sie taktvoll immer nur ein bisschen füllig zeigen, wie eine mollige Rubens-Schönheit, besaß sie gargantueske Ausmaße und war, in den offenen Worten ihrer ehemals besten Freundin, der Herzogin von Marlborough, »über die Maßen füllig und beleibt«. Zum Schluss war Anne so weit auseinandergegangen, dass sie nicht mehr die Treppen hinauf- und hinuntergehen konnte und man in Windsor Castle in den Boden ihrer Gemächer eine Falltür einfügte, durch die sie mittels eines Flaschenzugs mit viel Geruckel und wenig Eleganz in die Staatsräume darunter hinabgelassen wurde. Was muss das für ein Anblick gewesen sein! Nach ihrem Tode wurde sie in einem »fast quadratischen« Sarg beigesetzt. Berüchtigter für seine Gewichtigkeit war der Prinzregent und spätere (von 1820 bis 1830) König George IV., dessen Bauch, wenn er ihn aus dem Korsett ließ, angeblich bis zu seinen Knien hinunterschwappte.

Selbst schlankere Leute setzten sich regelmäßig zu Essensmengen hin, die einem unglaublich großzügig, wenn nicht gar unverdaulich vorkommen. Der Herzog von Wellington berichtete von einem Frühstück, das aus »zwei Tauben und drei Beefsteaks bestand, drei Vierteln einer Flasche Moselwein, einem

Das goldene Zeitalter der Völlerei

Glas Champagner, zwei Gläsern Portwein und einem Glas Kognak« – und das nahm er zu sich, als er ein wenig angeschlagen war. Pastor Sydney Smith, obgleich Geistlicher, sagte deutlich etwas über den Geist der Zeit, als er sich mit folgenden Worten weigerte, das Tischgebet zu sprechen: »Wenn man sich einer orgiastischen Lust hingeben will, scheint es mir höchst ungehörig zu sein, kurz vorher noch einem religiösen Gefühl Ausdruck verleihen zu wollen. Welch eine Verwirrung des Zwecks, das Lob Gottes aus einem Mund auszusprechen, in dem einem das Wasser zusammenläuft.«

Mitte des neunzehnten Jahrhunderts waren überall enorme Portionen üblich. Mrs. Beeton schlug folgendes Menü für eine kleine Dinnerparty vor: Falsche Schildkrötensuppe, Steinbuttfilets in Sahnesauce, Seezunge in Anchovissauce, Kaninchen, Kalbfleisch, geschmortes Rumpsteak, gebratenes Geflügel, Kochschinken, eine Platte mit gebratenen Tauben oder Lerchen und zum Abschluss Rhabarbertörtchen, Baiser, Götterspeise, Sahne, Eispudding und ein Soufflee. Das Ganze für sechs Personen.

Ironisch ist, dass die Viktorianer offenbar, je mehr sie sich fürs Essen begeisterten, desto weniger fähig waren, es zu genießen. Mrs. Beeton machte eigentlich nicht den Anschein, als äße sie gern; sie behandelte die Nahrungsaufnahme wie die meisten Dinge eher als bittere Notwendigkeit, die man entschlossen und effizient hinter sich bringen müsse.

Besonders misstraute sie allem, was auch nur ein bisschen Würze in die Speisen brachte. Knoblauch verabscheute sie, wie erwähnt. Chili fand sie kaum der Rede wert. Sogar schwarzen Pfeffer empfahl sie nur den Tollkühnen. »Man sollte nie vergessen«, ermahnte sie ihre Leserinnen und Leser, »dass er auch in kleinen Mengen auf erregbare Gemüter einen schädlichen Einfluss hat.« Solcherlei Warnungen wurden in den zeitgenössischen Magazinen und Büchern endlos wiederholt.

Schließlich gaben die Viktorianer es gänzlich auf, ihren Mahlzeiten Geschmack zu verleihen, und konzentrierten sich nur noch darauf, sie heiß auf den Tisch zu bringen. In größeren Häusern war das ein durchaus hochgestecktes Ziel, denn Küchen konnten außerordentlich weit entfernt von den Esszimmern sein. Audley End in Essex war in dieser Hinsicht rekordverdächtig, denn dort betrug der Weg von der Küche zum Esszimmer fast zweihundert Meter. In Tatton Park in Cheshire versuchte man die Sache zu beschleunigen, indem man eine Hauseisenbahn einrichtete; da konnten die Wagen aus der Küche zu einem fernen Speiseaufzug expediert werden, der sie schleunigst weiterbeförderte.

Sir Arthur Middleton auf Belsay Hall in der Nähe von Newcastle legte äußersten Wert auf heiße Speisen und stieß ein Thermometer in jedes Gericht, das ihm aus der Küche geschickt wurde. Und wenn Letzteres nicht die erwarteten Wärmegrade erreichte, wurde es prompt zum erneuten Erhitzen zurückgeschickt, manchmal mehrere Male. Häufig nahm er also seine Abendmahlzeiten sehr spät und in mehr oder weniger verkohltem Zustand ein. Auguste Escoffier, der große französische Chefkoch im Savoy Hotel in London, erwarb sich nicht nur deshalb großes Ansehen bei britischen Gästen, weil er sehr gut kochte, sondern weil er ein arbeitsteiliges System in der Küche einführte, nach dem verschiedene Köche sich spezialisierten – einer auf das Fleisch, einer auf das Gemüse und so weiter –, so dass alles auf einmal auf die Teller gelegt und in ungewohnter dampfender Herrlichkeit zu Tisch gebracht werden konnte.

All das zuletzt Gesagte steht natürlich in krassem Widerspruch zu dem, was ich vorher über die karge Kost eines durchschnittlichen Menschen im neunzehnten Jahrhundert ausgeführt habe. Doch die Anhaltspunkte sind derart widersprüchlich, dass man unmöglich sagen kann, wie gut oder schlecht die Leute aßen.

Wenn der durchschnittliche Verzehr überhaupt etwas aussagt, dann ernährten sich die Menschen sogar richtig gesund: 1851 futterten sie etwas mehr als dreieinhalb Kilo Birnen pro Person im Jahr (im Vergleich dazu heute nicht einmal eineinhalb), gut vier Kilo Weintrauben und anderes Beerenobst (grob doppelt so viel wie heute) und ungefähr acht Kilo Trockenobst im Verhältnis zu knapp eineinhalb heute. Beim Gemüse sind die Zahlen noch beeindruckender. 1851 verzehrte der Durchschnittslondoner vierzehneinhalb Kilo Zwiebeln gegenüber knapp sechs heute, über achtzehn Kilo Steckrüben und Kohlrüben gegenüber gut einem Kilo heute und einunddreißig Kilo Kohl gegenüber neuneinhalb Kilo heute. An Zucker verbrauchte man zwischen dreizehn und vierzehn Kilo pro Kopf – weniger als ein Drittel der heutigen Menge. Im Großen und Ganzen sieht es aus, als hätten die Menschen durchaus gesund gegessen.

Doch alle Einzelberichte, die damals und später verfasst wurden, deuten auf das genaue Gegenteil hin. Henry Mayhew meint in seinem *Die Armen von London* 1851, dass das typische Abendessen eines Arbeiters aus einem Stück Brot und einer Zwiebel bestand, während Judith Flanders in ihrer sehr viel jüngeren (und zu Recht hochgelobten) Studie *Verzehrende Leidenschaften. Freizeit und Vergnügen im viktorianischen Großbritannien* behauptet, dass

»die Hauptnahrungsmittel der Arbeiterklasse und großer Teile des Kleinbürgertums Mitte des neunzehnten Jahrhunderts Brot oder Kartoffeln, ein wenig Butter, Käse oder Speck sowie Tee mit Zucker« waren.

Zutreffend ist allerdings, dass Menschen, die über ihre Ernährung nicht selbst bestimmen konnten, grottenschlecht aßen. Der Bericht eines Amtmanns über die Bedingungen in einer Fabrik in Nordengland enthüllte, dass man Lehrlinge von fünf Uhr fünfzig morgens volle fünfzehn Stunden und mehr an den Maschinen hielt und ihnen nur eine einzige kurze Pause zum Essen gewährte. »Sie bekommen Wasserporridge zum Frühstück und Abendessen [das sie beides an den Maschinen einnahmen] und meist Haferkekse und Melasse oder Haferkekse und dünne Brühe zum Mittagessen«, schrieb er. Und das war ganz gewiss mehr oder weniger typisch für alle, die in einer Fabrik, einem Gefängnis, einem Waisenhaus oder sonst wie in einer Situation steckten, in der sie vollkommen machtlos waren.

Es trifft auch zu, dass die Ernährung vieler ärmerer Menschen entsetzlich eintönig war. In Schottland bekamen Landarbeiter zu Beginn des neunzehnten Jahrhunderts pro Woche durchschnittlich eine Ration von knapp acht Kilo Hafermehl, ein wenig Milch und sonst fast nichts, aber sie meinten, sie seien gut dran, weil sie zumindest keine Kartoffeln essen mussten. Die wurden in den ersten einhundertfünfzig Jahren nach ihrer Einführung in Europa weit und breit verachtet. Viele Menschen hielten sie für ungesund, weil ihre essbaren Teile in der Erde wuchsen und nicht edel der Sonne entgegenstrebten. Pfarrer predigten manchmal gegen die Kartoffel, weil sie nirgendwo in der Bibel erwähnt wurde.

Nur die Iren konnten sich eine derartige Pingeligkeit nicht leisten. Für sie war die Kartoffel, weil so ertragreich, ein Gottesgeschenk. Ein einziger Morgen steinige Erde konnte eine sechsköpfige Familie ernähren, wenn sie bereit war, eine Menge Kartoffeln zu essen, und das waren die Iren – notgedrungen. 1780 waren neunzig Prozent von ihnen zum Überleben ausschließlich oder fast ausschließlich auf Kartoffeln angewiesen. Leider ist die Kartoffel auch eines der empfindlichsten Gemüse, anfällig für zweihundertsechzig Arten verschiedenster Fäulniskrankheiten oder Bakterien-, Viren- und Insektenbefall. Von dem Moment an, als sie nach Europa kam, waren Ernteausfälle an der Tagesordnung. In den einhundertzwanzig Jahren bis zur großen Hungersnot in Irland gab es nicht weniger als vierundzwanzig Missernten. Nach einer im Jahre 1739 starben dreihunderttausend Menschen. Doch diese fürchterliche Opferzahl erschien geradezu unerheblich gegenüber dem unglaublichen Sterben und Leiden in den Jahren 1845/46.

Es geschah alles sehr schnell. Bis in den August hinein sah alles gut aus, doch dann ließen die Pflanzen plötzlich die Köpfe hängen und schrumpelten. Als man die Knollen ausgrub, waren sie schwammig und verfaulten schon. In dem Jahr ging die halbe Ernte in Irland verloren. Im nächsten Jahr verdarb buchstäblich die ganze Ernte. Der Schuldige war ein Pilz namens Phytophthora infestans, aber das wussten die Leute nicht. Stattdessen beschuldigten sie fast alles andere, das ihnen in den Sinn kam – den Dampf von Dampfloks, die Elektrizität aus Telegrafensignalen, den neuen Guanodünger, der allmählich viel verwendet wurde. Doch nicht nur in Irland verdarb die Ernte, sondern in ganz Europa. Die Iren waren nur besonders abhängig, von den Kartoffeln.

Hilfe kam berüchtigt langsam. Monate, nachdem der Hunger begonnen hatte, riet der britische Premierminister Sir Robert Peele immer noch dringend zur Vorsicht. »In Berichten aus Irland herrscht immer eine derartige Tendenz zu Übertreibung und Ungenauigkeit, dass eine Verzögerung, was unser Handeln betrifft, stets wünschenswert ist«, schrieb er. Im schlimmsten Jahr der Hungersnot wurden auf dem Londoner Fischmarkt Billingsgate fünfhundert Millionen Austern verkauft, eine Milliarde frische Heringe, fast hundert Millionen Seezungen, 498 Millionen

Garnelen, 304 Millionen Strandschnecken, 33 Millionen Schollen, 23 Millionen Makrelen und weitere ähnlich riesige Mengen, und kein Stückchen davon fand den Weg nach Irland, um den hungernden Menschen dort zu helfen.

Am schlimmsten an der Tragödie war, dass es in Wirklichkeit reichlich Nahrung in Irland selbst gab. Im Land wurden große Mengen Eier produziert, Getreide und alle Sorten Fleisch, und man holte auch sehr viel Essbares aus dem Meer, doch fast alles ging in den Export. 1,5 Millionen Menschen verhungerten vollkommen unnötig! Es war das größte Massensterben in Europa seit dem Schwarzen Tod.

Fünftes Kapitel

Spülküche und Speisekammer

Zu den zahlreichen kleinen Rätseln hinsichtlich des originalen Zustandes des alten Pfarrhauses gehört, dass die Diener eigentlich keinen Raum hatten, in dem sie sich aufhalten konnten, wenn sie nicht arbeiteten. Die Küche war kaum groß genug für einen Tisch und ein paar Stühle, und die miteinander verbundenen Spülküche und Speisekammer, in die ich Sie jetzt gebracht habe, waren noch kleiner. In Ersterer befand sich ein großer, tiefer Spülstein, in Letzter wurden die Lebensmittel aufbewahrt.

Mr. Marsham wird diese Räume ebenso wie die Küche, falls überhaupt, eher mit Vorsicht betreten haben, denn sie waren das Reich der Bediensteten – wenn auch kein großartiges und für ein Pfarrhaus, selbst an den Maßstäben der Zeit gemessen, merkwürdig unzureichend. Im Pfarrhaus von Barham in Kent, das etwa zur gleichen Zeit gebaut wurde, sah der Architekt für die Dienerschaft nicht nur Küche, Speisekammer und Spülküche vor, sondern auch eine Vorratskammer, einen Abstellraum, einen Kohlenkeller, verschiedene Schränke und – das war der entscheidende Unterschied! – ein Zimmer für die Haushälterin, das eindeutig zum gelegentlichen Zurückziehen und Ausspannen gedacht war.

Warum es bei uns anders ist, ist besonders schwer zu erklären, weil das Haus, so wie es gebaut wurde, nicht in allem den Plänen Edward Tulls entspricht. Mr. Marsham schlug offenbar einige wesentliche Änderungen vor (bestand vielleicht sogar darauf), was insofern nicht überraschend ist, als das Domizil, wie es Tull für ihn entworfen hatte, eine Reihe faszinierender Sonderbarkeiten aufwies. Aus unerfindlichen Gründen wollte Tull den

Haupteingang an der Seite und ein Wasserklosett auf dem Absatz der Haupttreppe anbringen, eine wahrlich merkwürdige, unübliche Stelle, denn damit hätte die Treppe kein Fenster mehr gehabt und wäre selbst am Tag stockdunkel wie ein Keller gewesen. Tull plante auch ein Ankleidezimmer zum großen Schlafzimmer, aber ohne Verbindungstür, und baute, wie wir schon wissen, einen Dachboden ohne einen Zugang über eine Treppe, aber mit einer wunderbaren Tür zum Nichts.

Die meisten der schrägeren Ideen wurden zu irgendeinem Zeitpunkt vor oder während des Hausbaus überarbeitet und verworfen. Der Haupteingang wurde letztendlich vorn am Haus angebracht, das Wasserklosett nie gebaut, der Treppenflur bekam ein großes Fenster, durch das das Sonnenlicht strömt (wenn die Sonne scheint!) und aus dem hinaus man einen wunderschönen Blick auf die Kirche hat. Zwei in den Plänen nicht ausgewiesene Zimmer wurden hinzugefügt – unten ein Arbeitszimmer, oben ein weiteres Schlaf- oder Kinderzimmer. Alles in allem unterscheidet sich das fertige Haus sehr von dem, das Tull entwarf.

Eine Änderung ist besonders verblüffend. In Tulls ursprünglichem Plan war der Bereich, wo jetzt das Esszimmer ist, viel kleiner und schloss einen Raum für eine *footman's pantry* ein – also eindeutig einen Raum zum Essen und Ausruhen für die Bediensteten. Er wurde aber nie gebaut. Stattdessen wurde das Esszimmer grob doppelt so groß und nahm den gesamten Platz ein. Warum der Pfarrer, ein Junggeselle, seine Angestellten eines Ortes, an dem sie sich mal hätten niederlassen und erholen können, beraubte und sich selbst dafür ein geräumiges Esszimmer gönnte, kann man nach so langer Zeit natürlich nicht mehr sagen. Aber es bedeutete wirklich, dass die Diener sich nirgendwo bequem hinsetzen konnten, wenn sie nicht arbeiteten. Vielleicht saßen sie ja auch kaum. Diener saßen selten.

Mr. Marsham hatte drei: wie schon erwähnt, die Haushälterin Miss Worm und das Dienstmädchen Martha Seely, dazu James Baker, der als Stallbursche und Gärtner tätig war. Wie ihr Herr waren alle unverheiratet. Uns mag es heute übertrieben vorkommen, dass sich drei Bedienstete um einen ledigen Geistlichen kümmern, doch damals war das normal. Die meisten Pfarrer hatten mindestens vier Bedienstete und manche zehn oder mehr. Es war das Zeitalter der Diener. Familien hatten Diener, wie wir heute Haushaltsgeräte haben. Gewöhnliche Arbeiter hatten Diener. Manchmal hatten Diener Diener.

Diener waren auch mehr als nur praktisch und bequem, sie waren ein entscheidender Indikator für den gesellschaftlichen Status, den man innehatte. Bei Dinnerpartys konnte es Gästen passieren, dass sie entsprechend der Zahl ihrer Diener platziert wurden. Die Leute hielten auch, koste es, was es wolle, an ihren Dienern fest. Frances Trollope (1779–1863), die Mutter des Schriftstellers Anthony Trollope, hatte selbst im amerikanischen Grenzland und nachdem sie in einem gescheiterten Geschäftsunternehmen fast alles verloren hatte, einen uniformierten Lakaien. Karl Marx, der chronisch verschuldet in Soho lebte und oft kaum wusste, wie er das Essen auf den Tisch bringen sollte, beschäftigte eine Haushälterin *und* einen Privatsekretär. (Das Haus war oft so voll, dass der Sekretär, ein Mann namens Wilhelm Pieper, mit Marx in einem Bett schlafen musste. Trotzdem schaffte Marx es, genug private Augenblicke abzuzweigen, um die Haushälterin zu verführen. Im Jahr der Weltausstellung gebar sie ihm einen Sohn, Freddy Demuth.)

In einem Dienstverhältnis zu stehen machte für viele Leute einen Großteil des Lebens aus. Im Jahre 1851 war ein Drittel aller jungen Frauen in London – jedenfalls der im Alter zwischen fünfzehn und fünfundzwanzig – Dienerinnen, ein weiteres Drittel Prostituierte. Viele hatten überhaupt keine andere Wahl. Die Zahl der männlichen und weiblichen Bediensteten in London lag über der der Einwohner aller englischen Städte, ausgenommen die sechs größten. Es war eine sehr weibliche Welt. 1851 standen zehnmal so viele weibliche Personen in einem Dienstverhältnis wie männliche. Allerdings war es für Frauen selten ein Job auf Lebenszeit; die meisten hörten mit fünfunddreißig auf, normalerweise, weil sie heirateten. Sehr wenige blieben länger als ein Jahr in einer Stellung. Kein Wunder, wie wir sehen werden, denn Dienerin zu sein war mit wenigen Ausnahmen Schwerstarbeit, und Undank war der Lohn.

Die Menge des Personals war natürlich sehr unterschiedlich, doch am oberen Ende der gesellschaftlichen Stufenleiter stattlich. Ein großes Landhaus hatte allein vierzig Bedienstete, die im Haus arbeiteten. Der Graf von Lonsdale, ein Junggeselle, lebte allein, hatte aber neunundvierzig Leute, die um ihn herumwieseln mussten. Lord Derby brauchte schon für die Bedienung am Tisch zwei Dutzend Männer und Frauen. Der erste Herzog von Chandos hielt sich für die Mahlzeiten ein Privatorchester und holte aus manchem Musiker noch mehr heraus, indem er ihn Dienerarbeiten verrichten hieß. Der Geiger musste jeden Tag den Herzogssohn rasieren.

Personal, das seine Dienste außerhalb des Hauses verrichtete, ließ die Zahlen weiter anschwellen, besonders wenn die Herrschaften viel ritten oder jagten. Auf Elveden, dem Anwesen der Familie Guinness in Suffolk, waren sechzehn Wildhüter, neun Unterwildhüter, achtundzwanzig Männer speziell für die Kaninchenjagd und zwei Dutzend verschiedene Hilfskräfte beschäftigt, also siebenundsiebzig Leute, die immer genug Vögel aufscheuchen mussten, die der Familie und ihren Gästen zum Abknallen vor die Flinte flattern sollten. Die Waidmänner in Elveden schafften es jedes Jahr, über einhunderttausend gefiederte Gesellen zu massakrieren. Der sechste Baron Walsingham schoss einmal ganz allein 1070 Moorhühner an einem Tag, ein Rekord, der seitdem nie verbessert worden ist und hoffentlich auch nie verbessert werden wird. (Walsingham hatte sicher ein Team von Leuten, deren Aufgabe es war, ihm einen stetigen Nachschub an geladenen Gewehren bereitzustellen, damit er nach Herzenslust herumballern konnte. Schwieriger gestaltete es sich wahrscheinlich, ihm ausreichend viele »Ziele« zu beschaffen; es wurden sicher gleichzeitig immer mehrere Moorhühner aus Käfigen entlassen. So großen Spaß es dem Herrn ja gemacht haben mag, fragt man sich doch, warum er nicht gleich in die Käfige feuerte. Jedenfalls hätte er dann mehr Zeit zum Abendessen gehabt.)

Da Gäste immer eigene Diener mitbrachten, stieg die Zahl der Menschen in einem Landhaus an einem Wochenende nicht selten auf einhundertfünfzig. Bei einer solchen Menge an Leibern kam es unweigerlich zu Verwechslungen. Als Lord Charles Beresford, ein notorischer Schürzenjäger, in den 1890er Jahren einmal ins Schlafzimmer seiner Geliebten schlich und mit einem lustvollen »Ki-ke-ri-kiiii!« ins Bett hechtete, musste er feststellen, dass der Bischof von Chester samt Gattin darin lagen. Um derlei Kuddelmuddel zu vermeiden, gab man Gästen im Wentworth Woodhouse, einem stattlichen Kasten in Yorkshire, silberne Dosen mit verschiedenfarbigem Konfetti, das sie auf den Fluren verstreuen konnten, um den Weg in ihr Zimmer oder zwischen den Zimmern zu finden.

Auch alles Übrige erfolgte in großem Stil. In der Küche in Saltram, einem Herrenhaus in Devon, gab es sechshundert Kupfertöpfe und -pfannen, und das war keineswegs unnormal. In einem durchschnittlichen Landhaus hatte man bis zu sechshundert Handtücher und ähnliche Unmengen an Laken und Bettbezügen. Schon alles immer mit Wäschezeichen zu versehen, zu zählen und korrekt aufzubewahren war eine Mammutaufgabe. Doch selbst in bescheideneren Heimen – in einer Landpfarrei zum Beispiel – wurden bei einem Abendessen für zehn Leute oft mehr als vierhundert Schüsseln, Gläser, Besteckteile und so weiter benutzt und mussten gespült werden.

Diener auf allen Stufen der Hierarchie arbeiteten schwer und viele Stunden. Einer, der in Rente war, erinnerte sich 1925, wie er am Anfang seines Berufslebens frühmorgens, bevor sich noch irgendjemand im Haus regte, das Feuer anzünden, zwanzig Paar Schuhe und fünfunddreißig Lampen putzen sowie Dochte schneuzen musste. Der Romanautor George Moore schrieb aus persönlicher

Erfahrung in seinen Memoiren *Bekenntnisse eines jungen Mannes,*
Schicksal des Dieners oder der Dienerin sei es, siebzehn Stunden
am Tag »in und außerhalb der Küche zu schuften, mit Kohlen,
Frühstück und Behältern voll heißem Wasser treppauf zu laufen
und auf Knien einen Kamin zu säubern […] Manchmal warfen einem die Herrschaften ein freundliches Wort zu, doch nie eines, mit
dem sie einen als ihresgleichen anerkannten, nur eines des Mitleids,
wie man es einem Hund schenken würde«.

Vor der Installation von Wasserleitungen im Haus musste das
Wasser zum Waschen in jedes Schlafzimmer und nach Gebrauch
wieder hinausgeschleppt werden. Überhaupt musste ein Dienstmädchen alle Schlafzimmer, die benutzt wurden, in der Regel zwischen Frühstück und Schlafenszeit fünfmal aufsuchen und eine
Arbeit darin verrichten und bei jedem Gang auch die unterschiedlichsten Behälter mitnehmen und penibel darauf achten, dass es
zum Beispiel frisches Wasser nie in dem Behälter hochtrug, in
dem das gebrauchte Wasser transportiert worden war. Das Mädchen musste auch immer drei Tücher mitnehmen – eins, um die
Trinkgläser auszuwischen, eins für die Leibstühle und eins für die
Waschschüsseln – und stets daran denken (und keinen Groll gegen die Herrschaft hegen), die jeweils richtigen zu benutzen. Ein
solcher Aufwand galt natürlich nur für die Katzenwäsche. Wenn
ein Gast oder ein Familienmitglied baden wollte, ging es ganz anders zur Sache. Ein Liter Wasser wiegt ziemlich genau ein Kilogramm, und für ein normales Bad brauchte man um die zweihundert Liter, die alle in der Küche erhitzt und in besonderen Kannen
hinaufgebracht werden mussten. Es konnte vorkommen, dass man
zwei Dutzend und mehr Wannen an einem Abend füllen musste.
Schon das Wasserkochen erforderte enorme Kraft und Energie.
Ein voller Kessel konnte siebenundzwanzig Kilo wiegen.

Möbel, Kamine, Gardinen, Spiegel, Fenster, Marmor, Messing, Glas und Silber – alles musste regelmäßig gesäubert und
gewienert werden, normalerweise jeweils mit der haushaltseige-
nen, hausgemachten Politur. Damit Stahlmesser und -gabeln fun-

kelten, reichte es nicht aus, sie zu spülen und zu polieren, sie mussten auch unter Aufbietung aller Kräfte geschärft werden. Dazu wurden sie an einem Lederriemen abgezogen, auf den man eine Paste aus gemahlenem Korund, Kreide, Ziegelmehl, Polierrot und Hirschhorngeist, vermischt mit einer großzügigen Portion Schweineschmalz, schmierte. Bevor Messer weggelegt wurden, wurden sie gegen das Rosten mit Hammelfett eingerieben und in Packpapier eingewickelt – und später mussten sie dann natürlich wieder ausgewickelt, gespült und abgetrocknet werden. Messerreinigen war ein derart zähes, kräftezehrendes Unterfangen, dass dafür sogar das allererste arbeitssparende Gerät eingesetzt wurde, das es gab – im Prinzip eine Kiste mit einer Kurbel, mit der man eine kräftige Bürste drehen konnte. »Des Dieners Freund« hieß das Ding. Und war es auch.

Es ging im Übrigen nicht nur darum, die Arbeit überhaupt zu verrichten, sondern darum, sie entsprechend den peinlich genauen Vorgaben und hohen Ansprüchen derjenigen zu verrichten, die diese Arbeit eben *nicht* ausführen mussten. In Manderston, einem herrschaftlichen Anwesen in Schottland, musste eine Gruppe von Arbeitern zweimal im Jahr drei volle Tage lang einen großen Treppenaufgang auseinandernehmen, polieren und wieder zusammensetzen. Extraarbeiten waren oft sowohl erniedrigend als auch sinnlos. Die Historikerin Elisabeth Donaghy Garrett erzählt von einem Haus, in dem der Butler und seine Untergebenen übrig gebliebene Stücke Treppenläufer um den Esstisch legen mussten, bevor sie ihn deckten – damit sie nicht auf den guten Teppich traten. Ein Hausmädchen beschwerte sich, dass ihre Herrschaften sie zwangen, ihre Arbeitskleidung aus- und etwas Präsentableres anzuziehen, wenn sie sie auf die Straße schickten, damit sie ihnen eine Droschke herbeiwinkte.

Die Vorratshaltung für den Haushalt machte gleichfalls viel Arbeit. Oft wurden Lebensmittel nur zwei- oder dreimal im Jahr geliefert und mussten in entsprechend großen Mengen gelagert werden. Tee wurde in Kisten gekauft, Mehl in Tonnen, Zucker kam in großen Kegeln, die man Zuckerhüte nannte. Diener wurden wahre Experten darin, Essbares für längere Zeit zu konservieren und aufzubewahren.

Vielerlei Dinge mussten gar selbst hergestellt werden. Wollte man einen Kragen stärken oder Schuhe putzen, blieb einem nichts anderes übrig, als Schuhcreme oder Wäschestärke selbst anzurühren. Fertige Schuhcreme gab es erst in den 1890er Jahren zu kaufen. Davor musste man aus allerlei Ingredienzen einen Vorrat an Creme kochen, die natürlich auch auf die Töpfe, Rührlöffel, Hände und alles andere abfärbte, was mit ihr in Kontakt kam. Stärke wurde mühsam aus Reis oder Kartoffeln gemacht. Selbst die Bettwäsche kam nicht in fertigem Zustand. Man kaufte ganze Stoffballen und schneiderte daraus Tischdecken, Laken, Hemden, Handtücher und so weiter.

Die meisten großen Haushalte hatten eine Kammer zum Schnapsbrennen, in der auch die verschiedensten anderen Dinge angerührt wurden: Tinte, Unkrautvertilgungsmittel, Seife, Zahnpasta, Kerzen, Bohnerwachs, Essig und Salzlake zum Pökeln, Feuchtigkeitscreme und sonstige Kosmetika, Rattengift, Flohpuder, Shampoo, Medizin, Lösungen zum Entfernen von Flecken auf Marmor und Glanz auf Hosen, zum Stärken von Kragen, sogar zum Entfernen von Sommersprossen. (Eine Tinktur aus Borax, Zitronensaft und Zucker wirkte angeblich Wunder.) Für diese kostbaren Kreationen brauchte man alle möglichen Zutaten – Bienenwachs, Ochsengalle, Alaun, Essig, Terpentin und viele noch weit verblüffendere Dinge mehr. Der Autor eines Handbuchs aus der Mitte des neunzehnten Jahrhunderts empfahl, Gemälde einmal jährlich mit einer Mischung aus »Salz und abgestandenem Urin« zu reinigen, doch wessen Urin man nehmen und wie abgestanden er sein sollte, war der Fantasie des Lesers überlassen.

Viele Häuser hatten so viele Speisekammern, Lager- und Arbeitsräume, dass der größere Teil des Hauses sogar den Bediensteten vorbehalten war. In *Das Haus des Gentleman* bemerkte Robert Kerr im Jahre 1864, dass das normale Herrenhaus zweihundert Zimmer habe (die Vorratskammern mitgezählt), von denen fast genau die Hälfte Haushaltsräume seien, also Räume, in denen Diener und Dienerinnen arbeiteten oder schliefen. Wenn man Ställe und andere Nebengebäude einbezog, war ein solches Anwesen wirklich überwiegend in der Hand der Dienerschaft.

Die Arbeitsteilung im Dienstbotenreich konnte enorm kompliziert sein. Kerr unterteilte die Haushaltsräume in neun Kategorien: Küche, Back- und Braustube, obere Dienerkammer, untere Dienerkammer, Keller und Außentoiletten, Waschhaus, die Zimmer für Butler, Haushälterin und Kindermädchen, »zusätzliche Räume« und die Dienstbotenflure und -durchgänge. In anderen Häusern unterteilte man anders. Florence Court in Irland hatte mehr als sechzig Zuständigkeitsbereiche, während Eaton Hall, der Sitz des Herzogs von Westminster in Cheshire, mit sechzehn auskam, eine recht bescheidene Anzahl, wenn man bedenkt, dass es mehr als dreihundert Diener und Dienerinnen gab. Es kam eben immer auf die organisatorischen Vorlieben von Herr und Herrin, Butler und Haushälterin an.

Ein großes Landhaus hatte meist eine Waffenkammer, eine Lampenkammer, eine Destillierkammer, eine Backstube, eine Anrichte- oder Geschirrkammer, einen Lagerraum für Fisch, für Kohlen, Wild, eine Backstube, eine Braukammer, eine Messerkammer, eine Besenkammer, eine Schuhkammer und mindestens ein Dutzend mehr Räume und Kammern. Lanhydrock House in Cornwall hatte einen Raum, in dem man sich ausschließlich der Beschäftigung mit Bettpfannen hingab, während in einem Landhaus in Wales, berichtet Juliet Gardiner, ein Raum gänzlich dem Bügeln von Zeitungen vorbehalten war. Die nobelsten und ältesten Häuser hatten manchmal auch eine Saucenkammer, eine Gewürzkammer, Geflügelkammer, eine Spirituosenkammer und weitere noch exotischerer Provenienz, wie zum Beispiel eine Wasserkrugkammer, eine Kerzenkammer, eine Pferdefutterkammer, eine Linnenkammer und vieles mehr.

Außer in den bescheidensten Häusern warfen die Herrschaften nur selten einen Blick in die Küche oder überhaupt die Bereiche der Dienerschaft. Sie »wussten nur aus zweiter Hand, unter welchen Bedingungen ihre Bediensteten lebten«, meint Juliet Gardiner. Es war keineswegs unüblich, dass ein Haushaltsvorstand von seinen Dienern und Dienerinnen lediglich die Namen wusste und sonst nichts. Manch einer hätte sich in den verborgeneren Winkeln der Räume, in denen diese arbeiteten, auch gar nicht zurechtgefunden.

Überall galten strikte Hierarchien, und diese mussten von den Gästen des Hauses, der Familie sowie der Dienerschaft peinlich genau beachtet werden. Ein strenges Protokoll diktierte, welche Teile des Hauses man – je nachdem, ob man Gast oder enger Verwandter, Gouvernante oder Hauslehrer, Kind oder Erwachsener, Aristokrat oder Bürgerlicher, Mann oder Frau, Butler oder Lakai war – jeweils betreten, welche Flure und Treppen benutzen, welche Türen man öffnen durfte. Ja, es war alles derart starren Regeln unterworfen, bemerkt Mark Girouard, dass in einem Herrensitz der Nachmittagstee elf verschiedenen Kasten von Menschen an elf verschiedenen Orten serviert wurde. In ihrer Geschichte der Dienerschaft in Landhäusern schreibt Pamela Sambrook, dass zwei Schwestern, die im selben Haus arbeiteten, die eine als Haus-, die andere als Kindermädchen, nicht miteinander reden, ja, nicht einmal zeigen durften, dass sie sich kannten, weil sie in der Rangordnung der Bediensteten an unterschiedlichen Stellen standen.

Diener und Dienerinnen hatten wenig Zeit zur persönlichen Körperpflege, wurden aber ständig beschuldigt, schmutzig zu sein. Das war entschieden ungerecht, denn der typische Arbeitstag eines Dienstboten ging von halb sieben morgens bis zehn Uhr abends und noch später, falls eine Festivität der einen oder anderen Art stattfand. Die Autorin eines Handbuchs zur Haushaltsführung behauptete krokodilstränenreich, sie würde ihren Dienern ja liebend gern schöne Zimmer geben, doch leider herrsche dort immer gleich die schlimmste Unordnung. Weshalb sie zu dem Schluss gekommen sei: »Je schlichter das Zimmer eines Dieners, desto besser.« Zu Beginn des 20. Jahrhunderts bekamen Diener einen halben Tag pro Woche und einen ganzen pro Monat frei – nicht gerade generös, wenn man bedenkt, dass sie in dem bisschen Zeit eigene Einkäufe erledigen oder zum Friseur gehen mussten, vielleicht auch mal die Familie besuchen, sich nach einem Gatten oder einer Ehefrau umsehen, ausruhen oder ein paar Stunden kostbarer Freiheit sonst wie genießen wollten.

Das Schlimmste an dem Job war aber vielleicht, dass man mit Menschen zu tun hatte und von ihnen abhängig war, die absolut auf einen herabsahen. Virginia Woolfs Tagebücher sind beinahe zwanghaft voll von ihrer Dienerschaft und wie anstrengend es sei, die Geduld mit ihnen zu bewahren. Von einer Dienerin schreibt sie: »Sie ist im Naturzustand: ungeschult, ungebildet [...] so dass man dabei zusieht, wie sich ein menschlicher Verstand unbekleidet windet.« Als gesellschaftliche Klasse seien sie so irritierend wie »Küchenfliegen«. Woolfs Zeitgenossin Edna St. Vincent Millay drückte es noch unverblümter aus: »Die einzigen Menschen, die ich wirklich hasse, sind Diener«, schrieb sie. »Eigentlich sind es gar keine Menschen.«

Ja, eine seltsame Welt. Diener bildeten eine Klasse von Menschen, die im Grunde einzig dazu da war, für eine andere Klasse von Menschen alles, was diese wünschte, mehr oder weniger sofort zu tun oder zu beschaffen. Die Nutznießer dieses Arrangements erwarteten, dass ihnen so gut wie alles abgenommen wurde. Als der zehnte Herzog von Marlborough in den 1920er Jahren seine Tochter in einem Haus besuchte, das zu klein war, als dass er seine Diener hätte mitnehmen können, tauchte er in einem Zustand hilfloser Verwirrtheit aus dem Badezimmer auf – seine Zahnbürste schäumte nicht richtig! Es stellte sich heraus, dass sein Kammerdiener ihm immer die Zahnpasta auf die Bürste getan hatte und der Herzog nicht wusste, dass Zahnbürsten sich nicht automatisch mit Zahnpasta belegen.

Zum Dank wurden Diener und Dienerinnen oft erschreckend

schlecht behandelt. Gern testeten Herrinnen zum Beispiel ihre Ehrlichkeit, indem sie ein Objekt der Versuchung dort hinterließen, wo es garantiert gefunden wurde, wie eine Münze auf dem Boden, und dann bestraften sie denjenigen, der es einsteckte. Die Absicht, die dahintersteckte, war natürlich, dass die Diener sich stets von einer höheren allwissenden Macht beobachtet und verfolgt fühlen sollten. Man verdächtigte sie auch häufig, Einbrechern Beihilfe zu leisten, indem sie ihnen Insiderinformationen gaben und Türen nicht verschlossen. Dass das alles nicht zum Wohlbefinden auf beiden Seiten beitrug, versteht sich von selbst. Besonders in kleineren Häusern fanden die Diener ihre Herrschaften über Gebühr anspruchsvoll, die Herrschaften ihre Diener faul und unzuverlässig.

Demütigungen, beiläufig einfach mal ausgeteilt, waren täglich Brot für Dienstboten. Manchmal mussten sie einen neuen Namen annehmen, damit zum Beispiel der Unterlakai in einem Haus immer »Johnson« gerufen werden konnte und die Familie sich nicht der Mühe unterziehen musste, jedes Mal, wenn einer in Rente ging oder unter die Räder der Kutsche kam, einen neuen Namen zu lernen. Mit Butlern verhielt sich die Sache etwas heikler. Man verlangte von ihnen Haltung und Benehmen eines Gentleman und entsprechende Kleidung, doch oft mussten sie sich in ihrer Garderobe vergreifen – eine Hose tragen, die nicht zum Jackett passte –, damit ihre untergeordnete Stellung sofort zu erkennen war. [*]

In einem Handbuch standen sogar Anweisungen, ja ein verwendbarer Dialog dazu, wie man einen Diener oder eine Dienerin vor einem Kind zum Besten beider erniedrigen konnte. In dem Modellszenario wird ein Knabe ins Arbeitszimmer beordert,

[*] Übrigens spiegelt unser Bild von Dienerinnen in schwarzer Tracht mit Rüschenhaube, gestärkter Schürze und dergleichen nur eine sehr kurzlebige Realität. Uniformen für Dienstpersonal wurden erst mit dem Anstieg der Baumwollimporte in den 1850er Jahren üblich. Davor war die Kleidung der Oberschicht qualitativ derart deutlich sichtbar besser als die der arbeitenden Klassen, dass man Diener nicht durch Uniformen unterscheiden musste.

wo seine Mutter mit dem leise weinenden, beschämten Kindermädchen steht.

»Nurse Mary«, wendet sich die Mutter an den Sohn, »wird dir nun erzählen, dass es keinen schwarzen Mann gibt, der sich im Dunkeln ins Zimmer unartiger kleiner Knaben schleicht und sie wegträgt. Ich möchte, dass du gut zuhörst, wenn Nurse Mary dir das nun selbst erzählt, denn sie geht heute, und du wirst sie vermutlich nie wiedersehen.«

Dann werden der Kinderfrau alle ihre närrischen Geschichten vorgehalten, und sie muss sie eine nach der anderen widerrufen.

Der Knabe hört genau zu und streckt der Angestellten zum Abschied die Hand hin. »Danke, Nurse«, sagt er mutig. »Ich hätte keine Angst haben sollen, aber ich habe dir geglaubt.« Dann versichert er seiner Mutter (nun angemessen männlich): »Jetzt habe ich keine Angst mehr, Mutter«, und das Leben geht weiter – nur für das Kindermädchen nicht, das vermutlich nie wieder eine gute Stellung findet.

Entlassen zu werden war besonders für Frauen die Katastrophe, vor der sie am meisten Angst hatten, denn es bedeutete den Verlust des Broterwerbs, den Verlust des Dachs über dem Kopf, den Verlust von Zukunftsperspektiven, den Verlust von allem. Mrs. Beeton allerdings warnte ihre Leserinnen mit Vorliebe davor, sich von irgendwelchen Gefühlen, christlicher Nächstenliebe oder sonstigen Mitleidsregungen verleiten zu lassen, einer entlassenen Angestellten ein falsches oder irreführendes Zeugnis auszustellen. »Beim Schreiben einer Referenz muss die Herrin sich selbstredend von dem Gefühl strikter Gerechtigkeit leiten lassen. Es gehört sich nicht, wenn eine Dame einer anderen eine Dienerin oder einen Diener empfiehlt, die oder den sie selbst nicht behalten will«, schrieb sie, und mehr Gedanken musste man auch nicht daran verschwenden.

Im Verlaufe des neunzehnten Jahrhunderts verlangte man vom Dienstpersonal zunehmend, dass es nicht nur ehrlich, sauber, fleißig, pflichtbewusst und stets sorgsam war, sondern auch so weit wie möglich unsichtbar. In ihrer Geschichte der britischen Gärten erwähnt Jenny Uglow einen Landsitz, auf dem, wenn die Familie anwesend war, die Gärtner gehalten waren, einen Umweg von eineinhalb Kilometern zu machen, wenn sie ihre Schubkarren leeren mussten. Die Herrschaften wünschten einen ungestörten Ausblick. In einem Haus in Suffolk mussten die Diener sich mit dem Gesicht an die Wand drücken, wenn Familienmitglieder vorbeigingen.

Man baute auch die Häuser zunehmend so, dass das Personal außer Sichtweite und bis auf die absolut notwendigen Ausnahmefälle getrennt von der Familie war. Der architektonische Feinsinn, der diese Trennung recht beförderte, war die Erfindung der Hintertreppe. »Der Adel konnte nun die Treppe hinaufgehen, ohne seinen Fäkalien der letzten Nacht zu begegnen, die die Treppe herunterkamen«, brachte Mark Girouard die Sache auf den Punkt. Und Robert Kerr meinte in dem erwähnten *Haus des Gentleman,* dass »beide Seiten Privatheit sehr geschätzt« hätten. Wir allerdings gehen sicher nicht fehl in der Annahme, dass Mr. Kerr mit den Gefühlen derjenigen, die die Nachttöpfe füllten, vertrauter war als mit denen derjenigen, die sie leeren mussten.

In den höheren Sphären der gesamtgesellschaftlichen Hierarchie mussten sich nicht nur die Diener, sondern auch die Gäste und ständigen Mitglieder des Haushalts so unsichtbar machen wie möglich. Wenn Königin Victoria im Park von Osborne House auf der Isle of Wight ihren Nachmittagsspaziergang machte, durfte ihr niemand, einerlei wie hochmögend, begegnen. Man konnte also immer genau erkennen, wo sie herlief, weil man sah, wie Leute in panischer Hast vor ihr flohen. Einmal befand sich Schatzkanzler Sir William Harcourt auf offenem Gelände, und zum Verstecken gab es nichts als ein winziges Gestrüpp. Da Harcourt 1,93 Meter groß und sehr stattlich war, konnte es nicht mehr als eine symbolische Geste sein, wenn er versuchte, sich unsichtbar zu machen. Aber Ihre Majestät vollbrachte das

Wunder: Sie sah ihn nicht; sie war eine Meisterin darin, nicht hinzusehen. Waren auf den Fluren des Hauses Begegnungen unvermeidlich, starrte sie unbeirrt geradeaus oder brachte jeden, der ihr entgegenkam, mit herrscherlich blitzendem Blick zum Verschwinden. Nur das ihr allervertrauteste Dienstpersonal durfte sie direkt anschauen.

»Wahrhaftig, die Teilung in Klassen ist äußerst gefährlich und verwerflich und vom Naturgesetz niemals so vorgesehen, und die Königin tut allzeit das Ihre, um es zu ändern«, schrieb sie dennoch einmal und übersah geflissentlich, dass dieses noble Prinzip in ihrer eigenen königlichen Gegenwart ins Gegenteil verkehrt wurde.

Der erste Diener im Haushalt war der Butler. Sein weibliches Gegenstück war die Haushälterin. Nach ihnen kamen der Küchenmeister und der Koch und eine Reihe Dienstmädchen, Zimmermädchen, Kammerdiener, Lakaien und Laufburschen. Lakaien waren ursprünglich Fußsoldaten oder Männer, die zu Fuß neben der Sänfte oder der Kutsche ihrer Herrschaften hertrabten, herrlich anzuschauen waren und unterwegs alle notwendigen Dienste leisteten. Gegen Ende des siebzehnten Jahrhunderts wurden sie wertgeschätzt wie Rennpferde, und manchmal ließen ihre Herren sie auch um hohe Einsätze gegeneinander antreten und rennen. Lakaien erledigten meist die »öffentlichen« Aufgaben im Haus – öffneten die Tür, bedienten am Tisch, trugen Mitteilungen aus und wurden deshalb oft nach Größe, Haltung und Sex-Appeal ausgesucht, sehr zur Entrüstung von Mrs. Beeton. »Wenn eine Dame der guten Gesellschaft ihren Lakaien nur nach Größe, Figur und wohlgeformten Waden wählt, sollte es sie nicht überraschen, wenn sie einen Domestiken findet, der keine Bindung zur Familie verspürt«, schrieb sie naserümpfend.

Affären zwischen Lakai und Herrin galten als typisch für die entspannteren Familien der Nation. In einem sehr bekannten Fall entdeckte Viscount Ligonier of Clonmell, dass seine Gattin sich mit einem italienischen Adligen eingelassen hatte, dem Grafen

Vittorio Amadeo Alfieri. Wie es der Ehrenkodex gebot, forderte Ligonier den Conte zum Duell, die beiden Männer liehen sich in einem nahe gelegenen Laden ein Paar Schwerter und schritten zu etwas Duellähnlichem im Green Park in London. Ein paar Minuten lang kreuzten sie klirrend die Klingen, merkten aber dann, dass sie mit dem Herzen doch nicht dabei waren. Vielleicht, weil sie ahnten, dass die kapriziöse Lady Ligonier es nicht wert war, dass man ihretwegen sein Blut vergoss. Der Verdacht bestätigte sich prompt, als sie kurz danach mit ihrem Lakaien durchbrannte. Woraufhin im ganzen Land manch anzüglich-anerkennender Spruch und einige geniale Verse geschmiedet wurden, von denen ich folgenden Zweizeiler anbieten kann:

Seht, die knackige Ligonier
mag lieber ihren Burschen als ihren Peer.

Ausschließlich und ständig schlimm war das Leben der Diener aber auch nicht. In den großen Häusern auf dem Land lebte die Herrschaft nur zwei, drei Monate im Jahr, so dass manche Diener lange, vergleichsweise angenehme Phasen hatten, die von Zeiten schwerer Arbeit und sehr langer Arbeitstage unterbrochen wurden. Für die Dienerschaft in der Stadt galt natürlich das Gegenteil.

Doch Bedienstete mussten nicht frieren, hatten genug zu essen, Kleidung und jede Nacht einen Platz zum Schlafen, was in der Zeit alles sehr viel bedeutete. Wenn man die Pluspunkte in klingende Münze umrechnet, verdiente ein altgedienter, ranghoher Diener in heutigem Geld etwa 50 000 Pfund im Jahr. War man mutig und raffiniert genug, gab's auch was obendrauf. In Chatsworth, wo das Bier aus dem Brauhaus durch eine Leitung ins Haus geschickt wurde, die durch Joseph Paxtons großen Wintergarten lief, entdeckte man zum Beispiel bei einer routinemäßigen Wartung, dass ein einfallsreiches Mitglied des Haushalts sie ebenso routinemäßig anzapfte.

Ein schöner Zusatzverdienst waren die Trinkgelder. Wenn Gäste sich nach einer Dinnerparty verabschiedeten, mussten sie gewöhnlich an einer Reihe von fünf, sechs Bediensteten entlanggehen, von denen jeder seinen Shilling erwartete; eine Dinnereinladung wurde also unter Umständen eine für alle (außer die Diener) teure Angelegenheit. Auch Wochenendgäste wurden auf diese Weise zur Kasse gebeten. Die Diener konnten sich ebenfalls etwas dazuverdienen, wenn sie Besucher herumführten. Im achtzehnten Jahrhundert entstand der Brauch, vorbeikommenden – anständig gekleideten – Menschen eine Besichtigungstour anzubieten, und für gute Bürger wurde es zur Gepflogenheit, genau wie heute, Adelssitze auf dem Land zu besuchen. In Wilton House konnte man im August 1776 die 3025. Besucherin in dem Jahr begrüßen.

Manche Anwesen waren so überlaufen, dass man es streng organisieren musste, damit die Dinge nicht aus dem Ruder liefen. Chatsworth öffnete an zwei festgesetzten Tagen in der Woche, auch Woburn, Blenheim, Castle Howard, Hardwick Hall und Hampton Court richteten Öffnungszeiten ein, um die Besucherscharen in Grenzen zu halten. Horace Walpole wurde in seinem Haus Strawberry Hill in Twickenham derart heimgesucht, dass er Eintrittskarten und eine lange, ziemlich ungnädige Liste von Regeln zu Erlaubtem und Unerlaubtem drucken ließ. Wenn jemand zum Beispiel vier Eintrittskarten erbat, dann aber fünf Leute auftauchten, wurde überhaupt keiner hereingelassen. Andere Häuser waren entgegenkommender. Rokeby Hall in Yorkshire richtete sogar einen Tea Room ein.

Am schwersten mussten Diener eigentlich in kleineren Haushalten arbeiten, in denen einer die Aufgaben von zwei oder dreien zu verrichten hatte. Und zur Zahl der Diener, die man je nach finanzieller Situation und sozialem Status halten konnte, hatte Mrs. Beeton, wie könnte es anders sein, ebenfalls eine Menge zu sagen. Einem Adligen, befand sie, standen mindestens fünfundzwanzig zu, jemandem mit einem jährlichen Einkommen von 1000 Pfund fünf: eine Köchin, zwei Hausmädchen, ein Kindermädchen und ein Laufbursche. Minimum für einen akademischen, bürgerlichen Haushalt waren drei: Zimmermädchen, Hausmädchen und Köchin. Selbst jemand, der jährlich nur 150 Pfund verdiente, galt als reich genug, ein Mädchen für alles zu beschäftigen (und damit war wirklich *alles* gemeint!). Mrs. Beeton selbst leistete sich vier Bedienstete. In Wirklichkeit hatten jedoch die meisten Leute offenbar nicht annähernd so viel Personal, wie Mrs. Beeton es für richtig hielt.

Ein viel typischerer Haushalt war der von Thomas und Jane Carlyle, des Historikers und seiner Frau, die in der Great Cheyne Row Nummer 5 in Chelsea ein einziges Mädchen beschäftigten. Diese wenig geschätzte arme Seele musste nicht nur kochen, putzen, das Geschirr spülen und wegstellen, die Kamine am Brennen halten, die Asche wegbringen, Besucher einlassen (oder abweisen), sich um Einkauf und Vorratshaltung kümmern, sondern auch jedes Mal, wenn die Carlyles baden wollten – und das wollten sie oft –, bis zu vierzig Liter Wasser holen, erhitzen, drei Treppen hochtragen, nach Gebrauch hinuntertragen und entsorgen.

Bei den Carlyles hatte das Hausmädchen kein eigenes Zimmer, sondern lebte und schlief in der Küche, überraschend normal in kleineren Häusern, selbst in einem so kultivierten wie dem der Carlyles. In der Great Cheyne Row war die Küche im Souterrain und wenn auch ein wenig dunkel, so doch behaglich und warm, aber selbst das bisschen Raum hatte das Hausmädchen nicht für sich. Auch der Hausherr fand es nämlich zum Lesen abends sehr gemütlich dort; dann verbannte er das Mädchen in die »hintere Küche«, was nicht zu schrecklich klingt, jedoch nur eine ungeheizte Vorratskammer war. Dort hockte dann das arme Ding zwischen Säcken mit Kartoffeln und allem möglichen anderen, bis es, oft sehr spät, hörte, dass Carlyle mit dem Stuhl ruckte, die Pfeife auf dem Kaminrost ausklopfte und sich zurückzog. Erst dann konnte es sich endlich in sein spartanisches Bett legen.

In den zweiunddreißig Jahren in der Great Cheyne Row hatten die Carlyles vierunddreißig Dienstmädchen – und dabei war die Arbeitslast insofern nicht ganz so arg, als sie kinderlos und von Natur aus einigermaßen geduldig und mitfühlend waren. Trotzdem fanden sie beinahe nie junge Frauen, die ihren hohen Ansprüchen gerecht wurden. Manchmal benahm sich freilich auch das Personal spektakulär daneben. Eines Nachmittags 1843 kam Mrs. Carlyle nach Hause und fand ihre Haushälterin sturzbetrunken »neben einem umgekippten Stuhl und inmitten eines vollkommenen Chaos von schmutzigem Geschirr und lauter Scherben« auf dem Küchenfußboden. Ein anderes Mal hörte sie entsetzt, dass ein Mädchen in ihrer Abwesenheit im unteren Empfangszimmer ein uneheliches Kind geboren hatte, und war insbesondere erbost, dass es »alle meine guten Servietten« benutzt hatte. Die meisten Mädchen im Hause Carlyle gingen aber oder wurden gegangen, weil sie nicht so schwer schuften wollten, wie es verlangt wurde.

Diener waren eben auch nur Menschen und besaßen selten ausreichend Verstandesschärfe, Durchhaltevermögen und Geduld, die endlosen Launen ihrer Herrschaften zu ertragen. Wer über die vielen Talente verfügte, die man brauchte, um ein brillanter Diener zu sein, wollte bestimmt nicht als solcher arbeiten.

Am schlimmsten dran waren Bedienstete, weil sie sich praktisch nicht wehren konnten. Fast alles konnte man ihnen in die Schuhe schieben; bequemere Sündenböcke gab es nicht, wie die Carlyles selbst bei einer berühmten Gelegenheit am Abend des sechsten März 1835 erlebten. Sie waren erst kurz zuvor aus ihrem heimatlichen Schottland nach London gezogen, weil sie hofften, dass Thomas sich dort als Schriftsteller werde etablieren können. Thomas war achtunddreißig Jahre alt und hatte sich schon mit einer Arbeit über eine schwer verständliche persönliche Philosophie mit dem Titel *Sartor Resartus* einen bescheidenen Ruf – gut, einen sehr bescheidenen – erworben. Sein Opus magnum, eine vielbändige Geschichte der Französischen Revolution, sollte folgen. Nach großen Mühen und Plagen beendete er im Winter 1835 den ersten Band und gab das Manuskript seinem Freund und Mentor John Stuart Mill mit der Bitte um seine geschätzte Stellungnahme.

An einem kalten Abend Anfang März nun erschien ein asch-fahler Mill an Carlyles Haustür; hinter ihm, in einer Kutsche, wartete Harriet Taylor, seine Geliebte. Sie war die Gattin eines Geschäftsmannes, der die Dinge nicht so eng sah und sie sich mehr oder weniger mit Mill teilte, ja, dem Paar für seine Rendez-vous sogar ein Cottage westlich von London, in Walton-on-Tha-mes, zur Verfügung stellte. Lesen Sie, was Carlyle selbst erzählt:

Ein Klopfen an der Tür, Mill trat ein, blass, unfähig zu spre-chen, stieß er nur hervor, meine Frau möge nach draußen ge-hen und ein Wort mit Mrs. Taylor wechseln; dann trat er (ge-führt von meiner Hand und meinem erstaunten Blick) näher, ein Bild purer Verzweiflung. Nach verschiedenen Äußerun-gen, unverständlich und verständlich, Letztere alle gleichen Inhalts, teilt er mir mit, dass mein Erster Band (den er fahr-lässigerweise beim oder nach dem Lesen hatte herumliegen lassen) bis auf vier oder fünf Blattfetzen unwiederbringlich VERNICHTET sei! Ich kann mich – auch heute noch – an kein Werk erinnern, das ich mit so viel harter Plackerei ge-schrieben habe, aber aus dem ich mich an so wenig erinnern kann. Es ist fort. Die ganze Welt und ich mit ihr im Rücken könnten es nicht zurückholen: ja, sogar der alte Mut ist da-hin … Fort ist er und wird nicht wiederkommen.

Eine Dienerin, erklärte Mill, habe das Manuskript vorm Kamin liegen sehen und zum Feueranzünden benutzt. Dass diese Er-klärung nicht koscher war, liegt auf der Hand. Erstens sieht ein handgeschriebenes Manuskript, egal, wo es sich befindet, recht bedeutend aus; zweitens waren alle Dienerinnen im Mill'schen Haushalt an den Anblick von Manuskripten gewöhnt und garantiert auf deren Wichtigkeit und Wert eindringlich hingewiesen worden; drittens braucht man zum Feueranzünden kein ganzes Manuskript. Damit ein solches verbrennt, muss man geduldig immer ein paar Seiten auf einmal in den Kamin legen. Man handelt im Grunde nur dann wie von Mill behauptet, wenn man das Manuskript vernichten will. Kurzum, dass ein Hausmädchen, und sei es noch so dumm und gedankenlos, ein solches Werk in seiner Gänze versehentlich vernichten könnte, ist unvorstellbar.

Vorstellen konnte man sich allerdings, dass Mill das Manuskript in einem Anfall von Neid oder Wut selbst ins Feuer geworfen hatte. Mill war Experte, was die Französische Revolution betraf, und hatte Carlyle erzählt, auch er wolle einmal ein Buch darüber schreiben. Neid war also ein mögliches Motiv. Außerdem steckte Mill zu der Zeit in einer persönlichen Krise. Mrs. Taylor hatte ihm gerade erklärt, dass sie ihren Mann nicht verlassen und auf jeden Fall an ihrem eigentümlichen Dreiecksverhältnis festhalten wolle, und es ist denkbar, dass Mill sich in einer erheblichen seelischen Schieflage befand. Andererseits passte ein derart rücksichtsloser zerstörerischer Akt weder zu seinem bisher unbescholtenen Charakter noch zu seinem anscheinend echten Entsetzen und Schmerz über den Verlust, womit nur die Möglichkeit blieb, dass Mrs. Taylor, die der spießige Carlyle nicht besonders mochte, in irgendeiner unerklärlichen Weise ihre Hand im Spiel gehabt hatte. Mill hatte den Carlyles erzählt, dass er ihr in Walton große Teile des Werks vorgelesen hatte, da konnte der Verdacht aufkommen, dass sie sich zur Zeit der Katastrophe mit dem Manuskript beschäftigt und aus irgendeinem unseligen Grunde das Übel herbeigeführt hatte.

Leider konnte Carlyle die Geschichte nicht hinterfragen, nicht einmal nur hypothetisch, auch wenn er noch so verzweifelt war. Die Regeln der Höflichkeit verlangten, dass er die Tatsachen akzeptierte, wie Mill sie ihm schilderte, und keine weiteren Fragen danach stellte, wie dieses schreckliche, erstaunliche, unerklärliche Unglück geschehen konnte. Eine namentlich nicht genannte Dienerin hatte Carlyles Manuskript aus Achtlosigkeit komplett zerstört, und damit hatte es sich.

Carlyle blieb nichts anderes übrig, als sich hinzusetzen und das Buch nach bestem Wissen und Gewissen noch einmal zu schreiben – was insofern erschwert wurde, als er keine Notizen mehr hatte. Er hatte die bizarre, unsinnige Angewohnheit, die Notizen jedes Mal, wenn er ein Kapitel beendet hatte, zur Feier des Tages zu verbrennen. Mill drängte Carlyle eine Entschädigung von einhundert Pfund auf, von denen der ein Jahr leben konnte, während er das Buch neu schrieb, doch die Freundschaft der beiden Männer litt, wen wundert's, sehr darunter. Drei Wochen nach der Katastrophe klagte Carlyle in einem Brief an seinen Bruder, dass Mill nicht einmal so taktvoll gewesen sei, ihn und Jane in ihrem Kummer allein zu lassen, sondern »rücksichtslos fast bis Mitternacht geblieben ist, und meine arme Frau und ich mussten dasitzen und über Belanglosigkeiten reden und konnten erst dann unserem Leid freien Lauf lassen«.

Man wird nie erfahren, wie sich die neu erarbeitete Version von der ursprünglichen unterschied. Das Buch ist allerdings eines der unlesbarsten, das jemals die Wertschätzung seiner Zeit errang. Es ist weitgehend im Präsens in einer seltsamen, überdrehten Sprache geschrieben, die immer am Rande der völligen Inkohärenz entlangtänzelt. Hören Sie, wie Carlyle den Mann hinter der Guillotine beschreibt:

Und der ehrenwerte *Doctor Guillotin*, den wir ein anderes Mal zu sehen hofften? Falls er nicht hier ist, sollte er hier sein. Wir sehen ihn mit dem Auge der Prophezeiung: denn die Pariser Deputierten sind alle ein wenig spät. Einzigartiger Guillotin, angesehener Arzt; von einem sarkastischen Schicksal zu dieser wahrhaft einzigartigen, unsterblichen Ehre verdammt! […] Unglücklicher Doctor! Zweiundzwanzig Jahre lang unguillotiniert, wird er nichts hören als die Guillotine; dann sterbend, soll er durch lange Jahrhunderte wandern, im Grunde ein untröstlicher Geist, auf der falschen Seite von Styx und Lethe, sein Name wird wohl Cäsars überleben.

Solch kühner, intimer Schreibe waren Leser noch nie in einem Buch begegnet, sie fanden es aufregend. Dickens behauptete, er habe das Werk fünfhundert Mal gelesen und es sei die Inspiration zu seiner *Geschichte aus zwei Städten*. Oscar Wilde verehrte Carlyle. »Zum ersten Mal in unserer Sprache hat er Geschichte in Gesang verwandelt«, schrieb er. »Er war unser englischer Tacitus.« Ein halbes Jahrhundert lang war Carlyle für Literaten ein Gott.

Er starb 1881. Seine Geschichtswerke überlebten ihn nur kurz, doch seine persönliche Geschichte geht munter weiter, vor allem dank der außerordentlich umfangreichen Korrespondenz, die er und seine Gattin hinterließen – ausreichend für dreißig Bände dichtbedruckter Seiten. Thomas Carlyle wäre sicher erstaunt und bekümmert, dass seine Bücher heute eigentlich nirgendwo mehr gelesen werden, er selbst aber bekannt ist wegen der detaillierten Schilderung seines Alltagslebens, insbesondere seiner jahrzehntelangen kleinlichen Klagen über Diener und Bedienstete. Die Ironie dabei ist natürlich, dass er und seine Frau nur deshalb die Muße hatten, all diese Briefe zu schreiben, weil sie viele »undankbare Diener« hatten.

Was Besonderes waren die Klagen über das Dienstpersonal nicht. Zwei Jahrhunderte früher beschäftigten Samuel Pepys und seine Frau Elizabeth während der achteinhalb Jahre, die er Tagebuch führte, eine schier endlose Reihe von Dienern und Dienerinnen. Kein Wunder, denn Samuel verbrachte ein Gutteil seiner Zeit damit, die Frauen zu begrapschen und die Burschen zu verprügeln – recht bedacht, verprügelte er auch die Mädchen nicht selten. Einmal nahm er einen Besen »und drosch« seine Dienerin Jane, »bis sie schröcklich schrie«. Ihr Verbrechen? Sie war unordentlich. Einen Jungen hielt Pepys sich anscheinend nur zu dem Zweck, dass er bequem in Reichweite jemanden zum Verdreschen hatte – »mit einem Stock oder einer Rute, einer Peitsche oder einem Seilende und einmal sogar mit einem gepökelten Aal«, berichtet Liza Picard.

Im Entlassen der Unglücklichen war Pepys einsame Spitze. Eine setzte er auf die Straße, weil sie angeblich »schnippische Worte« gesagt hatte, eine andere, weil sie eine Klatschbase sei. Von einer, die bei Dienstantritt neue Kleidung bekommen und sich gleich in der Nacht davongemacht hatte, holte er sich, nachdem sie festgenommen worden war, die Kleidung zurück und bestand darauf, dass sie schwer ausgepeitscht wurde. Andere wurden wegen Trinkens oder Essenstehlens entlassen. Manche gingen garantiert auch von selbst, weil sie keinen Wert auf seine liebesgeilen Fummeleien legten. Eine erstaunliche Anzahl aber wehrte sich nicht. Pepys notierte, dass er Sex mit mindestens zehn Frauen außer seiner Ehefrau und sexuelle Begegnungen mit vierzig weiteren hatte. Viele davon waren Dienerinnen. Zu einer, Mary Mercer, wird im *Dictionary of National Biography* ganz gleichmütig vermerkt: »Samuel hatte es sich offenbar zur Angewohnheit gemacht, Mercers Brüste zu betatschen, wenn sie ihn morgens ankleidete.« (Interessant, dass unser verwegener Held »Samuel« ist und diejenige, die ja bloß das Arbeitstier war, »Mercer«.) Wenn ihn die Dienerinnen nicht ankleideten, seine Schläge einsteckten oder sich von ihm befummeln ließen, mussten sie ihm das Haar kämmen und die Ohren waschen. Und zwar zusätzlich zu einem normalen Arbeitstag mit Kochen, Putzen, Besorgungen Machen und allem Übrigen. Noch Fragen dazu, warum das Ehepaar Pepys große Schwierigkeiten hatte, Bedienstete zu finden und zu halten?

Pepys' Erfahrungen zeigen freilich auch, dass Diener einen verraten konnten. Als er 1679 seinen Butler entließ, weil der mit der Haushälterin geschlafen hatte (die interessanterweise in den Diensten ihres Herrn blieb), rächte sich der Butler, indem er seinen Ex-Arbeitgeber bei dessen politischen Feinden als Papist anschwärzte. Bei den religiösen Fanatikern jener Zeit kam das gar nicht gut an, und Pepys wurde sofort im Tower eingekerkert. Nur weil der Butler ein schlechtes Gewissen bekam und zugab, dass er das Ganze erfunden habe, wurde Pepys wieder freigelassen. Doch es war eine schmerzliche Mahnung daran, dass Herren ebenso der Gnade ihrer Diener ausgeliefert sein konnten wie Diener der ihrer Herren.

Allgemein wissen wir nicht viel über Diener, weil ihre Existenz schriftlich natürlich kaum festgehalten wurde. Eine interessante Ausnahme ist Hannah Cullwick, die fast vierzig Jahre lang ungewöhnlich gründlich Tagebuch führte. Sie wurde 1833 in Shropshire geboren und ging mit acht Jahren in Dienst als sogenanntes Topfmädchen, also als Küchenmagd. In ihrem langen Berufsleben durchlief sie viele Stationen einer Dienerinnenkarriere und war zuletzt Beiköchin, Köchin und Haushälterin. In allen Funktionen waren die Aufgaben körperlich anstrengend und die Arbeitsstunden lang. Hannah Cullwick begann mit dem Tagebuch im Jahr 1859, da war sie fünfundzwanzig, und führte es bis kurz vor ihrem fünfundsechzigsten Geburtstag. Wegen dieser langen Zeitspanne ist es der vollständigste Bericht über den Alltag einer Dienerin überhaupt. Wie die meisten Haushaltsbediensteten arbeitete Hannah von vor sieben Uhr morgens bis neun oder zehn Uhr abends und manchmal noch länger. Die Tagebücher sind eine endlose, weitgehend emotionslose Auflistung der erledigten Arbeiten. Hier ist ein typischer Eintrag vom vierzehnten Juli 1860:

Fensterläden geöffnet & Küchenfeuer angezündet. Das rußige Kehrblech in den Staubeimer ausgeschüttet & Ruß ausgekippt. Zimmer & Flur geputzt & Staub gewischt. Kamin fertig gemacht & Frühstück hinaufgetragen. Zwei Paar Schuhe geputzt. Betten gemacht & das Nachtgeschirr geleert. Frühstückssachen zusammengeräumt & gespült. Weggestellt. Küche aufgeräumt; einen Korb ausgepackt. Zwei Hühnchen zu Mrs. Brewer & Antwort mit zurückgebracht. Torte gebacken, zwei Enten gerupft, ausgenommen & gebraten. Treppen &

Fliesen auf den Knien geputzt. Fußabstreifer vor dem Haus mit Reißblei gewichst; Straßenfliesen auch auf den Knien geputzt. In der Spülküche abgewaschen. Speisekammer auf Knien geputzt & die Tische abgeschrubbt. Fliesen im ganzen Haus geschrubbt & Fenstersimse abgewischt. Tee für den Herrn & Mrs. Warwick gemacht [...] Boden in Flur, Durchgang & Spülküche auf Knien gereinigt. Hund gewaschen & Spülsteine gründlich gesäubert. Abendessen fertig gemacht, damit Ann es hochbringen konnte, denn ich war zu schmutzig & zu müde, um hinaufzugehen. Mich in einer Wanne gewaschen, & dann ab ins Bett.

Das ist ein typischer Tag, an dessen Ende die Leute nur noch fix und fertig waren. Ungewöhnlich ist nur, dass Hannah es geschafft hat zu baden. An den meisten Tagen beschließt sie den Eintrag mit einem erschöpft fatalistischen »schlief in meinem Schmutz«.

Über den nüchternen Bericht ihrer Pflichten hinaus war eines noch außergewöhnlicher in Hannah Cullwicks Leben. Sie war sechsunddreißig Jahre, von 1873 bis zu ihrem Tode 1909, heimlich mit ihrem Arbeitgeber verheiratet, einem Beamten und unbedeutenden Dichter namens Arthur Munby, der Familie oder Freunden nie etwas davon sagte. Wenn Munby und sie allein waren, lebten sie wie Ehemann und Ehefrau, doch wenn Besucher kamen, schlüpfte Cullwick wieder in die Rolle der Dienerin: Blieben Gäste über Nacht, verließ sie das Ehebett und schlief in der Küche. Munby, ein Mann von einigem Ansehen, zählte Ruskin, Rossetti und Browning zu seinen Freunden, und sie verkehrten auch in seinem Haus, doch keiner hatte die leiseste Ahnung, dass die Frau, die Sir zu ihm sagte, in Wirklichkeit seine Gattin war. Selbst »privat« war ihre Beziehung, gelinde gesagt, unorthodox. Auf sein Geheiß nannte sie ihn »Massa« und schwärzte sich die Haut, damit sie wie eine Sklavin aussah. Offenbar führte sie auch die Tagebücher weitgehend deshalb, damit er lesen konnte, wie sie sich schmutzig machte.

Hannah Cullwick, von ihrem Gatten fotografiert bei verschiedenen Arbeiten einer Dienerin sowie (unten rechts) als Kaminkehrer verkleidet. Man beachte die Kette mit Schloss um ihren Hals.

Erst nachdem er 1910 gestorben war und sein Testament eröffnet wurde, wurde bekannt, dass seine Dienerin seine Ehefrau gewesen war. Eine kleine Sensation! Und Hannah Cullwick wurde wegen ihrer merkwürdigen Ehe, nicht wegen ihrer erschütternden Tagebücher berühmt.

Am unteren Ende der Dienerpyramide standen die Wäscherinnen, deren Status so niedrig war, dass man sie gänzlich aus dem Blickfeld verbannte. Man brachte die Wäsche zu ihnen und ließ sie nicht etwa abholen. Wäschewaschen wurde so verachtet, dass man in größeren Haushalten Diener manchmal zur Strafe dazu abkommandierte. Es war furchtbar anstrengend. In einem großen Landhaus stand das Personal leicht vor sechs-, siebenhundert Kleidungsstücken, Handtüchern und Bettwäscheteilen pro Woche. Weil es vor den 1850er Jahren keine Waschmittel gab, musste die Wäsche gegebenenfalls in Seifenwasser oder Lauge eingeweicht, dann kräftig geschlagen und geschrubbt, eine Stunde oder mehr gekocht, mehrfach gespült, mit der Hand ausgewrungen oder (nach ungefähr 1850) durch eine Walze gedreht, nach draußen getragen und dort über einer Hecke oder auf einer Wiese zum Trocknen ausgebreitet werden. (Und da auf dem Land die Wäsche draußen gern gestohlen wurde, musste jemand aufpassen, bis sie trocken war.) Laut Judith Flanders im *Viktorianischen Haus* erforderte eine normale Ladung Wäsche – mit Bett- und anderer Haushaltswäsche – mindestens acht verschiedene Arbeitsgänge. Aber viele Ladungen waren alles andere als normal. Schwierige oder zarte Stoffe mussten mit größter Sorgfalt behandelt werden und die Teile an Kleidungsstücken, die aus anderen Stoffen waren – aus Samt oder Spitze zum Beispiel –, sorgsam abgetrennt, separat gewaschen und dann wieder angenäht werden.

Weil die meisten Farben nicht haltbar und sehr empfindlich waren, musste man, je nachdem, ob man die Farbe schützen oder auffrischen wollte, exakte Dosen diverser Chemikalien ins Wasser geben: Alaun und Essig für Grün, Backpulver für Lila, Schwefelsäure für Rot. Versierte Wäscherinnen hatten außerdem einen ganzen Katalog von Rezepten zum Entfernen der verschiedensten Flecken. Leinen wurde oft zwecks Bleiche in abgestandenen Urin oder eine schwache Lösung aus Geflügelexkrementen gelegt, doch da das natürlich nicht gerade duftete, musste es zusätzlich mehrere Male in Kräuterextrakten gründlich ausgespült werden.

Das Stärken bereitete oft so viel Mühe, dass man es auf den nächsten Tag verschob. Auch das Bügeln war ein schier unüberwindlicher Berg Arbeit. Da die Bügeleisen schnell kalt wurden, mussten sie schon nach kürzester Zeit gegen frisch erhitzte ausgetauscht werden. In der Regel war man mit einem zugange, und zwei wurden warm gemacht. Weil sie schwer waren, musste man sie obendrein mit viel Kraft herunterdrücken, damit die Wäsche schön glatt wurde. Andererseits hieß es stets, vorsichtig und sorgsam zu Werke zu gehen, weil man die Hitze nicht regulieren und einen Stoff leicht versengen konnte. Und weil man die Bügeleisen über einem offenen Feuer erhitzte, wurden sie auch dauernd rußig, so dass man sie in einem fort abwischen musste. Die Stärke, die beim Bügeln von Stärkewäsche unter dem Bügeleisen kleben blieb, musste mit Sandpapier oder einer Nagelfeile abgeschmirgelt werden.

Am Waschtag hieß es für die Dienerinnen oft schon um drei Uhr morgens aufstehen, damit das Wasser zeitig heiß war. In vielen Häusern, in denen es nur eine Dienerin gab, wurde für den Tag eine Wäscherin von außerhalb angeheuert. Manche Leute gaben ihre Schmutzwäsche außer Haus, doch bis zur Erfindung von Karbolsäure und anderen gut wirkenden Desinfektionsmitteln hatte man immer Angst, dass die Wäsche mit einer gefürchteten Krankheit wie Scharlach infiziert zurückkam. Überhaupt wusste man ja nie – igitt! –, mit wessen Wäsche die eigene gewaschen worden war. Whiteley's, ein großes Londoner Kaufhaus, bot mit Beginn des Jahres 1892 einen Wäschereiservice an, der aber nur stockend lief, bis ein Angestellter auf die Idee kam, per

Aushang bekannt zu geben, dass die Kleidung von Bediensteten und Herrschaften selbstverständlich separat gewaschen werde. Bis weit ins zwanzigste Jahrhundert hinein schickten viele der betuchtesten Einwohner Londons ihre Wäsche einmal wöchentlich mit der Eisenbahn in ihre Landhäuser, wo sie von Leuten erledigt wurde, denen sie vertrauten.

In den Vereinigten Staaten war die Lage der Dienstboten grundsätzlich anders. Oft liest man, dass US-Amerikaner nicht annähernd so viele Bedienstete hatten wie die Europäer, doch das trifft nur bis zu einem gewissen Grade zu. Im Süden hatten die Leute jede Menge Sklaven. Thomas Jefferson hielt mehr als zweihundert, davon allein fünfundzwanzig Haussklaven. »Wenn Jefferson schrieb, er habe Olivenbäume und Granatapfelbäume gepflanzt«, bemerkt einer seiner Biografen, »sollte man sich stets vergegenwärtigen, dass nicht etwa er die Schaufel schwang, sondern seine Sklaven anwies, was sie tun sollten.«

Sklaverei und Rasse waren anfangs nicht immer identisch. Manche Schwarzen wurden wie Weiße behandelt, die ihrem Grundherrn für das Bezahlen der Schiffspassage jahrelange Dienste schuldeten und wie alle anderen freikamen, wenn die vereinbarte Zeitspanne abgelaufen war. Ein Schwarzer in Virginia namens Anthony Johnson erwarb im siebzehnten Jahrhundert eine 250-Morgen-Tabakplantage und wurde selbst wohlhabender Sklavenbesitzer. Die Sklaverei beschränkte sich ursprünglich auch nicht auf den Süden. In New York war sie bis 1827 legal. In Pennsylvania besaß der erste Gouverneur der Kolonie, der Quäker William Penn, Sklaven. Als Benjamin Franklin 1757 nach London zog, hatte er die beiden Sklaven King und Peter im Schlepptau.

An freien Dienstboten allerdings bestand in den Vereinigten Staaten häufig Mangel. Selbst in guten Zeiten gab es in der Hälfte der Haushalte keine, und wenn ja, sahen die sich nicht unbedingt als Diener. Die meisten weigerten sich, eine Livree zu tragen, und viele erwarteten, dass sie mit der Familie zusammen aßen – eben als (beinahe) Gleiche behandelt zu werden.

Ein Historiker hat es so ausgedrückt: Man reformierte nicht die Diener, sondern lieber die Arbeitsabläufe im Haus, denn die US-Bürger entwickelten schon ganz früh eine heiße Liebe zu dienstbaren, arbeitssparenden Geräten. Im neunzehnten Jahrhundert machten diese aber oft ebenso viel Arbeit, wie sie sparten. 1899 errechnete man in einer Haushaltsschule, der Boston School of Housekeeping, dass der geplagte Hausbesitzer pro Tag vierundfünfzig Minuten schwere Arbeit auf seinen Kohleofen verwenden musste – Asche wegtragen, Kohle nachfüllen, ihn wichsen und polieren und so weiter –, bevor er auch nur einen Kessel Wasser kochen konnte. Als man mehr Gas gebrauchte, wurde es sogar noch schlimmer. In einem Buch mit dem Titel *Der Preis der Sauberkeit* errechnete man, dass ein durchschnittliches Haus mit acht Zimmern mit Gasversorgung eintausendvierhundert Stunden besonders anstrengendes Reinigen im Jahr erforderte, einschließlich zehn Stunden Fensterputzen im Monat.

Viele neue Geräte aber taten ohnehin meist nur die Arbeit, die bis dato von Männern verrichtet worden war, zum Beispiel Holzhacken, und die Frauen hatten wenig davon. Ja, die sich wandelnde Lebensweise und verbesserte Technik hielten die Frauen meist noch mehr auf Trab, weil die Häuser größer, die Mahlzeiten komplizierter, die Wäsche umfangreicher und häufiger und die Ansprüche an Sauberkeit immer höher wurden.

Doch etwas Unsichtbares, Wirkmächtiges sollte das für alle Menschen ändern, und um diese Geschichte zu hören, müssen wir nicht in ein anderes Zimmer gehen, sondern zu einem kleinen Kasten, der an der Wand im Flur hängt.

Sechstes Kapitel

Der Sicherungskasten

Im Herbst 1939, in der Hysterie und Verwirrung, wie sie mit Ausbruch eines Krieges einhergehen, erließ Großbritannien gegen die mörderischen Absichten der deutschen Luftwaffe strenge Verdunklungsvorschriften. Drei Monate lang war es im Grunde verboten, nachts Licht nach außen dringen zu lassen, sei es auch noch so schwach. Zuwiderhandelnde konnten arretiert werden, auch wenn sie sich nur in einem Türeingang eine Zigarette anzündeten oder ein Streichholz hochhielten, um ein Straßenschild lesen zu können. Ein Mann bekam eine Geldstrafe, weil er das schimmernde Heizungslicht seines Aquariums mit tropischen Fischen nicht abgedeckt hatte. In Hotels und Büros verbrachte man jeden Tag Stunden damit, spezielle Verdunklungsvorhänge anzubringen oder abzunehmen. Autofahrer mussten des Nachts in pechschwarzer Finsternis navigieren – nicht einmal Armaturenbretter durften beleuchtet sein –, sie mussten also nicht nur erraten, wo die Straße verlief, sondern auch, mit welcher Geschwindigkeit sie fuhren.

Seit dem Mittelalter war Großbritannien nicht mehr so dunkel gewesen, und die Konsequenzen waren laut und heftig. Um nicht mit dem Bordstein und allem, was dort geparkt stand, zu kollidieren, fuhren Fahrzeuge praktisch in der Mitte. Sie packten sich die weiße Linie zwischen die Räder, was ja auch in Ordnung war, bis sie einem anderen Fahrzeug begegneten, das das Gleiche tat, nur von der anderen Richtung her. Fußgänger befanden sich in ständiger Bedrängnis, weil die Bürgersteige mit den Laternenpfählen, Bäumen, Briefkästen, Bänken und Telefonzellen sie zum Hindernislauf zwangen, und Straßenbahnen, respektvoll »die stille Gefahr« genannt, besonders unheilvoll waren. »Während der ersten vier Kriegsmonate«, berichtet Juliet Gardiner in *Kriegszeiten,* »kamen auf britischen Straßen 4133 Menschen um« – doppelt so viele wie im gleichen Zeitraum des Vorjahres. Fast drei Viertel der Opfer waren Fußgänger. Das *British Medical Journal* bemerkte trocken, die deutsche Luftwaffe habe schon über sechshundert Menschen pro Monat umgebracht, ohne eine einzige Bombe abzuwerfen.

Gott sei Dank beruhigte sich das Ganze bald, und die Menschen durften wieder ein wenig Licht in ihr Leben lassen – gerade so viel, dass das Blutbad auf den Straßen aufhörte –, aber es war eine heilsame Erinnerung daran, wie sehr man sich schon daran gewöhnt hatte, dass alles immer schön hell war.

Wir vergessen nämlich leicht, wie ungeheuer trübe die Welt vor der Elektrizität war. Eine Kerze – eine gute Kerze – verströmt gerade mal ein Hundertstel der Helligkeit einer einzigen Hundert-Watt-Birne. Wenn Sie Ihre Kühlschranktür öffnen, leuchtet mehr Licht, als die meisten Haushalte im achtzehnten Jahrhundert insgesamt hatten. Ja, und bei Nacht war die Welt bis in die jüngste Zeit hinein sehr, sehr dunkel.

Sozusagen erhellend ist, wenn wir lesen, was damals als opulent betrachtet wurde. Da wunderte sich zum Beispiel ein Nomini Hall, zu Gast auf einer Plantage in Virginia, in seinem Tagebuch, wie das Esszimmer bei einem Festmahl »strahlte und glänzte«, denn es brannten sieben Kerzen – vier auf dem Tisch und drei an anderen Stellen im Raum, für Nomini Hall eine wahre Festbeleuchtung.

Ungefähr zur gleichen Zeit fertigte auf der anderen Seite des Ozeans in England ein begabter Amateurzeichner namens John Harden eine Reihe bezaubernder Bilder an, die das Familienleben bei ihm zu Hause, in Brathay Hall in Westmorland, porträtierten. Auffallend ist, wie wenig Helligkeit die Familie erwartete oder brauchte. Auf einer typischen Zeichnung sehen wir vier Fa-

Lesen bei Kerzenlicht

milienmitglieder, die beim Schein einer einzigen Kerze gemütlich beieinander am Tisch sitzen und nähen, lesen und sich unterhalten, und es sieht gar nicht so aus, als verrenkten sie sich verzweifelt die Hälse, um ein kleines bisschen Licht abzubekommen. Die Radierung »Student am Tisch bei Kerzenlicht« von Rembrandt kommt der Realität wahrscheinlich näher. Ein Jüngling sitzt an einem Tisch, kaum zu sehen in den tiefen Schatten, die der Schein einer einzigen Kerze an der Wand neben ihm nicht im Geringsten durchdringen kann. Aber der Jüngling liest trotzdem ein Buch. Die Menschen kamen eben mit trüben Abenden zurecht, weil sie es nicht anders kannten.[*]

Die landläufige Meinung, dass die Menschen in der vorelektrischen Welt bei Einbruch der Nacht zu Bett gingen, scheint auf der Annahme zu beruhen, dass sich jeder, der es nicht strahlend hell hatte, aus lauter Frustration schlafen legte. Aber allem Anschein

[*] Die Franzosen hatten laut Roger Ekirch ein lustiges Sprichwort, das ich hier ohne weiteren Kommentar zitiere: »Bei Kerzenlicht sieht eine Ziege wie eine Dame aus.«

nach war das gar nicht so – neun oder zehn Uhr scheint für die meisten normal gewesen zu sein, und in den Städten wurde es oft auch später. Wer seine Arbeitszeiten selbst bestimmen konnte, ging schlafen oder stand auf, wann immer er wollte. Die genaue Uhrzeit hatte offenbar wenig mit dem Licht zu tun, das die Menschen zur Verfügung hatten.

Samuel Pepys schreibt in seinem Tagebuch, dass er mal um vier Uhr morgens aus den Federn kroch oder um vier Uhr nachts zu Bett ging. Samuel Johnson war berühmt dafür, dass er, wenn er nur irgend konnte, bis Mittag im Bett blieb (meist konnte er). Der Schriftsteller und Essayist Joseph Addison stand im Sommer jeden Morgen um drei Uhr (und manchmal noch früher) auf, im Winter erst um elf. Eile, den Tag zu beschließen, hatte offenbar niemand. Leute, die im achtzehnten Jahrhundert London besuchten, erzählten, dass die Geschäfte bis zehn Uhr abends geöffnet seien, und das wären sie sicher nicht gewesen, wenn Menschen nicht noch eingekauft hätten. Hatte man Gäste, servierte man das Abendessen gewöhnlich um zehn Uhr, und die ganze Gesellschaft blieb bis Mitternacht oder später beisammen. Einschließlich der Gespräche vorher und der Musik nachher konnte eine Abendgesellschaft bis zu sieben Stunden und länger dauern. Bälle dauerten oft bis zwei, drei Uhr morgens, dann wurde noch ein Essen serviert. Die Leute gingen so gern aus und blieben lange auf, dass sie sich durch fast nichts davon abhalten ließen. 1785 schrieb eine Louisa Stewart ihrer Schwester, den französischen Botschafter habe »der Schlagfluss« getroffen, doch die Gäste seien trotzdem gekommen und »hätten Karten gespielt etc., als habe er nicht im Nebenzimmer im Sterben gelegen. Wir sind ein komisches Volk«.

Sich draußen zurechtzufinden war allerdings viel schwieriger als heute, weil es so dunkel war. In sehr finsteren Nächten stieß ein daherstolpernder Fußgänger leicht »mit dem Kopf an einen Pfosten« oder erlebte andere schmerzliche Überraschungen. Man musste sich den Weg durch das Dunkel ertasten, doch manchmal tastete man auch einfach nur blind darin herum. In London war 1763 die Beleuchtung immer noch so schlecht, dass James Boswell auf der Westminster Bridge mit einer Prostituierten Sex haben konnte, wohl kaum der privateste Ort für ein solches Unterfangen. Die mangelnde Helligkeit barg aber auch Gefahren über die genannten hinaus. Allenthalben trieben Diebe ihr Unwesen, und im Jahre 1718 bemerkte eine Londoner Behörde, die Menschen schreckten oft davor zurück, abends und nachts hinauszugehen, weil sie Angst hätten, sie würden »geblendet, niedergeschlagen, erstochen oder erdolcht«. Um nicht irgendwo gegenzuknallen oder von Räubern überfallen zu werden, heuerten sich die betuchten Stadtbewohner Jungs an, die Fackeln aus kräftigen, in Harz getauchten Seilstücken oder einem anderen brennbaren Material vor ihnen hertrugen und sie heil nach Hause brachten. Leider konnte man den Knaben auch nicht immer trauen; manche führten ihre unglücklichen Kunden in dunkle, einsame Gassen, wo sie oder ihre Kumpane sie um Geld oder Seidenklamotten erleichterten.

Selbst als in der Mitte des neunzehnten Jahrhunderts schon viele Straßen mit Gas beleuchtet wurden, war die Welt nach Einbruch der Nacht immer noch recht zwielichtig. Selbst die hellsten Gaslampen in den Straßen gaben weniger Licht als eine moderne 25-Watt-Birne. Darüber hinaus standen sie weit auseinander. Knapp dreißig Meter Düsternis lagen im Allgemeinen zwischen ihnen, doch auf manchen Straßen in London, zum Beispiel der King's Road in Chelsea, gut sechzig Meter, so dass die Lampen weniger den Weg beleuchteten, als vielmehr weit voneinander entfernte mäßig helle Punkte darstellten, die man zu erreichen versuchte. In manchen Stadtteilen überdauerten die Gaslampen sehr lange. Noch in den 1930er Jahren hatte fast die Hälfte der Londoner Straßen Gasbeleuchtung.

Wenn überhaupt etwas die Menschen in der Zeit ohne elektrisches Licht früh ins Bett trieb, dann war es nicht Langeweile, sondern Erschöpfung. Viele Menschen hatten einen unendlich langen Arbeitstag. Ein elisabethanisches »Statut für Handwerker« legte 1563 fest, dass alle Handwerker, Gehilfen und Lehrburschen »um oder vor fünf Uhr morgens fleißig bei der Arbeit seyn oder fleißig fortfahren mussten und nicht weggehen durften und bis sieben oder acht Uhr bei Nacht weiterarbeiten mussten«, was eine Vierundachtzig-Stunden-Arbeitswoche bedeuten konnte. Andererseits aber sollte man sich vor Augen halten, dass ein typisches Londoner Theater wie Shakespeares Globe zweitausend Zuschauer fasste, ungefähr ein Prozent der Londoner Einwohnerschaft, von denen viele einer Arbeit nachgingen, und dass es zu der Zeit auch noch andere Theater sowie Unterhaltungsmöglichkeiten wie Bärenhatzen und Hahnenkämpfe gab. Was auch immer das Gesetz verfügte – an einem x-beliebigen Tag waren ganz offensichtlich mehrere Tausend Londoner eindeutig nicht an ihren Werkbänken, sondern gingen aus und amüsierten sich.

Die Industrielle Revolution und das Aufkommen des Fabriksystems sorgten dann aber dafür, dass die langen Arbeitstage penibelst eingehalten wurden. In den Fabriken mussten die Arbeiter nun montags bis freitags von sieben Uhr morgens bis sieben Uhr abends und samstags von sieben bis vierzehn Uhr an ihren Arbeitsplätzen sein, und während auftragsreicher Perioden im Jahr – die als »rege Zeiten« bezeichnet wurden – konnten sie sogar von drei Uhr morgens bis zehn Uhr abends an ihren Maschinen festgehalten werden, was zu einem neunzehnstündigen Arbeitstag führte. Bis zur Verabschiedung der Fabrikgesetze 1833 mussten schon siebenjährige Kinder genauso lange arbeiten. Unter solchen Bedingungen aßen und schliefen die Menschen natürlich, wann immer sie gerade konnten.

Die Reichen ließen es ruhiger angehen. Die Schriftstellerin Fanny Burney schrieb 1768 über das Leben auf dem Land: »Wir frühstücken immer um zehn und stehen so viel früher auf, wie es uns beliebt; Punkt zwei Uhr speisen wir, trinken um sechs Tee und nehmen exact um neun Uhr das Abendessen ein.« Dieser Tagesablauf klingt in zahllosen Tagebüchern und Briefen anderer Menschen ihrer Klasse nach. »Ich werde einen Bericht über einen Tag geben, dann haben Sie alle Tage«, schrieb eine junge Briefpartnerin dem Historiker Edward Gibbon im Jahr 1780. Ihr Tag, erzählte sie, beginne um neun, und Frühstück gebe es um zehn. »Und gegen elf dann spiele ich auf dem Cembalo, oder ich zeichne; um eins übersetze ich und gehe um zwei noch einmal nach draußen, um drei lese ich im Allgemeinen, und um vier gehen wir zum Essen, nach dem Dinner spielen wir Backgammon, wir trinken Tee um sieben, und ich arbeite oder spiele Pianoforte bis zehn, dann essen wir ein paar Bissen zu Abend, und um elf gehen wir zu Bett.«

Es gab verschiedene Arten der Beleuchtung, nach modernen Maßstäben alle längst nicht ausreichend. Das Primitivste waren Binsenlichter, die man aus Blaugrünen Binsen herstellte – das hieß auf knapp fünfzig Zentimeter Länge stutzte und in Tierfett, normalerweise Hammelfett, tauchte. Dann steckte man sie in Metallhalter und ließ sie abbrennen wie eine dünne, spitz zulaufende Wachskerze. Eine Binsenlampe brannte normalerweise fünfzehn bis zwanzig Minuten, da war also schon ein reicher Vorrat an Binsen und Geduld nötig, um einen langen Abend zu gestalten. Einmal im Jahr, im Frühling, erntete man die Binsen, musste also sorgfältig berechnen, wie viel Licht man in den nächsten zwölf Monaten brauchte.

Die Bessergestellten hatten Kerzen. Die gab es aus Talg und aus Wachs. Talg, aus ausgelassenem Tierfett, hatte den großen Vorteil, dass man ihn zu Hause aus jedem geschlachteten Tier machen konnte, er also billig war, zumindest bis 1709. Da nämlich erließ das Parlament in London unter dem Druck der Kerzenziehergilde ein Gesetz, nach dem es verboten war, zu Hause Kerzen herzustellen. Das Verbot führte zu großem Ärger auf dem Land und wurde, wenn auch mit einem gewissen Risiko, sicher nach Kräften missachtet. Binsenleuchten durften die Leute noch machen, wenn dieses Zugeständnis auch manchmal wertlos war, weil man für Binsenleuchten eine Menge Tierfett brauchte und die Bauern in Notzeiten keine Tiere zum Schlachten hatten. Da mussten sie dann eben ihre Abende nicht nur hungrig, sondern auch im Dustern verbringen.

Talg war ein nerviges Material. Weil er so schnell schmolz, flackerte die Kerze immer, und man musste sie bis zu vierzig Mal in der Stunde schneuzen, das heißt den Docht nachschneiden. Außerdem verbrannte Talg mit ungleichmäßigem Licht und stank. Und weil die Talgkerze eigentlich nur eine Stange verwesender organischer Materie war, stank sie umso übler, je älter sie war. Weit besser waren Kerzen aus Bienenwachs. Die gaben ein gleichmäßigeres Licht und mussten weniger geschneuzt werden, kosteten aber auch ungefähr viermal so viel und wurden deshalb nur zu besonderen Gelegenheiten benutzt. Wie viel Beleuchtung man sich gönnte, war ein aufschlussreicher Indikator für den sozialen Status. Elizabeth Gaskell hat in einem ihrer Romane eine Figur, Miss Jenkyns, geschaffen, die immer zwei Kerzen stehen hatte, aber nur eine brennen ließ und gewissenhaft zwischen beiden abwechselte, damit sie stets gleich lang blieben. Wenn Miss Jenkyns Gäste hatte, kamen die gar nicht auf die peinliche Idee, dass ihre Gastgeberin sparen musste.

Wo ein Mangel an herkömmlichen Brennstoffen herrschte, nahmen die Leute, was sie bekamen – Stechginster, Farn, Seetang, getrockneten Mist, alles, was brannte. Auf den Shetland-Inseln enthielten Sturmschwalben so viel natürliches Öl, dass die Leute ihnen manchmal nur einen Docht in die Kehle rammten und ihn anzündeten, behauptete James Boswell, doch ich habe den leisen Verdacht, dass er hier einer Mär aufgesessen ist. Woanders in Schottland sammelte und trocknete man Mist, um damit Licht zu machen und zu heizen. Der Verlust an diesem Dünger auf den Feldern führte dazu, dass das Land magerer wurde, und beschleunigte angeblich den Niedergang der Landwirtschaft. Manche Leute hatten Glück. Der ölhaltige Schiefer am Strand der Kimmeridge Bay in Dorset brannte wie Kohle, konnte gratis gesammelt werden und gab sogar besseres Licht. Doch wer es sich leisten konnte, entschied sich für die effizienteren Öllampen, auch wenn Öl teuer war und Öllampen wegen des Schmutzes täglich gereinigt werden mussten. Schon im Verlauf eines Abends konnte eine Lampe vierzig Prozent ihrer Helligkeit verlieren, weil ihr Zylinder zurußte. Wenn man sie nicht sehr gut pflegte, hatte das unangenehme Folgen. Elisabeth Garrett erzählt von einer jungen Frau, die ein Fest in Neuengland besuchte, wo die Lampen rauchten. Die junge Frau berichtete: »Unsere Nasen waren pechschwarz & unsere Kleider vollkommen grau und [...] ganz verdorben.« Aus solchen Gründen blieben viele Leute bei Kerzen, selbst nachdem es Alternativen gab. Catherine Beecher und ihre Schwester Harriet Beecher Stowe gaben in ihrem *Heim der amerikanischen Hausfrau,* der US-amerikanischen Antwort auf Mrs. Beetons *Buch der Haushaltsführung,* selbst noch im Jahr 1869 Tipps zum Kerzenmachen.

Bis Ende des achtzehnten Jahrhunderts hatte sich die Qualität der Beleuchtung seit dreitausend Jahren und mehr nicht geändert. Aber 1783 erfand ein Schweizer Physiker namens Ami Argand eine Lampe, die erheblich heller leuchtete, schlicht und ergreifend deshalb, weil die Flamme mehr Sauerstoff bekam. Argand versah seine Lampen auch mit einem Griff, mit dem man die Leuchtkraft der Flamme regulieren konnte, und angesichts dieser Neuheit verschlug es vielen Benutzern vor Dankbarkeit schier die Sprache. Thomas Jefferson begeisterte sich schon früh dafür und bemerkte voller Bewunderung, dass eine einzige Argand-Lampe so viel Helligkeit verbreite wie ein halbes Dutzend Kerzen. 1790 brachte er sogar mehrere Argand-Lampen von Paris mit nach Hause.

Argand selbst bekam nie seinen verdienten Lohn. Als seine Patente in Frankreich nicht anerkannt wurden, ging er nach England, doch auch dort wollte man nichts davon wissen, und so brachten ihm sein Fleiß und Erfindungsreichtum so gut wie nichts.

Das beste Licht konnte man allerdings immer noch mit Waltran erzeugen, und der beste Waltran war das Spermaceti oder

Walrat aus dem Kopf des Pottwals. Pottwale sind geheimnisvolle, schwer zu erwischende Tiere, von denen man selbst heute kaum etwas weiß. Sie produzieren große Vorräte Walrat und lagern bis zu drei Tonnen davon in einer höhlenartigen Kammer in ihren Schädeln ein. Trotz des Namens Spermaceti ist das Walrat kein Sperma und dient auch nicht der Fortpflanzung, doch wenn es sich an der Luft von einer wässrigen Flüssigkeit zu einer milchig weißen Creme verwandelt, versteht man sofort, warum die Seeleute auf den Namen kamen. Noch nie hat jemand herausgefunden, wozu es da ist. Vielleicht unterstützt es die Abtriebskraft oder hilft, den Stickstoff im Blut des Wals zu absorbieren. Pottwale tauchen mit großem Tempo in enorme Tiefen – bis mehr als eineinhalb Kilometer tief –, augenscheinlich, ohne dass es ihnen schadet, und man glaubt, dass das Walrat auf eine noch unerforschte Weise dafür sorgt, dass sie nicht die Taucherkrankheit kriegen. Eine andere Theorie besagt, dass das Walrat bei männlichen Walen als Stoßdämpfer funktioniert, wenn sie um Paarungsrechte kämpfen. Es würde auch zu erklären helfen, warum Pottwale dafür berüchtigt sind, Walfangschiffen gern mal einen oft für sie selbst tödlichen Kopfstoß zu verpassen, wenn sie wütend sind. Ob sie sich aber auch untereinander Kopfstöße verpassen, weiß man nicht.

Nicht minder mysteriös war im Übrigen ein sehr wertvolles, dunkelgraues bis schwarzes Produkt aus dem Verdauungstrakt der Pottwale, die Ambra. Erst kürzlich hat man entdeckt, dass sie aus den Hornkiefern der Tintenfische gebildet wird, die der Pottwal nicht verdauen kann. Er scheidet die Ambra in unregelmäßigen Abständen aus, und jahrhundertelang fand man sie im Meer schwimmend oder angeschwemmt an Küsten, und niemand wusste, wo sie herkam. Sie eignete sich ganz vorzüglich als Fixiermittel für Parfüm und wurde sehr wertvoll. Leute, die es sich leisten konnten, aßen sie auch. Charles II. hielt Ambra mit Eiern für das leckerste Gericht der Welt. (Der Geschmack von Ambra erinnert angeblich an den von Vanille.) Doch wie dem auch sei, die Ambra samt all dem kostbaren Walrat machte Pottwale zu einer hoch attraktiven Jagdbeute.

Gemeinsam mit anderen Walölen war das von Pottwalen auch sehr begehrt in der Industrie: als Weichmacher bei der Herstellung von Seife und Farben und als Schmiermittel für Maschinen. Die großen Wale lieferten darüber hinaus eine erfreuliche Menge Fischbein, eine knochenartige Substanz aus den Oberkiefern oder Barten, aus der man robuste, aber flexible Korsettstangen, Griffe von Kutschenpeitschen und alle möglichen Gegenstände fabrizierte, die eine gewisse natürliche Elastizität brauchten.

Der Walfang war hauptsächlich Sache der Amerikaner. Schon sehr früh wurden neuenglische Häfen wie Nantucket und Salem vom Walgeschäft reich. 1846 hatten die USA mehr als 650 Walfangschiffe, grob dreimal so viel wie der Rest der Welt zusammen. Da Waltran aber überall in Europa hoch besteuert wurde, benutzten die Leute zu Beleuchtungszwecken eher Rüböl, das sie aus Rübsamen machten (einem Vertreter der Gattung Kohl), oder Camphen, ein Terpentinderivat, das exzellentes Licht gab, aber hochgradig instabil war und manchmal – sehr zum Ärger der Betroffenen – explodierte.

Niemand weiß, wie viele Wale während des großen Zeitalters des Walfangs abgeschlachtet wurden, doch man schätzt, dass es in den vier Jahrzehnten bis 1870 etwa dreihunderttausend waren. Das mag nicht über Gebühr viel erscheinen, doch die Wale waren von vornherein nicht sehr zahlreich. Die Jagd brachte jedenfalls viele Arten an den Rand der Ausrottung, und als die Anzahl der Meeressäuger geringer wurde, dauerten die Fangfahrten zu ihnen immer länger; üblich wurden bis zu vier Jahre, auch fünf waren nicht unbekannt. Es trieb die Walfänger in die einsamsten Ecken der entlegensten Meere. Was natürlich zu immer größeren Kosten führte. In den 1850er Jahren belief sich der Preis für eine Gallone (gut dreidreiviertel Liter) Waltran auf zwei Dollar fünfzig, die Hälfte des durchschnittlichen Wochenlohns eines Arbeiters, doch die Jagd ging erbarmungslos weiter. Viele Walarten, na, womöglich alle wären wohl für immer verschwunden, wenn nicht mehrere unvermutete Ereignisse eingetreten wären. Das erste 1846 in Nova Scotia, wo ein Mann namens Abraham Gesner etwas erfand, das eine Zeitlang das wertvollste Produkt auf Erden werden sollte.

Gesner war von Beruf Arzt, aber er hegte eine merkwürdige Begeisterung für geologische Studien und die Beschaffenheit von Kohle. Als er mit Kohlenteer experimentierte, einer nutzlosen, klebrigen Masse, die übrig blieb, wenn man Kohlengas herstellte, ersann er eine Methode, aus ihr eine leicht entflammbare Flüssigkeit zu gewinnen, die er aus unerfindlichen Gründen Kerosin nannte. Kerosin brannte wunderbar, gab ein ebenso starkes, gleichmäßiges Licht wie Waltran und war viel billiger in der Herstellung. Das Problem war nur, dass man nicht wusste, wie man es in großen Mengen produzieren konnte. Gesner erzeugte so viel, dass es zur Beleuchtung der Straßen von Halifax reichte, und gründete schließlich auch eine Fabrik in New York, die ihm einen sicheren Wohlstand bescherte, doch Kerosin aus Kohle war und blieb in der übrigen Welt eine Randerscheinung. Ende der 1850er Jahre wurden in den Vereinigten Staaten gerade mal sechshundert Fässer mit knapp 160 Litern am Tag produziert. (Der Kohlenteer selbst fand dagegen schon bald Anwendung in einer großen Zahl von Produkten: Farben, Färbemitteln, Pestiziden, Medikamenten und mehr. Kohlenteer begründete quasi die moderne chemische Industrie.)

In diese verfahrene Situation trat unerwartet ein weiterer Held, ein kluger junger Mann namens George Bissell, der nach einer kurzen, aber erfolgreichen Karriere im öffentlichen Schulwesen in New Orleans gerade seinen Posten als Oberschulrat gekündigt hatte. Als er 1853 seine Heimatstadt Hanover in New Hampshire besuchte und bei der Gelegenheit bei einem Professor seiner Alma Mater, dem Dartmouth College, vorbeischaute, sah er eine Flasche Steinöl auf dem Regal des Professors stehen. Der Professor erzählte ihm, im Westen Pennsylvanias dringe Steinöl –

das wir heute Erdöl nennen würden – an die Oberfläche, und ein Lappen, den man hineintauche, brenne, doch habe bisher niemand eine Verwendung dafür gefunden außer in Arzneimitteln. Bissell führte ein paar Experimente mit Steinöl durch, sah, dass es ein hervorragendes Leuchtmaterial abgab, und sann darauf, es industriell zu fördern.

Er gründete die Pennsylvania Rock Oil Company und kaufte Schürfrechte für Mineralien an einem trägen Fluss, dem Oil Creek, in der Nähe von Titusville im Westen Pennsylvanias. Neu war Bissells Idee, nach Öl zu bohren wie nach Wasser. Bisher hatten alle danach *gegraben*. Um der Sache Schwung zu verleihen, schickte er einen Mann namens Edwin Drake – der in Geschichtsbüchern immer als »Oberst Edwin Drake« figuriert – nach Titusville, der dort zu bohren begann. Drake war weder Fachmann im Bohrgeschäft noch Oberst. Er war Eisenbahnschaffner. Aus gesundheitlichen Gründen hatte er kurz zuvor den Dienst quittieren müssen. Was ihn für Bissells Unternehmen empfahl, war, dass er einen Eisenbahnpass besaß und umsonst nach Pennsylvania fahren konnte. Zwecks Aufbesserung seines Images adressierten Bissell und seine Geschäftspartner Briefe an ihn mit »Oberst E. L. Drake«.

Ausgestattet mit einem Packen geborgten Geldes beauftragte der »Oberst« einen Trupp Bohrarbeiter, mit der Suche nach Öl zu beginnen. Obwohl diese ihn für einen liebenswürdigen Spinner hielten, nahmen sie die Arbeit gern an und begannen nach seinen Anweisungen zu bohren. Prompt tauchten technische Probleme auf. Doch zur Überraschung aller war Drake sehr pfiffig, wenn es galt, sie zu lösen, und er hielt das Projekt am Laufen. Man bohrte mehr als eineinhalb Jahre – aber vergeblich. Im Sommer 1859 waren die finanziellen Mittel Bissells und seiner Partner erschöpft. Widerstrebend schrieben sie Drake, er möge den Betrieb einstellen. Doch bevor der Brief eintraf, stießen Drakes Männer am 27. August 1859 in einer Tiefe von etwas über zwanzig Metern auf Öl. Es war nicht die turmhoch aufspritzende Quelle, die wir traditionell bei solchen Ereignissen vor uns sehen – dieses Öl musste mühsam an die Oberfläche gepumpt werden, aber man gewann eine stetige Masse einer dicken, zähen, blaugrünen Flüssigkeit.

Wenn es auch damals keiner merkte, man hatte gerade die Welt vollkommen und für immer verändert.

Als Erstes stand die Firma vor dem Problem, wo sie all das geförderte Öl aufbewahren sollte. Da es vor Ort nicht genug Fässer gab, füllte man in den ersten Wochen Badewannen, Waschbecken, Eimer, alles, was man in die Hände kriegte. Schließlich aber fertigte man spezielle Fässer mit einem Fassungsvermögen von zweiundvierzig Gallonen (knapp unter 160 Liter) an, und die sind als Barrel bis heute das Standardmaß für Öl. Als drängender erwies sich dann, wie man das Öl gewinnbringend nutzen konnte. Da es im Naturzustand nur eklige Klebe war, machte Bissell sich daran, es zu etwas Reinerem zu destillieren. Dabei entdeckte er, dass es gereinigt nicht nur ein hervorragendes Schmiermittel war, sondern als Nebenprodukte auch noch erhebliche Mengen Benzin und Kerosin abfielen. Für das Benzin fand er überhaupt keine Verwendung – es war bei Weitem zu flüchtig – und schüttete es einfach weg, doch das Kerosin brannte wunderbar hell, wie er ja auch gehofft hatte, und kostete in der Herstellung viel weniger als Gesners aus Kohle gepresste Substanz. Endlich hatte die Welt einen billigen Stoff zur Beleuchtung, der mit Waltran konkurrieren konnte.

Als andere Leute sahen, wie leicht es war, Öl zu fördern und in Kerosin zu verwandeln, setzte ein Ansturm auf das Gebiet um den Oil Creek ein. Bald drängten sich Hunderte von Bohrtürmen in der Landschaft. »In drei Monaten«, schreibt der bekannte Sachbuchautor John McPhee im *Land der Versprechungen*, »stieg die Einwohnerzahl von Pithole City von null auf 15000, und in der ganzen Region schossen weitere Ölstädte aus dem Boden – Oil City, Petroleum Center, Red Hot. John Wilkes Booth kam auch, verlor seine Ersparnisse, ging wieder und ermordete einen Präsidenten«, Abraham Lincoln.

Im Jahr von Drakes Entdeckung wurden in den Vereinigten Staaten zweitausend Barrel Öl gefördert; binnen zehn Jahren waren es weit über vier Millionen und nach weiteren dreißig sechzig Millionen. Leider wurden Bissell, Drake und die anderen Investoren des Unternehmens, das jetzt Seneca Oil Company hieß, nicht so reich, wie sie gehofft hatten. Aus anderen Quellen pumpte man viel größere Mengen – aus einer, Pool Well, dreitausend Barrel am Tag –, und die schiere Anzahl an sprudelnden Fundstellen führte zu einem solchen Überangebot, dass der Marktpreis von Öl katastrophal fiel, von zehn Dollar das Barrel im Januar 1861 auf gerade mal zehn Cents am Ende des Jahres. Das war schön für die Verbraucher und die Wale, doch nicht so schön für die in der Branche Tätigen. Während der Boom zu einer Flaute wurde, fielen auch die Preise für Land. 1878 bekam man für eine Parzelle in Pithole City, für die man dreizehn Jahre zuvor zwei Millionen Dollar auf den Tisch hatte legen müssen, nur noch 4,37 Dollar.

Viele gerieten also ins Schlingern und versuchten verzweifelt, aus dem Ölgeschäft auszusteigen; nur in einer kleinen Firma in Cleveland, die Clark and Rockefeller hieß und mit Schweinefleisch und anderen landwirtschaftlichen Produkten handelte, beschloss man einzusteigen und kaufte Bohrrechte von bankrotten Unternehmen auf. Im Jahre 1877, nicht einmal zwanzig Jahre nach der Entdeckung von Öl in Pennsylvania, war Clark von der Bildfläche verschwunden, und John D. Rockefeller kontrollierte etwa neunzig Prozent des Ölgeschäfts in den Vereinigten Staaten. Das Öl lieferte nicht nur den Rohstoff für ein über die Maßen lukratives Beleuchtungsmaterial, sondern befriedigte auch die große Nachfrage nach Schmiermitteln für all die Maschinen und Geräte des neuen industriellen Zeitalters. Auf Grund seines Quasimonopols konnte Rockefeller die Preise stabil halten und wurde sensationell reich. Als sich das Jahrhundert dem Ende zuneigte, wuchs sein Privatvermögen jährlich um etwa eine Milliarde Dollar (in heutigem Geld). Und das in einem Zeitalter ohne Einkommensteuer. Noch nie ist ein Mensch so reich geworden.

Bissell und seinen Partnern war das Glück nicht immer derartig hold, und wenn, dann in entschieden moderaterem Ausmaß. Die Seneca Oil Company verdiente eine Weile gutes Geld, doch 1864, nur fünf Jahre nachdem Drake mit seinen Bohrungen den Durchbruch geschafft hatte, konnte sie nicht mehr mithalten und machte dicht. Drake haute das Geld, das er verdient hatte, auf den Kopf und starb bettelarm und schwer gezeichnet von einer Neuralgie wenig später. Bissell erging es besser. Er investierte seine Gewinne in eine Bank und andere Geschäfte und häufte ein bescheidenes Vermögen an – jedenfalls so viel, dass er Dartmouth eine kleine Sporthalle bauen konnte, die immer noch steht.

Während Kerosin sich als bevorzugtes Beleuchtungsmittel in Millionen Häusern besonders in Kleinstädten und ländlichen Gegenden durchsetzte, trat die Konkurrenz in vielen größeren Gemeinwesen schon in Gestalt eines neuen Wunders der Zeit auf: Gas. Von 1820 an war für die Begüterten in vielen Großstädten Gas eine weitere Option. Genutzt wurde es allerdings hauptsächlich für die Beleuchtung von Fabrikhallen und Läden sowie bei der Straßenbeleuchtung, erst gegen Mitte des Jahrhunderts setzte es sich in Privathäusern durch.

Gas hatte viele Nachteile. Menschen, die in Büros mit Gasversorgung arbeiteten oder Theater besuchten, die mit Gas beleuchtet wurden, klagten oft über Kopfschmerzen und Übelkeit. Um dem entgegenzuwirken, brachte man die Gaslampen vor Fabrikfenstern manchmal draußen an. Im Inneren schwärzte es überdies Decken, verfärbte Stoffe, zerfraß Metall und hinterließ auf jeder horizontalen Fläche eine schmierige Rußschicht. Blumen welkten schnell, und die meisten Pflanzen wurden gelb, wenn sie nicht in einem Terrarium isoliert waren. Nur die Schusterpalme schien dagegen immun zu sein, was erklärt, warum sie auf fast jedem viktorianischen Wohnzimmerfoto zu sehen ist. Auch beim Entzünden der Gasflamme musste man einige Vorsicht walten lassen. Die meisten Versorger drosselten die Zufuhr tagsüber, wenn die Nachfrage gering war. Wollte man dann das Gas anstellen, musste man den Hahn weit aufdrehen, um ein vernünftiges Licht zu bekommen. Wurde aber später am Tag der Druck erhöht, loderte dort, wo jemand vergessen hatte, den Hahn herunterzudrehen, die Flamme gefährlich hoch und versengte die Decke und konnte natürlich Brände entfachen. Gas war nicht nur schmutzig, sondern auch gefährlich.

Es hatte aber einen unwiderstehlichen Vorteil. Es brannte hell – zumindest im Vergleich mit allem, was man bisher kannte. Ein normales Zimmer, das mit Gas beleuchtet wurde, war zwanzigmal heller als vorher. Intim war das Licht nicht – man konnte es nicht wie eine Tischlampe näher zum Buch oder zur Näharbeit ziehen –, aber es sorgte für eine wunderbare Gesamtbeleuchtung. Lesen, Kartenspielen, ja, sogar die Gespräche wurden angenehmer. Essensgäste konnten sich über die Beschaffenheit der Speisen Gewissheit verschaffen, zarte Fischgräten erkennen und aussortieren und endlich sehen, wie viel Salz aus dem Loch des Salzstreuers kam. Man konnte eine Nadel fallen lassen und sie sofort (und nicht erst am nächsten Morgen bei Tageslicht) aufheben und die Titel der Bücher auf den Regalen lesen. Die Leute lasen nun auch mehr und blieben abends länger auf. Es ist kein Zufall, dass um die Mitte des neunzehnten Jahrhunderts ein anhaltender Boom an Zeitungen, Zeitschriften, Büchern und Noten einsetzte. Die Zahl der britischen Zeitungen und Zeitschriften stieg sprunghaft von weniger als einhundertfünfzig zu Beginn des Jahrhunderts bis auf fast fünftausend am Ende an.

Besonders beliebt war Gas in den Vereinigten Staaten und Großbritannien, wo es ab 1850 in den meisten großen Städten zur Verfügung stand. Es blieb aber ein Luxus der Mittelklasse. Die Armen konnten es sich nicht leisten, und die Reichen verschmähten es häufig, weil es teuer und nur mit großem Aufwand zu installieren war, ganz zu schweigen davon, dass es an Gemälden und kostbaren Stoffen Schaden anrichtete. Außerdem fragte man sich, warum man unbedingt in mehr Bequemlichkeit investieren sollte, wo man doch Bedienstete hatte, die ohnehin alles für einen taten. Folglich waren nicht nur bürgerliche Haushalte, sondern ironischerweise auch Institutionen wie Irrenhäuser und Gefängnisse lange vorher besser beleuchtet – und recht bedacht, auch besser beheizt – als die Adelssitze in England.

Es ausreichend warm zu haben war im ganzen neunzehnten Jahrhundert für die meisten Menschen schwierig. Mr. Marsham hatte praktisch in jedem Zimmer seines Pfarrhauses, sogar im Ankleidezimmer, einen Kamin und obendrein einen mächtigen Herd in der Küche. So viele Kamine bzw. Öfen zu reinigen, zu bestücken und am Brennen zu halten war eine Heidenarbeit, doch mehrere Monate im Jahr war das Haus bestimmt trotzdem unangenehm kalt. (Ist es immer noch.) Kamine sind einfach derart ineffizient, dass man nur ein paar Kubikmeter Wohnraum damit warm kriegt. Doch während man in einem gemäßigten Klima wie in England noch darüber hinwegsehen konnte, musste man in den eiskalten Wintern in großen Teilen Nordamerikas bibbern. Thomas Jefferson klagte einmal, er habe abends aufhören müssen zu schreiben, weil die Tinte im Tintenfass gefroren war. Und ein Tagebuchschreiber namens George Templeton Strong hielt fest, dass er im Winter 1866 selbst mit zwei brennenden Öfen und sämtlichen Kaminen hell lodernd die Temperatur in seinem Bostoner Haus nur wenig über drei Grad Celsius bekam.

Wer sann auf Abhilfe? Benjamin Franklin natürlich! Er erfand den sogenannten Franklin- oder Pennsylvania-Ofen, der zweifellos eine Verbesserung darstellte, aber leider mehr auf dem Papier als in der Praxis. Im Grunde war es ein in einen Kamin gesteckter Ofen mit zusätzlichen Rauchabzügen und Luftkanälen, die den Luftzug geschickt um- und mehr Hitze zurück ins Zimmer leiteten. Außerdem war er teuer und der Einbau oft fürchterlich umständlich und aufwändig. Franklins Konstruktion wurde in den Vereinigten Staaten von David Rittenhouse und in Europa von Benjamin Thompson, Reichsgraf von Rumford, verbessert, doch warm und angenehm wurde es erst, als die Leute die Kamine zumauerten und einen Ofen in die Zimmer stellten. Der sogenannte Holländische Ofen roch nach heißem Eisen und machte die Luft sehr trocken, sorgte aber wenigstens dafür, dass es warm wurde und blieb.

Als die Menschen in den Vereinigten Staaten gen Westen in die Prärien und weiter zogen, fehlte Holz als Heizmaterial. Man benutzte unter anderem Maiskolben und getrocknete Kuhfladen, für die man den schönen Ausdruck »überirdische Kohle« kreierte. In der Wildnis verbrannten die Menschen auch alle möglichen Fette von Schweinen, Hirschen, Bären, sogar das Fett von Wandertauben sowie Fischtran, obwohl dieses Zeug qualmte und stank.

Der Ofenbau wurde in den Vereinigten Staaten zur fixen Idee. Zu Beginn des zwanzigsten Jahrhunderts waren beim nationalen Patentamt mehr als siebentausend Typen registriert. Das Einzige, was sie alle gemeinsam hatten, war die viele Arbeit, die es kostete, sie am Brennen zu halten. Ein Durchschnittsofen verbrannte laut einer Studie in Boston im Jahre 1899 mehr als 250 Pfund Kohle in der Woche, produzierte etwa fünfundzwanzig Pfund Asche, und man musste sich täglich drei Stunden und elf Minuten um ihn kümmern. Hatte man sowohl in der Küche als auch im Wohnzimmer einen Ofen und vielleicht noch woanders offene Kamine, dann brauchte man sich über mangelnde Beschäftigung nicht zu beklagen. Ein anderer erheblicher Nachteil geschlossener Öfen war, dass sie dem Raum eine Menge Licht wegnahmen.

Die Verbindung von offenem Feuer und entzündlichen Materialien hatte das tägliche Leben in der vorelektrischen Welt durch und durch beunruhigend und aufregend gemacht. Samuel Pepys notierte in seinem Tagebuch, dass er einmal, über eine Kerze gebeugt, an seinem Schreibtisch arbeitete und plötzlich einen schrecklichen beißenden Gestank wie nach brennender Wolle bemerkte. Als Nächstes begriff er, dass seine neue und sehr teure

Perücke lichterloh in Flammen stand. Solche kleinen Brände passierten dauernd. In fast allen Zimmern eines Hauses brannte ein offenes Feuer, zumindest zu bestimmten Tageszeiten, und es brauchte nicht viel, um ein Haus niederzubrennen, denn beinahe alles darin oder darauf, von Strohbetten bis zu reetgedeckten Dächern, war sozusagen Heizmaterial auf Abruf. Um die Gefahren bei Nacht zu verringern, wurden die offenen Feuer mit einem gewölbten Deckel zugedeckt, aber dass mal ein Funken heraussprang, konnte man trotzdem nie ganz ausschließen.

Technische Verbesserungen sorgten manchmal für besseres Licht, erhöhten aber auch das Risiko eines Brandes. Argand-Lampen waren kopflastig, weil der Brennstoff weit oben gelagert werden musste, damit er auf den Docht fließen konnte. Wenn man Kerosin umkippte oder verschüttete und es Feuer fing, war meist alles zu spät. 1870 starben allein in den Vereinigten Staaten sechstausend Menschen jährlich bei Bränden, die durch Kerosin verursacht worden waren.

Stets drohten auch Brände an öffentlichen Orten, besonders nach der Entwicklung einer jetzt vergessenen, aber damals sehr gebräuchlichen Form der Beleuchtung, dem Drummond'schen Licht oder Kalklicht, benannt nach Thomas Drummond von den Königlichen Ingenieuren Großbritanniens, dem allgemein, aber fälschlich dessen Erfindung zu Beginn der 1820er Jahre zuerkannt wurde. In Wirklichkeit wurde die Lampe von Sir Goldsworthy Gurney, einem Ingenieurskollegen von Drummond und Erfinder mit beträchtlichem Talent, erdacht. Drummond sorgte nur für ihre allgemeine Verbreitung und behauptete nie, er habe sie erfunden. Doch aus irgendeinem Grunde wurde ihm das Verdienst zugeschrieben, und dabei blieb es. Die Lampe basierte auf einem schon lange bekannten Phänomen – dass man nämlich ein intensives weißes Licht bekam, wenn man ein Stück Kalk oder Magnesium in einer wirklich heißen Flamme verbrannte. Gurney nährte eine Flamme mit einer großzügigen Mischung aus Sauerstoff und Alkohol und schaffte es, darin eine Kalkkugel, nicht größer als eine Kindermurmel, so effizient zu erhitzen, dass man das Licht noch in fast einhundert Kilometern Entfernung sehen konnte. Das Verfahren wurde erfolgreich in Leuchttürmen angewendet, aber auch in Theatern. Das Licht war nicht nur perfekt und gleichmäßig, sondern man konnte es auf der Bühne auch in einem Strahl bündeln und auf einzelne Schauspieler richten. Der Nachteil war wiederum, dass die starke Hitze des Kalklichts immer für einen Brand gut war. Im Laufe von hundert Jahren brannten in den Vereinigten Staaten mehr als vierhundert Theater ab. Über das gesamte neunzehnte Jahrhundert hinweg starben in Großbritannien laut dem 1899 veröffentlichten Bericht von William Paul Gerhard, dem führenden Brandexperten der Zeit, zehntausend Menschen bei Theaterbränden.

Auch auf Reisen waren Brände eine stete Gefahr, ja, oft noch bedrohlicher, weil Fluchtmöglichkeiten begrenzt oder gar nicht gegeben waren. 1858 fing das Einwandererschiff *Austria* auf hoher See mit Kurs auf die Vereinigten Staaten Feuer, und fast fünfhundert Menschen starben elendiglich, als das Schiff unter ihnen wegbrannte. Auch Eisenbahnzüge waren gefährlich. Von etwa 1840 an gab es Personenwagen mit Öllampen zum Lesen und Holz- oder Kohleöfen im Winter; was die in einem dahinruckelnden Zug für Katastrophen hervorrufen konnten, kann man sich leicht ausmalen. Noch 1921 kamen siebenundzwanzig Menschen bei einem Heizungsbrand in einem Zug bei Philadelphia um.

Auf festem Boden hatte man am meisten Angst davor, dass die Brände außer Kontrolle gerieten, sich ausbreiteten und ganze Stadtviertel zerstörten. Der berühmteste Brand in der Geschichte ist gewiss das Große Feuer von London im Jahre 1666, das ganz klein in einer Bäckerei unweit der London Bridge begann, sich aber rasch auf eine Länge von achthundert Metern weiterfraß. Bis nach Oxford konnte man den Rauch sehen und ein zartes, unheimliches Knistern hören. 13 200 Häuser und 140 Kirchen wurden zerstört.

Eigentlich war es der zweite große Stadtbrand in London. 1212 hatte einer viel verheerender gewütet. In seinen Ausmaßen nicht so groß wie der von 1666, aber schneller, rasender, sprang er mit solch schrecklicher Geschwindigkeit von einer Straße zur anderen, dass viele flüchtende Einwohner überholt wurden oder ihre Fluchtwege blockiert fanden. 12000 Menschen starben. Im Gegensatz dazu kamen 1666, soweit man weiß, nur fünf Menschen um. 454 Jahre lang hieß der Brand von 1212 Großer Brand von London. Dabei hätte man es meines Erachtens auch belassen sollen.

Die meisten Städte wurden von Zeit zu Zeit von furchtbaren Bränden heimgesucht, manche wiederholt. Boston brannte 1653, 1676, 1679, 1711 und 1761. Dann war erst mal Ruhe bis zum Winter 1834, als ein Feuer in einer Nacht den größten Teil der Innenstadt – siebenhundert Gebäude – verschlang und derartig wütete, dass die Flammen auf Schiffe im Hafen übergriffen. Doch alle Stadtbrände sind ein Klacks im Vergleich zu dem, der in einer windigen Nacht im Oktober 1871 durch Chicago tobte, als in einem Stall in der DeKoven Street die Kuh einer Mrs. Patrick O'Leary angeblich eine Kerosinlampe umstieß und rasch das grauenhafteste Chaos folgte. Das Feuer zerstörte 18000 Gebäude und machte 150000 Menschen obdachlos. Der Schaden betrug mehr als 200 Millionen Dollar, und einundfünfzig Versicherungsgesellschaften gingen daran bankrott.

Dort, wo die Häuser dicht zusammenstanden wie in europäischen Städten, konnte man bei Bränden nicht viel tun, doch dann hatte man eine gute Idee. Ursprünglich verliefen die Dachträgerbalken in englischen Reihenhäusern parallel zur Straße; sie gingen gleich durch mehrere Häuser oder stießen an die des nächsten Hauses. Damit ergab sich eine fortlaufende Linie von Balken an der Straße entlang, die das Risiko, dass sich ein Feuer von Haus zu Haus verbreitete, erheblich vergrößerte.

Von Beginn des achtzehnten Jahrhunderts an brachte man die Balken dann von vorn nach hinten an, so dass die Trennwände zu Brandmauern wurden. Wenn die Balken aber von vorn nach hinten verliefen, mussten auch die sie tragenden Wände entsprechend verlaufen, was die Zimmergrößen bestimmte und die wiederum, wie die Zimmer genutzt wurden und wie man in den Häusern lebte.

Eine weitere Energiequelle allerdings versprach mit all den beschriebenen Gefahren und Unzulänglichkeiten aufzuräumen: die Elektrizität. Eine tolle Sache – wie man sie aber praktisch nutzen konnte, war schwer herauszufinden. Luigi Galvani demonstrierte anhand von Froschbeinen und Elektrizität aus einfachen Batterien, dass Strom Muskeln zucken ließ, während sein Neffe Giovanni Aldini schnell begriff, wie man daraus Geld machen konnte, und eine Bühnenshow ersann, in der er mit Strom die Leichen gerade exekutierter Mörder und die Köpfe von Guillotine-Opfern »belebte«, deren Augen sich öffneten und deren Münder sich lautlos verzogen. Logisch, dass man nun, da Strom die Toten erweckte, Wunderdinge auch für die Lebenden erwartete. In geringen Dosen (hoffen wir's) wurde Strom bei allen möglichen Krankheiten eingesetzt, von Verstopfung bis dazu, junge Männer vor unstatthaften Erektionen zu bewahren (oder zumindest davor, selbige Erektionen zu genießen). Charles Darwin, dem ein mysteriöses Leiden oft jegliche Antriebskraft raubte und ihn sein Leben lang in Verzweiflung trieb, schlang immer wieder unter Strom gesetzte Zinkketten um sich, übergoss sich mit Essig und ertrug verdrossen stundenlanges sinnloses Kribbeln in der Hoffnung, dass irgendeine Besserung eintreten werde. Stets vergeblich. Präsident James Garfield, der langsam an der Kugel eines Attentäters starb, drückte leise, aber deutliche Besorgnis aus, als er merkte, dass Alexander Graham Bell ihn mit unter Strom stehenden Drähten umschlang, um die Kugel zu orten.

Eigentlich aber brauchte man ja nur ein praktisches elektrisches Licht. 1846, ziemlich aus dem Blauen heraus, ließ sich ein Frederick Hale Holmes eine elektrische Bogenlampe patentieren. Holmes erzeugte das Licht, indem er einen starken elektrischen

Strom zwischen zwei Graphitstäben fließen ließ, ein Kunststück, das Humphry Davy schon vierzig Jahre zuvor gezeigt hatte, ohne aber Kapital daraus zu schlagen. Holmes erschuf ein blendend helles Licht. Über ihn selbst weiß man fast nichts, nicht, wo er herkam, was für eine Ausbildung er hatte, wie er mit der Elektrizität umzugehen lernte. Man weiß nur, dass er in der École Militaire in Brüssel arbeitete, wo er die Erfindung mit einem Professor Floris Nollet entwickelte, dann nach England zurückkehrte und sie dem großen Michael Faraday vorlegte, der sofort sah, dass sie ein perfektes Licht für Leuchttürme liefern würde.

Zum ersten Mal wurde sie im Leuchtturm von South Foreland, ein wenig außerhalb von Dover, eingebaut und am achten Dezember 1858 unter Strom gesetzt.[*] Die Bogenlampe brannte dreizehn Jahre lang, und es wurden auch andernorts welche installiert, doch zum großen Hit wurden sie nie, weil sie so kompliziert und teuer waren. Man brauchte dazu einen elektromagnetischen Motor und eine Dampfmaschine, die zusammen zwei Tonnen wogen und, um reibungslos zu laufen, ständiger Aufsicht und Wartung bedurften.

Für sie sprach allerdings ihre erstaunliche Helligkeit. Der Bahnhof St. Enoch's in Glasgow wurde von sechs Crompton-Lampen beleuchtet (benannt nach R. E. Crompton, ihrem Hersteller), von denen angeblich jede die Leuchtkraft von sechstausend Kerzen besaß. In Paris entwickelte ein in Russland geborener Erfinder namens Paul Jablochkow eine Art von Bogenlampen, die man Jablochkow'sche Kerzen nannte. In den 1870er Jahren wurden sie zur Beleuchtung vieler Pariser Straßen und Denkmale benutzt. Eine Sensation! Leider waren sie teuer und hatten einige Nachteile. Sie waren hintereinander geschaltet, und wenn eine ausging, gingen alle aus wie die Lämpchen an einer Weihnachtsbaumlich-

---

[*] Der Leuchtturm von South Foreland, heute in Händen des National Trust und unbedingt besuchenswert, wurde 1899 erneut berühmt, als Guglielmo Marconi die erste »drahtlose« Nachricht von dort nach Wimereux in Frankreich schickte.

terkette. Und es ging oft eine aus. Nach gerade einmal fünf Jahren meldete die Firma Jablochkow Konkurs an.

Zum häuslichen Gebrauch waren Bogenlampen viel zu hell. Man brauchte einen praktischen Glühfaden, einen Draht, der sich bei genügend Stromdurchfluss gerade so erhitzte, dass es angenehm hell leuchtete. Das Prinzip der Beleuchtung mit Glühfäden hatte man schon überraschend lange begriffen und gemeistert. Bereits 1840, sieben Jahre bevor Thomas Edison überhaupt geboren wurde, führte Sir William Grove, ein Rechtsanwalt und Richter, der auch ein brillanter Amateurforscher mit einem besonderen Interesse an der Elektrizität war, ein Glühlicht vor, das mehrere Stunden glühte, doch niemand wollte eines, das teuer in der Herstellung war und letztlich nur ein paar Stunden durchhielt. Grove arbeitete an seiner Erfindung nicht weiter.

In Newcastle wiederum sah ein junger Apotheker und eifriger Erfinder namens Joseph Swan eine Vorführung mit Groves Glühlicht und machte selbst ein paar erfolgversprechende Experimente, doch man hatte noch keine Technik, das notwendige Vakuum in einem Behältnis zu erzeugen. Und ohne das Vakuum brannte jeder Glühfaden schnell ab. Swan interessierte sich indes auch für andere Dinge, besonders die Fotografie, zu deren Entwicklung er viele wichtige Beiträge lieferte. Er erfand das Bromsilberpapier, mit dem man die ersten qualitativ wirklich guten Abzüge machen konnte, perfektionierte das nasse Kollodiumverfahren und verfeinerte mehrere Chemikalien, die man beim Fotografieren und Entwickeln brauchte. Seine pharmazeutische Anstalt, ein Produktions- und Vertriebsunternehmen, florierte. 1867 starb allerdings sein Geschäftspartner und Schwager John Mawson durch eine Verkettung unglücklicher Umstände, als er auf einem Hochmoor unweit Newcastles Nitroglyzerin wegkippen wollte. Die Folgezeit war schlimm und kompliziert für Swan, und er verlor für die nächsten drei Jahrzehnte jegliches Interesse an der Beleuchtung.

Anfang der 1870er Jahre erfand Hermann Sprengel, ein deutscher Chemiker in London, eine Apparatur, die man Sprengel'sche Quecksilberpumpe nannte. Es war die entscheidende Erfindung, die Beleuchtung im Haus nun wirklich möglich machte. Unseligerweise war nur ein Mensch auf der ganzen Welt der Auffassung, dass Hermann Sprengel es verdiente, besser bekannt zu werden, und das war Hermann Sprengel selbst. Mit seiner Pumpe konnte man die Luft in einer Glaskammer auf ein Millionstel ihrer normalen Menge reduzieren, ein Glühfaden konnte also hunderte Stunden darin glühen. Jetzt galt es nur noch, ein passendes Material für den Glühfaden zu finden.

Die entschlossenste und publizistisch am besten begleitete Suche unternahm Thomas Edison, der bedeutendste Erfinder der Vereinigten Staaten. Als er 1877 nach einer kommerziell erfolgreichen Beleuchtungsart zu forschen begann, bastelte er schon eifrig an seinem Ruf als »Zauberer aus Menlo Park«. Ein rundum reizendes Menschenwesen war er nicht. Er hatte keine Skrupel zu lügen und betrügen, und war allzeit bereit, Patente zu stehlen oder Journalisten für eine positive Berichterstattung zu bestechen. In den Worten eines seiner Zeitgenossen hatte er »ein Vakuum, wo sein Gewissen sein sollte«. Doch er war risikofreudig, ein unvergleichlich guter Organisator und harter Arbeiter.

Er schickte Männer in die entlegensten Ecken der Welt, wo sie nach brauchbaren Glühfäden suchten, und beschäftigte andere, die manchmal gleichzeitig mit bis zu zweihundertfünfzig Materialien experimentierten, um eines zu finden, das die notwendige Haltbarkeit und den notwendigen Widerstand hatte. Sie probierten alles aus, sogar Haar aus dem üppigen roten Bart eines Familienfreundes. Kurz vor Thanksgiving 1879 verkohlten sie ein Stück Pappe, verdrehten es fest und falteten es sorgsam, und es brannte auch dreizehn Stunden, aber das war bei Weitem nicht lang genug. Am letzten Tag des Jahres 1879 lud Edison ein ausgewähltes Publikum ein, Zeuge einer Demonstration seiner neuen Glühlampe zu werden. Als die Leute sich seinem Haus in Menlo Park in New Jersey näherten, wurden sie vom Anblick zweier warm schimmernder Gebäude geradezu umgehauen. Dass der warme Schimmer zum Großteil gar nicht elektrisch erzeugt wurde, merkten sie nicht. Edisons völlig überlastete Glasbläser hatten nur vierunddreißig Birnen herstellen können, die Helligkeit kam überwiegend von sorgsam verteilten Öllampen.

Swan beschäftigte sich erst 1877 wieder mit elektrischer Beleuchtung, er arbeitete allein und erfand unabhängig von Edison ein mehr oder minder identisches Beleuchtungssystem. Im Januar oder Februar 1879 führte er seine neue elektrische Glühlampe in Newcastle öffentlich vor. Die Ungewissheit hinsichtlich des Datums rührt daher, dass man nicht sicher ist, ob er die Funktionsweise seiner Lampe bei einem öffentlichen Vortrag im Januar zeigte oder nur darüber sprach. Im nächsten Monat jedoch entzündete er die Lampe vor einem dankbaren Publikum: Seine Schau fand also mindestens acht Monate früher statt als alles, was Edison zeigte. Im selben Jahr noch installierte er Lampen in seinem eigenen Heim und hatte – wieder lange bevor Edison Ähnliches vollbrachte – 1881 schon im Haus des großen Wissenschaftlers Lord Kelvin in Glasgow Strom verlegt.

Aber als Edison seine erste Beleuchtung installierte, geschah das mit viel mehr öffentlichem Tamtam. Er schloss im südlichen Teil Manhattans, um die Wall Street herum, ganze Straßenzüge an Strom an, der in einem Kraftwerk erzeugt wurde, das man in zwei halb verfallenen Gebäuden in der Pearl Street eingerichtet hatte. Im Winter, Frühling und Sommer 1881/82 verlegte Edison mehr als zwanzig Kilometer Stromkabel und testete sein System immer und immer wieder wie besessen. Nicht alles ging glatt. Pferde wurden in der elektrifizierten Umgebung unruhig, bis man merkte, dass ihre Hufeisen von austretendem Strom kribbelten. In Edisons Werkstätten verloren mehrere Arbeiter die Zähne, weil die Belastung durch das Quecksilber aus Sprengels Pumpe zu hoch war. Doch schließlich waren alle Probleme gelöst, und am Nachmittag des vierten September 1882 legte Edison im Büro des Finanzmagnaten J.P. Morgan einen Schalter um, und achthundert elektrische Glühbirnen in den fünfundachtzig an dem Projekt beteiligten Firmen erstrahlten.

Unübertroffen war Edison als Organisator. Die Erfindung der Glühbirne war wunderbar, aber ohne jeden praktischen Nutzen, solange niemand einen Stecker hatte, an dem er sie anschließen konnte. Edison und seine unermüdlichen Helfer mussten das gesamte System von Anfang an erfinden und umsetzen, vom Bau der Kraftwerke über die Verlegung von Kabeln bis zu Lampenständern und Schaltern. Binnen Monaten hatte er in der ganzen Welt nicht weniger als 334 kleine Kraftwerke errichten lassen, und nach einem Jahr lieferten seine Kraftwerke Strom für 13 000 Glühbirnen. Geschickt verteilte er sie an Orten, an denen sie den größten Eindruck machten: an der New Yorker Börse, im Palmer House Hotel in Chicago, in der Mailänder Scala, im Speisesaal des Unterhauses in London. In der Zeit produzierte Swan noch weitgehend bei sich zu Haus. Anders gesagt: Großen Weitblick besaß er nicht. Er meldete nicht einmal ein Patent an. Das tat Edison dagegen überall, auch 1879 in Großbritannien, und sicherte sich so seine Vormachtstellung.

Mit modernen Maßstäben gemessen waren die ersten elektrischen Glühlampen ziemlich schwach, doch für die Menschen damals ein Wunder an Strahlkraft – »eine kleine Kugel aus Sonnenlicht, wahrhaftig Aladins Wunderlampe«, berichtete atemlos ein Journalist des *New York Herald*. Heute kann man sich nur noch schwer vorstellen, wie hell, sauber und geradezu unheimlich zuverlässig die neue Erfindung war. Als in der Fulton Street im September 1882 die Lichter angezündet wurden, beschrieb der tief beeindruckte Reporter des *Herald* seinen Lesern, wie das gewohnte »trübe Flackern des Gases« sich plötzlich in strahlende »stetige Helligkeit [...] solide und unerschütterlich« verwandelte. Es war aufregend, aber sich daran zu gewöhnen sollte eine Weile dauern.

Und natürlich konnte man den elektrischen Strom auch noch für vieles andere als nur zu Beleuchtungszwecken verwenden. Schon 1893 wurde bei der World's Columbian Exposition in Chicago, einer weiteren Weltausstellung, eine mit elektrischem Strom betriebene Musterküche vorgestellt. Auch die war aufregend, wenn auch – vorerst – nicht sehr praktisch. Da es noch keine allgemeine Stromversorgung gab, mussten sich die meisten Hausbesitzer ihr eigenes »Kraftwerk« im Garten bauen. Und selbst die, die Glück hatten und den Strom von einem Versorger geliefert bekamen, erhielten nicht soviel, dass die Geräte einwandfrei funktionieren konnten. Schon einen Ofen vorzuheizen dauerte eine Stunde. Und dann schaffte er auch nicht mehr als sehr bescheidene sechshundert Watt, und man konnte die Herdplatte nicht gleichzeitig mit dem Ofen benutzen. Im Design waren weitere Mängel zu beklagen. Die Knöpfe zum Regulieren der Hitze befanden sich zum Beispiel knapp über dem Fußboden. Und modernen Augen würden diese neuen elektrischen Öfen komisch vorkommen, weil sie aus Holz, meist aus Eichenholz, gebaut und innen mit Zink oder einem anderen schützenden Material ausgekleidet waren. Modelle aus weißem Porzellan gab es erst in den 1920er Jahren, und damals betrachtete man sie noch mit Skepsis. Viele Leute fanden, sie gehörten in ein Krankenhaus oder eine Fabrik und nicht in Privathäuser.

Obwohl die Stromversorgung besser wurde, fanden es viele Leute immer noch reichlich enervierend, dass sie sich auf eine Annehmlichkeit verließen, die unsichtbar war und einen rasch und lautlos umbringen konnte. Und da die meisten Elektriker in Eile ausgebildet worden waren und natürlich kaum Erfahrung hatten, wurde der Beruf rasch einer für die Wagemutigeren. Die Zeitungen berichteten immer ausführlich und recht drastisch darüber, wenn sich mal wieder einer einen Stromschlag verpasst hatte, was ziemlich regelmäßig vorkam. Hilaire Belloc schmiedete einen Knittelvers, der die allgemeine Stimmung wiedergab:

Ein falscher Griff – leichtsinn'ger Hand entwischt
Die Klemme – es blitzt – und zischt!
Die Luft, sie riecht verbrannt – o Schreck!
Der Elektriker, er ist für immer weg!

Als 1896 Edisons früherer Partner Franklin Pope beim Verlegen der Kabel in seinem Haus von einem tödlichen Stromschlag niedergestreckt wurde, registrierten das viele Leute sogar mit einer gewissen Genugtuung, hatte er doch den Beweis geliefert, dass Strom selbst für Fachleute zu gefährlich war. Von schadhaften Leitungen ausgelöste Brände waren ebenfalls ein häufiges Übel. Und wenn Glühbirnen explodierten, war der Schreck immer groß, manchmal auch die Katastrophe. 1911 brannte der neue Dreamland Park auf Coney Island wegen einer geborstenen Glühbirne ab. Und da auch plötzliche Funken von schadhaften Verbindungen zur Explosion von nicht wenigen öffentlichen Gasleitungen führten, war die Angst nie sehr weit weg.

Die zwiespältige Haltung, die lange vorherrschte, lässt sich auch bei Mrs. Vanderbilt studieren, der Gattin des Schiffs- und Eisenbahnkönigs Cornelius Vanderbilt. Sie ging zwar als elektrische Glühbirne verkleidet zu einem Kostümball, der zur Feier der Verlegung von Strom in ihrem Heim in der Fifth Avenue in New York stattfand, ließ aber kurz danach alle Leitungen wieder ausbauen, weil man sie für die Ursache eines kleinen Brandes hielt. Andere Menschen entdeckten heimtückischere Bedrohungen. Ein Experte namens S. F. Murphy warnte vor einer Reihe von Krankheiten, die durch Elektrizität ausgelöst würden: Augendruck, Kopfschmerzen, allgemeines Unwohlsein und womöglich sogar »das vorzeitige Verlöschen des Lebens«. Ein Architekt war der felsenfesten Überzeugung, von elektrischem Licht bekäme man Sommersprossen.

In den ersten Jahren dachte niemand an Steckdosen und Stecker; alle elektrischen Haushaltsgeräte mussten direkt an die Versorgungsleitungen angeschlossen werden. Als man um die Jahrhundertwende endlich Steckdosen einführte, waren sie immer Teil einer Deckenbeleuchtung, was hieß, man musste auf einen Stuhl oder eine Trittleiter klettern, um ein Gerät anzuschließen. Steckdosen in der Wand kamen zwar bald darauf, waren aber nicht sehr verlässlich. Die ersten knisterten und qualmten und sprühten manchmal sogar Funken. Juliet Gardiner berichtet, dass man auf Manderston, dem erwähnten Herrenhaus in Schottland, bis weit nach der Jahrhundertwende immer mit Kissen nach einer besonders lebhaften Steckdose warf.

Die Konsumlaune wurde im Übrigen dadurch gedrosselt, dass in den 1890er Jahren eine Rezession herrschte. Doch letztendlich wollten alle elektrisches Licht. Es war sauber, zuverlässig, leicht zu warten und auf Schalterdruck sofort unbegrenzt verfügbar. Gasbeleuchtung hatte ein halbes Jahrhundert gebraucht, um sich durchzusetzen, mit der elektrischen Beleuchtung ging es viel schneller. Im Jahre 1900 wurde sie zunehmend zum Standard, allemal in Großstädten, und elektrische Geräte folgten beinahe zwangsläufig: der elektrische Ventilator 1891, der Staubsauger 1901, die Waschmaschine und das elektrische Bügeleisen 1909, der Toaster 1910, Kühlschrank und Geschirrspüler 1918. Zu dem Zeitpunkt waren insgesamt schon etwa fünfzig verschiedene Haushaltsgeräte verbreitet, ja, elektrische Geräte derart en vogue, dass die Hersteller fabrizierten, was ihnen in den Sinn kam, von elektrischen Brennscheren zu elektrischen Kartoffelschälern. Der Verbrauch an Strom stieg in den Vereinigten Staaten von 79 Kilowattstunden pro Kopf im Jahre 1902 auf 960 im Jahr 1929 und schließlich auf weit über 13 000 heute.

Thomas Edison das Verdienst für einen Großteil dieser Entwicklung zuzuschreiben geht in Ordnung, doch wir sollten nie vergessen, dass er nicht das Genie war, das das elektrische Licht erfand. Er ersann Methoden, es in industriellem Maßstab zu erzeugen und an den Verbraucher zu bringen, ein natürlich viel größeres und schwierigeres Unterfangen. Allerdings auch bei Weitem profitabler. Dank Thomas Edison wurde elektrisches Licht das Wunder seiner Zeit. Interessanterweise war es auch eine der bemerkenswert wenigen Erfindungen Edisons, die wirklich so funktionierten, wie er sich das erhofft hatte. Darüber mehr im zehnten Kapitel.

Joseph Swan geriet so gründlich in Vergessenheit, dass außerhalb Englands nur wenige Menschen von ihm überhaupt schon einmal gehört haben. Und auch dort wird er nicht sonderlich gewürdigt. Das *Dictionary of National Biography* räumt ihm bescheidene drei Seiten ein, weniger als der Kurtisane Kitty Fisher oder jeder Menge talentloser Von und Zus. Doch immerhin mehr als Frederick Hale Holmes, der gar nicht erwähnt wird. So ist Geschichte.

Siebtes Kapitel

Das Wohnzimmer

I.

Wenn man die Geschichte der alltäglichen Dinge in einem Satz zusammenfassen müsste, könnte man sagen, es ist die Geschichte dessen, wie langsam alles bequemer wurde. Bis ins achtzehnte Jahrhundert war die Vorstellung, dass es zu Hause komfortabel sein könne, so fremd, dass es im Englischen nicht einmal ein Wort dafür gab. In unserem Haus ist von Komfort vor allem in dem Raum etwas zu spüren, in dem wir uns jetzt befinden: im Wohnzimmer.

Edward Tull benutzte bei seinem Grundriss für das Pfarrhaus das Wort *drawing room*, eine Abkürzung von *withdrawing room*, Rückzugsraum. Damit wird ein Zimmer bezeichnet, in das sich die Familie vom Rest des Haushalts zurückziehen konnte, wenn sie mehr Privatsphäre haben wollte, doch das Wort hat sich nie so recht behauptet. Ganz gewiss führte es jedoch unser wohlerzogener Mr. Marsham im Munde, obgleich er damit vermutlich zu einer Minderheit gehörte. Mitte des neunzehnten Jahrhunderts sagte man nämlich außer in den feinsten Kreisen *sitting room*.

Wenn wir annehmen, dass Mr. Marsham doch eher konventionell war, dann hat er wahrscheinlich alles getan, um das Wohnzimmer mit feinsten, weichsten Sitzmöbeln zum bequemsten Zimmer des Hauses zu machen. Realiter war es bestimmt viele Monate im Jahr alles andere als komfortabel, denn es hat nur einen Kamin, der wohl nie mehr als ein Fleckchen in der Mitte des Zimmers erwärmt hat. Selbst wenn ein ordentliches Feuerchen prasselt, kann man – ich kann's bezeugen – im tiefsten Winter auf der anderen Seite des Zimmers stehen und seinen Atem sehen.

Obwohl das Wohnzimmer der Raum im Haus war, in dem man am meisten Wert auf Bequemlichkeit legte, beginnt unsere Geschichte eigentlich nicht hier, ja überhaupt nicht im Haus. Sie beginnt draußen, etwa ein Jahrhundert vor Mr. Marshams Geburt, mit einer simplen Entdeckung, die Familien mit Landbesitz sehr reich machte und ihren Söhnen und Töchtern erlaubte, sich hübsche Pfarrhäuser zu bauen. Man entdeckte nämlich Folgendes: Damit Land fruchtbar blieb, musste man es nicht mehr regelmäßig ruhen lassen. Es war nicht die brillanteste Erkenntnis, aber sie brachte trotzdem große Fortschritte.

Traditionell war das englische Ackerland in Streifen von gut zweihundert Metern Länge geteilt, und diese Streifen wurden jedes dritte Jahr – manchmal sogar jedes zweite – brach liegen gelassen, damit sich die Böden erholen konnten. Also wurde jedes Jahr mindestens ein Drittel des Ackerlandes nicht bestellt, und daraus folgte, dass es nicht genügend Futter gab, um viele Tiere über den Winter am Leben zu erhalten und Landwirten nichts anderes übrig blieb, als jeden Herbst den Großteil ihres Viehs zu schlachten.

Dann entdeckten englische Landwirte etwas, das holländische schon lange wussten: Wenn man auf den brach liegenden Feldern Rüben, Klee oder ein, zwei andere geeignete Feldpflanzen aussäte, frischten diese wundersamerweise den Boden auf, und man hatte obendrein noch Winterfutter für mehr Vieh. Es war die Zufuhr von Stickstoff, die das vollbrachte, aber das sollte in den nächsten zweihundert Jahren noch niemand begreifen. Was man freilich begriff und sehr zu schätzen wusste, war der Segen, den eine solche Vorgehensweise für die Landwirtschaft bedeutete. Weil im Winter nun mehr Tiere im Stall und auf der Weide standen, bekam man überdies mehr herrliche Gratisplatscher, die als zusätzlicher Dung den Boden weiter verbesserten.

Es war die reinste Zauberei, fanden die Leute, denn bis zum

achtzehnten Jahrhundert waren die Bauern von einer Krise in die andere geschlittert. Ein Wissenschaftler namens W. G. Hoskins errechnete 1964, dass zwischen 1480 und 1700 jede vierte Ernte schlecht ausfiel und fast jede fünfte katastrophal schlecht. Jetzt aber schien man das dank der schlichten Maßnahme des Fruchtwechsels dauerhaft und mehr oder weniger verlässlich abwenden zu können. In diesem langen goldenen Zeitalter wurden weite Teile Großbritanniens reich und wohlgestalt und sind es heute noch, und das ist auch der Grund, warum Leute wie Mr. Marsham dieses erfreuliche neue Lebensgefühl für sich entdeckten: Bequemlichkeit.

Landwirte und Bauern profitierten des Weiteren von einem neuen Apparat auf Rädern, den um 1700 Jethro Tull erfand, ein Landwirt mit Köpfchen aus Berkshire. Das Ding hieß Sä- oder Drillmaschine, und man konnte Samen damit direkt im Boden versenken, anstatt ihn mit der Hand verstreuen zu müssen. Saatgut war teuer, und Tulls neues Gerät verringerte die Menge, die man brauchte, von drei oder vier Scheffeln pro Morgen auf weniger als einen; und weil das Saatgut gleichmäßig tief in ordentlichen Reihen versenkt wurde, sprossen mehr Pflanzen, und die Ernten wurden besser: von zwanzig bis vierzig Scheffel pro Morgen Land auf bis zu achtzig.

Diese Erfolgserlebnisse beflügelten auch die Tierzüchter. Fast alle großen Rinderrassen, die Jersey-, Guernsey-, Hereford-, Aberdeen-, Angus- und Ayrshirekühe[*], sind Züchtungen aus dem achtzehnten Jahrhundert. Auch Schafe wurden erfolgreich umgezüchtet, bis man die unnatürlich flauschigen Kerlchen hatte, die man heute sieht. Im Mittelalter gab ein Schaf unge-

---

[*] Ayrshire-Rinder waren die Kreation von Bruce Campbell, dem erfindungsreichen Großcousin von James Boswell, der die Leitung des Familienguts in Schottland übernahm, nachdem Boswell dankend abgewinkt hatte, weil er ein Leben der gehobenen Konversation und feinerer Genüsse in London dem auf einem Milchviehhof im schottischen Tiefland vorzog. Hätte Boswell mehr Pflichtbewusstsein besessen, besäßen wir heute weder seine große Biografie Samuel Johnsons noch eine der besten Milchviehrassen auf der Erde.

fähr 680 Gramm Wolle; die um- und umgearbeiteten Exemplare aus dem achtzehnten Jahrhundert gaben über viertausend Gramm. Unter dem hübschen Wollvlies wurden sie zudem erfreulich moppeliger. Zwischen 1700 und 1800 verdoppelte sich das Durchschnittsgewicht eines auf dem Londoner Smithfield Market verkauften Schafes, und zwar von ca. 17 Kilo auf ca. 36. Rindvieh wurde ähnlich voluminöser, ebenso die Erträge in der Milchwirtschaft.

Doch all das hatte seinen Preis. Damit die neuen Verfahren rentabel wurden, musste man die kleinen Felder zu größeren zusammenlegen und deshalb – die Bauern vom Land vertreiben. Durch die sogenannte Einhegung, mittels derer kleine Felder, die bisher viele Menschen ernährt hatten, in viel größere eingezäunte Felder verwandelt wurden, die nun wenige Menschen reich machten, wurde die Landwirtschaft für Leute mit großem Landbesitz immens lukrativ, und bald war das in vielen Gegenden auch die einzige Art von Landbesitz. Eingehegt hatte man Land hier und da schon seit Jahrhunderten, vor allem für die Schafzucht, doch zwischen 1750 und 1830 beschleunigte sich der Prozess, und sechs Millionen Morgen britischer landwirtschaftlicher Nutzfläche wechselten den Besitzer. Für die betroffenen Bauern war es schlimm, aber siehe da! – sie und ihre Nachkommen konnten in die Städte ziehen und die werktätigen Massen für die neue Industrielle Revolution stellen, die auch gerade begann und zu einem sehr großen Teil von dem überschüssigen Reichtum der immer reicher werdenden Landbesitzer angeschoben wurde.

Diese entdeckten außerdem zur gleichen Zeit, dass sie auf großen Kohleflözen saßen, was hervorragend getimt war, weil man für die sich entwickelnde Industrie jede Menge Kohle brauchte. Der Schönheit der Landschaft war die Förderung des schwarzen Goldes nicht förderlich – von Chatsworth House aus konnte man im achtzehnten Jahrhundert angeblich einmal fünfundachtzig Gruben sehen –, aber sie brachte ordentlich Geld in die Kasse.

Andere Landbesitzer machten Zusatzprofite, indem sie Land an Eisenbahngesellschaften verpachteten oder Kanäle bauten und Wegezölle erhoben. Der Herzog von Bridgewater strich von einem Kanalmonopol eine jährliche Rendite von vierzig Prozent ein – und viel besser wird eine Rendite wohl kaum. Das Ganze passierte übrigens in einem Zeitalter, in dem es keine Einkommensteuer gab, keine Kapitalertragsteuer, keine Steuern auf Dividendenzahlungen oder Zinsen, kurzum, fast nichts, das das reibungslose Anhäufen von Geld störte. Menschen wurden in eine Welt geboren, in der sie buchstäblich nichts anderes mit ihrem Reichtum machen mussten, als ihn zu bunkern. Um einen von vielen herauszugreifen: Der dritte Graf von Burlington besaß riesige Ländereien in Irland, insgesamt etwa 42 000 Morgen, besuchte die grüne Insel aber nie. Auch nicht, als er zum Lord Schatzkanzler von Irland ernannt wurde.

Diese immer reicher werdende Oberschicht und ihre Nachkommen stellten die britische Landschaft mit massiven, riesigen Zeugnissen ihrer neuen *joie de richesse* voll. Zwischen 1710 und 1800 wurden in England laut einer Untersuchung mindestens 840 große Landhäuser gebaut und (mit den blumigen Worten Horace Walpoles) »verteilt wie herrliche Pflaumen in einem riesigen Pudding von Land«.

Außergewöhnliche Häuser müssen von außergewöhnlichen Leuten entworfen und gebaut werden, und vielleicht hat das niemand so außergewöhnlich – und unerwartet – wie Sir John Vanbrugh getan. Vanbrugh (1664–1726) kam aus einer großen, begüterten Familie holländischer Abstammung. Als er als eines von neunzehn Kindern geboren wurde, war sie aber schon seit einem knappen halben Jahrhundert in England ansässig. Er war, mit den Worten des Dichters Nicholas Rowe, »ein äußerst liebenswürdiger Gentleman und angenehm« und offenbar bei allen beliebt, die mit ihm zu tun hatten (außer bei der Herzogin von Marlborough, doch davon später). Auf einem Gemälde von Sir Godfrey Kneller in der National Portrait Gallery in London sieht man ihn im

Alter von ungefähr vierzig mit einem rosigen, gutgenährten, eher nichtssagenden Gesicht, das von einer üppig-barocken Perücke eingerahmt, ja, fast erdrückt wird.

In den ersten drei Jahrzehnten seines Lebens war er ein wenig orientierungslos. Er arbeitete in einem Weingeschäft der Familie, ging als Agent der damals noch recht neuen, wenig bedeutenden Ostindiengesellschaft nach Indien und verdingte sich schließlich als Soldat, ohne sich aber irgendwo großartig auszuzeichnen. Als man ihn nach Frankreich schickte, wurde er, kaum dass er den Fuß an Land gesetzt hatte, als Spion verhaftet und verbrachte fast fünf Jahre im Gefängnis, wenn auch, wie es einem Gentleman gebührte, in einigem Komfort.

Doch hinter Gittern wurde er wohl zu etwas ganz anderem beflügelt. Denn nach seiner Rückkehr nach England mauserte er sich mit bemerkenswerter Schnelligkeit zu einem gefeierten Theaterschriftsteller und schrieb rasch hintereinander zwei der beliebtesten Komödien seiner Zeit, *Der Rückfall oder die gefährdete Tugend* und *Die zornige Gattin*. Mit ihren Figuren wie Fondlewife (Fummelgattin), Lord Foppington (Graf Gecksheim), Sir Tunbelly Clumsey (Herr Fassbauch Tollpatsch) und Sir John Brute (Herr Hans Rohling) wirken sie heute ein wenig plump, doch in diesem parfümierten Zeitalter der Übertreibung waren sie der Gipfel an Komik. Und sehr gewagt. Ein empörtes Mitglied der Gesellschaft zur Besserung der Sitten sagte, Vanbrugh »habe die Bühne noch über die Liederlichkeit alles bisher Dagewesenen hinaus sittlich verdorben«. Andere Leute liebten seine Stücke eben deshalb. Der Dichter Samuel Rogers hielt ihn für »fast das größte Genie, das je gelebt hat«.

Im Ganzen schrieb oder bearbeitete Vanbrugh zehn Werke für die Bühne, doch gleichzeitig erprobte er – nicht weniger verblüffend und urplötzlich – seine Talente in der Architektur. Was ihn dazu antrieb, ist uns heute noch ebenso ein Rätsel wie seinen Zeitgenossen. Man weiß nur, dass er im Alter von fünfunddreißig mit dem Entwurf eines der großartigsten Häuser begann, die je in

England gebaut wurden: Castle Howard in Yorkshire. Doch wie er seinen Freund Charles Howard, den dritten Grafen von Carlisle – laut einem Architekturhistoriker »ziemlich langweilig, aber offenbar unverschämt reich« – dazu brachte, ein solches, eigentlich hirnrissiges Vorhaben abzusegnen, liegt nicht weniger im Dunklen. Denn hier ging es nicht nur um ein großes Haus, sondern eines, das eindeutig und entschieden ein Palast war und in einem Maßstab gebaut werden sollte, der »bisher das Vorrecht der Könige gewesen war«, wie Vanbrughs Biograf Kerry Downes sagt. Irgendetwas muss Carlisle in Vanbrughs groben Skizzen angesprochen haben. Der aber hatte, muss man fairerweise zugeben, einen richtigen, fraglos begabten Architekten, Nicholas Hawksmoor, in der Hinterhand, der über zwanzig Jahre Berufserfahrung verfügte, doch merkwürdigerweise mit der Rolle als Vanbrughs Assistent zufrieden war. Allem Anschein nach arbeitete Vanbrugh umsonst. (Dafür, dass Geld den Besitzer wechselte, gibt es jedenfalls keine Anhaltspunkte – und hier standen sich Männer gegenüber, die über so etwas Buch führten.) Wie dem auch sei, Carlisle entließ William Talman, den hervorragenden Architekten, mit dem er eigentlich arbeiten wollte, und gab dem Neuling Vanbrugh freie Hand.

Vanbrugh und Carlisle waren beide Mitglieder im Kit-Cat-Club, einer Geheimgesellschaft mit Whig-Neigungen, die mehr oder weniger nur zu dem Behufe gegründet worden war, dass die Thronfolge auf die Hannoverianer überging. Der dynastische Wechsel sorgte dafür, dass alle künftigen britischen Monarchen protestantisch, wenn auch nicht merklich britisch waren.

Dass die Kit-Cats ihr Vorhaben durchsetzten, war keine geringe Leistung, denn ihr Kandidat, George I., sprach kein Englisch, war bar jeglicher netten Eigenschaften und nach einer anderen Zählung erst der Achtundfünfzigste in der Thronfolge. Außer bei diesem einen politischen Manöver wirkte der Club so diskret, dass man fast nichts über seine Aktivitäten weiß. Eines seiner Gründungsmitglieder war ein Pastetenbäcker namens Christopher (»Kit«) Cat. Kit-Cat hießen auch seine berühmten Hammelpasteten. Ob also der Club nach ihm oder seinen Pasteten benannt wurde, ist seit drei Jahrhunderten Gegenstand angeregter Debatten in gewissen eher kleinen Kreisen. Der Club bestand nur von ungefähr 1696 bis 1720 – nichts Genaues weiß man auch dazu nicht – und hatte wahrscheinlich nie mehr als fünfzig Mitglieder, von denen zwei Drittel Peers mit erblichem Sitz im Oberhaus waren. Fünf – die Lords Carlisle, Halifax, Scarborough und die Herzöge von Manchester und die von Marlborough – ließen Vanbrugh für sich arbeiten. Mitglieder waren auch der Premierminister Robert Walpole (Vater des genannten Horace), die Schriftsteller und Journalisten Joseph Addison und Richard Steele sowie der Stückeschreiber William Congreve.

Am Castle Howard ließ Vanbrugh nicht etwa die klassischen Formen außer Acht, sondern er begrub sie unter alles überwuchernden barocken Ornamenten und Statuen. Die Gebäude Vanbrughs gleichen einander nie, doch Castle Howard ist sozusagen ganz besonders besonders. Es hatte enorm viele Gesellschaftsräume – auf einem Stockwerk dreizehn! –, aber nur wenige Schlafzimmer, nicht annähernd so viele, wie man erwarten würde. Die meisten Räume hatten außerdem einen komischen Schnitt oder bekamen kaum natürliches Licht, und etliche Details an der Außenfassade sind wirklich sehr ungewöhnlich, wenn nicht ausgesprochen eigenwillig. Die Säulen auf der einen Seite des Hauses sind dorisch schlicht, auf der anderen korinthisch, also ornamentaler. (Vanbrugh argumentierte – und das entbehrte ja auch nicht einer gewissen Logik –, dass kein Betrachter beide Seiten gleichzeitig sehen könne.) Das Auffallendste war aber, zumindest in den ersten fünfundzwanzig Jahren, dass der Westflügel fehlte – was allerdings nicht Vanbrughs Fehler war. Carlisle war anderweitig beschäftigt und kümmerte sich nicht um den Westflügel, so dass das Haus auffallend unfertig aussah. Als der Flügel ein Vierteljahrhundert später von dem neuen Besitzer angebaut wurde, geschah das in einem vollkommen anderen Stil, so dass der Besucher heute vor Vanbrughs barockem Ostflügel steht und einem eindeutig nicht dazupassenden palladianischen Westflügel, der dem späteren Hausherrn gefiel und sonst eigentlich niemandem.

Das Berühmteste an Castle Howard, der Turm mit dem Kuppeldach über der Eingangshalle, wurde später hinzugefügt und passt von den Proportionen her überhaupt nicht zu dem Gebäude. Zu groß und zu dünn, sieht er aus, als sei er für ein ganz anderes erdacht worden. »Von Nahem besehen«, äußerte sich ein Architekturkritiker diplomatisch, »überzeugt er, auf dem Bau darunter nicht.« Aber wenigstens war er etwas Neues. Das einzige andere Gebäude mit Kuppeldach war zu der Zeit Christopher Wrens neue St. Paul's Cathedral. Ein Haus mit Kuppel hatte es noch nie gegeben.

Castle Howard ist ein überaus stattliches Anwesen, aber eben auch ein bisschen abgedreht. Der Turm ist, wie gesagt, grenzwertig, doch das Ganze wäre nichts ohne ihn. Das können wir deshalb mit solcher Gewissheit sagen, weil er zwanzig Jahre lang fehlte. Am neunten November 1940 wurde spätabends ein Brand im Ostflügel entdeckt. Das einzige Telefon im Haus war schon wie Schokolade geschmolzen, als es jemand erreichte. Man musste zum eineinhalb Kilometer entfernten Pförtnerhaus rennen und von dort aus die Feuerwehr rufen. Als diese aus dem fast zehn Kilometer entfernten Malton eintraf, waren zwei Stunden vergangen, ein Großteil des Hauses vernichtet, der Turm in der Hitze kollabiert und ins Haus gestürzt. Castle Howard sah auch ohne ihn gut aus – immer noch herrschaftlich, immer noch imposant, immer noch unerschütterlich nobel –, doch der Pfiff war weg. Als der berühmte Turm zu Beginn der 1960er Jahre wieder aufgebaut war, gewann das Castle sofort seinen eigentümlichen Reiz zurück.

Trotz seiner begrenzten Erfahrung zog Vanbrugh als Nächstes den Auftrag für eines der wichtigsten Häuser an Land, das je in Großbritannien errichtet wurde, Blenheim Palace, ein Prachtexemplar in Woodstock in Oxfordshire. Es sollte das Geschenk der Nation an den Herzog von Marlborough für seinen Sieg über die Franzosen sein, den er 1704 in der Zweiten Schlacht bei Höchstädt an der Donau errungen hatte, die die Engländer aber die Schlacht bei Blenheim nennen, womit sie Blindheim meinen, dessen Namen sie warum auch immer anglisiert haben. Das Anwesen umfasste 22 000 Morgen erstklassigen Landes, das ein Einkommen von 6000 Pfund im Jahr brachte, eine stattliche Summe für die Zeit, doch leider nicht annähernd genug, um ein Haus vom Umfang des Blenheim Palace zu erhalten – er war so groß, dass er jegliche Maßstäbe sprengte.

Er hatte dreihundert Zimmer und stand auf einer Grundfläche von sieben Morgen.[*] Und während eine Front von über fünfundsiebzig Metern für einen Adelssitz schon enorm war, sollte die von Blenheim gut zweihundertsechzig Meter lang sein. Ein vergleichbares Monument der Eitelkeit hatte Großbritannien noch nie gesehen. Jeder Quadratzentimeter war bedeckt mit opulentem Schmuck in Stein. Es war prächtiger als alle königlichen Paläste und – natürlich! – sehr, sehr teuer. Der Herzog, ebenfalls Mitglied des Kit-Cat Clubs, verstand sich offenbar mit Vanbrugh recht gut, doch nachdem er sich mit diesem über das allgemeine Aussehen des riesigen Kastens grob verständigt hatte, zog er los, um noch ein paar Kriege auszufechten, und überließ alle häuslichen Arrangements seiner Gattin Sarah, Herzogin von Marlborough. Sie beaufsichtigte den Hauptteil der Arbeiten und verstand sich von Anfang an nicht mit Vanbrugh, ganz im Gegenteil.

Baubeginn war im Sommer 1705, und schon fing der Ärger an. Im Verlaufe der Arbeiten mussten zahlreiche kostspielige Anpassungen vorgenommen, wie zum Beispiel die Haupteinfahrt

---

[*] In einem großen Haus ist die Anzahl der Zimmer immer nur ein ungefährer Wert. Sie hängt davon ab, ob man Lagerräume, Abstellkammern und dergleichen als separate Zimmer mitzählt – und ganz gewiss auch davon, wie sorgfältig man zählt. Die »offiziellen« Zahlen für die Gesamtheit der Zimmer in Blenheim schwanken zwischen 187 und 320 – ein nicht unbeträchtlicher Unterschied.

versetzt werden, als ein Cottage-Besitzer sich weigerte, wegzu-ziehen. Das Haupttor wurde an eine komische Stelle hinter das Haus gesetzt, und Besucher waren gehalten, über die High Street zu fahren, um eine Ecke zu biegen und das Anwesen durch einen Eingang zu betreten, der selbst heute noch sehr wie ein Lieferan-teneingang anmutet (wenn auch ein sehr nobler).

Die Baukosten für Blenheim waren mit 40 000 Pfund veran-schlagt. Letztendlich verschlang es etwa 300 000. Das war inso-fern misslich, als die Marlboroughs die größten Knauser waren. Der Herzog war so knickerig, dass er keine Pünktchen auf die is setzte, weil er Tinte sparen wollte. Es war auch nie klar, wer ei-gentlich den Bau bezahlen sollte – Königin Anne, die Schatzkam-mer oder die Marlboroughs selbst. Die Herzogin und Königin Anne hatten eine enge, ziemlich seltsame und womöglich sogar intime Beziehung. Wenn sie allein miteinander waren, verpassten sie sich schräge Kosenamen – »Mrs. Morley« oder »Mrs. Free-man« –, um die Peinlichkeit zu umgehen, die daraus resultier-te, dass eine von ihnen königlichen Geblüts war und die andere nicht. Leider traf der Bau Blenheims mit einer Abkühlung ihrer Zuneigung zusammen, womit die finanziellen Zuständigkeiten noch mehr durcheinandergerieten. Als die Königin 1714 starb, wurde dann alles vollends kompliziert, denn an ihre Stelle trat ein König, der die Marlboroughs weder besonders mochte, noch in ihrer Schuld zu stehen meinte. Die Streitigkeiten zogen sich hin, viele Handwerker bekamen jahrelang kein Geld und schlussend-lich nur einen Bruchteil dessen, was man ihnen schuldete. Von 1712 bis 1716 ruhte das Werk gänzlich, und als man es wieder in Angriff nehmen wollte, verspürten viele der unbezahlten Arbeiter verständlicherweise nicht die geringste Lust wiederzukommen. Vanbrugh erhielt sein Honorar erst 1725 – fast genau zwanzig Jahre, nachdem man mit dem Bau begonnen hatte.

Selbst wenn alles seinen normalen Gang ging, lagen Vanbrugh und die Herzogin über Kreuz. Sie fand das Haus »zu groß, zu dunkel und zu martialisch«, warf Vanbrugh Verschwendungssucht und Widersetzlichkeit vor und kam zu der unumstößlichen Überzeugung, dass er der übelsten Burschen einer war. 1716 warf sie ihn ganz hinaus, wies aber die Arbeiter trotzdem an, sich genau an seine Pläne zu halten. Als Vanbrugh 1725 mit seiner Gattin kam, um sich den fertigen Palace anzuschauen – auf den er immerhin zwei Drittel seiner beruflichen Karriere als Architekt und ein Drittel seiner Lebenszeit verwandt hatte –, teilte man ihm am Tor mit, die Herzogin habe strikte Anweisung gegeben, dass er das Anwesen nicht betreten dürfe. Also sah er sein Meisterwerk in Vollendung nur einmal als Schemen in der Ferne. Acht Monate später war er tot.

Wie Castle Howard ist Blenheim im barocken Stil errichtet, ja, noch barocker: das Dach mit festlichen Globen und Urnen und anderen hochaufragenden Verzierungen geschmückt. Vielen Leuten waren seine monumentalen Ausmaße und Protzigkeit zuwider. Der Graf von Ailesbury qualifizierte es als »einen Steinkoloss ohne Stil und Geschmack« ab, Alexander Pope listete gewissenhaft seine Mängel auf und kam zu dem Schluss: »Mit einem Wort, es ist eine extrem teure Absurdität.« Der Herzog von Shrewsbury verwarf es als »großen, über der Erde befindlichen Steinbruch«, und ein Witzbold namens Abel Evans verfasste ein launiges Epitaph für Vanbrugh:

Lieg auf ihm, Erde, schwer! Denn
Manch schwere Last auf dich legt' er!

Natürlich ist Blenheim ein herrlich durchgeknallter, aber faszinierender Bau. Denn seine schiere Größe übersteigt derart jedes Maß, dass Besucher, die es zum ersten Mal sehen, ehrfürchtig erstarren. Ob allerdings irgendjemand in einem solch beängstigend großen Kasten wohnen möchte, steht auf einem anderen Blatt. Gewohnt haben die Marlboroughs dort auch kaum. Sie zogen erst 1719 ein, und der Herzog starb bereits drei Jahre später.

Aber einerlei, was man von Vanbrugh und seinen Kreationen hielt, das Zeitalter der berühmten Architekten hatte begonnen.*

Vor der Zeit Vanbrughs wurden Architekten nicht eigens gefeiert. Den Ruhm erntete, wer das Haus bezahlte, nicht der, der es entwarf. Hardwick Hall, von der vor ein paar Kapiteln die Rede war, gehörte zu den großen Gebäuden der Zeit, doch dass Robert Smythson der Architekt war, wird lediglich vermutet. Aus den verschiedensten Gründen ist die Vermutung stichhaltig, aber Beweise haben wir nicht. Immerhin war Smythson der Erste, für den die Berufsbezeichnung »architector« an anderer Stelle schriftlich verbürgt ist. Doch wie bei so vielen Menschen aus der Zeit weiß man nur wenig über seine Kindheit und Jugend, auch nicht, wo und wann er geboren wurde. In Dokumenten aus dem Longleat House in Wiltshire taucht er zum ersten Mal im Jahr 1568 auf, da war er schon über dreißig und Steinmetzmeister. Wo er vorher war, entzieht sich jedweder Kenntnis.

Selbst nachdem der Beruf des Architekten anerkannt war, ka-

---

* Recht bedacht, war es auch das Zeitalter der berühmten Handwerker. Ein solcher war der große Holzschneider und Bildhauer Grinling Gibbons, der von 1648 bis 1721 lebte. (Sein interessanter Vorname war der Mädchenname seiner Mutter.) Er hatte englische Eltern, wuchs aber in Holland auf und kam etwa 1667, wenige Jahre nachdem die Monarchie wiederhergestellt war und Charles II. auf dem Thron saß, nach England. Er ließ sich in Deptford nieder, im Südwesten Londons, wo er sich seinen sehr mageren Lebensunterhalt damit verdiente, Galionsfiguren für Schiffe zu schnitzen. Doch eines Tages kam John Evelyn, der Autor und Tagebuchschreiber, vorbei und war sofort fasziniert von Gibbons' Fähigkeiten, seiner sympathischen Art und vielleicht auch seinem guten Aussehen. (Es wird einmütig berichtet, dass Gibbons geradezu verboten gut aussah.) Evelyn ermutigte den jungen Mann, anspruchsvollere Aufträge anzunehmen, und stellte ihn wichtigen Leuten vor, wie zum Beispiel Christopher Wren.

Dank Evelyns Unterstützung wurde Gibbons sehr erfolgreich, doch sein Wohlstand kam in der Hauptsache aus seiner Werkstatt, in der Steinstatuen und andere Steinarbeiten hergestellt wurden. Offenbar kam Gibbons zuerst auf die Idee, britische Helden als römische Staatsmänner in Toga und Sandalen darzustellen; seine Werke wurden große Mode. Obwohl man ihn heute fast überall für den bedeutendsten Holzschneider der Moderne hält, war er zu seinen Lebzeiten dafür nicht besonders berühmt. Für Blenheim Palace schuf er Steinskulpturen für 4000 Pfund, aus Holz nur für 36 Pfund. Ihre geringe Anzahl ist sicher ein Grund, warum sie heute so wertvoll sind.

men die meisten, die ihn ausübten, aus anderen Bereichen. Inigo Jones war Maler und Bühnenbildner, Christopher Wren Astronom, Robert Hooke Naturwissenschaftler, Vanbrugh Soldat und Theaterschriftsteller, William Kent Maler und Innenarchitekt. Zum formal geregelten Ausbildungsberuf entwickelte sich der des Architekten erst später. In Großbritannien wurden 1882 Pflichtprüfungen eingeführt und die Architektur als volle akademische Fachrichtung erst 1895 angeboten.

Doch Mitte des achtzehnten Jahrhunderts zollte man Bau und Einrichtung großer Häuser viel Respekt und Beachtung, und hier ganz besonders Robert Adam. Wenn Vanbrugh der erste prominente Architekt war, dann war Adam der größte. Er wurde als Sohn eines Architekten 1728 in Schottland geboren, als einer von vier Brüdern, die alle erfolgreiche Architekten wurden. Doch Robert war zweifellos das Genie der Familie, und er ist als Einziger in die Geschichte eingegangen. Die Periode von 1755 bis 1785 wird nämlich manchmal auch als Adam-Zeit bezeichnet.

Auf einem Gemälde in der National Portrait Gallery sieht man ihn um 1770, mit Anfang vierzig, als freundlich dreinblickenden Zeitgenossen mit gepuderter grauer Perücke. Doch besonders liebenswert war er nicht. Er war arrogant und egoistisch, behandelte seine Angestellten schlecht, bezahlte wenig und hielt sie im Grunde in ständiger Knechtschaft. Wenn er sie dabei erwischte, dass sie nicht für ihn arbeiteten – und sei es nur, dass sie zu ihrem eigenen Vergnügen eine Skizze hinwarfen –, erlegte er ihnen saftige Geldstrafen auf. Doch Adams Kunden hielten viel von seinen Fähigkeiten und überschütteten ihn dreißig Jahre lang mit Aufträgen. Er und seine Brüder schufen sich eine Art Architekturimperium mit Steinbrüchen, einem Holzgeschäft, Ziegeleien, einer Firma für Stuckarbeiten und vielem mehr und beschäftigten bis zu zweitausend Menschen. Sie entwarfen nicht nur Häuser, sondern auch alles, was hineinkam – Möbel, Kamine, Teppiche, Betten, Lampen, sogar unerhebliche Dinge wie Türknaufe, Klingelzüge und Schreibtischgarnituren.

Da Adams Entwürfe sehr – manchmal geradezu erdrückend – überladen waren, wurden sie langsam unmodern. Unleugbar war seine Schwäche für das übertrieben Dekorative. Wer ein von ihm gestaltetes Zimmer betritt, muss unweigerlich an einen dick glasierten und mit tausend Kringeln verzierten Kuchen denken. Ein zeitgenössischer Kritiker bezeichnete ihn sogar als »Konditormeister«. Als er Ende der 1780er Jahre als »zuckrig und weibisch« abgetan wurde und aus der Mode geriet, zog er sich in sein heimatliches Schottland zurück, wo er 1792 starb. 1831 war er dann schon so in der Versenkung verschwunden, dass er in dem Standardwerk *Leben der bedeutendsten britischen Architekten* gar nicht erwähnt wurde. Aber das änderte sich bald. In den 1860er Jahren wurde sein Ruf wiederhergestellt, und der ist auch heute noch hervorragend, wenn auch mehr wegen seiner reichen Innen-Ausgestaltungen als wegen seiner Bauten.

Das Einzige, was alle Gebäude in der Zeit Adams gemeinsam hatten, war ihre unbedingte Treue zur Symmetrie. Na gut, bei Castle Howard hatte Vanbrugh sie verfehlt, doch eigentlich nur aus Versehen. Symmetrie war überall sonst in der Architektur unumstößliches Gesetz. Jeder Flügel musste sein exaktes Pendant in einem anderen haben, ob er gebraucht wurde oder nicht, und für jedes Fenster samt Ziergiebel auf einer Seite des Haupteingangs gehörte ein nämliches auf die andere, einerlei, was dahinter ablief. Erst im neunzehnten Jahrhundert machte man mit dieser absurden Praxis allmählich Schluss, und zwar bei einem Gebäude in Wiltshire, das auf seine Weise auch wiederum einzigartig war.

Es hieß Fonthill Abbey und war die Schöpfung zweier seltsamer, faszinierender Männer: William Beckfords und seines Architekten James Wyatt. Beckford war steinreich. Seine Familie besaß zahlreiche Plantagen auf Jamaika und dominierte den westindischen Zuckerhandel schon seit einhundert Jahren. Beckfords Mutter, die ihren Sohn abgöttisch liebte, sorgte dafür, dass er alle Vorzüge einer standesgemäßen Erziehung genoss. Der achtjährige Mozart gab ihm Klavier-, Sir William Chambers, der Architekt des Königs, Zeichenunterricht. Beckford war so unendlich reich, dass er die geradezu obszöne Summe von 40 000 Pfund für das Fest zu seinem einundzwanzigsten Geburtstag ausgab, als er sein Erbe antreten konnte. Byron nannte ihn in einem Gedicht »Englands reichsten Sohn« und hatte vermutlich recht.

1784 stand Beckford im Mittelpunkt eines Aufsehen erregenden Sexskandals; es kam nämlich heraus, dass er in zwei stürmische, höchst gefährliche Affären verwickelt war. Einmal in eine mit Louisa Beckford, der Gattin seines Cousins, zum anderen in eine mit einem schlanken, zarten Jüngling namens William Courtenay, dem zukünftigen neunten Earl of Devon, der nach Meinung aller Zeitgenossen der schönste Knabe in England war. Mehrere heiße, vermutlich anstrengende Jahre lang hielt Beckford beide Beziehungen aufrecht, oft unter ein und demselben Dach. Doch im Herbst 1784 war Schluss mit lustig, Beckford bekam oder entdeckte zufällig einen Brief in Courtenays Schrift und bekam einen heftigen Eifersuchtsanfall. Es ist nie herausgekommen, was in dem Brief stand, doch er provozierte ihn zu fatal unbeherrschtem Handeln. Er ging in Courtenays Zimmer und »schlug ihn [mit den konfusen Worten eines Hausgastes] mit der Reitpeitsche, was sehr laut war, und beim Öffnen der Tür wurde Courtenay im Hemd entdeckt und Beckford in einer nicht näher bezeichneten Position – seltsame Geschichte«.

Wohl wahr.

Pech hatte Beckford nun insofern, als Courtenay der Liebling seiner Familie war – der einzige Knabe von vierzehn Geschwistern – und erschreckend jung. Zur Zeit des Vorfalls war er sechzehn, doch er mag nicht älter als zehn gewesen sein, als er unter Beckfords ungesunden Einfluss fiel. Es bestand also weder die Aussicht, dass die Familie den Vorfall unter den Teppich kehren, noch dass Beckfords gehörnter Cousin vor Freude Luftsprünge machen würde. Tief in Schimpf und Schande gefallen floh Beckford auf den Kontinent, wo er viel reiste und seinen – auf Französisch geschriebenen – Schauerroman *Vathek* publizierte, der heute im Grunde unleserlich ist, aber damals sehr goutiert wurde.

Obwohl Beckford zwölf Jahre später immer noch in Ungnade war, tat er 1796 etwas völlig Unvorhergesehenes. Er kehrte nach England zurück und verkündete, er werde den erst vierzig Jahre alten Familiensitz in Wiltshire, Fonthill Splendens, niederreißen und dort ein neues Haus bauen. Nicht irgendein Haus, sondern seit Blenheim das größte Haus in England! Eine seltsame Entscheidung, denn es war doch sehr unwahrscheinlich, dass er in dem Haus jemals Gäste empfangen würde. Als Architekten für dieses ein wenig irrwitzige Unterfangen nahm er James Wyatt.

Wyatt ist eine seltsam vernachlässigte Figur. Die einzige solide Biografie (von Antony Dale) erschien vor über einem halben Jahrhundert. Wyatt wäre vielleicht berühmter, wenn nicht so viele seiner Gebäude verschwunden wären. Heute erinnert man sich mehr an ihn wegen der Gebäude, die er zerstörte, als wegen der, die er baute.

Als Bauernsohn in Staffordshire geboren, zog es ihn schon als jungen Mann zur Architektur. Er verbrachte sechs Jahre in Italien, wo er Architekturzeichnen lernte, und entwarf 1770, als er gerade mal vierundzwanzig Jahre alt war, das als Ausstellungshalle und Versammlungsraum genutzte Pantheon in London. Es war grob dem antiken Gebäude gleichen Namens in Rom nachempfunden und stand einhundertsechzig Jahre lang in bester Lage in der Oxford Street. Horace Walpole fand es das »schönste Gebäude in England«. Marks & Spencer leider nicht: Sie rissen es 1931 ab und errichteten an seiner Stelle ein neues Kaufhaus.

Wyatt war ein begabter, ausgezeichneter Architekt – unter George III. wurde er Beamter im Bauministerium, im Grunde staatlich bestallter Architekt der Nation –, ansonsten aber ein ewiger Chaot. Er war schlecht organisiert, vergesslich, ja, total verlottert. Da er einen guten Tropfen sehr zu schätzen wusste, unternahm er bisweilen ausgedehnte Zechtouren. In einem Jahr verpasste er im Bauministerium fünfzig Sitzungen hintereinander. Ihm fehlte auch jeglicher Überblick, was seine Mitarbeiter so trieben, und einmal kam heraus, dass einer seiner Helfer drei Jahre lang Urlaub gemacht hatte. Wenn Wyatt allerdings nüchtern war, war er wegen seines Charmes und seiner Gutmütigkeit sowie seiner baulichen Visionen sehr beliebt und geachtet. Seine Bronzebüste in der National Portrait Gallery zeigt ihn, sauber rasiert (ein ungewöhnlicher Zustand bei ihm), mit schönem vollen Haar und merkwürdig trübsinniger Miene – aber vielleicht hat er auch nur einen Kater.

Trotz seiner Unzulänglichkeiten wurde er der begehrteste Architekt seiner Epoche, nahm aber immer mehr Aufträge an, als er schaffen konnte, und widmete zum endlosen Ärger seiner Auftraggeber selten einem Projekt die notwendige Zeit. »Wenn er an einem schönen, großen Feuer sitzt und eine Flasche vor sich stehen hat, schert ihn alles andere nicht mehr«, beschwerte sich einer seiner vielen frustrierten Kunden.

»Man ist wirklich allenthalben der Meinung«, schrieb sein Biograf Dale, »dass Wyatt drei hervorstechende Fehler hatte: einen vollkommenen Mangel an Geschäftstüchtigkeit, die pure Unfähigkeit, sich seiner Arbeit kontinuierlich mit der nötigen Intensität zu widmen, […] und ungeheuren Leichtsinn.« So weit die Worte eines ihm *geneigten* Betrachters. Anders gesagt: Wyatt war unmöglich und verantwortungslos. Ein Kunde namens William Windham hielt elf Jahre an ihm fest, obwohl die Arbeit in einem Bruchteil der Zeit hätte bewältigt werden können. »Da hat ein Mann schon mal das Recht, die Geduld zu verlieren«, schrieb Windham seinem abwesenden Architekten, »wenn er feststellen muss, dass die Haupträume seines Hauses so gut wie unbewohnbar sind, weil Ihr nicht das erledigt habt, was in ein paar Stunden zu schaffen gewesen wäre.« Als Wyatts Kunde musste man hart im Nehmen sein.

Doch Wyatt war trotz alledem außerordentlich produktiv. Im Verlauf von vierzig Jahren errichtete er einhundert Landhäuser oder baute sie um, gestaltete fünf Kathedralen aufwändig neu und verlieh der britischen Architektur in vielem ein neues Gesicht –

nicht immer, muss man sagen, zu ihrem Vorteil. Mit Kathedralen machte er besonders kurzen Prozess und griff radikal ein. Ein Kritiker namens John Carter war so empört über Wyatts Faible, alte Inneneinrichtungen herauszureißen, dass er ihn »den Zerstörer« nannte und ihm 212 Essays – im Grunde sein ganzes Berufsleben – widmete, um seinen Stil und seine Person niederzumachen.

Die Kathedrale in Durham wollte Wyatt mit einem mächtigen Turm krönen. Dazu kam es aber nie, was vielleicht ganz gut war, denn in Fonthill konnte man bald darauf erleben, dass es wenige Orte gab, die gefährlicher waren als unter einem Turm von Wyatt. Er wollte auch die uralte Galiläa-Kapelle in der Kathedrale abbrechen lassen, die letzte Ruhestätte des Ehrwürdigen Beda und eines der großen Werke der normannischen Architektur in England. Zum Glück fand auch dieses Vorhaben keine Befürworter.

Beckford war von Wyatts Kühnheit und Genialität fasziniert, aber dessen ausschweifendes Leben und absolute Unzuverlässigkeit trieben ihn in den Wahnsinn. Immerhin schaffte er es, ihn so weit bei der Stange zu halten, dass er einen Plan zeichnete. Kurz vor der Wende vom achtzehnten zum neunzehnten Jahrhundert begann dann die Arbeit an Fonthill.

Alles daran sollte fantastische Ausmaße haben. Fenster wurden fünfzehn Meter hoch, Treppenaufgänge so breit wie lang, die Haupteingangstür mehr als neun Meter hoch. Damit sie noch höher wirkte, stellte Beckford Zwergenportiers dorthin. An den vier Bogengewölben im Oktagon, einem riesigen Saal in der Mitte des Gebäudes, von dem vier lange Korridore abgingen, waren vierundzwanzig Meter lange Vorhänge angebracht. Der Blick durch den Hauptkorridor war über 900 Meter weit, der Tisch im Esszimmer, an dem Abend für Abend einzig Beckford saß, fünfzehn Meter lang. Alle Zimmerdecken verschwammen in der fernen Düsternis des hohen Hammerbalkendachs. Fonthill war wahrscheinlich das aufwändigst erbaute Wohngebäude, das es je gab – und alles nur für einen Mann, der allein lebte und »den man als Nachbar nicht besuchte«. Damit auch wirklich niemand ihn behelligen konnte, um-

Fonthill Abbey: die große Westhalle, die in den großen Salon oder das Oktagon führt.

gab Beckford sein Anwesen mit einer imposanten Mauer, die die »Barriere« genannt wurde. Sie war drei Meter sechzig hoch, achtzehn Kilometer lang und von eisernen Zacken gekrönt.

Zu den zusätzlichen, noch geplanten Bauten gehörte ein sechsunddreißig Meter langes, mächtiges Grabmal, in dem sein Sarg auf ein sieben Meter fünfzig über dem Boden befindliches Podest gestellt werden sollte, damit die Würmer nicht an ihn rankonnten.

Fonthill war absichtlich und hemmungslos asymmetrisch – »architektonische Anarchie« in den Worten des Historikers Simon Thurley –, der Stil überladen neugotisch, so dass es aussah wie eine Kreuzung zwischen einer mittelalterlichen Kathedrale und Draculas Burg. Wyatt hatte den neugotischen (auf Englisch oftmals *Gothick*) Stil nicht erfunden. Diese Ehre gebührt dem seinerzeit sehr beliebten und bekannten Horace Walpole mit seinem Haus Strawberry Hill am Stadtrand Londons. Als *Gothick* bezeichnete man ursprünglich übrigens auch nicht einen bestimmten Baustil, sondern eine eher düstere Romangattung, die Walpole 1764 mit dem Schauerstück *Das Schloss von Otranto* begründet hatte.

Strawberry Hill war ein eher zurückhaltendes, pittoreskes Haus – mehr oder weniger konventionell mit sparsamem gotischen Maßwerk und sonstigem Schmuck. Wyatts neugotische Schöpfungen waren bei Weitem düsterer und schwerer. Sie besaßen drohend aufgerichtete eckige Türme, romantische Spitztürme und ein Wirrwarr an absichtlich asymmetrischen Dächern, so dass es aussah, als seien sie über die Jahrhunderte organisch gewachsen. Sie muten an wie eine Hollywood-Fantasie der Vergangenheit, lange bevor es Hollywood gab, und troffen vor Düsternis und Bedrohlichkeit.

Besessen davon, das Bauvorhaben zu vollenden, beschäftigte Beckford bis zu fünfhundert Mann, die rund um die Uhr arbeiteten, doch immer ging alles schief. Der vierundachtzig Meter hohe Turm war der höchste, der je auf ein Privathaus gesetzt worden war – ein Alptraum. In seiner Hast benutzte Wyatt einen Mörtel namens Parker's Roman Cement, der von einem Reverend James

Parker aus Gravesend erfunden worden war, noch so einem aus dieser wissbegierigen Gattung von Kirchenmännern, denen wir zu Beginn des Buches begegnet sind. Was Reverend Parker in die Welt der Baumaterialien trieb, weiß man nicht, doch er wollte einen schnell trocknenden Zement erschaffen, wie ihn einst die Römer benutzt hatten (deshalb *Roman Cement*). Leider wusste man nicht mehr, wie er hergestellt wurde, und leider besaß er eine geringe Bindung und fiel, wenn er nicht ganz korrekt gemischt wurde, in großen Brocken auseinander – wie nun in Fonthill. Entsetzt musste Beckford erleben, wie seine mächtige Abtei schon zerfiel, während sie errichtet wurde. Zweimal brach sie beim Bau zusammen. Selbst als sie in voller Größe fertig dastand, knirschte und stöhnte sie unheilschwanger.

Zu Beckfords nicht enden wollendem Ärger war Wyatt, weil betrunken oder an anderen Projekten zugange, häufig nicht da. Als in Fonthill buchstäblich alles in sich zusammenkrachte und die fünfhundert Arbeiter entweder um ihr Leben rannten oder Däumchen drehten und auf neue Anweisungen warteten, war Wyatt zum Beispiel mit einem riesigen, unausgegorenen Bauvorhaben beschäftigt: Er sollte für George III. einen neuen Palast in Kew errichten. Warum George III. einen neuen Palast in Kew wollte, fragt man sich zu Recht, denn er hatte dort schon einen sehr guten, doch Wyatt legte los und entwarf ein eindrucksvolles Gebäude (wegen seines abschreckenden Äußeren mit dem Spitznamen »Bastille« belegt), eines der allerersten, bei deren Konstruktion er Gusseisen benutzen wollte. Wie der neue Palast aussehen sollte, wissen wir nicht, weil keine Abbildung existiert, doch anders als furchtbar hätte das Urteil gar nicht ausfallen können, denn bis auf die Türen und Fußböden sollte er komplett aus Gusseisen sein, und darin zu residieren hätte sich gewiss angefühlt, als residiere man in einem Kessel. Doch während der Bau an der Themse in die Höhe wuchs, verlor der König sein Augenlicht und sein Interesse an Dingen, die er nicht sehen konnte, und eigentlich hatte er Wyatt ja auch von Anfang an nicht gemocht.

Als der Palast halb fertig war und mehr als 100000 Pfund verschlungen hatte, gab man die Arbeit daran von heute auf morgen auf. Zurück blieb eine Bauruine, die etwa zwanzig Jahre später von dem neuen König George IV. abgerissen wurde.

Beckford bombardierte Wyatt unterdes mit empörten Briefen. »In welchem verkommenen Wirtshaus, in welcher stinkenden Taverne oder in welchem syphilitischen Hurenhaus versteckt Ihr Eure altersschwachen, schlabbrigen Glieder?«, begann einer. Sein Lieblingsname für Wyatt war »Bagasse« (das ist der faserige Rest, der übrig bleibt, wenn man Zuckerrohr ausgepresst hat) oder »Lude«. Jede Epistel strotzte von solch wütenden, fantasievollen Beleidigungen. Wyatt konnte einen aber auch wirklich auf die Palme bringen. Einmal verließ er Fonthill, um angeblich wegen dringender Geschäfte nach London zu fahren, doch er kam nur fünf Kilometer weit bis zu einem anderen Anwesen Beckfords, wo er sich mit einem Gast, der auch gern mal einen hob, zusammentat. Beckford entdeckte sie eine Woche später beide besinnungslos, umgeben von leeren Flaschen.

Wie viel Fonthill Abbey letztendlich kostete, ist unbekannt, doch meinte ein gut informierter Beobachter 1801, es müssten gut und gerne 242000 Pfund sein. Damit hätte Beckford zwei Kristallpaläste bauen können, und sein Palast war zudem noch nicht einmal halb fertig. Im Sommer 1807 zog Beckford ein, obwohl die neue Residenz auch da noch unvollendet war. Von Bequemlichkeit konnte nirgendwo die Rede sein. »Man musste ständig sechzig Feuer am Brennen halten, damit das Haus trocken blieb, von warm ganz zu schweigen«, berichtet Simon Thurley. Die meisten Schlafzimmer waren kahl wie Mönchszellen; dreizehn hatten keine Fenster. Auch Beckfords Schlafzimmer, in dem nur ein schmales Einzelbett stand, war sehr asketisch.

Doch Wyatt schaute auch weiterhin nur sporadisch vorbei und trieb Beckford zur Weißglut, wenn die Abstände mal wieder zu groß wurden. Und als er Anfang September 1813, kurz nach seinem siebenundvierzigsten Geburtstag, mit einem Kunden von

Gloucestershire zurück nach London fuhr, kippte die Kutsche um, und er knallte mit dem Kopf gegen eine Mauer. Der Aufprall war tödlich, Wyatt starb mehr oder weniger sofort und hinterließ eine völlig mittellose Witwe.

Genau um die Zeit sanken die Zuckerpreise, auch William Beckfords Einnahmen litten. 1823 war er so knapp bei Kasse, dass er Fonthill verkaufen musste. Es wurde für 300 000 Pfund von einem Exzentriker namens John Farquhar gekauft, der aus dem ländlichen Schottland stammte, aber als junger Mann nach Indien gegangen war und sich mit der Herstellung von Schießpulver eine goldene Nase verdient hatte. Als er 1814 nach England zurückkehrte, ließ er sich in London nieder, vernachlässigte sein wunderschönes Haus am Portman Square aber sträflich. Auch sich selbst vernachlässigte er sträflich. So sehr, dass er, wenn er in seinem Viertel unterwegs war, manchmal angehalten und als Stadtstreicher verdächtigt und verhört wurde. Er kaufte Fonthill, hielt sich dort aber kaum auf.

Doch am spektakulärsten Tag der kurzen Existenz von Fonthill Abbey wohnte er dort: Kurz vor Weihnachten 1825 stieß der Turm ein lang gedehntes Ächzen aus und kollabierte ein drittes und letztes Mal. Ein Diener wurde von dem Luftzug zwar fünfzehn Meter durch einen Korridor gefegt, doch wie durch ein Wunder weder er noch jemand anderes verletzt. Etwa ein Drittel des Hauses lag unter dem Trümmerhaufen des Turms und sollte nie wieder bewohnbar werden. Farquhar behielt angesichts dieses Missgeschicks die Ruhe; die Pflege des Hauses sei ja nun sehr vereinfacht, war sein Kommentar. Er starb im Jahr darauf, ungeheuer reich, aber ohne ein Testament zu hinterlassen, und seine sich kabbelnde Verwandtschaft wollte das Haus nicht haben.

Beckford wiederum zog sich mit seinen 300 000 Pfund nach Bath zurück, wo er einen fast fünfzig Meter hohen Turm in klarem, klassizistischem Stil errichten ließ. Der bekam den Namen Lansdown Tower, wurde mit guten Materialien und großer Umsicht und Sorgfalt gebaut und steht heute noch.

II.

Mit Fonthill war nicht nur der Gipfel an Ehrsucht und Narretei im privaten Hausbau erreicht, sondern auch der der Unbequemlichkeit. Je mehr Arbeit und Geld in ein Haus gesteckt wurden, desto weniger wurde offenbar auf die Wohnlichkeit desselben Wert gelegt. Das große Zeitalter des Hausbaus brachte bisher nie gekannte Eleganz und Grandiosität, doch so gut wie nichts an Weichheit und Wärme, Behaglichkeit und Bequemlichkeit.

Dafür sollte ein neuer Typ Mensch sorgen, der eine Generation zuvor noch nicht existiert hatte: der Bürger mit der gehobenen Bildung. Natürlich hatte es immer Menschen gegeben, die zwischen Adel und Bauern standen, doch als Gruppe und gesellschaftliche Kraft, mit der zu rechnen war, war die Mittelklasse, das Bürgertum, ein Phänomen des achtzehnten Jahrhunderts. Den Begriff »Mittelklasse« gab es erst seit 1745 (ausgerechnet in einem Buch über den irischen Wollhandel), doch hinfort wimmelte es in den Straßen und Kaffeehäusern Großbritanniens von selbstbewussten, eloquenten, begüterten Leuten, von Bankern, Anwälten, Künstlern, Verlegern, Innenarchitekten, Handelsleuten, Bauunternehmern und überhaupt Zeitgenossen, die etwas schaffen und bewegen wollten. Die neue, wachsende Mittelklasse leistete nicht nur den sehr Reichen gute Dienste, sondern auch, und zwar lukrativer, sich selbst. Die moderne Gesellschaft nahm Gestalt an.

Mit dem erstarkenden Bürgertum stieg die Nachfrage nach Waren immens. Plötzlich gab es Massen von Menschen mit prächtigen Stadthäusern, die alle eingerichtet werden mussten, und genauso plötzlich war die Welt voller begehrenswerter Waren, die das ermöglichten. Teppiche, Spiegel, Gardinen, gepolsterte und bestickte Möbel und Hunderte andere Dinge, die man vor 1750 kaum in Privathäusern fand, waren nun gang und gäbe.

Auch das Anwachsen des Britischen Empire und der britischen Geschäftsinteressen in Übersee hatte dramatische Auswirkungen, oft auf ganz unerwartete Weise. Nehmen wir etwa die Auswahl an

Holz, die man plötzlich hatte. Als Großbritannien eine isolierte Insel war, stand den Möbelschreinern im Wesentlichen ein Holz zur Verfügung: Eiche. Eiche ist ein feines Material, solide, haltbar, buchstäblich hart wie Eisen, doch geeignet ist sie eigentlich nur für massive, klotzige Möbel – Kästen, Betten, schwere Tische und dergleichen. Der Ausbau der britischen Handelsflotte und der immer lebhaftere Warenaustausch brachten es nun mit sich, dass man die unterschiedlichsten Hölzer kaufen konnte: Nussbaum aus Virginia, Rosenholz aus North und South Carolina, Teak aus Asien. Im häuslichen Bereich sorgte das für weitreichende Veränderungen, einschließlich dessen, wie die Leute saßen, miteinander plauderten und Gesellschaften veranstalteten.

Das beliebteste Holz war Mahagoni aus der Karibik. Es hatte einen wunderschönen Glanz, verzog sich nicht und war unglaublich gut zu bearbeiten. Man konnte es perfekt zu den feinen Formen des überschwänglichen Zeitalters, des Rokoko, schnitzen und sägen, doch es war auch stark genug für ein Möbelstück. Holz mit solchen Eigenschaften hatte man bisher noch nie gehabt. Plötzlich hatten Möbel eine plastische Qualität. Man konnte die mittleren Stangen der Rückenlehnen von Stühlen so gestalten, dass Menschen, die nie etwas weniger Plumpes als einen Windsorstuhl gesehen hatten, plötzlich ganz hin und weg waren. Man konnte schön geschwungene Beine mit üppigen Füßen herstellen; die Armlehnen endeten in Schnörkeln und Voluten, die angenehm anzufassen waren und gut aussahen. Plötzlich schien jeder Stuhl – ja, jedes handwerklich hergestellte Ding im Haus – ein Ausbund an Eleganz, Stil und Leichtigkeit.

Mahagoni wäre nicht halb so wertgeschätzt worden, hätte es nicht ein weiteres magisches neues Material von der anderen Seite des Globus gegeben, das ihm den glänzenden letzten Schliff gab: Schellack. Schellack wird aus dem harten, harzigen Sekret der Lackschildlaus, dem Gummilack, gemacht, ist geruchlos, ungiftig, äußerst resistent gegen Kratzer und Verblassen und glänzt prächtig. Wenn er nass ist, zieht er keinen Staub an und trocknet in Minutenschnelle. Selbst jetzt in unserem Zeitalter der Kunststoffe findet Schellack dutzendfach Anwendung, synthetische Produkte können nicht mit ihm konkurrieren. Wenn Sie zum Beispiel Bowlen gehen – es ist der Schellack, der den Bahnen ihren unvergleichlichen Glanz verleiht.

Neue Hölzer und Lacke veränderten die Form, die die Möbel nun bekamen, doch man brauchte auch noch eine neue Methode der Herstellung, um Qualitätsmobiliar in großen Mengen produzieren zu können. Während traditionelle Designer wie Robert Adam für jeden neuen Auftrag ein neues Design ersannen, begriffen andere Hersteller nun, dass es viel kosteneffizienter war, viele Möbel nach einem einzigen Modell zu bauen. Außerdem begannen sie ein groß angelegtes Fabriksystem einzuführen, das heißt, sie produzierten Möbelteile, die alle nach einem Muster ausgeschnitten, von Spezialistenteams zusammengefügt, lackiert und fertig gemacht wurden. Das Zeitalter der Massenherstellung war geboren.

Es entbehrt allerdings nicht einer gewissen Ironie, dass wir die Menschen, die am meisten dazu beigetragen haben, dass Möbel in Fabriken gefertigt wurden, heute vor allem wegen ihrer Handwerkskunst bewundern – und das trifft ganz besonders auf einen obskuren Möbelschreiner aus dem Norden Englands zu, Thomas Chippendale. Sein Einfluss war enorm. Er war der erste Bürgerliche, nach dem man einen Möbelstil benannte, vor ihm erinnerten die Namen stets getreu an Monarchien, Könige und Königinnen: Tudor, Elisabethanisch, Louis-Quatorze, Queen Anne. Trotzdem wissen wir wenig über Chippendale, beispielsweise nicht, wie er aussah. Von seiner Kindheit und Jugend ist nur bekannt, dass er in dem Marktstädtchen Otley am Rande der Yorkshire Dales geboren wurde und aufwuchs. In schriftlichen Dokumenten taucht er zum ersten Mal im Jahre 1748 auf, als er, schon dreißig, in London ankam und sich als eine neue Art von Hersteller und Vertreiber von Haushaltsmöbeln etablierte.

Das war ein ehrgeiziges Unterfangen, denn die Geschäfte von

Produzenten und Kaufleuten in Personalunion waren kompliziert und umfänglich. Einer der erfolgreichsten, George Seddon, beschäftigte vierhundert Arbeitskräfte – Holzschneider, Vergolder, Tischler, Spiegel- und Messingmacher und viele mehr. Chippendales Laden war nicht ganz so groß, doch vierzig, fünfzig Männer beschäftigte er auch und besaß Geschäftsräume in der St. Martin's Lane Nr. 60 und 62, gerade um die Ecke des heutigen Trafalgar Square (der freilich erst achtzig Jahre später angelegt werden sollte). Chippendale bot einen ungeheuer umfassenden Service an, er stellte her und verkaufte: Stühle, Beistelltische, Toilettentische, Schreibtische, Kartentische, Bücherschränke, Sekretäre, Spiegel, Uhrenkästen, Kandelaber, Kerzenständer, Notenständer, Wandleuchter, Toilettenstühle und ein exotisches neues Möbelstück, das er »Sopha« nannte. »Sophas« hatten etwas Kühnes, ja sogar Frivoles, denn sie ähnelten Betten, und ein Schelm, wer an wollüstige Ruhestündchen bei ihrem Anblick dachte. Die Firma verkaufte auch Tapeten und Teppiche und führte Reparaturen, Umzüge und sogar Beerdigungen aus.

Thomas Chippendale machte unbestritten feine Möbel, viele andere aber auch. Im achtzehnten Jahrhundert gab es allein in der St. Martin's Lane dreißig Möbelhersteller und Hunderte mehr im übrigen London und im ganzen Land. Der Grund, warum wir heute alle noch Chippendales Namen kennen, liegt darin, dass er 1754 etwas sehr Gewagtes tat. Unter dem Titel *Der Führer des vornehmen Herrn und Kunsttischlers* gab er ein Buch mit Modellen auf einhundertsechzig Bildtafeln heraus. Bei Architekten war so etwas schon seit fast zweihundert Jahren üblich, bei Möbeln war bisher noch niemand auf die Idee gekommen. Die Zeichnungen in Chippendales Musterbuch waren überraschend verführerisch. Statt flacher, zweidimensionaler Abbildungen wie bisher waren es Perspektivzeichnungen mit Licht und Schatten. Der potentielle Käufer konnte sich sofort vorstellen, wie diese hübschen, begehrenswerten Objekte in seinem eigenen Heim aussehen würden. Es wäre falsch, Chippendales Buch als Sensation zu bezeichnen, denn es wurden nur 308 Exemplare verkauft, doch zu den Käufern gehörten neunundvierzig Angehörige des Adels, wodurch es überproportional einflussreich wurde. Aber auch andere Möbelhersteller und Handwerker erwarben es, womit eine weitere Merkwürdigkeit entstand – Chippendale lud seine Konkurrenten offen ein, seine Modelle für ihre eigenen geschäftlichen Zwecke zu nutzen. Das diente zwar Chippendales Nachruhm, förderte zu seinen Lebzeiten aber nicht gerade seinen Umsatz, denn die Leute konnten nun Chippendale-Möbel kaufen, die von jedem einigermaßen geschickten Schreiner eventuell billiger hergestellt wurden. Darüber hinaus bedeutete es zweihundert schwere Jahre für die Möbelhistoriker, die feststellen wollten, welche Möbel echte Chippendales waren und welche Kopien nach Vorlagen aus seinem Buch. Selbst wenn ein Möbelstück wirklich »echter Chippendale« ist, heißt das nicht, dass Thomas Chippendale es je berührte oder von seiner Existenz wusste. Ja, es heißt noch nicht einmal, dass er es entworfen hat, denn wie viel Talent er dazukaufte oder ob die Modelle in seinen Büchern wirklich von seiner Hand stammen, weiß man auch nicht. Ein echter Chippendale bedeutet nur, dass das Teil aus Chippendales Werkstatt kommt.

Aber Chippendale besitzt einen solchen Nimbus, dass es ihm nicht einmal derartig nahe gekommen sein muss. Im Jahre 1756 stellte in der Kolonialstadt Boston ein John Welch einen Mahagonitisch nach einem Entwurf Chippendales her und verkaufte ihn an einen Herrn Dublois, in dessen Familie der Tisch über zweihundertfünfzig Jahre lang verblieb. Dann ließ man ihn 2007 bei Sotheby's in New York versteigern. Obgleich Thomas Chippendale keine direkte Verbindung zu dem Tisch hatte, wechselte der für knapp 3,3 Millionen Dollar den Besitzer.

Angeregt von Chippendales Erfolg gaben andere Möbelhersteller eigene Musterbücher heraus. George Hepplewhites *Handbuch des Möbeltischlers und Polsterers* kam 1788 heraus, und zwischen 1791 und 1794 folgte Thomas Sheraton mit der Fortsetzungsserie *Des Möbeltischlers und Polsterers Zeichenheft.* Sheratons Buch hatte mehr als doppelt so viele Subskriptionen wie Chippendale und wurde als *Modell- und Zeichenbuch für Ebenisten, Tischler, Tapezierer und Stuhlmacher* ins Deutsche übersetzt, eine Auszeichnung, die Chippendales Buch nicht zuteilwurde. Hepplewhite und Sheraton wurden besonders beliebt in Amerika.

Obwohl heute jedes Möbelstück, das direkt mit einem der drei in Verbindung gebracht werden kann, ein Vermögen wert ist, wurden sie zu Lebzeiten zwar geschätzt, aber nicht groß gefeiert, und manchmal nicht einmal geschätzt.

Chippendales Stern sank zuerst. Er war ein Wahnsinnsmöbelmacher, aber als Geschäftsmann hatte er wenig Geschick, was sich akut bemerkbar machte, als 1766 sein Partner James Rannie starb. Rannie war der Kopf des Unternehmens gewesen, und ohne ihn schlitterte Chippendale für den Rest seines Lebens von einer Krise zur anderen. Das war ungemein bitter für ihn, denn während er sich abstrampelte, um seine Männer zu bezahlen und sich selbst vor dem Schuldturm zu bewahren, stellte er immer noch Möbel von allerhöchster Qualität für einige der reichsten englischen Häuser her und arbeitete eng mit den führenden Architekten und Designern seiner Zeit zusammen, unter anderem mit Robert Adam, James Wyatt und Sir William Chambers. Aber mit ihm selbst ging es erbarmungslos bergab.

Als Kaufmann hatte man es nicht leicht. Die Kunden bezahlten grundsätzlich spät. Dem berühmten Schauspieler und Theatermann David Garrick musste Chippendale wegen notorisch unbeglichener Rechnungen mit rechtlichen Schritten drohen, und die Arbeiten am Nostell Priory, einem Landhaus in Yorkshire, stellte er ein, als sich die offenen Rechnungen auf 6838 Pfund beliefen – irrsinnige Außenstände. »Ich habe keine einzige Guinee, um morgen meine Arbeiter zu entlohnen«, schrieb Chippendale einmal verzweifelt. Die meiste Zeit seines Lebens war er von akuten Geldsorgen geplagt und hatte wohl nur seltene Momente der Ruhe. Als er 1799 starb, betrug sein persönlicher Besitz gerade einmal 28 Pfund, 2 Shilling und 9 Pence; dafür hätte er sich nicht mal einen bescheidenen Topf Goldbronze aus seinen eigenen Ausstellungsräumen leisten können. Unter der Leitung des Sohnes kämpfte die Firma noch ein wenig weiter, musste aber 1804 Konkurs anmelden.

Die Welt nahm kaum Notiz von Chippendales Tod. In keiner Zeitung erschien ein Nachruf. Vierzehn Jahre später schrieb Sheraton über Chippendales Modelle, »sie seien nun ganz antiquiert und aufgegeben«. Ende des neunzehnten Jahrhunderts war sein Ruhm so gesunken, dass er in der ersten Ausgabe des *Dictionary of National Biography* gerade mal einen Absatz bekam, viel weniger als Sheraton oder Hepplewhite und noch dazu abwertend. Vieles war auch falsch. Der Autor des Eintrags hatte so wenig Interesse an Chippendales Lebensdaten, dass er ihn aus Worcestershire und nicht Yorkshire kommen ließ.

Überragenden Erfolgs konnten sich Sheraton (1751–1806) und Hepplewhite (1727?–1786) indes auch nicht rühmen. Hepplewhites Laden war in einem schäbigen Londoner Stadtteil, in Cripplegate, und er selbst so wenig bekannt, dass ihn seine Zeitgenossen abwechselnd Kepplewhite und Hebblethwaite nannten. Über sein Privatleben weiß man beinahe nichts. Ja, er war sogar schon zwei Jahre tot, als sein Musterbuch veröffentlicht wurde. Sheratons Schicksal war noch kurioser. Offenbar hat er nie einen Laden eröffnet, und man hat auch nie ein Möbelstück gefunden, das ihm zugeschrieben werden konnte. Vielleicht hat er nie Möbel hergestellt, sondern nur als Zeichner und Designer gearbeitet. Obwohl sich sein Buch gut verkaufte, ist er anscheinend nicht reich davon geworden, denn er musste sein Einkommen durch Zeichen- und Perspektivzeichenunterricht aufbessern. Irgendwann gab er das Möbelentwerfen auf, ließ sich zum Pfarrer einer nonkonformistischen Sekte namens Narrow Baptists ausbilden und wurde im Grunde ein Straßenprediger. Er starb 1806 völlig heruntergekommen in London, »inmitten von Dreck und Ungeziefer«, und hinterließ eine Frau und zwei Kinder.

Als Möbelhersteller waren Chippendale und seine Zeitgenossen zweifellos Meister ihres Fachs, doch sie hatten einen Vorteil, den man heute nicht mehr hat: Sie konnten das feinste Holz für Möbel benutzen, das es gab, eine Mahagoniart, das *Swietenia mahogani*. Es wuchs nur in der Karibik, auf Kuba und Hispaniola (der Insel, auf der sich heute Haiti und die Dominikanische Republik befinden), und ist, was Sattheit der Farbe, Eleganz und Brauchbarkeit betrifft, ohnegleichen. Die Nachfrage war so groß, dass es fünfzig Jahre nach seiner Entdeckung nichts mehr davon gab – und es jetzt unwiederbringlich ausgestorben ist. Es existieren noch um die zweihundert andere Mahagoniarten auf Erden, und das Holz der meisten ist auch sehr gut, doch an die satte, dunkle Farbe und wunderbare Verarbeitbarkeit des entschwundenen *S. mahogani* kommen sie nicht heran. Vielleicht bringt die Welt eines Tages bessere Stuhlmacher als Chippendale und seinesgleichen hervor, aber sicher keine feineren Stühle.

Merkwürdigerweise wurde das ewig lange nicht anerkannt. So mancher Chippendale-Stuhl und andere Möbelstücke von ihm, die heute schier unbezahlbar sind, fristeten ihr Dasein in den Dienstbotenräumen und wurden erst vor gut hundert Jahren wiederentdeckt und aus der Verbannung geholt. Insgesamt hat man etwa sechshundert Chippendale-Möbelstücke identifiziert. Andere, die ausrangiert wurden oder beim Verkauf eines Hauses mit Inventar verschwanden, könnten heute leicht unbemerkt in einem Landhäuschen oder einem Vorortheim stehen und wären kostbarer als das Gebäude, in dem sie sich befinden.

III.

Wenn wir in der Zeit zurückgehen würden, in ein Haus aus Chippendales Tagen, würde uns sofort ein Unterschied ins Auge fallen: Stühle und sonstige Möbelstücke standen im Allgemeinen an der Wand; uns wären die Zimmer wie Wartezimmer vorgekommen.

Umgekehrt hätten Menschen aus dem achtzehnten und beginnenden neunzehnten Jahrhundert Stühle oder Tische in der Mitte eines Zimmers als so deplatziert empfunden wie wir heute einen Schrank an dieser Stelle. (Ein Grund für diese Verteilung der Möbel war übrigens, dass man in der Dunkelheit leichter durchs Zimmer fand und nicht in Möbel rannte.) Und da die Möbel ohnehin mit dem Rücken zur Wand standen, arbeitete man die Polstersessel und -stühle und Couchen hinten natürlich nicht so fein aus, ähnlich wie wir heute die Rücken von Kommoden und Schränken schlichter belassen.

Wenn man Besuch hatte, holte man im Übrigen die notwendige Anzahl Stühle herbei und stellte sie im Kreis oder Halbkreis auf, so wie heute beim »Morgenkreis« in der Grundschule. Das wiederum hatte beinahe zwangsläufig zur Folge, dass die Konversation verkrampft und gekünstelt wurde. Nachdem Horace Walpole einmal viereinhalb qualvolle Stunden in einem solchen Kreis mit dümmlichen Gesprächen verbracht hatte, erklärte er: »Wir erledigten Wind und Wetter, Oper und Schauspiel [...] und jedes Thema, das man in einem formalen Kreis erledigen kann.« Doch als eine wagemutige Gastgeberin versuchte, etwas Spontaneität in die Sache zu bringen, indem sie die Stühle zu informelleren Gruppen von dreien oder vieren anordnete, meinten viele Gäste, das sei ein Höllenchaos, und viele konnten sich schon gar nicht mit dem Gedanken anfreunden, dass ein Gespräch hinter ihrem Rücken stattfand.

Das Hauptproblem mit den Stühlen aus der damaligen Zeit war zweifellos, dass sie schrecklich unbequem waren. Die auf der Hand liegende Lösung, sie zu polstern, erwies sich als schwieriger, als man meinen würde, weil nur wenige Handwerker über die Fähigkeiten verfügten, einen guten Polsterstuhl zu machen. Die Hersteller probierten alles Erdenkliche, um dort, wo Holz und Stoff zusammentrafen, rechtwinklige Ecken hinzukriegen, und wussten oft nicht, was sie tun sollten, um ein Polstersitzmöbel so zu bauen, dass es seine schön gewölbte Sitzfläche behielt.

Nur Sattler konnten zuverlässig das notwendige strapazierfähige Material bieten, und deshalb haben so viele der ersten Polstermöbel einen Lederbezug. Für Polsterer, die Stoff benutzten, kam erschwerend hinzu, dass im vorindustriellen Zeitalter viele Stoffe nur in Breiten von etwa sechzig Zentimetern produziert werden konnten, was hieß, dass sie an heiklen Stellen Nähte anbringen mussten. Erst nachdem John Kay den Schnellschützen (ein fliegendes Weberschiffchen) erfunden hatte, konnte man Stoffe in Breiten von neunzig Zentimetern weben.

Die technischen Verbesserungen in der Textil- und Druckindustrie verwandelten die häuslichen Dekorationsmöglichkeiten noch einmal über das Mobiliar hinaus. Das Zeitalter der Teppiche, Tapeten und leuchtenden Farben brach an. Zum ersten Mal bekam man Farbe in einem breiten Spektrum satter Töne. Infolgedessen nahmen die Häuser vom Ende des achtzehnten Jahrhunderts oft ein Aussehen an, das noch ein Jahrhundert zuvor als maßlos und total übertrieben gegolten hätte. Langsam bildete sich das moderne Haus heraus, eines, das uns bekannt vorkommen würde. Fast vierzehnhundert Jahre nachdem die Römer Britannien verlassen und ihre heißen Bäder, Polstersofas und Zentralheizungen mitgenommen hatten, entdeckten die Briten endlich wieder, dass man doch ganz angenehm leben konnte. Es sich rundum bequem zu machen schafften sie zwar immer noch nicht, doch von den neuen Verlockungen konnten sie sich immerhin eine Vorstellung machen.

Dass man nun immer mehr Polstermöbel benutzte, die viel anfälliger für Flecken, Brandflecken und die Folgen sonstigen Missbrauchs waren, führte bei dem Versuch, die wertvollsten Möbelstücke vor den schlimmsten Gefahren zu bewahren, zur Schaffung eines neuen Zimmertyps. Es ist gleich nebenan, und dorthin wollen wir uns jetzt begeben.

Achtes Kapitel

Das Esszimmer

I.

Als Mr. Marsham sein Haus bauen ließ, wäre es für einen Mann in seiner Position undenkbar gewesen, kein separates Esszimmer zu haben, in dem er Gäste bewirtete, doch wie formal und wie groß und ob vorn im Haus oder hinten, wollte gut überlegt sein, denn Esszimmer waren immer noch so neu, dass ihre Ausmaße und ihre Lage nicht von vornherein feststanden. Schlussendlich beschloss Mr. Marsham, wie wir schon gesehen haben, auf einen Raum für die Dienstboten zu verzichten und sich ein neun Meter langes Esszimmer zu gönnen – groß genug für achtzehn, zwanzig Gäste, eine Menge für einen Landpfarrer. Selbst wenn er häufig Gäste einlud, was offenbar der Fall war, muss er sich an den Abenden, an denen er allein speiste, einsam gefühlt haben. Aber wenigstens der Blick hinüber zum Kirchhof war schön.

Wir wissen eigentlich nicht, wie Mr. Marsham das Esszimmer nutzte, nicht nur deshalb, weil wir so wenig über Mr. Marsham wissen, sondern auch, weil wir überraschend wenig über Esszimmer wissen. Mitten auf dem Tisch thronte wahrscheinlich ein kostspieliger, eleganter Gegenstand, der als Tafelaufsatz bekannt war: kunstreiche, unterschiedlich hohe, vielfach verästelte Gestelle hielten mit allerlei Nüssen und Früchten gefüllte Schalen. Der Tafelaufsatz fehlte sicher ein Jahrhundert lang auf keinem Tisch, der einigermaßen auf sich hielt.

Bei Mr. Marsham standen um dieses Renommierstück herum sicher Menagen – elegante, meist silberne kleine Ständer mit Gewürzen –, und auch die umgibt ein Geheimnis. In herkömmlichen Menagen gab es zwei Glaskaraffen mit Stöpseln, für Öl und Essig, und drei zueinander passende Streuer, Behälter, die oben Löcher hatten, damit man Geschmacksstoffe auf sein Essen streuen konnte. Zwei enthielten Salz und Pfeffer, doch was in dem dritten war, weiß man nicht. Man meint oft, es sei getrockneter Senf gewesen, das aber eigentlich nur, weil einem sonst nichts einfällt, das hineingepasst hätte. »Bisher hat noch niemand einen plausiblen Vorschlag gemacht«, sagt der Nahrungsmittelhistoriker Gerard Brett. Das stimmt, man hat keinerlei Beweise, dass die Leute am Tisch jemals Senf in dieser praktischen Form wollten oder futterten. Vermutlich aus diesem Grund verschwand der dritte Streuer zu Lebzeiten Mr. Marshams rapide von den Tischen, ja die Menagen selbst verschwanden. Dafür gab es zunehmend jeweils verschiedene Gewürze zu verschiedenen Mahlzeiten und allmählich bestimmte Gewürze zu bestimmten Speisen: Pfefferminzsauce zu Lamm, Senf zu Schinkenbraten, Meerrettich zu Rinderbraten. Auch Dutzende anderer Gewürze kamen schon in der Küche zum Einsatz. Zwei allerdings betrachtete man als derart unerlässlich, dass sie überhaupt nicht mehr vom Tisch weggetragen wurden. Ich meine natürlich Pfeffer und Salz.

Warum ausgerechnet diese beiden von den Hunderten von Gewürzen, aus denen man auswählen konnte, so unverwüstlich sind und heute noch benutzt werden, haben wir uns schon zu Beginn des Buches gefragt. Die Antwort ist kompliziert, ja spektakulär. Denn an nichts, mit dem Sie heute in Berührung kommen, klebt mehr Blut als an dem harmlosen Salz-und-Pfeffer-Set.

Fangen wir mit dem Salz an. Salz gehört aus einem wesentlichen Grund zu unserer Ernährung: Wir brauchen es. Ohne Salz würden wir sterben. Es ist eines von etwa vierzig winzigen Teilchen von Zusatzstoffen – allerlei Kleinkram aus der Welt der Chemie –, die wir unserem Körper zuführen müssen, damit wir den nötigen Elan und die nötige Ausgeglichenheit haben, um am Leben zu bleiben. Alle zusammen nennen wir sie Vitamine und Mineralien, und vieles – wirklich, erstaunlich vieles – wissen wir nicht über sie, einschließlich dessen, wie viel wir von ihnen brauchen, was genau sie machen und in welchen Mengen wir sie am besten zu uns nehmen.

Es dauerte lange, bis sich die Einsicht, dass wir sie überhaupt brauchen, durchgesetzt hat. Bis weit ins neunzehnte Jahrhundert hinein wäre niemandem im Traum eingefallen, auf eine ausgewogene Ernährung zu achten. Man glaubte, alles Essen enthalte eine einzige wie auch immer nährende Substanz – »die universelle Nahrung«. Ein Pfund Rindfleisch hielt man für genauso wertvoll für den Körper wie ein Pfund Äpfel, Pastinaken oder sonst was und meinte, der Mensch müsse nur zusehen, dass er große Mengen zu sich nehme. Der Gedanke, dass bestimmte Nahrungsmittel lebenswichtige Elemente enthielten, die entscheidend für das Wohlergehen waren, war noch niemandem gekommen. Wundern sollte einen das nicht, denn die Symptome von Mangel- oder einseitiger Ernährung – Antriebslosigkeit, schmerzende Gelenke, zunehmende Anfälligkeit für Infektionen, Sehtrübungen – deuten ja selten auf eine unausgewogene Ernährung hin. Selbst wenn Ihnen heute die Haare ausfallen oder die Knöchel alarmierend anschwellen, denken Sie nicht unbedingt als Erstes darüber nach, was Sie in letzter Zeit gegessen haben. Noch weniger würden Sie darüber nachdenken, was Sie *nicht* gegessen haben. Und darüber haben auch ratlose Europäer nicht nachgedacht, die lange Jahrhunderte in oft erschütternd großer Anzahl starben, ohne zu wissen, warum.

Allein dem Skorbut, schätzt man, fielen zwischen 1500 und 1850 bis zu zwei Millionen Seeleute zum Opfer, auf einer langen Fahrt meist die Hälfte der Mannschaft. Verzweifelt versuchte man, mit verschiedensten Mitteln dagegen anzugehen. Auf der Reise nach Indien und zurück hielt Vasco da Gama seine Männer zum Beispiel an, sich den Mund mit Urin auszuspülen, was weder gut gegen den Skorbut noch für die Stimmung gewesen sein kann. Manchmal waren die Verluste wirklich erschreckend.

Auf einer drei Jahre während Fahrt in den 1740er Jahren verlor eine britische Meeresexpedition unter dem Kommando von Flottenadmiral George Anson von zweitausend Männern vierzehnhundert. Vier starben durch Feindeinwirkung, alle anderen im Grunde an Skorbut.

Mit der Zeit merkten die Leute, dass Seefahrer, die an Skorbut litten, sich erholten, sobald sie vor Anker gingen und frisches Essen bekamen, doch man konnte sich nicht darauf einigen, was in dem Essen ihnen eigentlich geholfen hatte. Manche Leute meinten, es sei gar nicht das Essen, sondern der Luftwechsel gewesen. Aber ganz davon abgesehen, war es ohnehin unmöglich, Lebensmittel auf langen Fahrten wochenlang frisch zu halten. Auch wenn man herausgefunden hätte, welches Gemüse oder sonstiges Essen die heilende Wirkung hatte, hätte das nichts gebracht. Man brauchte etwas wie eine destillierte Essenz – ein Antiskorbutikum, wie die Mediziner sagten –, die bei Skorbut half, aber auch leicht zu transportieren war.

Um den Wirkstoff zu finden, führte ein schottischer Arzt namens William Stark, offenbar angespornt von Benjamin Franklin, in den 1760er Jahren eine Serie absolut tollkühner Experimente durch. Wochenlang lebte er nur von den allerelementarsten Dingen – hauptsächlich Brot und Wasser – und schaute, was geschah. Ja, und was geschah? Nach gut sechs Monaten starb er an Skorbut, ohne dass er hilfreiche Schlussfolgerungen hätte ziehen können. Etwa zur gleichen Zeit führte James Lind, ein Marinearzt, einen wissenschaftlich präziseren (und für ihn persönlich weniger riskanten) Versuch durch. Er teilte zwölf Seeleute, die schon Skorbut hatten, je zu zweit in sechs Gruppen und gab jedem Paar ein mutmaßliches Heilmittel, dem einen Essig, dem anderen Knoblauch und Senf, dem dritten Orangen und Zitronen und so weiter. Fünf Paare zeigten keinerlei Besserung, doch das Paar, das Orangen und Zitronen bekommen hatte, erholte sich rasch und vollständig. Erstaunlicherweise entschied sich Lind dafür, die Ergebnisse zu ignorieren, und hielt stur an seiner Überzeugung fest, dass Skorbut von unvollständig verdautem Essen verursacht werde, das Gifte im Körper bilde.

Dem großen Kapitän James Cook war es beschieden, die Überlegungen in die richtigen Bahnen zu lenken. Bei seiner Weltumsegelung von 1768 bis 1771 nahm er eine Reihe Antiskorbutika mit, um damit zu experimentieren, unter anderem dreißig Gallonen (ca. 110 Liter) Karottenmus und etwa fünfundvierzig Kilo Sauerkraut für jedes Mitglied seiner Crew. Nicht ein Einziger starb an Skorbut – ein Wunder, das ihn ebenso wie seine Entdeckung Australiens oder irgendeine andere seiner Leistungen auf dieser heroischen Fahrt zum Nationalhelden machte. Die Royal Society, die bedeutendste wissenschaftliche Institution Großbritanniens, war so beeindruckt, dass sie ihm die Copley-Medaille, ihre höchste Auszeichnung, verlieh. Die britische Marine reagierte leider nicht so schnell. Trotz aller Beweise blieb sie noch eine Generation lang stur und versorgte erst dann alle Seeleute routinemäßig mit Zitrusfrüchten.[*]

Auch die Erkenntnis, dass eine mangelhafte Ernährung nicht nur Ursache von Skorbut, sondern vieler »ganz normaler« Krankheiten war, kam erstaunlich spät. Erst 1897 merkte der auf Java tätige holländische Arzt Christiaan Eijkman, dass Menschen, die Vollkornreis aßen, nicht an Beriberi erkrankten, einer komplexen Erkrankung der Nerven, des Herzens, des Kreislaufs und der Muskulatur. Menschen, die geschälten Reis aßen, bekamen sie oft. Eindeutig war in einigen Nahrungsmitteln etwas oder mehreres, das in anderen nicht, aber ausschlaggebend für Gesundheit oder Krankheit war. Langsam und allmählich begann man sogenannte Mangelkrankheiten zu verstehen, obwohl Eijkman noch keine Ahnung hatte, was sich wie auswirkte. (Viel später, 1929, erhielt er den Nobelpreis für Medizin.)

Der große Durchbruch kam 1912, als Casimir Funk, ein polni-

---

[*] Das Flottenamt gab keinen Zitronensaft, sondern Limonensaft aus, weil der billiger war (aber nicht annähernd so wirksam).

scher Biochemiker am Lister Institute in London, Thiamin oder Vitamin B1, als das es heute eher bekannt ist, isolierte. Als er begriff, dass es zu einer Familie von stickstoffhaltigen Verbindungen (den Aminen) gehörte, kombinierte er die Begriffe »vita« und »Amine« zu dem neuen Wort »Vitamine« (mit »e« im Singular). Obwohl Funk, was das Vitale betraf, recht hatte, waren nur einige der Vitamine Amine, und er änderte den Namen in »Vitamin«, um ihn »weniger deutlich inakkurat« zu machen, wie es Anthony Smith so nett ausgedrückt hat.

Funk behauptete auch, dass es eine direkte Korrelation zwischen einem Mangel an bestimmten Aminen und dem Eintreten einer bestimmten Krankheit gab, besonders von Skorbut, Pellagra (bei einseitiger Ernährung mit Mais oder Sorghumhirse) und Rachitis (bei akutem Vitamin-D-Mangel). Das war eine grandiose Erkenntnis; nun bestand die Möglichkeit, Millionen bedrohter Leben zu retten, doch leider handelte man nicht danach. Das führende Medizinlehrbuch der Zeit behauptete weiterhin steif und fest, Skorbut werde durch eine ganze Anzahl von Faktoren verursacht – »unhygienische Lebensverhältnisse, Überarbeitung, Niedergeschlagenheit sowie Kälte und Feuchtigkeit« fand der Autor der Auflistung wert – und nur selten von Ernährungsmängeln. Ja, schlimmer noch, 1917 erklärte der führende Ernährungswissenschaftler der Vereinigten Staaten, E.V. McCollum von der University of Wisconsin – der Mann, der letztendlich die Begriffe Vitamin A und B prägte –, dass Skorbut überhaupt keine Mangelkrankheit sei, sondern von Verstopfung verursacht werde.

1939 beschloss endlich ein Arzt der Harvard Medical School, John Crandon, die Sache ein für alle Mal zu klären, indem er Vitamin C aus seiner Ernährung strich, bis er richtig, richtig krank wurde. Was überraschend lang dauerte. In den ersten achtzehn Wochen war er nur extrem müde (operierte aber fleißig weiter). In der neunzehnten Woche dann ging es ihm urplötzlich schlechter, und zwar so sehr, dass er garantiert gestorben wäre, wenn er nicht unter strenger ärztlicher Aufsicht gestanden hätte. Man injizierte ihm eintausend Milligramm Vitamin C, und binnen Kurzem war er wieder unter den Lebenden. Interessanterweise hatte er genau die Symptome nicht, die man allgemein mit Skorbut assoziiert: Weder waren ihm die Zähne ausgefallen, noch hatte ihm das Zahnfleisch geblutet.

In der Zwischenzeit stellte sich heraus, dass Funks Vitamine eine nicht halb so einheitliche Gruppe bildeten, wie ursprünglich gedacht. Vitamin B erwies sich als nicht *ein* Vitamin, sondern mehrere, und darum haben wir heute B1, B2 und so weiter. Um die Verwirrung noch größer zu machen, heißt Vitamin K nicht aus Gründen der alphabetischen Reihenfolge so, sondern weil sein dänischer Entdecker, Henrik Dam, es wegen seiner Rolle bei der Blutgerinnung Koagulationsvitamin nannte. Später wurde der Vitamin-B-Gruppe noch die Folsäure zugeschlagen (manchmal auch Vitamin B9 genannt; der Begriff Folsäure ist aber am gebräuchlichsten). Zwei andere Vitamine – Pantothensäure und Biotin – sind nicht sonderlich auffällig, doch weitgehend aus dem Grund, weil sie uns selten Probleme machen.

Die Vitamine sind, in einem Satz, ein ungebärdiger Haufen und schon per definitionem unmöglich unter einen Hut zu bringen. Die übliche Lehrbuchdefinition ist, dass ein Vitamin »ein organisches Molekül [ist], das nicht im menschlichen Körper entsteht, aber in geringen Mengen nötig ist, um den normalen Stoffwechsel aufrechtzuerhalten«. Vitamin K2 entsteht aber sehr wohl im Körper, Bakterien im Darm produzieren es. Vitamin D, eines der wichtigsten überhaupt, ist in Wirklichkeit ein Hormon, und wir nehmen den Hauptteil davon nicht durch die Nahrung auf, sondern bilden es durch das magische Wirken von Sonnenlicht in unserer Haut.

Vitamine sind auch kurios. Zunächst einmal ist es komisch, dass wir sie nicht selbst erzeugen können, obwohl wir für unser Wohlergehen absolut abhängig von ihnen sind. Wenn eine Kartoffel Vitamin C produzieren kann, warum wir dann nicht? Im

Königreich der Tiere können nur Menschen und Meerschweinchen kein Vitamin C in ihrem Körper bilden. Wieso wir und Meerschweinchen nicht? Fragen zwecklos. Keiner weiß es. Weiterhin bemerkenswert bei Vitaminen ist das gewaltige Missverhältnis zwischen Dosis und Wirkung. Schlicht ausgedrückt: Wir brauchen Vitamine oft, aber gar nicht viel davon! Drei Unzen (85,05 Gramm) Vitamin A, gleichmäßig und fein verteilt, halten einen ein Leben lang am Schnurren. Vom B1 braucht man noch weniger – gerade mal eine Unze (28,35 Gramm), verteilt über siebzig, achtzig Jahre. Aber versuchen Sie mal, ohne diese kraftspendenden Krümelchen auszukommen, und Sie sehen, wie lange es dauert, bis Sie schlappmachen.

Das Gesagte gilt auch für die Genossen der Vitamine, die Mineralien. Der grundlegende Unterschied zwischen Vitaminen und Mineralien besteht darin, dass die Vitamine aus der Welt der lebenden Dinge kommen – von Pflanzen und Bakterien und so weiter – und Mineralien nicht. In unserer Ernährung ist »Mineral« nur ein anderer Name für ein chemisches Element – Calcium, Eisen, Jod, Kalium und dergleichen –, das überlebenswichtig für uns ist. Zweiundneunzig Elemente kommen auf der Erde vor, wenn auch manche nur in sehr geringen Mengen. Francium zum Beispiel ist so rar, dass man glaubt, dass es auf dem gesamten Planeten vielleicht nie mehr als zwanzig Francium-Atome zur gleichen Zeit gibt. Die Elemente gehen zum einen oder anderen Zeitpunkt durch unseren Körper, manchmal recht regelmäßig, doch ob sie wichtig sind oder nicht, weiß man oft immer noch nicht. Das viele Brom in unserem Gewebe tut zum Beispiel so, als habe es einen bestimmten Zweck, aber den hat bisher niemand gefunden. Verzichten Sie auf Zink in Ihrem Essen, und Sie bekommen eine Krankheit, die als Hypogeusie bekannt ist und die Funktion Ihrer Geschmacksknospen so stört, dass Ihnen das Essen fad schmeckt oder sogar ekelig wird. Dabei glaubte man noch bis 1977, Zink spiele überhaupt keine Rolle in der Ernährung.

Mehrere Elemente wie Quecksilber, Thallium und Blei sind

offenbar keineswegs gut für uns, sondern im Gegenteil absolut schädlich.* Auf andere können wir ebenfalls verzichten, aber immerhin sind sie viel ungefährlicher. Erwähnenswert ist hier das Gold. Man kann es als Füllung für Zähne benutzen – es schadet nicht im Geringsten. Ansonsten weiß oder glaubt man laut *Essentials of Medical Geology,* dass ungefähr zweiundzwanzig Elemente lebensnotwendig sind. Sicher sind wir uns bei sechzehn, bei den anderen sechs nicht. Die Ernährungswissenschaft ist eine auffallend inexakte Wissenschaft. Nehmen wir Magnesium, das bei der Arbeit der Proteine in den Zellen eine Rolle spielt. Bohnen, Getreide und Blattgemüse strotzen vor Magnesium, doch die moderne Lebensmittelverarbeitung vernichtet bis zu neunzig Prozent, also fast alles, davon. Wir nehmen meist nicht annähernd die empfohlene tägliche Menge zu uns – dabei weiß natürlich niemand, wie groß die sein sollte. Es kann auch niemand die genauen Konsequenzen von Magnesiummangel benennen. Vielleicht verkürzen wir unser Leben ja um Jahre, reduzieren unseren IQ um viele Punkte, werden vergesslich oder tun sonst alles nur erdenklich Dumme. Keine Ahnung. Bei Arsen ist man sich ähnlich unsicher. Wenn man zu viel davon futtert, wünscht man sich offenkundig bald, man hätte es nicht getan. Doch wir alle nehmen ein bisschen Arsen mit unserem Essen auf, und manche Experten sind absolut sicher, dass es in diesen winzigen Mengen existentiell wichtig für uns ist. Andere haben da ihre Zweifel.

Womit wir, auf vielen Umwegen, wieder beim Salz wären. Das allerlebenswichtigste Mineral in unserer Ernährung ist Natrium, das wir meist in Form von Natriumchlorid aufnehmen – dem

---

* Besonders Quecksilber. Man schätzt, dass man mit einem fünfundzwanzigstel Teelöffel Quecksilber einen sechzig Morgen großen See vergiften kann. Erstaunlich, dass wir nicht häufiger vergiftet werden! Laut einer Berechnung sind nicht weniger als 20000 Chemikalien, die allgemein in Gebrauch sind, giftig für Menschen, wenn sie »berührt, aufgenommen oder inhaliert werden«. Die meisten sind Kreationen des zwanzigsten Jahrhunderts.

Koch- oder Tafelsalz.* Hier besteht das Problem nicht darin, dass wir zu wenig davon bekommen, sondern womöglich viel zu viel. Große Mengen brauchen wir nämlich nicht – zweihundert Milligramm am Tag, ungefähr so viel, wie man bekommt, wenn man sich sechs- bis achtmal aus dem Salzstreuer bedient –, doch wir nehmen im Durchschnitt sechzig Mal so viel auf. Bei normalen Ernährungsgewohnheiten kann man das kaum vermeiden, denn die industriell verarbeiteten Lebensmittel, die wir mit solcher Begeisterung verputzen, enthalten sehr viel Salz. Oft wird es in Massen Lebensmitteln beigegeben, die einem eigentlich gar nicht salzig oder versalzen vorkommen – Frühstücksflocken, Eiskrem oder Fertigsuppen zum Beispiel. Wer käme denn schon darauf, dass dreißig Gramm Cornflakes mehr Salz enthalten als dreißig Gramm gesalzener Erdnüsse? Oder dass der Salzanteil in einer Dose Suppe – einerlei, welcher – die empfohlene Tagesmenge Salz für einen Erwachsenen bei Weitem überschreitet?

Archäologische Funde beweisen, dass die Menschen an Salzmangel litten, kaum dass sie sesshaft wurden. Und weil ihnen das noch nie passiert war, mussten sie große Anstrengungen unternehmen, Salz zu finden und es in ihre Ernährung zu bringen. Eines der großen Geheimnisse in der Geschichte ist, woher sie wussten, dass das nötig war, denn der Mangel an Salz bringt kein Verlangen danach hervor. Man fühlt sich schlecht und stirbt schließlich auch – ohne das Chlor im Salz hören die Zellen auf zu arbeiten wie ein Motor ohne Brennstoff –, doch würde niemals jemand denken: »O Mann, ein bisschen Salz wäre jetzt genau das

* Mit dem Natriumchlorid verhält es sich auch kurios, denn es besteht aus zwei extrem aggressiven Elementen: Natrium und Chlor, den Hell's Angels der Mineralienwelt. Werfen Sie einen Klumpen reines Natrium in einen Eimer mit Wasser, und es explodiert mit einer solchen Kraft, dass Sie dabei draufgehen können. Chlor ist noch tödlicher. Es wurde im Ersten Weltkrieg erstmals als chemische Waffe eingesetzt, und dass einem die Augen brennen, wenn man beim Schwimmen in sehr verdünnter Form damit in Berührung kommt, ist bekannt. Bringt man die beiden explosiven Elemente aber zusammen, kriegt man harmloses Natriumchlorid, wie gesagt, gemeines Kochsalz.

Richtige.« Woher die Menschen also wussten, dass sie es suchen mussten, ist eine interessante Frage, besonders, weil es an manchen Orten dazu schon einer gewissen Findigkeit bedurfte. Die alten Briten erhitzten Stöcke am Strand, tauchten sie ins Meer und kratzten das Salz herunter. Die Azteken gewannen Salz, indem sie ihren eigenen Urin verdunsten ließen. So was macht man ja nicht intuitiv. Doch der unbewusste Drang, Salz in die Nahrung zu bekommen, ist offenbar sehr stark und noch dazu universell. Jede Gesellschaft auf der Welt, in der reichlich Salz zur Verfügung steht, konsumiert im Durchschnitt vierzig Mal so viel, wie man zum Leben braucht. Wir kriegen einfach den Hals nicht voll.

Heute ist Salz so allüberall zu haben und billig, dass wir vergessen, wie teuer und begehrt es einst war und dass es über Jahrhunderte Männer bis ans Ende der Welt getrieben hat. Man brauchte es, um Fleisch und andere Nahrungsmittel zu konservieren, und zwar in riesigen Mengen: 1513 ließ Heinrich VIII. für einen Feldzug 25 000 Ochsen schlachten und einsalzen. Salz war also auch militärstrategisch eminent wichtig. Im Mittelalter transportierten Karawanen von bis zu vierzigtausend Kamelen und über einhundert Kilometern Länge Salz durch die Sahara, von Timbuktu zu den geschäftigen Märkten am Mittelmeer. Die Menschen haben Kriege darum geführt und sind seinetwegen in die Sklaverei verkauft worden. Es hat großes Leid verursacht.

Doch das ist nichts im Vergleich zu der mörderischen Habgier, die die Menschen antrieb, die schlimmsten Entbehrungen auf sich zu nehmen und viel Blut zu vergießen, um sich in den Besitz verschiedenster Mini-Viktualien zu bringen, die wir überhaupt nicht brauchen und ohne die wir sehr wohl leben können. Ich meine die Ergänzungen zum Salz: die Gewürze.[*] Niemand würde ohne Gewürze sterben, doch viele sind um ihretwillen gestorben.

---

[*] Der Unterschied zwischen Gewürzen und Kräutern besteht darin, dass die Kräuter von den Blättern der Pflanzen stammen und die Gewürze vom Holz, den Samen, den Früchten oder anderen Teilen, außer den Blättern.

Ein Großteil der Geschichte der modernen Welt ist die Geschichte der Gewürze, und die fängt mit einer unscheinbaren Kletterpflanze an, die einstmals nur an der Malabarküste Britisch Indiens wuchs. Sie heißt *Piper nigrum*. Wenn Sie sie in ihrem natürlichen Zustand sehen würden, würden Sie große Mühe haben, ihre Bedeutung zu erraten, aber an ihr wachsen alle drei beziehungsweise vier »echten« Pfeffersorten, der Schwarze, Weiße, Grüne und (der seltenere) Rote. Die harten runden Pfefferkörnchen, die wir in unsere Haushaltspfeffermühlen packen, sind die getrockneten, winzigen Früchte der Pflanzen, schön knackig zum Draufbeißen. Verschieden sind die Pfefferkörner deshalb, weil sie zu unterschiedlichen Zeiten geerntet und unterschiedlich verarbeitet werden.

Seit unvordenklichen Zeiten war Pfeffer in seinem Heimatland beliebt, doch die Römer machten ihn erst zum internationalen Handelsgut. Sie liebten Pfeffer. Sie pfefferten sogar ihre Desserts. Dadurch verlor das Gewürz nie seinen Wert, und der Preis blieb hoch. Die Händler im Fernen Osten konnten ihr Glück nicht fassen. »Sie kommen mit Gold und gehen mit Pfeffer«, sagte ein tamilischer Kaufmann voller Verwunderung. Als die Goten im Jahre 408 Rom plündern wollten, kauften sich die Römer mit einer Tributzahlung frei, in der auch dreitausend Pfund Pfeffer enthalten waren. Herzog Karl von Burgund orderte 1468 etwa dreihundertfünfzig Pfund schwarzen Pfeffer für sein Hochzeitsmahl, viel mehr als selbst die größte Hochzeitsgesellschaft hätte verspeisen können, und stellte ihn an prominenter Stelle aus, damit die Leute sehen konnten, wie sagenhaft reich er war.

Übrigens hält die uralte Meinung, dass man Gewürze benutzte, um zu übertünchen, dass das Essen schon halb verrottet war, keiner genaueren Untersuchung stand. Bei den Leuten, die sich die meisten Gewürze leisten konnten, war es am wenigsten wahrscheinlich, dass sie schlecht gewordenes Fleisch verzehrten. Ohnehin waren Gewürze zu kostbar, um damit »anrüchiges« Essen zu tarnen. Wenn die Leute Gewürze hatten, verwendeten sie sie sorgfältig und sparsam und nicht als aromatisches Ablenkungsmittel.

Pfeffer machte etwa siebzig Prozent des Massengeschäfts mit Gewürzen aus, doch allmählich fanden auch andere Güter aus noch weiterer Ferne den Weg nach Europa und waren sogar noch kostbarer – Muskatnuss und Muskatblüte (Erstere ist der Samen des Baums, Letztere der Samenmantel), Zimt, Ingwer, Nelken und Kurkuma ebenso wie mehrere nun weitgehend vergessene Exoten wie Kalmus, Asant, Ajowan, Galgant und die Zitwerwurzel. Jahrhundertelang waren Gewürze nicht nur die wertvollsten Lebensmittel, sie waren die kostbarsten Waren überhaupt. Die Gewürzinseln, weit versteckt im Fernen Osten, waren so begehrt und prestigeträchtig, dass Jakob I. den Erwerb zweier kleiner Eilande als Coup präsentierte und sich stolz »König von England, Schottland, Irland, Frankreich, Puloway und Puloroon« nannte.

Muskatnüsse und Muskatblüte waren die teuersten, weil sie so extrem selten waren.* Beide kamen von einem Baum, *Myristica fragrans,* von den unteren Hängen von gerade mal neun kleinen Vulkaninseln, heute in Indonesien, die sich inmitten eines Meers von Inseln, von denen aber keine den richtigen Boden und das Mikroklima für den Muskatnussbaum hat, steil aus der Bandasee erheben. Gewürznelken, die getrockneten Blütenknospen des Gewürznelkenbaums, eines Myrtengewächses, wuchsen auf sechs ähnlich exklusiven Inseln, fast dreihundert Kilometer entfernt. Sie waren Teil einer Inselkette, die in der Geografie heute als die Molukken bekannt sind, in der Geschichte aber als die Gewürzinseln. Um das Ganze in die richtige Perspektive zu rücken: Der Indonesische Archipel besteht aus sechzehntausend Inseln auf fast zwei Millionen Quadratkilometern Meer, deshalb ist es kein

---

* Muskatblüte war sogar noch rarer als Muskatnuss. Während jährlich etwa tausend Tonnen Muskatnuss geerntet wurden, waren es nur etwa hundert Tonnen Muskatblüte (was logisch ist, wenn man bedenkt, dass die Blüten leichter sind als die Nüsse).

Wunder, dass die Lage von fünfzehn davon für die Europäer so lange ein Geheimnis blieb.

Alle Gewürze erreichten Europa über eine komplizierte Kette von Händlern, von denen natürlich jeder seinen Anteil verdienen wollte. Wenn dann Muskatnuss und Muskatblüte die europäischen Märkte erreichten, bekam man für sie etwa sechzigtausend Mal so viel, wie sie im Fernen Osten gekostet hatten. Da war es zwangsläufig eine Frage der Zeit, bis diejenigen am Ende der Verkaufskette auf den Trichter kamen, dass es viel lukrativer sei, die Zwischenstationen auszuschalten und die Profite gleich am Ursprungsort einzustreichen.

Das große Zeitalter der Entdeckungsfahrten begann. Christoph Kolumbus ist von den frühen Entdeckern der bekannteste, aber er war nicht der erste. 1487, also fünf Jahre vor ihm, brachen Fernão Dulmo und João Estreito von Portugal aus in den unerforschten Atlantik auf. Nach vierzig Tagen, das heißt, wenn sie bis dahin nichts gefunden hätten, schworen sie zurückzukehren. Sie wurden nie wiedergesehen. Es stellte sich nämlich heraus, dass es keineswegs leicht war, die richtigen Winde zu finden, die einen zurück nach Europa brachten. Kolumbus' eigentliche Leistung war es dann auch, den Ozean in *beiden* Richtungen zu überqueren. Obwohl er die hohe Kunst der Seefahrt beherrschte, war er in vielem anderen nicht so firm und besonders mies in Geografie, was doch für einen Entdecker eigentlich unabdingbar sein müsste. Es ist schwer, eine historische Gestalt zu nennen, die mit weniger Kompetenz anhaltenderen Ruhm errang. Kolumbus verbrachte über eine Spanne von acht Jahren viel Zeit damit, um die karibischen Inseln herum und an den Nordküsten Südamerikas entlangzuschippern, und war die ganze Zeit überzeugt, dass er mitten im Orient war und Japan und China hinter jedem Sonnenuntergang lagen. Er kapierte nicht, dass Kuba eine Insel ist, und setzte nie den Fuß auf die Landmasse im Norden – ja, ahnte gar nichts von deren Existenz –, von der alle meinen, er habe sie entdeckt: Nordamerika. Er füllte die Frachträume seiner Schiffe mit Eisenkies, den er für Gold hielt, und mit Dingen, die er, nicht minder zuversichtlich, für Zimt und Pfeffer hielt. Der Zimt war wertlose Baumrinde und der Pfeffer kein echter Pfeffer, sondern Chilischoten – exzellent, wenn man in etwa ahnt, um was es sich handelt, aber ein Knaller, wenn man zum ersten Mal herzhaft hineinbeißt und einem die Tränen in die Augen schießen.

Alle außer Kolumbus kapierten, dass man das Gewürzproblem noch nicht zufriedenstellend gelöst hatte, und so beschloss Vasco da Gama in portugiesischen Diensten 1497 den anderen Weg nach dem Orient zu nehmen, um das südliche Ende von Afrika. Das Unterfangen war kniffliger, als es klingt. Die vorherrschenden Gegenwinde und Strömungen erlaubten es einem nach Süden segelnden Schiff nicht, einfach nur der Küstenlinie zu folgen, wie man es gemeinhin logisch fände. Nein, Vasco da Gama musste weit in den Atlantischen Ozean hinaussegeln – bis fast nach Brasilien, obwohl er nicht wusste, dass es da lag –, um westliche Winde zu erwischen, die seine Flotte um das südliche Kap bliesen. Es war also eine wahrhaft heroische Fahrt. So weit waren Europäer noch nie gesegelt. Die Besatzung sah geschlagene drei Monate kein Land, und es trat zum ersten Mal Skorbut auf. Frühere Seefahrten waren nie so lang gewesen, dass sich die Symptome von Skorbut hatten entwickeln können.

Mit Vasco da Gamas Fahrt begannen zwei weitere unselige Phänomene um sich zu greifen. Erstens wurde die Syphilis – nur fünf Jahre nachdem Kolumbus' Männer sie aus Mittelamerika mitgebracht hatten – nach Asien eingeschleppt und damit zur wahrhaft weltweiten Seuche. Zweitens begann man, wie beiläufig, extrem brutale Gewalt gegenüber unschuldigen Menschen anzuwenden. Vasco da Gama war ein unglaublich grausamer Mann. Einmal kaperte er ein muslimisches Schiff mit Hunderten Männern, Frauen und Kindern, schloss Passagiere und Mannschaft in die Frachträume ein, nahm alles, was er für wertvoll befand, mit und steckte – ohne jeden Grund, entsetzlich! – das Schiff in Brand. Fast überall, wo er einen Fuß an Land setzte, malträtierte er die Menschen aufs Schlimmste oder schlachtete sie ab. Er brachte einen Argwohn und eine Brutalität mit, die das gesamte Zeitalter der Entdeckungen prägen und diskreditieren.

Vasco da Gama kam nie bis zu den Gewürzinseln. Wie die meisten anderen dachte auch er, die Ostindischen Inseln lägen nur ein wenig östlich von Indien – deshalb nannte man sie ja auch so –, doch es stellte sich heraus, dass sie weit, weit hinter Indien lagen, ja so weit, dass die Europäer, die sie erreichten, sich fragten, ob sie fast die gesamte Erde umrundet hätten und bald zurück in Amerika wären. Wenn das nämlich zutraf, konnte man sich den Gewürz-Trip nach Indien wesentlich leichter machen und nach Westen segeln, an den neuen Ländern vorbei, die Kolumbus gerade entdeckt hatte, und sich den weiten Weg um Afrika und über den Indischen Ozean sparen.

1519 brach Ferdinand Magellan mit fünf halb lecken Schiffen zu einer mutigen, aber ernsthaft unterfinanzierten Expedition auf, um eine westliche Route zu finden. Er entdeckte, dass sich zwischen dem amerikanischen Doppelkontinent und Asien eine viel größere Leere auftat, als man sie je auf der Erde für möglich gehalten hätte: der Pazifische Ozean. Auf der Suche nach Reichtum ertrugen auch Ferdinand Magellan und seine Mannschaften Torturen, die alles Menschenerdenkliche überstiegen. Als sie 1521 über den Pazifik segelten, immer weniger glauben konnten, dass sie irgendwann einmal irgendwo ankommen würden, und ihre Vorräte so gut wie erschöpft waren, erfanden sie ein Gericht, das wohl nur der Hunger hineinzwingt: Rattenkot mit Holzspänen. »Wir aßen Zwieback, der kein Zwieback mehr war, sondern Zwiebackpulver, in dem es von Würmern wimmelte, und der heftig nach Rattenurin stank«, notierte ein Mannschaftsmitglied. »Wir tranken gelbes Wasser, das schon viele Tage lang faulig war. Wir aßen auch ein wenig von dem Ochsenleder, mit dem die Großrah bedeckt war [...], und oft aßen wir Sägemehl von den Planken.« Sie fuhren drei Monate und zwanzig Tage ohne frisches Essen oder frisches Wasser, bis sie endlich in Guam eine Küste und Hilfe fanden – und das alles nur wegen des Wunsches, die Frachträume der Schiffe mit getrockneten Blütenknospen, einem bisschen Baumrinde und aromatischem Abgeschabten zu füllen, die man auf Essen streuen und zu Duftkissen verarbeiten konnte.

Nur achtzehn von zweihundertsechzig Männern überlebten die Reise. Magellan selbst fand sein Ende in einem Scharmützel mit Einwohnern auf der Insel Mactan, die zu den philippinischen gehörte. Aber die überlebenden Achtzehn verdienten gut. Auf den Gewürzinseln luden sie knapp 50 000 Pfund Nelken an Bord, die sie in Europa mit einem Profit von 2500 Prozent verkauften, und waren ganz nebenbei auch die ersten Menschen, die den ganzen Globus umsegelt hatten. Die eigentliche Bedeutung von Magellans Fahrt lag aber nicht darin, dass man zum ersten Mal den Planeten Erde umrundete, sondern, dass man zum ersten Mal begriff, wie groß er wirklich war.

Obwohl Kolumbus meist keinen blassen Schimmer hatte, was er tat, erwiesen sich letztlich seine Fahrten als die wichtigsten. Außerdem können wir bei ihm den Zeitpunkt präzise benennen, an dem er seine Entdeckung machte. Am fünften November 1492 kehrten zwei seiner Besatzungsmitglieder von einem Landgang auf Kuba mit etwas zurück, das noch niemand aus ihrer Welt gesehen hatte, »eine Art Korn, [das die Eingeborenen] ›maiz‹ nennen und das sehr schmackhaft war; gebacken, getrocknet oder zu Mehl gemahlen«. In derselben Woche sahen sie ein paar Taino-Indianer, die sich Röhren mit schwelendem Kraut in den Mund steckten, den Rauch tief inhalierten und darob große Befriedigung zeigten. Auch von diesem komischen Zeug nahm Kolumbus etwas mit nach Hause.

Und so begann der Prozess, den die Anthropologen als *Columbian Exchange* bezeichnen, der Transfer von Nahrungsmitteln, Pflanzen und Tieren aus der Neuen Welt in die Alte und umgekehrt. Als die ersten Europäer in der Neuen Welt ankamen, ernteten die Bauern dort mehr als einhundert essbare Pflanzen –

Kartoffeln, Tomaten, Sonnenblumen, unendlich viele verschiedene Kürbisse, Auberginen, Avocados, Süßkartoffeln, Erdnüsse, Cashewnüsse, Ananas, Papaya, Guaven, Jamswurzeln, Maniok, Vanille, vier Arten Chilischoten, Kakaobohnen und vieles andere mehr – ein Wahnsinn.

Heute schätzt man, dass sechzig Prozent aller Feldfrüchte, die auf der Welt angebaut werden, vom amerikanischen Doppelkontinent stammen. Und sie wurden den neuen Küchen nicht bloß einverleibt – ohne sie gäbe es diese nicht! Stellen Sie sich italienisches Essen ohne Tomaten vor, griechisches ohne Auberginen, thailändisches und indonesisches ohne Erdnusssoße, Currys ohne Chilischoten, Hamburger ohne Pommes frites und Ketchup, afrikanisches Essen ohne Maniok. In fast allen Ländern in Ost und West kam durch die Nahrungsmittel aus Amerika ein deutlich verbessertes Angebot auf den Tisch.

Das konnte damals natürlich keiner vorhersehen. Die Ironie der Geschichte war, dass die Europäer die Nahrungsmittel, die sie vorfanden, eigentlich nicht wollten, während sie die, die sie wollten, nicht fanden. Sie wollten Gewürze, doch in der Neuen Welt herrschte daran leider Mangel, bis auf die Chilis, die sie anfangs erschreckten und die sie zu feurig für ihren Gaumen fanden. Viele Nahrungsmittel mit großem Potential erregten überhaupt kein Interesse. Die indigene Bevölkerung von Peru hatte einhundertfünfzig verschiedene Kartoffelsorten und schätzte sie alle. Ein Inka hätte vor fünfhundert Jahren Kartoffelsorten ähnlich voneinander unterscheiden können wie ein moderner Weinsnob Trauben. Im Quechua gibt es immer noch eintausend Worte für verschiedene Arten oder auch Qualitäten von Kartoffeln. *Hanta* ist zum Beispiel eine, die lange gelagert, aber trotzdem noch essbar ist. Die Konquistadoren brachten nur wenige Sorten mit nach Hause und nach Ansicht vieler Leute nicht einmal die leckersten. Weiter im Norden hegten die Azteken eine große Liebe zu Amarant, einem Getreide, aus dem man nahrhafte, wohlschmeckende Körner gewinnt. Es war in Mexiko als Grundnahrungsmittel ebenso beliebt wie Mais, doch die Spanier stießen sich daran, dass die Azteken es bei Ritualen mit Menschenopfern vermischt mit deren Blut aßen, und rührten es nicht an.

Man sollte aber erwähnen, dass Amerika auch von Europa profitierte. Bevor die Europäer in ihr Leben einfielen, hatten die Menschen in Mittelamerika nur fünf Haustiere (Truthahn, Ente, Hund, Bienen und Koschenillen) und keine Milchprodukte. Aber heute gäbe es das mexikanische Essen, wie wir es kennen, ohne das europäische Fleisch und den Käse nicht, und man würde auch weder Weizen in Kansas noch Kaffee in Brasilien oder Rindviecher in Argentinien finden, um nur einiges zu nennen.

Weniger segensreich wirkte sich der Columbian Exchange bei den Krankheiten der Menschen aus. Da die indigene Bevölkerung in der Neuen Welt gegen viele europäische Krankheiten nicht immun war, steckte sie sich leicht an und »sturb zu hauf«. An der Küste von Massachusetts fielen einer vermutlich viralen Hepatitisepidemie geschätzte neunzig Prozent der Einheimischen zum Opfer. Von den Caddo, einem vormals mächtigen Ureinwohnervolk auf dem Gebiet des heutigen Texas und Arkansas, blieben von ursprünglich etwa 200 000 Menschen nur noch 1400 übrig, über 99 Prozent des Stammes kamen um. Eine ähnliche Seuche im heutigen New York würde die Einwohnerzahl auf 56 000 reduzieren – »damit ließe sich nicht einmal das Yankee Stadion füllen«, wie Charles C. Mann in seinem Buch über die frühe Siedlungsgeschichte des amerikanischen Doppelkontinents schreibt. In Mittelamerika kamen in den ersten hundert Jahren nach Ankunft der Europäer geschätzte neunzig Prozent der indigenen Bevölkerung durch Krankheiten oder Mord um. Dafür gaben sie immerhin die Syphilis an Kolumbus' Männer weiter.[*]

Mit der Zeit wurden natürlich im Columbian Exchange auch ganze Völkerschaften verschoben, Kolonien gegründet, Sprachen,

---

[*] Die Indianer erkrankten an Syphilis, litten aber nicht so schlimm darunter, ähnlich wie die Europäer nicht so unter den Masern und Mumps litten.

Religionen und Kulturen – oft gewaltsam – transferiert. Nur selten hat etwas solch weitreichende Folgen gehabt wie Kolumbus' volltrottelige Suche nach den Gewürzen des Orients.

Es gibt auch noch eine andere Ironie in der Geschichte. Als die Epoche der Entdeckungen ihren Lauf nahm, neigten sich die Zeiten, als Gewürze noch rar und teuer waren, schon ihrem Ende entgegen. 1545, nur zwanzig Jahre nach Magellans unglaublicher Fahrt, sank ein englisches Kriegsschiff, die *Mary Rose,* unter mysteriösen Umständen vor der englischen Küste unweit von Portsmouth. Mehr als vierhundert Männer kamen um. Als man das Schiff Ende des zwanzigsten Jahrhunderts hob, entdeckten die Meeresarchäologen mehr als 650 Pfefferkörner in den persönlichen Schatullen der Offiziere. Was darauf hinweist, dass Pfeffer allmählich weit verbreitet und auf dem besten Wege war, seinen bescheidenen Platz neben dem Salzstreuer einzunehmen.

Noch etwa ein Jahrhundert lang kämpften die Menschen um die exotischeren Gewürze und bisweilen sogar um die normaleren. 1599 gründeten achtzig britische Kaufleute, verärgert über die steigenden Kosten des Pfeffers, die Britische Ostindienkompanie, um sich ein Stück vom Markt abzuschneiden. Im Gefolge dieser Initiative bekam, wie erwähnt, König Jakob die kostbaren Inseln Puloway und Puloroon, doch eigentlich fassten die Briten in Ostindien nie großartig Fuß und verzichteten 1667 im Vertrag von Breda mit den Holländern im Austausch für ein kleines, eher bedeutungsloses Stück Land in Nordamerika auf alle Ansprüche in der Region. Das kleine Stück Land hieß Manhattan.

Die Menschen aber gierten mittlerweile nach anderen Waren, und deren Beschaffung sollte die Welt auf höchst unerwartete Weise weiter ändern.

II.

Zwei Jahre vor dem peinlichen Vorfall mit dem kriechenden Gewürm hielt Samuel Pepys in seinem Tagebuch ein prosaischeres,
aber prägendes Erlebnis in seinem Leben fest. Am 25. September
1660 kostete er zum ersten Mal von einem neuen Heißgetränk.
»Und danach bestellte ich eine Tasse Tee, einen chinesischen
Trank, den ich noch nie getrunken hatte.« Ob es ihm schmeckte oder nicht, schrieb er nicht auf, was schade ist, denn er ist der
Erste, der im Englischen erwähnt, dass er eine Tasse Tee trinkt.

Eineinhalb Jahrhunderte später, 1812, zitierte ein schottischer
Historiker namens David Macpherson in einem knochentrocke-
nen Wälzer, *Geschichte des europäischen Handels mit Indien*, die
Teepassage aus Pepys' Tagebuch. Das war sehr überraschend,
denn 1812 waren Pepys' Tagebücher angeblich noch unbekannt.
Sie standen zwar in der Bodleian Library in Oxford, und man
konnte sie einsehen, aber das hatte noch niemand getan – glaubte
man –, weil sie in einer Kurzschrift verfasst waren, die erst ent-
ziffert werden musste. Wie Macpherson die betreffende Passage
in sechs Bänden dicht in Geheimschrift beschriebener Seiten gefunden und übertragen hat, ganz zu schweigen davon, wie er darauf gekommen ist, überhaupt dort nachzuschauen, bleibt jedenfalls ein Geheimnis, das wahrscheinlich nie gelüftet werden wird.

Zufällig sah ein Gelehrter in Oxford, Reverend George Neville, Master am Magdalen College, dass sich Macpherson eher
en passant aus Pepys' Tagebüchern bedient hatte, und wurde
neugierig darauf, was sonst noch alles drinstand. Schließlich hatte Pepys in aufregenden Zeiten gelebt – während der Herrschaft
Cromwells und der Wiederherstellung der Monarchie, der letzten großen Pest, dem Großen Brand von London 1666 –, da
musste ihr Inhalt interessant sein. Neville beauftragte einen klu-
gen, aber bettelarmen Studenten namens John Smith damit, den
Code zu knacken und die Tagebücher zu transkribieren. Dafür
brauchte Smith drei Jahre. Ergebnis waren natürlich die berühm-

testen Tagebücher in englischer Sprache. Hätte Pepys nicht die Tasse Tee getrunken und es notiert, hätte Macpherson das nicht in einem drögen Geschichtsbuch erwähnt, wäre Neville weniger neugierig und der junge Smith weniger intelligent und stur gewesen, würde der Name Samuel Pepys außer Marinehistorikern niemandem mehr etwas sagen, und einen erheblichen Teil dessen, was wir über das Leben der Menschen in der zweiten Hälfte des siebzehnten Jahrhunderts wissen, wüssten wir eben nicht. Wie gut, dass Pepys den Tee getrunken hat.

Normalerweise trank er nämlich, wie die meisten Leute seiner Herkunft und Zeit, Kaffee, obwohl auch Kaffee 1660 immer noch relativ neu war. Zwar kannten ihn die Briten seit ein paar Jahrzehnten, aber hauptsächlich als merkwürdiges, dunkles Getränk, dem man nur im Ausland begegnete. Ein Reisender namens George Sandys beschrieb Kaffee 1610 ein wenig verbiestert als »schwarz wie Ruß und schmeckt auch nicht sehr anders«.

Das Verdienst, den Kaffee in England populär gemacht zu haben, gebührt einem Mann namens Pasqua Rosée, auf Sizilien gebürtig, aber von der Herkunft Grieche, der als Diener für Daniel Edwards arbeitete, einen britischen Händler in Smyrna, jetzt Izmir in der Türkei. Nachdem Rosée mit Edwards nach England gezogen war, servierte er dessen Gästen Kaffee, und die waren so angetan, dass er all seinen Mut zusammennahm und in London ein Café – das erste in der Stadt – eröffnete: 1652 in einem Schuppen auf dem Kirchhof von St. Michael Cornhill in der Londoner City. Rosée pries den Kaffee wegen seiner wohltätigen Wirkung auf die Gesundheit an, er beuge Kopfschmerzen, »Ausflüssen aus Nase und Augen«, Winden, Gicht, Skorbut, Fehlgeburten, entzündeten Augen und vielem anderen vor oder heile es.

Rosée verdiente sehr gut mit seinem Café, doch seine Herrschaft als Erster Kaffeekocher der Nation währte nicht lange. Irgendwann nach 1656 musste er das Land »wegen eines Fehlverhaltens« verlassen, das in den Akten leider nicht genauer benannt wird. Man weiß nur, dass er plötzlich entschwand und nie wieder von ihm gehört ward. Andere traten schnell an seine Stelle. Im Jahr des Großen Feuers, 1666, gab es mehr als achtzig Kaffee-häuser in London, und sie waren zum zentralen Bestandteil des Lebens in der Stadt geworden.

Der Kaffee, der in den Kaffeehäusern serviert wurde, war nicht unbedingt sehr gut. Wegen der Art der Besteuerung in Großbri-tannien (nämlich pro Gallone) braute man ihn in großen Men-gen, lagerte ihn kalt in Fässern und erhitzte ihn zum Servieren in kleinen Portionen. Der Reiz des Kaffees lag in England weniger darin, wie er schmeckte, als vielmehr darin, dass er sozial etwas Neues brachte. Die Leute gingen in Kaffeehäuser, um andere mit gemeinsamen Interessen zu treffen, zu klatschen, die neues-ten Journale und Zeitungen zu lesen und für ihr Leben und ihr Geschäft wertvolle Informationen auszutauschen. Wenn die Leu-te wissen wollten, was in der Welt los war, gingen sie ins Kaffee-haus. Ja, sie begannen sogar, die Kaffeehäuser wie Büros zu be-nutzen – ganz berühmt dafür ist das Lloyd's Coffee House in der Lombard Street in London, das sich allmählich zu Lloyd's, näm-lich dem Ort entwickelte, an dem Versicherungsgeschäfte getä-tigt wurden. William Hogarths Vater wiederum kam auf die Idee, ein Kaffeehaus zu eröffnen, in dem nur Latein gesprochen wur-de. Es machte spektakulär pleite – »toto bene« hätte Mr. Hogarth vielleicht gesagt, wenn auch nicht über die Jahre, die er danach im Schuldgefängnis schmorte.

Obgleich bei Gründung der Ostindienkompanie Pfeffer und Salz Pate standen, war deren Schicksal der Tee. Zwischen 1699 und 1721 wuchsen die Teeimporte um etwa das Hundertfache, von knapp 11 000 Pfund auf fast eine Million, dann vervierfach-ten sie sich in den dreißig Jahren bis 1750 noch einmal. Zum Frühstück, Mittagessen und Abendbrot tranken Arbeiter Tee, und feine Damen nippten daran. Es war das erste Getränk in der Ge-schichte, das nicht klassenspezifisch war, und das erste, das ein festes Ritual zu einer bestimmten Zeit des Tages begründete: die *tea time*. Tee war auch leichter zu Hause zuzubereiten als Kaffee und passte besonders gut zu einer anderen Gaumenfreude, die für den Durchschnittsverdiener plötzlich erschwinglich wurde: dem Zucker. Bald liebten die Briten süßen, milchigen Tee wie keine andere Nation je zuvor. Über eineinhalb Jahrhunderte bildete der Handel mit Tee das Kernstück der Ostindienkompanie, und die Ostindienkompanie bildete ein Kernstück des Britischen Empire.

Nicht jeder kapierte sofort, was er mit dem Tee anfangen sollte. Der Dichter Robert Southey erzählte die Geschichte einer Dame auf dem Land, die ein Pfund von einem Freund in der Stadt geschenkt bekam, als dieses herrliche Kraut noch sehr neu war. Unsicher, wie sie damit umgehen sollte, kochte sie die Blätter in einem Topf, strich sie mit Butter und Salz auf Toast und servierte das Ganze ihren Freundinnen, die bereitwillig daran knabberten und es für interessant, aber nicht recht nach ihrem Gusto erklärten. Andernorts jedoch entwickelte sich der Teekonsum, zusammen mit Zucker, rasant.

Die Briten hatten Zucker schon immer geliebt, so sehr, dass sie ihn, als sie ihn zu Zeiten Heinrich VIII. zum ersten Mal bekamen, auf alles streuten, auf Eier, Fleisch und sogar in Wein. Sie häuften ihn auf Kartoffeln und Gemüse, und futterten ihn, wenn sie es sich leisten konnten, löffelweise pur. Obwohl er sehr teuer war, konsumierten ihn die Leute, bis ihre Zähne schwarz wurden, und wenn das nicht auf natürlichem Wege geschah, halfen sie mit künstlichen Mitteln nach, weil sie zeigen wollten, wie reich sie waren und wie herrlich luxuriös sie lebten. Doch dann wurde Zucker dank der Plantagen auf den Westindischen Inseln zunehmend erschwinglich, und die Leute entdeckten rechtzeitig, dass er besonders gut im Tee schmeckte.

Am süßen Tee labte sich die ganze Nation. 1770 belief sich der Pro-Kopf-Konsum von Zucker schon auf achtzehn Pfund, und das meiste davon wanderte anscheinend in den Tee. (Das klingt ziemlich viel, wenn man nicht weiß, dass die Briten heute pro Person jährlich über siebzig Pfund Zucker konsumieren, während die US-Amerikaner satte einhundertfünfzehn Pfund vertilgen.) Wie Kaffee hielt man Tee für gesundheitsfördernd, neben vielem anderen »linderte« er angeblich »Schmerzen beim Stuhlgang«. Ein holländischer Arzt, Cornelius Bontekoe, empfahl den Konsum von fünfzig Tassen am Tag und in extremen Fällen von bis zu zweihundert, wenn man fit bleiben wollte.

Zucker spielte auch eine große Rolle in einer weniger löblichen Entwicklung: dem Sklavenhandel. Fast der gesamte Zucker, den die Briten konsumierten, wuchs auf den Plantagen der Westindischen Inseln, auf denen Sklaven arbeiteten. Wir neigen dazu, die Sklaverei ausschließlich mit der Plantagenwirtschaft im Süden der Vereinigten Staaten in Verbindung zu bringen, aber in Wirklichkeit wurden jede Menge andere Leute reich an der Sklaverei, nicht zuletzt die Händler, die 3,1 Millionen Afrikaner über den Ozean deportierten, bis diese Art Menschenhandel, wenn auch nicht die Sklavenhaltung selbst, im Jahre 1807 abgeschafft wurde.

Auch in den britischen Überseegebieten liebte und schätzte man den Tee, auf den in Amerika als Teil der verhassten Townshend-Steuern Abgaben an das Mutterland geleistet werden mussten. Als die Townshend-Steuern 1770 abgeschafft wurden, nur die auf den Tee nicht, erwies sich das als fatale Fehlentscheidung. Man wollte aber die Kolonisten auch daran gemahnen, dass sie der Krone untertan waren. Alle US-Amerikaner wissen genau, was dann passierte.

Am sechzehnten Dezember 1773 ging eine Gruppe von etwa achtzig Kolonisten, als Mohawk-Indianer verkleidet, an Bord mehrerer britischer Schiffe im Hafen von Boston, brach 342 Teekisten auf und warf den Inhalt über Bord. Das klingt nach einem eher moderaten Fall von Vandalismus. In Wirklichkeit war es die Teelieferung für ein Jahr für die Stadt Boston, und die hatte einen Wert von 18 000 Pfund Sterling. Den Tee ins Meer zu kippen war ein Kapitalverbrechen, und das wussten auch alle, die daran teilnahmen. Damals nannte es übrigens keiner die Boston Tea Party, der Name wurde erst 1834 zum ersten Mal gebraucht. Die Leute verhielten sich auch keineswegs partymäßig fröhlich und ausgelassen, wie wir US-Amerikaner immer gern meinen, sondern die Stimmung war mörderisch aggressiv. Am allerschlimmsten traf es dabei einen britischen Zollbeamten namens John Malcolm. Erst kurz zuvor hatte man ihn aus einem Haus in Maine verschleppt und geteert und gefedert, eine äußerst schmerzhafte Prozedur, da einem heißer Teer auf die nackte Haut geschmiert wurde, obendrein meist mit kräftigen Bürsten, was den Schmerz nicht gerade stillte. Es ist sogar ein Fall bekannt, bei dem das Opfer an den Knöcheln gehalten und kopfüber in ein Teerfass getaucht wurde. Auf die Teerschicht warf man Hände voll Federn und führte den so Gefederten durch die Straßen, wobei man ihn oft noch schlug oder sogar hängte. Teeren und Federn war also keineswegs lustig, und wir können uns Malcolms Bestürzung vielleicht vorstellen, als er, sich windend, ein zweites Mal aus seinem Haus gezerrt wurde und noch einmal das sogenannte »Yankee jacket« verpasst bekam. Wenn es getrocknet war, musste man tagelang zupfen und schrubben, um die Federn und den Teer abzukriegen. Malcolm schickte ein Stückchen schwarz verkohlter Epidermis nach England und fragte in einem beigelegten Brief, ob er bitte heimkommen dürfe. Seinem Wunsch wurde entsprochen. Aber mittlerweile waren Amerika und sein Mutterland unwiderruflich auf dem Weg in den Krieg. Fünfzehn Monate später fielen die ersten Schüsse. Wie ein Reimeschmied der Zeit notierte:

Welch Wut, welch unheilvolle Glut
folgt aus banalen Sachen.
Ein bisschen Tee plumpst in die See,
schon fließt das Blut in Lachen.

Nachdem Großbritannien seine amerikanischen Kolonien verloren hatte, sah es sich bald weiteren ernsten Problemen mit dem Tee konfrontiert, die aber gänzlich anderer Natur waren. Ab 1800 war der Tee als Nationalgetränk tief im Lebensgefühl der Briten verankert, und die Importe stiegen auf über zehn Millionen Kilo im Jahr. Praktisch alle kamen sie aus China. Daraus folgte ein heftiges, chronisches Handelsungleichgewicht, das die Briten zu vermindern suchten, indem sie den Chinesen in Indien gewonnenes Opium andrehten. Der Opiumhandel wurde im neunzehnten Jahrhundert ein Bombengeschäft, nicht nur in China. Auch die Menschen in Großbritannien und Amerika, besonders die Frauen, nahmen große Mengen Opium zu sich, meist in Form von schmerzstillenden Medikamenten und Laudanum. Die Einfuhren der Droge in die Vereinigten Staaten stiegen von etwa 11 000 Kilo im Jahre 1840 auf nicht weniger als 175 000 Kilo im Jahre 1872, und es waren, wie gesagt, mehrheitlich die Frauen, die es schluckten, doch es wurde auch gern und viel Kindern zur Behandlung von Diphtherie gegeben. Franklin Delano Roosevelts Großvater Warren Delano verdiente einen großen Batzen des Familienvermögens mit Opium, was Roosevelts Familie natürlich nie an die große Glocke gehängt hat.

Zum nicht enden wollenden Ärger der chinesischen Obrigkeit waren die Briten besonders gewieft darin, die Bürger im Reich der Mitte zu Opiumsüchtigen zu machen – Uniseminare über Marketing sollten mit dem britischen Opiumhandel beginnen! Großbritannien verkaufte nach einer Statistik von 1838 jährlich fast zweieinhalb Millionen Kilo von dem Zeug an China. Leider war das immer noch nicht genug, um die enormen Kosten für den Teeimport aus China auszugleichen. Da lag es auf der Hand, Tee in warmen Gefilden des expandierenden Britischen Empire anzupflanzen. Dem entgegen stand nur, dass die Chinesen den komplizierten Prozess, wie man Teeblätter in ein erfrischendes Getränk verwandelt, immer hübsch geheim gehalten hatten und außerhalb Chinas niemand wusste, wie man eine solche Produktion in Gang bringen konnte. Auf tritt ein toller Schotte namens Robert Fortune.

Drei Jahre reiste er, als Einheimischer verkleidet, in den 1840er Jahren durch China und sammelte Informationen zu Anbau und

Verarbeitung von Tee. Das war riskant: Hätte man ihn ertappt, wäre er ins Gefängnis gewandert und vielleicht sogar einen Kopf kürzer gemacht worden. Fortune, der keine der chinesischen Sprachen sprach, mogelte sich um das Problem herum, indem er stets vorgab, aus einer weit entfernten Provinz zu stammen, in der eine andere Sprache gesprochen wurde. Und so lernte er denn auf seinen Reisen nicht nur die Geheimnisse der Teeherstellung kennen, sondern brachte auch viele wertvolle Pflanzen mit ins Abendland, darunter die Fächerpalme, die Kumquats und mehrere Azaleen- und Chrysanthemenarten.

Unter seiner Leitung begann man in Indien in diesem kurios unumgänglichen Jahr 1851 mit der Teeproduktion, genauer, mit dem Setzen von 20 000 Jungpflanzen und Ablegern. In einem halben Jahrhundert – von null im Jahre 1850 – stieg die Teeerzeugung in Indien auf über sechzig Millionen Kilo pro Jahr.

Für die Ostindiengesellschaft freilich gingen die glorreichen Zeiten abrupt und unrühmlich zu Ende. Schuld an allem hatte ein Gewehr, die Enfield P53. Es war altmodisch, der Typ, bei dem man zum Laden das Schießpulver in den Lauf kippte. Das Schießpulver wurde in eingefetteten Papierpatronen geliefert, die man aufbeißen musste, und als sich unter den einheimischen Sepoys, wie man die Soldaten nannte, das Gerücht verbreitete, dass das benutzte Fett von Schweinen und Kühen stamme, war die Empörung groß. Ja, für muslimische und hinduistische Soldaten war es ein absoluter Horror, diese Gewehre zu benutzen, weil ihrem Glauben nach selbst der unwissentliche Kontakt mit solchen Fetten sie zu ewiger Verdammnis verurteilte. Die Verantwortlichen in der Ostindiengesellschaft reagierten auf das Problem haarsträubend unsensibel. Sie zerrten mehrere indische Soldaten, die sich weigerten, die neuen Patronen anzufassen, vor ein Kriegsgericht und drohten, alle zu bestrafen, die nicht gehorchten. Was die Betroffenen nun zu der Überzeugung trieb, dass hier eine christliche Verschwörung im Gange sei, sie ihres Glaubens zu berauben und zwangszukonvertieren. Durch einen unglücklichen Zufall waren seit kurzer Zeit zudem christliche Missionare in Indien aktiv, was den Argwohn weiter schürte. 1857 rebellierten die Sepoys und erhoben sich gegen ihre britischen Herren, und da sie viel zahlreicher waren, brachten sie sehr viele um. In Kanpur trieben sie zweihundert Frauen und Kinder in das Bibighar, das Frauenhaus, und hackten sie in Stücke. Andere unschuldige Opfer, hieß es, wurden in Brunnen geworfen und ertranken.

Als diese Greueltaten britischen Ohren zu Gehör kamen, folgte die Rache prompt und gnadenlos. Aufständische Inder wurden gejagt und auf Arten und Weisen vom Leben zum Tode befördert, die Angst und Schrecken verbreiten sollten. Ein, zwei band man vor den Lauf von Kanonen und schoss die ab (wurde jedenfalls kolportiert); unzählige wurden erschossen oder im Schnellverfahren gehängt. Die gesamte Episode erschütterte Großbritannien zutiefst. Unmittelbar nach dem Aufstand erschienen über fünfhundert Bücher darüber. Indien, so die einhellige Meinung, war ein zu großes Land und ein zu großes Problem, um es einem Geschäftsunternehmen zu überlassen. Die Herrschaft über Indien ging an die Britische Krone, und die Ostindiengesellschaft wurde abgewickelt.

III.

All die neuen Lebensmittel landeten zu Hause in England auf dem Esstisch, der in einem neuen Zimmer stand, dem Esszimmer. Das Esszimmer bekam seine moderne Funktion Ende des siebzehnten Jahrhunderts, in vielen Häusern wurde es aber erst viel später zur festen Einrichtung. Samuel Johnson nahm den *dining room* in sein 1755 erschienenes Wörterbuch schon auf. Als Thomas Jefferson in Monticello einen einrichtete, war das hypermodern. Bis dato waren die Mahlzeiten an kleinen Tischen in dem Zimmer serviert worden, das am geeignetsten war.

Dabei entstand das Esszimmer nicht aus dem plötzlich allenthalben anzutreffenden Bedürfnis, in einem bestimmten, ausschließlich diesem Zweck dienenden Zimmer zu speisen, sondern eigentlich nur aus dem schlichten Wunsch der Hausherrin, ihre hübschen neuen Polstermöbel vor Schändung zu bewahren. Polstermöbel waren, wie wir im vorigen Kapitel erfahren haben, teuer, und das Letzte, was die stolze Besitzerin wollte, war, dass jemand seine Schmierfinger daran abwischte.

Mit dem Esszimmer aber änderte sich nicht nur die Art, wie das Essen serviert, sondern auch, wie und wann es eingenommen wurde. Zum einen benutzte man plötzlich mehr Gabeln. Die gab es zwar schon seit langem, aber es dauerte ewig, bis man sie allgemein akzeptierte. Der Mann, dem man das Verdienst zuschreibt, dieses Besteckteil in England eingeführt zu haben, war Thomas Coryate, Autor und Reisender aus Shakespeares Zeiten, der berühmt war, weil er solch riesige Distanzen zurücklegte – immerhin einmal nach Indien und zurück. 1611 schuf er sein Opus magnum, *Coryates Crudités,* in dem er die Gabel, der er erstmalig in Italien begegnet war, sehr lobte. Das Buch zeichnet sich außerdem dadurch aus, dass es den englischen Lesern zum ersten Mal von dem Schweizer Volkshelden Wilhelm Tell erzählte – und einem neuen Gerät namens Schirm.

Man hielt Gabeln beim Essen für komisch, für affektiert und unmännlich – und recht bedacht, sogar für gefährlich. Da sie nur zwei scharfe Zinken hatten, waren die Möglichkeiten, sich Lippen oder Zunge aufzuspießen, groß, besonders wenn die Zielsicherheit durch Wein, Weib und Gesang eingeschränkt war. Die Hersteller probierten es mit zusätzlichen Zinken, manchmal bis zu sechs, bis sie sich Ende des neunzehnten Jahrhunderts für vier entschieden. Warum vier ein Optimum an Sicherheit gaben, ist schwer zu sagen, doch es scheint zu den grundlegenden Aspekten der Besteckpsychologie zu gehören.

Im neunzehnten Jahrhundert wandelte sich auch die Art, wie Essen serviert wurde. Vor den 1850er Jahren stellte man fast alle

Gerichte von Anfang an auf den Tisch. Sie warteten sozusagen schon auf die Gäste. Die nahmen sich von dem, was in ihrer Nähe stand, baten darum, dass man anderes herumreichte, oder sagten einem Diener, es für sie herbeizuschaffen. Diese Art zu speisen war traditionell als *service à la française* bekannt, doch nun bürgerte sich eine neue Praxis ein, der *service à la russe:* Das Essen wurde in Gängen serviert. Viele Leute hassten diese neue Mode, weil alle das Gleiche in der gleichen Reihenfolge und im gleichen Tempo essen mussten. War jemand langsam, hielt er den Verkehr auf, was natürlich bedeutete, dass die Speisen kalt wurden. Die Dinners zogen sich nun auch bisweilen über Stunden hin und setzten die Nüchternheit vieler und die Blasen fast aller unter großen Druck.

Das Zeitalter des überladenen Esstischs begann. Bei einem formellen Essen saß der Gast vor bis zu neun Weingläsern nur für die Hauptgänge sowie vor funkelndem Besteck in Schlachtordnung, mit dem es galt, die vielen Gerichte zu attackieren. Die Zahl der spezialisierten Essgeräte zum Schneiden, Servieren, Stochern, Auslösen und all den Methoden, Lebensmittel von der Servierplatte auf den Teller und vom Teller in den Mund zu befördern, ging gegen Unendlich. Der Speisende musste nicht nur mit einer stattlichen Reihe von Messern, Gabeln und Löffeln umzugehen wissen, sondern auch mit Käsespateln, mit Olivenlöffeln, Schildkrötengabeln, Austerngabeln, Schokoladenrührlöffeln, Aspikmessern, Tomatenmessern und Zangen aller Größen und Spannkraft. Es gab Zeiten, da bot ein einzelner Hersteller nicht weniger als 146 verschiedene Besteckteile an. Seltsamerweise gehört zu den wenigen Überlebenden dieser kulinarischen Angriffswaffen diejenige, die am schwierigsten zu verstehen ist: das Fischmesser. Noch nie hat jemand einen einzigen Vorteil nennen können, den man durch die merkwürdige Bogenform gewinnt, oder hat herausgefunden, was man sich ursprünglich dabei gedacht hat. Es gibt keinen einzigen Fisch, den man besser damit schneiden oder behutsamer entgräten könnte als mit einem herkömmlichen Messer.

Der überladene Esstisch: Glasgeschirr mit Dekantern, Bordeaux-Krügen und Karaffe aus Mrs. Beetons Buch der Haushaltsführung.

Ein Dinner war, wie es ein Buch aus der Zeit beschrieb, »eine Feuerprobe«, die immer wieder bestanden werden musste. »Die Regeln, die minuziös niederlegten, welche Details zu beachten sind, sind derart zahlreich, dass sie sorgfältigstes Studium erfordern. Das Schlimmste aber ist, dass man auf der Stelle ertappt wird, wenn man auch nur gegen eine dieser Regeln verstößt.« Jeder Handgriff war in ein starres Protokoll gepresst. Wollte man zum Beispiel ein Schlückchen Wein zu sich nehmen, musste man jemanden finden, der mit einem trank. Ein Ausländer schrieb in einem Brief nach Hause: »Oft wird ein Bote von einem Ende des Tisches zum anderen geschickt, damit er Mr. B. mitteile, dass Mr. A. mit ihm zu trinken wünsche. Woraufhin beide, oft unter beträchtlichen Mühen, den Blick des anderen aufzufangen versuchen [...] Hebt man das Glas, muss man den, mit dem man trinkt, anstarren, dann den Kopf neigen und mit gebotener Feierlichkeit trinken.«

Manche Menschen hätten bei Beachtung der Regeln natürlich Nachhilfe gebraucht. John Jacob Astor, einer der reichsten, aber offenbar nicht der kultiviertesten Männer in den Vereinigten Staaten, erstaunte seine Gastgeber bei einer Dinnerparty, als er sich vorbeugte und die Hände am Kleid der Dame abwischte, die neben ihm saß. Ein populäres US-amerikanisches Handbuch »by a Gentleman«, *Die Gesetze der Etiquette oder kurze Regeln und Reflectionen für das Benehmen in Gesellschaft* informierte seine Leser, dass sie »sich den Mund am Tischtuch abwischen, aber nicht die Nase hineinschneuzen durften«. Ein anderes mahnte streng, dass es in feineren Kreise nicht höflich sei, an dem Fleisch zu riechen, wenn man es mit der Gabel aufgespießt habe, und erklärte: »Unter Menschen mit guter Erziehung ist Folgendes Usus: Die Suppe nimmt man mit einem Löffel zu sich.«

Die Essenszeiten wurden so beweglich, dass es bald kaum noch eine Stunde am Tag gab, die nicht bei irgendjemandem irgendeiner Mahlzeit vorbehalten war. In gewissem Maße waren diese Mahl-Zeiten von den gesellschaftlich lästigen, widersinnigen

Pflichten bestimmt, Hausbesuche zu machen und zu empfangen. Üblich waren Hausbesuche zwischen zwölf und fünfzehn Uhr jeden Tag. Kam jemand vorbei und hinterließ eine Karte, wenn man nicht da war, verlangte es die Etikette, dass man den Besuch am nächsten Tag erwiderte. Es zu unterlassen wäre ein schwerer Affront gewesen. In der Praxis bedeutete es, dass die meisten Leute ihre Nachmittage mit dem Versuch verbrachten, ihre Zeitgenossen zu Hause zu erwischen, die auf ähnlich unproduktive Weise herumrannten, um ihrerseits ihre Zeitgenossen zu Hause zu erwischen.

Zum Teil aus diesem Grund verschob sich die Essenszeit immer weiter in die Abendstunden – von mittags über nachmittags bis zum frühen Abend, doch die neuen Zeiten waren keineswegs allgemein verbindlich. Ein Besucher in London, der 1773 in einer Woche mehrmals zum Essen eingeladen worden war, bemerkte, dass er einmal »abends um sieben zu Tisch« gebeten wurde, aber auch mittags um ein Uhr, nachmittags um fünf beziehungsweise um drei Uhr speiste. Als achtzig Jahre später John Ruskin, der Kunsthistoriker, seinen Eltern erzählte, er habe es sich zur Angewohnheit gemacht, um sechs Uhr abends zu essen, fanden sie das ungeheuer lasterhaft und leichtsinnig. So spät zu essen, erwiderte seine Mutter, sei gefährlich ungesund.

Was außerdem die Essenszeiten heftig beeinflusste, war das Theater. In der Ära Shakespeares begannen die Aufführungen gegen zwei Uhr mittags, was bequem war, weil sie den Mahlzeiten nicht in die Quere kamen, doch der Grund dafür war, dass man in Freilichtbühnen wie dem Globe Tageslicht brauchte. Als man das Spielen nach innen verlegte, setzte man die Anfangszeiten allmählich immer später an, und die Theaterbesucher mussten ihre Essgewohnheiten entsprechend umstellen. Was mit einem gewissen Unmut und Zögern geschah. Nicht fähig oder willens, ihre privaten Gepflogenheiten noch weiter anzupassen, kam die Hautevolee schließlich gar nicht mehr zum ersten Akt ins Theater, sondern schickte ihre Diener, die ihre Plätze besetzen mussten, bis sie zu Ende getafelt hatten. Dann tauchten sie – gemeinhin lärmend, betrunken und nicht geneigt, sich zusammenzunehmen – zu einem späteren Akt auf. Etwa eine Generation lang war es üblich, dass eine Theaterkompanie die erste Hälfte eines Stücks vor einem Publikum dösender Diener aufführte, denen das Geschehen auf der Bühne herzlich einerlei war, und die zweite Hälfte vor randalierenden Trunkenbolden, die keine Ahnung hatten, was ablief.

Mitte des neunzehnten Jahrhunderts wurde das Dinner dann unter dem Einfluss Königin Victorias endlich zum Abendessen. Weil aber dadurch die Zeitspanne zwischen Frühstück und Abendessen länger wurde, befand man es für nötig, eine kleine Mahlzeit für die Mitte des Tages anzuberaumen, den *luncheon* (vornehm ausgedrückt) oder *lunch*. Lange Zeit hatte »luncheon« einfach eine kleine Portion bezeichnet – »so viel, wie in eine Hand passt«, wie Samuel Johnson 1755 in seinem Wörterbuch festhielt.

Aus dem Ganzen wiederum folgte, dass die Leute, die sich bisher die meisten Kalorien zum Frühstück und mittags einverleibt und abends nur ein wenig nachgefüllt hatten, es jetzt genau umgekehrt hielten. Die meisten von uns verzehren den Hauptteil der täglichen Kalorien abends und nehmen sie mit ins Bett, was uns überhaupt nicht guttut. Die alten Ruskins hatten recht.

Neuntes Kapitel

Der Keller

I.

Wenn man 1783, am Ende des amerikanischen Unabhängigkeitskrieges, jemandem gesagt hätte, dass New York eines Tages die
größte Stadt der Welt sein würde, hätte man nur Kopfschütteln
geerntet. Denn die Aussichten New Yorks waren 1783 alles andere als rosig. Weil es der englischen Krone so treu gewesen war
wie keine Stadt sonst, hatte der Krieg sein Ansehen in der neuen
Republik nicht gerade gefördert. 1790 hatte es 10 000 Einwohner, und Philadelphia, Boston und sogar Charleston waren weit
umschlagstärkere Hafenstädte.

Der Staat New York besaß allerdings einen wesentlichen Vorteil:
eine Öffnung gen Westen durch die Appalachen, den Gebirgs-
zug, der parallel zum Atlantischen Ozean verläuft. Heute kann
man kaum noch glauben, dass diese sanft ansteigenden Berge,
oft kaum mehr als große Hügel, einmal ein ernsthaftes Hindernis
für die Mobilität der Menschen darstellten. Aber es gab fast keinen brauchbaren Pass in der insgesamt mehr als 4000 Kilometer
langen Gebirgskette, und sie stellte ein derartiges Hindernis für
Handel und Verkehr dar, dass viele Leute glaubten, die Pioniere,
die jenseits der Berge siedelten, würden sich schließlich schon aus
praktischer Notwendigkeit von den Kolonien an der Ostküste ab-
koppeln und einen eigenen Staat bilden. Für die Farmer jenseits
der Appalachen war es nämlich billiger, ihre Produkte flussab-
wärts über den Ohio und Mississippi nach New Orleans zu verschiffen und von dort um Florida herum die Atlantikküste hinauf

nach Charleston oder in einen anderen Hafen an der Ostküste, als sie mühsam übers Gebirge zu transportieren. Auch wenn das zehnmal länger dauerte.

Aber 1810 kam De Witt Clinton, damals Bürgermeister von New York und schon bald Gouverneur des gleichnamigen Staates, mit einer Idee an, die viele für vermutlich irre, auf jeden Fall aber illusorisch hielten. De Witt Clinton schlug vor, durch den Staat bis zum Eriesee einen Kanal zu bauen, der New York mit den Großen Seen und dem reichen Ackerland dahinter verbinden sollte. Kein Wunder, dass die Leute von »Clintons Hirngespinst« sprachen. Mit Spitzhacke und Schaufel hätte man den Kanal, gut zwölf Meter breit, durch 585 Kilometer rauer Wildnis graben und, um die vielen Höhenunterschiede auszugleichen, dreiundachtzig Schleusen bauen müssen, deren jede 27,5 Meter lang hätte sein müssen. An manchen Abschnitten durfte die Steigung durchschnittlich nicht mehr als zweieinhalb Zentimeter pro eineinhalb Kilometer betragen. Noch nie hatte man in der besiedelten Welt, geschweige denn in der Wildnis, einen Kanalbau versucht, der auch nur annähernd so viele Schwierigkeiten bot.

Hinzu kam, dass es in den Vereinigten Staaten keinen einzigen dort aufgewachsenen Ingenieur gab, der jemals an einem Kanal gearbeitet hatte. Thomas Jefferson, der ehrgeizige Ziele normalerweise hoch achtete, fand das Vorhaben geisteskrank. »Es ist ein wunderbares Projekt und kann vielleicht in hundert Jahren verwirklicht werden«, räumte er nach Durchsicht der Pläne ein, fuhr aber gleich darauf fort: »Heute an so etwas zu denken grenzt an Wahnsinn.« Präsident James Madison verweigerte die Hilfe der Bundesregierung, zumindest teilweise von dem Wunsch beseelt, den Hauptanteil der Handelsaktivitäten weiter im Süden zu behalten, weg von der alten Hochburg der Loyalisten im amerikanischen Unabhängigkeitskrieg.

New York stand also vor der Alternative, die Sache allein durchzuziehen oder darauf zu verzichten. Trotz der Kosten, Risiken und des fast vollständigen Mangels an notwendigen Fachkenntnissen beschloss die Stadt, das Projekt selbst zu finanzieren. Vier Männer, Charles Broadhead, James Geddes, Nathan Roberts und Benjamin Wright, wurden mit der Arbeit beauftragt. Drei waren Richter, der vierte Lehrer. Keiner hatte jemals einen Kanal gesehen, geschweige denn einen gebaut. Das Einzige, was sie gemeinsam hatten, war eine gewisse Erfahrung in der Landvermessung. Doch sie waren experimentierfreudig, lasen viel, holten sich Rat ein und schafften es, das größte technische Wunderwerk zu vollenden, das die Neue Welt je gesehen hatte. Sie waren die ersten Leute in der Geschichte, die lernten, einen Kanal zu bauen, indem sie einen Kanal bauten.

Ganz früh schon stellte sich heraus, dass der Mangel an dem richtigen Zement die Durchführbarkeit des gesamten Unternehmens gefährdete. Man brauchte nämlich mehr als eineinhalb Millionen Liter Zement, um den Kanal wasserdicht zu machen. Schon wenn nur an einer Stelle Wasser durchgesickert wäre, hätte das eine Katastrophe für den ganzen Kanal bedeutet, das Problem musste also definitiv vorher gelöst werden. Leider wusste niemand, wie.

Da reiste ein junger Angestellter der Kanalgesellschaft namens Canvass White freiwillig und auf eigene Kosten nach England, um dort alles zu lernen, was es zu lernen gab. Fast ein Jahr lang wanderte er kreuz und quer durch das Königreich – mehr als dreitausend Kilometer –, inspizierte Kanäle, prägte sich alles über Bau und Pflege ein und richtete sein besonderes Augenmerk auf die Wasserundurchlässigkeit. Zufällig stellte sich heraus, dass Parker's Roman Cement, der beim Zusammenbruch von William Beckfords Fonthill Abbey eine solch unrühmliche Rolle gespielt hatte, einen unerwartet guten hydraulischen Zement abgab; man brauchte ihn ja nur als wasserundurchlässigen Mörtel. Der Erfinder, Reverend Parker aus Gravesend bei London, wurde leider nicht reich davon, denn er verkaufte sein Patent, ein Jahr nachdem er es bekommen hatte, emigrierte – Ironie der Geschichte – in die Vereinigten Staaten und starb. Doch sein Zement machte sich sehr gut (erst in den 1820er Jahren wurden bessere Sorten gemischt) und gab Canvass White Hoffnung zu der Annahme, dass er vielleicht etwas Ähnliches mit amerikanischen Rohmaterialien schaffen könnte.

Nach seiner Rückkehr und nun mit einer gewissen Kenntnis der wissenschaftlichen Prinzipien der Adhäsion ausgestattet, experimentierte White mit verschiedenen einheimischen Substanzen und entwickelte rasch eine Verbindung, die sogar noch besser als Parkers Zement war. Es war ein großer Moment in der amerikanischen Technikgeschichte – ja, man könnte sogar sagen, in diesem Moment *begann* die amerikanische Technikgeschichte –, und White hätte eigentlich reich und berühmt werden müssen. Wurde er aber nicht. Seine Patente hätten ihn mit vier Cents pro 35 Liter beteiligen sollen, was weiß Gott nicht die Welt war, doch die Hersteller weigerten sich, ihm von ihren Gewinnen abzugeben. Er ging mit seinen Forderungen vor Gericht, bekam aber nie ein Urteil zu seinen Gunsten und wurde arm und ärmer.

Die Produzenten des nunmehr besten hydraulischen Zements der Welt wiederum wurden steinreich. Zum großen Teil dank Whites Erfindung eröffnete der Kanal früher als gedacht im Jahre 1825, schon acht Jahre nach Baubeginn. Es war ein Triumph von Anfang bis Ende. Der neue Wasserweg wurde von so vielen Schiffen benutzt – im ersten Jahr von 13 000 –, dass die Positionslichter nachts auf dem Wasser Glühwürmchenschwärmen glichen, wie ein faszinierter Beobachter das Spektakel beschrieb. Mit dem Kanal sanken die Kosten des Transports beispielsweise von Mehl von Buffalo nach New York von einhundertzwanzig Dollar pro Tonne auf sechs Dollar, und die Transportzeit verkürzte sich von drei Wochen auf etwas mehr als eine. Für die wirtschaftliche Entwicklung New Yorks war das ein wahrer Segen. New Yorks Anteil an den Exporten des Landes stieg sprunghaft an, von weniger als zehn Prozent im Jahre 1800 auf über sechzig Prozent um die Jahrhundertmitte; im selben Zeitraum stieg seine Bevölkerung, noch rasanter, von 10 000 auf weit über eine halbe Million.

Wahrscheinlich hat kein Industrieprodukt in der Geschichte – auf jeden Fall keines, das weniger bekannt ist – so viel zum Aufblühen einer Stadt beigetragen wie Canvass Whites hydraulischer Zement. Der Erie-Kanal sorgte dafür, dass New York sich als Wirtschaftszentrum etablieren konnte und stärkte überhaupt die Position der USA in der Welt. Ohne den Erie-Kanal wäre Kanada in einer idealen Lage gewesen, zur führenden Wirtschaftsmacht Nordamerikas aufzusteigen, denn der St.-Lorenz-Seeweg hätte als Verbindung zwischen den Großen Seen und den fruchtbaren Ländern dahinter dienen können.

Canvass White aber reiste 1834, erschöpft von den juristischen Querelen und an einer ernsthaften, aber nicht genannten Krankheit (vermutlich Schwindsucht) leidend, nach St. Augustine in Florida, um dort Genesung zu finden, und starb kurz nach seiner Ankunft. Da war er schon von der Geschichte vergessen und so arm, dass seine Frau kaum die Beerdigung bezahlen konnte. Und vermutlich hier wird wohl auch sein Name zum letzten Mal genannt.

Ich erwähne das alles nur, weil wir in den Keller hinabgestiegen sind, einen unfertigen, kargen Raum im alten Pfarrhaus, wie es ihn in den meisten englischen Häusern der Zeit gab. Ursprünglich diente er vor allem als Kohlenkeller. Heute befinden sich hier der Heizkessel, nicht gebrauchte Koffer, Sportgeräte, für die gerade keine Saison ist, und viele Pappkartons, die fast nie geöffnet, aber stets bei jedem Umzug sorgsam von Haus zu Haus mitgenommen werden, weil man immer hofft, dass eines Tages jemand die Babysachen braucht, die seit fünfundzwanzig Jahren in einem der Kartons liegen. Der Keller ist nicht sehr anheimelnd, aber dafür vermittelt er uns ein Gefühl für den »Überbau« des Hauses, die Dinge, die es halten und zusammenhalten. Und um die geht es in diesem Kapitel. Die Story des Erie-Kanals habe ich deshalb vorweggeschickt, weil ich darauf hinweisen möchte, dass die Baumaterialien wichtiger und meiner Meinung nach sogar interessanter sind, als man denkt. Jedenfalls machen sie auf Arten und Weisen Geschichte, die in Büchern nicht oft erwähnt werden.

Amerika zeigt in seinen Anfängen aber auch, wie man ohne das richtige Baumaterial zurechtkommen konnte. An der Ostküste fehlte so gut wie alles, was man zum Häuserbau brauchte. Unter anderem gab es dort keinen Kalkstein, wie schon die ersten Kolonisten zu ihrer Bestürzung feststellen mussten. In England konnte man ein einigermaßen solides Haus mit Flechtwerk und Lehm bauen – also mit Schlamm und Stöcken –, wenn der Schlamm ausreichend mit Kalk gebunden war, doch da es in Amerika keinen Kalk gab (beziehungsweise man erst 1690 welchen fand), bauten die Kolonisten mit getrocknetem Schlamm, dem es schmerzlich an Stabilität gebrach. Im 17. Jahrhundert hielt kaum ein Haus länger als zehn Jahre. Es war die Periode der Kleinen Eiszeit, als die gemäßigten Breiten über ein Jahrhundert lang mit bitterkalten Wintern und heulenden Stürmen geschlagen waren. 1634 blies ein Hurricane die Hälfte der Häuser in Massachusetts weg: hob sie buchstäblich hoch und trug sie davon. Kaum hatten die Menschen sich neue gebaut, tobte ein weiterer ähnlich schwerer Sturm und »kippte«, mit den Worten eines Tagebuchschreibers, der es selbst erlebte, »mehrere Häuser um und deckte von etlichen die Dächer ab«. In vielen Gegenden gab es nicht einmal halbwegs anständige Steine zum Bauen. Als George Washington die Loggia auf seinem Anwesen Mount Vernon mit schlichten Steinplatten auslegen wollte, musste er sich Letztere aus England schicken lassen.

Eines allerdings gab es in Amerika in Mengen, und das war Holz. Als die Europäer in der Neuen Welt ankamen, war der Kontinent mit geschätzten 950 Millionen Morgen Wald bedeckt – einer schier unerschöpflichen Menge –, doch in Wirklichkeit waren die Wälder nicht so grenzenlos, besonders, wenn man weiter landeinwärts zog. Hinter den Bergen der Ostküste hatten die Ureinwohner schon große Flächen abgeholzt und viel Dickicht zwischen den Bäumen verbrannt, um leichter jagen zu können. In

Ohio sahen die ersten Siedler erstaunt, dass die Wälder mehr wie englische Parks wirkten als wie Urwälder und so wenig dicht waren, dass man mit Fuhrwerken bequem hindurchfahren konnte. Die Indianer hatten diese weiten Flächen für die Bisons geschaffen, die sie dort in großer Zahl erlegten.

Die Kolonisten nun nahmen das Holz für alles und jedes. Sie benutzten es, um Häuser, Scheunen, Wagen, Boote, Zäune und Möbel zu bauen, und stellten auch alle möglichen Alltagsgegenstände, von Eimern bis zu Löffeln, daraus her. Zudem verbrannten sie es reichlich, um ihre Häuser zu beheizen und zu kochen. Carl Bridenbaugh, ein Historiker des frühen Lebens in Amerika, behauptet, das durchschnittliche Kolonistenhaus habe fünfzehn bis zwanzig Klafter Feuerholz pro Jahr verbraucht. Das wäre ein Holzstapel von mehr als 25 Metern Höhe, 25 Metern Breite und 50 Metern Länge, was unglaublich groß erscheint. Aber wahr ist sicherlich, dass Holz im Eiltempo verbraucht wurde. Bridenbaugh erwähnt ein Dorf auf Long Island, wo in gerade mal vierzehn Jahren jedes Stöckchen und Ästchen im Umkreis von vielen Kilometern aufgebraucht war, und solche Dörfer gab es sicher viele.

Riesige Landflächen wurden gerodet, um Felder und Weideland zu schaffen, und sogar Straßendämme verwandelten sich in breite Lichtungen, denn Straßen und Wege in Kolonialamerika waren meist ungeheuer breit (fünfzig Meter nicht unüblich), weil man sich vor Hinterhalten schützen wollte und Platz brauchte, um Viehherden zum Markt zu treiben und unterwegs weiden zu lassen. 1810 war kaum noch ein Viertel der ursprünglichen Wälder Connecticuts übrig. Weiter westlich, in Michigan, schrumpfte in einem einzigen Jahrhundert der scheinbar unerschöpfliche Vorrat an Weymouthkiefern (über 400 Millionen Kubikmeter bei Ankunft der ersten Kolonisten) um 95 Prozent. Viel amerikanisches Holz wurde auch nach Europa exportiert, besonders in Form von Schindeln und anderem Bauholz. Jane Jacob schreibt in ihrem Buch *Die Ökonomie der Städte,* dass im Großen Feuer von London viel amerikanisches Holz verbrannte.

Allgemein wird immer angenommen, dass die frühen Siedler Blockhäuser bauten. Weit gefehlt. Sie hätten gar nicht gewusst, wie. Blockhäuser kamen erst mit skandinavischen Einwanderern Ende des achtzehnten Jahrhunderts auf, aber dann mit Macht. Obwohl vergleichsweise simpel zu bauen – das war natürlich ihr Reiz –, waren sie nicht ohne Raffinesse. Wenn die Schreiner die Balken an den Ecken ineinanderfügten, konnten sie viele verschiedene Techniken anwenden, und diese waren kurioserweise immer spezifisch für eine bestimmte Gegend, was noch niemand vollständig erklärt hat. Sogenannte Schrote, die im tiefen Süden, in der Mitte Wisconsins und im südlichen Michigan verwendet wurden, fand man fast nirgendwo sonst. Die Bewohner im Staate New York wiederum ließen von ihrer Art der Verkerbung fast vollkommen ab, wenn sie weiterzogen. Man könnte die Geschichte der inneramerikanischen Migration – ja, man hat es auch – anhand dessen darstellen, welche Schrote wo auftauchen. Leute haben ihr ganzes Berufsleben der Erforschung der Verteilungsmuster gewidmet.

Wenn man bedenkt, wie schnell sich die amerikanischen Kolonisten durch die herrlichen Wälder hieben, wundert es einen nicht, dass im viel kleineren und bevölkerungsreicheren England der Mangel an Bauholz ein ständiges drückendes Problem war. In Sagen und Märchen ist zwar stets von unheimlichen, düsteren Forsten die Rede, doch in Wirklichkeit gab es nicht viele Bäume, hinter denen sich Robin Hood und seine fröhlichen Gesellen verstecken konnten. Schon zu Zeiten des Domesday Book waren nur fünfzehn Prozent Englands mit Wald bedeckt.

Die Briten haben immer schon eine Menge Holz benötigt und verbraucht. Ein typisches Bauernhaus aus dem fünfzehnten Jahrhundert bestand aus dem Holz von dreihundertdreißig Eichen. Für Schiffe benötigte man mehr. Für Nelsons Flaggschiff, die *Victory*, vermutlich dreitausend ausgewachsene Eichen – ein mittleres Wäldchen.

Eichenholz wurde auch fuderweise in vielen Gewerben verwendet; Eichenrinde, vermischt mit Hundekot, beim Ledergerben. Aus den Galläpfeln, Wucherungen, die durch Eiablage der Gallwespen an Eichen entstehen, machte man Tinte. Doch die gefräßigsten Holzverbraucher waren die Köhler. Zu Zeiten Heinrich VIII. brauchte man pro Jahr das Holz von 518 Quadratkilometern Wald, um genügend Holzkohle für die Eisenverhüttung zu erzeugen, und Ende des achtzehnten Jahrhunderts war diese Menge auf 1400 oder etwa ein Siebentel des gesamten Waldbestands im Land gestiegen.

Die meisten Wälder wurden durch das sogenannte »Auf Stock Setzen« bewirtschaftet; man schnitt die Bäume bis auf den Wurzelstock zurück und ließ sie nachwachsen, es wurden also nicht jedes Jahr große Schneisen geschlagen. Deshalb war die Holzkohlenindustrie auch keineswegs nur Übeltäter, sondern sorgte für eine umfassende Pflege des Waldes, wenn auch, ehrlich gesagt, für eher charakterlosen Niederwald als urige Forste mit mächtigen sonnendurchfluteten Baumgruppen. Doch trotz sorgfältiger Bewirtschaftung überstieg die Nachfrage nach Holz beständig das Angebot, und zu Beginn des siebzehnten Jahrhunderts war es in Großbritannien absolute Mangelware. Die Fachwerkhäuser, die uns aus dieser Zeit in England so bekannt sind, spiegeln keinen Überfluss an Bauholz wider, sondern Knappheit. Die Hausbesitzer zeigten, dass sie sich etwas Rares leisten konnten!

Erst aus purer Notwendigkeit benutzten die Menschen allmählich Stein. In England gab es den wunderbarsten Baustein der Welt, aber es dauerte ewig, bis die Leute es merkten. Fast tausend Jahre lang, vom Zusammenbruch des Römischen Reichs bis zur Zeit Chaucers, war Holz mit wenigen Ausnahmen *das* Baumaterial. Nur die allerwichtigsten Gebäude – Kathedralen, Schlösser, Burgen, Kirchen – führte man in Stein aus. Als die Normannen nach England kamen, gab es im ganzen Land kein einziges Wohnhaus aus Stein. Komisch, denn überall hatte man den feinsten Stein zum Bauen unter den Füßen. Von Dorset an der Südküste bis zu den Cleveland Hills in Yorkshire im Norden zieht sich in einem langen, breiten Bogen ein Gürtel widerstandsfähigen oolithischen Kalkgesteins, und zwar solches, das viele kugelförmige Ooide (winzige Mineralkörper) enthält. Der Gürtel heißt Juragürtel, und alle berühmten Bausteine aus England, vom Purbeck-Marmor und dem weißen Portland-Stein bis zu dem honigfarbenen Stein in Bath und den Cotswolds findet man dort, wo er verläuft. Dieses ururalte Gestein, aus urzeitlichen Meeren gepresst, verleiht großen Teilen der britischen Landschaft ihre weiche, zeitlose Atmosphäre. Zeitlosigkeit bei englischen Gebäuden ist allerdings reine Illusion.

Der Grund, warum man nicht mehr Stein verwendet hat? Er war schlicht zu teuer. Ihn zu gewinnen war teuer, weil arbeitsintensiv, und der Transport wegen des enormen Gewichts zudem kostspielig. Eine Wagenladung Steine fünfzehn, zwanzig Kilometer weit zu befördern konnte den Preis leicht verdoppeln; im Mittelalter gebrochener Stein reiste also nicht sehr weit, und deshalb gibt es überall in Großbritannien so reizvolle und spezifisch regionale Unterschiede in der Auswahl des Steins und den Baustilen. Bei großen Steingebäuden wie einem Zisterzienserkloster verbaute man schnell einmal 40 000 Wagenladungen Steine, und die Bauten waren, nicht nur weil sie massiv, sondern weil sie aus massivem Stein waren, so Ehrfurcht gebietend. Der Stein selbst stand für Macht, Wohlstand, Pracht.

Zum privaten Hausbau wurde er bis zum achtzehnten Jahrhundert kaum benutzt, doch dann setzte er sich selbst für schlichte Gebäude wie Cottages schnell durch. Leider gab es in großen Teilen des Landes außerhalb des Kalksteingürtels keinen Stein, und das galt auch für London, die wichtigste und bauhungrigste Stadt von allen. Rund um sie herum fand man allerdings riesige Vorräte an eisenreichem Lehm und entdeckte dadurch ein antikes Baumaterial wieder: den Backstein. Backsteine gibt es seit mindestens sechstausend Jahren, in Großbritannien findet man sie aber erst in römischer Zeit. Doch diese Steine waren alles andere als qualitativ gut. Obwohl die Römer solch geschickte Baumeister waren, wussten sie nicht, wie sie Backsteine so brennen konnten, dass die großen auch ganz durchgebacken waren. Sie machten dünnere, die eher Kacheln ähnelten. Nach Abzug der Römer benutzte man fast eintausend Jahre lang keine Backsteine mehr.

Vereinzelt tauchten sie dann um das Jahr 1300 wieder in englischen Gebäuden auf, doch noch zweihundert Jahre lang hatten die Briten die Herstellung einfach nicht drauf und heuerten holländische Ziegelmacher und Maurer an, wenn sie Backstein verbauen wollten. Erst in der Tudorzeit setzte sich Backstein aus heimischen Ziegeleien durch. Viele der großartigen Backsteingebäude wie Hampton Court stammen aus dieser Periode. Backsteine hatten einen Vorteil: Man konnte sie häufig vor Ort fabrizieren. Davon zeugen Wassergräben und Teiche, die man in der Nähe von Herrenhäusern aus der Tudorzeit findet; dort wurde der Lehm ausgegraben, den man zu den Steinen verarbeitete.

Sie hatten aber auch Nachteile. Um hochwertige herzustellen, musste der Ziegler bei jedem Arbeitsschritt alles hundertprozentig richtig machen. Zuerst galt es, zwei oder mehr Lehm- beziehungsweise Tonsorten zu mischen, denn auf die richtige Konsistenz kam es an, damit sich der Stein beim Brennen nicht verzog oder unverhältnismäßig schrumpfte. Die vorbereitete Masse wurde in Formen gegeben und musste zwei Wochen lang an der Luft trocknen. Dann wurde das Ganze in den Ofen geschoben und gebrannt. Auch wenn während dieses Prozesses irgendetwas schiefging, wenn der Feuchtigkeitsgehalt zu hoch oder die Hitze im Brennofen nicht genau richtig war, kamen mangelhafte Ziegel dabei heraus. Und zwar nicht zu selten und nicht zu knapp. Im Großbritannien des Mittelalters und der Renaissance standen gute Backsteine deshalb hoch im Kurs. Neu und schick, wurden sie normalerweise nur bei den schönsten und wichtigsten Bauten verwendet.

Niemand demonstrierte wohl besser als der Kirchenmann Sydney Smith, wie schwierig es war, Backsteine herzustellen – aber vielleicht auch nur, wozu Sturheit führen kann. In den 1810er Jahren beschloss er nämlich, für das Pfarrhaus, das er sich in Foston le Clay in Yorkshire bauen wollte, die Ziegel selbst herzustellen. Angeblich hat er 150 000 minderwertige Backsteine gebrannt, bis er endlich zugeben musste, dass er wohl doch nie auf den Trichter kommen werde.

Das goldene Zeitalter des englischen Backsteins waren die hundert Jahre zwischen 1660 und 1760. »Man sieht nirgendwo auf der Welt schöneres Backsteinmauerwerk als in dieser Zeit«, schreiben Brunskill und Clifton-Taylor in ihrem Standardwerk *Englisches Mauerwerk*. Die Schönheit der Steine aus dieser Periode rührt großteils daher, dass sie, wenn auch noch so gering, im Aussehen voneinander abweichen. Weil man sie gar nicht alle identisch machen konnte, war das Spektrum der Farben wunderschön – von blass Rosarot bis zu tiefem Pflaumenblau. Die Farben werden von den Mineralien im Lehm bestimmt, und der große Eisenanteil in den meisten Lehmsorten sorgte dafür, dass die Rottöne bei Weitem überwogen. Die typischen gelben Londoner *stock bricks* sind wegen des Kalks im Lehm gelb.

Um dem Mauerwerk die nötige Stärke zu verleihen, musste man die Backsteine gestuft vermauern; die vertikalen Fugen durften keine durchgehende Linie bilden. Daraus ergab sich eine Fülle von Stilen, die neben dem Gebot der Festigkeit dem Wunsch nach Vielfalt und Schönheit gehorchten. Beim sogenannten Englischen Verband wird eine Reihe Läufer längs versetzt und die darüberliegenden Binder quer, man sieht also nur die »Köpfe« der Steine. Beim Flämischen Verband wechseln sich Binder mit Läufern direkt hintereinander in einer Reihe ab. Der Flämische Verband ist sehr viel beliebter als der Englische, nicht weil er stärker, sondern weil er billiger ist. Es werden nämlich mehr Steine längs verlegt und deshalb weniger benötigt. Aber es gab viele andere Muster – den Chinesischen Verband (auch

Rattenfallenverband genannt), Dearnes Verband (womit sich der sonst unbekannte Architekt Thomas Dearne verewigte), den Englischen Gartenmauerverband, Kreuzverband, Mönchsverband sowie den Schottischen Verband, die sich alle durch die Anordnung der Läufer und Binder unterscheiden. Zusätzlich konnten diese Muster noch verschönert werden, indem man manche Steine wie kleine Stufen ein wenig hervorstehen ließ (diese Technik nennt man Auskragen) oder andersfarbige Steine in einem Rautenmuster einfügte.

Backstein blieb bis zu Beginn des neunzehnten Jahrhunderts überaus beliebt, und die schicksten Häuser wurden damit gebaut. Doch dann fand man ihn – besonders den roten – urplötzlich geschmacklos. »Er hat etwas Schroffes an sich«, überlegte Isaac Ware in seinem äußerst einflussreichen *Der complette Corpus der Architectur* schon im Jahr 1756. Roter Backstein, fuhr er fort, sei »unangenehm fürs Auge [...] und auf dem Land höchst unpassend« – genau dort wurde er natürlich am meisten verwendet.

Plötzlich sollte nur noch Naturstein die Außenfläche eines Gebäudes zieren. In der Georgianischen Zeit wurde er so modisch, dass Hausbesitzer mit allen Mitteln zu verbergen suchten, dass ihr Haus nicht daraus war. Apsley House an der Hyde Park Corner in London war aus Backstein erbaut, wurde aber, als der plötzlich unmodisch wurde, mit Bath-Stone verkleidet.

Überraschenderweise war Amerika indirekt mitschuldig daran, dass der Backstein in Ungnade fiel. Der Krieg mit den Kolonien und der Ausfall an Steuereinnahmen nach 1776 brachte den britischen Staat in Geldnöte. Er musste dringend neue Finanzquellen auftun und führte daher im Jahre 1784 eine deftige Backsteinsteuer ein. Die Hersteller produzierten größere Steine, um die Steuern niedrig zu halten, doch mit den größeren Steinen war so schlecht arbeiten, dass der Verkauf schließlich noch weiter zurückging. Wegen des Rückgangs dieser Steuereinnahmen wurden die Abgaben auf Backstein dann noch zwei Mal, 1794 und 1803, erhöht, und das war praktisch das Ende: Die Backsteine gerieten endgültig aus der Mode. Die Leute konnten sie sich schlichtweg nicht mehr leisten.

Da aber viele existierende Gebäude nun mal aus Backsteinen waren, verpasste man ihnen im Zweifelsfalle einfach einen neuen Look, sprich, man verdeckte die ursprüngliche Backsteinfassade mit einem cremefarbenen Verputz oder einer Art Außengips aus Kalk, Wasser und Zement, dem Stuck. Während beide trockneten, konnte man adrette Linien hineinziehen, und es sah aus wie Steinblöcke. John Nash, der Architekt der Regency-Zeit, tat sich dabei besonders hervor, wie ein berühmter Zweizeiler bezeugt:

Da ist doch unser Nash ... von wunderbarem Nutz,
Nur Backstein fand er, nun ziert alles Putz!

Nash gehört zu den vielen Leuten in diesem Buch, die aus dem Nichts kamen und deren steilen Aufstieg man so leicht nicht hätte vorhersagen können. Er wuchs bettelarm in Südlondon auf und konnte nicht einmal durch eine imposante Statur beeindrucken. Er hatte, wie ein erschreckend harscher Zeitgenosse sagte, ein »Gesicht wie ein Affe« und nicht die feinen Manieren, die den Weg zum Erfolg ebneten, ergatterte aber, wer weiß, warum, eine traumhafte Lehrstelle im Büro von Sir Robert Taylor, einem der führenden Architekten der Zeit.

Kaum fertig mit seiner Ausbildung setzte er beherzt alles auf eine Karte und entwarf und baute 1778 zwei Häusergruppen in Bloomsbury, die zu den allerersten in London gehörten (wenn sie nicht gar *die* ersten waren), die mit Stuck verputzt wurden. Leider war die Welt noch nicht bereit für stuckverputzte Häuser, und sie verkauften sich nicht. (Eines blieb zwölf Jahre leer.) Ein solcher Schlag war gewiss schon schwer zu verkraften, doch gleichzeitig hatte Nash auch privat enormes Pech. Seine junge Gattin war nämlich doch nicht die gute Partie, die er erhofft hatte. Sie machte bei Schneidern und Hutmachern in ganz London horrende Schulden, die er nicht bezahlen konnte, und er wurde zwei Mal als Schuldner arretiert. Damit nicht genug, entdeckte er, während er sich aus den juristischen Querelen zu befreien versuchte, dass sie sich anderweitig heftig amüsierte, auch mit einem seiner ältesten Freunde, und dass seine beiden Kinder mit ihr aller Wahrscheinlichkeit weder seine noch die eines einzigen anderen Mannes waren.

Finanziell ruiniert und vermutlich einen Hauch niedergeschlagen, trennte er sich von Frau und Kindern (was aus ihnen wurde, weiß man nicht) und zog nach Wales, wo er sich eine neue, bescheidenere Karriere als Architekt aufbaute und sein Leben offenbar mit dem Bau von Provinzrathäusern und anderen städtischen Gebäuden zu Ende bringen wollte.

Ein paar Jahre ging auch alles diesen Gang. Doch 1797, im deutlich fortgeschrittenen Alter von sechsundvierzig, kehrte er nach London zurück, ehelichte eine viel jüngere Dame, wurde ein enger Freund des Prinzen von Wales – des zukünftigen Königs George IV. – und einer der bedeutendsten und einflussreichsten Architekten, die es je gab. Woher dieser plötzliche Wandel kam, ist immer ein Geheimnis geblieben. Weit verbreitete Gerüchte besagten, dass seine neue Gattin die Geliebte des Prinzregenten und Nash der Alibigatte war. Die Vermutung ist nicht abwegig, denn Mrs. Nash war eine große Schönheit, er aber mit der Zeit nicht hübscher geworden: von »dicker, untersetzter, zwergenhafter Statur, mit rundem Kopf, Stupsnase und kleinen Augen«, wie er selbst sagte. Doch als Architekt war er ein Genie, und beinahe umgehend begann er mit dem Bau einer Reihe außergewöhnlich kühner Gebäude, die von großem Selbstbewusstsein zeugten. In Brighton verwandelte er eine spießige Immobilie namens Marine Pavilion in einen in seiner Farbenpracht geradezu explodierenden Bau mit vielen Kuppeln, den Brighton Pavilion.

Außer vielleicht der deutschen Luftwaffe hat niemand mehr zur Veränderung Londons beigetragen als John Nash in den folgenden dreißig Jahren. Er schuf den Regent's Park und die Regent

Street und viele, viele Straßen und Häuserreihen darum herum, die der Stadt ein nobles, imperiales Aussehen verliehen, das sie bis dato nicht besessen hatte. Er baute den Oxford und den Piccadilly Circus und schuf aus dem unbedeutenden Buckingham House den Buckingham Palace. Die Fertigstellung des Trafalgar Square, den er auch geplant hat, erlebte er leider nicht mehr. Fast alles, was er baute, bedeckte er natürlich mit Stuck.

II.

Backstein wäre vielleicht für immer als Baumaterial verdrängt worden, wenn man nicht eines urplötzlich hätte bedenken müssen: die Luftverschmutzung. Zu Beginn der Viktorianischen Ära wurden ungeheure Mengen Kohle in England verheizt. Eine typische Bürgerfamilie verbrauchte bis zu einer Tonne im Monat, und um die Mitte des neunzehnten Jahrhunderts gab es schon recht viele Bürgerfamilien im Land. Großbritannien insgesamt verbrauchte 1842 zwei Drittel aller in der westlichen Welt geförderten Kohle. Mit dem Resultat, dass in London über weite Strecken des Jahres eine fast undurchdringliche Düsternis herrschte. In einer Sherlock-Holmes-Geschichte muss Holmes mitten am Tage ein Streichholz anzünden, um etwas zu lesen, das auf einer Londoner Mauer steht. Oft war es so schwierig, den Weg zu finden, dass man gegen Wände rannte oder in unsichtbare Löcher plumpste. Berühmt wurde ein Vorfall, bei dem sieben Leute, einer nach dem anderen, in die Themse fielen. Als Joseph Paxton 1854 vorschlug, alle wichtigen Eisenbahn-Endbahnhöfe miteinander zu verbinden und die etwa achtzehn Kilometer lange »Grand Girdle Railway« zu bauen, meinte er, man solle sie vielleicht unter Glas bauen, damit die Fahrgäste nicht mit der ungesunden Londoner Luft in Kontakt kämen. Augenscheinlich fand er es besser, sich unter Glas in dem dichten Qualm der Lokomotiven aufzuhalten als draußen in dem dichten Rauch von allem anderen.*

Kohlenrauch zog praktisch alles in Mitleidenschaft – Kleidung, Gemälde, Pflanzen, Möbel, Bücher, Gebäude und die Atemwege. In Wochen mit richtig schlimmem Nebel wurden leicht tausend Sterbefälle mehr registriert als sonst. Selbst auf dem Smithfielder Fleischmarkt verendeten mehr Haustiere und mehr Vieh.

Auch die Steinbauten litten sehr. Neue strahlend saubere Gebäude verdreckten in Besorgnis erregendem Tempo. Portland-Stein nahm ein verstörend scheckiges Aussehen an, denn Mauern, die Wind und Regen ausgesetzt waren, blieben wunderbar weiß, doch die Stellen unter den Gesimsen und Türstürzen beziehungsweise sonst wie geschützte Flächen waren schnell schmutzig schwarz. Für den Buckingham Palast hatte Nash Bath-Stone genommen, weil er dachte, der sei strapazierfähiger. Da irrte er sich. Er fing fast sofort an zu bröckeln. Zur Rettung zog man einen weiteren Architekten, Edward Blore, zurate, der einen neu-

---

* Wirklich niemand hat unser Bild des viktorianischen London so geprägt wie der französische Illustrator Gustave Doré (1833–83); siehe Zeichnung auf S. 268 Es ist ein wenig verwunderlich, dass Doré sich dieses Sujets annahm, denn er sprach kaum ein Wort Englisch und verbrachte auch nicht viel Zeit in Großbritannien. Sein Privatleben war ein wenig bizarr, denn er hatte eine Reihe heißer Affären mit Schauspielerinnen – Sarah Bernhardt war seine berühmteste Eroberung –, lebte aber immer bei seiner Mutter und schlief sein ganzes Leben lang in einem Zimmer neben ihrem. Er selbst betrachtete sich als großen Maler, der Rest der Welt leider nicht, und so musste er sich damit begnügen, ein extrem erfolgreicher Illustrator von Büchern und Zeitschriften zu werden. In England war er sehr populär – in Mayfair gab es viele Jahre lang eine Galerie, die ausschließlich mit seinen Werken handelte –, und mit seinen düsteren Zeichnungen des Lebens in London, besonders der Elendsszenen in den engen Gassen, ist Gustave Doré der Nachwelt letztlich auch in Erinnerung geblieben. Interessanterweise gründet sich unsere visuelle Vorstellung des London aus dem neunzehnten Jahrhundert, vor der Zeit der Fotografie also, zu einem großen Teil auf Zeichnungen eines Künstlers, der nach dem Gedächtnis in einem Studio in Paris arbeitete und vieles falsch darstellte. Was wiederum Blanchard Jerrold, den Mann, der die Texte zu den Zeichnungen schuf, in den Wahnsinn trieb. (Und wem der Name Jerrold vage bekannt vorkommt – der Mann ist der Sohn des Journalisten des *Punch,* der die Ausstellungshalle zur Weltausstellung als Erster Kristallpalast nannte.)

en Flügel aus Caen-Stein baute und Nashs Hof auf allen Seiten schloss. Aber auch der neue Flügel zerbröckelte in Windeseile. Alarmierender war allerdings das neue Parlamentsgebäude, wo der Stein, schon während der Bau in die Höhe wuchs, schwarz wurde und erschreckende Löcher und Dellen bekam, als habe er unter Beschuss gelegen. Verzweifelt versuchte man, den Verfall aufzuhalten. Man bestrich die Oberfläche mit verschiedenen Mischungen aus Klebstoffen, Harzen, Leinöl und Bienenwachs, doch entweder bewirkten sie gar nichts, oder es entstanden noch bedenklichere Verfärbungen.

Nur zwei Materialien schienen unempfindlich gegen die aggressiven ätzenden Säuren zu sein. Zum einen ein bemerkenswerter Kunststein namens Coade-Stein (so benannt nach Eleanor Coade, der Besitzerin der Fabrik, in der er hergestellt wurde), der ungeheuer beliebt und zwischen 1760 und 1830 von allen führenden Architekten verwendet wurde. Coade-Stein war praktisch unzerstörbar und konnte zu jeder Art Fassadenschmuck verarbeitet werden – zu Friesen, Arabesken, Kapitellen, Konsolen und allem, was man sonst hätte meißeln müssen. Am bekanntesten ist vielleicht der große Löwe auf der Westminster Bridge unweit des Parlaments, der ganz aus Coade-Stein besteht. Er kam allenthalben zum Einsatz: am Buckingham Palast, in Windsor Castle, am Tower, sogar für den Grabstein von Captain Bligh (ja, dem von der Bounty!) auf dem Friedhof der Kirche St. Mary-at-Lambeth in London.

Coade-Stein fühlt sich an und sieht aus wie bearbeiteter Naturstein und verwittert so wenig wie der härteste Naturstein, ist aber kein Stein. Er ist – Überraschung! – aus Keramik, das heißt: aus gebranntem Ton. Je nach Beschaffenheit des Tons und der Intensität des Brands bekommt man drei verschiedene Werkstoffe: Keramik, Steingut oder Porzellan. Der Coade-Stein ist eine Art Steingut, doch besonders hart und haltbar. Meist ist er so wetterbeständig und resistent gegen Luftverschmutzung, dass er sogar noch nach fast zweieinhalb Jahrhunderten unter dem Einfluss der Elemente wie neu aussieht.

Hintergasse im viktorianischen London. Illustration von Gustave Doré.

Obwohl allseits beliebt und hochgeschätzt, ist erstaunlich wenig über den Coade-Stein und die Frau, die ihn herstellen ließ, bekannt. Wo und wann er erfunden wurde, wie Eleanor Coade damit zu tun bekam, warum die Firma Ende der 1830er Jahre plötzlich schließen musste, all das hat das Interesse der Wissenschaftler bisher nicht geweckt. Im *Dictionary of National Biography* steht über Mrs. Coade nur ein halbes Dutzend Absätze, und die einzige Gesamtgeschichte von ihr und ihrer Firma ist ein selbstverlegtes Werk der Historikerin Alison Kelly aus dem Jahr 1999.

Als gesichert gilt, dass Eleanor Coade die Tochter eines gescheiterten Geschäftsmannes aus Exeter war, um 1760 nach London kam und dort ein erfolgreiches Wäschegeschäft betrieb. Gegen Ende des Jahrzehnts lernte sie Daniel Pincot kennen, der schon Kunststein herstellte. Sie gründeten auf der Südseite der Themse, ungefähr dort, wo heute der Bahnhof Waterloo ist, eine Fabrik und begannen mit der Produktion hochwertigen Materials. Mrs. Coade wird oft die Erfindung zugeschrieben, es ist aber wahrscheinlicher, dass Pincot das Verfahren entwickelt und sie das Geld hatte. Wie dem auch sei, Pincot schied schon nach zwei Jahren aus der Firma aus, und man hörte nie wieder von ihm. Doch Eleanor Coade leitete das Unternehmen die nächsten zweiundfünfzig Jahre bis zu ihrem Tod (1821 im gesegneten Alter von achtundachtzig) äußerst erfolgreich, eine bemerkenswerte Leistung für eine Frau in dieser Zeit. Sie heiratete nie. Ob sie nett und beliebt war oder ein widerlicher Drachen, wissen wir nicht. Wir wissen nur, dass die Geschäfte ohne sie schlechter gingen und die Firma Coade schließlich pleiteging, allerdings so still und leise, dass heute niemand mehr das genaue Datum nennen kann.

Ein hartnäckiger Mythos besagt, dass Eleanor Coade das Geheimnis des Coade-Steins mit ins Grab genommen hat. Aber mindestens zwei Mal hat man ihn seitdem nach dem alten Verfahren hergestellt und damit bewiesen, dass nichts die Leute davon hätte abhalten können, den Stein weiter und auch heute noch kommerziell zu produzieren. Offenbar wollte es keiner.

Coade-Stein konnte man immer nur zu dekorativen Zwecken benutzen. Doch zum Glück gab es noch ein altehrwürdiges Baumaterial, dem die Luftverschmutzung gleichfalls nichts anhaben konnte, den Backstein. Mehr noch, der Dreck in der Luft sorgte nun dafür, dass Backstein ein großes Comeback erlebte. Etliche Faktoren, die zur rechten Zeit kamen, waren allerdings behilflich: Der Bau der Schifffahrtskanäle verbilligte den Transport von Gütern über beträchtliche Entfernungen, und nach Erfindung des Hoffmann'schen Ringofens (nach seinem Erschaffer benannt, dem Deutschen Friedrich Hoffmann) konnte man Backsteine serienmäßig und billiger herstellen. Mit Abschaffung der Backsteinsteuer 1850 verringerten sich die Kosten weiter. Angekurbelt wurde die Produktion aber vor allem durch das phänomenale Wachstum Großbritanniens im neunzehnten Jahrhundert – Städte, Industrie, Wohnungsbau für die immer zahlreicheren Menschen, all das wuchs und dehnte sich aus. Zu Lebzeiten Königin Victorias stieg die Bevölkerung Londons von einer Million auf fast sieben Millionen, und die jungen Industriestädte wie Manchester, Leeds und Bradford entwickelten sich noch rasanter. Insgesamt vervierfachte sich die Zahl der Häuser in Großbritannien in dem Jahrhundert, und sie waren in ihrer überwältigenden Mehrheit aus Backstein. Das waren auch die meisten Fabriken, Schornsteine, Bahnhöfe, Abwasserkanäle, Schulen, Kirchen, Bürogebäude und alles, was an Infrastruktur in dieser hektisch betriebsamen Zeit entstand. Backstein war unwiderstehlich vielseitig und preiswert. Er wurde zum Standardbaumaterial der Industriellen Revolution.

Einer Schätzung zufolge verbaute man in der Viktorianischen Periode in Großbritannien mehr Backsteine als in der gesamten Zeit vorher. London wuchs, und das hieß, dass sich Vororte mit mehr oder weniger identischen Backsteinhäusern ausbreiteten – meilenweit »monotone, öde Mittelmäßigkeit«, mit Disraelis knappen Worten. Für die Mittelmäßigkeit war natürlich weitgehend der Hoffmannofen verantwortlich, denn mit ihm kam die absolute Gleichmacherei in Größe, Farbe und Aussehen in die Welt der Backsteine. Gebäude aus diesen neuen Steinen waren viel grober und weniger charaktervoll als die früherer Perioden, doch sie waren auch viel billiger, und letztendlich konnten sich die Menschen dieser Tatsache nicht verschließen.

Bei Backsteinen bestand allerdings ein Problem, und das zeigte sich im Verlauf des Jahrhunderts, als Bauland rarer wurde, zunehmend deutlich. Backsteine sind wahnsinnig schwer, und richtig hohe Bauten kann man nicht mit ihnen errichten. Dabei hat man es durchaus versucht. Das höchste Backsteingebäude, das je gebaut wurde, war das sechzehnstöckige Monadnock Building, ein Allzweckbürogebäude, 1893 in Chicago fertig gestellt und von dem Architekten John Root von der berühmten Firma Burnham and Root kurz vor seinem Tod entworfen. Es steht immer noch und ist ein erstaunlicher Anblick. Die Wände auf Straßenhöhe mussten fast zwei Meter breit gemacht werden, um das ganze Gewicht zu tragen, und dadurch ist das Erdgeschoss ein dunkles, ungemütliches Gewölbe geworden.

Das Monadnock Building wäre überall etwas Besonderes gewesen, in Chicago aber ist es das insofern, als hier die Erde wie ein großer Schwamm ist. Die Stadt ist auf Wattland erbaut: Jedes Gewicht sinkt hier unweigerlich ein – und früher sind die Häuser auch mehr oder weniger immer eingesunken. Die meisten Architekten kalkulierten ungefähr dreißig Zentimeter Sinktoleranz ein. Bürgersteige wurden mit starker Neigung angelegt, vom Gebäude zum Bordstein ging es abwärts. Man hoffte, dass der Bürgersteig mit dem sich setzenden Gebäude zusammen absackte und am Ende perfekt horizontal zu ihm verlief. Praktisch erfüllte sich diese Hoffnung nie.

Um das Sinkproblem zu verringern, entwickelten die Architekten ein »Floß«, auf dem das Gebäude stehen konnte wie ein Surfer auf dem Surfbrett. Das Floß unter dem Monadnock Building steht auf jeder Seite mehr als drei Meter dreißig über, doch selbst mit dem Floß sank der Bau nach Fertigstellung fast sechzig

Zentimeter – was man bei einem sechzehnstöckigen Haus ja ungern sieht. Es zeugt von den Fähigkeiten John Roots, dass es immer noch steht. Nicht alle hatten dieses Glück. Ein Regierungsbürogebäude, das Federal Building, das 1880 für sage und schreibe fünf Millionen Dollar erbaut worden war, legte sich so schnell und gefährlich zur Seite, dass es keine zwei Jahrzehnte hielt. Viele andere kleinere Gebäude erlebten ein ähnlich frühes Ende.

Die Architekten brauchten also ein leichteres, flexibleres Baumaterial, und lange hatte es den Anschein, als könne es Eisen sein, das Joseph Paxton mit seinem Kristallpalast weltweit berühmt gemacht hatte.

Zum Bauen benutzte man zwei Arten: Gusseisen und Schmiedeeisen. Gusseisen (das so heißt, weil es in Formen gegossen wird) hielt zwar großem Druck stand, doch weniger gut Spannung. Da neigte es dazu, auseinanderzubrechen wie ein Bleistift, den man horizontal belastet. Aus Gusseisen konnte man also wunderbar Säulen, aber keine Querbalken fertigen. Im Gegensatz dazu war Schmiedeeisen für horizontalen Einsatz stark genug, aber teurer, weil seine Herstellung komplizierter und damit zeitaufwändiger war, denn es musste noch in geschmolzenem Zustand mehrfach gerührt werden. Auf diese Weise wurde es nicht nur belastbarer, sondern auch formbar – das heißt, man konnte es wie Kaubonbons in die Länge ziehen und in Formen biegen, weshalb ja auch ornamentalere Dinge wie Tore aus Schmiedeeisen gemacht wurden. Beide Eisenarten wurden bei großen Bauvorhaben und Ingenieurprojekten auf der ganzen Welt verwendet.

Wo sich Eisen kurioserweise aber nie durchsetzte, außer einmal durch Zufall, war im Wohnungsbau. Anderswo wurde es immer mehr gebraucht, bis man merkte, dass Stärke eigentlich doch nicht seine verlässlichste Eigenschaft war. Bisweilen versagte es verstörend spektakulär. Besonders Gusseisen zersplitterte oder zerbrach, wenn es nicht perfekt gegossen war, was man aber vorher nicht entdecken konnte. Das zeigte sich auf tragische Weise im Winter 1860 in einer Textilfabrik in Lawrence, Massachusetts. Als dort an einem kalten Morgen neunhundert Frauen, meist irische Einwanderinnen, an ihren ratternden Maschinen bei der Arbeit waren, knickte eine der gusseisernen Säulen ein, die das Dach hielten. Wie Knöpfe, die an einem Hemd platzen, knickten mit einem Moment Verzögerung alle anderen Säulen nacheinander ein. Die entsetzten Arbeiterinnen rannten zu den Ausgängen, doch bevor viele von ihnen entkommen konnten, brach das ganze Gebäude mit einem Brüllen zusammen, das niemand, der dabei war, je vergaß. Etwa zweihundert Menschen starben, wenn sich auch bemerkenswerterweise weder sofort noch später jemand die Mühe machte, die genaue Zahl der Opfer festzustellen. Hunderte wurden verletzt. Viele von denen, die im Inneren gefangen waren, fanden einen grässlichen Tod in dem Feuer, das durch zerbrochene Lampen verursacht worden war.

Als im Jahrzehnt danach eine Brücke über den Ashtabula River in Ohio kollabierte, während ein Personenzug darüberfuhr, geriet Eisen weiter in Verruf. Sechsundsiebzig Menschen kamen um. Das Unglück wiederholte sich mit gespenstischer Präzision fast auf den Tag genau drei Jahre später auf der Brücke am Tay in Schottland. Als bei schlechtem Wetter ein Zug darüberrollte, knickte ein Teil der Brücke ein, die Waggons wurden tief ins Wasser darunter geschleudert, und es starben beinahe genauso viele Menschen wie am Ashtabula River. Das waren die berüchtigtsten Tragödien; kleinere Missgeschicke mit Eisen waren an der Tagesordnung. Manchmal explodierten Dampfkessel aus Gusseisen, und häufig wurden unter dem Druck schwerer Lasten oder bei Wetterwechsel Schienen locker oder verbogen sich, und die Züge entgleisten. Dass Eisen so viele Nachteile hatte, war dem Erie-Kanal nur dienlich. Er wurde bis weit ins Zeitalter der Eisenbahnen viel benutzt, obwohl er jeden Winter monatelang zugefroren und nicht passierbar war. Züge konnten das ganze Jahr fahren, und als die Lokomotiven stetig besser wurden, konnten sie theoretisch auch mehr Fracht ziehen.

Doch praktisch waren die Eisenbahnschienen nicht stabil genug für wirklich schwere Lasten.

Man brauchte etwas viel Stärkeres, und das war der Stahl – lediglich eine andere Art von Eisen, mit einem anderen Kohlenstoffgehalt. Stahl war in jeder Hinsicht ein besseres Material, konnte aber nicht in großen Mengen erzeugt werden, weil man sehr hohe Temperaturen brauchte. Schwerter oder Rasierklingen konnte man prima herstellen, nicht aber großformatige Industrieerzeugnisse wie Balken und Schienen. 1857 wurde das Problem dann völlig überraschend gelöst. Und zwar von einem englischen Geschäftsmann, der keinerlei Kenntnisse der Metallverarbeitung besaß, aber gern herumtüftelte und experimentierte. Er hieß Henry Bessemer und war schon extrem erfolgreich, weil er ein Bronzepulver erfunden hatte, das man allenthalben zum Vergolden benutzte. Da man zur viktorianischen Zeit vergoldete Oberflächen liebte, wurde Bessemer mit seinem Pulver reich und hatte Zeit und Muße, sich seinen Erfindergelüsten hinzugeben. Im Krimkrieg kam er auf den Gedanken, schwere Geschütze herzustellen, doch er wusste, dass er dazu besseres Material als Guss- oder Schmiedeeisen brauchte, und begann mit neuen Methoden zu experimentieren. Obwohl er eigentlich keine Ahnung hatte, was er tat, blies er Luft in geschmolzenes Roheisen, um zu sehen, was passierte. Was nach herkömmlichem Wissen hätte passieren sollen, war eine gewaltige Explosion. Weshalb ja auch bisher noch niemand, der einigermaßen bei Sinnen war, ein solch närrisches Experiment durchgeführt hatte. Aber bei Bessemer explodierte nichts, sondern es entstand eine Flamme von sehr hoher Intensität, die alle Unreinheiten aus dem Eisen herausbrannte und harten Stahl daraus machte.

Von nun an war es möglich, Stahl in großen Mengen zu produzieren. Stahl war natürlich das Material, auf das die Industrielle Revolution gewartet hatte. Alles, von Eisenbahnschienen bis zu Ozeandampfern und Brücken, konnte man jetzt schneller, stärker und billiger produzieren. Wolkenkratzer wurden möglich,

Stadtlandschaften veränderten sich. Lokomotiven wurden so robust, dass sie mächtige Ladungen in hohem Tempo über Kontinente ziehen konnten. Bessemer wurde ungeheuer reich und berühmt, und viele (laut einer Quelle, dreizehn) Städte in den Vereinigten Staaten nannten sich zu seinen Ehren Bessemer oder Bessemer City.

Weniger als ein Jahrzehnt nach der Großen Londoner Industrieausstellung 1851 war Eisen als Baumaterial veraltet – umso seltsamer, dass das Riesenbauwerk, das sich bald über Paris erheben sollte, aus ebendiesem, dem Untergang geweihten Material bestehen würde: der Eiffelturm. Nie in der Geschichte war ein Bau gleichzeitig technisch so fortgeschritten, aber vom Material her so überholt und obendrein so herrlich sinnlos gewesen. Und um diese bemerkenswerte Geschichte zu erzählen, müssen wir wieder nach oben gehen, in einen neuen Raum.

Zehntes Kapitel

Der Flur

I.

Sein voller Name lautete Alexandre Gustave Bönickhausen-Eiffel, und er war zu einem Leben respektabler Bedeutungslosigkeit in der Essigfabrik seines Onkels in Dijon bestimmt. Doch die Fabrik ging bankrott, und er wurde Ingenieur.

Ein hervorragender sogar – und das ist noch untertrieben. Er baute Brücken und Viadukte über unglaubliche Schluchten, Bahnhofshallen von überwältigenden Ausmaßen und grandiose, kühne Konstruktionen, die immer noch beeindrucken und inspirieren, darunter 1884 die komplizierteste von allen, das innere Stützgerüst der Freiheitsstatue. Allgemein gilt die Freiheitsstatue als Werk des Bildhauers Frédéric-Auguste Bartholdi, und er hat sie ja auch entworfen. Doch ohne die begnadete Leistung der Ingenieure, durch die sie aufrecht erhalten wird, wäre sie bloß eine hohle Figur aus gehämmertem Kupfer, etwa so dünn wie ein Schokoladenosterhase, kaum ein Viertelzentimeter also. Sie ist 46 Meter hoch und muss sich Tag für Tag gegen Wind und Schnee, peitschenden Regen und salzige Gischt, gegen Ausdehnung und Zusammenziehen des Metalls in Sonne und Kälte und tausend andere Drangsale behaupten.

Mit solchen Unbilden umzugehen sah sich noch nie ein Ingenieur berufen, doch Eiffel kam auf eine äußerst geschickte Lösung: Er schuf ein Skelett aus Eisenträgern und Federn, auf dem die Kupferhaut getragen wurde wie ein Kleidungsstück. Obwohl er gar nicht daran dachte, was seine Technik für herkömmliche

Bauten bedeuten mochte, hatte er die vorgehängte Fassadenkonstruktion erfunden, die wichtigste Bautechnik des zwanzigsten Jahrhunderts, die den Bau von Wolkenkratzern ermöglichte. (Unabhängig von Eiffel erfanden die Schöpfer der ersten Wolkenkratzer in Chicago gleichfalls die vorgehängte Fassadenkonstruktion, doch Eiffel war schneller.) Die Freiheitsstatue ist also eine ganz tolle Ingenieurleistung, aber weil sich das, was so genial daran ist, unter ihrem Gewand versteckt, weiß sie kaum jemand zu schätzen.

Eiffel war kein eitler Mann, doch bei seinem nächsten großen Projekt sorgte er dafür, dass seine Rolle auch gebührend herausgestellt wurde. Zur Weltausstellung in Paris 1889 schuf er etwas, das *nur* Skelett war! Wie bei solchen Ereignissen üblich wollten die Veranstalter ein deutlich sichtbares Symbol und baten um Vorschläge. Etwa einhundert wurden eingereicht, darunter (wohl zur Feier des einzigartigen Beitrags Frankreichs zur Kunst des Kopfabschlagens) ein Entwurf für eine zweihundertsiebzig Meter hohe Guillotine, was viele Leute jedoch kaum abstruser fanden als Eiffels Einsendung. Sinn und Zweck eines gigantischen Bohrturms, ohne jede Funktion, mitten in ihrer Stadt, leuchteten vielen Parisern nicht ein. Aber Eiffel gewann.

Sein Turm war nicht nur das größte Bauwerk, das jemals vorgeschlagen worden war, sondern auch das größte komplett nutzlose Bauwerk. Es war kein Schloss, keine Begräbnisstätte und kein Gotteshaus, ja, es diente nicht einmal der Erinnerung an einen gefallenen Helden. Eiffel behauptete zwar tapfer, dass sein Turm viele praktische Anwendungsmöglichkeiten berge – einen fabelhaften militärischen Ausguckposten abgäbe, auf seinen oberen Etagen Platz für viele nützliche luftfahrttechnische und meteorologische Experimente biete –, doch selbst er räumte schließlich ein, dass es ihm hauptsächlich darum gehe, etwas absolut Riesengroßes zu bauen. Eine etwas seltsam anmutende Begründung.

Zahlreiche Leute, besonders Künstler und Intellektuelle, fanden den Turm furchtbar. Ein paar herausragende Köpfe, darun-

Eiffelturm im Bau, Paris, 1888

ter Alexandre Dumas, Emile Zola, Paul Verlaine und Guy de
Maupassant, echauffierten sich sehr und verfassten einen langen
offenen Brief, in dem sie gegen die »Schändung von Paris« protes-
tierten und vorbrachten, »Fremde, die unsere Ausstellung besuchen wollen, werden vor Verwunderung aufschreien: ›Was! Dieses
Monstrum haben die Franzosen geschaffen, um uns eine Kost-
probe von ihrem hochgerühmten Geschmack zu geben?‹« Der
Eiffelturm, fuhren die Protestierer fort, sei »die groteske, geldgie-
rige Erfindung eines Maschinenbauers«. Eiffel nahm die Beleidi-

gungen mit heiterer Gelassenheit auf und wies lediglich darauf hin, dass einer der empörten Unterzeichner des Briefes, der Architekt Charles Garnier, Mitglied der Kommission gewesen sei, die den Turm genehmigt hatte.

In seinem fertigen Zustand ist der Eiffelturm so einzigartig und harmonisch, steht, so wie er ist, derart selbstverständlich da, dass wir uns in Erinnerung rufen müssen, was für ein ungeheuer komplexes, montiertes Gebilde er ist: ein fein zisliertes Gerüst aus 18 000 raffiniert zusammengefügten Teilen, hinter denen ein sehr kluger Kopf steckt, der sehr viel nachgedacht hat. Betrachten wir nur die 55 Meter bis zur ersten Plattform, was der Höhe eines fünfzehnstöckigen Gebäudes entspricht. Bis dahin lehnen sich die Beine in einem Winkel von vierundfünfzig Grad steil nach innen. Klar, dass sie umkippen würden, wenn sie nicht mit der Plattform verstrebt wären. Andererseits könnte sich auch die Plattform nicht dort oben halten, ohne dass die vier Beine darunter sie stützten. Die Teile greifen perfekt ineinander, aber *bis* es so weit ist, stützt natürlich nichts nichts. Die erste Herausforderung für Eiffel war es, vier immens hohe und schwere Beine im richtigen Moment so in eine feste Position zu bringen, dass sie eine große und sehr schwere Plattform halten konnten. Eine Abweichung von nur einem Zehntel Grad hätte jedes Bein um fünfundvierzig Zentimeter verschoben – viel zu viel, als dass man es hätte korrigieren können, ohne alles wieder abzutragen und von vorn zu beginnen. Eiffel bewältigte diese heikle Operation, indem er jedes Bein in einen riesigen Container mit Sand stellte, wie einen Fuß in einen großen Schuh. Als die Arbeit an ihnen beendet war, konnte man sie leicht in die richtige Position bringen, indem man den Sand sorgfältig kontrolliert aus den Kästen rieseln ließ. Dieses Vorgehen funktionierte tadellos.

Das war aber erst der Anfang. Über der ersten Plattform wurde ein weiteres, 245 Meter hohes Gestell aus 15 000 meist großen, sperrigen Teilen errichtet, die alle in zunehmend schwindelnde Höhen an Ort und Stelle gehievt werden mussten. An manchen

Stellen betrug die Toleranz gerade mal ein Zehntel Millimeter. Nicht wenige Beobachter waren überzeugt, dass der Turm unter seinem eigenen Gewicht zusammenbrechen würde. Ein Mathematikprofessor kritzelte fieberhaft stapelweise Papier mit Berechnungen voll und erklärte, wenn der Turm zwei Drittel seiner geplanten Höhe erreicht habe, würden die Beine sich abspreizen, das Ganze mit Karacho einstürzen und die Umgebung unter sich zermalmen. In Wirklichkeit ist der Eiffelturm mit 9500 Tonnen recht leicht – schließlich besteht er zum größten Teil aus Luft – und brauchte nur etwas über zwei Meter tiefe Fundamente.

Es dauerte länger, ihn zu entwerfen, als ihn zu bauen. Letzteres war in nicht einmal zwei Jahren geschafft und längst nicht so teuer wie veranschlagt. Auf der Baustelle wurden nur 130 Arbeiter gebraucht, und keiner starb während des Baus – eine wunderbare Leistung für ein so riesiges Projekt in der Zeit. Bis zur Errichtung des Chrysler Building in New York im Jahre 1930 sollte der Eiffelturm das höchste Bauwerk der Welt bleiben. Obwohl 1889 Stahl Eisen allmählich überall ersetzte, nahm Eiffel ihn nicht, weil er immer mit Eisen gearbeitet hatte und sich mit Stahl nicht auskannte. Es liegt also eine gewisse Ironie darin, dass das größte Bauwerk, das je aus Eisen gebaut wurde, auch das letzte aus diesem Material war.

Der Eiffelturm war im ganzen neunzehnten Jahrhundert das beeindruckendste und fantasievollste Bauwerk überhaupt, und vielleicht auch die gewaltigste Konstrukteurleistung, doch nicht das teuerste und nicht einmal das teuerste in dem Jahr. Genau zu der Zeit nämlich, als er in Paris gen Himmel strebte, wuchs dreitausend Kilometer entfernt im Vorgebirge der Appalachen im Bundesstaat North Carolina ein noch teureres Gebäude in die Höhe – ein Privathaus im ganz großen Stil. Seine Fertigstellung sollte mehr als doppelt so lange dauern wie die des Eiffelturms, es sollten viermal so viele Arbeiter daran arbeiten, der Bau dreimal so viel kosten und dabei nur ein paar Monate im Jahr von einem Mann und seiner Mutter bewohnt werden. Das Haus hieß Biltmore, und es war (und ist) das riesigste Eigenheim, das je in Nordamerika gebaut wurde. Nichts sagt mehr über die sich verlagernde Wirtschaftskraft Ende des neunzehnten Jahrhunderts aus als die Tatsache, dass man in der Neuen Welt nun Wohnhäuser baute, die größer waren als die größten Monumente der Alten Welt.

1889 hatten Luxus und Überfluss in den Vereinigten Staaten wahrlich gigantische Ausmaße angenommen. Mark Twain prägte für diese Zeit den Begriff *Gilded Age,* Vergoldetes Zeitalter, und der Name blieb. Eine solche Phase der Prosperität sollte nie wiederkommen. Zwischen 1850 und 1900 wurde in den Vereinigten Staaten jedes Maß an Reichtum, Produktivität und Wohlstand übertroffen. Die Einwohnerzahl des Landes verdreifachte sich, doch der Wohlstand wuchs um das Dreizehnfache. Die Stahlproduktion stieg von 13 000 Tonnen im Jahr auf 11,3 Millionen. Die Exportsumme der verschiedensten Metallerzeugnisse – Waffen, Schienen, Rohre, Dampfkessel, Maschinen aller Art – kletterte von sechs Millionen Dollar auf 120. Gegen Ende des Jahrhunderts betrug die Zahl der Millionäre vierzigtausend – 1850 hatte es nicht mal zwanzig gegeben.

Die Europäer betrachteten die erfolgreiche Industrialisierung der Vereinigten Staaten zunächst amüsiert, dann bestürzt, dann zunehmend alarmiert. In Großbritannien bildete sich eine sogenannte Nationale Effizienzbewegung, die unbedingt den britischen Bulldoggengeist wiederzubeleben suchte, mit dem das Land es bisher zu solcher Größe gebracht hatte. Bücher wie *Die amerikanischen Invasoren* und *Amerikas »Handelsinvasion« in Europa* gingen weg wie warme Semmeln. Doch in Wirklichkeit war die Entwicklung erst am Anfang.

Bei Anbruch des zwanzigsten Jahrhunderts produzierten die Vereinigten Staaten mehr Stahl als Deutschland und Großbritannien zusammen – das wäre ein halbes Jahrhundert zuvor noch undenkbar gewesen! Besonders aber wurmte die Europäer, dass zwar alle technischen Fortschritte in der Stahlproduktion made in Europe waren, der Stahl jedoch made in America. 1901 schluckte J.P. Morgan eine Schar kleinerer Firmen und verschmolz sie zu der mächtigen US Steel Corporation, dem größten Wirtschaftsunternehmen, das die Welt je gesehen hatte. Sein Wert von 1,4 Milliarden Dollar überstieg den des gesamten Landes westlich des Mississippi, und seine jährlichen Einnahmen waren doppelt so hoch wie die der US-Regierung.

Mit dem industriellen Aufstieg der Vereinigten Staaten ging bald eine erlauchte Namensliste von Finanzmagnaten einher. Die Rockefellers, Morgans, Astors, Mellons, Morgans, Fricks, Carnegies, Goulds, du Ponts, Belmonts, Harrimans, Huntingtons, Vanderbilts und viele mehr genossen einen buchstäblich unerschöpflichen Familienreichtum. John D. Rockefeller verdiente, in heutigem Geld gemessen, eine Milliarde Dollar pro Jahr und zahlte keine Einkommensteuer. Die zahlte auch sonst niemand, denn es gab sie in den Vereinigten Staaten noch nicht. Der Kongress versuchte 1894 eine Einkommensteuer von zwei Prozent auf Einkommen über 4000 Dollar einzuführen, doch das Oberste Bundesgericht war der Meinung, das verstoße gegen die Verfassung. Erst 1914 wurde die Einkommensteuer durchgesetzt, bis dahin konnte man alles Geld, das man verdiente, behalten. So reich sollten auch danach nie wieder Leute werden.

Das ganze Geld auszugeben wurde für viele ein regelrechter Vollzeitjob. Fast alles, was sie taten, bekam einen verzweifelten, abgeschmackten Touch. Bei einer Dinnerparty in New York fanden die Gäste einen mit Sand vollgehäuften Esstisch vor und an jedem Platz einen kleinen goldenen Spaten. Mit dem bat man sie nach Diamanten und sonstigem kostspieligem Glitzerkram zu graben, die in dem Sand versteckt waren. Bei einer anderen Party führte man mehrere Dutzend Pferde mit wattierten Hufen in den Ballsaal von Sherry's, einem riesigen, allseits geschätzten Speiseetablissement, band die Vierbeiner um die Tische herum fest, und dann konnten die Gäste, als Cowboys und Cowgirls verkleidet, dem neuartigen und ergreifend sinnfreien Spaß frönen, hoch zu Pferde in einem New Yorker Ballsaal zu dinieren. Viele Partys kosteten Zehntausende von Dollar. Am 26. März 1883 toppte Mrs. William K. Vanderbilt alles bisher Dagewesene und schmiss eine Fête, die 250 000 Dollar kostete. Aber man feierte ja auch das Ende der Fastenzeit, bemerkte die *New York Times* verständnisvoll. Weiland noch leicht zu blenden, schilderte die *Times* in einem ungebremsten Wortschwall von 10 000 Worten jede Einzelheit des Ereignisses. Es war übrigens die Party, zu der Mrs. Cornelius Vanderbilt als elektrische Glühbirne verkleidet kam – wahrscheinlich das einzige Mal in ihrem Leben, dass sie das Attribut strahlend verdiente.

Viele Neureiche reisten nach Europa und begannen Kunst, Möbel und was immer man in Kisten packen und über den Ozean verschiffen konnte, zu kaufen. Henry Clay Folger, der Präsident von Standard Oil (und entfernt mit der Kaffeefamilie Folger verwandt), fing an, erste Foliobände von Shakespeares Werken aufzukaufen, meist von klammen Aristokraten, und hatte schließlich ein Drittel aller erhaltenen Exemplare in seinem Besitz. Heute bilden sie den Grundstock der großartigen Folger Shakespeare Library in Washington. Viele andere, wie zum Beispiel Henry Clay Frick oder Andrew Mellon, bauten große Kunstkollektionen auf, während andere unterschiedslos alles zusammenrafften. Der Zeitungsmagnat William Randolph Hearst tat sich dabei ganz besonders hervor: Er erwarb derart ungebremst Schätze, dass er zu ihrer Unterbringung in Brooklyn zwei Lagerhäuser brauchte.

Nicht zufrieden mit dem Sammeln europäischer Kunst und Kunstgegenstände, gingen die Neureichen dann dazu über, sich Ehegatten aus der Alten Welt zuzulegen. Im letzten Viertel des neunzehnten Jahrhunderts wurde es nämlich Mode, sich Aristokraten in Geldnöten auszugucken und seine Töchter an sie zu verheiraten. Nicht weniger als fünfhundert reichen jungen Amerikanerinnen war ein solches Arrangement genehm. Fast jedes Mal ging es dabei weniger um eine Heirat als um eine geschäftliche Transaktion. May Goelet, die ein Erbe von 12,5 Millionen in Aussicht hatte, wurde von einem Hauptmann George Holford begehrt, der reich war und drei große Häuser besaß. »Leider«, schrieb sie wehmütig nach Hause, »hat der gute Mann keinen Titel.« Also ehelichte sie den Herzog von Roxburghe, was ihr einen Wahnsinnstitel einbrachte, aber ein miserables Leben.

Manche britischen Adelsfamilien schienen sich andererseits auf Teufel komm raus mit reichen Amerikanerinnen verbinden zu wollen. Lord Curzon ehelichte zwei Damen aus der Neuen Welt (nacheinander natürlich), der achte Herzog von Marlborough Mrs. Lily Hammersley, eine amerikanische Witwe, die über keine sonderlichen Reize verfügte (eine Zeitung beschrieb sie als »schlecht gekleidete Frau mit Schnurrbart«), aber sagenhaft reich war. Der neunte Herzog, sein Sohn, wiederum führte Consuelo Vanderbilt zum Traualtar, die gut aussah *und* 4,2 Millionen Dollar in Eisenbahnaktien mitbrachte. Sein Onkel Lord Randolph Churchill heiratete die Amerikanerin Jennie Jerome, die der Familie nicht so viel Geld brachte, aber Winston Churchill produzierte. Anfang des zwanzigsten Jahrhunderts wurden zehn Prozent aller britischen adligen Ehen mit Amerikanerinnen geschlossen – in der Tat eine beachtliche Anzahl!

In Amerika bauten die neuen Reichen grandiose Häuser. Allen voran die Vanderbilts. Allein auf der Fifth Avenue in New York errichteten sie zehn riesige Stadtpalais. Eines hatte 137 Zimmer, womit es zu einem der größten wurde, die je existierten. In Newport, Rhode Island, hatten die Vanderbilts weitere Prunkvillen. Dass die Superreichen ganz ausnahmsweise auch einmal ironisch sein konnten, mag man darin sehen, dass sie ihre Häuser in Newport als »Cottages« bezeichneten. Dabei waren die Häuser so groß, dass sogar die Diener Leute brauchten, die ihnen zur Hand gingen, und es gab weite Marmorflächen darin, herrlich funkelnde Kronleuchter, Tapisserien, groß wie Tennisplätze, und aus Silber und Gold gehämmerte Armaturen und dergleichen. Wenn man eines davon, The Breakers, heute bauen würde,

würde es eine halbe Milliarde Dollar verschlingen – vielleicht ein ganz kleines bisschen übertrieben für eine Sommerresidenz. Die protzigen Anwesen erregten schließlich derart weitverbreitetes Missfallen, dass ein Senatsausschuss eine Zeitlang ernsthaft ein Gesetz in Erwägung zog, das die Summe begrenzte, die man für ein Haus ausgeben durfte.

Der Architekt, der hier heftig seine Hand im Spiel hatte, war Richard Morris Hunt. Hunt wuchs als Sohn eines Kongressabgeordneten in Vermont auf, ging aber mit neunzehn nach Paris und studierte als erster US-Amerikaner an der École des Beaux Arts Architektur – ja, er machte als erster Amerikaner überhaupt eine formale Ausbildung zum Architekten. Er war charmant und sah gut aus – angeblich »der schönste Amerikaner in Paris« –, doch bis 1881, als er schon weit über fünfzig war, war seine Karriere zwar erfolgreich und respektabel, aber einen Hauch mittelmäßig. Typisch für seine Projekte war sein Entwurf für das Fundament der Freiheitsstatue, ein lukrativer Auftrag, aber kaum einer, mit dem man einen Ruf begründet. Doch dann entdeckte er reiche Leute. Insbesondere die Vanderbilts.

Die Vanderbilts waren die reichste Familie in den Vereinigten Staaten, ihr Imperium war auf Eisenbahnen und Reedereien von Cornelius Vanderbilt gegründet, einem, mit den Worten eines Zeitgenossen, »ungehobelten, Tabak kauenden, vulgären Tölpel«. Cornelius Vanderbilt – der »Kommodore«, wie er sich gern nennen ließ, obwohl er keinen Anspruch auf den Admiralstitel hatte – war nicht sonderlich kultiviert oder intellektuell interessant, doch geradezu unheimlich geschickt, das Geld nur so zu scheffeln.[*]

Es gab eine Zeit, in der ungefähr zehn Prozent allen in den

---

[*] Der Kommodore hatte übrigens am eigenen Leib erfahren, wie wenig belastbar Eisen war. 1838 entgleiste ein Zug der Camden and Amboy Railroad, mit dem er unterwegs war. Eine Achse brach, und Vanderbilts Wagen krachte eine neun Meter hohe Böschung hinunter. Zwei Fahrgäste starben. Vanderbilt überlebte schwer verletzt. Ebenfalls in dem Zug befand sich der frühere Präsident der Vereinigten Staaten, John Quincy Adams. Er kam unbeschadet davon.

Vereinigten Staaten in Umlauf befindlichen Geldes ihm gehörten. Die Vanderbilts besaßen gemeinsam etwa 30 000 Kilometer Eisenbahnstrecken sowie das meiste, was darüberrollte, und verdienten damit so viel Geld, dass sie eigentlich nicht mehr wussten, wohin damit.

Richard Morris Hunt unterstützte sie netterweise dabei, es auszugeben. Er baute in der Fifth Avenue in New York, in Bar Harbor in Maine, auf Long Island und in Newport prunkvolle Luxusresidenzen für sie. Selbst das Familienmausoleum auf Staten Island war mit 300 000 Dollar so teuer wie manche überdimensionierte Prachtvilla. Einerlei, was die Vanderbilts für bauliche Kapriolen schlugen, Hunt war ihnen behilflich. Oliver Belmont, Gatte Alva Vanderbilts, war zum Beispiel verrückt nach Pferden. Er ließ Hunt eine Villa mit zweiundfünfzig Zimmern entwerfen, Belcourt Castle, in der das gesamte Erdgeschoss aus Ställen bestand, so dass der Hausherr seine Kutsche durch die massiven Eingangstore ins Haus fahren konnte. Die Ställe für die Pferde hatten Teakverkleidungen und Armaturen aus Sterlingsilber. Der Wohnbereich für die Menschen befand sich darüber.

In der Frühstücksecke einer der vielen Vanderbilt-Villen hing ein Rembrandt. In The Breakers war das Spielhaus für die Kinder größer und besser eingerichtet als die Wohnhäuser der meisten US-Bürger; es hatte Klingeln, die mit dem Haupthaus verbunden waren, so dass die Kinder die Diener herbeirufen konnten, wenn sie plötzlich Durst hatten, einen Schnürsenkel gebunden haben mussten oder sonst in eine Krise schlitterten, weil es ihnen an Bequemlichkeit mangelte.

Die Vanderbilts wurden so mächtig und selbstherrlich, dass sie sich alles erlauben konnten. Buchstäblich sogar Mord. Reggie Vanderbilt, Sohn von Cornelius und Alice, war ein berüchtigt rücksichtsloser Autofahrer (außerdem anmaßend, faul, dumm, kurzum, bar jeder positiven Eigenschaft), der bei fünf verschiedenen Gelegenheiten in New York Fußgänger um- oder überfuhr. Zwei von denen, die er zur Seite schleuderte, starben, ein dritter blieb sein Leben lang verkrüppelt. Reggie wurde nie zur Verantwortung gezogen.

Das einzige Familienmitglied, das scheinbar gegen den Drang gefeit war, über die Stränge schlagen oder sich als Ekel gebärden zu müssen, war George Washington Vanderbilt, der so entsetzlich schüchtern und still war, dass ihn die Leute manchmal für geistig zurückgeblieben hielten. Dabei war er hochintelligent und sprach acht Sprachen. Er lebte bis ins Erwachsenenalter zu Hause und vertrieb sich die Zeit damit, moderne Literatur ins Altgriechische zu übersetzen und klassische griechische Texte in moderne Sprachen. Er besaß eine Sammlung von über zwanzigtausend Büchern, vermutlich die größte Privatbibliothek in den Vereinigten Staaten. Als sein Vater starb und ein Vermögen von etwa 200 Millionen Dollar hinterließ, erbte George, damals dreiundzwanzig Jahre alt, zehn Millionen davon, was nicht nach viel klingt, aber 300 Millionen in heutigem Geld entspricht.

1888 beschloss er endlich, sich ein eigenes Haus zu bauen. Er kaufte gut 500 Quadratkilometer Waldland in North Carolina und engagierte Richard Morris Hunt, der ihm etwas schön Gemütliches darauf bauen sollte. Er selbst wollte gern ein Loire-Schloss, aber natürlich nobler und mit besseren sanitären Anlagen. Biltmore, heftig nachempfunden dem berühmten Château de Blois, ist ein weiträumiger, glorios überkandidelter Kasten aus Kalkstein, besitzt 250 Räume, eine 238 Meter lange Fassade und eine Grundfläche von gut 20 000 Quadratmetern. Für seinen Bau beschäftigte Vanderbilt eintausend Arbeiter zu einem durchschnittlichen Tageslohn von 90 Cent.

Er stellte Biltmore voll mit dem Feinsten von allem, was ihm die Europäer verscherbelten – was Ende der 1880er Jahre fast alles umfasste: Tapisserien, Möbel, klassische Kunstwerke. Das Ausmaß der Residenz erinnert an die manischen Exzesse von William Beckford bei der Fonthill Abbey, ja übertrifft sie noch in wesentlichen Punkten. Am Esszimmertisch fanden sechsundsiebzig Leute Platz. Die Decke war fast 23 Meter hoch. Es muss gewesen sein, als lebe man in der Halle eines größeren Hauptbahnhofs.

Für die Gartenanlagen engagierte Vanderbilt den alternden Frederick Law Olmsted, der den Central Park in New York entworfen hatte. Der überredete ihn, einen Großteil des Anwesens zum Experimentieren mit Aufforstungsprojekten zur Verfügung zu stellen. Der Landwirtschaftsminister J. Sterling Morton rieb sich die Augen, als er hörte, dass Vanderbilt für seinen einen Wald mehr Männer beschäftigte und ein größeres Budget hatte als er, der Minister, für ein ganzes Ministerium. Auf dem Anwesen gab es dreihundert Kilometer Straße. Außerdem eine richtige kleine Stadt mit Schulen, Krankenhaus, Kirchen, Bahnhof, Banken und Läden für die zweitausend Angestellten und ihre Familien. Ihnen ging es durchaus gut, auch wenn sie in halbfeudalen Verhältnissen lebten und vielfach reglementiert wurden. Zum Beispiel durften sie keine Hunde halten. Damit das Gut wirtschaftlich wurde, ließ Vanderbilt in seinen Wäldern Bauholz schlagen und auf den vielen Farmen Obst, Gemüse, Milchprodukte und Eier produzieren sowie Geflügel und Vieh halten. Auch Holz und landwirtschaftliche Produkte ließ er weiterverarbeiten.

Er wollte mit seiner Mutter ein paar Monate im Jahr dort leben, aber als sie kurz nach der Fertigstellung Biltmores starb, lebte er dort in unendlicher Einsamkeit allein, bis er 1898 Edith Stuyvesant Dresser heiratete, mit der er ein Kind zustande brachte, Cornelia. In der Zeit zeichnete sich indes schon ab, dass der Unterhalt des Guts auf Dauer viel zu teuer werden würde. Die jährlichen Verluste beliefen sich auf eine viertel Million Dollar, und George musste den Betrieb aus seinem schwindenden Kapitalvermögen am Laufen halten. Als er 1914 plötzlich starb, verkauften seine Frau und seine Tochter so viel von dem Gut, wie sie konnten, so schnell, wie sie konnten, und wurden nie wieder dort gesehen.

II.

An dieser Stelle sollten wir einen Moment überlegen, wo wir sind und warum. Wir sind im Flur. Es ist der am wenigsten behagliche und düsterste Ort im alten Pfarrhaus, denn er hat keine Fenster und muss sich mit dem Licht bescheiden, das durch die offenen Türen der davon abgehenden Zimmer kommt. Etwa halb durch den Gang ist eine Tür, die man schließen konnte – und die früher auch zweifellos geschlossen wurde –, um den Arbeitsbereich von dem privaten zu trennen. Kurz dahinter, neben dem hinteren Treppenaufgang ist eine Nische in der Wand, die nicht dort gewesen sein kann, als das Haus gebaut wurde, denn sie ist eindeutig für etwas da, das es 1851 noch nicht gab, das aber etwas wahrlich Revolutionäres war. Wegen dieser Nische sind wir hier.

Wenn Sie sich schon vor ein paar Seiten gefragt haben, was der unendliche Reichtum der Amerikaner im *Gilded Age* mit dem Flur im Erdgeschoss eines englischen Wohnhauses zu tun hat – die Antwort lautet: mehr als Sie denken. Denn von nun an sollte das moderne Leben zunehmend von den Vereinigten Staaten bestimmt werden, von den Erfindungen, Interessen und Vorlieben jenseits des Atlantiks. Die Europäer waren einigermaßen bestürzt, aber auch fasziniert, weil die Amerikaner Dinge auf absolut neuartige, nie da gewesene Weise taten.

Zum einen begeisterten sie sich derart für die Idee des Fortschritts, dass sie Sachen erfanden, selbst wenn sie gar nicht wussten, ob sie nützlich waren oder nicht. An vorderster Front dabei: Thomas Edison. Niemand war besser darin (oder schlimmer – je nachdem, wie man es betrachtet), Dinge zu ersinnen, die weder einem erkennbaren Zweck dienten noch ein Bedürfnis befriedigten. Insgesamt war er natürlich ungeheuer erfolgreich, und vieles von dem, was er anstieß, erbrachte viel, viel Geld. Man schätzt, dass 1920 die Industrien, die auf Grund seiner Erfindungen und Weiterentwicklungen entstanden, insgesamt 21,6 Milliarden Dollar wert waren. Aber er selbst schaffte es ums Verrecken nicht, den kommerziellen Erfolg seiner Projekte richtig einzuschätzen. Er bildete sich einfach ein (wie noch kein Mensch vor ihm), dass alles, was er erfand, Gewinn bringen würde. Dabei musste er in der Mehrheit der Fälle das krasse Gegenteil erleben, vor allem bei seinem langen, teuren Traum, die Welt mit Betonhäusern vollzustellen.

Beton beziehungsweise Zement war eines der aufregendsten Produkte des neunzehnten Jahrhunderts. Als Baumaterial gab es Zement oder Beton schon seit ewigen Zeiten – die große Kuppel des Pantheon in Rom ist daraus, die Kathedrale in Salisbury steht auf Zementfundamenten –, aber der eigentliche Durchbruch in der Moderne kam 1824, als Joseph Aspdin, ein kleiner Maurer in Leeds, den Portlandzement erfand, der so genannt wurde, damit die Leute dachten, er sei so attraktiv und langlebig wie Portlandstein. Portlandzement war allen existierenden Materialien bei Weitem überlegen, im Wasser sogar Reverend James Parkers schon erwähntem Roman Cement. Wie Aspdin seinen Zement erfand, war immer ein gewisses Geheimnis, denn seine Herstellung erforderte bestimmte, genau abgemessene Schritte – namentlich Kalkstein zu einem bestimmten Feinheitsgrad zu mahlen, ihn mit Ton von einem bestimmten Feuchtigkeitsgrad zu mischen und das Ganze dann bei Temperaturen zu brennen, die viel höher als die in einem normalen Kalkbrennofen waren. Wie Aspdin darauf kam, die Bestandteile so und nicht anders zu ändern und bei extrem hohen Hitzegraden zu brennen, damit sie immer härter und glatter wurden, ist, wie gesagt, ein unlösbares Rätsel, aber er tat es und wurde damit reich.

Edison, der schon seit Jahren von den Möglichkeiten des Betons fasziniert war, beschloss um die Jahrhundertwende, spontan in großem Stil etwas damit zu machen. Er gründete die Edison Portland Cement Company und ließ eine riesige Fabrik in der Nähe von Stewartsville in New Jersey bauen. 1907 war er der fünftgrößte Beton- bzw. Zementproduzent der Welt. Seine Experten ließen sich mehr als vier Dutzend Verfahren patentieren, mit denen man in großen Mengen Qualitätszement bzw. -beton herstellen konnte. Mit Edison-Beton wurden das Yankee-Stadion und das erste Stück Beton-Fahrbahn der Welt gebaut.

Doch der Erfinder träumte von mehr: Er wollte in die Gussform eines kompletten Hauses in einem kontinuierlichen Strom Beton gießen und dabei nicht nur die Wände und Böden, sondern auch alles andere formen: Bäder, Toiletten, Waschbecken, Schränkchen, Türknäufe, sogar Bilderrahmen. Außer ein paar Kleinigkeiten wie Türen und Lichtschaltern sollte alles aus Beton sein. Die Wände wollte Edison sogar einfärben, um das Anstreichen für immer überflüssig zu machen. Alle zwei Tage hätte ein Vier-Mann-Team ein neues Haus gießen können, das nach Edisons Kalkulation 1200 Dollar gekostet hätte, etwa ein Drittel eines herkömmlichen Hauses gleicher Größe.

Es war ein irrer und letztlich nicht zu verwirklichender Traum. Die technischen Probleme waren unüberwindbar. Die Formen, die natürlich so groß wie das Haus waren, waren lächerlich sperrig und kompliziert, doch das eigentliche Problem bestand darin, sie glatt auszugießen. Beton ist eine Mischung aus Zement, Wasser und Betonzuschlag, also Kies oder Splitt, und Letztere wollen von Natur aus sinken. Die Aufgabe für Edisons Ingenieure bestand also darin, eine Mixtur herzustellen, die so flüssig war, dass sie in alle Ecken gleich welcher Form fließen konnte, aber auch so dick, dass sie den Zuschlag gegen die Schwerkraft halten konnte, während sie sich zu einer glatten, einheitlichen Konsistenz von einer Qualität härtete, an der die Leute sahen, dass sie ein Haus und keinen Bunker kauften. All das zu erreichen war illusorisch. Aber selbst wenn es das nicht gewesen wäre, hätte ein Haus, berechneten die Ingenieure, über 400 000 Pfund gewogen, was hieß, dass das Konstrukt ständig einem immensen Druck ausgesetzt gewesen wäre.

Angesichts der technischen Schwierigkeiten sowie eines Überangebots allgemein in der Beton-Industrie (zu dem Edisons riesige Fabriken natürlich sehr beitrugen), bestand kaum eine Aussicht, dass Edison je Geld mit dem Unternehmen verdienen konnte. Schwierig war das Geschäft auch, weil es so saisonabhängig war. Doch Edison ließ sich nicht entmutigen und entwarf eine Reihe von Betonmöbeln für seine Betonhäuser: Schreibtische, Schränke, Stühle, sogar ein Betonklavier. Er versprach, er werde bald ein Doppelbett für nur fünf Dollar anbieten, das nie kaputtgehen würde. Die gesamte Palette der Produkte sollte bei der Zement- und Betonindustrieschau in New York im Jahre 1912 gezeigt werden. Doch dann wurde die Ausstellung eröffnet, und der Stand von Edison war leer. Die Edison Company bot niemals eine Erklärung dafür. Soweit man weiß, verlor auch Edison nie wieder ein Wort über das ganze Unternehmen.

Ein paar Betonhäuser wurden gebaut, und einige stehen sogar noch in New Jersey und Ohio, doch allgemein setzte sich die Bauweise nie durch; die Betonhäuser wurden einer der teureren Fehlschläge Edisons. Und das will was heißen, denn Edison hatte ja ein untrügliches Gespür dafür, welche Dinge die Welt gebrauchen könnte, aber nie dafür, ob sie davon auch Gebrauch machen *wollte*.

Darum begriff er zum Beispiel überhaupt nicht, was für ein Potential der Phonograph im Bereich der Unterhaltung hatte, er sah ihn nur als Gerät zum Diktieren und Stimmen-Archivieren – und nannte ihn daher auch »Sprechgerät«. Jahrelang weigerte er sich im Übrigen anzuerkennen, dass die Zukunft der bewegten Bilder darin lag, sie auf Leinwände zu projizieren, denn er hasste den Gedanken, dass sie jemand sehen konnte, der sich in den Zuschauerraum geschlichen hatte, ohne eine Eintrittskarte zu kaufen. Lange hielt Edison daran fest, dass man die Bilder sicher in von Hand gekurbelten Guckkästen bewahren sollte. 1908 erklärte er übrigens im Brustton der Überzeugung, Flugzeuge hätten keinerlei Zukunft.

Nach seinem teuren Scheitern mit Beton widmete er sich anderen Ideen, die sich meist als undurchführbar oder nachweislich hirnrissig erwiesen. Er entwickelte ein Interesse an Kriegführung und behauptete, er sei bald in der Lage, mit »elektrisch geladenen Atomisierern« gegnerische Truppen in ein Massenkoma zu versetzen. Er heckte auch einen Plan aus, riesige Elektromagneten zu bauen, die feindliche Kugeln im Flug auffangen und auf dem Weg zurückschicken würden, auf dem sie gekommen waren. Er investierte heftig in einen vollautomatisierten Laden, in dem die Kunden eine Münze in einen Schlitz stecken konnten und einen Moment später ein Sack Kohlen, Kartoffeln, Zwiebeln, Nägel, Haarnadeln und jede andere gewünschte Ware eine Rutsche hinunterkullern würden. Das System funktionierte nie. Nicht einmal in Ansätzen.

Und damit kommen wir endlich zu der Nische in der Wand und dem staunenswerten Gerät, das darin stand: zum Telefon. Als Alexander Graham Bell 1876 das Telefon erfand, sah weit und breit niemand sein ganzes Potenzial, auch Bell nicht. Ja, viele sahen nicht, dass es überhaupt Potenzial hatte. Manager der Western Union taten es berühmtermaßen als »elektrisches Spielzeug« ab. Unabhängig davon machte Bell weiter, und es sollte, gelinde gesagt, sein Schaden nicht sein. Das Patent, das er beantragte (Nr. 174 465), wurde das wertvollste, das je erteilt wurde. Dabei fügte er eigentlich nur schon existierende Techniken zusammen. Die notwendigen Zubehörteile für ein Telefon gab es schon seit dreißig Jahren, und die Funktionsprinzipien verstand man auch. Das Problem bestand weniger darin, eine Stimme an einem Draht entlangwandern zu lassen – seit Jahren hatten das schon Kinder mit zwei Blechdosen und einem Stück Seil gemacht –, als vielmehr darin, die Stimme so zu verstärken, dass man sie auch in der Ferne hörte.

1861 baute ein deutscher Lehrer namens Philipp Reis einen Prototypen und nannte ihn sogar »Telephon«, warum ihm die Deutschen natürlich auch die Erfindung desselben zuschreiben. Der einzige Nachteil an Reis' »Telephon« war, dass es nicht funktionierte, zumindest nicht nach den Erkenntnissen der damaligen Zeit. Es konnte nur einfache Signale senden und empfangen –

hauptsächlich Klacken und einige wenige klingende Töne –, aber nicht so effizient, dass es dem Telegrafen ernsthaft Konkurrenz machte. Ironischerweise entdeckte man später, dass das Reis'sche Gerät Sprache erstaunlich getreu senden konnte, wenn die Kontaktstellen mit Staub oder Schmutz verunreinigt waren. Leider aber hatte Reis seine Ausrüstung mit teutonischer Gründlichkeit blitzsauber gehalten, und er sank ins Grab, ohne je zu erfahren, wie nahe er daran gewesen war, ein funktionierendes Gerät zu bauen. Zumindest drei andere Männer, einschließlich des US-Amerikaners Elisha Gray, waren auch schon eifrig dabei, funktionierende Telefone zu bauen, als Bell 1876 in Boston den Durchbruch schaffte. Gray bemühte sich sogar an dem Tag um ein vorläufiges Patent, als Bell seines anmeldete – er kam Gray nur um ein paar Stunden zuvor.

Bell wurde im selben Jahr wie Thomas Alva Edison geboren. Er wuchs in Edinburgh auf, wanderte aber 1870 mit seinen Eltern nach Kanada aus, wohl wegen einer Familientragödie – seine beiden Brüder starben innerhalb von drei Jahren an Tuberkulose.[*]

Während Bells Eltern eine Farm in Ontario betrieben, nahm er die Professur für Stimmphysiologie an der kurz zuvor gegründeten Boston University an, eine überraschende Ernennung, denn er besaß weder eine Ausbildung in Stimmphysiologie noch einen akademischen Titel. Eigentlich hatte er nur ein recht persönliches Interesse an Kommunikation. Seine Mutter war gehörlos und sein Vater eine internationale Koryphäe auf dem Gebiet der Rede- und Vortragskunst sowie der Sprecherziehung, zu einer Zeit, als Rede- und Sprechtechnik beinahe mit Ehrfurcht betrachtet wurden. Das Buch *Der gute Vortragskünstler* des älteren Bell hatte sich allein in den Vereinigten Staaten 250 000 Mal verkauft. Wie dem auch sei, Bells Posten an der Boston University war nicht ganz

---

[*] Auch Edisons Familie lebte bis kurz vor seiner Geburt in Kanada. Wer weiß, wie anders die nordamerikanische Geschichte verlaufen wäre, wenn Edison und Bell beide nördlich der Grenze geblieben wären und ihre Erfindungen dort gemacht hätten.

so toll, wie er klang. Der junge Mann war mit einem Salär von 25 Dollar bestallt, fünf Stunden Vorlesung in der Woche zu halten. Das war ihm aber gerade recht, denn es ließ ihm die notwendige Zeit, mit seinen Experimenten fortzufahren.

Um den Schwerhörigen zu helfen, suchte er Wege, Laute elektrisch zu verstärken. Bald fiel ihm auf, dass er die Ergebnisse seiner Arbeit auch benutzen konnte, um Stimmen über Entfernungen zu schicken und »sprechende Telegraphen«, wie er sie nannte, herzustellen. Und weil es doch ein sehr neues Entwicklungsgebiet war, heuerte er einen jungen Mann namens Thomas A. Watson als Hilfskraft an. Anfang 1875 stürzten sich die beiden in die Arbeit.

Nur ein gutes Jahr später, am zehnten März 1876, auf den Tag genau eine Woche nach Bells neunundzwanzigstem Geburtstag, fand der berühmteste Moment in der Geschichte der Telekommunikation in einem kleinen Labor am Exeter Place Nummer fünf in Boston statt. Da schüttete sich Bell aus Versehen ein wenig Säure auf den Schoß und stieß aus: »Mr. Watson, kommen Sie her, ich möchte Sie sehen«, und ein verblüffter Watson vernahm diese Worte in einem separaten Raum ganz deutlich. Jedenfalls erzählte Watson diese Geschichte fünfzig Jahre später in einer Reihe von Jubiläumsanzeigen, mit denen die Erfindung des Telefons gefeiert wurde. Bell, zu diesem Zeitpunkt schon vier Jahre tot, hatte die verschüttete Säure nie erwähnt, und es wäre auch, genauer bedacht, komisch, wenn ein Mensch, der plötzlich einen brennenden Schmerz verspürt, einen anderen, der gar nicht im selben Raum ist, seelenruhig um Hilfe bittet. Ja, mehr noch, weil der Prototyp des Telefons so primitiv war, konnte Watson die Worte nur hören, wenn er das Ohr auf eine vibrierende Membran drückte, und angesichts dessen wirkt es doch einen Hauch unwahrscheinlich, dass er das Ohr just für den Fall am »Hörer« hatte, dass Bell, vom Schmerz gepackt, ihn um Hilfe rufen würde. Wie auch immer die genauen Umstände waren, Bell hält in seinen Notizen fest, dass er Watson bat, zu ihm zu kommen, und dass Watson in dem anderen Raum die Bitte deutlich hörte. Der erste Telefonanruf der Geschichte hatte stattgefunden.

Watson verdient mehr Aufmerksamkeit, als ihm die Geschichte zubilligt. Er wurde 1854 in Salem, Massachusetts, geboren (sieben Jahre später als Bell in Schottland), verließ die Schule mit vierzehn und arbeitete in verschiedenen mittelmäßigen Jobs, bis er sich mit Bell zusammentat. Die beiden Männer verband eine tiefe gegenseitige Achtung, ja, sogar Liebe, aber sie gingen trotz ihrer ein halbes Jahrhundert währenden Freundschaft nie so weit, sich beim Vornamen zu nennen. Man kann umöglich sagen, wie entscheidend Watsons Rolle bei der Erfindung des Telefons war, doch mehr als bloßer Assistent war er allemal. Während der sieben Jahre, die er für Bell arbeitete, erwarb er sechzig Patente auf seinen Namen, einschließlich eines für das charakteristische Klingeln, das jahrzehntelang unweigerlich ertönte, wenn ein Telefonanruf erfolgte. Vorher wusste man nämlich erstaunlicherweise immer nur, dass jemand einen zu erreichen versuchte, wenn man von Zeit zu Zeit das Telefon abnahm und hörte, ob wer in der Leitung war.

Für die meisten Menschen war das Telefon eine derart unbegreifliche Neuheit, dass Bell erklären musste, wie genau es funktionierte. »Das Telephon«, schrieb er, »kann man kurz beschreiben als ein elektrisches Gerät, das an verschiedenen Orten den Klang und die Artikulationen der Stimme eines Sprechers reproduziert, so dass zwei Personen in verschiedenen Räumen, verschiedenen Straßen oder verschiedenen Städten fernmündlich ein Gespräch führen können [...] Der große Vorteil, den es gegenüber jeder anderen Form von elektrischem Apparat besitzt, besteht darin, dass es keinerlei besonderer Fähigkeiten bedarf, es zu benutzen.«

Als das Telefon bei der Ausstellung zur Einhundertjahrfeier der Unabhängigkeit der Vereinigten Staaten im Sommer 1876 in Philadelphia gezeigt wurde, erregte es kaum Aufmerksamkeit. Die meisten Besucher waren viel beeindruckter von einem elektrischen Stift von Edison. Der Stift stanzte rasch Löcher in ein Blatt

Papier, die Buchstaben bildeten, dann legte man die so hergestellte Schablone auf Papierseiten, ließ Tinte darüberfließen und bekam flott eine Reihe von Kopien. Edison war überzeugt, dass sich die Erfindung als »größer denn die Telegraphie« erweisen werde. Da irrte er sich wie so häufig, doch jemand anderes war von der Idee des Löcher stanzenden Stifts angetan und entwickelte ihn weiter, um Tinte unter die Haut zu spritzen. Bald war die moderne Tätowierpistole geboren.

Bell arbeitete weiter an der Sache mit dem Telefon und baute allmählich eine Fangemeinde auf. Der erste Apparat wurde 1877 in Boston installiert und in Betrieb genommen. Zwei Banken (eine von ihnen mit dem interessanten Namen Shoe and Leather-Bank) und eine Privatfirma konnten zu dritt miteinander sprechen. Im Juli des Jahres hatte Bell in Boston zweihundert funktionierende Telefone in Betrieb, und im August war die Zahl auf 1300 hochgeschnellt, wenn auch die meisten davon Verbindungen in Büros waren – eher Gegensprechanlagen. Der Durchbruch kam mit der Erfindung der Telefonvermittlung im nächsten Jahr. Mittels derer konnte jeder Telefoninhaber mit jedem anderen in seinem Bezirk telefonieren – und bald gab es die zuhauf. Anfang der 1880er Jahre waren in den Vereinigten Staaten 60 000 Telefonanschlüsse eingerichtet. In den nächsten zwanzig Jahren stieg die Zahl auf über sechs Millionen.

Zunächst betrachtete man die Telefone als Dienstleistungslieferanten – von Wetterberichten, Börsennachrichten, Feueralarm, Musik zur Unterhaltung, sogar Wiegenliedern, um unruhige Babys zum Schlafen zu bringen. Niemand kam auf die Idee, dass sie zum Klatschen und Tratschen da sein könnten oder um mit Freunden und Familie in Kontakt zu bleiben. Die Vorstellung, mit jemandem fernmündlich zu plaudern, den man ohnehin regelmäßig sah, hätten die meisten Leute absurd gefunden.

Weil es auf so vielen schon existierenden Technologien basierte und sich so schnell als profitträchtig erwies, konkurrierten viele Leute und Firmen mit Bells Patenten oder ignorierten sie einfach.

Aber Bell hatte Glück, sein Schwiegervater Gardiner Hubbard war ein brillanter, nimmermüder Anwalt. Er strengte sechshundert Prozesse an oder trat darin als Verteidiger auf und gewann jeden einzelnen davon. Der größte Prozess war der gegen den mächtigen Klotz Western Union, der sich mit Edison und Elisha Gray zusammengetan hatte, um das Telefongeschäft mit allen Mitteln unter seine Kontrolle zu bringen. Die Western Union war längst ein wesentlicher Teil des Vanderbilt-Imperiums, und die Vanderbilts hassten es wie die Pest, nicht an erster Stelle zu stehen. Die Trümpfe hatten sie alle in der Hand – die finanziellen Mittel, ein existierendes Netzwerk von Leitungen, Techniker und Spitzeningenieure –, während Bell nur zwei Dinge hatte: ein Patent und Gardiner Hubbard. Hubbard klagte wegen Verstoßes gegen das Patentgesetz und gewann den Prozess binnen eines Jahres.

Zu Beginn des zwanzigsten Jahrhunderts war Bells Telefongesellschaft, nun unter dem Namen American Telephone & Telegraph, die größte Aktiengesellschaft in den Vereinigten Staaten, und eine Aktie war 1000 Dollar wert. (Als sie in den 1980er Jahren aus kartellrechtlichen Gründen aufgelöst wurde, war sie mehr wert als General Electric, General Motors, Ford, IBM, Xerox und Coca-Cola zusammen und beschäftigte eine Million Menschen.) Bell zog nach Washington, wurde US-Bürger und widmete sich anderen lohnenden Beschäftigungen. Unter anderem erfand er die eiserne Lunge und experimentierte mit Telepathie. Als Präsident James A. Garfield 1881 von einem misslaunigen Irren angeschossen wurde, rief man Bell zu Hilfe, damit der die Kugel lokalisierte. Er erfand einen Metalldetektor, der im Labor wunderbar funktionierte, an Garfields Bettstatt aber verwirrende Ergebnisse zeitigte. Erst sehr viel später begriff man, dass das Gerät die präsidialen Bettfedern gelesen hatte. Wenn Bell nicht mit solchen Dingen beschäftigt war, half er die Zeitschrift *Science* und die National Geographic Society zu begründen, für deren Publikation er wiederum unter dem denkwürdigen Pseudonym H.A. Largelamb (einem Anagramm von A. Graham Bell) Artikel verfasste.

Gegenüber seinem Freund und Kollegen Watson erwies er sich als großzügig. Obwohl er von Rechts wegen nicht dazu verpflichtet gewesen wäre, gab er ihm zehn Prozent der Firma, so dass sich Watson im zarten Alter von siebenundzwanzig als reicher Mann in den Ruhestand verabschieden konnte. Frei, nun tun und lassen zu können, was er wollte, tat er genau das für den Rest seines Lebens. Er reiste durch die Weltgeschichte, las viel und erwarb am Massachusetts Institute of Technology einen akademischen Grad in Geologie. Dann gründete er eine Werft, bei der schon bald viertausend Leute angestellt waren, was ihm aber am Ende zu viel Stress bereitete. Er verkaufte die Firma, konvertierte zum Islam und wurde Anhänger Edward Bellamys, eines radikalen Philosophen und Quasikommunisten, der kurze Zeit in den 1880er Jahren eine phänomenale Wertschätzung und Popularität genoss. Als Watson Bellamys überdrüssig wurde, zog er mit nicht ganz vierzig nach England und begann zu schauspielern, wofür er ein unerwartetes Talent an den Tag legte. Besonders geeignet war er für Shakespeare-Rollen und trat oft in Stratford-on-Avon auf, bis er in die USA und einen nun wirklich beschaulichen Ruhestand zurückkehrte. Zufrieden und reich starb er kurz vor seinem einundachtzigsten Geburtstag 1934 in seinem Winterdomizil in Pass-Grille Key in Florida.

In dieser Telefon-Geschichte verdienen es zwei weitere Leute, zumindest erwähnt zu werden. Der erste ist Henry Dreyfuss. Als junger Bühnenbildner, der bis dato nur Erfahrung mit der Bühnenbildnerei und dem Entwerfen der Innenausstattung von Kinos hatte, bekam er Anfang der 1920er Jahre von der American Telephone & Telegraph den Auftrag, einen neuen Typ Telefon zu entwerfen, der das alte, aufrecht stehende »Kerzenhalter«-Telefon ersetzen sollte. Dreyfuss erfand ein überraschend kompaktes, ein wenig kastenförmiges, schön glänzendes modernes Modell, bei dem der Hörer waagerecht auf einer erhöht über der großen Wählscheibe befindlichen Gabel ruhte. Für den größten Teil des zwanzigsten Jahrhunderts wurde es zum Standardmodell fast überall auf der Welt. Es gehörte zu den Dingen, die so hervorragend funktionieren und so selbstverständlich erscheinen, dass man sich immer wieder ausdrücklich in Erinnerung rufen muss, dass jemand es erfinden musste. Dabei ist fast alles daran – der in die Wählscheibe eingebaute mechanische Widerstand, der in den Sockel verlagerte Schwerpunkt, der dafür sorgte, dass man es nicht so leicht umkippen konnte, die brillante Idee, dass man die Hör- und Sprechfunktion in einem Teil vereinigte – Ergebnis wohlüberlegten und fantasievollen Denkens eines Mannes, den man unter normalen Umständen gar nicht ans Industriedesign rangelassen hätte. Warum AT&T den jungen Dreyfuss für das Projekt nahm, weiß man nicht mehr, aber man hätte keine bessere Wahl treffen können.

Die Wählscheibe hatte Dreyfuss nicht entworfen. Die war schon 1917 in der Firma von einem Angestellten Bells, William G. Blauvelt, erdacht worden. Er war es, der den meisten, aber nicht allen Ziffern drei Buchstaben beigab. Der 1 nicht, weil man in der Anfangszeit die Wählscheibe noch ein wenig über das erste Loch drehen musste, um das Signal zu erzeugen, das den Anruf auslöste. Deshalb lautete die Reihenfolge 2 (ABC), 3 (DEF), 4 (GHI) und so weiter. Das Q ließ Blauvelt aus, und er verzichtete schließlich auch auf das Z, weil es nicht häufig genug im Englischen vorkam, also wenig brauchbar war.

Jede Vermittlungsstelle bekam einen Namen, normalerweise von der Straße oder dem Bezirk abgeleitet, in der oder dem sie sich befand, zum Beispiel Bensonhurst, Hollywood oder Pennsylvania Avenue, aber manche Vermittlungen nannten sich auch nach Bäumen oder anderen Dingen, und der Anrufer bat die Telefonistin dann, ihn mit »Pennsylvania 6-5000« (wie in dem Glenn-Miller-Klassiker) oder »Bensonhurst 5342« zu verbinden. Als man von 1921 an auch direkt wählen konnte, wurden die Namen zu Zwei-Buchstaben-Vorwahlen verkürzt, und man gewöhnte sich an, diese Buchstaben großzuschreiben, wie in HOllywood oder BEnsonhurst.

Das System entbehrte nicht eines gewissen Charmes, wurde aber immer unpraktischer. Viele Namen – RHinelander oder SYcamore – führten auch leicht zu Verunsicherung bei den der Rechtschreibung weniger Kundigen. Die Buchstaben erschwerten es außerdem, direkte Durchwahlen aus dem Ausland einzuführen, denn ausländische Telefone hatten gar nicht alle Buchstaben, oder die Buchstaben und Ziffern waren in einer anderen Reihenfolge angeordnet. Mit Beginn des Jahres 1962 wurde das alte System allmählich aufgegeben.

Unmöglich zu sagen, wann das alte Pfarrhaus ein Telefon bekam, doch seine Installation war zu Anfang des zwanzigsten Jahrhunderts sicher ein aufregendes Ereignis für manchen Pfarrer und seine Familie. Heute ist die Nische leer. Die Tage, als Häuser ein einziges Telefon am Fuß der Treppe hatten, sind längst passé, und heute will auch niemand mehr an einem so wenig privaten und unbequemen Ort telefonieren.

III.

Der enorme Reichtum in den Vereinigten Staaten erlaubte es so manchem Zeitgenossen, dass er auch seinen verschrullteren Launen nachgehen konnte. George Eastman (der mit den Filmen und Kameras) heiratete nie und lebte mit seiner Mutter in einem riesigen Haus in Rochester im Staate New York zusammen, hielt aber viele Bedienstete, einschließlich eines Hausorganisten, der ihn – und vermutlich ganz Rochester – im Morgengrauen mit einem Rezital auf einem gigantischen Harmonium der New Yorker Aeolian Company weckte. Eastmans andere liebenswürdige Marotte war es, sich im oberen Stockwerk seines Hauses in seiner Küche eine Schürze umzubinden und Pasteten zu backen.

Extremer noch war wohl John M. Longyear aus Marquette in Michigan. Als er erfuhr, dass die Duluth, Mesabi & Iron Range Railroad das Recht erworben hatte, Schienen, auf denen Eisenerz transportiert werden sollte, direkt an seinem Haus vorbeizulegen, ließ er sein gesamtes Anwesen abtragen und einpacken – »Haus, Gebüsch, Bäume, Brunnen, künstliche Gewässer, Hecken und Einfahrten, Pförtnerhaus, Wagenauffahrt, Gewächshäuser und Ställe«, erzählt ein bewunderungsvoller Biograf – und alles nach Brookline in Massachusetts bringen, wo er seine vorherige ruhige Existenz mit auch der letzten Blumenzwiebel, aber ohne an seinen Fenstern vorbeiratternde Züge weiterführte. Im Vergleich dazu wirkt das Bravourstück von Frank Huntington Beebe, zwei Villen nebeneinander zu unterhalten – eine zum Wohnen, die andere, um sie über und über zu dekorieren –, anerkennenswert gemäßigt.

Im engagierten Geldausgeben war Mrs. E.T. Stotesbury – Queen Eva, wie sie genannt wurde – nicht zu schlagen. Sie hielt den Wirtschaftskreislauf ganz allein in Gang. Einmal gab sie eine halbe Million Dollar aus und lud eine Gruppe von Freunden auf einen Jagdausflug ein, nur um so viele Alligatoren zu erlegen, dass sie ein Set mit Koffern und Hutschachteln herstellen lassen konnte. Bei einer anderen Gelegenheit ließ sie das gesamte Erdgeschoss ihres Hauses El Mirasol in Florida über Nacht neu einrichten, verzichtete aber darauf, ihren leidgeprüften Gatten davon in Kenntnis zu setzen, so dass der am nächsten Morgen beim Herunterkommen eine Zeitlang nicht recht wusste, wo er eigentlich war.

Dieser Gatte, Edward Townsend Stotesbury, erwarb sein Vermögen als Manager im Bankimperium von J.P. Morgan. Obwohl er ein ausgezeichneter Banker war, machte er persönlich nicht viel her. Er war, mit den Worten eines Chronisten, »ein würdevolles Loch in der Atmosphäre, die unsichtbare Hand, die die Schecks ausstellte«. Als er 1912 Mrs. Stotesbury kennenlernte, besaß er fünfundsiebzig Millionen Dollar. Doch sie, die kürzlich erst den guten Willen und das Bankkonto ihres ersten Gatten, Mr. Oliver

Eaton Cromwell, erschöpft hatte, half ihm mit schwindelerregender Effizienz, fünfzig Millionen seines Vermögens für neue Häuser auszugeben. Sie begann mit Whitemarsh Hall in Philadelphia, einem Haus, das so groß war, dass keine zwei Berichte darüber übereinstimmen. Je nachdem, wessen Zahlen man glaubt, hatte es 154, 172 oder 272 Zimmer. Einhellige Meinung aber ist, dass es vierzehn Aufzüge gab, erheblich mehr als in den meisten Hotels. Allein der Unterhalt kostete Mr. Stotesbury fast eine Million Dollar im Jahr. Vierzig Gärtner und neunzig weitere Angestellte standen in seinen Diensten. Außerdem besaßen die Stotesburys ein Sommercottage in Bar Harbor in Maine, das nur achtzig Zimmer und achtundzwanzig Bäder hatte, und ein noch prunkvolleres Heim, El Mirasol, in Florida.

Architekt des Letztgenannten war Addison Mizner, der heute fast vollständig vergessen ist, aber eine kurze, glanzvolle Zeitlang in den Vereinigten Staaten ein überaus gesuchter und auf jeden Fall außergewöhnlicher Architekt war.

Mizner kam aus einer vornehmen alten Familie in Nordkalifornien. Sein Bruder war der Theaterschriftsteller und Impresario Wilson Mizner, der neben vielem anderen an dem Song »Frankie and Johnnie« mitarbeitete. Bevor Addison Architekt wurde, führte er ein herrlich exotisches Leben: Auf Samoa malte er Bilder für die Laterna magica, in Shanghai verkaufte er Sarggriffe und verhökerte asiatische Antiquitäten an reiche Amerikaner, und in Klondike schürfte er Gold. Nach seiner Rückkehr in die Vereinigten Staaten wurde er Landschaftsarchitekt auf Long Island und widmete sich schließlich dem Bau prächtiger Villen in New York. Diese Laufbahn musste er allerdings abrupt abrechen, als die Behörden merkten, dass er weder die notwendige Ausbildung – »nicht mal einen Fernkurs«, sagte ein erstaunter Beobachter – noch eine Lizenz besaß. 1918 verlegte er seine Tätigkeit nach Palm Beach in Florida, wo man nicht so pingelig auf Qualifikationen achtete, und begann Häuser für Leute zu bauen, die vor Geld nicht aus noch ein wussten.

In Palm Beach freundete er sich auch mit einem jungen Mann namens Paris Singer an, einem der vierundzwanzig Abkömmlinge des Nähmaschinenmagnaten Isaac M. Singer. Paris war Maler, Ästhet, Dichter, Geschäftsmann und Nervensäge und beherrschende Figur in der neurotischen Gesellschaft von Palm Beach. Mizner entwarf für ihn den Everglades Club, der sofort der exklusivste Außenposten der Ostküstenschickeria südlich der Mason-Dixon-Linie war. Nur dreihundert Mitglieder wurden zugelassen, und Singer wählte gnadenlos aus, wen er hereinließ. Eine Frau zum Beispiel nicht, weil ihn ihr Lachen ärgerte. Als ein anderes weibliches Mitglied für die bekümmerte Freundin um Gnade flehte, sagte er, sie solle ihn in Ruhe lassen oder werde selbst ausgeschlossen. Sie ließ ihn in Ruhe.

Mizner krönte seinen Erfolg, als er den Auftrag von Eva Stotesbury ergatterte, El Mirasol zu bauen, ein Winterdomizil von vorhersehbar riesigen Ausmaßen. (Allein in der Garage war Platz für vierzig Autos.) Es wurde ein mehr oder weniger endloses Projekt, denn jedes Mal, wenn in Palm Beach jemand etwas Größeres zu bauen drohte, ließ Mrs. Stotesbury Mizner noch einen Anbau dranklatschen, damit El Mirasol das Tollste war und blieb.

Addison Mizner war fürwahr ein schräger Architekt. Er hielt nichts von Plänen und war berüchtigt, weil er seinen Arbeitern immer nur ungefähre Angaben machte: »etwa so hoch« oder »ja, etwa hier«. Er war auch berühmt für seine Vergesslichkeit. Manchmal brachte er Türen an, hinter denen nichts als nackte Wände waren oder – noch interessanter! – das Innere eines Schornsteins. Als der Besitzer eines schicken neuen Bootshauses am Lake Worth sein Schmuckstück in Gebrauch nehmen wollte, musste er feststellen, dass es vier Wände und keinerlei Eingang hatte. Für einen Klienten namens George S. Rasmussen vergaß Mizner eine Treppe einzubauen und brachte nachträglich eine an einer Außenwand an. Was wiederum Mr. und Mrs. Rasmussen dazu zwang, je nach Wetter, Regenzeug oder andere angemessene Garderobe anzuziehen, wenn sie in ihrem eigenen Heim von einem Stockwerk ins andere wollten. Als man Mizner nach diesem Versehen fragte, soll er erwidert haben, es sei unwichtig, er möge Rasmussen ohnehin nicht.

Im *New Yorker* wurde behauptet, er erwarte von seinen Kunden stets, dass sie vorbehaltlos akzeptierten, was er sich für sie ausdachte und für sie baute – ganz egal, was. Es hieß, dass sie ihm einen fetten Scheck gaben, ein Jahr oder länger verschwanden und bei ihrer Rückkehr das fertige Haus in Besitz nahmen, ohne vorher zu wissen, ob es eine Hazienda im mexikanischen Stil, ein venezianischer Palazzo, ein maurischer Palast oder eine festliche Mischung aus allen dreien war. Mizner war vernarrt in den verlotterten Look italienischer Palazzi und machte seine eigenen Kreationen älter, indem er mit dem Handbohrer künstliche Wurmlöcher ins Holz bohrte und die Wände mit dekorativen Flecken verschandelte, die einen hübschen Renaissance-Pilzbewuchs vortäuschen sollten. Wenn seine Arbeiter ein handwerklich wunderschönes Kaminsims oder eine Tür geschaffen hatten, nahm er oft einen Vorschlaghammer und schlug eine Ecke ab, damit das Teil ein altehrwürdiges, abgenutztes Aussehen bekam. Einmal verwendete er Löschkalk und Schellack, um ein paar Lederstühle im Everglades Club älter zu machen. Leider wurde durch die Körperwärme der darauf Sitzenden der Schellack wieder richtig schön klebrig, und mehrere Gäste mussten bemerken, dass sie an Po und Rücken festhingen. »Ich habe die ganze Nacht Damen von den verdammten Stühlen gezogen«, erinnerte sich Jahre später ein Kellner aus dem Club. Mehrere Frauen büßten die Rückenteile ihrer Kleider ein.

Trotz dieser Eigenheiten wurde Mizner überall bewundert. Bisweilen arbeitete er gleichzeitig an mehr als einhundert Projekten; Gerüchte besagten, dass er pro Tag mehr als ein Haus entwarf. »Manche Kritiker«, schrieb ein Chronist im Jahre 1952, »zählen seinen Everglades Club in Palm Beach und sein Cloister in Boca Raton zu den schönsten Gebäuden in den Vereinigten Staaten.« Auch Frank Lloyd Wright war ein Fan von ihm. Aber im Laufe der Zeit wurde Addison Mizner immer starrsinniger und exzentrischer. In Palm Beach sah man ihn in Morgenmantel und Pyjama shoppen. 1933 starb er an einem Herzinfarkt.

Der Börsenkrach an der Wall Street 1929 machte so manch berühmtem Exzess der Zeit ein Ende. E.T. Stotesbury traf es besonders hart. Bei dem vergeblichen Versuch, seine Konten ins Gleichgewicht zu bringen, flehte er seine Gattin an, ihre Ausgaben für Unterhaltung und Vergnügen auf 50 000 Dollar im Monat zu beschränken, doch die gefürchtete Mrs. Stotesbury fand das eine grausame, inakzeptable Einschränkung. Ihr Gatte war auf geradem Wege in die Insolvenz, da fiel er am 16. Mai 1938 gnädigerweise tot um. Auch hier: Todesursache Herzinfarkt. Eva Stotesbury lebte noch bis 1946, musste aber Schmuck, Gemälde und Häuser verticken, um einen bescheidenen Lebensstandard aufrechtzuerhalten. Nach ihrem Tod kaufte ein Spekulant El Mirasol und riss es ab, um mehrere Häuser auf dem Grundstück zu bauen. Zwanzig weitere Prachtbauten Mizners in Palm Beach – kurz, der Großteil seiner Kreationen – stehen heute ebenfalls nicht mehr.

Den Villen Vanderbilts, mit denen wir diesen Überblick begonnen haben, erging es nicht viel besser. Die erste, die 1883 auf der Fifth Avenue erbaut worden war, demolierte man schon 1914 wieder, und 1947 waren alle perdu. In keiner der Landvillen der Familie lebte eine weitere Generation.

Auch aus dem Inneren der Gebäude ist fast nichts erhalten. Als Jacob Volk, Chef des gleichnamigen Abbruchunternehmens, gefragt wurde, warum er die kostbaren Kamine aus Carrara-Marmor, die maurischen Kacheln, die Holzvertäfelungen aus der Zeit Jakobs I. und andere Kostbarkeiten aus der Residenz William K. Vanderbilts auf der Fifth Avenue nicht gerettet habe, schenkte er dem Fragenden einen vernichtenden Blick und sagte: »Ich handle nicht mit Zeug aus zweiter Hand.«

Elftes Kapitel

Das Arbeitszimmer

I.

1897 nahm ein junger Eisenwarenhändler in Leeds, James Henry Atkinson, ein kleines Holzbrettchen, ein Stück steifen Draht und nicht viel sonst und schuf einen der großen Gebrauchsgegenstände der Menschheitsgeschichte: die Mausefalle. Sie gehört zu mehreren nützlichen Dingen – der Büroklammer, dem Reißverschluss oder der Sicherheitsnadel –, die Ende des neunzehnten Jahrhunderts erfunden wurden und von Anfang an so perfekt waren, dass sie seitdem kaum verbessert wurden. Atkinson verkaufte sein Patent für eintausend Pfund, ein sehr sattes Sümmchen für die Zeit, und erfand alles mögliche Andere, aber nichts, mit dem er mehr Geld oder Unsterblichkeit verdiente.

Seine Mausefalle, die unter dem urheberrechtlich geschützten Namen »Little Nipper« (der »Kleine Nager« oder »Kleine Racker«) produziert wurde und wird, hat sich zigmillionenfach verkauft und macht auch heute noch Mäusen auf der ganzen Welt energisch und gnadenlos effizient den Garaus. Wir besitzen selbst mehrere »Little Nippers« und hören das schreckliche Schnappen, das uns wieder einen Todesfall anzeigt, weit häufiger, als uns lieb ist. Im Winter fangen wir zwei, drei kleine Racker pro Woche immer an derselben Stelle, in einem trostlosen, kleinen Zimmer ganz hinten im Haus.

Es heißt zwar Arbeitszimmer und klingt sehr bedeutsam, ist aber in Wirklichkeit nur eine bessere Rumpelkammer und selbst in wärmeren Monaten so dunkel und kalt, dass man sich zum längeren Verweilen dort eher nicht ermutigt fühlt. Es war übri-

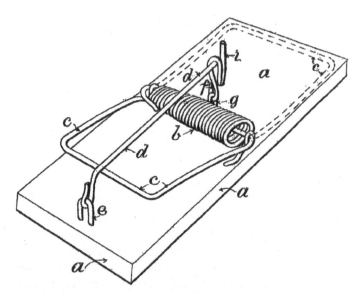

Die Zeichnung zum Patentantrag von James Henry Atkinson für die Mausefalle »Kleiner Nager« aus dem Jahr 1899

gens auch nicht in Edward Tulls ursprünglichen Plänen enthalten. Mr. Marsham hat es wahrscheinlich hinzufügen lassen, weil er ein Büro brauchte, in dem er seine Predigten schrieb und Pfarrkinder empfing, besonders, würde ich mal vermuten, die weniger kultivierten mit den schmutzigen Stiefeln. (Die Gutsherrengattin wurde sicher ins behaglichere Wohnzimmer gebeten.) Bei uns ist das Arbeitszimmer der letzte Zufluchtsort für alte Möbel und Bilder, die ein Partner der Ehegemeinschaft liebt und der andere gern auf dem Scheiterhaufen sähe, und wir gehen eigentlich nur hinein, wenn wir nach der Mausefalle sehen wollen.

Mäuse – verstehe sie, wer will. Zum einen sind sie wahnsinnig leichtgläubig. Wenn man bedenkt, wie rasch sie lernen, sich in Labyrinthen und anderen komplexen Umgebungen in einem Labor zurechtzufinden, erstaunt es doch, dass sie noch nirgendwo auf der Welt kapiert haben, dass es manchmal besser ist, einer

308

Versuchung in Gestalt eines Kleckses Erdnussbutter auf einem Holzbrett zu widerstehen. Nicht weniger rätselhaft ist uns ihr Faible dafür – ja, ihre Entschlossenheit –, ausgerechnet in diesem Zimmer unseres Hauses zu sterben, dem Arbeitszimmer. Es ist nicht nur das kälteste, sondern auch am weitesten von der Küche entfernt mit all den Kekskrümeln, Reiskörnern und sonstigen Leckerbissen, die auf dem Boden landen und ihnen quasi mundgerecht serviert werden. Bei uns machen die Mäuse um die Küche einen weiten Bogen (wohl weil unser Hund dort schläft, hat man uns gesagt), und die Mausefallen, die wir dort hinstellen, fangen, so lecker wir sie auch bestücken, nur Staub. Nein, unsere Mäuse fühlen sich verhängnisvollerweise immer zum Arbeitszimmer hingezogen, und deshalb habe ich gedacht, dieses Zimmer ist vielleicht der rechte Ort, mal einen Gedanken an all die Lebewesen zu verwenden, die mit uns zusammenleben.

Wo Menschen sind, sind Mäuse. Die Hausmaus – *mus musculus,* wie sie bei formelleren Gelegenheiten genannt wird – ist unglaublich anpassungsfähig. Man hat welche gefunden, die in einem Kühlhaus leben, in dem permanent zehn Grad minus herrschen. Sie fressen auch fast alles, und aus dem Haus kann man sie so gut wie gar nicht fernhalten. Eine normal große, erwachsene Maus kann sich durch gerade mal zehn Millimeter breite Öffnungen quetschen, also so enge, dass man jede Wette eingehen würde, dass hier niemals Mäuse durchkämen. Kommen sie aber. Und zwar oft.

Wenn sie einmal da sind, vermehren sie sich explosionsartig. Unter optimalen Bedingungen (und in menschlichen Heimen sind die Bedingungen selten anders als optimal) wirft eine Mäusin ihren ersten Wurf sechs bis acht Wochen nach ihrer eigenen Geburt und danach jeden Monat einen. Der wiederum besteht in der Regel aus sechs bis acht Jungen, die Zahlen vervielfachen sich also in Windeseile. In einem Jahr können zwei fortpflanzungsfreudige Mäuse eine Million Nachkommen hervorbringen. Das passiert Gott sei Dank in unseren Breiten nicht, aber die Anzahl der Nager gerät manchmal, wenn auch nur selten, vollkommen außer Kontrolle. Offenbar vor allem in Australien. Bei einer berühmten Plage 1917 wurde die Stadt Lascelles im Westen des Bundesstaats Victoria nach einem warmen Winter buchstäblich von den Viechern überrannt. Eine kurze, aber denkwürdig rege Zeitlang existierten sie in Lascelles in solcher Dichte, dass jede horizontale Fläche zu einer Masse hektisch hin und her flitzender Leiber zu mutieren und jeder unbelebte Gegenstand unter einem Pelzbelag zu beben schien. Man konnte sich nirgendwo hinsetzen, die Betten nicht benutzen. »Die Menschen schlafen auf den Tischen, um den Mäusen zu entkommen«, berichtete eine Zeitung. »Die Frauen kommen aus dem Entsetzen gar nicht mehr heraus, und die Männer sind die ganze Zeit damit beschäftigt, die Mäuse davon abzuhalten, ihnen in den Kragen zu kriechen.« Über 1500 Tonnen Mäuse – vielleicht eintausend Millionen (das ist eine Milliarde!) Einzelwesen – wurden getötet, bis die Plage endlich beseitigt war.

Selbst in vergleichsweise geringen Zahlen können Mäuse eine Menge Schaden anrichten, besonders dort, wo man Essen aufbewahrt. Sie und andere Nager verzehren etwa ein Zehntel der jährlichen Getreideernte in den Vereinigten Staaten – beileibe kein Pappenstiel. Und da jede Maus täglich etwa fünfzig Mäuseköttel legt, sorgt das für heftigste Verschmutzung. Weil man das gelagerte Gut unmöglich rein halten kann, erlauben die Hygienegesetze bis zu zwei Kotkugeln pro *pint* (gleich 437,18 Kubikzentimeter) Getreide – was man in Gedanken parat haben sollte, wenn einen mal wieder ein Laib leckeres Vollkornbrot anlacht.

Mäuse sind bekanntermaßen Krankheitsüberträger, vor allem des Hantavirus, der zu einer Familie von Viren gehört, die stets unangenehme und oft tödliche Atemwegs- und Nierenerkrankungen verursachen. (Der Name Hanta kommt von einem Fluss in Korea, wo Westler die Krankheit während des Koreakrieges zum ersten Mal entdeckten.) Zum Glück ist der Hantavirus ziemlich selten, weil wenige von uns die schwachen Dämpfe von Mäusekot einatmen, doch wenn man sich in der Nähe von infizierten Exkrementen hinkniet – auf dem Dachboden herumkriecht oder eine Falle in einem Schrank aufstellt –, riskiert man in vielen Ländern, sich anzustecken. Auf der ganzen Welt passiert das mehr als 200 000 Menschen im Jahr, von denen dreißig bis achtzig Prozent sterben, je nachdem, wie schnell und gut sie behandelt werden. In den Vereinigten Staaten infizieren sich dreißig bis vierzig Menschen im Jahr mit dem Hantavirus, und jeder dritte von ihnen stirbt daran. In Großbritannien ist die Krankheit offenbar noch nicht aufgetreten. Mäuse sind auch an Salmonellose, Leptospirose, Tularämie, Pest, Hepatitis, Q-Fieber und Rattenfleckfieber und vielen anderen Krankheiten beteiligt gewesen. Kurzum, es gibt viele gute Gründe dafür, dass man keine Mäuse im Haus haben möchte.

Fast alles, was man über die kleinen Nager sagen kann, gilt um ein Vielfaches für ihre Cousins, die großen Nager; Ratten treiben sich mehr in und um unsere Häuser herum, als wir wahrhaben möchten. Sie kommen selbst in den besten Familien vor und in den gemäßigten Breiten in zwei Hauptarten: die mit dem emphatischen Namen *Rattus rattus,* ansonsten und vielsagend als Hausratte bekannt, und *Rattus norvegicus* oder Wanderratte. Die Hausratte lebt gern oben – hauptsächlich auf Bäumen und Dachböden –, weshalb ich Ihnen leider sagen muss, dass es nicht unbedingt Mäuse sind, wenn Sie nachts Getrippel über der Schlafzimmerdecke hören. Zum Glück leben die Hausratten zurückgezogener als die Wanderratten, die in Bauen leben und die Sie in Filmen durch Abwässerkanäle huschen oder in dunklen, schmalen Gassen um Mülltonnen streifen sehen.

Wir denken immer, Ratten lebten dort, wo die Menschen arm sind, doch Ratten sind nicht blöde und ziehen ein begütertes Heim einem armen allzeit vor. Ja, moderne Häuser geben ein köstliches Habitat für Ratten ab. »Die vielen Proteine, die man in reicheren Gegenden futtern kann, sind besonders verlockend«, schrieb James M. Clinton, ein Beamter der amerikanischen Gesundheitsbehörde vor einigen Jahren in einem Bericht über die Volksgesund-heit, der immer noch einer der fesselndsten, wenn auch beunruhi-gendsten ist, der je über das Verhalten einheimischer Ratten erstellt wurde. Nicht nur gibt es in modernen Häusern unglaublich viel Nahrung, sondern in vielen wird sie auch so entsorgt, dass die Rat-ten gar nicht anders können, als in Scharen herbeizueilen. Clin-ton bringt es wie folgt auf den Punkt: »Die heutigen Müllschlu-cker liefern reichlich und regelmäßig eine gut ausgewogene Kost für Ratten.« Laut dem Bericht trifft außerdem eine der ältesten aller Stadtlegenden zu, nämlich dass Ratten durch die Toilette in die Häuser kommen. Als die Rattenpopulation in Atlanta einmal überhandnahm, drangen einzelne in etliche Häuser einer wohl-habenden Gegend ein und bissen die Leute reihenweise. »Mehr-fach«, berichtet Clinton, »fand man Ratten in Toiletten, bei denen der Deckel heruntergeklappt war.« Wenn es je einen Grund gab, den Deckel runterzuklappen, dann, bitte schön, diesen.

Wenn die Ratten erst einmal in einem trauten Heim sind, fürch-ten die meisten nichts, »ja, nähern sich reglosen Personen sogar mit Absicht und greifen sie an«. Besonders mutig werden sie bei Säuglingen und älteren Mitbürgern. »Ich kann einen Fall bestäti-gen, bei dem eine hilflose Frau im Schlaf von Ratten angegriffen wurde«, berichtet Clinton und fährt fort: »Das halbseitig gelähmte Opfer blutete heftig aus vielfachen Rattenbisswunden und starb trotz rascher Erster Hilfe im Krankenhaus. Ihre siebzehnjährige Enkelin schlief zur Zeit des Angriffs im selben Zimmer und blieb völlig unbehelligt.«

Sicher wird über Rattenbisse viel zu wenig berichtet, denn nur die schlimmsten erregen Aufmerksamkeit, doch selbst nach vor-sichtigsten Schätzungen werden in den Vereinigten Staaten jedes Jahr mindestens 14000 Menschen attackiert. Die großen Nager haben sehr scharfe Zähne, und wenn man sie in die Enge treibt, greifen sie an und »beißen wie tollwütige Hunde brutal und blind-lings zu«, sagt ein Rattenexperte. Eine ausreichend motivierte Ratte kann bis zu einem Meter hochspringen – hoch genug, um einem einen Schrecken einzujagen, wenn sie einem entgegenkommt und aus irgendeinem Grunde sauer ist.

Das übliche Abwehrmittel gegen eine Rattenplage ist Gift. Und zwar deshalb, weil die Tiere sich nicht erbrechen können und deshalb Gifte im Körper behalten, die andere Vierbeiner – Haushunde und -katzen zum Beispiel – schnell wieder herauswürgen. Man benutzt auch viele Mittel, die verhindern, dass das Blut gerinnt, aber allen Anzeichen nach werden die Ratten zunehmend immun dagegen.

Ratten sind im Übrigen schlau und arbeiten oft zusammen. Im ehemaligen Geflügelmarkt Gansevoort in Greenwich Village in New York verstanden die Schädlingsbekämpfer lange nicht, wie die Ratten Eier stehlen konnten, ohne sie zu zerbrechen. Als sich eines Nachts einer versteckte, um es zu beobachten, sah er, dass eine Ratte ein Ei mit allen vier Pfoten umfasste und sich auf den Rücken drehte. Dann zog eine zweite Ratte die erste am Schwanz in den Bau, wo sie ihre Beute friedlich, schiedlich teilten. In einem Fleischabpackbetrieb entdeckten Arbeiter, wie Nacht für Nacht an Haken hängende Tierhälften zu Boden plumpsten und verschlungen wurden. Ein Kammerjäger namens Irving Billig nahm das Ganze mal genauer in Augenschein, und was sah er? Eine Rattenschar bildete unter einer Fleischhälfte eine Pyramide, eine Ratte kraxelte daran hoch und sprang von dort auf das Fleisch. Dann kletterte sie bis dorthin, wo das Fleisch am Haken hing, und nagte so lange an der Stelle herum, bis es herunterfiel. Sofort machten sich Hunderte wartender Kumpel gierig darüber her.

Wenn Ratten viel Nahrung finden, stopfen sie sich ohne Zögern voll, wenn nötig, kommen sie aber auch mit kleinen Portionen aus. Eine erwachsene Ratte kann mit weniger als dreißig Gramm Futter und 0,015 Liter Wasser am Tag überleben. Zum Vergnügen nagen sie offenbar zwischendurch an Stromleitungen. Keiner weiß, warum, denn diese bieten keinerlei Nährwert, sondern höchstens die reale Aussicht auf einen tödlichen Schlag. Aber die Ratten können sich einfach nicht beherrschen. Man glaubt, dass bis zu einem

Viertel aller Brände, deren Ursache man nicht findet, von Ratten verschuldet werden, die Leitungen angeknabbert haben.

Wenn Ratten nicht fressen, kopulieren sie. Ratten kopulieren häufig – bis zu zwanzig Mal am Tag. Wenn ein männlicher Ratz kein Weibchen findet, sucht er nicht minder gern – oder ist zumindest bereit dazu – Befriedigung seiner Lust bei einem Geschlechtsgenossen. Rattendamen sind unglaublich fruchtbar. Die durchschnittliche erwachsene Wanderratte produziert 35,7 Nachkommen im Jahr, die einzelnen Würfe bestehen aus sechs bis neun Jungen. Unter günstigen Bedingungen wirft ein Rattenweibchen aber alle drei Wochen bis zu zwanzig. Theoretisch kann ein Rattenpaar eine Dynastie von bis zu 15 000 neuen Ratten im Jahr gründen. Praktisch passiert das allerdings nicht, weil Ratten von Natur aus leicht dahinscheiden. Die jährliche Sterblichkeitsrate beträgt fünfundneunzig Prozent! Eine einzelne Ratte hat also keine große Lebenserwartung, doch ihre Familie ist so gut wie unsterblich.

In der Hauptsache sind Ratten ungeheuer faul. Sie schlafen bis zu zwanzig Stunden am Tag und kommen normalerweise gleich nach Sonnenuntergang hervor, um sich auf Nahrungssuche zu begeben. Nur wenn es gar nicht anders geht, wagen sie sich mehr als fünfzig Meter weit vor. Das mag zu ihrer Überlebensstrategie gehören, denn in dem Fall schnellen die Sterblichkeitszahlen in die Höhe.

Wenn von Ratten in der Geschichte die Rede ist, folgt unweigerlich das Thema Pest. Das ist nicht immer fair. Zum einen stecken die Ratten uns gar nicht mit der Pest an. Sie sind Wirte der Flöhe, die freilich die Wirte der Bakterien sind, die die Krankheit verbreiten. Ratten erliegen der Pest genauso schnell wie wir und viele andere Lebewesen: Eines der Anzeichen für den Ausbruch der Pest sind nämlich allenthalben tote Hunde, Katzen, Kühe und sonstiges Getier. Flöhe mögen das Blut pelziger Viecher viel lieber als das von Menschen und fallen uns nur an, wenn sie nichts Besseres finden. Aus dem Grund sollte man in Gegenden, in denen die Pest heute noch vorkommt – namentlich Teilen Afrikas und

Asiens –, Ratten und andere Nager auch nicht allzu begeistert erlegen. Ja, es gibt tatsächlich für Ratten keine angenehmeren Zeiten, als wenn die Pest grassiert (und sie sich nicht anstecken). Überhaupt glaubt man, dass außer ihnen mehr als siebzig andere Lebewesen – Kaninchen, Wühlmäuse, Murmeltiere, Eichhörnchen und Mäuse – bei der Verbreitung der Pest eine Rolle spielen. Und mit der allerschlimmsten Pestepidemie der Geschichte haben Ratten wahrscheinlich gar nichts zu tun, jedenfalls nicht in England.

Lange bevor der berüchtigte Schwarze Tod im vierzehnten Jahrhundert über Europa herfiel, hatte er noch heftiger im siebten Jahrhundert gewütet. In manchen Orten starben fast alle Bewohner. Beda sagt in seiner Geschichte Englands, die er im Jahrhundert darauf schrieb, dass in seinem Kloster in Jarrow bis auf den Abt und einen Jungen alle hinweggerafft wurden; die Sterblichkeitsrate lag also beträchtlich über neunzig Prozent. Wer aber immer der Überträger war, die Ratten waren es offenbar nicht. Nirgendwo in Großbritannien hat man Rattenknochen aus dem siebten Jahrhundert gefunden – und man hat wirklich genau gesucht. Bei einer Ausgrabung in Southampton sammelte man 50 000 Tierknochen aus einer Gruppe von Behausungen und deren Umgebung, doch keiner war von einer Ratte.

Heute meint man, dass vielleicht manche Pestepidemien gar keine Pest-, sondern Ergotismus-Epidemien waren, während derer die Menschen an einer Vergiftung starben, die durch Getreide verursacht wurde, das mit einem Pilz verunreinigt war. In vielen kalten, trockenen nördlichen Ländern trat die Pest nie auf – Island wie auch große Teile Norwegens, Schwedens und Finnlands blieben vollständig verschont –, obwohl es dort Ratten gab. Andererseits kam die Pest fast überall dann, wenn die Jahre elend nass waren – und das sind genau die Bedingungen, in denen Ergotismus entstehen konnte. Möglich ist aber auch, dass der Begriff »Pestilenz« viel allgemeiner benutzt und von späteren Historikern missinterpretiert wurde.

Noch vor ein, zwei Generationen war die Zahl der Ratten in

Städten beträchtlich höher als heute. 1944 berichtete der *New Yorker*, dass Kammerjäger in einem bekannten (aber tunlichst nicht genannten) Hotel in Manhattan in drei Nächten im Souterrain und im Keller darunter 236 Ratten gefangen hatten. Etwa zu der Zeit enterten die Nager auch den erwähnten Geflügelmarkt in Gansevoort. Sie drangen so zahlreich ein, dass sie Sekretärinnen entgegenhüpften, wenn diese ihre Schreibtischschubladen öffneten. Binnen weniger Tage fingen die Schädlingsbekämpfer viertausend Ratten, doch völlig befreien konnten sie den Markt von ihnen nicht. Letztendlich wurde er geschlossen.

Gemeinhin liest man immer wieder, dass in einer Stadt durchschnittlich eine Ratte auf einen Menschen komme, doch nun haben Studien gezeigt, dass das übertrieben ist. Das echte Verhältnis ist eher eine Ratte auf drei Dutzend Einwohner. Leider sind das immer noch viele Ratten – in Großlondon zum Beispiel grob eine Viertelmillion.

II.

In unseren Häusern tobt das Leben aber in viel kleinerem Maßstab. Im Reich der Superwinzlinge kreucht und fleucht es, dass es eine wahre Lust ist: Ein Haus ist der reinste Regenwald für kriechende, kraxelnde Kleinstviecher. Ganze Armeen ziehen durch den grenzenlosen Dschungel Ihrer Teppichfasern, fliegen wie mit einem Paraglider an Staubflocken mit, kriechen nachts über Ihre Laken, um sich an dem riesigen köstlichen, sanft bebenden, schlummernden Fleischberg zu laben, der Sie sind. Die Geschöpfe existieren in Zahlen, die Sie schlechterdings das Gruseln lehren. Allein Ihr Bett – wenn es denn durchschnittlich sauber, durchschnittlich alt, durchschnittlich groß ist und durchschnittlich oft gewendet (also nie) wird – ist Heim für etwa zwei Millionen winziger Bettmilben, so klein, dass sie mit bloßem Auge nicht zu erkennen, aber unmissverständlich da sind. Man hat berechnet, dass das Gewicht Ihres Kissens, wenn es sechs Jahre alt ist (das Durchschnittsalter für Kissen), zu einem Zehntel aus Hautschüppchen, lebenden und toten Milben und Milbenkot besteht.

Unter den Bettmilben tummeln sich heute eventuell auch die viel gigantischeren Läuse, denn allem Anschein nach feiern diese einmal fast verschwundenen Gesellen ein Comeback. Wie bei den Ratten gibt es bei ihnen zwei Hauptarten: die *Pediculus humanus capitis* oder Kopflaus und die *Pediculus corporis* oder *humanus humanus* oder Kleiderlaus. Letztere sind relativ neu in der Szene der körperlichen Ärgerlinge. Sie haben sich irgenwann in den letzten 50 000 Jahren aus den Kopfläusen entwickelt. Die Kopfläuse sind viel kleiner, nämlich ungefähr so groß wie ein Sesamkörnchen (und sehen auch mehr oder weniger so aus), und deshalb schwerer zu entdecken. Ein erwachsenes Kopflausweibchen legt drei bis sechs Eier pro Tag. Jede Laus kann etwa dreißig Tage leben. Die leeren Eihüllen geschlüpfter Läuse heißen Nissen. Läuse erweisen sich gegen Vernichtungsmittel als zunehmend resistent, und an ihrer häufigeren Verbreitung sind offenbar hauptsächlich die Niedrigtemperatur-Waschprogramme schuld. Dr. John Maunder vom Britischen Insektenkundezentrum erklärt dies so: »Wenn Sie verlauste Wäsche bei niedrigen Temperaturen waschen, bekommen Sie nur sauberere Läuse.«

Historisch ist der größte Schlafzimmerschrecken die Bettwanze – *Cimex lectularius*, wie der wissenschaftliche Name der kleinen Blutsauger lautet. Bettwanzen sorgten dafür, dass man nie allein schlief, und die Menschen wurden von Wanzen und dem Bemühen, sie loszuwerden, schier in den Wahnsinn getrieben. Als Jane Carlyle entdeckte, dass Bettwanzen die Schlafstätte ihres Hausmädchens befallen hatten, ließ sie sie auseinandernehmen und in den Garten tragen, wo jedes Teil in Chlorkalkwasser gewaschen und dann zwei Tage in Wasser getaucht blieb, damit alle Wanzen, die das Desinfizierungsmittel überlebt hatten, ertranken. Das Bettzeug wurde unterdessen in einen fest verschlosse-

nen Raum gebracht und so lange mit Desinfektionspulver einge-
stäubt, bis keine Wanze mehr hervorkrabbelte. Erst dann baute
man das ganze Bett wieder zusammen, und das Hausmädchen
durfte sich erneut einem normalen Nachtschlaf hingeben, obwohl die Schlafstatt nun gewiss nicht nur für jedes Insekt, das es
wagte zurückzukriechen, sondern auch für sie leicht toxisch war.

Selbst wenn Betten nicht sichtbar befallen waren, nahm man sie
einmal im Jahr auseinander und strich sie zur Vorsicht mit Desinfektionsmittel oder Lack an. Hersteller warben oft damit, wie
rasch und leicht ihre Betten zur jährlichen Wartung auseinander-
genommen werden konnten. Im neunzehnten Jahrhundert wurden plötzlich Messingbetten beliebt, nicht weil man Messing für
Bettgestelle plötzlich schick fand, sondern weil es Bettwanzen
keinen Unterschlupf bot.

Wie Läuse feiern heute auch Bettwanzen ein ungern gesehe-
nes Comeback. Fast das gesamte zwanzigste Jahrhundert waren
sie dank der zunehmenden Verwendung von modernen Insektenvernichtungsmitteln in großen Teilen Europas und Amerikas
buchstäblich ausgestorben, doch seit ein paar Jahren kommen sie
mit Macht zurück. Keiner weiß, warum. Vielleicht hat es mit dem
häufigeren Reisen in alle Welt zu tun – dass die Leute sie in ihren
Koffern mit zurückbringen –, oder mit der Entwicklung größerer
Resistenz gegen das, mit dem wir sie besprühen. Einerlei, plötzlich sind sie wieder da. »Es gibt sie in manchen der besten Hotels
in New York«, zitierte die *New York Times* einen Expertenbericht
aus dem Jahre 2005. Der Artikel wies ausdrücklich darauf hin,
dass die meisten Leute keine Erfahrung mit Bettwanzen haben
und nicht wissen, worauf sie achten müssen, und sie deshalb erst
bemerken, wenn sie aufwachen und feststellen, dass sie in einem
ganzen Pulk liegen.

Wenn Sie die richtige Ausrüstung und eine ausreichend abartige
Motivation hätten, könnten Sie Millionen und Milliarden anderer niedlicher Kreatürlein finden, die mit Ihnen zusammenleben –

umfangreiche Asselnstämme, Spaltbeiner und -füßer, Blattbeiner, Tausendfüßer, Hundertfüßer, Wenigfüßer und andere beinahe unsichtbare Krümelchen. Manche sind praktisch unausrottbar und leben überall: Ein Insekt namens *Niptus hololeucus* oder Messingkäfer hat man putzmunter in Cayennepfeffer und in den Korken von Zyanidflaschen gefunden. Andere wie Mehl- und Käsemilben dinieren mehr oder weniger regelmäßig mit Ihnen.

Geht man zur nächstniedrigen Ebene von Lebewesen über, in die Welt der Mikroben, dann schnellen die Zahlen buchstäblich ins Unendliche. Allein Ihre Haut ist besiedelt von ungefähr einer Billion Bakterien. Weitere viele tausend Billionen tummeln sich in Ihnen, die meisten mit notwendigen und nützlichen Aufgaben beschäftigt, wie Nahrung im Darm zu zersetzen. Insgesamt haben Sie etwa eine Quadrillion (eine Eins mit 24 Nullen) einzelliger Bakterien im Körper. Wenn Sie sie herausnehmen und auf einen Haufen legen würden, ergäbe das etwa dreieinhalb Pfund. Mikroben sind so allgegenwärtig, dass wir leicht vergessen, dass jedes moderne Haus mit schweren Metallgegenständen vollgestellt ist – Kühlschränken, Geschirrspül- und Waschmaschinen –, die ausschließlich dazu da sind, den Mikroben den Garaus zu machen oder sonst wie ihre Zahl klein zu halten. Keime aus unserem Leben zu vertreiben ist ein endloser täglicher Kampf für die meisten von uns.

Der berühmteste Keimexperte der Welt ist ganz gewiss Dr. Charles P. Gerba von der University of Arizona, der so in seinem Arbeitsbereich aufgeht, dass er einem seiner Kinder Escherichia als zweiten Namen gegeben hat (nach dem Bakterium *Escherichia coli*). Dr. Gerba bewies vor einigen Jahren, dass Keime im Haushalt nicht immer dort am zahlreichsten vorkommen, wo wir sie vermuten. In einer berühmten Untersuchung maß er zum Beispiel den Bakterienbefall in verschiedenen Zimmern einzelner Häuser und stellte fest, dass im Durchschnittshaus meist die sauberste Fläche – der Toilettensitz war. Auf dem durchschnittlichen Desktopcomputer tummelten sich fünf Mal mehr Bakterien als auf dem durchschnittlichen Toilettensitz. Aber der wird ja auch häufiger mit Desinfektionsmittel abgewischt.

Am schmutzigsten war das Spülbecken in der Küche, dicht gefolgt von der Arbeitsplatte, und den Vogel schoss das Abwaschtuch ab. Die meisten Abwaschtücher strotzen nur so von Bakterien, und wenn man mit ihnen Arbeitsplatten abwischt (oder Brotschneidebretter oder fettige Kinne, na ja, einerlei, was), überträgt man nur Mikroben von einem Ort zum anderen und bietet ihnen ein neues Ambiente, wo sie wachsen und gedeihen können. Am zweiteffizientesten verbreitet man Keime, wenn man die Toilette mit offenem Deckel spült, fand Gerba. Dabei werden nämlich Milliarden Mikroben in die Luft geschleudert. Viele bleiben dort und schweben, darauf wartend, eingeatmet zu werden, bis zu zwei Stunden lang wie winzige Seifenblasen herum, andere lassen sich auf Dingen wie Ihrer Zahnbürste nieder. Das ist natürlich noch ein guter Grund, den Deckel zu schließen.

Der denkwürdigste Fund im Bereich der Mikroben war allerdings kürzlich der einer unternehmungslustigen Schülerin in Florida, die die Wasserqualität in den Toiletten von Fastfood-Restaurants mit der Qualität des Eises in den Getränken verglich und feststellte, dass in siebzig Prozent der Fälle das Wasser in den Toiletten sauberer als das Eis in den Trinkgläsern war.

Besonders interessant an all den unendlich vielen Lebensformen ist wahrscheinlich, dass wir derartig wenig über sie wissen – und das bisschen, was, erst seit jüngster Zeit. Obwohl zum Beispiel Millionen Bettmilben in jedem Bett existieren, wurden sie erst 1965 entdeckt. Noch 1947 konnte ein Medizinjournalist im *New Yorker* schreiben: »In diesem Land findet man Milben nur selten, bis vor Kurzem waren sie in New York praktisch unbekannt.« Dann kränkelten Ende der 1940er Jahre in einem Mietshauskomplex namens Kew Gardens in Queens, dem New Yorker Stadtbezirk, zahlreiche Bewohner und zeigten Grippe-Symptome. Die Krankheit wurde als »das mysteriöse Fieber von Kew Gardens« bekannt. Als ein aufmerksamer Schädlingsbekämpfer merkte, dass auch Mäuse krank wurden, entdeckte er bei genauerer Untersuchung, dass winzige Milben, die in deren Fell lebten – genau die Milben, die in den Vereinigten Staaten »praktisch unbekannt« waren –, die Hausbewohner mit Rickettsienpocken ansteckten.

Eine ähnliche Ignoranz legte man auch lange Zeit für viele größere Lebewesen an den Tag, nicht zuletzt für eines der wichtigsten und am wenigsten verstandenen: die Fledermaus. Kaum jemand mag Fledermäuse, was eine regelrechte Schande ist, weil diese Flattermänner viel mehr Gutes als Böses tun. Gut für Ernte und Mensch: Sie fressen riesige Mengen Insekten. Kleine Braune Fledermäuse, die verbreitetste Art in Amerika, verleiben sich bis zu sechshundert Stechmücken pro Stunde ein, und winzige Zwergfledermäuse, die nicht mehr als eine kleine Geldmünze wiegen, verspachteln im Verlaufe einer nächtlichen Razzia bis zu dreitausend Insekten. Ohne Fledermäuse gäbe es viel mehr Mücken in Schottland, Sandflöhe in Nordamerika und Fieber in den Tropen. Waldbäume würden zu Krümeln zernagt, man bräuchte mehr Pestizide bei Nutzpflanzen, kurzum, die Natur geriete unter großen Stress.

Fledermäuse sind auch existenziell wichtig im Lebenkreislauf vieler Wildpflanzen, weil sie sie bestäuben und deren Samen verstreuen. Eine Brillenblattnase – ein winziges Fledermäuschen in Südamerika – futtert in einer Nacht bis zu sechzigtausend klitzekleine Samen, und nach Verteilung der Samen durch eine einzige Kolonie Brillenblattnasen – der etwa vierhundert Fledermäuse angehören – können bis zu neun Millionen Keimlinge neuer Obstbäume im Jahr wachsen. Ohne die Fledermäuse würden diese Obstbäume nicht existieren. Fledermäuse sind auch eminent wichtig für das Überleben wilder Avocados, Balsabäume, Bananen, Brotfrüchte, Cashewnüsse, Gewürznelken, Feigen, Guaven, Mangos, Pfirsiche, Saguaros (eine Kakteenart) und unzähliger anderer Pflanzen.

Es gibt viel mehr Fledermäuse auf der Welt, als den meisten

Leuten klar ist. Ja, circa ein Viertel aller Säugetierarten – insgesamt etwa elfhundert – sind Fledermäuse. In der Größe rangieren sie von winzigen Hummel- oder Schweinsnasenfledermäusen, die wirklich nicht größer als Hummeln und deshalb die kleinsten aller Säugetierarten sind, bis zu den beeindruckenden Fliegenden Füchsen in Australien und Südasien, die Flügelspannweiten von einem Meter achtzig haben können.

In der Vergangenheit hat man häufiger versucht, aus den besonderen Fähigkeiten der Fledermäuse Kapital zu schlagen. Das US-amerikanische Militär investierte zum Beispiel im Zweiten Weltkrieg viel Zeit und Geld in das außergewöhnliche Projekt, Fledermäuse mit winzigen Brandbomben zu bewaffnen und in großer Zahl aus Flugzeugen über Japan losfliegen zu lassen – eine Million gleichzeitig. Man hoffte, dass sie sich unter Dachvorsprüngen und Dächern einen Schlafplatz suchen, bald danach die winzigen Zeitzünder die Sprengkapseln aktivieren, die Tiere in Flammen ausbrechen und Hunderttausende von Bränden entfachen würden.

Um Bomben und Zeitzünder herzustellen, die winzig genug waren, musste man viel Fantasie aufbringen und herumexperimentieren, doch im Frühling 1943 war man endlich so weit vorangeschritten, dass man einen Versuch am Muroc Lake in Kalifornien anberaumte. Der verlief, gelinde gesagt, nicht recht nach Plan. Entgegen den bei Experimenten üblichen Gepflogenheiten waren die Fledermäuse voll bewaffnet mit scharfen Winzbomben, als man sie losfliegen ließ. Und das erwies sich als keine gute Idee. Die Tiere ließen sich gar nicht auf den anvisierten Zielen nieder, sondern zerstörten alle Hangars und die meisten Lagerräume am Flughafen von Muroc Lake und dann auch noch den Kommandeurswagen eines Generals. Der Tagesbericht dieses Herrn war sicher eine interessante Lektüre. Jedenfalls wurde das Programm kurz danach abgeblasen.

Einen weit weniger hirnrissigen, aber letztlich nicht erfolgreicheren Plan zum Fledermauseinsatz heckte der Arzt Dr. Charles

A.R. Campbell in San Antonio, Texas, aus. Campbell ließ riesige »Fledermaustürme« bauen, in denen sich die Flatterer niederlassen und fröhlich fortpflanzen und dann hinausfliegen und Mücken futtern sollten. Das, glaubte Campbell, würde zum einen die Malaria erheblich eindämmen und zum anderen Guano in kommerziell nutzbaren Mengen erzeugen. Mehrere Türme wurden errichtet, und einige stehen sogar noch, wenn auch reichlich windschief, doch sie waren nie so wirkungsvoll, wie erhofft. Offenbar lassen sich nicht alle Fledermäuse sagen, wo sie leben sollen.

In den Vereinigten Staaten wurden die Tiere wegen der übertriebenen und bisweilen irrationalen Angst, dass sie die Tollwut übertrügen, jahrelang von Amts wegen verfolgt. Es begann im Oktober 1951, als eine namentlich nicht bekannte Frau im Westen von Texas, die Gattin eines Baumwollpflanzers, eine Fledermaus auf der Straße vor ihrem Haus fand. Sie dachte, das Tier sei tot, doch als sie sich darüberbeugte, um nachzusehen, sprang es auf und biss sie in den Arm. Das war höchst ungewöhnlich. Amerikanische Fledermäuse sind alle Insektenfresser, und man hatte noch nie gehört, dass eine einen Menschen attackiert hatte. Die Frau und ihr Mann desinfizierten und verbanden die Wunde – sie war nur klein – und dachten nicht weiter daran. Drei Wochen später wurde die Frau in delirösem Zustand in ein Krankenhaus in Dallas eingeliefert, »hochgradig erregt« und unfähig zu sprechen oder zu schlucken, die Augen angsterfüllt. Man konnte ihr nicht mehr helfen. Denn Tollwut kann man nur kurieren, wenn die Behandlung sofort erfolgt. Wenn sich die Symptome erst einmal zeigen, ist es zu spät. Nach vier Tagen unsäglichen Leidens sank die Frau ins Koma und starb.

Jetzt hörte man, dass über einen Zeitraum von vier Jahren vereinzelt auch in anderen Gegenden Menschen von tollwutkranken Fledermäusen gebissen worden waren, zwei in Pennsylvania, jeweils einer in Florida, Massachusetts und Kalifornien, noch zwei in Texas. Daraus entstand keineswegs eine Epidemie, aber doch Grund zur Beunruhigung. Schließlich kam ein Beamter der Gesundheitsbehörde in Texas, Dr. George C. Menzies, am Neujahrstag 1956 mit Tollwutsymptomen in ein Krankenhaus in Austin. Menzies hatte Höhlen in Zentraltexas studiert, um Beweise für tollwutkranke Fledermäuse zu suchen, war aber, soweit man wusste, weder gebissen worden noch sonst wie mit Tollwut in Berührung gekommen. Doch aus irgendeinem Grunde war er infiziert und starb nach nur zwei Tagen stationären Aufenthalts auf die übliche Weise, unter furchtbaren Qualen, die Augen groß wie Untertassen.

Über diesen Fall wurde breit berichtet, und es folgte ein regelrecht hysterischer Rachefeldzug. Beamte auf höchster Ebene befanden, Vernichtung sei nun dringlich geboten, ja unumgänglich. Die armen amerikanischen Fledermäuse wurden die Tiere mit den wenigsten Freunden. Jahrelang wurden sie gnadenlos verfolgt, die Populationen in vielen Gegenden schrecklich dezimiert, die größte Kolonie der Welt in Eagle Creek in Arizona von dreißig Millionen auf dreitausend.

Merlin D. Tuttle, der führende Fledermausexperte und Gründer von Bat Conservation International, einer Stiftung zum Schutz der Fledermäuse, erzählte 1988 im *New Yorker* folgende Geschichte: Beamte der Gesundheitsbehörden in Texas sagten einem Farmer, wenn er nicht die Fledermäuse in einer Höhle auf seinem Land vernichte, liefen er, seine Familie und sein Vieh Gefahr, sich mit Tollwut anzustecken. Auf Anweisung goss der Farmer Kerosin in die Höhle und zündete es an. In dem Fegefeuer kam ungefähr eine Viertelmillion Fledermäuse um. Als Tuttle den Farmer später interviewte und ihn fragte, seit wann die Farm im Besitz der Familie sei, erhielt er zur Antwort, seit etwa einem Jahrhundert. Ob man in der ganzen Zeit nie von Tollwut belästigt worden sei, fragte Tuttle weiter. Nein, erwiderte der Farmer.

»Als ich ihm erklärte, wie wertvoll die Fledermäuse seien und was er da getan habe, brach er zusammen und weinte«, erzählte Tuttle und wies darauf hin, dass »jedes Jahr mehr Menschen nach Picknicks mit ihrer Kirchengemeinde an Lebensmittelvergiftung sterben als Menschen nach Kontakt mit Fledermäusen«.

Heute gehören die Fledermäuse zu den gefährdetsten Tieren. Etwa ein Viertel steht auf der Liste bedrohter Arten – ein erstaunlich und, ja, erschreckend hoher Anteil für solch ein vitales Tier –, und über vierzig Arten sind kurz vorm Aussterben. Weil Fledermäuse so zurückgezogen leben und oft sehr schwer zu beobachten sind, bleibt vieles über die Anzahl der Populationen im Ungewissen. In Großbritannien weiß man zum Beispiel nicht, ob es siebzehn oder sechzehn überlebende Arten gibt. Die Experten haben nicht genug Beweise, ob das Große Mausohr ausgestorben oder nur untergetaucht ist.

Sicher allerdings ist, dass es vielerorts noch erheblich schlimmer werden kann. Anfang 2006 entdeckte man bei Fledermäusen, die in einer Höhle im Staat New York ihren Winterschlaf hielten, eine äußerst tödliche neue Pilzerkrankung namens Weißnasensyndrom (das Haar um die Nase der Opfer wird weiß). An der Krankheit sterben bis zu 95 Prozent der infizierten Tiere; sie hat schon auf ein halbes Dutzend anderer Bundesstaaten übergegriffen und wird sich mit Sicherheit weiter verbreiten. Noch Ende 2009 hatten die Forscher keine Ahnung, was an dem Pilz den Wirt umbringt, wie er sich verbreitet, wo er ursprünglich herkommt oder wie man ihm Einhalt gebieten kann. Sicher weiß man nur, dass er besonders in kalten Bedingungen gedeiht – keine guten Neuigkeiten für die Fledermäuse fast überall in Nordamerika, Europa und Asien.

III.

Aber nicht immer werden Tierpopulationen dezimiert, muss man sagen. Manchmal werden sie auch mehr und machen Geschichte. Wie zum Beispiel im Westen der Vereinigten Staaten und auf den kanadischen Ebenen, als die Farmer dort von einer Plage heimgesucht wurden, wie man sie noch nie zuvor erlebt hatte. Aus dem Nichts kamen Schwärme von Felsengebirgsschrecken (oder Rocky-Mountain-Heuschrecken), riesige zirpende, flatternde, hungrige Massen, die die Sonne verdunkelten und verschlangen, was am Wege lag. Einerlei, wo die Schwärme landeten, die Folgen waren grauenhaft. Sie fraßen Felder und Obstgärten kahl und verputzten alles, auf das sie sich setzten: Leder und Leinwand, Wäsche von der Leine, Wolle vom Rücken lebender Schafe, sogar die hölzernen Griffe von Werkzeugen. Ein erstaunter Augenzeuge berichtete, sie seien derartig zahlreich auf einem recht großen Feuer gelandet, dass es erlosch. Es war wie das Ende der Welt, berichteten viele, die es miterlebten. Der Lärm war ohrenbetäubend. Ein Schwarm hatte eine geschätzte Länge von zweitausendsiebenhundert und eine Breite von etwa einhundertsiebzig Kilometern. Er brauchte fünf Tage, bis er vorbeigezogen war. Man glaubt, dass er aus mindestens zehn Milliarden einzelner Insekten bestand, doch andere Leute vermuteten bis zu 12,5 Billionen mit einem Gesamtgewicht von 27,5 Millionen Tonnen. Mit großer Sicherheit war es die größte Ansammlung lebender Wesen, die man je auf Erden gesehen hatte. Nichts konnte sie von ihrem Weg abbringen. Wenn zwei Schwärme aufeinandertrafen, schoben sie sich einer durch den anderen und kamen auf der anderen Seite in ungebrochenen Reihen wieder heraus. Man konnte noch so viel mit Schaufeln auf sie einschlagen oder sie mit Insektiziden besprühen, es war ein Tropfen auf den heißen Stein.

Zu der Zeit zogen die Leute zu Tausenden in den Westen der Vereinigten Staaten und Kanadas und schufen einen neuen Weizengürtel in den Great Plains. Die Bevölkerung Nebraskas stieg zum Beispiel in einer Generation von 28 000 auf über eine Million. Nach dem Bürgerkrieg entstanden insgesamt vier Millionen neue Farmen westlich des Mississippi, und viele dieser neuen Farmer hatten hohe Hypotheken auf Haus und Land sowie Kredite für ganze Flottillen neuer Maschinen aufgenommen – Mähmaschinen, Dreschmaschinen, sonstige Erntemaschinen –, um ihr Land auf industriellem Niveau bestellen zu können. Hunderttausende andere hatten riesige Summen in Eisenbahnen investiert, Getreidesilos und Geschäfte jeglicher Art, um die rasch wachsende Bevölkerung des Westens zu beliefern. Doch jetzt wurden unendlich viele dieser Menschen buchstäblich an den Bettelstab gebracht.

Ende des Sommers verschwanden die Heuschrecken; vorsichtig machten sich Hoffnung und Erleichterung breit. Aber der Optimismus war verfrüht. Die Heuschrecken kamen in den folgenden drei Sommern wieder, und jedes Mal waren es mehr als zuvor. Der beunruhigende Gedanke, dass man im Westen vielleicht doch nicht auskömmlich leben konnte, griff um sich. Nicht weniger beunruhigend war die Angst, dass die Heuschrecken weiter nach Osten zogen und dort die sogar noch fruchtbareren Ackerflächen des Mittleren Westens kahl fraßen. Die Menschen waren verzweifelt und verzagt.

Und dann hörte mit einem Mal alles auf. 1877 waren die Schwärme viel kleiner, und die Heuschrecken wirkten seltsam lethargisch. Im nächsten Jahr kamen sie überhaupt nicht mehr. Die Rocky-Mountain-Heuschrecke (offizieller Name: *Melanoplus spretus)* zog sich nicht nur zurück, sondern verschwand ganz von der Bildfläche. Es war ein Wunder. Das letzte lebende Exemplar wurde 1902 in Kanada gefunden. Seitdem keines mehr.

Wissenschaftler brauchten mehr als ein Jahrhundert, um herauszufinden, was passiert war: Allem Anschein nach zogen sich die Heuschrecken jeden Winter zu Winterschlaf und Paarung in die lehmige Erde an den idyllischen Flüssen östlich der Rockies zurück. Genau dort aber waren die in Scharen kommenden neuen Farmer dabei, das Land zu pflügen – wobei die Heuschrecken und ihre Puppen offenbar im Schlaf umkamen. Ein effektiveres Mittel hätte man gar nicht erfinden können, auch wenn man Millionen Dollar ausgegeben und sich jahrelang mit dem Problem beschäftigt hätte. Ausrottung lässt sich nie gutheißen, doch die hier hat vermutlich mehr Segen als Schaden gebracht.

Hätten die Heuschrecken sich weiter vermehrt, hätte die Welt anders ausgesehen. Landwirtschaft und Handel weltweit, die Besiedelung des Westens und letztlich auch das Schicksal unseres alten Pfarrhauses hätten einen anderen Verlauf genommen. Alles wäre vollkommen anders gekommen, so anders, dass wir es uns kaum vorstellen können. Im letzten Viertel des neunzehnten Jahrhunderts hörte man nämlich schon viele wütende populistische Reden von den amerikanischen Farmern, voller Hass auf Banken und Großkapital, und dieser Hass war auch in den großen Städten, besonders bei den neu ankommenden Einwanderern gang und gäbe. Wäre die Landwirtschaft damals zusammengebrochen und hätten überall Hunger und Not geherrscht, wäre der Sozialismus als Alternative garantiert viel populärer geworden. Auch so gab es ja viele Menschen, die ihn glühend herbeiwünschten.

Aber natürlich beruhigte sich die Lage, der Westen dehnte sich immer weiter aus, die Vereinigten Staaten wurden der Brotkorb der Welt, die britische Landwirtschaft geriet ins Trudeln und erholte sich im Grunde nie. Zu der Geschichte kommen wir zu gegebener Zeit, wollen aber vorher in den Garten gehen und überlegen, warum die britische Landschaft so häufig so reizvoll war und ist.

Zwölftes Kapitel

Der Garten

I.

1730 wagte Königin Caroline von Ansbach, die rührige, stets auf Verbesserung bedachte Gattin Georges II., etwas unerhört Kühnes. Sie befahl, den kleinen Fluss Westbourne in London umzuleiten, damit in der Mitte des Hyde Parks ein See entstand. Der See wurde Serpentine genannt, und es gibt ihn heute noch, und die Besucher finden ihn immer noch schön. Doch wohl kaum einem ist klar, was für ein historisch bedeutsames Gewässer er ist.

Es war nämlich der erste künstliche Teich der Welt, der so angelegt wurde, dass er nicht künstlich aussah. Heute kann man sich kaum noch vorstellen, was für ein radikaler Schritt das war. Bis dahin waren alle künstlichen Gewässer streng geometrisch gewesen – entweder wie eine Kiste rechteckig (»Spiegelteich«) oder rund wie der Round Pond in den Kensington Gardens neben dem Hyde Park, der nur zwei Jahre früher angelegt worden war. Der neue künstliche See verlief in einer betörend anmutigen Bogenform und sah aus wie eine glückliche Laune der Natur. Die Leute, von dieser Täuschung begeistert, kamen in Scharen, um ihn zu bewundern. Die königliche Familie war so angetan, dass sie eine Zeitlang zwei überdimensionale Jachten auf der Serpentine stehen hatte, obwohl man die aus Platzmangel kaum wenden konnte, ohne zu kollidieren.

Endlich einmal konnte Königin Caroline beim Volk punkten, denn ihre bisherigen gärtnerischen Ambitionen waren oft unklug gewesen. Während sie die Serpentine anlegen ließ, zwackte

Charles Bridgeman (Vierter von links, einen Gartenplan in der Hand) in William Hogarths Morgenempfang beim Wüstling.

sie zum Beispiel zweihundert Morgen des Hyde Park für den Garten von Kensington Palace ab und verbannte die Bürger von dessen grünen Pfaden, das heißt, sie durften nur noch samstags hin und dann auch nur ein paar Monate im Jahr – und anständig aussehen mussten sie natürlich auch. Kein Wunder, dass Caroline sich damit keine Freunde machte. Sie spielte sogar mit der Idee, den gesamten St. James's Park für die Öffentlichkeit zu schließen, doch als sie ihren Premierminister Robert Walpole fragte, wie viel das kosten werde, erwiderte dieser mit dünnem Lächeln: »Nur eine Krone, Madam.«

Die Serpentine aber schlug sofort ein, und das Verdienst dafür – für die praktische Durchführung, wenn auch vielleicht nicht für den Plan – gebührt einer obskuren Gestalt namens Charles Bridgeman. Wo genau dieser absolut geniale Mann herkam, ist immer ein Geheimnis geblieben. Quasi aus dem Nichts tauchte 1709 seine Unterschrift auf einer Reihe fachlich erstklassiger Zeichnungen für geplante Landschaftsarbeiten am Blenheim Palace auf. Alles Vorherige basiert auf Vermutungen: Wo er geboren wurde, wann er wie aufwuchs, wo er seine beträchtlichen Fähigkeiten erwarb. Historiker sind sich nicht einmal einig, ob sein Name Bridgeman oder Bridgman geschrieben wird.

Doch dreißig Jahre lang war er fortan überall dort im Einsatz, wo Gartenkunst auf hohem Niveau gewünscht wurde, und arbeitete an Projekten in ganz England mit allen führenden Architekten: John Vanbrugh, William Kent, James Gibbs, Henry Flitcroft. Er entwarf und legte Stowe in Buckinghamshire an, den berühmtesten Garten der Zeit. Er wurde zum königlichen Gärtner ernannt und leitete die Parks in Hampton Court, Windsor, Kew und alle dem König gehörenden Gärten. Er schuf den Park in Richmond und, wie erwähnt, den Round Pond und die Serpentine. Er plante und begutachtete Land für adlige Herrschaften im gesamten Süden Englands. Wo immer große Gärten angelegt werden sollten, war Bridgeman dabei. Es existiert kein Einzelporträt von ihm, aber er taucht eher unerwartet auf dem zweiten Bild von Hogarths Bildfolge »Werdegang eines Wüstlings« auf. Da ist er einer von mehreren Männern – unter anderem ein Schneider, ein Tanzlehrer und ein Jockey –, die den Wüstling bedrängen, sein Geld bei ihnen zu investieren*. Aber Bridgeman sieht steif aus, als fühle er sich unwohl und sei irgendwie ins falsche Bild gelaufen.

Der Gartenbau war schon ein riesiges Geschäft in England, als Bridgeman hinzukam. Auf den einhundert Morgen der Gärtnerei

---

* Die Bilder zeichnen die einzelnen Stationen des Abstiegs eines reichen jungen Mannes nach. Da passt es wie die Faust aufs Auge, dass sie sich im Besitz William Beckfords (dem mit der Fonthill Abbey) befanden, bis er (und sein Haus) unterging.

im Londoner Brompton-Park, dort, wo heute die mächtigen Museen South Kensingtons stehen, wurden enorme Mengen Sträucher, exotische Pflanzen und anderes Grünzeug für Adelssitze im ganzen Land gezogen. Deren Gärten sahen im Übrigen ganz anders aus, als wir sie heute kennen. Sie waren grellbunt, die Pfade waren mit farbigem Kies belegt, Statuen leuchtend bemalt, die Pflanzen in den Beeten nach Intensität der Farben ausgesucht. Nichts war natürlich oder zurückhaltend. Hecken waren zu den lebhaftesten Formen gestutzt, Pfade und Rabatten rigoros gerade gehalten und mit penibelst gestutztem Buchsbaum oder Eiben gesäumt. Die Form regierte. Die Gartenanlagen von Herrenhäusern waren weniger Parks als geometrische Figuren.

Nun wurde diese ganze Ordnung und Künstlichkeit plötzlich hinweggefegt, und die neue Mode diktierte, dass alles natürlich aussehen musste. Wo dieses Bedürfnis auf einmal herkam, kann man nicht genau sagen. Das frühe achtzehnte Jahrhundert war eine Zeit, in der junge Männer von privilegierter Herkunft gemeinhin auf Kavaliersreise durch Europa gingen. Zurück kamen sie fast ausnahmslos voller Begeisterung für die klare Formensprache der antiken Welt und mit dem brennenden Wunsch, sie in einer englischen Umgebung zu kopieren. Baulich wollten sie nichts sehnlicher, als fantasie- und hemmungslos alles Klassische nachahmen, die Gartenanlagen indes sollten das ganze Gegenteil sein, ja draußen kreierte man eine völlig neue Welt. Wer glaubt, die Briten hätten die Begabung fürs Gärtnern in den Genen, für den ist diese Zeit der Beweis.

Einer der Hauptakteure dieser Entwicklung war unser alter Freund Sir John Vanbrugh. Als Autodidakt brachte er eine frische Sichtweise mit. Zum Beispiel bezog er, wie bis dato kein Architekt, Lage und Umgebung seiner Häuser in seine Überlegungen ein. Castle Howard, eins der ersten Projekte, die er in Angriff nahm, verschob er um neunzig Grad auf der Achse, so dass es nicht, wie von William Talman vorgesehen, von Ost nach West ausgerichtet war, sondern von Nord nach Süd. Dadurch wurde es zwar unmöglich, die klassische lange Anfahrt anzulegen, von der aus man das Haus stets direkt im Blick hat, doch es stand viel schöner und natürlicher in der Landschaft. Vor allem hatten diejenigen, die drin waren, einen viel schöneren Blick auf die Welt draußen. Das war eine radikale Abkehr von der Tradition. Bis dato hatte man Häuser nicht so gebaut, dass man einen schönen Blick hatte. Sie *waren* der Blick.

Um die schönsten Ausblicke noch schöner zu machen, führte Vanbrugh eine weitere geniale Neuheit ein, nämlich ein Gebäude, das keinem anderen Zweck diente, als das Bild zu perfektionieren und dem schweifenden Auge einen angenehmen Ort zum Verweilen zu bieten, wie der Tempel der vier Winde in Castle Howard, der zum Prototyp geworden ist. Außerdem fügte Vanbrugh die allerraffinierteste und revolutionärste Neuerung weit und breit ein: den *ha-ha*, einen tief gesetzten Zaun, ähnlich einer Palisade, der den privaten Teil eines Guts von dem Teil trennt, der bewirtschaftet wird, ohne dass der Blick verstellt ist. Diese Idee hatte Vanbrugh von französischen Militärfestungen (wo er ja jahrelang im Gefängnis gesessen hatte). Der englische Name, der sich auch im Deutschen eingebürgert hat, soll daher kommen, dass die Leute, die die versenkten Zäune erst im letzten Moment sahen, bei ihrer Entdeckung oft ganz überrascht »Ha-ha!« riefen. Der Zaun war nicht nur praktisch, weil er die Kühe vom Rasen fernhielt, sondern auch, weil er gestattete, die Welt auf eine völlig neue Art zu sehen. Das Gelände, der Garten, die Parklandschaft, das Haus – alle gehörten nun zu einem harmonischen Ganzen. Plötzlich musste der attraktive Teil eines Anwesens nicht an der äußeren Rasenkante enden, sondern erstreckte sich sozusagen bis zum Horizont.

Eine weniger nette Praxis führte Vanbrugh beim Earl of Carlisle auf Castle Howard aber auch ein: Wenn er Dörfer auf dem Anwesen nicht malerisch genug fand oder sie ihn störten, machte er sie platt und verschob die Bewohner woanders hin. Bei Castle Howard räumte er nicht nur ein ganzes Dorf ab, sondern auch eine Kirche und die Ruinen des Schlosses, von dem das neue seinen Namen bekam. Bald zerstörte man überall im Land Dörfer, um Platz für größere Adelssitze und unverstellte Ausblicke zu schaffen. Es war fast, als könne ein reicher Mann nicht mit der Arbeit an einem Prachthaus beginnen, wenn er nicht wenigstens das Leben von ein paar Dutzend Personen niederen Standes gründlich aufgemischt hatte. Oliver Goldsmith beklagte diesen Brauch in einem langen sentimentalen Gedicht »Das verlassene Dorf«, das von einem Besuch in Nuneham Park in Oxfordshire inspiriert wurde, wo der erste Earl Harcourt gerade dabei war, ein uraltes Dorf niederzureißen, um die Umgebung für sein neues Heim malerischer zu gestalten. Hier aber hielt das Schicksal doch eine interessante Rache parat. Als das Werk vollbracht war, machte der Earl einen Spaziergang über sein neu gestaltetes Anwesen, vergaß, wo der alte Dorfbrunnen gewesen war, fiel hinein und ertrank.[*]

Ob Vanbrugh wirklich alles erfunden hat, von dem gerade die Rede war, ist nicht sicher. Horace Walpole zum Beispiel schreibt Bridgeman die Erfindung des Ha-Ha zu, aber womöglich hat er Vanbrugh ja auf die Idee gebracht. Oder auch umgekehrt. Jedenfalls hatten die Leute Anfang der 1710er Jahre plötzlich jede Menge Ideen, wie sie die Landschaft verschönern konnten, und das hieß für sie im Wesentlichen, ihr ein natürlicheres Aussehen zu verleihen. Dazu hatte unter anderem ein später als »Great Blow« bekannt gewordener Sturm im Jahre 1711 beigetragen. Er fällte im ganzen Land Bäume und machte offensichtlich eine Menge Zeitgenossen auf etwas aufmerksam, das sie bis dahin lediglich für eine schöne Kulisse gehalten hatten. Plötzlich liebten sie nämlich die Natur und kümmerten sich viel mehr um sie.

---

[*] Im folgenden Jahrhundert gelangte Nuneham Park noch einmal zu Ruhm. Im Sommer 1862 weilte Charles Lutwidge Dodgson mit einer Gesellschaft dort zu Besuch, zu der auch Alice Liddell gehörte, Tochter des Dekans seines Oxforder Colleges Christ Church, und begann dort mit dem Schreiben der Geschichten, die einmal *Alice im Wunderland* werden sollten.

Joseph Addison, Dichter, Journalist und Essayist, wurde mit einer Serie von Artikeln im *Spectator* unter der Überschrift »Über die Freuden der Imagination« zur Stimme dieser Bewegung. Er war der Ansicht, dass ohnehin die Natur alle Schönheit liefere. Sie bedürfe nur geringen Eingreifens oder, wie er in einem berühmten Satz ausdrückte: »Der Mensch kann aus seinen Ländereien eine hübsche Landschaft machen.« Dann fuhr er fort: »Ich weiß nicht, ob ich mit meiner Meinung allein dastehe, doch ich persönlich schaue lieber einen Baum mit all der luxuriösen Fülle seiner wirren Äste und Zweige an als einen, der zu einer geometrischen Figur zurechtgeschnitten und gestutzt ist.« Nun schien ihm auf einmal alle Welt zuzustimmen.

Und überall folgten die adligen Hausbesitzer diesen Grundsätzen begierig und legten schön gewundene Pfade und anmutige Seen an. Allerdings mehr noch verschönernde Bauten. Im ganzen Land packten sie ihre Parkanlagen voll mit Grotten, Tempeln, Aussichtstürmen, künstlichen Ruinen, Obelisken, zinnenbewehrten Fantasiebauten, Menagerien, Orangerien, Pantheons, Amphitheatern, Exedren (halbrunden Räumen mit Nischen für Büsten von Heldengestalten), auch mal Nymphäen und was sonst für kapriziöse Dinge ihnen noch einfielen. Und es waren keine dekorativen Kinkerlitzchen, sondern mächtige Monumente.

Das von Nicholas Hawksmoor entworfene Mausoleum in Castle Howard, in dem Vanbrughs Auftraggeber, der dritte Earl, nun die Ewigkeit verbringt, war so groß und teuer wie die Kirchen von Christopher Wren in London. Robert Adam zeichnete Pläne, anhand derer er auf einem zwölf Morgen großen, mit Wiesen bedeckten Berghang in Herefordshire eine vollständig ummauerte, malerisch in Ruinen liegende römische Stadt anlegen wollte, nur damit ein niederer Adliger namens Lord Harley vom Frühstückstisch etwas Unterhaltsames anzugucken hatte. Die Stadt wurde nie Wirklichkeit, doch andere atemberaubend großkotzige Objekte der Zerstreuung wurden gebaut. Die berühmte, fast fünfzig Meter hohe Pagode in den Kew Gardens war lange das höchste chinesische Gebäude in England. Bis ins neunzehnte Jahrhundert hinein war sie üppig vergoldet, mit – insgesamt achtzig – Drachen bemalt und mit klimpernden Messingglöckchen behängt, die König George IV. aber angeblich alle verscherbelte, um Schulden zu begleichen. Heute sehen wir also eine geplünderte Pagode. Zu einem bestimmten Zeitpunkt standen in den Kew Gardens neunzehn weitere Fantasiegebilde herum, darunter eine türkische Moschee, eine Alhambra, ein gotischer Miniaturdom sowie Tempel für Äolus, Arethusa, Bellona, Pan, den Frieden, die Einsamkeit und die Sonne – alles nur, damit ein paar Mitglieder der königlichen Familie sich auf ihren Spaziergängen nicht langweilten.

Eine Weile lang war es auch hochmodisch, eine Eremitage zu bauen und sie mit einem lebenden Eremiten zu bestücken. In Painshill in Surrey unterschrieb ein Mann einen Vertrag, in dem er sich für jährlich einhundert Pfund verpflichtete, sieben Jahre in malerischer Abgeschiedenheit zu leben und dabei ein mönchisches Schweigegelübde einzuhalten. Nach drei Wochen wurde er gefeuert, weil man ihn bei einem Bierchen im Dorfgasthaus erwischt hatte. Ein Herrenhausbesitzer in Lancashire versprach ein Leben lang jährlich fünfzig Pfund demjenigen, der sieben Jahre in einer unterirdischen Behausung auf seinem Anwesen verbrachte, ohne sich Haare oder Zehennägel zu schneiden und ohne mit einem Menschen zu sprechen. Jemand nahm das Angebot an und blieb auch vier Jahre, fand es dann aber nicht mehr zum Aushalten. Ob er für seine Bemühungen wenigstens die Hälfte der Pension bekommen hat, ist leider nicht überliefert. Königin Caroline – die mit der Serpentine im Hyde Park – ließ sich von dem Architekten William Kent in Richmond eine Eremitage bauen, in der sie den Dichter Stephen Duck unterbrachte, doch dem war auch kein Erfolg beschieden. Duck kam zu dem Schluss, dass er weder die Stille mochte noch dass ihn Fremde anschauten, und kündigte. Kurios ist, dass er danach Pfarrer an einer Kirche in Byfleet in Surrey wurde. Leider wurde er dort auch nicht glücklich – er scheint nirgendwo glücklich geworden zu sein – und ertränkte sich in der Themse.

Das ultimative Irrsinnsgebäude aber ließ der dritte Earl of Burlington (auch ein Mitglied des Kit-Cat-Clubs) in Chiswick, damals ein Dorf westlich von London, errichten. Chiswick House war weder ein Haus, noch sollte es bewohnt werden, sondern es war ein Ort, an dem man Kunst anschauen und Musik hören konnte, eine Art aufgemotztes Sommerhaus, das palastähnliche Dimensionen bekam. Aus diesem Anwesen, wenn Sie sich kurz erinnern wollen, trat der schwerhörige achte Herzog von Devonshire heraus und nahm Joseph Paxton als Obergärtner in seine Dienste.

Charles Bridgeman und seine Nachfolger arbeiteten derweil extensiv ganze Landschaften um. Auch Bridgemans Meisterwerk Stowe wurde in gigantischen Ausmaßen gestaltet. Einer der Ha-Has war länger als sechs Kilometer, Hügel wurden umgeformt, Täler geflutet, wie nebenbei großartige Marmortempel verstreut. Stowe war anders als alles, was je bis dahin gebaut worden war. Es wurde weltweit zu einer der ersten wahren Touristenattraktionen, der erste Garten in Großbritannien, der Besucher anzog, und der erste, der seinen eigenen gedruckten Führer bekam. Er wurde so beliebt, dass Lord Cobham, der Besitzer, 1717 ein Gasthaus in der Nachbarschaft kaufen musste, um Gäste unterzubringen.

1738 starb Bridgeman, sein Nachfolger war so jung, dass er noch nicht einmal geboren war, als Bridgeman mit der Arbeit in Stowe begann. Er hieß Lancelot Brown und war genau der Mann, den die Landschaftsgärtnerei brauchte.

Browns Lebensgeschichte erinnert sehr an die von Joseph Paxton. Beide waren Bauernsöhne, beide außerordentlich klug und fleißig, beide begannen als Jungen mit dem Gärtnern und errangen, als sie bei reichen Männern beschäftigt waren, schnell großes Ansehen. Browns Geschichte beginnt in Northumberland, wo sein Vater Pächter auf einem Gut namens Kirkharle war. Dort ging der junge Brown mit vierzehn in eine Gärtnerlehre, diente volle sieben Jahre und verließ dann Northumberland und zog nach Süden, womöglich weil er wegen seines Asthmas ein besseres Klima suchte. Was er im nächsten Lebensabschnitt tat, weiß man nicht, aber er muss schon einen ausgezeichneten Ruf gehabt haben, denn kurz nach dem Tod von Charles Bridgeman entschied sich Lord Cobham für ihn als neuen Chefgärtner in Stowe. Da war er gerade mal vierundzwanzig.

Nun jedoch war er für vierzig Angestellte verantwortlich und sowohl Chefgärtner als auch Zahlmeister. Nach und nach übernahm er die Leitung des gesamten Anwesens, der Bauvorhaben wie der gärtnerischen Projekte. Dabei und sicher auch durch zusätzliche Studien bildete er sich zu einem absolut kompetenten, wenn auch eher handwerklich begabten Architekten weiter. Als Lord Cobham 1749 starb, quittierte Brown den Dienst, zog nach Hammersmith, damals auch ein Dorf westlich von London, und machte sich selbstständig. Im Alter von etwa fünfunddreißig wurde er der Mann, den die Geschichte als *Capability Brown* kennt.

Er hatte weitreichende Visionen. Er schuf keine Gärten, er schuf Landschaften. Da er immer sagte, ein Anwesen habe *capabilities*, also Potenzial, wenn er es zum ersten Mal in Augenschein nahm, hatte er bald den berühmten Spitznamen weg. Lange beschrieb man ihn als bloßen Tüftler, als einen, der hier und da etwas verbesserte, aber eigentlich nur Bäume zu reizvollen Gruppen zusammenstellte. In Wirklichkeit hat jedoch niemand mehr Erde bewegt oder in größerem Stil gearbeitet als er. Um das griechische Tal in Stowe anzulegen, schafften seine Arbeiter in Schubkarren 18 000 Kubikmeter Erde und Felsen fort und schütteten sie woanders auf. In Heveningham in Suffolk erhöhte er eine große Rasenfläche um drei Meter sechzig. Mit Vorliebe versetzte er auch ausgewachsene Bäume und, wenn's sein musste, ausgewachsene Dörfer. Um Ersteres zu bewerkstelligen entwarf er ein Gefährt mit Rädern, mit dem man bis zu elf Meter hohe Bäume wegtransportieren konnte, ohne dass sie Schaden litten – ein Gartengerät, das man geradezu als genial betrachtete. Er pflanzte zigtausend

Bäume – in einem einzigen Jahr in Longleat 91 000 Stück – und legte Seen auf einhundert Morgen fruchtbaren Ackerlands an, was einigen seiner Kunden sicher sauer aufstieß. Zu beiden Seiten einer herrlichen Brücke über ein mickriges Bächlein in Blenheim entstanden künstliche Seen, und das Ganze war eine Pracht.

Vor seinem inneren Auge sah er immer ganz genau, wie Landschaften in einhundert Jahren aussehen konnten, und pflanzte fast ausschließlich einheimische Bäume, lange bevor es sonst jemandem einfiel. Unter anderem deshalb sieht das von ihm Geschaffene aus, als habe es sich natürlich entwickelt, dabei war es fast bis zum letzten Kuhfladen erdacht. Er war weit mehr Ingenieur und Landschaftsarchitekt als Gärtner und hatte ein besonderes Talent dafür, »das Auge zu verwirren« – indem er zum Beispiel zwei Seen auf verschiedenen Höhen so anlegte, dass sie wie ein viel größerer einziger aussahen. Brown schuf Landschaften, die in gewissem Sinn »englischer« waren als die Landschaft, die sie ersetzten, und er machte das so großflächig und konsequent, dass man sich heute schon sehr bemühen muss zu ermessen, wie es dort wohl ganz früher ausgesehen haben mochte. Er selbst nannte seine Arbeit »einen Ort erschaffen«. Ein großer Teil Englands, jedenfalls im Süden und Osten, sieht heute vielleicht zeitlos alt aus, doch sind diese Landschaften weitgehend eine Schöpfung des achtzehnten Jahrhunderts, und da vor allem eine Schöpfung Browns. Wenn das Tüfteln ist, dann in großem Stil!

Brown bot seinen Kunden einen umfassenden Service an: Entwurf, Bereitstellung der Pflanzen, das Anpflanzen und danach die Pflege. Er arbeitete hart und schnell und führte zahlreiche Aufträge aus. Seinerzeit hieß es, dass er mehr als einen einstündigen flotten Rundgang über ein Grundstück nicht brauchte, um sich einen Gesamtüberblick zu verschaffen. Reizvoll an Browns Arbeitsweise war vor allem, dass es auf lange Sicht billig war. Während nämlich exakt getrimmte Flächen mit ihren Parterres, den in Form geschnittenen Bäumen und Büschen und kilometerlangen gestutzten Hecken, mühsam in Schuss gehalten werden mussten, kamen Browns Landschaften im Großen und Ganzen ohne Gärtner aus. Brown sah die Dinge auch entschieden praktisch. Wo andere Tempel, Pagoden und Grabmäler bauten, ließ er Gebäude errichten, die Molkereibetriebe, Hundezwinger oder Wohnungen für Gutsarbeiter beherbergten. Da er auf einem Bauernhof aufgewachsen war, verstand er etwas von Ackerbau und Viehzucht und schlug oft Veränderungen vor, die die Wirtschaftlichkeit verbesserten. Wie gesagt, war er kein großer Architekt, aber ein solider, und verstand dank seiner Arbeit in der Landschaftsgestaltung mehr von Entwässerung als vielleicht alle anderen Architekten seiner Zeit. Außerdem war er Meister in der Bodenverbesserung, lange bevor das Fach existierte. Unsichtbar unter seinen schlummernden Landschaften befinden sich manchmal komplizierte Dränagesysteme, die Sümpfe in Wiesen verwandelten und sie in den letzten 250 Jahren auch als Wiesen bewahrten. Er hätte genauso gut *Dränage Brown* heißen können.

Als man ihm einmal 1000 Pfund anbot, damit er einen Herrensitz in Irland anlegte, lehnte er mit dem Argument ab, er habe ja noch nicht ganz England gestaltet. In den drei Jahrzehnten seiner Selbstständigkeit führte er 170 Aufträge aus, veränderte dabei einen guten Teil der englischen Landschaft und wurde reich. Schon zehn Jahre nach Geschäftsgründung verdiente er 15 000 Pfund im Jahr, so viel, dass er zu den Spitzenverdienern des allmählich entstehenden Bürgertums gehörte.

Seine Leistungen wurden indes nicht vorbehaltlos von allen bewundert. Der Dichter Richard Owen Cambridge sagte ihm einmal ins Gesicht: »Mein aufrichtiger Wunsch ist, dass ich vor Ihnen sterbe, Mr. Brown.«

»Warum?«, lautete die überraschte Antwort.

»Weil ich gern den Himmel sehen würde, bevor Sie ihn verbessert haben«, antwortete Cambridge trocken.

Der Maler John Constable hasste Browns Arbeiten. »Man kann nicht von Schönheit sprechen, weil es nicht Natur ist«, erklärte er. Doch Browns engagiertester Widersacher war der snobistische Sir William Chambers. Er tat Browns Landschaftsgärten als fantasielos ab und behauptete, dessen Parks »unterschieden sich sehr wenig von gewöhnlichen Wiesen und Feldern«. Chambers' Vorstellung von einer verschönerten Landschaft war es hingegen, überall grellbunte Gebäude hinzusetzen. Er entwarf die Pagode, eine Alhambra und andere kurzweilige Dinge in Kew. Chambers hielt Brown, dessen Sprache und Manieren ihm nicht kultiviert genug waren, eigentlich für einen Bauern, doch Browns Klienten liebten ihn. Einer – Lord Exeter – hängte ein Bild von ihm in seinem Haus auf, damit er ihn jeden Tag sehen konnte. Brown scheint auch ein wirklich netter Mensch gewesen zu sein. In einem seiner wenigen erhaltenen Briefe schreibt er seiner Frau, wie er, wegen der Arbeit getrennt von ihr, den Tag im imaginären Gespräch mit ihr verbracht hat, »das absolut alle Reize hatte, nur nicht Deine theure Anwesenheit, die, meine liebe Biddy, immer die tiefe und Hauptfreude Deines Dich liebenden Mannes seyn wird«. Nicht schlecht für jemanden, der kaum zur Schule gegangen war. Jedenfalls nicht die Worte eines Bauern. *Capability Brown* starb 1783 im Alter von sechsundsechzig und wurde von vielen sehr vermisst.

II.

Während *Capability Brown* keine Blumen und Ziersträucher mochte, suchten und fanden andere Leute Blühendes in Hülle und Fülle. Die fünfzig Jahre vor und nach Browns Tod waren eine Zeit nie dagewesener Entdeckungen in der Botanik. Die Jagd nach Pflanzen kurbelte Wissenschaft und Handel gewaltig an.

Derjenige, der wirklich damit angefangen hat, war Joseph Banks, der geniale Botaniker, der zwischen 1768 und 1771 Captain James Cook auf seiner Reise in die Südsee und weiter begleitete. Banks packte Cooks kleines Schiff mit insgesamt 30 000

Pflanzenproben voll, darunter vierzehnhundert, die man noch nie erfasst hatte, und vergrößerte auf einen Schlag die Menge der in der Welt bekannten Pflanzen um etwa ein Viertel. Er hätte ganz gewiss noch mehr auf Cooks zweiter Reise gefunden, doch leider war er nicht nur genial, sondern auch anspruchsvoll. Er wollte nämlich siebzehn Diener mitnehmen, einschließlich zweier Hornisten, die ihn abends unterhalten sollten. Cook erhob höflich Einwände, Banks verzichtete dankend. Stattdessen gönnte er sich eine (von ihm finanzierte) Expedition nach Island. Unterwegs hielt die Reisegesellschaft an der Bay o' Skaill auf den Orkney-Inseln an, und Banks grub ein bisschen dort herum, übersah aber den grasbewachsenen Hügel, Skara Brae, und verpasste so die Chance, seinen vielen Großtaten auch noch die größte archäologische Entdeckung des Zeitalters hinzuzufügen.

Aber schon schwärmten begeisterte Pflanzenjäger in die ganze Welt hinaus, vor allem nach Nordamerika, wo besonders viele Pflanzen wuchsen, die nicht nur hübsch und interessant waren, sondern auch auf britischem Boden gediehen. Die ersten Europäer, die von Osten her ins Innere Amerikas vorstießen, suchten kein Land zum Siedeln und keine Passage nach Westen, sondern Pflanzen, die sie weiterverkaufen konnten. Sie fanden reihenweise wunderbare neue Arten: Azaleen, Astern und Kamelien, Trompetenbäume, Euphorbien, Hortensien, Rhododendren, Rudbeckien, Wilden Wein, Wildkirsche und die verschiedensten Farne, Sträucher, Bäume und Rankengewächse. Mit neuen Pflanzen, die man unversehrt in die Gewächshäuser Europas zum Weiterzüchten brachte, konnte man ein Vermögen verdienen. Bald streiften so viele Pflanzenjäger durch die Wälder Nordamerikas, dass man heute oft gar nicht mehr sagen kann, wer was als Erster gefunden hat. John Fraser, nach dem die Frasertanne benannt worden ist, entdeckte, je nachdem, welcher Naturgeschichte man Glauben schenkt, entweder vierundachtzig neue Arten oder zweihundertfünfzehn.

Pflanzenjagen war beileibe nicht ungefährlich. Joseph Paxton schickte zwei Männer nach Nordamerika, die mal schauen sollten, was sie fanden. Beide ertranken, als ihr schwer beladenes Boot in einem schäumenden Fluss in British Columbia kenterte. Der Sohn von André Michaux, einem französischen Pflanzenjäger, wurde von einem Bären übel zugerichtet, auf Hawaii fiel David Douglas, der Entdecker der Douglasfichte, in einem besonders ungünstigen Moment in eine Tierfalle. In der saß schon ein wilder Stier, der ihn umgehend zu Tode trampelte. Andere Männer verirrten sich und verhungerten oder starben an Malaria, Gelbfieber oder sonstigen Krankheiten. Manch einer wurde auch von argwöhnischen Einheimischen vom Leben zum Tode befördert. Wer aber Glück hatte, erwarb, wie gesagt, oft beträchtlichen Wohlstand – besonders gut zu sehen an Robert Fortune, dem wir zuletzt im achten Kapitel begegnet sind, als er auf gefahrvollen Pfaden als Einheimischer verkleidet durch China wandelte, um zu erkunden, wie man Tee herstellte. Steinreich wurde er indes, weil er Chrysanthemen und Azaleen in die britischen Gewächshäuser brachte.

Andere, von der schlichten Suche nach Abenteuer angetrieben, waren, scheint's, oft sehr schlecht beraten. So auch die jungen Freunde Alfred Russel Wallace und Henry Walter Bates, beides Söhne englischer Geschäftsmänner mit bescheidenen Mitteln. Obwohl die Jünglinge noch nie aus England heraus gewesen waren, beschlossen sie 1848, nach Amazonien zu reisen, um neue Pflanzen zu suchen. Bald gesellten sich ihnen Wallaces' Bruder Herbert und ein weiterer passionierter Laie hinzu, Richard Spruce, Schulmeister von Castle Howard in Yorkshire, der nie vor etwas Herausforderndem gestanden hatte als einer lieblichen englischen Au. Allesamt waren sie offenbar nicht im Entferntesten auf ein Leben in den Tropen vorbereitet, und der arme Herbert demonstrierte das aufs Feinste, indem er kurz nach ihrer Ankunft Gelbfieber bekam und verschied. Die anderen machten weiter, trennten sich aber aus unbekannten Gründen und marschierten in verschiedene Richtungen los.

Wallace stürzte sich in den Dschungel am Rio Negro und sammelte die nächsten vier Jahre wider alle Unbilden der Natur stur und beharrlich Pflanzen. Insekten machten ihm das Leben zur Hölle, bei einer Hornissenattacke verlor er seine Brille, ohne die er blind wie ein Maulwurf war, und in einem anderen chaotischen Moment büßte er einen Stiefel ein und musste eine Weile mit nur einem Schuh durch den Regenwald humpeln. Bei seinen indigenen Führern sorgte er für Verwirrung, weil er seine Fundstücke in Behältern mit *Caxaca* konservierte, einem aus vergorenem Rohrzucker gewonnenen Alkohol, und ihn nicht wie jeder vernünftige Mann trank. Weil sie ihn für verrückt hielten, requirierten sie den verbliebenen *Caxaca* und entschwanden im tropischen Dickicht. Unverdrossen – er war gar nicht zu verdrießen – stapfte Wallace weiter.

Nach vier Jahren taumelte er erschöpft und zerlumpt aus der dampfenden Wildnis, halb im Delirium und zitternd von einem immer wiederkehrenden Fieber, aber im Besitz einer Sammlung seltener Pflanzen. In der brasilianischen Hafenstadt Pará kaufte er sich eine Passage zurück nach Hause. Mitten auf dem Atlantik fing die Barke *Helen* Feuer, Wallace musste ohne seine kostbare Fracht in ein Rettungsboot klettern und zusehen, wie das Schiff von den Flammen verzehrt wurde, in den Wellen versank und mit ihm seine Schätze. Unverzagt (na, vielleicht nun doch ein bisschen verzagt) gönnte er sich zu Hause eine kurze Verschnaufpause und segelte dann zum anderen Ende der Welt, zum malaiischen Archipel, wo er acht Jahre am Stück herumstreifte und die stolze Zahl von 127 000 Proben sammelte, einschließlich eintausend Insekten und zweihundert Vogelarten, die noch nie registriert worden waren. Dieses Mal brachte er alles unversehrt mit zurück nach Hause.

Bates wiederum blieb nach Wallace' Abreise aus Südamerika noch sieben Jahre dort und erforschte per Boot hauptsächlich den Amazonas und seine Nebenflüsse und brachte schließlich fast 15 000 Tierarten mit (was sich gegenüber Wallace mit seinen

127 000 Pflanzen bescheiden ausnahm), aber 8000 davon – mehr als die Hälfte – waren der Wissenschaft neu.

In vieler Hinsicht am erstaunlichsten war Richard Spruce. Er blieb volle achtzehn Jahre in Südamerika, erforschte Gebiete, in denen noch nie ein Europäer gewesen war, und sammelte eine ungeheure Menge an Informationen (unter anderem erstellte er Glossare von einundzwanzig Sprachen der indigenen Bevölkerung). Zu seinen vielen Entdeckungen zählten der kommerziell interessante Gummibaum, der Cocastrauch, aus dem man heute Kokain gewinnt, und der Chinarindenbaum, der das Chinin liefert, das ein Jahrhundert lang das einzig wirksame Mittel gegen Malaria und andere tropische Fiebererkrankungen gewesen ist. Im Tonicwater, für einen guten Gin Tonic unentbehrlich, ist es auch enthalten.

Als Spruce endlich nach Yorkshire zurückkehrte, erfuhr er, dass Leute, denen er vertraut hatte, das ganze Geld, das er während seiner zwanzigjährigen Mühen und Strapazen verdient hatte, falsch investiert hatten und er nun ohne einen Penny dastand. Seine Gesundheit war so ruiniert, dass er die fast dreißig Jahre bis zu seinem Tod 1893 im Bett verbrachte und lustlos seine Funde katalogisierte. Die Kraft, seine Erinnerungen aufzuschreiben, fand er nie.

Dank der Bemühungen dieser und Dutzender anderer wagemutiger Männer schoss die Zahl der Pflanzen, mit denen sich englische Gärtner nun vergnügen konnten, erstaunlich in die Höhe – von etwa eintausend im Jahr 1750 bis zu weit über zwanzigtausend einhundert Jahre später. Neu entdeckte exotische Gewächse wurden extrem teuer gehandelt. Eine kleine Araukarie, eine dekorative Konifere, die man 1782 in Chile entdeckt hatte, konnte in den 1840er Jahren in Großbritannien leicht fünf Pfund einbringen, grob das, was man jährlich für ein Hausmädchen aufbringen musste. Züchtung und Verkauf von Gartenpflanzen wurden zu einer riesigen Industrie. Und alles zusammen kurbelte die Amateurgärtnerei mächtig an.

Was, recht unerwartet, auch die Eisenbahn tat. Dank der Eisenbahn konnten die Leute nun in weiter entfernte Vororte ziehen und zum Arbeitsplatz pendeln. In den Vororten wiederum waren die Grundstücke größer, und die neuen Vorstädter entwickelten geradezu unweigerlich, ein Interesse am Gärtnern.

Zunehmend fanden auch Frauen Gefallen an der Gartenarbeit. Den Anstoß gab Jane Webb, die zwar keinerlei Erfahrung mit dem Gärtnern hatte, aber mit dem im Jahre 1827 (als sie gerade mal zwanzig war) veröffentlichten dreibändigen Kassenschlager *Die Mumie! Eine Geschichte aus dem zweiundzwanzigsten Jahrhundert* berühmt wurde. Ihre Beschreibung eines Dampfrasenmähers erregte (im weitesten Sinne des Wortes) den Gartenschriftsteller John Claudius Loudon derartig, dass er ihre Freundschaft suchte – er hielt sie für einen Mann. Als er entdeckte, dass sie eine Frau war, stieg die Erregung noch mal entsprechend höher, und er machte ihr einen Heiratsantrag, obwohl er genau doppelt so alt war wie sie.

Jane nahm den Antrag an, und eine rührende, produktive Partnerschaft begann. John Claudius Loudon genoss schon großes Ansehen in der Welt des Gartenbaus. Er war 1783, in dem Jahr, in dem Capability Brown starb, auf einem Bauernhof in Schottland geboren worden und hatte sich in seiner Jugend unermüdlich selbst gebildet, wie zum Beispiel sechs Sprachen gelernt, darunter Griechisch und Hebräisch. Aus Büchern holte er sich außerdem alles, was man damals über Botanik, Gartenbau, Naturgeschichte und überhaupt die Dinge wusste, die mit den grünen Künsten zu tun hatten. 1804 begann er im Alter von vierundzwanzig eine scheinbar endlose Flut von dicken Wälzern mit ernsten, einschüchternden Titeln zu schreiben wie: *Eine kurze Abhandlung betreffs mehrerer Verbesserungen, die kürzlich in Treibhäusern erzielt wurden* oder *Bemerkungen zum Bau und Unterhalt von Anlagen mit Nutz- und Zierpflanzen* oder *Die verschiedenen Arten, die Ananas zu kultivieren*. Sie alle verkauften sich erheblich besser, als sie klingen. Daneben gab er eine Reihe populärer Gartenmagazine heraus, schrieb und produzierte sie weitgehend selbst – einmal fünf gleichzeitig –, und all das, sollte man bemerkten, obwohl er unglaubliches Pech mit seiner Gesundheit hatte. Fast scheint es, als habe er ein Händchen gehabt, die entsetzlichsten Komplikationen zu entwickeln, wenn er krank war. Zum Beispiel musste ihm der rechte Arm amputiert werden, weil er einen schlimmen Anfall von rheumatischem Fieber hatte. Bald danach bekam er Gelenksteife im Knie und humpelte fortan. Als Folge seiner chronischen Schmerzen wurde er eine Zeitlang abhängig von Laudanum. Kein Mann, für den das Leben je leicht war.

Mrs. Loudon war noch erfolgreicher als ihr Gatte, und zwar dank eines einzigen Werks, *Practische Anweisungen zum Gaertnern für Damen,* das sie 1841 veröffentlichte, was sich als perfekter Zeitpunkt erwies. Es war das erste Buch überhaupt, das Frauen der gehobenen Klassen ermutigte, sich auch mal die Hände schmutzig zu machen und eventuell sogar einen schwachen Abglanz von Schweiß auf der Stirn zu riskieren. Das war neu, fast schon erotisch. *Gaertnern für Damen* behauptete tapfer, dass sich Frauen unabhängig von männlicher Aufsicht im Garten betätigen könnten, wenn sie nur ein paar schlichte Vorsichtsmaßnahmen beachteten, nämlich stetig, aber nicht zu energisch zu arbeiten, nur leichte Werkzeuge zu benutzen und niemals auf feuchtem Boden stehen zu bleiben, weil ihnen die ungesunden Ausdünstungen des Bodens unter die Röcke kriechen konnten. Offenbar ging das Buch davon aus, dass die Leserinnen kaum je im Freien gewesen waren, geschweige denn, ein Gartenwerkzeug in die Hand genommen hatten. So zum Beispiel erklärt Mrs. Loudon, wie man mit einem Spaten umgeht:

> Der Vorgang des Grabens, wie ihn ein Gaertner durchfuehrt, besteht daraus, den eisernen Teil des Spatens, der als Keil fungiert, senkrecht in den Boden zu schieben, indem man mit dem Fuß darauftritt, und dann den langen Stiel als Hebel zu

benutzen, um die gelockerte Erde zu heben und umzuwenden.

So ist das ganze Buch, es beschreibt die banalsten und normalsten Tätigkeiten mit beinahe peinlicher Genauigkeit, wie eben, welches Ende des Spatens in den Boden soll. Heute ist der Text mehr oder weniger unlesbar und wurde vermutlich auch damals nicht viel gelesen. Seine Bedeutung lag weniger in seinen Inhalten als vielmehr in dem, was er implizierte: die Erlaubnis, hinauszugehen und etwas zu *tun*. Die kam genau im rechten Moment, die Nation war darauf eingestimmt. Bürgerliche Frauen waren wegen der allgegenwärtigen Starrheit der gesellschaftlichen Normen zu Tode gelangweilt und dankbar für jede Art von Abwechslung. *Gaertnern für Damen* blieb den Rest des Jahrhunderts sehr lukrativ und immer lieferbar. Und es ermutigte die Damen wirklich, sich die Hände schmutzig zu machen. Allein das ganze zweite Kapitel beschäftigte sich zum Beispiel mit Dung.

Außer dem Reiz der erholsamen Tätigkeit gab es ein zweites, eher überraschendes Motiv hinter der wachsenden Gartenbewegung, das auch John Claudius Loudon befeuerte. Weil es um die Mitte des neunzehnten Jahrhunderts viele heftige Choleraepidemien und andere ansteckende Krankheiten gab, denen zahlreiche Menschen zum Opfer fielen, wollten die Leute zwar nicht unbedingt gärtnern, aber doch viel mehr an die frische Luft und hinaus ins Freie, besonders als nicht mehr zu übersehen war, dass die städtischen Friedhöfe durch die Bank schmutzig, überbelegt und ungesund waren.

London hatte gerade mal 218 Morgen mit Gottesäckern. Man packte die Toten unvorstellbar dicht aufeinander. Als der Dichter William Blake 1827 starb, wurde er auf dem Friedhof Bunhill Fields auf drei anderen Menschen begraben, und auf ihn wurden später noch vier gelegt. Londons Begräbnisstätten mussten unglaubliche Mengen toter Leiber aufnehmen. Auf dem Friedhof von St. Marylebone Parish Church mit einer Fläche von gerade mal einem Morgen waren geschätzte einhunderttausend bestattet. Wo am Trafalgar Square jetzt die Nationalgalerie steht, war der bescheidene Friedhof der Gemeinde von St. Martin-in-the-Fields. Auf etwa der Fläche eines heutigen Bowlingfeldes begrub man siebzigtausend Leichen, und in den Grüften in der Kirche weitere ungezählte Tausende. Als St. Martin's 1859 seine Absicht erklärte, die Krypten freizuräumen, beschloss der Naturforscher Frank Buckland, den Sarg des großen Arztes und Anatomen John Hunter zu suchen, damit seine Überreste in der Westminster Abbey bestattet werden konnten, und hinterließ einen fesselnden Bericht dessen, was er fand.

»Nachdem Mr. Burstall die schwere Eichentür der Gruft Nummero 3 aufgeschlossen hatte«, schrieb er, »leuchteten wir mit dem Licht unserer Blendlaterne hinein, und ich wurde eines Anblicks gewahr, den ich nie vergessen werde.« In der finsteren Düsternis vor sich sah er Tausende und Abertausende kunterbunt durcheinanderliegende, dicht an dicht wie von einem Tsunami hingeworfene, zerbrochene Särge. Buckland suchte sechzehn Tage lang intensiv, bis er Erfolg hatte. Leider bemühte sich niemand um weitere Särge; sie wurden allesamt zu anderen Friedhöfen gekarrt und verschwanden in unbezeichneten Gräbern. Deshalb weiß man heute nicht, wo die sterblichen Überreste manch einer Berühmtheit liegen – die des Möbelschreiners Thomas Chippendale, der königlichen Mätresse Nell Gwyn, des Naturforschers und Wissenschaftlers Robert Boyle, des Miniaturenmalers Nicholas Hilliard oder des Straßenräubers Jack Sheppard, um nur ein paar zu nennen.

Viele Kirchen verdienten einen Großteil ihrer Einkünfte mit Begräbnissen und wollten dieses gewinnträchtige Geschäft natürlich keineswegs aufgeben. In der Enon Baptist Chapel in der Clement's Lane in Holborn (dort, wo sich jetzt die London School of Economics befindet) schafften es die Kirchenoberen in gerade mal neunzehn Jahren, sage und schreibe zwölftausend Leichen in den Keller zu stopfen. Kein Wunder, dass so viel verwesendes

Fleisch Düfte hinaussandte, die man schlecht unter Verschluss halten konnte. Doch obwohl in jedem Gottesdienst ein paar Besucher in Ohnmacht fielen und immer weniger kamen, nahm die Kapelle weiter Leichen zur Bestattung an. Der Pfarrer brauchte das Geld.

Begräbnisstätten wurden allmählich so voll, dass man kaum einen Spatenstich tun konnte, ohne ein verwesendes Körperglied oder andere organische Reste mit auszugraben. Leichen wurden auch in derart flachen, nachlässig ausgehobenen Gräbern bestattet, dass sie oft von wühlenden Tieren freigelegt wurden oder, wie Steine in einem Acker, von sich aus wieder an die Oberfläche kamen und man sie erneut begraben musste. Fast nie waren Hinterbliebene in der Stadt bei einem Begräbnis anwesend. Es war zu furchtbar und nach Meinung vieler gefährlich obendrein. In zahlreichen Anekdoten wurde von Friedhofsbesuchern berichtet, die in den Fäulnisdämpfen umkippten.

Ein Dr. Walker sagte vor einer Parlamentarischen Untersuchungskommission aus, dass Friedhofsarbeiter, bevor sie einen Sarg öffneten, ein Loch hineinbohrten, ein Rohr hineinschoben und die ausströmenden Gase anzündeten, die bis zu zwanzig Minuten brennen konnten. Er wusste von einem Mann, der die üblichen Vorsichtsmaßnahmen nicht beachtet hatte und sofort, »als sei er von einer Kugel niedergestreckt worden«, von den Gasen aus einem frischen Grab umgehauen wurde. »Dieses Gas einzuatmen, ohne dass es mit Luft aus der Atmosphäre verdünnt ist, bedeutet den sofortigen Tod«, bestätigte der Ausschuss in seinem Abschlussbericht und fügte wenig tröstlich hinzu: »Und selbst wenn es sehr verdünnt ist, verursacht es Krankheiten, die normalerweise mit dem Tod enden.« Bis weit ins neunzehnte Jahrhundert hinein berichtete die medizinische Fachzeitschrift *The Lancet* immer wieder von Menschen, die beim Besuch von Friedhöfen in der schlechten Luft ohnmächtig geworden waren.

Eine vernünftige Lösung, mit all dieser grausigen Fäulnis Schluss zu machen, war, so meinte man nun überwiegend, die

Friedhöfe ganz aus den Städten hinaus zu verlagern und sie mehr wie Parks zu gestalten. Joseph Paxton unterstützte die Idee enthusiastisch, aber der Mann, der maßgeblich dahinterstand, war der unermüdliche, allgegenwärtige John Claudius Loudon. 1843 schrieb und veröffentlichte er *Zum Anlegen, Bepflanzen und Leiten eines Friedhofs und zur Verbesserung von Kirchhöfen* – ein Buch, das, wie es so geht, insofern noch gerade rechtzeitig kam, als Loudon selbst einen Friedhof brauchte, noch ehe das Jahr um war.

Eines der Probleme mit den Londoner Friedhöfen, hatte er betont, bestehe darin, dass sie meist auf schweren Tonböden angelegt worden seien, aus denen das Wasser nicht gut ablief und mit denen sich die verwesenden Leichen nicht vermischten. Friedhöfe in Vororten, meinte er, könne man auf sandigem oder Kiesuntergrund anlegen, wo die dort beerdigten Leichen schließlich guter Kompost werden konnten. Außerdem würden großzügige Anpflanzungen von Bäumen und Sträuchern nicht nur eine bukolische Stimmung schaffen, sondern auch Dünste, die aus den Gräbern entwichen, absorbieren und stinkende Luft in frische verwandeln. Loudon entwarf drei Musterfriedhöfe, die von Parks im Grunde nicht zu unterscheiden waren. Leider konnte er nicht zur ewigen Ruhe in einem der von ihm geplanten gebettet werden, denn er starb, erschöpft von Überarbeitung, bevor sie fertiggestellt wurden. Er wurde im Kensal Green Cemetery in Westlondon bestattet, der aber nach ähnlichen Prinzipien angelegt war.

Friedhöfe wurden also praktisch Parks! Die Leute gingen an Sonntagnachmittagen nicht nur dorthin, um ihrer lieben Entschlafenen zu gedenken, sondern auch, um sich in frischer Luft zu ergehen und zu picknicken. Der Highgate Cemetery in Nordlondon mit seinen weiten Blicken und beeindruckenden Monumenten wurde obendrein zur Touristenattraktion. Leute, die in der Nähe wohnten, kauften die Schlüssel für das Tor, damit sie hinein- und hinausgehen konnten, wann sie wollten.

Der größte Friedhof, der Brookwood Cemetery in Surrey, wurde 1854 von der London Necropolis and National Mausoleum Company eröffnet. Auf seinen zweitausend idyllischen Morgen Land beherbergte er schließlich fast eine Viertelmillion Tote. Das Unternehmen weitete sich derartig aus, dass die Gesellschaft von London nach Brookwood, siebenunddreißig Kilometer nach Westen, eine Privateisenbahn laufen ließ, die drei Klassen und zwei Bahnhöfe in Brookwood hatte: einen für Anglikaner und einen für Nonkonformisten. Die Eisenbahner nannten sie liebevoll »Leichenexpress«. Sie fuhr bis 1941, bis sie einen, wie sich herausstellte, tödlichen Schlag von deutschen Bombern erhielt.

Allmählich dämmerte es aber auch den Behörden, dass man nicht nur Friedhöfe brauchte, die wie Parks waren, sondern Parks, die wie Parks waren. In dem Jahr, als Loudon starb, öffnete eine völlig neue Einrichtung ihre Pforten – der Stadtpark –, und zwar in Birkenhead, von Liverpool aus auf der anderen Seite des Mersey. Er war auf einhundertfünfundzwanzig Morgen Brachland angelegt, sofort ein Erfolg und viel bestauntes Wunder, und man muss es sicher nicht betonen, dass er von dem stets fleißigen, stets einfallsreichen, stets verlässlichen Joseph Paxton entworfen worden war.

Zu der Zeit gab es zwar schon Parks, doch nicht in der Art, wie wir sie heute kennen. Zum einen waren sie meist im wahrsten Sinne des Wortes exklusiv. In die großen Londoner Parks durften bis weit ins neunzehnte Jahrhundert hinein nur Leute von Rang und Namen (plus von Zeit zu Zeit ein paar unbekümmert kesse Kurtisanen). Es bestand die »stillschweigende Übereinkunft« (wie man immer sagte), dass Parks nicht für die einfachen Leute da waren. In manchen Parks machte man sich nicht einmal die Mühe, es »stillschweigend« vorauszusetzen. Im Regent's Park erhob man bis 1835 ausdrücklich deshalb eine Eintrittsgebühr, damit das gemeine Volk nicht die Pfade verstopfte und das Niveau senkte.

Viele der neuen Industriestädte hatten ohnehin kaum Parks, die arbeitende Bevölkerung konnte also, um frische Luft zu schnappen und sich zu erholen, nur über die staubigen Straßen laufen, die aus der Stadt aufs Land führten, und wer so tollkühn war, von diesen ausgefahrenen Wegen herunter auf Privatland zu treten – um einen Ausblick zu genießen, eine volle Blase zu entleeren oder aus einem Bach zu trinken –, musste damit rechnen, dass sein Fuß jäh und schmerzlich in einer Stahlfalle festhing. Es war schließlich das Zeitalter, in dem man Menschen wegen Wilderei routinemäßig nach Australien deportierte und jedes Übertreten von Vorschriften, sei es noch so unschuldig und irrelevant, als große Schandtat betrachtete.

Die Idee, dass eine Stadt für ihre Einwohner einen Park zur freien Nutzung baute, einerlei, welchem Stand sie angehörten, war unbeschreiblich aufregend. Paxton verzichtete auf die für normale Parks typischen formalen Wege und festgelegten Blickachsen und schuf etwas Natürlicheres und Einladenderes. Birkenhead Park erinnerte an die Anlagen eines privaten Herrenhauses, aber er war für alle da. Im Frühling 1851 (wieder *dem* Jahr!) machte ein junger amerikanischer Journalist und Autor namens Frederick Law Olmsted, der im Norden Englands mit zwei Freunden auf Wandertour war, in einer Bäckerei in Birkenhead Halt, um etwas zum Mittagessen zu kaufen, und der Bäcker redete so begeistert und stolz über den Park, dass die Wanderer beschlossen, sich kurz dort umzuschauen. Die Parklandschaft hatte »eine Vollkommenheit erreicht, von der ich nicht einmal geträumt hätte«, erinnert sich Olmsted in *Wanderungen und Gespräche eines amerikanischen Farmers in England*, seinem populären Bericht über die Reise. Zu der Zeit verlangten auch schon viele Leute in New York einen anständigen Park für die Stadt, und etwas wie Birkenhead Park war genau das, was sie brauchten, befand Olmsted. Da hatte er noch keine Ahnung, dass er sechs Jahre später selbst diesen Park entwerfen würde.

Frederick Law Olmsted wurde 1822 in Hartford in Connecticut geboren, er war der Sohn eines wohlhabenden Textilkaufmanns und wechselte als junger Erwachsener häufig den Job. Er arbeitete für eine Textilfirma, fuhr mit der Handelsmarine zur See, betrieb eine kleine Farm und begann schließlich mit dem Schreiben. Nach seiner Rückkehr aus England heuerte er bei der neu gegründeten *New York Times* an, bereiste die Südstaaten und verfasste eine Reihe von berühmten Artikeln, die später als Buch, *König Baumwolle*, sehr erfolgreich waren. Er war ein ständiger Provokateur, verkehrte mit Leuten wie Washington Irving, Henry Wadsworth Longfellow und William Makepeace Thackeray, wenn sie in der Stadt waren, und trat als Teilhaber in den Verlag Dix & Edwards ein. Eine Zeitlang schien alles für ihn zu laufen, doch dann erlitt die Firma mehrere finanzielle Rückschläge, und 1857, einem schweren Jahr für die amerikanische Wirtschaft mit zahlreichen Bankpleiten, war er auf einmal bankrott und arbeitslos.

Genau zu der Zeit wollte die Stadt New York 840 Morgen Brachland in den lange erwarteten Central Park verwandeln. Es war ein riesiges Areal, vier Kilometer lang und achthundert Meter breit, und Olmsted, einigermaßen verzweifelt, bewarb sich um einen Job als Städtischer Bauleiter und bekam ihn. Er war fünfunddreißig, und es war kein Karriereschritt nach oben, sondern für jemanden, der so viel Erfolg gehabt hatte wie er, ein erniedrigender Abstieg, besonders da keineswegs gesichert war, dass der Central Park nun der Hit wurde. Zum einen war er nicht einmal zentral gelegen – »Uptown« Manhattan war immer noch fast drei Kilometer weiter im Süden –, und zum anderen war das unbewohnte Brachland, auf dem er angelegt werden sollte, eine trostlose Weite von Wiesen, Gestrüpp und aufgegebenen Steinbrüchen, ja ein Kommentator sprach sogar von »Pestsümpfen«. Die Vorstellung, dass daraus ein beliebtes schönes Fleckchen Erde werden könnte, war lächerlich ambitioniert.

Für einen Entwurf hatte man sich noch nicht entschieden; den

Gewinner der Ausschreibung erwartete ein Preisgeld von 2000 Dollar. Die brauchte Olmsted dringend. Er tat sich mit einem jungen, erst kürzlich in die Vereinigten Staaten gekommenen britischen Architekten namens Calvert Vaux zusammen und reichte einen Vorschlag ein.* Vaux, von zarter Gestalt, nur 1,47 groß, als Sohn eines Arztes in London aufgewachsen, 1850, kurz nach Ende seiner Ausbildung zum Architekten, in die Vereinigten Staaten emigriert, konnte zeichnen, was Olmsted trotz Leidenschaft und Visionen nicht konnte. Es war der Beginn einer ungeheuer erfolgreichen Zusammenarbeit. In der Ausschreibung wurde Folgendes verlangt: Exerzierplatz, Sportplatz, Schlittschuhteich, wenigstens ein Blumengarten, ein Aussichtsturm und vieles andere mehr, vor allem aber vier, in Abständen das Areal durchquerende Straßen, die verhindern sollten, dass der Park auf seiner ganzen Länge eine Barriere für den Ost-West-Verkehr bildete. Olmsteds und Vaux' Entwurf unterschied sich maßgeblich von den anderen darin, dass sie die Durchquerungsstraßen in Gräben, das heißt unterhalb der Sichtachse verlegten und für die Parkbesucher Brücken vorsahen, auf denen sie von einem Teil des Parks in den anderen gehen konnten. »Man konnte so den Park nachts schließen, ohne den Verkehr zu stören«, schreibt Witold Rybczynski in seiner Biografie Olmsteds. Nur Olmsteds und Vaux' Vorschlag sah eine solche Lösung vor.

Man denkt ja leicht, dass nur ein paar Bäume gepflanzt, Pfade angelegt, Bänke hingestellt und vielleicht noch ein Teich ausgehoben werden muss, und schon ist der Park fertig. Aber der Central Park war ein technisch hoch anspruchsvolles Projekt. Man brauchte mehr als zwanzigtausend Fässer Dynamit, um das Terrain gemäß Olmsteds und Vaux' Angaben umzugestalten, und karrte mehr als 383 000 Kubikmeter frischen Mutterboden heran, damit auch ordentlich was wachsen konnte. 1859, in einer

---

* Vaux sollte auch unabhängig davon noch eine erfolgreiche Karriere machen. Neben vielem anderen entwarf er mit dem Engländer Jacob Wrey Mould das American Museum of Natural History, das auf den Central Park hinausschaut.

Phase besonders intensiver Bautätigkeit, arbeiteten 3600 Männer am Central Park, der im Übrigen nach und nach eröffnet wurde und nicht mit einer großen Eröffnungszeremonie. Viele Leute fanden ihn ungeordnet und verwirrend. Und es stimmt, er hat wenige dominierende Punkte zur Orientierung. Adam Gopnik schreibt dazu: »Die weite Grünfläche ist auf nichts ausgerichtet und führt auch letztlich zu nichts. Die Seen und Teiche liegen isoliert für sich und sind nicht Teil eines miteinander verbundenen Wasserweges. Die Hauptbereiche sind nicht adrett voneinander abgegrenzt, sondern gehen ineinander über. Es fehlt, ganz bewusst, an Ausrichtung, an deutlicher Planung, an einer vertrauten, beruhigenden Klarheit. Der Central Park hat selbst keinen zentralen Ort.«

Aber die Leute lernten ihn trotzdem lieben, und bald bekam Olmsted Aufträge aus ganz Amerika. Was ein wenig überraschend ist, denn eigentlich baute er gar nicht die Art Park, die die Leute wirklich wollten – und je mehr Parks er baute, desto deutlicher wurde das. Fest überzeugt, dass alle Übel des Stadtlebens aus schlechter Luft und Mangel an Bewegung herrührten und zu »einem frühzeitigen Versagen der Verstandeskraft« führten, wollte er etwas für die Gesundheit und Moral einer ermatteten Bürgerschaft tun und ihr zu diesem Behufe die Möglichkeit zu ruhigen Spaziergängen und stiller Erbauung verschaffen. Er war gegen alles, was laut und heftig war und Spaß machte. Insbesondere wollte er keine aufregenden Zoos oder Seen zum Bötchenfahren, also genau das nicht, was Vergnügungsparkbesucher sich gerade wünschten. Im Franklin Park in Boston ließ er für alle außer Menschen unter sechzehn das Baseballspielen verbieten und alle anderen »aktiven Erholungsbeschäftigungen«, wie er sie verächtlich nannte, gleich dazu. Feiern zum Vierten Juli waren glattweg untersagt.

Doch niemand hielt sich daran, und auch die Parkbehörden kniffen freundlicherweise ein Auge zu. Olmsteds Parks waren letztendlich viel vergnüglicher, als er wollte, wenngleich immer noch erheblich spartanischer ausgestattet als die Parks in Europa mit ihren fröhlichen Biergärten und hell erleuchteten Karussells.

Obwohl Olmsted mit dem Landschaftsgärtnern erst anfing, als er schon stracks auf die vierzig zuschritt, wurde er nun atemberaubend produktiv. Er baute über einhundert Stadtparks überall in Nordamerika – wie etwa in Detroit, Albany, Buffalo, Chicago, Newark, Hartford und Montreal. Zwar ist und bleibt der Central Park seine berühmteste Schöpfung, doch halten viele Menschen den Prospect Park in Brooklyn für sein eigentliches Meisterwerk. Olmsted führte darüber hinaus mehr als zweihundert Aufträge für private Anwesen und verschiedene Institutionen aus, darunter für circa fünfzig Universitätscampus. Biltmore war sein letztes Projekt – ja, eigentlich auch eine seiner letzten rationalen Handlungen. Kurz danach glitt er in eine hoffnungslose, fortschreitende Demenz. Er verbrachte die letzten fünf Jahre seines Lebens im McLean Asylum in Belmont in Massachusetts, wo er, es erübrigt sich fast zu sagen, die Grünanlagen entworfen hatte.

III.

Obwohl es natürlich riskant ist, zu frei darüber zu spekulieren, was für einem Lebensstil der gute Reverend Marsham in seinem Pfarrhaus frönte, träumte er vermutlich von einem Gewächshaus – ja, besaß vielleicht sogar eines –, denn Gewächshäuser waren das große neue Spielzeug der Zeit. Angeregt von Joseph Paxtons Kristallpalast in London und nach Abschaffung der Glassteuern ja auch erschwinglicher, schossen sie bald überall wie Pilze aus dem Boden und wurden mit den vielen aufregenden neuen Pflanzen vollgestellt, die aus der ganzen Welt in Mengen nach Großbritannien kamen. Doch dieser umfassende Transfer von Grünzeug von einem Kontinent zum anderen blieb nicht ohne Folgen. Im Sommer 1863 stellte ein passionierter Gärtner in

Hammersmith in Westlondon fest, dass ein preisgekrönter Weinstock in seinem Gewächshaus kränkelte. Er konnte die Krankheit nicht diagnostizieren, sah aber, dass die Blätter mit kleinen Gallenkörpern bedeckt waren, aus denen Insekten sprangen, die er noch nie gesehen hatte. Er sammelte ein paar ein und schickte sie an John Obadiah Westwood, Professor der Zoologie in Oxford und internationale Koryphäe auf dem Gebiet der Insektenkunde.

Wer der Besitzer der Ranke war, weiß man leider nicht mehr, und das ist schade, weil er ein wichtiger Mensch war: nämlich der erste in Europa, dessen Pflanzen von Rebläusen befallen waren, einer winzigen, fast unsichtbaren Zwerglaus, die bald den europäischen Weinbau zugrunde richten sollte. Über Professor Westwood wissen wir indes sehr viel. Er stammte aus einfachen Verhältnissen – sein Vater war Werkzeugmacher in Sheffield – und war vollkommener Autodidakt. Er wurde in Großbritannien nicht nur zu einer führenden Autorität bei Insekten – an Fachkenntnis über die Viecher kam ihm wirklich niemand gleich –, sondern auch auf dem Gebiet der angelsächsischen Literatur. 1849 bekam er den ersten Lehrstuhl für Zoologie in Oxford.

Fast genau drei Jahre nach der Entdeckung der Reblaus in Hammersmith stellten Winzer in der Nähe von Arles in der Region Bouches-du-Rhône fest, dass ihre Reben verdorrten und starben. Bald gingen in ganz Frankreich Weingärten zugrunde. Die Winzer waren machtlos, denn weil die Insekten die Wurzeln befielen, war die tödliche Krankheit erst sichtbar, wenn es zu spät war. Und weil die Weinbauern die Stöcke natürlich auch nicht ausgraben konnten, um zu sehen, ob sich dort Rebläuse tummelten, ohne dass die Pflanze starb, mussten sie warten und hoffen. Meist hofften sie vergeblich.

Binnen fünfzehn Jahren gingen vierzig Prozent aller Weinstöcke ein. Diejenigen, die überlebten, wurden zum Großteil durch Bepfropfen amerikanischer Unterlagsreben »wiederhergestellt«. Mitten in der allgemeinen Verwüstung gab es übrigens wundersame kleine Inseln, die offenbar verschont blieben. In der Champagne wurden bis auf zwei winzige Weingärten außerhalb von Reims alle vernichtet. Erstere waren aus irgendeinem Grund gegen die Pflanzenkrankheit immun und bringen heute noch Champagnertrauben aus ihren ursprünglichen Wurzeln hervor – nur noch hier und nirgendwo sonst.

Gewiss waren auch schon vorher Rebläuse nach Europa eingeschleppt worden, doch sie kamen wahrscheinlich als winzige Leichen an, weil die lange Seereise zu viel für sie war. Als aber schnelle Dampfschiffe fuhren und sogar noch schnellere Züge an Land, konnten die kleinen Gesellen frisch und fröhlich ankommen und neues Territorium erobern.

Da sie in Amerika beheimatet waren, waren natürlich alle Versuche, europäische Rebsorten auf amerikanischem Boden anzubauen, zum Scheitern verurteilt. Den amerikanischen Reben wiederum konnte die Reblaus erstaunlicherweise nichts anhaben, man gewann nur leider keinen besonders guten Wein aus ihnen – was bereits für Bestürzung und Verzweiflung vom französischen New Orleans bis zu Thomas Jeffersons Monticello und weiter nach Ohio und dem hügeligen Hochland im Staat New York gesorgt hatte, wo Weinbau betrieben wurde. Reblausresistente europäische Pflanzen bekam man hingegen nur, wenn man sie auf amerikanische Wurzeln pfropfte. Ob der Wein so gut war wie in Europa, blieb dahingestellt.

In Frankreich wiederum fanden viele Winzer den Gedanken unerträglich, ihre Reben mit amerikanischen zu verderben. In Burgund sorgte man sich insbesondere um die Reinheit der geliebten und überaus wertvollen Grand-Cru-Trauben und weigerte sich vierzehn Jahre lang, die uralten Reben auf amerikanische Wurzeln zu pfropfen, selbst als sich die Reben schon auf allen Hügeln kräuselten und eingingen. Doch mit an Sicherheit grenzender Wahrscheinlichkeit haben viele Winzer heimlich ein bisschen gepfropft und dadurch vielleicht ihre noblen Weine vor dem Aussterben bewahrt.

Insgesamt existieren französische Weine heute nur wegen der

amerikanischen Wurzeln, und es lässt sich unmöglich sagen, ob die Weine schlechter sind als vorher. Die meisten Experten finden das nicht, doch solch drastische Lösungen sorgen natürlich immer für anhaltende Zweifel bei den ohnehin Skeptischen. Allerdings haben die erhaltenen Vor-Reblaus-Weine einen derartigen Ruf gewonnen, dass viele Leute verleitet werden, sich von einer Menge Geld und gesundem Menschenverstand zu trennen, um etwas so Köstliches, Unersetzliches zu besitzen.

1985 blätterte Malcolm Forbes, der US-amerikanische Verleger, viele Tausend Dollar für eine Flasche Château Lafite 1787 hin. Die war natürlich viel zu wertvoll zum Trinken, und er stellte sie in einer speziellen Glasvitrine aus. Leider schrumpfte der alte Korken in dem Scheinwerferlicht, mit dem die kostbare Flasche so kunstvoll beleuchtet wurde, und fiel mit einem 156450-Dollar-Plumps in die Flasche. Noch Schlimmeres hatte das Schicksal für einen Château Margaux aus dem achtzehnten Jahrhundert parat, der angeblich einmal Thomas Jefferson gehörte und auf sehr präzise 519750 Dollar geschätzt wurde. Als William Sokolin, ein Weinhändler, seine Erwerbung 1989 in einem New Yorker Restaurant stolz herzeigte, stieß er aus Versehen mit der Flasche gegen einen Servierwagen, und sie zerbrach, das heißt verwandelte in Sekundenschnelle die teuerste Flasche Wein der Welt in den teuersten Teppichfleck der Welt. Der Restaurantleiter tauchte einen Finger in das kostbare Nass und erklärte, es sei ohnehin nicht mehr trinkbar gewesen.

IV.

Während in der Industriellen Revolution wunderbare Maschinen entstanden, die das Leben der Menschen (und manchmal der Schädlinge) veränderten, hinkte die Wissenschaft vom Gartenbau furchtbar hinterher. Bis weit ins neunzehnte Jahrhundert hinein hatte man selbst von so etwas Grundsätzlichem wie dem, was Pflanzen zum Wachsen bringt, keinen blassen Schimmer. Alle wussten, dass man dem Boden Düngemittel zusetzen musste, aber warum das so war oder welche wie wirkten, darüber gingen die Meinungen weit auseinander. Bei einer Umfrage unter Bauern in den 1830er Jahren fand man heraus, dass sie mit Sägemehl, Federn, Meeressand, Heu, toten Fischen, Austernschalen, Wolllumpen, Asche, Hornspänen, Kohlenteer, Kreide, Gips, Baumwollsamen und vielem anderen düngten. Manches tat dem Boden wider Erwarten gut – schließlich waren die Bauern nicht dumm –, doch niemand konnte sagen, was am besten war oder in welchen Anteilen es am besten wirkte. Nur die Kurve der Ernteerträge, die verlief unaufhörlich nach unten.

Im Norden des Bundesstaats New York sank die Getreideernte von dreißig Scheffeln pro Morgen 1775 auf kaum ein Viertel davon ein halbes Jahrhundert später. Ein paar bedeutende Wissenschaftler, namentlich Nicholas-Théodore de Saussure in der Schweiz, Justus Liebig in Deutschland und Humphry Davy in England, stellten zwar fest, dass zwischen Stickstoff und Mineralien einerseits und der Fruchtbarkeit des Bodens andererseits ein Zusammenhang bestand, doch wie man Erstere in Letzteren bekam, wurde trotzdem heftig diskutiert, und fast überall warfen die Bauern hoffnungslos unwirksamen Mischmasch auf ihre Äcker.

Dann kam in den 1830er Jahren plötzlich das Wundermittel, auf das die Welt gewartet hatte: Guano – Vogelexkremente – wurde seit Inka-Zeiten in Peru benutzt, und seine Wirksamkeit war immer schon von Forschern und Reisenden erwähnt worden, doch erst jetzt kam jemand auf die Idee, ihn in Tüten zu schaufeln und den verzweifelten Farmern und Bauern auf der nördlichen Welthalbkugel zu verkaufen. Als diese ihn erst einmal für sich entdeckt hatten, konnten sie nicht genug kriegen. Eine Portion Guano gab den Feldern neue Kraft, und die Getreideernten stiegen oft bis zum Dreifachen. Die Welt wurde von einer regelrechten Guanomanie ergriffen. Die Vogelexkremente waren so segensreich, weil sie von Stickstoff, Phosphor und Kaliumnitrat nur so strotzten – zufällig auch den wesentlichen Bestandteilen des Schießpulvers. Außerdem wurde die Harnsäure im Guano von Farbenherstellern sehr geschätzt; er war also bald in vielen verschiedenen Branchen wertvoll. Plötzlich gab es fast nichts auf der Welt, das die Leute mehr begehrten.

Wo Seevögel nisteten, war er in Hülle und Fülle vorhanden. Viele Felseninseln waren regelrecht zugeklatscht damit, mehr als fünfzig Meter hohe Lagerstätten nicht unbekannt. Manche Pazifikinseln waren im Grunde nichts anderes als Guanohaufen. Der Guanohandel machte viele Leute sehr reich: Schroder's, die britische Handelsbank, gründete sich hauptsächlich darauf, und Peru verdiente dreißig Jahre lang praktisch seine gesamten Devisen damit, Vogeldreck einzutüten und einer dankbaren Welt zu verkaufen. 1879 zog Chile sogar gegen Peru und Bolivien in den Krieg wegen des unter anderem aus Guano gebildeten Salpeter. Der Kongress der Vereinigten Staaten verabschiedete den Guano Islands Act, ein Gesetz, das es US-Bürgern erlaubte, jede Insel mit Guanovorkommen, die sie fanden und die nicht schon anderen gehörte, für die USA in Besitz zu nehmen. Das waren bald mehr als fünfzig.

Während der Guano für die Landwirtschaft eine riesengroße Verbesserung darstellte, wirkte er sich auf das Leben in den Städten in einer Hinsicht sehr ungünstig aus: Er machte dem Handel mit menschlichen Exkrementen den Garaus. Bisher hatten die Leute, die die Senkgruben in den Städten entleerten, die Fäkaliensammler, die Jauche den Farmern auf dem Land verkauft. Was insgesamt eine wirtschaftlich sinnvolle Angelegenheit war. Doch nach 1847 brach der Markt zusammen, und man kippte die eingesammelten Exkremente einfach in den nächstgelegenen Fluss, was wiederum Konsequenzen hatte, die, wie wir sehen werden, erst nach mehreren Jahrzehnten beseitigt werden konnten.

Bei Guano wiederum bestand natürlich das Problem, dass

er sich in Jahrhunderten angesammelt hatte, aber in null Komma nichts abgetragen war. Von einer Insel vor der afrikanischen Küste kratzte man in einem guten Jahr geschätzte 200 000 Tonnen herunter. Die Preise stiegen auf fast 80 Dollar pro Tonne. In den 1850er Jahren hatte der durchschnittliche Bauer die entmutigende Wahl, die Hälfte seiner Einkünfte für Guano auszugeben oder zuzusehen, wie seine Ernteerträge dahinschwanden. Was man brauchte, war klar: einen künstlichen Dünger, mit dem man die Felder zuverlässig und preiswert düngen konnte. Und just in diesem Moment tritt eine ulkige Gestalt wie John Bennet Lawes auf den Plan.

Lawes war der Sohn eines wohlhabenden Landbesitzers in Hertfordshire und hatte von Kindheit an eine Passion für chemische Experimente. Er verwandelte ein unbenutztes Zimmer im Haus der Familie in ein Labor und schloss sich die meiste Zeit dort ein. Um etwa 1840, da war er Mitte zwanzig, erregte eine rätselhafte Eigenschaft des Knochenmehldüngers seine Neugierde: Knochenmehlstreu trug auf bestimmten Böden wie Kalk und Torf zu einer wunderbaren Steigerung der Erträge bei Rüben bei, zeitigte aber auf Tonboden keinerlei Wirkung. Warum, wusste keiner. Lawes begann mit Experimenten auf dem Gut seiner Familie, wobei er verschiedene Bodenzusammensetzungen, Pflanzen und Dünger benutzte, um der Sache auf den Grund zu gehen. Und das war gewissermaßen der Beginn des wissenschaftlichen Ackerbaus. 1843, im Todesjahr Loudons, machte Lawes aus einem Teil des Landsitzes die Rothamstead Experimental Station, die erste landwirtschaftliche Forschungsstation der Welt.

Lawes war herrlich besessen von Düngemitteln und Dung. Nie hat sich jemand so sehr – und im wahrsten Sinne des Wortes handfest – dafür interessiert wie Lawes. Jeder kleinste Aspekt ihrer Wirkungskräfte faszinierte ihn. Er fütterte sein Vieh mit verschiedenem Futter und untersuchte dann den Mist, um zu sehen, wie er sich auf die Ernte auswirkte. Er überschüttete Pflanzen mit allen nur denkbaren Chemikaliencocktails und entdeckte dabei, dass mit Säure behandelte mineralische Phosphate das Knochenmehl in allen Böden wirkungsvoller machten, wenn er auch nicht wusste, warum. (Die Antwort kam viel später von woanders und lautete, dass der tatsächlich düngende Wirkstoff in Tierknochen, Calciumphosphat, in alkalischen Böden schlechter löslich ist.) Trotzdem hatte Lawes den ersten chemischen Dünger erschaffen, den er Kalksuperphosphat nannte, und die Welt bekam, was sie dringend brauchte. Lawes ging so auf in seinem Tun, dass er mit seiner Braut in den Flitterwochen eine ausgedehnte Besichtigungstour der Industrieflächen an der Themse und ihren Nebenflüssen unternahm, wo er einen Standort für eine neue Fabrik suchte. Er starb 1900, sehr reich.

Alle diese Dinge – das zunehmende Amateurgärtnern, das Anwachsen der Vorstädte, die Entwicklung effizienter Düngemittel – leiteten still und heimlich einen neuen Trend ein: nämlich sich einen Rasen ums Eigenheim zuzulegen.

Vor dem neunzehnten Jahrhundert besaßen fast ausschließlich Herrenhäuser, Universitätsgelände oder andere Institutionen größere Rasenflächen; die Pflegekosten waren zu hoch, als dass sich jeder ein eigenes Stückchen Grün hätte leisten können. Wer einen schönen Rasen haben wollte, hatte nur zwei Alternativen. Eine davon war, eine Schafherde zu halten. Das tat man im Central Park in New York, der bis Ende des neunzehnten Jahrhunderts Heimat einer Wanderherde von zweihundert Schafen mit Hirte war, der in einem Gebäude wohnte, das dann zur Tavern on the Green wurde. Die andere Alternative war, ein Team kräftiger Männer einzustellen, die jedes Jahr von Frühjahr bis Herbst das Gras mähten, zusammenrechten und wegkarrten. Beide Lösungen waren teuer, und weder die eine noch die andere brachte den Rasen wie gewünscht in Schuss. Selbst wenn man ihn sorgfältigst mähte, war er für heutige Verhältnisse struppig und uneben und sah nur unwesentlich besser als ein von Schafen abgegraster aus. Wie Mr. Marsham verfuhr, weiß man nicht genau, aber da er einen Gärtner beschäftigte, James Barker, musste der wahrscheinlich den Rasen mähen. Besonders viel machte das Grün sicher nicht her.

Es besteht die ganz geringe Möglichkeit, dass Mr. Marsham ein aufregendes, ein wenig Furcht einflößendes Gerät zum Einsatz brachte: den Rasenmäher. Der Rasenmäher war die Erfindung eines Edwin Beard Budding, Vorarbeiter in einer Tuchfabrik in Stroud in Gloucestershire, der 1830, während er auf eine Maschine starrte, die Tuch schnitt, auf die Idee kam, den Schneideapparat auf die Seite zu legen, ihn in ein kleineres Gerät mit Rädern und Griff zu montieren und damit Rasen zu mähen. Wenn man bedenkt, dass bisher noch überhaupt niemand daran gedacht hatte, den Rasen zu mähen, war das ein erfrischend neues Konzept. Noch bemerkenswerter ist, dass Buddings Maschine, so wie sie schließlich patentiert wurde, in Aussehen und Funktion einem modernen Zylindermäher verblüffend ähnlich ist.

Sie war nur in zwei wesentlichen Punkten anders. Erstens war sie immens schwer und schwierig zu handhaben. James Ferrabee & Co., die Hersteller von Buddings Rasenmäher, versprachen in einem Prospekt, dass die Besitzer des neuen Geräts – interessanterweise nicht die Gärtner oder sonstigen Arbeiter auf dem Anwesen, sondern die Besitzer selbst – feststellen würden, dass das Mähen damit ihnen »eine amüsante, nützliche, gesunde Betätigung« verschaffe, und zeigten Illustrationen von glücklichen Käufern, die das Teil wie einen Kinderwagen über eine glatte Fläche schoben. In Wirklichkeit erforderte es den Einsatz aller Körperkräfte. Damit es sich bewegte, musste der Benutzer nicht nur an einem schweren Griff ziehen und ihn dann fest umklammern, sondern das Gefährt auch mit aller Kraft vorwärtsschieben. Es am Ende jeden Gangs zu wenden war ohne Hilfe kaum möglich.

Das zweite unübersehbare Problem von Buddings Rasenmäher bestand darin, dass er nicht sonderlich gleichmäßig schnitt. Weil er so schwer und schlecht ausbalanciert war, drehten sich die Klingen entweder hilflos über den Halmen oder verbissen sich grimmig in Wurzeln und Erdreich. Nur ab und zu hinterließen sie einen glatt gestutzten Rasen. Da das Gerät auch teuer war, verkaufte es sich nur in geringen Zahlen, und Budding und Ferrabee gingen bald getrennte Wege.

Doch andere Hersteller übernahmen Buddings Idee und verbesserten sie langsam, aber sicher. Gusseisen ist extrem schwer, und das Hauptproblem war ja das Gewicht. Deshalb wurden viele der ersten mechanischen Rasenmäher so konstruiert, dass sie von Pferden gezogen wurden. Ein risikofreudiger Hersteller, die Leyland Steam Power Company, griff eine von Jane Loudon 1827 zum ersten Mal geäußerte Idee auf und baute einen dampfbetriebenen Mäher, doch der erwies sich mit seinen mehr als eineinhalb Tonnen als solches Trumm, dass er kaum manövrierfähig war und man ständig Gefahr lief, dass er sich durch Zäune und Hecken fräste.[*]

Nachdem man einfache Antriebsketten (die man von dem anderen Wunder der Zeit, dem Fahrrad, geborgt hatte) und den neuen leichten Stahl von Henry Bessemer benutzte, wurde der kleine Schiebemäher dann aber schließlich doch eine praktikable Alternative. Er war genau das, was man in kleinen Vorortgärten brauchte, und im letzten Viertel des neunzehnten Jahrhunderts aus dem Gartenleben nicht mehr wegzudenken. Selbst in den bescheidensten Gärtlein wurde ein schöner, perfekt geschnittener Rasen das Ideal. Unter anderem konnte man mit einem Rasen zeigen, dass man wohlhabend war und den Platz nicht brauchte, um Gemüse für den eigenen Verzehr zu ziehen.

Budding hatte zwar die Anfangsidee geliefert, kümmerte sich dann aber nicht weiter um Rasenmäher, sondern erfand etwas anderes, das sich dauerhaft für die Menschheit als Wohltat erwies: den (verstellbaren) Universalschlüssel oder auf gut Deutsch: den Engländer.

---

[*] Leyland verzichtete schließlich auf Dampf und Mähmaschinen und interessierte sich mehr für den neuen Verbrennungsmotor. 1982 schied die Firma als British Leyland, der Autohersteller, aus diesem Leben.

Heute besteht Gärtnern für viele Leute nur aus der Rasenpflege. In den Vereinigten Staaten bedeckt Rasen mehr Landfläche – nämlich knapp 130 000 Quadratkilometer – als jedwedes Getreide. Gras in häuslichen Gärten will das tun, was wildes Gras in der Natur tut: nämlich zu einer Höhe von sechzig Zentimetern wachsen, blühen, braun werden und absterben. Um es kurz und grün und ständig am Wachsen zu halten, muss man es ziemlich brutal behandeln und mit allerlei Zeug begießen. Im Westen der Vereinigten Staaten werden etwa sechzig Prozent des Wassers, das für die verschiedensten Verbrauchszwecke aus dem Hahn kommt, auf Rasenflächen versprüht. Schlimmer sind die Mengen an Unkraut- und Insektenvernichtungsmitteln – über dreißig Millionen Kilo im Jahr –, die man im Rasen versenkt. Es ist doch eine gewaltige Ironie der Geschichte, dass sich in der Pflege eines schönen Rasens die gärtnerischen Aktivitäten vieler Menschen heute erschöpfen.

Und mit diesem ein wenig resignativen Gedanken wollen wir ins Haus zurückkehren und das letzte Zimmer unten besuchen, bevor wir nach oben gehen.

Dreizehntes Kapitel

Das Pflaumenzimmer

I.

Wir nennen es das Pflaumenzimmer, weil die Wände pflaumen-
farben angestrichen waren, als wir einzogen. Wie Pfarrer Marsham dieses Zimmer genannt hat, werden wir natürlich nie erfahren. Auf den Originalplänen wird es als Wohnzimmer geführt,
doch wurde dieses bekanntlich in den Raum daneben verlegt –
im Zuge der Reorganisation, die den Bediensteten den für sie geplanten Rückzugsbereich nahm und dem Hausherrn dafür ein
geräumiges Esszimmer bescherte. Wie auch immer das Pflaumenzimmer genannt wurde, es war eindeutig als gutes Zimmer,
vermutlich zum Empfang besonderer Gäste, vorgesehen. Vielleicht diente es auch als Bibliothek, denn an einer Wand befinden
sich eingebaute Bücherregale vom Boden bis zur Decke, auf denen man bestimmt sechshundert Bücher unterbringen konnte, in
der Zeit eine stattliche Anzahl für einen Mann von Mr. Marshams
Profession. Bücher zum Lesen konnten sich 1851 viele Leute leisten, doch Bücher zum Herzeigen blieben teuer; wenn also auf den
Regalen des Herrn Pfarrer eine Sammlung Kalbslederbände mit
Goldprägung standen, reichten die, um dem Zimmer seinen Namen, Bibliothek, zu geben.

Es scheint, als habe Mr. Marsham sehr viel Sorgfalt auf diesen Raum verwandt. Die Kranzleisten, die Holzeinfassung des
Kamins und die Bücherregale in einem gemäßigt klassischen
Stil zeugen von sorgsamer Auswahl und keiner Scheu vor Kosten. Musterbücher aus dem neunzehnten Jahrhundert boten

Hausbesitzern eine fast grenzenlose Auswahl an formschönen Schmuckelementen mit nebulösen Namen – Echinus, Karnies, Spitzkehlung, Hohlkehlung, konkave Kehlung, Krabben, Zahnschnitt, Volutenspirale, sogar ein Lesbisches Kymation und mindestens zweihundert mehr –, mit denen sie vorstehende Holz- und Gipsflächen individuell gestalten konnten. Auch Mr. Marsham hat sich großzügig bedient und sich für einen blubbrigen Perlenrand für den Türrahmen, kannelierte Säulen an den Fenstern, über den Kaminvorsprung flatternde Girlanden mit Bändern und eine wahre Pracht an sich wiederholenden Halbkugeln im Eierstabmuster an den Deckenleisten entschieden.

Geschmacklich war das eigentlich zu der Zeit schon aus der Mode und verrät Mr. Marsham eher als Provinzler, doch heute sollten wir ihm dankbar sein, denn die klassizistischen Ornamente, die er auswählte, bringen uns schnurstracks zu einem überaus einflussreichen Architekten – wie es der Zufall so will, auch er eher ein Provinzler – sowie zu zwei interessanten Häusern, beide in den Vereinigten Staaten und beide das Werk von dortigen Provinzlern. Dieses Kapitel handelt also von Baustilen im privaten Umfeld und ein paar Landeiern, die etwas ganz Besonderes schufen. Beiläufig werden auch Bücher erwähnt – was ebenfalls gut passt, will ich hoffen, weil das Kapitel von einem Zimmer ausgeht, das ganz vielleicht einmal eine Bibliothek gewesen ist.

Um zu erfahren, wie sich die stilistischen Elemente des Pflaumenzimmers und vieles andere, das damals gebaut wurde, entwickelt haben, müssen wir Norfolk, ja auch England verlassen und uns in die sonnigen Ebenen Norditaliens, in die schöne, uralte Stadt Vicenza begeben, halbwegs zwischen Verona und Venedig im Veneto gelegen. Auf den ersten Blick sieht Vicenza wie alle anderen norditalienischen Städte seiner Größe aus, doch der gemeine Besucher wird bald von einer merkwürdigen Vertrautheit ergriffen. Jedes Mal, wenn er um eine Ecke biegt, steht er vor einem Gebäude, das er – fast ist es gespenstisch – schon einmal gesehen hat.

In gewisser Weise stimmt das auch. Denn diese Gebäude sind die Prototypen, denen andere wichtige Bauten überall in der westlichen Welt nachempfunden sind: der Louvre, das Weiße Haus und die National Gallery of Art in Washington, der Buckinghampalast, die Public Library in New York und unzählige Banken, Polizeiwachen, Gerichtsgebäude, Kirchen, Museen, Krankenhäuser, Schulen, Herrenhäuser und bescheidenere Heime. Der Palazzo Barbarano und die Villa Piovene haben mit der New Yorker Börse, der Bank von England, dem Berliner Reichstag und vielen anderen eindeutig eine gemeinsame bauliche DNA. Die Villa Capra an einem Berghang am Rand von Vancimuglio erinnert an hundert Kuppelbauten, von Vanbrughs Tempel der vier Winde im Castle Howard bis zum Jefferson Memorial in Washington, D.C. Und die Villa Chiericati mit ihrem eindrucksvollen Portico mit dem dreieckigen Giebel und den vier schweren Säulen sieht nicht nur wie das Weiße Haus aus, nein, sie *ist* das Weiße Haus, komisch versetzt auf ein bewirtschaftetes Gehöft.

Für all diese architektonischen Prototypen verantwortlich war ein Steinmetz namens Andrea Pietro della Gondola, der im Alter von nicht einmal sechzehn Jahren 1524 aus seiner Heimatstadt Padua nach Vicenza kam. Dort freundete er sich mit einem wichtigen Adligen an, Giangiorgio Trissino. Ohne diese glückliche Bekanntschaft hätte der Jüngling sehr wahrscheinlich sein Leben als ständig staubbedeckter Steinhauer verbracht und seine genialen Fähigkeiten nie ausgeschöpft. Zum Glück für die Nachwelt erkannte Trissino in Andrea jedoch ein Talent, das es zu fördern galt. Er nahm ihn in sein Haus auf, ließ ihn in Mathematik und Geometrie ausbilden, ging mit ihm nach Rom, wo er die schönsten Bauten der Antike sehen konnte, und bot ihm alle Privilegien, damit aus ihm wahrhaftig der größte, selbstbewussteste, einflussreichste Architekt seiner Zeit werden konnte. Und dabei gab er ihm auch noch den Namen, unter dem wir ihn heute alle kennen: Palladio, nach Pallas Athene, der Göttin der Weisheit im alten Griechenland. (Die Beziehung zwischen den beiden Männern, meine ich merkwürdigerweise erwähnen zu müssen, war offenbar vollkommen platonisch. Trissino war ein notorischer Frauenheld und sein junger Steinmetz glücklich verheiratet und auf dem Weg, Vater von fünf Kindern zu werden. Trissino mochte Palladio einfach sehr. Offenbar ging das allen Leuten so.)

Auf diese Weise wurde Palladio also – ungewöhnlich für jemanden seiner Herkunft – Architekt. Damals begannen Architekten ihre Laufbahn als Künstler, nicht Handwerker. Doch Palladio malte weder, noch bildhauerte oder zeichnete er. Er entwarf Gebäude. Auf Grund seiner praktischen Ausbildung als Steinmetz hatte er allerdings einen unschätzbaren Vorteil, nämlich ein gründliches Verständnis für das Bauen mit Stein oder, wie Witold Rybczynski es ausdrückt, für das Wie eines Gebäudes ebenso wie für das Was.

Palladio ist ein typischer Fall von richtigem Talent am richtigen Ort zur richtigen Zeit. Nachdem durch Vasco da Gamas heroische Reise nach Indien ein Vierteljahrhundert zuvor Venedigs Monopol über den europäischen Gewürzhandel gebrochen und seine Dominanz untergraben worden war, wanderte der Reichtum der Region nun landeinwärts. Plötzlich gab es eine neue Spezies von Landbesitzern, die ihren Wohlstand auch in ihren Häusern zeigen wollten, und Palladio wusste genau, wie man das anstellte. Überall in Vicenza und Umgebung baute er die vollkommensten, schönsten Häuser, die je gesehen worden waren. Seine besondere Genialität lag darin, dass er Villen entwarf, die den klassischen Idealen treu waren, aber nicht so starr wirkten wie die strengen Bauten, denen sie nachempfunden waren. Im Gegenteil, sie waren betörend einladend und viel komfortabler. Den klassischen Idealen wurde neues Leben eingehaucht, und die Welt liebte es.

Viel entwarf Palladio eigentlich gar nicht: ein paar Palazzi, vier Kirchen, ein Kloster, eine Basilika, zwei Brücken und dreißig Villen, von denen heute aber nur noch siebzehn stehen. Von den übrigen dreizehn wurden vier nie beendet, sieben zerstört, eine nie gebaut und eine aus unerfindlichen Gründen nie gefunden. Sie heißt Villa Ragona, und wenn sie doch existierte, so blieb sie verschwunden.

Palladios Bauweise basierte auf strenger Einhaltung von Regeln, und zwar nach den Prinzipien des Vitruv, eines römischen Architekten des ersten nachchristlichen Jahrhunderts. Vitruv war kein besonders begnadeter Architekt, sondern Ingenieur beim römischen Heer. Wertvoll für die Geschichte wurde er zufällig, weil seine Schriften erhalten sind, als einziger Text über Architektur aus der klassischen Antike. Eine einsame Kopie wurde 1415 auf einem Regal in einem Schweizer Kloster entdeckt. Vitruv hatte in puncto Proportionen, Ordnung, Formen und Materialien ganz genaue Regeln aufgestellt. Regeln sind in seiner Welt das A und O. Wie viel Platz zwischen Säulen in einer Reihe bleiben musste, durfte zum Beispiel weder Instinkt noch Gefühl überlassen werden, sondern wurde von strikten Vorschriften diktiert, die verlässlich Harmonie garantieren sollten. Das war bisweilen Schwindel erregend pingelig. Zum Beispiel:

Die Höhe aller rechteckigen Räume sollte so berechnet werden, dass man die gemessene Länge und Breite addiert, davon die Hälfte nimmt und das Resultat für die Höhe heranzieht. Im Falle von Exedren und quadratischen *oeci* [repräsentativen Räumen zum Empfang von Gästen] sollte indes die Höhe zum Eineinhalbfachen der Breite gebracht werden (...) Die Höhe des *tablinum* [auch ein repräsentativer Raum] soll am Türsturz ein Achtel mehr als seine Breite betragen. Seine Decke sollte diese Höhe um ein Drittel der Breite überschreiten. Die *fauces* [der Korridor zum Atrium] sollten im Falle von kleineren Atrien [Innenhöfen] zwei Drittel und im Falle eines größeren die Hälfte der Breite des *tablinum* haben. [...] Die Büsten von Ahnen mit ihren Ornamenten sollten in einer Höhe aufgestellt werden, die der Breite der *alae* [Flügel] entspricht. Die angemessene Höhe und Breite von Türen sollte, wenn sie dorisch sind, in der dorischen Art bemessen sein, wenn sie ionisch sind, in der ionischen Art, entsprechend den Regeln der Symmetrie, die im Vierten Buch zu Portalen gegeben werden.

Palladio folgte Vitruvs Überzeugung, dass alle Räume eine von sieben elementaren Formen haben sollten – rund, quadratisch oder fünf Typen von rechteckig – und dass bestimmte Räume immer in bestimmten Proportionen angelegt werden sollten. Speisezimmer zum Beispiel mussten doppelt so lang sein, wie sie breit waren. Nur die vorgeschlagenen Proportionen waren seiner Meinung nach angenehm. Warum, sagte er nicht. (Vitruv übrigens auch nicht.) Freilich folgte Palladio nur in etwa der Hälfte der Fälle seinen eigenen Regeln, von denen einige auch wirklich fragwürdig sind. Die Hierarchie bei Säulentypen – korinthische immer vor ionischen und ionische immer vor dorischen – scheint im Übrigen die Erfindung von Sebastiano Serlio zu sein, einem Zeitgenossen Palladios; Vitruv erwähnt diese Prinzipien nicht. Palladio wiederum machte sogar einen grundsätzlichen Fehler: Jede Villa, die er baute, stattete er mit einem Säulenportico aus, weil er offenbar nicht wusste, dass die nur römische Tempel hatten und Privathäuser nie. Und obwohl das unter dem Gesichtspunkt der Formtreue vollkommen falsch ist, hat man es wahrscheinlich am meisten kopiert. Vielleicht der schönste Fehler in der Geschichte der Architektur.

Hätte Palladio nur ein paar feine Häuser in Vicenza gebaut, wäre sein Name nie zum Adjektiv geworden. Berühmt machte ihn ein im Jahre 1570, gegen Ende seines Lebens, veröffentlichtes Buch, *I quattro Libri dell'architettura (Die vier Bücher über die Baukunst)*. Darin finden sich Grundrisse und Aufrisse, eine Darlegung seiner Prinzipien sowie allerlei nützliche, praktische Ratschläge; alles in allem jede Menge Regeln und Details – »Von der Höhe der Zimmer« bis hin zu den »Abmessungen der Türen und Fenster«. (Zum Beispiel: Man setze die Fenster nicht zu nahe an

Ecken, denn sie schwächen die Gesamtkonstruktion). Es war das perfekte Buch für begüterte Amateure.

In der englischsprachigen Welt setzte sich als erster und wichtigster Fürsprecher Inigo Jones für Palladio ein. Der Bühnenbildner und autodidaktische Architekt entdeckte Palladios Arbeiten bei einem Besuch Italiens zwanzig Jahre nach dessen Tod und war unglaublich fasziniert, ja, besessen von ihm. Er kaufte jede Zeichnung von Palladio, die er in die Hand bekam – im Ganzen um die zweihundert –, lernte Italienisch und passte sogar seine Unterschrift der von Palladio an. Nach seiner Rückkehr nach England baute er bei jeder sich bietenden Gelegenheit palladianische Gebäude. Als erstes 1616 das Queen's House in Greenwich. Für den heutigen Betrachter ist es ein ziemlich monotoner rechteckiger Klotz, der an das Polizeipräsidium einer Kleinstadt im Mittleren Westen der Vereinigten Staaten gemahnt, doch im England der Stuarts war es wahnsinnig frisch und modern. Plötzlich wirkte jedes Gebäude im Land überladen, als gehöre es zu einem anderen Zeitalter.

Der Palladianismus wurde als typisch für die Georgianische Zeit gesehen, ja weitgehend identisch damit. Diese Epoche architektonischer Ordentlichkeit begann 1714 mit der Thronbesteigung George I. und währte über die Regierungszeiten noch dreier weiterer Georges sowie William IV., nach dessen Tod 1837 Victoria Königin wurde und eine neue Ära begann. Im wirklichen Leben ist natürlich nicht alles so fein säuberlich abgegrenzt. Ein Baustil ändert sich nicht, nur weil ein Monarch das Zeitliche segnet.

Weil das Georgianische Zeitalter so lang war, ergaben sich verschiedene bauliche Verfeinerungen und Entwicklungen, die irgendwann wieder verschwanden oder auch unabhängig voneinander florierten, weshalb es manchmal unmöglich ist, eindeutig zwischen klassizistisch, Regency, Italianate oder Greek Revival und anderen Namen zu unterscheiden, die einen bestimmten Stil, eine Ästhetik oder eine Periode bezeichnen sollen. In den

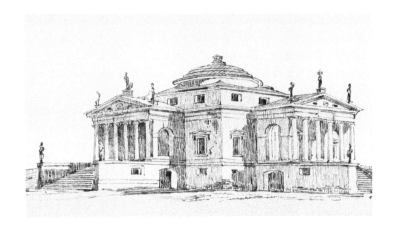

Palladios Villa Capra (»La Rotonda«) (oben) und Thomas Jeffersons Monticello (unten)

Vereinigten Staaten mochte man nach der Unabhängigkeit aus verständlichen Gründen den Begriff »Georgian« nicht mehr so richtig gebrauchen. Also prägte man den Begriff Kolonialstil für Bauten, die vor der Unabhängigkeit, und Federal Style für die, die nach der Unabhängigkeit errichtet wurden.

Gemeinsam war all diesen Stilarten die Liebe zu klassischen Idealen, mit anderen Worten, zu strengen Regeln, und das war nicht immer nur toll. Regeln bedeuteten, dass Architekten eigentlich gar nicht recht nachdenken mussten. Mereworth, ein Herrensitz in Kent, entworfen von Colen Campbell, ist eigentlich nur eine Kopie von Palladios Villa Capra – lediglich die Kuppel ist ein wenig anders –, und viele andere sind auch nicht wesentlich origineller. »Treue zum Kanon, darauf kam es an«, fasst es Alain de Botton in seinem Buch *Glück und Architektur* knapp zusammen. Obwohl ein paar prächtige palladianische Häuser gebaut wurden – wie das strahlende Chiswick House, Lord Burlingtons überdimensionaler Prachtbau, heute in Westlondon –, war der Gesamteffekt mit der Zeit doch monoton und ein wenig langweilig. Der Architekturhistoriker Nikolaus Pevsner schreibt: »Die in dieser Zeit erbauten Villen und Landhäuser auseinanderzuhalten ist nicht leicht.«

Deshalb bereitet es eine gewisse Genugtuung, dass die vielleicht interessantesten und originellsten palladianischen Häuser der Zeit nicht von ausgebildeten Architekten in Europa, sondern von Laien in einem weit entfernten Land gebaut wurden. Und was für Laien das waren!

II.

Im Herbst 1769 begann auf einem Hügel des Piedmont in Virginia, damals dem äußersten Rand der Zivilisation, ein junger Mann damit, sein Traumhaus zu bauen. Dafür sollte er mehr als fünfzig Jahre seiner Lebenszeit und fast sein ganzes Geld benötigen und es doch nie in fertigem Zustand sehen. Der junge Mann hieß Thomas Jefferson, das Haus Monticello.

So etwas hatte es noch nie gegeben. Es war im wahrsten Sinn des Wortes am Ende der Welt. Vor ihm lag ein unerforschter Kontinent, hinter ihm die bekannte Welt. Vielleicht sagt nichts mehr über Jefferson und sein Haus aus, als dass es von der Alten Welt weg in die unbekannte Leere der Neuen schaut.

Das Besondere daran war, dass es auf dem Gipfel eines Hügels stehen sollte. Dort bauten die Leute im achtzehnten Jahrhundert nicht, und zwar aus guten Gründen. Jefferson nahm mit der Wahl dieses Standortes viele Nachteile in Kauf. Zum einen musste er eine Straße hoch zum Gipfel anlegen und dort das felsige Gelände abholzen und eben machen, beides enorme Aufgaben. Zum anderen musste er sich ständig mit dem Problem der Wasserversorgung herumschlagen. Oben auf einem Hügel ist es mit dem Wasser immer verzwickt, denn es liegt nun einmal in der Natur des Wassers, dass es nicht nach oben fließt. Die Brunnen mussten also ungewöhnlich tief gegraben werden, und selbst da noch trockneten sie etwa alle fünf Jahre aus, und man musste das kostbare Nass hochkarren. Schlussendlich waren auch immer Blitzschläge zu fürchten, weil das Haus meilenweit der höchste Punkt in der Landschaft war.

Monticello ist Palladios Villa Capra, aber neu interpretiert, aus anderen Materialien erbaut, auf einem anderen Kontinent, herrlich originell und doch dem Original treu. Das Zeitalter der Aufklärung war perfekt für palladianische Ideale. Es war eine ausgesprochen wissenschaftliche Periode, in der man glaubte, man könne alles, einschließlich der Schönheit und ihrer Wahrnehmung, auf wissenschaftliche Grundlagen reduzieren. Da Palladios Buch mit den Bauplänen auch ein geeignetes Lehrbuch für Laienarchitekten war, wurde es für einen Mann wie Jefferson praktisch und ideell unersetzlich. In dem halben Jahrhundert, bevor er mit dem Bau Monticellos begann, wurden etwa vierhundertfünfzig Handbücher der Architektur veröffentlicht, er hatte also eine große Auswahl, doch er war und blieb ein Anhänger Palladios. »Palladio ist die Bibel«, sagte er.

Als Jefferson anfing zu bauen, war er übrigens noch nie in einer Stadt gewesen, die größer als Williamsburg war, die Hauptstadt der Kolonie, in der er das William-and-Mary-College besucht hatte, und Williamsburg mit seinen zweitausend Einwohnern war schwerlich eine Metropole. Obwohl er später nach Italien reiste, sah er die Villa Capra dort nie, wäre aber sicher sehr erstaunt gewesen, weil sie im Vergleich zu Monticello riesig ist. Auf Illustrationen sehen beide Gebäude sehr gleich aus, doch Palladios Bau besitzt Ausmaße, gegenüber denen Monticello winzig klein wirkt. Das liegt unter anderem daran, dass die Arbeitsbereiche der Dienstboten in den Berghang hinein gebaut wurden und von Haus und Garten aus unsichtbar sind. Überhaupt befinden sich große Teile Monticellos unter der Erde.

Die Besucher des Anwesens erblicken heute ein Haus, das Jefferson nie gesehen, von dem er nur geträumt hat. Zu seinen Lebzeiten wurde es nicht nur nicht fertig, sondern nicht einmal richtig schön und wohnlich. Er lebte vierundfünfzig Jahre lang auf einer Baustelle. »Aufbauen und Abreißen gehören zu meinen Lieblingsbeschäftigungen«, sagte er einmal fröhlich, und das war auch gut so, denn er hörte nie auf, herumzubosseln und herumzubasteln. Doch weil sich die Arbeiten so lange hinzogen, verfielen schon Teile, während andere noch im Bau waren.

Vieles an Jeffersons Plänen war knifflig. Das Dach war der Alptraum eines Architekten, denn man musste unnötig kompliziert Grate an Dachschrägen anfügen. »An der Stelle war er definitiv mehr Laie als Profi«, erzählte mir Bob Self, für die innen- und außenarchitektonischen Belange Monticellos verantwortlicher Konservator, als er mich herumführte. »Der Entwurf war sehr solide, aber viel, viel komplizierter als nötig.«

Jefferson war zudem penibel bis zur Schrulligkeit. Manche seiner Planungen sahen Maße bis zu sieben Stellen hinter dem Komma vor. Self zeigte mir ein seltsam präzises Maß von 1,8991666 Zoll. »Selbst heute könnte niemand etwas so exakt messen«, sagte er. »Hier geht's um ein millionstel Zoll. Ich vermute, es war einfach eine intellektuelle Spielerei. Was sonst sollte es sein?«

Das Merkwürdigste an dem Haus waren die beiden Treppenaufgänge. Jefferson fand Treppenaufgänge Platzverschwendung, deshalb machte er sie nur sechzig Zentimeter breit und sehr steil – »eher eine kleine ›Treppen-Leiter‹«, meinte ein Besucher. Die Treppen waren so eng und drehten sich so eng umeinander, dass beinahe alles, was man hinaufbefördern wollte, einschließlich fast allen Gepäcks der Besucher, außen mit einer Winde hochgezogen und durchs Fenster hereingeholt werden musste. Und da die Treppen überdies so tief im Haus vergraben waren, dass kein natürliches Licht hineinfiel, waren sie stockduster. Selbst heute ist es noch enervierend, sie zu benutzen, besonders beim Hinuntergehen. Und weil sie so gefährlich sind, dürfen Besucher nicht in den ersten und zweiten Stock, womit für weite Bereiche Monticellos leider »Zutritt verboten« gilt. (Sie werden überwiegend als Büros genutzt.) Was auch heißt, dass man den allerschönsten Raum im Haus nicht besichtigen kann: das Himmelszimmer, wie Jefferson sagte, den Raum in der Kuppel. Mit seinen gelben Wänden, dem grünen Fußboden und den prächtigen Ausblicken wäre er das perfekte Arbeitszimmer, Atelier oder überhaupt Rückzugsort, doch das Hineinkommen gestaltete sich immer schwierig, und zu Jeffersons Zeiten konnte man sich ein Drittel des Jahres auch schon deshalb nicht dort aufhalten, weil man nicht wusste, wie man ihn heizen sollte. Er wurde zum Dachzimmer, das man zum Lagerraum umfunktionierte.

Ansonsten war das Haus ein Wunder. Die Kuppel, das markanteste Merkmal, musste auf sehr komische Weise gebaut werden, damit sie auf die bereits existierenden tragenden Wände hinten im Haus passte. »Obwohl die Kuppel vollkommen symmetrisch aussieht«, sagte Self, »ist sie das nicht. Das ganze Ding war eine enorme Rechenaufgabe. Die Spanten, auf denen sie ruht, sind alle verschieden lang, doch da sie alle den gleichen Durchmesser überspannen mussten, war die Planung ein einziges Sinus- und Cosinusrechnen. Nicht viele Leute hätten da oben eine Kuppel hingeschafft.« Andere Details waren ihrer Zeit um Generationen voraus. Jefferson ließ zum Beispiel dreizehn Dachfenster einbauen, so dass das Haus ungewöhnlich hell und luftig ist.

Draußen auf der Terrasse zeigte Self mir eine sehr schöne kugelförmige Sonnenuhr im Garten, die Jefferson selbst gefertigt hat. »Das zeugt nicht nur von großartigem, handwerklichem Können, sondern man hätte sie auch nicht ohne gründliche Kenntnisse der Astronomie bauen können«, sagte er. »Wirklich erstaunlich, wo er die Zeit und die Fähigkeit hernahm, sich mit alldem zu beschäftigen.«

Monticello wurde berühmt, weil es so viele neue Dinge darin gab: einen in den Kamin eingebauten Speiseaufzug, Innentoiletten, ein Gerät namens Polygraph, bei dem zwei Stifte von jedem Brief, den man damit schrieb, eine Kopie machten. Zwei Türen, die beide aufgingen, auch wenn man nur eine von ihnen anstieß, stellten Besucher eineinhalb Jahrhunderte lang vor ein Rätsel und bezauberten sie. Erst als der Mechanismus während Ausbesserungsarbeiten in den 1950er Jahren freigelegt wurde, entdeckte man, dass die Türen unter dem Boden unsichtbar durch eine Stange und einen Flaschenzug verbunden waren – eigentlich ein ziemlich einfaches Arrangement, aber insofern ein wenig paradox, als man mit großen Kosten und Aufwand sehr wenig Arbeit und Mühe gespart hatte.

Jefferson hatte eine erstaunliche Energie. Er prahlte immer, dass die Sonne ihn über fünfzig Jahre lang nie im Bett angetroffen habe, und tatsächlich verschwendete er kaum einen Moment seiner dreiundachtzig Lebensjahre. Er zeichnete in sieben Notizbüchern, die er gleichzeitig in Gebrauch hatte, fanatisch alles auf und vermerkte die allerwinzigsten Kleinigkeiten aus seinem täglichen Leben: jeden Tag ausführlich das Wetter, Daten der Zugvögel, Daten, an denen Blumen blühten. Er bewahrte nicht nur Kopien von 18 000 Briefen auf, die er schrieb, und die 5000, die er bekam, sondern trug sie auch gewissenhaft in ein »Briefverzeichnis« ein, das dann seinerseits auf 650 Seiten anschwoll. Jeden Cent, den er verdiente und ausgab, notierte er ebenso wie die Anzahl der Erbsen, die man in einen Pint-Topf füllen konnte. Er führte eine vollständige Liste über jeden einzelnen seiner Sklaven und hielt ungewöhnlich umfassend fest, wie sie behandelt wurden und was sie besaßen.

Seltsamerweise aber führte er kein Tagebuch und keine Inventarliste über das Haus. »Komisch, aber wir wissen mehr über Jeffersons Haus in Paris als über dieses«, erzählte mir Susan Stein, die Chefkuratorin, als ich in Monticello war. »Wir wissen nicht, was für Bodenbeläge er in den meisten Zimmern hatte, und tappen bei vielen Einrichtungsgegenständen im Dunkeln. Wir wissen, dass das Haus zwei Innentoiletten hatte, doch wir wissen nicht, wer sie benutzen durfte oder was als Toilettenpapier verwendet wurde. So was zeichnet man nicht auf.« Da sind wir also in der merkwürdigen Lage, dass wir bestens über die zweihundertfünfzig essbaren Pflanzen informiert sind, die Jefferson anbaute (kategorisiert danach, ob man ihre Wurzeln, Früchte oder Blätter futterte), aber überraschend wenig über viele Aspekte seines Lebens im Haus.

Das Haus sollte vor allem seinen Bedürfnissen dienen. Als er mit seiner jungen Frau Martha 1772 nach Monticello kam, wurde schon seit drei Jahre daran gebaut, und es war auf einen Blick klar, dass es *sein* Haus war. Sein Arbeitszimmer war zum Beispiel fast doppelt so groß wie das Esszimmer und das eheliche Schlafgemach, und die markanten Dinge im Haus dienten vor allem seinen Bedürfnissen und Launen. Er konnte zum Beispiel Windgeschwindigkeit und -richtung von fünf Stellen im Haus überprüfen – sicher nicht Mrs. Jeffersons erste Priorität.

Nach Marthas frühem Tod nach gut zehn Jahren Ehe wurde das Haus noch entschiedener seins. In keinen der privaten Bereiche hatten Gäste unbegleitet Zutritt – was bedeutete, zum größten Teil des Hauses nicht. Wer sich in der Bibliothek umsehen wollte, musste warten, bis Mr. Jefferson ihn persönlich hineinführte.

Am überraschendsten bei all den Dingen, die er rätselhafterweise unterließ, ist vielleicht, dass er keine Liste seiner Bücher erstellte und offenbar keine Ahnung hatte, wie viele er eigentlich besaß. Er liebte Bücher und hatte das große Glück, einer Generation anzugehören, in der sie Allgemeingut wurden. Bis vergleichsweise kurz zuvor waren sie sehr rar gewesen. Als Jeffersons Vater 1757 starb, umfasste seine Bibliothek zweiundvierzig Bände, und das fand man ganz schön beeindruckend. Eine Bibliothek von vierhundert Büchern – wie sie John Harvard hinterließ – empfand man als so kolossal, dass man das Harvard College nach ihm benannte. Doch während Harvard im Laufe seines Lebens ungefähr zwölf Bücher im Jahr erworben hatte, erstand Jefferson im Laufe *seines* Lebens ungefähr zwölf im Monat und hatte damit alle zehn Jahre tausend Bücher mehr.

Ohne seine Bücher wäre er nicht Jefferson gewesen. Für jemanden wie ihn, der am Rande der Zivilisation lebte, weit weg von direktem Erfahrungsaustausch, waren Bücher wichtige Anleitungen, wie man sein Leben gestalten konnte, und keines inspirierte ihn mehr, fand er lohnenswerter und so voller nützlicher Hinweise wie *I quattro libri* von Palladio.

III.

Wegen Jeffersons begrenzter finanzieller Mittel und seiner endlosen Herumwerkelei sah Monticello nie so gut aus, wie es hätte aussehen können, bei Weitem nicht. Als der Hausherr 1802 schon über dreißig Jahre daran herumbosselte, zeigte sich eine Besucherin, Mrs. Anna Maria Thornton, schockiert, weil sie über wackelige Bretter eintreten musste. »Obgleich ich ja darauf vorbereitet war, ein nicht fertiges Haus zu sehen, war ich unweigerlich von […] der allgemeinen Atmosphäre der Hoffnungslosigkeit gepackt«, sinnerte sie in ihrem Tagebuch. Jefferson selbst scherte sich kaum um die Unannehmlichkeiten. »Wir wohnen gerade in einem Ziegelbrennofen«, schrieb er unverdrossen an einen Freund. Er kümmerte sich allerdings auch nicht groß um Pflege und Instandhaltung dessen, was schon fertig war. In dem feuchtwarmen Klima Virginias müssen Holzwände außen mindestens alle fünf Jahre neu gestrichen werden. Soweit man feststellen kann, strich Jefferson Monticello nie ein zweites Mal an, und kaum wurden die Tragebalken eingebaut, nagten schon die Termiten daran. Bald gab es auch Hausschwamm.

Jefferson steckte ständig in (meist selbst verschuldeten) finanziellen Engpässen. Es war ein Wahnsinn, wie er das Geld mit vollen Händen ausgab. Als er 1790 von seinem fünfjährigen Frankreich-Aufenthalt zurückkehrte, brachte er eine ganze Schiffsladung Möbel und Haushaltsgegenstände mit – fünf Öfen, siebenundfünfzig Stühle, diverse Spiegel, Sofas und Kerzenständer, eine Kaffeemaschine, die er selbst entworfen hatte, Uhren, Bettwäsche, Geschirr aller Art, 145 Rollen Tapete, einen Vorrat an Argand-Lampen, vier Waffeleisen und vieles andere mehr – jedenfalls sechsundachtzig große Kisten voll und obendrein eine Kutsche. Er ließ alles in sein Haus in Philadelphia bringen, damals die Hauptstadt der Nation, und ging gleich wieder shoppen.

Vom Aussehen her eher Asket – er kleidete sich weniger aufwändig als seine Hausdiener –, gab er jedoch irrsinnige Summen für Speis und Trank aus. Während seiner ersten Amtszeit als Präsident der Vereinigten Staaten allein für Wein 7500 Dollar (heute wären das 120 000). Binnen acht Jahren kaufte er nicht weniger als zwanzigtausend Flaschen Wein. Selbst als er zweiundachtzig und hoffnungslos überschuldet war, orderte er »immer noch Muscat de Riversalle in Partien von 150 Flaschen«, wie ein Biograf mit unverhohlenem Staunen bemerkt.

Viele der kurioseren Dinge in Monticello sind den begrenzten Fähigkeiten seiner Arbeiter geschuldet. Für die Säulen außen musste er bei dorischen bleiben, weil er keinen finden konnte, der etwas Komplizierteres hinbekam. Das größte Problem aber, das ihn teuer zu stehen kam und immer wieder frustrierte, war der Mangel an einheimischen Materialien. Es lohnt sich, eine Minute lang zu bedenken, womit die amerikanischen Kolonisten kämpfen mussten, als sie versuchten in einem Land zurechtzukommen, in dem es an allen Ecken und Enden fehlte.

Die britische Vorstellung von Empire war, dass Amerika die Rohstoffe zu einem günstigen Preis lieferte und die fertigen Produkte kaufte. Das System war in einer Reihe von Gesetzen festgeschrieben, die als Navigation Acts bekannt waren und denen gemäß alle Waren für die Neue Welt entweder in Großbritannien hergestellt worden oder irgendwann dort gewesen sein mussten, auch wenn sie beispielsweise von den Westindischen Inseln stammten und deshalb zweimal sinnlos den Atlantik überquerten. Dieses Arrangement war irrwitzig unrationell und brachte nur den britischen Kaufleuten und Fabrikanten erfreuliche Profite, denn im Grunde war ihnen ein ganzer schnell wachsender Kontinent auf Gedeih und Verderb ausgeliefert. Am Vorabend der Revolution war Amerika fast der einzige Exportmarkt Großbritanniens. Es kaufte 80 Prozent der britischen Leinenexporte, 76 Prozent der exportierten Nägel, 60 Prozent des Schmiedeeisens und fast die Hälfte des Glases, das exportiert wurde. In Mengen ausgedrückt importierte Amerika jährlich unter vielem anderen circa 15 000 Kilo Seide, 5000 Kilo Salz und über 130 000

Bibermützen. Und viele der Importwaren – nicht zuletzt die Bibermützen – waren aus Rohstoffen hergestellt, die ursprünglich aus Amerika kamen und leicht in Manufakturen in den Kolonien hätten hergestellt werden können – was auch den Amerikanern nicht verborgen blieb.

Amerikas kleiner Binnenmarkt und die Transportprobleme über weite Entfernungen hinweg bedeuteten, dass die Amerikaner, selbst wenn sie es versucht hätten, nicht wettbewerbsfähig waren. Zu Beginn des achtzehnten Jahrhunderts wurden mehrere recht große Glasmanufakturen gegründet, und einige florierten kurzzeitig sogar, doch zur Zeit der Revolution wurde in den Kolonien kein Glas mehr hergestellt. In den meisten Häusern blieb eine zerbrochene Scheibe zerbrochen. Es herrschte allenthalben eine derartige Knappheit an Glas, dass man Einwanderern empfahl, ihr Fensterglas mitzubringen. Auch Eisen war chronische Mangelware und Papier meist so gut wie nicht existent. Nur das einfachste Geschirr wurde in Amerika hergestellt – Krüge, Tontöpfe und dergleichen –, alles Qualitätvollere wie Porzellan jeder Art musste aus (oder, sogar noch teurer, *über*) Großbritannien kommen. Für Jefferson und andere Plantagenbesitzer in Virginia war die Versorgungssituation auch noch dadurch schlechter, dass es keine Städte in Amerika gab, in denen man sich mit entsprechenden Waren hätte eindecken können. Die Verkehrswege nach London waren unkomplizierter als die in die anderen Kolonien.

Es musste praktisch alles durch einen entfernt arbeitenden Agenten besorgt, jeder Wunsch bis ins kleinste Detail aufgelistet und jedes Mal auf Urteil und ehrliches kaufmännisches Handeln eines Fremden vertraut werden. So manche Enttäuschung war da nicht auszuschließen. Eine typische Bestellung von George Washington aus dem Jahre 1757 vermittelt einen Eindruck von den unzähligen Dingen, die die Amerikaner nicht selbst herstellen konnten. Washington orderte fünf Pfund Schnupftabak, zwei Dutzend Schwammzahnbürsten, zwanzig Säcke Salz, fünfzig Pfund Rosinen und Mandeln, ein Dutzend Mahagonistühle, zwei Tische (»zusammenklappbar und viereinhalb Fuß im Quadrat, wenn ausgeklappt«), einen großen Cheshire-Käse, Marmor für einen Kamin, Pappmaché und Tapete, ein Fass Cider, fünfzig Pfund Kerzen, zwanzig Zuckerhüte, 250 Glasscheiben und vieles andere mehr.

»Nachschrift: Lassen Sie es sorgsam einpacken.« Das klingt einen Hauch gequält, und die Bitte war auch vergebens, denn fast alle Schiffsladungen kamen mit zerbrochenen, verdorbenen oder fehlenden Dingen an. Wenn Sie zum Beispiel fast ein ganzes Jahr auf zwanzig Glasscheiben gewartet haben und dann die eine Hälfte zerbrochen ist und die andere die falschen Maße hat, dann rasten Sie aus, auch wenn Sie von Natur aus noch so stoisch sind.

Für die Händler und Agenten andererseits waren die Bestellungen manchmal unklar und verwirrend. Eine Order von Washington an seine Agentur in London, Robert Cary & Co., lautete auf »zwei Loewen nach den antiken Loewen in Italien«. Man schloss daraus korrekt, dass Washington Statuen meinte, doch Typ und Größe konnte man nur erraten. Da Washington nie auch nur einen Fuß auf italienischen Boden gesetzt hatte, liegt die Vermutung nahe, dass er es selbst nicht wusste. Er bat seine Agentur auch in einem fort um Dinge, die »nach der Mode« und »dem neuesten Geschmack« oder »alle ausnahmslos schön und vornehm« waren, doch seine Briefe danach zeigen, dass er selten fand, er habe bekommen, was er erbeten hatte.

Selbst die sorgfältigst abgefassten Anweisungen waren in Gefahr, missinterpretiert zu werden. Edwin Tunis berichtet von einem Mann, der seiner Bestellung eines Essservice eine Zeichnung des Familienwappens beilegte, das darauf angebracht werden sollte. Damit seine Anweisungen auch wirklich verstanden wurden, wies er mit einem kräftigen Pfeil auf ein Detail hin. Als das Geschirr ankam, entdeckte er zu seinem Entsetzen, dass der Pfeil getreulich auf jedes Stück aufgemalt war.

Es war leicht – und für viele Agenten auch unwiderstehlich verlockend –, ihren amerikanischen Partnern Kleidung und Möbel anzudrehen, die in England Ladenhüter, weil aus der Mode waren. »Du kannst Dir nicht vorstellen, was für einen Plunder man selbst in den besten Läden findet«, schrieb eine englische Besucherin namens Margaret Hall einer Freundin zu Hause, und »Für Amerika gut genug« wurde eine fröhliche Redensart in englischen Manufakturen. Finanziell übervorteilt zu werden argwöhnte der Abnehmer ohnehin ständig. Washington schrieb einmal nach einer Lieferung wütend an Cary, dass viele der gelieferten Waren »billig an Qualität, aber nicht im Preis waren, denn im Preis übertreffen sie wirklich weit alles, was ich je bekommen habe«.

Die mangelnde Sorgfalt der Agenten und Kaufleute trieb die Amerikaner oft schier in den Wahnsinn. Colonel John Tayloe, der das berühmte Octagon House in Washington baute, bestellte bei der Manufaktur Coade in London einen Kamin und wartete ein gutes Jahr auf die Lieferung, doch als er die Kiste öffnete und feststellte, dass sie das Sims vergessen hatten, verschlug es ihm reinweg die Sprache. Anstatt auf ein neues Sims zu warten, ließ er von einem zuverlässigen amerikanischen Schreiner eines aus Holz anfertigen. Der Kamin – immer noch mit dem hölzernen Sims – ist heute eines der wenigen Stücke von Coade in den Vereinigten Staaten.

Wegen der Lieferprobleme hatten die Plantagenbesitzer letztlich oft nur die Alternative, selbst etwas herzustellen. Jefferson brannte zum Beispiel Ziegel – insgesamt etwa 650 000 –, ein heikles Unterfangen, weil die Hitze in seinen selbstgebauten Brennöfen so ungleichmäßig war und er immer nur die Hälfte der gebrannten Ziegelsteine gebrauchen konnte. Er begann auch Nägel zu schmieden. Als die Spannungen mit dem Mutterland zunahmen, wurde alles noch schwieriger. 1774 beschloss der Kontinentalkongress fürs Erste die Einstellung des Handels mit England, und Jefferson musste sich bestürzt damit abfinden, dass vierzehn Paar sehr *teure* Schiebefenster, die er dort bestellt hatte und wirklich dringend brauchte, nun nie bei ihm ankommen würden.

Die Behinderung des freien Handels ärgerte den schottischen Moralphilosophen und Ökonomen Adam Smith (dessen *Über den Wohlstand der Nationen* nicht zufällig in dem Jahr herauskam, als die Vereinigten Staaten ihre Unabhängigkeit erklärten) sehr, doch nicht halb so sehr wie die Amerikaner, die natürlich die Idee, dass sie auf ewig unfreiwillig als Markt herhalten sollten, höchst unerfreulich fanden. Es wäre übertrieben zu behaupten, dass der ganze Handelsfrust die Amerikanische Revolution auslöste, aber mächtigen Anteil hatte er sicher daran.

IV.

Während Thomas Jefferson ewig und drei Tage an Monticello baute, musste sich zweihundert Kilometer weiter nordöstlich sein Kollege und virginischer Landsmann George Washington mit ähnlichen Widernissen und Rückschlägen beim Umbau seiner Plantagenvilla Mount Vernon am Ufer des Potomac herumschlagen, ging aber damit ähnlich genial und flexibel um. (Die Nähe Mount Vernons zur Hauptstadt ist nicht zufällig. Washington durfte die Lage der neuen Hauptstadt der Nation bestimmen und entschied sich für eine, die einen bequemen Ritt von seiner Plantage entfernt war.)

Als er nach dem Tod seines Halbbruders Lawrence 1754 nach Mount Vernon zog, war es ein bescheidenes Farmhaus mit acht Zimmern. Über die nächsten dreißig Jahre baute er es zu einer stattlichen Villa mit zwanzig Zimmern um – alle wohlproportioniert und wunderbar eingerichtet (und sehr im Zeichen von Palladio). Dabei hatte Washington – bis auf einen Kurztrip nach Barbados – Virginia, das »waldige Land meiner Kindheit«, wie er es einmal nannte, nie verlassen. Trotzdem war ein Besucher Mount Vernons beeindruckt von dessen Kultiviertheit, es wirke, meinte er, als habe Washington eine Kavalierstour durch die großen Häuser und Gärten Europas gemacht und sorgsam überall das Feinste ausgesucht.

Er kümmerte sich um jedes noch so kleine Detail. In den acht Jahren des Unabhängigkeitskrieges, trotz all der Nöte und Anstrengungen des Krieges, schrieb er jede Woche nach Hause, erkundigte sich, wie alles lief, und erteilte neue oder modifizierte Anweisungen für einzelne Punkte in den Plänen. Washingtons Bauleiter wunderte sich zu Recht, ob das die Zeit sei, Geld und Kraft in ein Haus zu investieren, das dem Feind jederzeit in die Hände fallen und zerstört werden konnte. Washington steckte während des Krieges überwiegend im Norden fest und ließ seinen Teil des Landes fast die ganze Zeit ungeschützt gegen Angriffe. Zum Glück erreichten die Briten Mount Vernon nie. Wären sie doch dort hingekommen, hätten sie garantiert Mrs. W. entführt und Haus und Anwesen in Brand gesteckt.

Trotz der Gefahren baute Washington mit Volldampf weiter. Ausgerechnet als es um den Krieg am schlechtesten stand, 1777, wurden zwei kühne Anbauten verwirklicht: der Turm auf dem Dach und die offene Veranda, die mit ihren eckigen Säulen entlang der gesamten Ostfassade des Hauses verläuft und Piazza genannt wurde. Die Piazza hatte Washington selbst entworfen, sein Meisterstück! »Bis zum heutigen Tage«, schreibt Stewart Brand, »ist es eine der hübschesten Stellen in den Vereinigten Staaten zum einfach nur Dasitzen.« Auch der kleine Turm war Washingtons Idee. Damit hat die Dachsilhouette nicht nur einen kecken Mittelpunkt, sondern er diente auch sehr effizient als Klimaanlage, weil er frische Brisen einfing und ins Innere des Hauses leitete.

»Die Piazza hält das Haus schattig und kühl und verschönert die Fassade«, erzählte mir Dennis Pogue, zuständiger Denkmalschützer für Mount Vernon, als ich dort war. »George Washington war ein viel, viel besserer Architekt, als man gemeinhin denkt.«

Weil der Bauherr aber einem schon existierenden Gebäude ständig etwas hinzufügte, war er gezwungen, auch ständig Kompromisse zu machen. Aus Gründen der Statik musste er sich entscheiden, ob er entweder vieles im Inneren umbauen oder auf der Rückseite des Hauses auf die Symmetrie verzichten wollte – das heißt auf der Seite, die ankommende Besucher zuerst sahen. Er entschied sich gegen die Symmetrie. »Das war für die Zeit sehr ungewöhnlich und mutig, aber Washington war immer pragmatisch«, sagte Pogue. »Er wollte lieber eine vernünftige Raumaufteilung im Inneren als zwanghaft ein spiegelbildliches Äußeres. Er hoffte auch, dass die Leute es gar nicht merkten.« Nach Pogues Erfahrung trifft das für die Hälfte der Besucher zu. Man muss aber sagen, dass die mangelnde Symmetrie so unharmonisch nicht ist. Wer allerdings Wert auf Gleichmaß legt, kann eigentlich nicht übersehen, dass das Türmchen und das Giebeldreieck einen halben Meter gegeneinander verschoben und nicht auf Mitte untereinander sind.

Da Washington keinerlei Stein zum Bauen hatte, verkleidete er sein Haus mit Holzbrettern, die, damit sie aussahen wie Steine, an den Rändern sorgfältig abgeschrägt und angestrichen wurden, um Astlöcher und Maserung zu verbergen. Als die Farbe noch trocknete, blies man vorsichtig Sand auf das Holz, um ihm eine körnige, steinähnliche Oberfläche zu geben. Die Täuschung war so erfolgreich, dass selbst heute noch die Führer dagegenklopfen, um Besucher darauf hinweisen, woraus das Gebäude wirklich ist.

Viel Zeit hatte Washington nicht, um Mount Vernon zu genießen; selbst wenn er zu Hause war, kam er kaum zur Ruhe. Denn da es zu den Gepflogenheiten der Zeit gehörte, jedem anständig aussehenden Menschen, der auf der Schwelle auftauchte, Unterkunft und Verpflegung zu geben, wurde Mount Vernon von Gästen geradezu heimgesucht – in einem Jahr kamen 677 –, und viele blieben mehr als eine Nacht.

Washington starb 1799, bloß zwei Jahre nachdem er in den Ruhestand gegangen war. Für Mount Vernon begann nun ein langer Niedergang. Mitte des neunzehnten Jahrhunderts war es praktisch verfallen. Die Erben boten es der Nation zu einem Spottpreis an, aber der Kongress sah es nicht als seine Aufgabe an, die Heime von Ex-Präsidenten zu erhalten, und verweigerte die Mittel. 1853 fuhr eine Frau namens Louisa Dalton Bird Cunningham auf einem Passagierdampfer den Potomac hinauf und war vom Zustand Mount Vernons derart entsetzt, dass sie eine Stiftung gründete, die Mount Vernon Ladies' Association, die das Anwesen kaufte und heroisch mit der langwierigen Restaurierung begann. Sachgerecht und liebevoll kümmert sich die Stiftung noch heute darum. Fast noch wundersamer ist, dass der unvergleichliche Blick auf den Potomac erhalten geblieben ist. In den 1950er Jahren wurden nämlich Pläne publik, dass man auf dem gegenüberliegenden Ufer eine gewaltige Ölraffinerie bauen wolle. Eine Kongressabgeordnete aus Ohio, Frances Payne Bolton, intervenierte erfolgreich und schaffte es, gut zweihundert Quadratkilometer Uferland für die Nachwelt zu retten, so dass der Blick von Mount Vernon heute so schön und erfreulich ist wie zu Washingtons Zeiten.

Auch Monticello litt nach Jeffersons Tod, obwohl es schon vorher ziemlich heruntergekommen war. 1815 berichtete ein entsetzter Besucher, dass fast alle Stühle durchgesessen waren und Teile der Polsterung heraushingen. Als Jefferson mit dreiundachtzig Jahren am vierten Juli 1826 – auf den Tag genau fünfzig Jahre nach der Unterzeichnung der Unabhängigkeitserklärung – starb, hatte er mehr als irrsinnige 100 000 Dollar Schulden, und Monticello sah absolut schäbig aus.

Seine Tochter, die das Haus nicht halten konnte, bot es für 70 000 Dollar zum Verkauf, aber niemand wollte es. Am Ende ging es für 7000 Dollar an einen Mann namens James Barclay, der versuchte, dort eine Seidenfarm zu betreiben. Als er kläglich scheiterte, flüchtete er ins Heilige Land, um dort zu missionieren, und das Haus verkam weiter. Durch die Dielen wuchs das Unkraut, die Türen fielen heraus, Kühe wanderten durch leere Zimmer, Houdons berühmte Büste von Voltaire lag in einem Feld. 1836, nur zehn Jahre nach Jeffersons Tod, wurde Monticello für 2500 Dollar verhökert – eine selbst für die damalige Zeit armselige Summe für ein solches Anwesen. Käufer war ein kurioser Mann namens Uriah Phillips Levy.

Ein typischer Plantagenbesitzer war Levy nicht, doch schließlich war der ganze Kerl in jeder Hinsicht untypisch. Zum einen war er jüdischer Marineoffizier – der einzige in der US-Kriegsmarine. Da er aber auch aufsässig und schwierig war – Eigenschaften, die Vorgesetzte bei keinem Marineoffizier gern sehen, die aber die antisemitischen Vorurteile, die sie eh schon pflegten, wunderbar bestätigten –, kam er fünf Mal in seiner Laufbahn vor ein Kriegsgericht und wurde fünf Mal freigesprochen. Gleichermaßen bedenklich für seine neuen Nachbarn war die Tatsache, dass er aus New York kam. Ein jüdischer Yankee hatte in Virginia nicht viele Freunde. Als der Bürgerkrieg ausbrach, wurde Monticello von der Konföderiertenregierung beschlagnahmt, und Levy flüchtete nach Washington, den nächsten sicheren Zufluchtsort. Dort wandte er sich an Präsident Lincoln und bat um Hilfe, und Lincoln, mit wunderbarem Gespür fürs Angemessene, gab ihm einen Sitz in der obersten Militärgerichtsbehörde der Vereinigten Staaten.

Monticello blieb neunzig Jahre lang im Besitz der Familie Levy. Das war viel länger, als Jefferson es besessen hatte. Ohne sie hätte das Haus niemals überlebt. 1923 verkaufte sie es für 500 000 Dollar an die neu gegründete Thomas Jefferson Memorial Foundation, die mit einem langen Restaurierungsprogramm begann. Erst 1954 war das Werk vollendet. Fast zweihundert Jahre nachdem Jefferson mit dem Bau des Hauses angefangen hatte, war es endlich so, wie er es gewollt hatte.

Wären Thomas Jefferson und George Washington lediglich Plantagenbesitzer gewesen, die interessante Häuser bauten, wäre das schon eine großartige Leistung gewesen, doch wie wir alle wissen, wirkten sie maßgeblich an einer politischen Revolution mit, führten einen langen Krieg, schufen eine neue Nation, dienten ihr unermüdlich und hielten sich jahrelang von eben den interessanten Häusern weit entfernt auf. Obwohl sie durchaus mit anderem ausgelastet waren und kein richtiges Material hatten, bauten sie fast perfekte, wunderschöne Häuser. Und das will was heißen.

Monticellos berühmte technischen Neuheiten – die Speiseaufzüge und geheimnisvoll sich öffnenden Türen und dergleichen – werden manchmal als bloßer Schnickschnack abgetan, doch sie nahmen die Liebe der Amerikaner zu arbeitssparenden Geräten um einhundertfünfzig Jahre vorweg und trugen das Ihre dazu bei, dass Monticello nicht nur das schickste Haus in Amerika war, sondern auch das erste moderne. Mount Vernon war allerdings einflussreicher. Nach seinem Ideal wurden zahllose andere Häuser sowie Drive-through-Banken, Motels, Restaurants und andere Attraktionen an Straßenrändern gebaut. Wahrscheinlich ist kein anderes Einzelgebäude in den Vereinigten Staaten häufiger kopiert worden – leider fast immer fröhlich kitschig, doch das ist kaum Washingtons Schuld und sollte seinen Ruf nicht schmälern. Nicht zufällig baute er auch den ersten Ha-Ha in Amerika und konnte mit Fug und Recht behaupten, der Vater des amerikanischen Rasens zu sein; neben allem anderen, was er schaffte, bemühte er sich nämlich jahrelang intensiv, den perfekten Bowling-Rasen zu kreieren, und wurde dabei der führende Experte der Neuen Welt für Grassamen und Gras.

Schon erstaunlich, wenn man daran denkt, dass viel weniger als ein Jahrhundert zwischen der Wildnis liegt, in der Jefferson und Washington lebten, und dem Gilded Age eines Amerika, das die Welt derartig dominierte. In den vierundsiebzig Jahren zwischen dem Tod Thomas Jeffersons 1826 und dem Beginn des neuen Jahrhunderts hat sich das Alltagsleben radikal verändert – und wie es der Zufall so will, sind das fast genau die Daten, die Anfang und Ende des beschaulich stillen Lebens unseres Mr. Marsham in England bezeichnen.

Ich gestatte mir ein kleines Postscriptum. Im Sommer 1814 zündeten die Briten das Capitol in Washington an (ein derart provozierender Akt des Vandalismus, dass Jefferson amerikanische Agenten nach London schicken wollte, die dort wichtige Gebäude anstecken sollten), und die Kongressbibliothek verbrannte. Sofort bot Jefferson großzügig der Nation seine eigene Bibliothek an »zu den Bedingungen, die der Kongress für angemessen hält«. Jefferson dachte, er habe ungefähr zehntausend Bände, doch die Regierungsdelegation, die sie sich ansah, stellte fest, dass es nur 6487 waren. Schlimmer war, dass die Herren Abgesandten, nachdem sie die Bücher genauer in Augenschein genommen hatten, recht unschlüssig waren, ob sie sie überhaupt wollten. Viele, befanden sie, seien für den Kongress nicht von Nutzen, da es um Themen wie Architektur, Weinherstellung, Kochen, Philosophie und Kunst gehe. Etwa ein Viertel sei in Fremdsprachen verfasst, »die man nicht lesen kann«, notierten sie verbiestert und attestierten sehr vielen anderen einen »unmoralischen und gottlosen Charakter«. Schlussendlich gaben sie Jefferson 23 900 Dollar für die Bibliothek – erheblich weniger als die Hälfte ihres Werts – und nahmen sie eher widerstrebend mit. Wie zu erwarten, machte sich Jefferson sofort daran, eine neue Bibliothek aufzubauen, und hatte schon wieder ungefähr tausend Bücher beisammen, als er etwa zehn Jahre später starb.

Der Kongress war vielleicht nicht sonderlich dankbar für dieses unerwartete Geschenk, aber die jungen Vereinigten Staaten besaßen damit die kultivierteste Nationalbibliothek der Welt, ja, die Rolle solcher Bibliotheken wurde vollkommen neu definiert. Bisher waren sie bloße Referenzbibliotheken gewesen, nur für praktische Zwecke angelegt, doch Jeffersons Bibliothek war umfassend und universell – dahinter stand ein vollkommen anderes Konzept.

Heute ist die Kongressbibliothek die größte Bibliothek der Welt, hat mehr als 115 Millionen Bücher und andere Druckerzeugnisse. Leider überlebten Jeffersons Bücher nicht lange. Sechsunddreißig Jahre nachdem man sie gekauft hatte, fing am Heiligabend frühmorgens einer der Kamine in den Räumen Feuer. Weil es so früh war und Feiertag, war niemand da, der die Flammen bemerkt oder ihre Ausbreitung verhindert hätte. Als der Brand endlich entdeckt und unter Kontrolle war, war Jeffersons Sammlung größtenteils zerstört, darunter auch das kostbare Exemplar der *I quattro libri*.

Das Jahr, in dem es brannte, war – man muss es schon gar nicht mehr betonen – 1851.

Vierzehntes Kapitel

Die Treppe

I.

Nun kommen wir zum gefährlichsten Teil des Hauses – ja, einem der unfallträchtigsten Orte, die es überhaupt gibt: zur Treppe. Niemand weiß genau, wie gefährlich sie ist, weil es an Statistiken merkwürdigerweise hapert. Die meisten Länder führen welche über Todes- und Verletzungsfälle durch Stürze, aber nicht darüber, was den Sturz verursacht hat. In den Vereinigten Staaten ist zum Beispiel bekannt, dass etwa 12 000 Menschen im Jahr zu Boden gehen und nie wieder aufstehen, doch ob sie von einem Baum, einem Dach oder der Gartenveranda gefallen sind, weiß man nicht. In Großbritannien wurden bis 2002 ziemlich penibel die Zahlen über Treppenstürze festgehalten, doch dann befand das Ministerium für Handel und Industrie, solche Dinge aufzuzeichnen sei ein Luxus, den es sich nicht mehr leisten könne – was eigentlich Sparsamkeit am falschen Platz ist, wenn man bedenkt, wie viel solche Verletzungen die Gesellschaft kosten. Die letzten Zahlen zeigen, dass sich in dem Jahr sage und schreibe 306 166 Briten bei Treppenstürzen so ernste Blessuren zuzogen, dass sie sich ärztlich versorgen lassen mussten. Und das ist ja keine Bagatelle.

John A. Templer vom Massachusetts Institute of Technology, Verfasser der ultimativen (und, zugegeben, fast der einzigen) wissenschaftlichen Untersuchung zu diesem Thema, entwirft sogar ein noch drastischeres Bild. In seiner Schrift *Die Treppe. Studien zu Gefahren, Stürzen und verbesserter Sicherheit* vertritt er die

Publish'd by T. Malton March 1st 1775.

»Perspektivzeichnung einer Treppe« von Thomas Malton

Meinung, dass ohnehin alle Zahlen zu Sturzverletzungen viel zu niedrig angesetzt sind. Denn selbst nach vorsichtigsten Schätzungen ist die Treppe die zweithäufigste Ursache von Unfalltoden, weit hinter Autounfällen, doch weit vor Ertrinken, Verbrennen und ähnlich argen Missgeschicken. Obendrein kommen Treppenstürze die Volkswirtschaft teuer zu stehen; man muss sich nur die anfallenden Arzt- und Krankenhauskosten vergegenwärtigen sowie die Kosten, die durch den Arbeitsausfall entstehen. In Anbetracht dessen ist es schon merkwürdig, dass man dem Treppensturz nicht mehr Aufmerksamkeit zollt. Bei Bränden, Brandschutzbestimmungen und Feuerversicherungen werden reichlich Geld und Arbeitszeit auf vorbeugende Maßnahmen oder Ursachenforschung verwendet, doch bei Stürzen und ihrer Verhütung hält man sich zurück.

Irgendwann stolpert jeder mal auf einer Treppe. Man hat errechnet, dass der Mensch beim Treppengehen wahrscheinlich alle 2222 Mal eine Stufe verpasst, alle 63 000 Mal einen kleineren und alle 734 000 Mal einen schmerzhafteren Unfall hat. Alle 3 616 667 Mal muss er zur Behandlung ins Krankenhaus.

Vierundachtzig Prozent der Menschen, die nach Treppenstürzen im eigenen Haus sterben, sind fünfundsechzig und älter. Der Grund liegt weniger darin, dass die Senioren achtlos eine Treppe hinuntergehen, als vielmehr darin, dass sie nicht mehr so leicht aufstehen können. Kinder sterben Gott sei Dank sehr selten nach Treppenstürzen, aber Haushalte mit kleinen Kindern haben bei Weitem die höchste Rate an Verletzungen, teilweise weil die Treppe häufig benutzt wird und teilweise wegen der verblüffenden Dinge, die Kinder auf der Treppe liegen lassen. Unverheiratete Menschen fallen eher als verheiratete, jung verheiratete fallen mehr als beide, und Leute, die fit sind, fallen öfter als Leute, die nicht fit sind, hauptsächlich, weil sie viel mehr springen und weniger vorsichtig sind und nicht immer Päuschen machen müssen wie die Pummel und Gebrechlichen.

Der beste Indikator dafür, welches Risiko man persönlich hat, ist die Häufigkeit der Stürze, die einem bisher passiert sind. Anfälligkeit für Treppensturzverletzungen ist unter Ärzten ein eher kontrovers diskutiertes Thema, aber es scheint doch etwas daran zu sein. Etwa vier von zehn Menschen widerfährt ein solches Malheur nicht nur einmal.

Die Leute fallen verschieden in verschiedenen Ländern. Zum Beispiel verletzt sich ein Japaner weit eher bei einem Treppensturz im Büro, in einem Kaufhaus oder auf einem Bahnhof als jemand in den Vereinigten Staaten. Und zwar nicht deshalb, weil die Japaner leichtsinnigere Treppengeher sind, sondern, weil US-Amerikaner in öffentlichen Räumen nicht oft Treppen benutzen. Stets auf Sicherheit und Bequemlichkeit bedacht, hüpfen sie gleich in Aufzüge oder stellen sich auf Rolltreppen. Verletzungen durch Treppenstürze ziehen sie sich in ihrer überwiegenden Mehrheit zu Hause zu – fast der einzige Ort, an dem sie wirklich regelmäßig Treppen benutzen. Das ist auch der Grund, warum Frauen häufiger Treppen herunterfallen als Männer: Sie benutzen sie mehr, insbesondere zu Hause, wo, wie gesagt, die meisten Stürze passieren.

Wenn wir auf einer Treppe fallen, geben wir uns meist selbst die Schuld und meinen, wir seien unvorsichtig oder unaufmerksam gewesen. Dabei beeinflusst die Konstruktion der Treppe die Wahrscheinlichkeit, mit der wir fallen, und die Intensität des Schmerzes. Schlechte Beleuchtung, kein Geländer, verwirrende Muster auf den Stufen, zu hoher oder zu niedriger Abstand zwischen den Stufen, ungewöhnlich breite oder schmale Stufen oder Absätze, die den Rhythmus des Hinauf- oder Hinabgehens unterbrechen, sind die Hauptkonstruktionsfehler, die zu Unfällen führen.

Laut Templer ist bei der Sicherheit von Treppen zweierlei zu beachten, nämlich erstens, »die Bedingungen zu vermeiden, die zu Unfällen führen«, und zweitens, »die Treppen so zu konstruieren, dass die Verletzungen gering bleiben, wenn ein Unfall passiert«. Er erzählt, dass an einem Bahnhof in New York (an welchem, sagt er wohlweislich nicht) die Stufenränder mit einem rutschfesten Anstrich versehen wurden, doch wegen des Musters die Kanten schwer zu erkennen waren. Binnen sechs Wochen fielen mehr als vierzehnhundert Leute die Treppe hinunter. Dann beseitigte man das Problem.

Bei einer Treppe spielen drei Faktoren eine Rolle: Stufenhöhe, Auftrittsbreite und Steigung. Was den Steigungsgrad betrifft, sind die Menschen sehr empfindlich. Beim Hinaufgehen ist alles über 45 Grad unangenehm anstrengend und alles mit weniger als 27 Grad schneckenhaft langsam. Treppen hochzusteigen, die eine geringe Steigung haben, ist überraschend mühsam, der Bereich, in dem wir eine Treppe locker-flockig bewältigen können, ist klein. Ein unausweichliches Problem ist die Tatsache, dass Menschen sicher und ungefährdet in beide Richtungen gehen wollen, die Bewegungsabläufe aber in jeder Richtung verschiedene Haltungen erfordern. (Geht man eine Treppe hoch, beugt man sich vor, geht man hinunter, verlagert man seinen Schwerpunkt nach hinten, als bremse man.) Treppen, die man sicher und bequem hinaufsteigt, sind beim Hinuntergehen unter Umständen nicht so gut und umgekehrt. Wie weit die Stufenkante aus der Stufe vorragt, kann die Unfallwahrscheinlichkeit ebenfalls wesentlich beeinflussen. In einer idealen Welt würden die Treppen immer leicht ihre Form verändern, je nachdem, ob man hinauf- oder hinuntergeht. In unserer nicht idealen Welt ist jede Treppe ein Kompromiss.

Schauen wir uns einen Sturz in Zeitlupe an. Eine Treppe hinunterzugehen ist in gewissem Sinne ein kontrollierter Sturz. Man bewegt den Körper in einer Weise vorwärts und abwärts, die eindeutig gefährlich wäre, wenn man die Situation nicht beherrschte. Für das Gehirn besteht das Problem darin, den Moment zu erkennen, in dem ein Abstieg nicht mehr geordnet erfolgt, sondern verzweifelt unkoordiniert wird. Das menschliche Gehirn reagiert ja sehr schnell auf Gefahr und Unordnung, aber den Bruchteil einer Sekunde braucht es doch – 190 Millisekunden, um genau zu sein –, bis die Reflexe einsetzen und der Verstand kapiert hat, dass etwas schiefläuft und er alles klar zum Gefecht machen muss, weil eine schwierige Landung ansteht. Während dieser ungeheuer kurzen Phase bewegt sich der Körper im Durchschnitt noch etwa 20 Zentimeter abwärts – da ist eine elegante Landung meist nicht mehr möglich. Wenn das Ganze auf der untersten Stufe passiert, landet man mit einem unangenehmen Rums, der mehr peinlich ist als sonst was. Wenn es aber weiter oben passiert, kriegen sich die Füße einfach nicht wieder ein (weder elegant noch sonst wie), und man kann nur hoffen, dass man das Geländer zu packen bekommt beziehungsweise dass es überhaupt ein Geländer gibt. Eine Untersuchung aus dem Jahre 1958 besagt, dass selbiges bei drei Vierteln aller Treppenstürze fehlte.

Am Anfang und Ende einer Treppe heißt es besonders vorsichtig sein. Offenbar sind wir dort am ehesten abgelenkt. Ein Drittel aller Treppenunfälle passiert auf der ersten oder der letzten Stufe und zwei Drittel auf den ersten drei oder letzten drei Stufen. Am gefährlichsten ist es, wenn eine einzige Stufe an einer unerwarteten Stelle kommt, und fast so gefährlich wird es, wenn es nur fünf oder weniger Stufen gibt. Sie scheinen zur Vermessenheit zu verleiten.

Hinunterzugehen ist im Übrigen gefährlicher als hinauf – was sich nach dem bisher Gesagten wahrscheinlich von selbst versteht. Über neunzig Prozent aller Verletzungen ziehen sich die Menschen beim Hinuntergehen zu. Die Chancen auf einen »schweren« Sturz betragen 57 Prozent auf einer geradläufigen Treppe, aber nur 37 Prozent auf einer wie auch immer gewendelten Treppe. Auch Treppenabsätze müssen eine bestimmte Größe haben – ideal ist die Formel: Breite einer Stufe plus Länge eines Schritts –, damit sie den Rhythmus des Treppenbenutzers nicht unterbrechen. Wenn der nämlich unterbrochen wird, ist das schon das Vorspiel zum Sturz.

Man erkannte auch, dass Menschen eine Treppe unterschiedlich schnell hinauf- und hinuntergehen, je nachdem, ob der Aufstieg kurz oder lang ist. Da dies ganz instinktiv geschieht, ist es am besten, wenn man breite Stufen bei kurzen Aufstiegen und schmalere bei steileren, längeren Aufstiegen hat. Aber die Klassiker der Architekturliteratur hatten überraschend wenig zur Anlage von Treppen zu sagen. Vitruv meinte nur, dass Treppen gut beleuchtet sein sollten. Seine Sorge galt nicht der Risikominimierung für Stürze, er wollte vielmehr verhindern, dass die Leute im Dunkeln auf der Treppe zusammenstießen. Erst Ende des siebzehnten Jahrhunderts ersann François Blondel, ein Franzose, eine Formel, die das Verhältnis zwischen Breite und Höhe der Stufe mathematisch erfasste. Grob vereinfacht schlug er vor, dass man für jede zusätzliche Treppenstufe die Breite derselben nach einem ganz bestimmten Verhältnis verringern sollte. Seine Formel wurde allenthalben angewendet und ist heute, mehr als dreihundert Jahre später, immer noch fester Bestandteil vieler Bauvorschriften, obwohl sie bei Treppen, die entweder ungewöhnlich hoch oder ungewöhnlich niedrig sind, nicht einmal besonders gut ist – nein, eigentlich richtig schlecht.

In moderneren Zeiten hat – siehe da! – Frederick Law Olmsted die Konstruktion von Treppen sehr ernst genommen. Obwohl er es für seine Arbeit so gut wie gar nicht brauchte, vermaß er Stufenhöhen und -breiten neun Jahre lang penibelst – manchmal zwanghaft –, weil er eine Formel finden wollte, nach der eine Treppe in beiden Richtungen bequem und sicher zu begehen war. Seine Ergebnisse packte dann ein Mathematiker namens Ernest Irving Freeze in zwei Gleichungen.

Heute schlägt Templer vor, dass der Höhenabstand zwischen zwei Stufen zwischen 16,002 und 18,288 Zentimeter betragen sollte und die Auftrittsbreite nie weniger als 22,86 Zentimeter, aber besser 27,94. Wenn man sich allerdings mal umschaut, stellt man fest, dass alle möglichen anderen Maße vorkommen. Im Allgemeinen, sagt jedenfalls die *Encyclopaedia Britannica,* ist der Abstand zwischen den Stufen in den Vereinigten Staaten ein wenig höher als der in Großbritannien und der auf dem europäischen Festland noch höher, doch genaue Zahlen werden nicht genannt.

Zur Geschichte von Treppen kann man nicht viel sagen. Keiner weiß, wo oder wann sie entstanden, nicht einmal ungefähr. Aber die ersten Treppen wurden vielleicht nicht einmal konstruiert, weil die Menschen, wie man vielleicht denkt, nach oben in ein höheres Stockwerk wollten, sondern weil sie nach unten, in Minen, wollten. 2004 wurde die älteste bisher gefundene Holztreppe entdeckt, und zwar einhundert Meter unter der Erde in einem Bronzezeit-Salzbergwerk in Hallstatt in Oberösterreich: Sie war ungefähr dreitausend Jahre alt. Im Gegensatz zur Leiter (bei der man beide Hände zum Festhalten braucht) hat die Treppe den klaren Vorteil, dass man beide Arme freihat und schwere Lasten nach oben schleppen kann.

II.

Da wir bei dem Thema sind, wie wir in unseren Häusern zu Schaden kommen können, halten wir doch einen Moment auf dem Treppenabsatz inne und betrachten etwas anderes, das sich in der Menschheitsgeschichte für eine große Anzahl unserer Artgenossen als tödlich erwiesen hat: die Wände, oder genauer gesagt, das, was auf die Wände kommt: Farbe und Tapete. Lange, lange waren beide auf vielfältige Weise der Gesundheit entschieden abträglich.

Da ist zunächst einmal die Tapete überhaupt, die gerade, als Mr. Marsham sein Pfarrhaus baute, immer mehr in ganz normalen Häusern verwendet wurde. Lange war sie sehr teuer gewesen, nicht nur, weil sie länger als ein Jahrhundert hoch besteuert wurde, sondern auch, weil sie extrem arbeitsaufwändig in der Herstellung war. Sie wurde nicht aus Zellstoff, sondern aus Lumpen hergestellt. Die Lumpen zu sortieren war buchstäblich Drecksarbeit; die Sortierer konnten sich mit vielen Krankheiten anstecken. Bis zur Erfindung einer Maschine im Jahr 1802, mit der man Endlospapierrollen produzieren konnte, war jedes Blatt höchstens sechzig mal sechzig Zentimeter groß, und die Tapetenstücke mussten sorgsam und mit großem Geschick aneinandergeklebt werden. Die Gräfin von Suffolk zahlte Mitte des achtzehnten Jahrhunderts für das Tapezieren eines einzigen Zimmers 42 Pfund, und damals betrug die Jahresmiete eines guten Londoner Hauses gerade mal 12 Pfund. Velourstapete, hergestellt aus Papier und darauf geleimten, gefärbten Wollfusseln, wurde danach extrem modisch, bot aber zusätzliche Gefahren für alle am Herstellungsprozess Beteiligten, da der Leim oft giftig war.

Als 1830 endlich die Tapetensteuer abgeschafft wurde, ging es mit der Tapete stetig bergan. Die Zahl der in Großbritannien verkauften Rollen sprang von einer Million 1830 auf dreißig Millionen 1870, und ab dann wurden die Leute wirklich reihenweise krank. Tapete war oft mit Pigmenten gefärbt, die Arsen, Blei und Antimon enthielten, doch nach 1775 wurde sie auch noch häufig in ein besonders tückisches Kupfersalz namens Kupferarsenit getaucht, das der großartige, aber wunderbar glücklose schwedische Chemiker Carl Wilhelm Scheele erfunden hatte.[*] Die Farbe des Kupferarsenits war so beliebt, dass sie bald Scheeles Grün genannt wurde. Unter Zusatz von Kupferazetat wurde sie zu einem noch tieferen »Smaragdgrün« verfeinert. Man färbte damit alles Mögliche, Spielkarten, Kerzen, Kleidung und Vorhangstoffe und sogar manche Nahrungsmittel. Besonders beliebt war Smaragdgrün aber bei Tapeten. Was nicht nur gefährlich für die Leute war, die die Tapete herstellten oder anklebten, sondern auch für die, die später damit wohnten.

---

[*] Scheele entdeckte im Alleingang acht Elemente – Chlor, Fluor, Mangan, Barium, Molybdän, Wolfram, Stickstoff und Sauerstoff –, erntete aber zeit seines Lebens keinerlei Anerkennung dafür. Er hatte die unselige Angewohnheit, von jeder Substanz, mit der er arbeitete, zu kosten, um sich mit ihren Eigenschaften vertraut zu machen. Zum Schluss holte ihn das ein, und man fand ihn 1786 tot an seinem Arbeitstisch zusammengesunken. Todesursache: versehentliche Überdosis einer unbekannten giftigen Verbindung.

Ende des neunzehnten Jahrhunderts enthielten achtzig Prozent der englischen Tapeten Arsen, oft in erheblichen Mengen. Besonders begeisterte sich William Morris dafür, der nicht nur leuchtendes Arsengrün liebte, sondern auch in der Unternehmensführung einer Firma in Devon war (und sein Geld darin investierte), die auf Arsen basierende Pigmente herstellte. Besonders bei Feuchtigkeit – und in englischen Heimen ist es selten nicht feucht – verströmte die Tapete einen eigenartigen, muffigen Geruch, der viele Leute an Knoblauch erinnerte. Außerdem aber merkten sie, dass in Schlafzimmern mit grünen Tapeten normalerweise keine Wanzen waren. Giftige Tapete, meint man heute, war häufig auch der Grund, warum eine Luftveränderung chronisch Kranken so guttat. In vielen Fällen entkamen sie garantiert nur einer schleichenden Vergiftung. Wie auch Frederick Law Olmsted, ein Mann, dem wir häufiger begegnen als gedacht. 1893 litt er offenbar an einer Arsenvergiftung, die von seiner Schlafzimmertapete ausgelöst wurde, genau zu der Zeit, als die Leute allmählich kapierten, was sie im Bett krank machte. Er brauchte einen ganzen Sommer, um sich zu erholen – in einem anderen Zimmer.

Auch Farben waren überraschend gefährlich. Bei ihrer Herstellung vermischte man eine Menge toxisches Zeugs miteinander, insbesondere Blei, Arsen und Cinnabarit (einen Verwandten des Quecksilbers). Malergesellen und Kunstmaler litten an einer schwer zu bestimmenden, aber vielfältig aggressiven Krankheit, die man Malerkolik nannte und die im Grunde eine Bleivergiftung war.[*] Diese Leute kauften Bleiweiß im Block und zermahl-

---

[*] Obwohl man die Gefahren von Blei schon lange kannte, benutzte man es bis weit ins zwanzigste Jahrhundert hinein. Nahrungsmittel wurden in Konserven mit bleihaltigem Lötzinn verschlossen, Wasser wurde oft in bleiverkleideten Tanks aufbewahrt und als Pestizid auf Obst gesprüht. Man benutzte Blei sogar bei der Herstellung von Zahnpastatuben. In den Vereinigten Staaten wurde es 1978 in allen dort hergestellten Farben verboten, in Großbritannien 1992. Auch wenn Blei heute aus den meisten Verbrauchsgütern verschwunden ist, wird es in der Industrie nach wie vor verarbeitet und gelangt auf andere Weise wieder in unseren Körper. Heute haben die Menschen durchschnittlich etwa 625 Mal mehr Blei im Organismus als vor fünfzig Jahren.

ten es zu Pulver, indem sie immer wieder eine Eisenkugel darüberrollten. Dadurch kam viel Staub an ihre Finger und in die Luft, und der war hochgiftig. Zu den vielen Symptomen, an denen sie erkrankten, gehörten Lähmungen, quälender Husten, Antriebslosigkeit, Melancholie, Appetitverlust, Halluzinationen und Blindheit. Eine der merkwürdigen Folgen einer Bleivergiftung ist die Vergrößerung der Netzhaut, weshalb manche Betroffene Heiligenscheine um Objekte sehen – welchselbigen Effekt Vincent van Gogh ja berühmterweise in seinen Gemälden nutzte. Auch James McNeill Whistler erkrankte ernsthaft durch Bleiweiß; als er das lebensgroße Bild »Das weiße Mädchen« schuf, benutzte er sehr viel davon.

Heute ist Bleifarbe außer in sehr spezifischen Anwendungsfällen überall verboten, Restauratoren vermissen sie aber schmerzlich, denn sie verlieh den Farben eine Tiefe und Weichheit, wie sie mit modernen Farben bei Weitem nicht zu erzielen sind. Außerdem sieht sie besonders gut auf Holz aus.

Beim Anstreichen von Fassaden und Wänden wiederum gab es viel Streit um die Zuständigkeitsbereiche. Wer was durfte, war in England in den Zeiten des Zunftwesens sehr kompliziert. Manche Handwerker durften alle Arten von Farben auftragen, manche nur Leimfarbe und manche keine von beiden. Maler erledigten den Hauptteil des Anstrichs, was man ja auch erwarten würde, doch Gipser durften auch Leimfarben (eine dünnflüssige Farbe für den Innen- und Wohnbereich) auf Gipswände auftragen – wenngleich nur wenige Farbtöne. Klempner und Glaser durften im Gegensatz dazu mit Ölfarben, aber nicht mit Leimfarben arbeiten. Den Grund dafür kennt man nicht genau, aber vielleicht hat die Tatsache etwas damit zu tun, dass Fensterrahmen oft aus Blei waren – ein Material, auf das sowohl Klempner als auch Glaser spezialisiert waren.

Leimfarbe wurde aus einer Mixtur aus Kalk, Wasser und Leim hergestellt. Sie war weicher und dünner und somit für vergipste Flächen ideal. Um die Mitte des achtzehnten Jahrhunderts strich man Wände und Decken normalerweise mit Leimfarben und das Holz mit schwereren Ölfarben. Ölfarben waren komplizierter zu mischen. Sie bestanden aus einem Grundstoff (meist Bleicarbonat oder eben Bleiweiß), einem Pigment für die Farbe, einem Bindemittel wie Leinöl, damit alles zusammenpappte, und Verdickungsmitteln wie Wachs oder Seife, was ein wenig überraschend ist, weil Ölfarben im achtzehnten Jahrhundert ohnehin schon ganz schön klebrig und schwer aufzutragen waren – »wie Teer mit einem Besen zu verstreichen«, meint David Owen, der unter anderem über Tapeten geschrieben hat. Erst als jemand entdeckte, dass man durch den Zusatz von Terpentin, einem natürlichen Verdünnungsmittel aus dem Saft von Kiefern destilliert, die Farbe viel leichter vermalen konnte, wurde die Oberfläche glatter und auch matter, was Ende des achtzehnten Jahrhunderts in Mode kam.

Leinöl war die magische Zutat in der Farbe, weil es sie so gut aushärten ließ – Farbe im Wesentlichen zur Farbe machte. Leinöl wird aus reifen Flachssamen gepresst, aus der Pflanze, die man zur Herstellung von Leinen braucht. Der einzige, aber dramatische Nachteil von Leinöl besteht darin, dass es zur Selbstentzündung neigt – unter den richtigen Bedingungen geht ein Topf spontan in Flammen auf –, und ganz sicher ist manch ein Brand so verursacht worden. Bei offenem Feuer muss es mit allerhöchster Vorsicht benutzt werden.

Der einfachste Anstrich war der mit Kalkmilch oder Tünche, und man benutzte ihn normalerweise in schlichteren Bereichen wie Räumen, in denen die Dienstboten arbeiteten, sowie deren Zimmern. Tünche war eine einfache Mixtur aus ungelöschtem Kalk und Wasser (der besseren Haftbarkeit wegen manchmal noch mit Talg vermischt). Sie hielt nicht lange, hatte aber den praktischen Vorteil, dass sie desinfizierend wirkte. Sie war nicht immer weiß, sondern oft, wenn auch schwach, mit Farbstoffen versetzt.

Die Herstellung der Farben erforderte besondere Kunstfertigkeiten, denn Maler mahlten ihre Pigmente und mischten ihre Farben selbst, und im Allgemeinen geschah das unter großer Geheimhaltung, um gegenüber der Konkurrenz die Nase vorn zu haben. Da man die Farben nur in kleinen Mengen mischen und sofort verwenden musste, bedurfte es schon großer Erfahrung und großen Könnens, jeden Tag zueinander passende Mengen anzurühren. Man musste ja auch immer mehrere Schichten auftragen, denn selbst die besten Farben hatten keine große Deckkraft. In der Regel brauchte man mindestens fünf Anstriche für eine Wand. Anstreichen war also ein aufwändiges und handwerklich ziemlich anspruchsvolles Unterfangen.

Preisliche Unterschiede gab es vor allem bei den Pigmenten. Stumpfere Farben wie gebrochenes Weiß oder Steingrau waren für vier, fünf Pence das Pfund zu haben, aber da Blautöne und Gelbtöne zwei- bis dreimal so viel kosteten, wurden sie nur von bürgerlichen und höheren Schichten benutzt. Noch teurer waren Blautöne wie Smalte aus gemahlenem Glas, das den Glitzereffekt bringt, und Azurit aus Halbedelstein. Das Teuerste war Grünspan, den man erzeugte, indem man Kupferstreifen über ein Fass mit Pferdemist und Essig hängte und das dann entstehende oxidierte Kupfer abkratzte. Es ergab »das zarteste Grasgrün der Welt«, wie ein Zeitgenosse aus dem achtzehnten Jahrhundert schwärmte. Ein Grünspan-grün gestrichenes Zimmer entlockte Besuchern stets ein bewunderndes »Ah!«.

Wenn Farben in Mode kamen, wollten die Leute sie immer so intensiv, wie es nur irgend ging. Die dezenteren Farben, die wir aus der Georgianischen Zeit in Großbritannien und der Kolonialstilperiode in den Vereinigten Staaten kennen, sind Resultat von Verblassen, nicht von dekorativer Zurückhaltung. Als man 1979 in Mount Vernon damit begann, die Innenräume in den Originalfarben zu streichen, »kamen die Leute und beschwerten sich lautstark«, erzählte mir der schon erwähnte Chefdenkmalschützer des Anwesens, Dennis Pogue, grinsend. »Sie behaupteten, die knalligen Farben seien geschmacklos. Und sie hatten recht – schön waren sie nicht. Aber wir haben sie nur deshalb gewählt, weil sie ursprünglich so ausgesehen haben. Viele Leute konnten sich allerdings gar nicht damit anfreunden, dass wir Mount Vernon getreu dem Original restaurierten. Doch die Farben damals waren eben alle durchgängig sehr kräftig. Je vollere Farben man verwendete, desto mehr Bewunderung war einem gewiss. Schon deshalb, weil intensive Farben immer ein Zeichen dafür waren, dass man viel Geld ausgegeben hatte, denn die vielen Pigmente waren ja sehr kostspielig. Man darf freilich auch nicht vergessen, dass man die Farben oft nur bei Kerzenlicht sah; um in dem bisschen Licht was herzumachen, mussten sie schon kräftig sein.«

In Monticello ist es heute genauso, einige Zimmer erstrahlen in den lebhaftesten Gelb- und Grüntönen. Plötzlich kommt es einem vor, als hätten George Washington und Thomas Jefferson einen Geschmack wie die Hippies. Dabei waren sie im Vergleich zu dem, was folgte, noch über die Maßen zurückhaltend.

Als in der zweiten Hälfte des neunzehnten Jahrhunderts die ersten gebrauchsfertigen Farben auf den Markt kamen, klatschten die Leute sie mit fröhlicher Hingabe an die Wände. Nicht nur wurden stark leuchtende Farben im Haus Mode, sondern sieben bis acht davon in einem einzigen Zimmer.

Bei genauerer Betrachtung des Ganzen würden wir freilich überrascht feststellen, dass zwei sehr elementare Farben zu Zeiten Mr. Marshams überhaupt nicht existierten: ein gutes Weiß und ein gutes Schwarz. Das hellste verfügbare Weiß war ziemlich stumpf und gebrochen, und obwohl im neunzehnten Jahrhundert die Weißtöne weißer wurden, bekam man erst in den 1940er Jahren – durch Hinzufügen von Titanoxid – richtig starke, haltbare weiße Farben.

In dem jungen Neuengland fehlte sogar jegliches Weiß, weil die Puritaner nicht nur keine weiße Farbe hatten, sondern von Farben und überhaupt einem hübschen Anstrich gar nichts hielten (beides fanden sie protzig). All die schimmernden weißen Kirchen im Nordosten der USA sind also ein vergleichsweise neues Phänomen.

Und wie gesagt, auf der Palette des Malers fehlte außerdem ein kräftiges Schwarz. Erst Ende des neunzehnten Jahrhunderts konnten sich auch Hinz und Kunz schwarze Farbe leisten, die aus Teer und Pech destilliert war und schwarz *blieb*. Womit klar ist, dass all die glänzend schwarzen Haustüren, Geländer, Tore, Laternenpfähle, Dachrinnen und Fallrohre und Beschläge, die im heutigen London allgegenwärtig sind, jüngeren Datums sind. Wenn wir in das London von Dickens zurückkatapultiert würden, würden wir als einen der verblüffendsten Unterschiede bemerken, dass es kaum schwarz angestrichene Flächen gab. In Dickens' Zeiten waren fast alle Eisenkonstruktionen und schmiedeeisernen Verzierungen grün, hellblau oder stumpf grau.

So, nun können wir nach oben in ein Zimmer gehen, das hoffentlich nie jemanden umgebracht, aber vermutlich mehr Leiden und Verzweiflung gesehen hat als alle anderen Zimmer des Hauses zusammen.

Fünfzehntes Kapitel

Das Schlafzimmer

I.

Mit dem Schlafzimmer ist es eine merkwürdige Sache. Es gibt keinen Ort im Haus, an dem wir mehr Zeit, meist still und ohne Bewusstsein, verbringen, und trotzdem spielen sich hier schreckliches Unglück und Tragödien ab. Sterben die Menschen oder sind sie krank, erschöpft, von Sorgen gequält, zu deprimiert, um der Welt entgegenzutreten, haben sie sexuelle Probleme oder sonst wie das seelische Gleichgewicht und die Lebensfreude verloren und es ist ihnen nur noch zum Weinen zumute, dann ist das Schlafzimmer der Ort, an dem man sie höchstwahrscheinlich antrifft. Das war schon immer so, doch als Mr. Marsham sein Haus bauen ließ, kam noch eine ganz neue Dimension zu dem hinzu, was sich hinter der Schlafzimmertür abspielte: die Angst. Nie zuvor machten sich die Menschen mehr Sorgen in ihren Schlafstuben als in der viktorianischen Zeit.

Schon die Betten selbst gaben ihnen Anlass zur Beunruhigung, und sie waren überzeugt, dass selbst die saubersten Leute, wenn erst einmal das Licht aus war, zur dampfenden Masse von Toxinen wurden. »Das Wasser, das man beim Schwitzen abgibt«, erklärte Shirley Forster Murphy in *Unser Heim und wie wir es gesund machen* im Jahre 1883, »ist voller animalischer Verunreinigungen; es schlägt sich im Inneren von Gebäuden an den Wänden nieder, fließt in übelriechenden Rinnsälen nach unten und [...] sickert in die Wände.« Und richtete dort, fuhr sie fort, ernsthaftes, aber nicht genauer benanntes Unheil an. Warum es kein Unheil anrichtete, solange es im Körper war, erklärte sie nicht, ja, bedachte es nicht einmal. Es reichte das Wissen, dass nächtliches Atmen eine abartige Angewohnheit war.

Dringend empfahl man verheirateten Paaren Einzelbetten, nicht nur, um schändliche Erregung durch zufällige Kontakte zu vermeiden, sondern auch, damit sich persönliche Verschmutzungen möglichst wenig mischten. »Die Luft, die den Körper unter der Bettdecke umgibt, ist extrem unrein, denn sie ist durchtränkt von den giftigen Substanzen, die durch die Poren der Haut nach außen dringen«, erklärte ein Gesundheitsexperte streng. Und ein Arzt schätzte, dass in den Vereinigten Staaten bis zu vierzig Prozent der Sterbefälle dem geschuldet seien, dass die Menschen beim Schlafen stets ungesunder Luft ausgesetzt waren.

Betten machten auch viel Arbeit. Matratzen zu wenden und auszuklopfen oder aufzuschütteln gehörte zu den regelmäßigen – und anstrengenden – Tätigkeiten im Haushalt. Eine normale mit Federn gefüllte Matratze enthielt achtzehn Kilo Federn. Mit den Kissen und Nackenrollen kam noch mal das Gleiche hinzu, und alle mussten von Zeit zu Zeit ausgeleert und die Federn durchgelüftet werden, weil sie sonst anfingen zu stinken. Manche Leute hielten sich extra eine Schar Gänse, die sie wegen des Nachschubs an frischen Federn für ihr Bettzeug vielleicht drei Mal im Jahr rupften (was für das Dienstpersonal nicht minder lästig gewesen sein muss als für die Gänse). Eine aufgeschüttelte Matratze sah vielleicht himmlisch aus, aber wer sich hineinlegte, sank bald in eine Spalte zwischen zwei wogenden Hügeln. Die harte Unterlage darunter war ein Flechtwerk aus Seil, das man mit einem Schlüssel festzurren konnte, wenn es durchzusacken begann, doch ob fest oder nicht fest – bequem war es nicht. Federkernmatratzen wurden erst 1865 erfunden, waren aber zunächst wenig vertrauenerweckend, weil sich die Spiralen manchmal drehten und den Schläfer der sehr realen Gefahr aussetzten, sich in seinem eigenen Bett aufzuspießen.

Ein populäres amerikanisches Buch aus dem neunzehnten

Jahrhundert, *Goodholme's Cyclopedia,* unterteilte Matratzentypen nach Bequemlichkeit. In absteigender Reihenfolge geschah das in zehn Kategorien:

Daunen
Federn
Wolle
Reißwolle
Haar
Baumwolle
Holzspäne
Seemoos
Sägemehl
Stroh

Wenn Holzspäne und Sägemehl es in die Top Ten der Matratzenfüllungen schafften, dann ist eins klar: Die Zeiten waren rau! Allesamt waren die Matratzen ein Paradies für Bettwanzen, Flöhe und Motten (für die alte Federn zu den begehrtesten Leckerbissen zählten), ja, sogar für Mäuse und Ratten. Verstohlenes Knispeln unter der Bettdecke war unerfreuliche Begleitmusik zu manchem Nachtschlaf.

Kinder, die in einem Ausziehbett dicht über dem Boden schlummerten, waren besonders vertraut mit der Nähe der schnurrhaarigen Mitbewohner. Eine Amerikanerin, Eliza Ann Summers, berichtete 1867, dass sie und ihre Schwester abends immer ihre Schuhe mit ins Bett nahmen, um sie hinter den Ratten herzuwerfen, die über den Boden flitzten. Susanna Augusta Fenimore Cooper, Tochter von James Fenimore Cooper, des Autors der *Lederstrumpf*-Romane, sagte, sie werde nie vergessen, ja, nie darüber hinwegkommen, wie die Ratten in ihrer Kindheit nachts über ihr Bett gehuscht seien.

Thomas Tryon, Autor eines Buches über Wohlbefinden und Gesundheit, bemängelte zwei Jahrhunderte früher, dass Wanzen von dem »unreinen, ekeligen Exkrement« in den Federn angezogen würden. Er schlug vor, stattdessen recht viel frisches Stroh zu nehmen. Er meinte (sicher nicht zu Unrecht), dass Federn mit Fäkalien der aufgeregten, unglücklichen Vögel, denen man sie ausgerupft hatte, verunreinigt seien.

Traditionell war die gebräuchlichste und einfachste Füllung Stroh, das natürlich dafür berühmt war, zur Tortur zu werden, weil es durch den Matratzenüberzug stach. Aber die Menschen nahmen eben, was sie hatten. In Abraham Lincolns Elternhaus schlief man auf den getrockneten Hüllblättern von Maiskolben, was ebenso knirschend laut wie unbequem gewesen sein muss. Wer sich keine Federn, Wolle oder Pferdehaare leisten konnte, hatte billigere Alternativen, aber die rochen. Wolle wurde zudem oft von Motten befallen. Das einzige sichere Mittel dagegen war, die Wolle regelmäßig herauszunehmen und zu kochen, eine langwierige Prozedur. In ärmeren Häusern hängte man manchmal Kuhmist an die Bettpfosten, weil man glaubte, damit Motten abzuwehren. In heißen Klimagegenden waren Sommerinsekten, die durch die Fenster kamen, eine nicht ungefährliche Plage. Bisweilen hängte man Netze über die Betten, aber mit ungutem Gefühl, weil die Netze extrem schnell in Brand gerieten. Ein Besucher im Bundesstaat New York berichtete in den 1790er Jahren auch einmal, wie seine Gastgeber es gut meinten und sein Zimmer vor dem Schlafengehen ausräucherten und er sich dann durch erstickend dichten Qualm den Weg zum Bett ertasten musste. Drahtgitter gegen Insekten wurden schon früh erfunden – Jefferson hatte sie in Monticello –, aber wenig benutzt, weil sie teuer waren.

Lange, lange in der Menschheitsgeschichte war ein Bett für einen Hausbesitzer der wertvollste Gegenstand, den er sein Eigen nannte. Zu William Shakespeares Zeiten kostete ein anständiges Himmelbett fünf Pfund, die Hälfte des Jahressalärs eines Schulmeisters. Und weil Betten so kostbar waren, wurde das beste oft sogar ins Wohnzimmer gestellt, wo man es Besuchern herzeigen oder Vorübergehende es durch ein offenes Fenster sehen konnten.

Theoretisch waren solche Betten für wirklich wichtige Besucher reserviert, aber praktisch benutzte man sie kaum, ein Umstand, der den berühmten Passus in Shakespeares Testament besser verständlich macht, in dem er sein zweitbestes Bett seiner Frau Anne hinterließ. Das hat man oft als Beleidigung aufgefasst, aber das zweitbeste Bett war ganz gewiss das Ehebett und deshalb das mit den zärtlichsten Assoziationen. Warum Shakespeare das Bett eigens erwähnte, ist allerdings rätselhaft, denn im normalen Verlauf der Dinge hätte Anne ohnehin alle Betten im Haus geerbt. Eine Brüskierung, wie manche Interpreten meinen, war es aber nicht.

Früher verstand man unter Privatsphäre etwas ganz anderes als heute. In Gasthäusern war es bis ins neunzehnte Jahrhundert vollkommen üblich, dass Fremde in einem Bett schliefen, und in Tagebüchern lesen wir ja auch immer wieder, dass der Schreiber enttäuscht klagt, dass noch ein spät eintreffender Fremder zu ihm ins Bett geklettert ist. Benjamin Franklin und John Adams mussten 1776 in einem Gasthof in New Brunswick, New Jersey, in einem Bett schlafen und verbrachten eine weitgehend schlaflose Nacht, weil sie sich darüber stritten, ob das Fenster offen oder geschlossen sein sollte.

Selbst zu Hause war es vollkommen normal, dass Bedienstete am Fußende des Bettes ihrer Herrschaft schliefen, einerlei, was die Herrschaft in diesem Bett anstellte. Aus Dokumenten geht hervor, dass Haushofmeister und Kammerherr König Heinrichs V. anwesend waren, als er mit Catherine de Valois »zu Bett ging«. In Samuel Pepys' Tagebüchern lesen wir, dass im ehelichen Schlafzimmer eine Dienerin schlief und er sie als eine Art lebende Alarmanlage betrachtete. Unter solchen Umständen gewährten Bettvorhänge ein wenig Privatsphäre und waren gut gegen Zug, doch in wachsendem Maße auch ungesunde Zufluchtsstätten für Staub und krabbelndes Kleinstgetier. Außerdem waren sie bei Feuer eine große Gefahr, was man nicht unterschätzen durfte, da alles im Schlafzimmer, von dem Binsenvorleger auf dem

Boden bis zum Stroh in der Zimmerdecke rasch entzündlich war. Fast alle Bücher zur Haushaltsführung warnten davor, im Bett bei Kerzenlicht zu lesen, doch viele Leute taten es trotzdem.

In einem seiner Bücher erzählt John Aubrey, der Historiker und Autor von Klatschbiografien aus dem siebzehnten Jahrhundert, eine Anekdote, wie es zur Ehe der Tochter Thomas Morus', Margaret, mit einem Mann namens William Roper kam. Eines Morgens kommt Roper zu Morus und begehrt, eine seiner Töchter zu heiraten – welche, ist ihm egal. Daraufhin nimmt Morus Roper mit ins Familienschlafzimmer, wo die Töchter in einem Ausziehbett schlafen, das unter dem elterlichen Bett hervorgerollt wird. Morus beugt sich vor, packt »die Bettdecke an der Ecke und reißt sie mit einem Ruck weg«, erzählt Aubrey mit fast lüstern glitzernden Worten. Die Mägdelein, so gut wie nackt, protestieren schlaftrunken gegen die Störung und drehen sich auf den Bauch. Sir William aber hat sie ausreichend bewundert, verkündet nach einem Moment Bedenkzeit, er habe sie nun von beiden Seiten gesehen, und berührt leicht mit seinem Stock den Po der sechzehnjährigen Margaret. »Weiterer Freiersmühen bedurfte es nicht«, schreibt Aubrey voller Anerkennung.

Ob diese Geschichte wahr ist oder nicht – und der Hinweis sei gestattet, dass Aubrey sie einhundert Jahre später niederschrieb –, jedenfalls hielt es damals niemand für komisch, dass Morus' große Töchter neben dem elterlichen Bett nächtigten.

Das eigentliche Problem mit Betten bestand, zumindest später in der Viktorianischen Ära, darin, dass sie nicht zu trennen waren von dieser peinlichsten aller Aktivitäten: Sex. Innerhalb der Ehe war Sex natürlich manchmal notwendig. Mary Wood-Allen versicherte in ihrem populären und einflussreichen *Was eine junge Frau wissen sollte* ihren jungen Leserinnen, dass es in der Ehe gestattet sei, an körperlichen Intimitäten teilzunehmen, solange es »ohne ein Quäntchen geschlechtlichen Begehrens« geschehe. Die Stimmungen und Gedanken einer Mutter zum Zeitpunkt der Empfängnis und während der Schwangerschaft wirkten sich, so glaubte man, auf den Fötus beziehungsweise Embryo fundamental und unumkehrbar aus. Wood-Allen riet Partnern, keinen Verkehr zu haben, wenn in dem Moment nicht »vollkommene Übereinstimmung zwischen ihnen herrsche«, denn sonst sei zu befürchten, dass das Kind behindert oder tot zur Welt komme.

Damit unziemliche Erregung bei Frauen allgemein gar nicht erst aufkam, wies man sie an, viel an die frische Luft zu gehen, keinem stimulierenden Zeitvertreib wie Lesen und Kartenspiel nachzugehen und vor allem ihren Verstand nie mehr als unbedingt nötig zu gebrauchen. Frauen zu bilden oder auszubilden wurde nicht nur als Zeit- und Geldverschwendung betrachtet, sondern auch als höchst gefährlich für ihre zarte Konstitution. 1865 meinte John Ruskin in einem Essay, man solle Frauen lediglich so viel Bildung zukommen lassen, dass sie ihren Gatten von praktischem Nutzen seien, alles darüber hinaus sei von Übel. Selbst die Amerikanerin Catherine Beecher, die nach damaligen Maßstäben eine radikale Feministin war, sprach sich leidenschaftlich dafür aus, Frauen volle und gleiche Rechte auf Bildung zu gewähren, aber stets zu berücksichtigen, dass sie Extrazeit zum Frisieren ihrer Haare bräuchten.

Hehre Aufgabe der Männer wiederum war es, außerhalb des heiligen Ehestands keinen Samentropfen zu verspritzen – und auch innerhalb nicht viele, soweit das mit Anstand zu schaffen war. Eine Autorität auf diesem Gebiet erklärte, es reichere das Blut an und stärke den Verstand, wenn man die Samenflüssigkeit nobel im Körper behalte. Vergieße man diese Wundertröpfchen der Natur unrechtmäßig, bleibe man immer geschwächt an Körper und Geist. Selbst in der Ehe solle man spermamäßig Sparsamkeit walten lassen, da häufiger Sex »träge Spermien« hervorbringe, die wiederum zu trägen Nachkommen führten. Maximal einmal im Monat Verkehr wurde als vernünftig empfohlen.

»Selbstbefleckung« stand natürlich allzeit außer Frage. Als offensichtliche Konsequenzen galten praktisch sämtliche der Medizin bekannten Krankheiten, einschließlich Wahnsinn und früher Tod. »Selbstbeschmutzer« waren mit den Worten eines Chronisten »armselige, kreuchende, zitternde, bleiche, spindelbeinige elende Kreaturen, die sich auf dieser Erde dahinschleppen«. Und ein anderer warnte: »Jeder Akt der Selbstbeschmutzung ist ein Erdbeben – eine Erschütterung – ein tödlicher, ein lähmender Schlag.« Fallstudien führten einem die Risiken immer wieder lebhaft vor Augen. Ein Arzt namens Samuel Tissot beschrieb, dass einer seiner Patienten ein sabberndes Bündel sei, dem wässriges Blut aus der Nase tropfe und der »in sein Bett defäkierte, ohne es zu merken«. Besonders die letzten vier Worte waren niederschmetternd.

Am allerschlimmsten war angeblich, dass die Sucht der Selbstbefriedigung automatisch an die Nachkommen weitergegeben wurde, so dass jeder Moment böser Lust nicht nur den eigenen Verstand aufweichte, sondern auch die Vitalität noch nicht geborener Generationen aufzehrte. Die gründlichste Analyse der Gefahren von Sexualität und demgemäß den längsten Titel lieferte 1857 Sir William Acton in *Function und Störungen der Reproductionsorgane in Kindheit, Jugend, Erwachsenenalter und fortgeschrittenem Leben, betrachtet in ihren physiologischen, socialen und moralischen Bezügen.* Acton war es, der verkündete, Masturbation führe zu Blindheit. Und er war auch verantwortlich für die oft zitierte Behauptung, dass »die Mehrheit der Weiber nicht sehr an geschlechtlichen Gefühlen jedweder Art interessiert« sei.

Solche Auffassungen hielten sich erstaunlich lange. »Viele meiner Patienten haben mir erzählt, dass ihr erster Akt der Masturbation stattfand, als sie eine Musik-Revue anschauten«, berichtete Dr. William Robinson ergrimmt und vielleicht ein wenig unglaubwürdig in einer Arbeit über sexuelle Störungen im Jahr 1916.

Aber was für ein Glück – die Wissenschaft stand zur Hilfe bereit! Ein Mittel gegen Onanie war der in den 1850er Jahren entwickelte Stachelring für den Penis, den Mary Roach in dem 2008 (auf Deutsch 2009) erschienenen *Bonk: Alles über SEX – von der Wissenschaft erforscht* beschreibt. Den konnte man beim Schla-

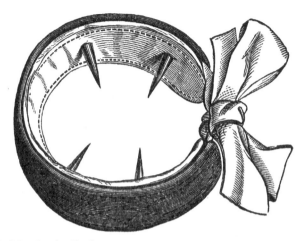

Stachelring für den Penis

fengehen (natürlich auch jederzeit sonst) über den Penis schieben. Er war mit Metallzacken bestückt, die sich in jeden Penis eingruben, der unfromm weiter anschwoll, als es der sehr geringe Durchmesser erlaubte. Andere Apparaturen rissen den überraschten, hoffentlich reumütigen Sünder mit Stromschlägen aus dem Schlaf.

Manche Leute fanden solcherlei Ansichten natürlich konservativ. Schon 1836 veröffentlichte der Arzt François Lallemand eine dreibändige Studie, in der er die These vertrat, dass häufiger Sex eine robuste Gesundheit schenke. Davon wiederum war der schottische Sexualforscher George Drysdale so beeindruckt, dass er eine Philosophie der freien Liebe und ungehemmten Sexualität mit dem Titel *Körper-, Sexual- and Naturreligion* verfasste. Sie wurde 1855 veröffentlicht, verkaufte sich 90 000 Mal und wurde in elf Sprachen übersetzt, »einschließlich des Ungarischen«, wie das *Dictionary of National Biography* mit seiner üblichen bezaubernden Hervorhebung sinnloser Einzelheiten bemerkt. Jedenfalls gab es durchaus eine gewisse Sehnsucht nach größerer sexueller Freiheit in der Gesellschaft. Aber leider war die Gesellschaft immer noch ein Jahrhundert und mehr davon entfernt, sie zu gewähren.

In solch einer permanent aufgeheizten, konfusen Atmosphäre nimmt es nicht Wunder, dass viele Menschen niemals zu einer befriedigenden Sexualität fanden – allen voran John Ruskin. Als der große Kunstkritiker 1848 die neunzehnjährige Euphemia »Effie« Chalmers Gray heiratete, fing es gleich schlecht an und wurde nicht besser. Die Ehe wurde nie vollzogen. Später erzählte Effie, Ruskin habe ihr gestanden, dass »er sich Frauen ganz anders vorgestellt habe, als ich war, und er mich nicht zu seiner Frau habe machen können, weil er am ersten Abend angeekelt von meiner Person war«.

Als Effie sich das endlich nicht mehr gefallen lassen wollte (oder sollen wir sagen, sie wollte sich viel mehr gefallen lassen – nun aber von jemand anderem), klagte sie auf Annullierung der Ehe, was den Liebhabern der Klatschpresse in vielen Ländern zur detailreichen, erregenden Lektüre wurde, und tat sich dann mit dem Maler John Everett Millais zusammen (mit dem sie glücklich wurde und acht Kinder bekam). Das Timing war ein wenig unglücklich, weil Millais gerade ein Porträt von Ruskin malte. Doch Ruskin, ganz der Ehrenmann, saß weiter für Millais, allerdings wechselten die beiden Männer nie wieder ein Wort miteinander. Die zahlreichen Anhänger Ruskins reagierten auf den Skandal, als habe es ihn nie gegeben. 1900 war die ganze Episode so gründlich aus der Erinnerung getilgt, dass W. G. Collingwood, ohne rot zu werden, *Das Leben John Ruskins* schreiben konnte und auch nicht andeutungsweise erwähnte, dass Ruskin einmal verheiratet, geschweige denn, dass er beim Anblick weiblichen Schamhaars aus dem Zimmer gerannt war.

Ruskin überwand seine Prüderie nie, ja, ganz offenbar wollte er es auch gar nicht. Nach dem Tod J. M. W. Turners (1851!) wurde er beauftragt, die Werke durchzusehen, die der große Maler der Nation hinterlassen hatte, und stieß auf mehrere Aquarelle fröhlich erotischen Charakters. Entsetzt befand Ruskin, dass sie nur

»im Zustand einer gewissen Unzurechnungsfähigkeit« angefertigt worden sein konnten, zerstörte sie – zum Besten der Nation – fast alle und beraubte die Nachwelt natürlich um mehrere unschätzbar wertvolle Arbeiten.

Dass Effie Ruskin aus ihrer unglücklichen Ehe entfleuchen konnte, war außergewöhnliches Glück, denn im neunzehnten Jahrhundert waren die Scheidungsgesetze wie alles andere, was die Ehe betraf, überwiegend zu Gunsten der Männer abgefasst. Um sich im viktorianischen England von seiner Frau scheiden zu lassen, musste der Mann nur beweisen, dass sie mit einem anderen Mann geschlafen hatte. Eine Frau aber musste beweisen, dass ihr Gatte auf schlimmere Weise untreu gewesen war, er musste nämlich Inzest oder Sodomie oder sonst ein dunkles, unverzeihliches Delikt begangen haben, das auf einer sehr kurzen Liste stand. Bis 1857 büßte eine Frau, die sich scheiden ließ, ihren gesamten Besitz ein und verlor im Allgemeinen auch die Kinder. Ja, von Gesetzes wegen hatte eine Frau überhaupt keine Rechte – kein Recht an ihrem Eigentum, kein Recht auf freie Meinungsäußerung, kein Recht auf irgendetwas, außer dem, was ihr Ehemann ihr zugestand. Laut dem großen Gesetzeskommentator William Blackstone gab eine Frau bei der Heirat ihr »Leben selbst auf oder ihre legale Existenz«. Eine Ehefrau war keine rechtsfähige Person.

Einige Länder waren ein wenig liberaler. In Frankreich – eine große Ausnahme – konnte sich eine Frau von einem Mann wegen Ehebruchs allein scheiden lassen, obgleich nur dann, wenn er im ehelichen Heim untreu gewesen war. In England aber waren die Gesetze und ihre Auslegung fürchterlich ungerecht. In einem sehr bekannten Fall war eine Frau namens Martha Robinson jahrelang von einem gewalttätigen, psychisch labilen Mann geschlagen und körperlich misshandelt worden. Als er sie schließlich mit Tripper angesteckt und fast vergiftet hatte, weil er ihr ohne ihr Wissen Pulver gegen die Geschlechtskrankheit ins Essen gemischt hatte, und als sie an Geist und Gesundheit gebrochen war, versuchte sie eine Scheidung zu bekommen. Der Richter hörte sich die Argumente genau an, lehnte dann die Klage ab und schickte Mrs. Robinson mit der Anweisung, sich mehr in Geduld zu üben, nach Hause.

Selbst wenn alles gutging, war es schwierig, eine Frau zu sein, denn »Frausein« galt per se als pathologisch. Es herrschte mehr oder weniger allgemein die Ansicht, dass Frauen nach der Pubertät entweder permanent krank oder kurz vor dem Ausbruch einer Krankheit waren. In den Worten eines Experten »saugte« die Entwicklung von Brüsten, Uterus und anderer Reproduktionsorgane viel »Energie aus dem begrenzten Vorrat, den ein Individuum besitzt«. Die Menstruation wurde in medizinischen Texten beschrieben, als handle es sich um einen monatlichen Akt fahrlässiger Mutwilligkeit. »Wenn zu irgendeinem Zeitpunkt der monatlichen Periode Schmerzen auftreten, liegt das daran, dass entweder etwas an der Kleidung, der Nahrung oder den persönlichen oder gesellschaftlichen Angewohnheiten des Individuums falsch ist«, lautete ein (natürlich männlicher) Kommentar.

Die schmerzliche Ironie ist, dass es Frauen häufig nicht gutging, weil ihnen mit Rücksicht auf Schicklichkeit eine vernünftige medizinische Betreuung vorenthalten wurde. Als 1856 eine junge Hausfrau in Boston aus guter Familie den Tränen nahe ihrem Arzt gestand, dass sie manchmal unfreiwillig an andere Männer und nicht an ihren Gatten denke, verordnete der Mediziner eine Reihe strenger Sofortmaßnahmen, unter anderem kalte Bäder und Einläufe, den Verzicht auf alles Stimulierende, einschließlich gewürzter Speisen und der Lektüre »leichter Literatur«, sowie das gründliche Ausbürsten der Vagina mit Borax. »Leichte Literatur« wurde ohnehin stets verantwortlich gemacht für morbide Gedanken und die Neigung zu sogenannter nervöser Hysterie. Ein Autor brachte es mit dem gehörigen Ernst auf den Punkt: »Romane zu lesen führt bei Mädchen zur Erregung der Körperorgane und vorzeitiger Entwicklung, und das Kind wird Monate oder Jahre vor der Zeit physisch zur Frau.«

Noch 1892 sagte man einem Mann, der mit seiner Frau zwecks

Überprüfung ihrer Sehkraft zum Arzt ging, dass das Problem an einem Gebärmuttervorfall liege und sie, solange die nicht entfernt sei, weiterhin schlecht werde sehen können.

Näher als mit groben Vereinfachungen kamen Ärzte den Fortpflanzungsangelegenheiten der Frauen in keinem Fall. Wollten sie auch nicht. Das konnte ernsthafte Folgen haben, da kein Arzt eine richtige gynäkologische Untersuchung durchführen konnte. Bestenfalls stocherte er vorsichtig unter einem Tuch in einem schlecht beleuchteten Zimmer herum, aber das war schon die große Ausnahme. Frauen, die eine körperliche Beschwerde zwischen Hals und Knien hatten, mussten ansonsten errötend auf die betreffende Stelle an einer Puppe zeigen.

Ein amerikanischer Arzt rechnete es 1852 den Frauen hoch an, »dass sie lieber äußerste Gefahren und Schmerzen erleiden, als gegen die Sittsamkeit zu verstoßen, selbst wenn ihre Krankheiten nicht gründlich erkundet werden können«. Manche Ärzte waren gegen Zangengeburten, weil sie meinten, dann könnten Frauen mit schmalen Becken Kinder kriegen und diesen Mangel an ihre Töchter weitergeben.

Die unweigerliche Konsequenz all dessen war eine geradezu mittelalterliche Unkenntnis der weiblichen Anatomie und Physiologie unter Ärzten. In den Annalen der Medizin gibt es kein besseres Beispiel für professionelle Ahnungslosigkeit als den berühmten Fall der Mary Toft, einer analphabetischen Kaninchenzüchterin aus Godalming in Surrey, die 1726 über mehrere Wochen hinweg große ärztliche Kapazitäten, darunter zwei Hofmediziner, davon überzeugte, dass sie Kaninchen gebären werde. Das Ganze wurde landesweit zur Sensation. Mehrere Ärzte waren bei der Geburt zugegen und bekundeten ihr äußerstes Erstaunen. Erst als ein weiterer Arzt des Königs, ein Deutscher namens Cyriacus Ahlers, sich die Sache genauer besah und verkündete, dass es sich um eine Täuschung handle, gab Toft den Schwindel zu. Sie wurde kurz wegen Betrugs inhaftiert, doch dann nach Hause geschickt und ward nie mehr gesehen.

Von genauerer Kenntnis der weiblichen Anatomie und Physiologie kann auch in der Folgezeit nicht die Rede sein. Noch im Jahre 1878 konnte das *British Medical Journal* eine angeregte, lange Leserdebatte darüber bringen, ob ein Schinken verdürbe, wenn ihn eine menstruierende Frau berührt habe. Judith Flanders schreibt, dass ein britischer Arzt Berufsverbot bekam, weil er in einem Artikel behauptet hatte, dass die Veränderung der Farbe um die Vagina kurz nach dem Geschlechtsverkehr ein brauchbarer Indikator für eine Schwangerschaft sei. An der gelehrten Schlussfolgerung hatte man nichts auszusetzen, wohl aber daran, dass der Arzt verbotenes Terrain betrachtet hatte. In den Vereinigten Staaten wurde ein angesehener Gynäkologe namens James Platt White aus dem Berufsverband ausgeschlossen, weil er seinen Studenten erlaubt hatte, einer Frau – mit deren Einwilligung – beim Gebären zuzusehen.

Im Vergleich dazu nehmen sich die Taten eines Chirurgen namens Isaac Baker Brown noch ungeheuerlicher aus. In einem Zeitalter, in dem Ärzte sich den Fortpflanzungszonen einer Frau nicht auf Armeslänge näherten, und wenn sie es getan hätten, keinen blassen Schimmer gehabt hätten, was sie da vorfanden, wurde Baker Brown zu so etwas wie einem Pionier in der gynäkologischen Chirurgie. Leider war er von zutiefst gestörten Vorstellungen geleitet, insbesondere von der Überzeugung, dass fast jedes Frauenleiden das Resultat »peripherer Erregung des nervus pudendus« sei, »der sich auf die Klitoris konzentriert«. Auf gut Deutsch: Er dachte, Frauen masturbierten und das sei die Ursache von Geisteskrankheit, Epilepsie, Katalepsie, Hysterie, Schlaflosigkeit und zahllosen anderen Nervenleiden. Am besten, meinte er, beuge man dem durch operative Entfernung der Klitoris vor, also der Ausschließung jeder möglichen mutwilligen Erregbarkeit. Baker war auch felsenfest überzeugt, die Eierstöcke seien überwiegend von Übel und es sei sinnvoll, sie zu entfernen. Eine solche Operation hatte aber noch niemand versucht; sie war besonders heikel und riskant. Die ersten drei Patientinnen starben ihm auf dem Operationstisch, doch unverzagt operierte er ein viertes Mal – ausgerechnet seine Schwester. Sie überlebte.

Als herauskam, dass er Frauen seit Jahren ohne deren Einwilligung oder vorherige Information die Klitoris entfernte, reagierte die Ärzteschaft rasch und erbost. 1867 wurde er aus dem Londoner Verband der Gynäkologen ausgeschlossen, wonach er im Prinzip nicht mehr praktizieren konnte. Aber wenigstens begriffen die Ärzte nun endlich, dass sie sich mit den Geschlechtsorganen weiblicher Patienten wissenschaftlich beschäftigen mussten. Es ist schon paradox, dass Baker Brown dadurch, dass er ein grottenschlechter Arzt und entsetzlicher Mensch war, mehr als irgendjemand anderes dazu beigetragen hat, Studium und Praxis der Frauenheilkunde voranzubringen und zu modernisieren.

II.

Einen triftigen Grund für die Angst vor der Sexualität gab es in vormodernen Zeiten allerdings: die Syphilis, eine grauenhafte Krankheit, zumindest für die unglücklichen Betroffenen, die das sogenannte dritte Stadium erreichen. Eine solche Erfahrung würden Sie gern missen. Die Syphilis machte Sex wirklich zu etwas, vor dem man Angst haben musste. Viele empfanden sie als deutliche Botschaft von Gott: Es war die gerechte Strafe, die einem widerfuhr, wenn man außerehelichen Geschlechtsverkehr hatte.

Wie erwähnt, gab es die Krankheit schon lange. 1495, nur drei Jahre nachdem sie mit Christoph Kolumbus nach Europa gelangt war, entwickelten Soldaten in Italien im Gesicht und am ganzen Körper Pusteln »wie Hirsekörner«, und das ist wahrscheinlich die erste medizinische Beschreibung der Syphilis in Europa. Sie verbreitete sich rasch – so rasch, dass die Leute sich nie darauf einigen konnten, wo sie herstammte. Im Englischen wurde sie als »französische Pocken« zum ersten Mal 1503 erwähnt. Anderswo firmierte sie, je nach dem Schuldigen, dem sie zugeschrieben wurde, unter den Namen »spanische Krankheit«, »keltische Körpersäfte«, »neapolitanische Pocken« oder, auch sehr typisch, bei den Türken als »christliche Krankheit«. Die Bezeichnung Syphilis wurde von dem Italiener Girolamo Fracastoro 1530 geprägt; in einem seiner Gedichte (»Syphilis oder die französische Krankheit«) heißt ein Schäfer, der die Krankheit wegen Gotteslästerung kriegt, Syphilus. Im Englischen taucht der Begriff »syphilis« erst 1718 auf.

Die Krankheit war lange deshalb so beängstigend, weil sie in drei jedes Mal schlimmeren Stadien auftrat. Im ersten Stadium zeigte sie sich normalerweise als harter Schanker am Geschlechtsteil, hässlich, aber schmerzlos. Darauf folgte später ein zweites Stadium, in dem man von den verschiedensten Wehwehchen bis zu Haarausfall alles kriegen konnte. Wie die Symptome aus dem ersten Stadium gingen auch diese mit oder ohne Behandlung nach etwa einem Monat vorbei. Für zwei Drittel der Betroffenen war's das dann auch. Die Krankheit war ausgestanden. Für das unglückliche letzte Drittel kam der wirkliche Horror erst noch. Nach bis zu zwanzig Jahren Latenzzeit brach das Leiden erneut aus, und das war das Stadium, das Sie Ihrem ärgsten Feind nicht wünschen. Unerbittlich und gnadenlos fraß die Syphilis den Körper auf, zerstörte Knochen und Gewebe. Häufig zerfielen Nasen und verschwanden einfach. (In London gab es eine Zeitlang einen »Club der Nasenlosen«.) Der Gaumen im Mund zerfiel. Das Absterben von Nervenzellen verwandelte das Opfer in ein taumelndes Wrack. Die Symptome waren unterschiedlich, aber alle furchtbar. Doch trotz der Gefahren gingen die Leute in erstaunlichem Maße Risiken ein. James Boswell holte sich in dreißig Jahren neunzehn Mal eine Geschlechtskrankheit.

Die Behandlungsarten für Syphilis waren brachial. Ganz am Anfang injizierte man eine Bleilösung durch die Harnröhre in die Blase. Dann wurde Quecksilber eingesetzt, und zwar bis zur Erfindung der ersten Antibiotika im zwanzigsten Jahrhundert. Vom

Quecksilber bekam der Patient alle möglichen Vergiftungserscheinungen – die Knochen wurden porös, die Zähne fielen aus –, aber es gab keine Alternative. Dabei heilte das Quecksilber die Krankheit beileibe nicht; es milderte die schlimmeren Symptome und rief andere hervor.

Vielleicht trennt uns nichts deutlicher von der Vergangenheit als der Umstand, wie unglaublich wenig wirksam – und oft furchterregend unangenehm – ärztliche Behandlungen früher waren. Außer bei einigen wenigen Krankheiten waren die Ärzte machtlos, und oft verschlimmerten sich die Leiden durch ihr Eingreifen nur. In vieler Hinsicht waren die Kranken am besten dran, die still für sich litten und versuchten, ohne ärztliche Intervention wieder gesund zu werden.

Wehe, wenn man operiert werden musste. Bevor Narkosemittel erfunden waren, wurden viele Wege ausprobiert, Schmerz erträglicher zu machen. Zum Beispiel ließ man den Patienten zur Ader, bis er ohnmächtig wurde. Oder man injizierte ihm eine Tabakinfusion ins Rektum (da war er wenigstens gut abgelenkt). Am weitesten verbreitet war die Verabreichung von Opiaten, hauptsächlich Laudanum, doch selbst die großzügigste Dosis konnte heftige Schmerzen nicht betäuben.

Bei Amputationen entfernte man Glieder normalerweise in weniger als einer Minute, der übelste, am meisten traumatisierende Schmerz war also schnell vorüber. Doch da man Gefäße abbinden und die Wunde nähen musste, blieb für anschließende Pein noch ausreichend Zeit und Gelegenheit. Die Ärzte mussten schnell arbeiten, darauf kam's an.

Als Samuel Pepys sich 1658 einer Lithotomie (Entfernung eines Blasensteins) unterziehen musste, brauchte der Chirurg gerade mal fünfzig Sekunden, um in die Blase zu kommen, den Stein zu finden und ihn herauszuholen. Der hatte etwa die Größe eines Tennisballs, der im siebzehnten Jahrhundert zwar etwas kleiner war als ein moderner, aber immer noch von beträchtlichen Ausmaßen. Pepys hatte außerordentliches Glück, wie Liza Picard schreibt, denn er wurde an dem Tag als Erster von dem Chirurgen operiert, und die Instrumente waren noch einigermaßen sauber. Obwohl der Eingriff so schnell gegangen war, brauchte Pepys mehr als einen Monat, bis er sich erholt hatte.

Kompliziertere Operationen waren schlicht und ergreifend grässlich. Es ist schon kein Vergnügen, darüber zu lesen, doch wie es realiter gewesen sein muss, kann man eigentlich nicht ermessen. 1811 litt die schon einmal erwähnte Romanautorin Fanny Burney, die damals in Paris lebte, an so schlimmen Schmerzen in der rechten Brust, dass sie den Arm nicht mehr heben konnte. Man diagnostizierte Brustkrebs und ordnete eine Operation an. Beauftragt wurde damit ein berühmter Chirurg namens Baron Larrey, dessen Ruhm weniger darauf basierte, dass er Leben rettete, als darauf, dass er blitzschnell arbeitete. Später wurde er berühmt, weil er nach der Schlacht von Borodino zweihundert Amputationen in vierundzwanzig Stunden durchzog.

Fanny Burneys Bericht über die Operation ist vor allem auch wegen der Gelassenheit, mit der sie das Martyrium schildert, so unerträglich. Fast so schlimm wie die Amputation selbst war die Qual des Wartens darauf. Während die Tage verstrichen, wurden Angst und Furcht überwältigend und sogar noch grausiger, als sie am Morgen des anberaumten Tages erfuhr, dass der Chirurg mehrere Stunden später kommen werde. Sie schreibt in ihr Tagebuch: »Ich lief vor und zurück, bis ich alle Emotionen abgetötet hatte, und wurde, nach und nach, dumpf – apathisch, ohne Gefühl oder Bewusstheit – und blieb so, bis die Uhr drei schlug.«

Dann hörte sie in rascher Folge vier Kutschen anrollen. Sekunden später traten sieben ernst dreinblickende Männer in Schwarz ins Zimmer. Burney bekam einen Beruhigungstrunk – sie erzählt nicht, was, aber üblicherweise war Wein mit Laudanum im Angebot, und ein Bett wurde in die Mitte des Zimmers geschoben (mit altem Bettzeug, damit man keine gute Matratze oder Bettwäsche beschmutzte).

»Nun begann ich heftig zu zittern«, schrieb Burney, »mehr

vor Ekel und Entsetzen angesichts der Vorbereitungen als vor Schmerzen. […] Ohne dass man mich aufforderte, stieg ich auf die Bettstatt, und M. Dubois rückte mich auf der Matratze zurecht und legte mir ein Gazetuch aufs Gesicht. Das aber war durchsichtig, und ich sah, dass das Bett sofort von den sieben Männern und meiner Pflegerin umstanden war. Ich wollte nicht festgehalten werden, doch als ich hell durch die Gaze das Glitzern polierten Stahls sah – schloss ich die Augen […].« Als sie erfuhr, dass die Ärzte die gesamte Brust entfernen wollten, wurde sie von einem »aller Beschreibung spottenden Entsetzen« überwältigt. Und als das Messer schließlich in sie schnitt, stieß sie »einen Schrei aus, den ich mit Unterbrechungen während des gesamten Schneidens ausstieß – und ich wundere mich fast, dass er nicht immer noch in mir nachhallt, so grauenhaft war der Schmerz. Als ich aufgeschnitten war und das Instrument weggenommen wurde, schien der Schmerz unvermindert anzuhalten […] doch als ich das Instrument wieder spürte – als es einen Bogen beschrieb und gegen den Strich schnitt, wenn ich das so sagen kann, denn das Fleisch widersetzte und sträubte sich gegen die Hand des Operateurs, die müde wurde, so dass er es von der rechten in die linke Hand nehmen musste –, da, ja, da dachte ich, ich würde den Geist aufgeben. Ich versuchte nicht mehr, die Augen noch einmal zu öffnen.«

Doch die Operation war noch nicht zu Ende. Die Chirurgen schabten krankes Gewebe weg, und sie spürte und hörte, wie die Klinge auf ihren Rippen kratzte. Die Prozedur dauerte insgesamt siebzehneinhalb Minuten. Fanny Burney brauchte Monate, um sich zu erholen. Doch ihr Leben war gerettet. Sie lebte noch neunundzwanzig Jahre, und der Krebs kehrte nie mehr zurück.

Kein Wunder übrigens, dass viele Menschen vor lauter Schmerzen und der Angst vor Ärzten dazu getrieben wurden, extreme Heilmethoden in Heimarbeit zu versuchen. Gouverneur Morris, einer der Unterzeichner der Unabhängigkeitserklärung der Vereinigten Staaten, brachte sich sogar um, nachdem er sich eine

Walbarte in den Penis geschoben hatte, um eine Harnwegsverstopfung zu beseitigen.

Als man seit den 1840ern allmählich Narkosemittel bei Operationen verwendete, wurden die Qualen ärztlicher Behandlung oft weniger beseitigt als vielmehr verschoben. Da sich die Ärzte nach wie vor weder die Hände wuschen noch ihre Instrumente reinigten, überlebten ihre Patienten zwar die Operation, gingen dann aber oft unter langwierigeren, erleseneren Schmerzen an einer Infektion zugrunde. Das schob man allgemein auf »Blutvergiftung«. Als Präsident James A. Garfield 1881 angeschossen wurde, starb er nicht an der Kugel, sondern daran, dass die Ärzte mit ihren ungewaschenen Fingern in der Wunde herumstocherten. Und weil man mit besseren Narkosemöglichkeiten auch mehr operierte, litten die Menschen fortan sogar noch mehr Schmerzen und Qualen.

Selbst ohne das bedrohliche Eingreifen von Ärzten konnte man in der vormodernen Welt auf vielerlei Weise zu Tode kommen. Für die Stadt London verzeichneten 1758 die Sterberegister 17 576 Sterbefälle mit mehr als achtzig Ursachen. Zumeist starben die Menschen, wie man es erwarten würde: an Pocken, Fieberkrankheiten, Schwindsucht und Altersschwäche, doch zu den verschiedensten anderen Ursachen, die aufgeführt werden, zählten:

an Fett erstickt	1
Jucken	2
erfroren	2
Antoniusfeuer	4
Schlafsucht	4
Halsschmerzen	5
Würmer	6
brachten sich um	30
französische Pocken	46
Irrsinn	72
ertranken	109

Wie genau die Leute an »Zähnen« verschieden, wird wohl für immer ein Geheimnis bleiben. Aber was auch die tatsächlichen Todesursachen waren, klar ist, dass Sterben ein ganz gewöhnlicher Vorgang war und die Leute damit rechneten, dass es von allen möglichen und unmöglichen Seiten auf sie zukam. Bostoner Sterberegister aus der gleichen Zeit zeigen, dass die Menschen an unerwarteten Ursachen wie »kaltes Wasser getrunken«, »Stillstand der Säfte«, »Nervenfieber« und »Erschrecken« starben. Interessant ist auch, dass viele der Todesarten, die man eher erwartet, kaum vorkommen. Von den knapp 17 600 Menschen, deren Tod 1758 registriert wurde, wurden nur vierzehn exekutiert, fünf ermordet, und vier verhungerten.

Da viele Menschen ein vorzeitiges Ende fanden, waren Ehen im vorindustriellen Zeitalter eher kurz. Im fünfzehnten und sechzehnten Jahrhundert währte die durchschnittliche Ehe gerade mal zehn Jahre – bis es einen der beiden Partner dahinraffte. Oft nimmt man an, dass die Menschen, weil sie jung starben, auch jung heirateten, um aus der kurzen Zeitspanne, die ihnen womöglich nur gewährt war, das Beste herauszuholen. Dem war aber offenbar nicht so. Man hielt sich nämlich durchaus an das biblische »Unser Leben währet siebzig, und wenn's hochkommt, so sind's achtzig Jahre«, auf die man theoretisch ein Anrecht zu haben glaubte. Nur hielten viele Menschen nicht so lange durch. Als Beispiel für frühe Eheschließungen wird häufig das zarte Alter der Hauptfiguren in Shakespeares *Romeo und Julia* ins Feld geführt: Julia war gerade mal dreizehn, Romeo ein wenig älter. Warum Shakespeare sie so jung machte, wird man, wie das meiste bei Shakespeare, nie wissen. In dem Gedicht von Arthur Brooke, auf Grundlage dessen Shakespeare sein Drama geschrieben hat, sind die beiden immerhin drei Jahre älter. Aber sei's drum, im wirklichen Leben war es offensichtlich anders.

In den 1960er Jahren führte der Historiker Peter Laslett von der Stanford University eine sorgfältige Studie der britischen Eheregister durch und fand heraus, dass frühe Eheschließungen, seit es Aufzeichnungen gibt, nie üblich waren. Zwischen 1619 und 1660 waren zum Beispiel 85 Prozent der Frauen neunzehn oder älter, und nur eine von tausend war dreizehn oder jünger. Das durchschnittliche Alter bei der Hochzeit war für die Braut dreiundzwanzig und sieben Monate und für den Bräutigam fast achtundzwanzig Jahre – kein großer Unterschied zu heute. William Shakespeare war ungewöhnlich jung, als er mit achtzehn heiratete, während seine Frau Anne mit sechsundzwanzig ungewöhnlich alt war. Die meisten Eheschließungen in sehr jungen Jahren waren formale *sponsalia de futuro,* also eher Absichtserklärungen für die Zukunft als ein Projekt, gleich miteinander ins Bett zu springen.

Richtig ist allerdings, dass es viel mehr verwitwete Menschen gab und dass sie nach dem schmerzlichen Verlust des Partners häufig und schnell wieder heirateten. Für Frauen war es meist eine ökonomische Notwendigkeit, Männer wollten jemanden haben, der sie umsorgte. Praktische Gründe spielten eine ebenso große Rolle wie emotionale. In einem Dorf, das Laslett untersuchte, gab es 1688 zweiundsiebzig verheiratete Männer, von denen dreizehn zum zweiten Mal, drei zum dritten Mal, drei zum vierten Mal und einer zum fünften Mal den Bund der Ehe geschlossen hatten, alle, weil sie verwitwet waren. Insgesamt waren ein Viertel aller Ehen nicht die ersten, weil ein Partner verstorben war, und diese Proportionen blieben bis ins frühe zwanzigste Jahrhundert hinein unverändert.

Da so viele Menschen starben, gehörte das Trauern unweigerlich zum Leben. Weltmeister im Trauern waren natürlich die Viktorianer. Nie hat ein Volk den Tod so morbide geliebt oder derart komplizierte Arten und Weisen ersonnen, ihn zu feiern. Die Obertrauernde war Victoria. Als ihr geliebter Prinz Albert im Dezember 1861 verschieden war, wurden die Uhren in seinem

Schlafzimmer zur Minute seines Ablebens angehalten, um 22 Uhr 50, doch auf Anweisung der Königin sein Zimmer weiter so in Ordnung gehalten, als sei er nur zeitweilig nicht da und nicht für immer in einem Mausoleum im Park von Windsor Castle bestattet. Jeden Tag legte ein Kammerdiener Kleidung für ihn hin, und zu den entsprechenden Zeiten wurden Seife, Handtücher und heißes Wasser ins Zimmer gebracht und dann wieder weggetragen.

In allen Gesellschaftsschichten waren die Regeln des Trauerns streng und umfassend bis zum Gehtnichtmehr. Wenn der teure Verstorbene ein angeheirateter Onkel war und seine Frau ihn überlebte, musste man zwei Monate um ihn trauern; wenn er unverheiratet oder verwitwet gewesen war, nur einen. Und so weiter bei den verschiedensten verwandtschaftlichen Verhältnissen. Man brauchte die Leute, um die man trauern musste, nicht einmal zu kennen. War der Gatte (wie so viele) zuvor schon einmal verheiratet gewesen und verwitwet – und ein enger Verwandter seiner (verstorbenen) ersten Frau segnete das Zeitliche, musste man als zweite Gattin eine »Ersatztrauerzeit« einlegen – also die verstorbene frühere Partnerin trauermäßig vertreten.

Wie lang und auf welche Weise genau Trauerkleidung getragen werden musste, war gleichermaßen akribisch je nach Grad des Verlustes festgelegt. Witwen, die schon in pfundweise erstickendes, feines schwarzes Tuch gewickelt waren, mussten sich zusätzlich noch in schwarzen Krepp hüllen, einen Stoff mit krauser Oberfläche. Krepp kratzte, knisterte ständig und war irrsinnig schwer zu pflegen. Regentropfen hinterließen weißliche Flecken, und umgekehrt färbte Krepp auf den Stoff oder die Haut darunter ab; er ruinierte den Stoff, und die Farbe war fast nicht von der Haut abzuwaschen. Wie viel Krepp getragen werden musste, wurde von Dauer und Verlauf der Trauerzeit streng diktiert; wie viel Krepp eine Frau an den Ärmeln hatte, signalisierte immer sofort, wie lange sie schon verwitwet war. Nach zwei Jahren begann für die Witwe die Phase der sogenannten Halbtrauer, in der sie allmählich, aber nicht zu jäh, auch wieder Grau oder ein blasses Lavendel tragen durfte.

Auch Diener mussten trauern, wenn ihre Herren starben, und wenn ein Monarch oder eine Monarchin dahinschied, wurde selbstverständlich nationale Trauer anberaumt. Als Königin Victoria 1901 entschlief, herrschte ringsum viel Verwirrung, denn seit dem letzten Heimgang eines Monarchen waren mehr als sechzig Jahre vergangen, und man konnte sich nicht einigen, wie man um solch eine langgediente Königin in dem neu angebrochenen Zeitalter trauern sollte.

Als hätten den Viktorianern diese Sorgen noch nicht gereicht, entwickelten sie ein paar eigentümliche Ängste, was das Sterben und den Tod betraf. Überall verbreitete sich die Furcht, lebendig begraben zu werden – eine Furcht, die Edgar Allen Poe 1844 in seiner Erzählung »Vorzeitiges Begräbnis« wirkungsvoll verarbeitete. Die gefürchtetste Krankheit der Zeit wurde Katalepsie, eine Gliederstarre, bei der Betroffene tot zu sein schienen, in Wirklichkeit aber voll bei Bewusstsein waren. Zeitungen und volkstümliche Zeitschriften wimmelten von Geschichten, in denen das passiert war. Ein bekannter Fall war der von Eleanor Markham aus dem Bundesstaat New York, die man im Juli 1894 gerade beerdigen wollte, als man ängstliche Töne aus dem Sarg vernahm. Der Deckel wurde gehoben, und Miss Markham schrie: »Mein Gott, Sie begraben mich ja lebendig!«

»Ich war die ganze Zeit, in der Sie die Vorbereitungen zu meiner Beerdigung trafen, bei Bewusstsein. Das Entsetzen meiner Lage war unbeschreiblich. Ich konnte alles hören, was geschah, selbst ein Flüstern vor der Tür«, erzählte sie ihren Rettern. Doch sosehr sie sich auch zum Schreien habe zwingen wollen, sagte sie, sie habe es nicht gekonnt und keinen Laut hervorgebracht. In einem Bericht wird behauptet, dass von den 1200 Leichen, die zwischen 1860 und 1880 aus dem einen oder anderen Grund exhumiert wurden, sechs Zeichen von Umsichschlagen oder sonstigen Post-Bestattungs-Stress-Syndromen aufwiesen. Als der Naturforscher Frank Buckland, wie erwähnt, in der Kirche von St. Martin-in-the-Fields in London nach dem Sarg des Anatomen John Hunter suchte, sah er drei Särge, die eindeutig Zeichen von Erregung im Inneren zeigten (glaubte er jedenfalls). Es gab unzählige Anekdoten über vorzeitige Begräbnisse. Ein Korrespondent des populären Journals *Notes and Queries* verfasste 1858 diesen Beitrag:

> Vor circa fünfzehn Jahren starb ein reicher Manufakturbesitzer namens Oppelt im österreichischen Reichenberg, und seine Witwe und Kinder ließen auf dem Friedhof eine Gruft errichten, in der er bestattet wurde. Vor etwa einem Monat starb die Witwe und sollte in derselbigen Grabkammer beigesetzt werden; doch als man sie zu diesem Behufe öffnete, fand man den Sarg ihres Gemahls offen und leer und in einer Ecke der Gruft ein Skelett in sitzender Position.

Mindestens eine Generation lang erschienen solche Geschichten routinemäßig auch in seriösen Zeitschriften, und derartig viele Leute waren von der Angst, vor ihrer Zeit begraben zu werden, so krankhaft besessen, dass man ein Wort dafür prägte: Taphephobie. Der Schriftsteller Wilkie Collins legte jeden Abend einen Brief mit Anweisungen auf seinen Nachttisch, gemäß derer, falls er scheinbar tot aufgefunden würde, überprüft werden sollte, ob er wirklich im Schlaf gestorben sei. Andere Leute ordneten an, dass man ihnen vor dem Begräbnis den Kopf abschnitt oder das Herz entnahm, damit die Angelegenheit ein für alle Mal erledigt sei (wenn man es denn so ausdrücken möchte). Ein Autor schlug vor, »Wartehallen für Leichen« einzurichten, in denen man die Verstorbenen ein paar Tage aufbahren und abwarten konnte, ob sie auch wirklich tot und nicht nur ungewöhnlich still waren. Ein Mann mit mehr Unternehmergeist entwarf eine Anlage, mit der jemand, der in einem Sarg erwachte, an einer Schnur ziehen konnte, die ein Atemrohr für frische Luft öffnete, eine Glocke zum Klingeln und eine Flagge über der Erde zum Wehen brachte.

1899 wurde in Großbritannien eine Vereinigung zur Verhinderung von vorzeitigen Beerdigungen gegründet, im Jahr darauf eine in den Vereinigten Staaten. Beide Verbände schlugen eine Anzahl strenger Tests vor, die die Ärzte durchführen sollten, bevor sie einen Menschen für tot erklären durften, wie zum Beispiel ein heißes Bügeleisen an die Haut eines Verstorbenen halten, um zu sehen, ob Blasen entstanden. Eine Zeitlang wurden mehrere dieser Tests sogar in die Lehrpläne der Medizinfakultäten aufgenommen.

Im Übrigen machte man sich auch wegen Grabräuberei Sorgen – nicht grundlos, denn die Nachfrage nach frischen Leichen war im neunzehnten Jahrhundert beträchtlich. Allein in London gab es dreiundzwanzig Medizinfakultäten oder anatomische Lehranstalten, und jede brauchte eine stetige Zufuhr von Leichen. Bis zur Verabschiedung des Anatomiegesetzes 1832 konnten nur hingerichtete Verbrecher für Experimente und zum Sezieren benutzt werden, und Hinrichtungen gab es in England viel seltener, als man gemeinhin vermutet. 1831, in einem typischen Jahr, wurden 1600 Menschen zum Tode verurteilt, aber nur zweiundfünfzig hingerichtet. Legal konnte man sich also gar nicht so viele Versuchs- und Sezierobjekte beschaffen, wie man brauchte. Grabräuberei wurde zum unwiderstehlich verlockenden Geschäft, besonders, weil der Diebstahl einer Leiche dank einer juristischen Kuriosität nur ein Bagatelldelikt und kein Schwerverbrechen war. In einer Zeit, in der ein gut bezahlter Arbeiter vielleicht ein Pfund in der Woche verdiente, brachte ein frischer Leichnam acht bis zehn Pfund, manchmal sogar bis zu zwanzig und anfangs sogar ohne großes Risiko, denn die Täter mussten nur darauf achten, außer den Leichen nicht noch die Leichentücher, die Särge oder Grabbeigaben mitzunehmen. Für Letzteres konnten sie nämlich eines schweren Vergehens angeklagt werden.

Es war nicht nur ein makabres Interesse am Sezieren, das den

Markt anheizte. In den Zeiten vor der Narkose mussten sich die Chirurgen wirklich gut mit Körpern auskennen, denn da man nicht in aller Gemütsruhe zwischen Arterien und Organen herumstochern konnte, wenn der Patient vor Schmerzen schrie und das Blut nur so aus ihm spritzte, war Schnelligkeit das Gebot der Stunde. Um schnell zu sein, musste man sich auskennen, was wiederum nur nach viel fleißiger Beschäftigung mit Toten möglich war. Der Mangel an Kühlmöglichkeiten bedeutete außerdem, dass das Fleisch schnell verdarb, ergo auch deshalb der Bedarf an frischem Nachschub konstant hoch war.

Um Räuber gar nicht erst zum Zuge kommen zu lassen, bewahrten besonders die Armen ihre lieben Verstorbenen so lange auf, bis sie anfingen zu verwesen und deshalb wertlos wurden. Edwin Chadwicks *Bericht über die hygienischen Lebensbedingungen der arbeitenden Klassen Großbritanniens* strotzte von gruseligen, schockierenden Einzelheiten dieser Praxis. In manchen Stadtteilen, wusste er zu erzählen, bahrten Familien einen Toten eine Woche oder länger im Wohnzimmer auf und warteten darauf, dass die Verwesung einsetzte. Nicht selten, sagte Chadwick, fand man spielende Kinder unter den Maden, die auf den Teppich plumpsten. Der Gestank haute einen natürlich glatt um.

Auf den Friedhöfen verstärkte man die Sicherheitsmaßnahmen und stellte bewaffnete Nachtwächter ein. Da sich damit das Risiko, festgenommen und verprügelt zu werden, beträchtlich erhöhte, mordeten einige »Auferstehungsmänner«, wie sie im Volk hießen, lieber, um an Leichen zu kommen. Das erschien sicherer. Die berüchtigtsten und fleißigsten waren William Burke und William Hare, irische Einwanderer in Edinburgh, die von November 1827 an in weniger als einem Jahr mindestens fünfzehn Menschen umbrachten. Ihre Methode war so primitiv wie effektiv. Sie freundeten sich mit den heruntergekommensten Obdachlosen an, machten sie betrunken und erstickten sie. Der stämmige Burke setzte sich auf ihre Brust, und Hare hielt ihnen den Mund zu. Dann brachten sie sie flugs zu Professor Robert Knox, der für jede frische, rosige Leiche zwischen sieben und vierzehn Pfund zahlte. Knox muss gewusst haben, dass da etwas über die Maßen Dubioses ablief – zwei irische Trunkenbolde tauchten regelmäßig mit extrem frischen Leichen auf –, aber er behauptete später, es sei nicht seine Aufgabe, Fragen zu stellen. Wegen seiner Rolle bei diesen Verbrechen wurde er später gesellschaftlich geächtet, aber nie vor Gericht gestellt oder bestraft. Hare entkam dem Strang, indem er Kronzeuge wurde und anbot, gegen seinen Freund und Partner auszusagen. Das erwies sich als unnötig, denn Burke legte ein umfassendes Geständnis ab und wurde rasch gehängt. Seine Leiche überließ man einer anderen Anatomiefakultät zum Sezieren, legte Stücke von seiner Haut ein und verehrte sie besonderen Besuchern noch jahrelang als Andenken.

Hare verbrachte trotzdem nur wenige Monate im Gefängnis und wurde dann entlassen. Doch das Schicksal meinte es nicht gut mit ihm. Er nahm Arbeit in einem Kalkbrennofen an, wo ihn seine Kollegen erkannten, ihn mit dem Gesicht in einen Haufen ungelöschten Kalk stießen und er erblindete. Angeblich verbrachte er seine letzten Jahre als Wanderbettler. Nach manchen Berichten ist er nach Irland zurückgekehrt, nach anderen nach Amerika emigriert, doch wie lange er noch lebte und wo er begraben wurde, ist nicht bekannt.

Solche Vorkommnisse führten verstärkt zu einer anderen Art, mit Leichen umzugehen, die aber im neunzehnten Jahrhundert überraschend umstritten war: der Verbrennung. Die neu gegründete Gesellschaft zur Förderung der Feuerbestattung hatte nichts mit Religion oder Spiritualität zu tun. Es ging nur um einen praktischen Weg, eine Menge Leichen sauber, effizient und umweltfreundlich loszuwerden. Sir Henry Thompson, Gründer der Cremation Society of England, demonstrierte 1874 die Leistungskraft seiner Öfen mit der Verbrennung eines Pferdes in Woking. Es klappte perfekt, verursachte aber einen Aufschrei der Empörung unter den Menschen, denen die Vorstellung, ein Pferd oder überhaupt ein Tier zu kremieren, gefühlsmäßig zuwider war.

In Dorset baute ein Hauptmann Hanham selbst ein Krematorium und beseitigte wider die Gesetze sehr effizient seine Frau und seine Mutter.

Andere, die Angst hatten, verhaftet zu werden, schickten ihre teuren Anverwandten in Länder, wo Verbrennung legal war. Charles Wentworth Dilke, der Schriftsteller und Politiker, mit Joseph Paxton einer der Begründer des *Gardener's Chronicle*, ließ seine Frau, die bei der Geburt ihres Kindes gestorben war, nach Dresden verschiffen und dort einäschern. Ein weiterer früher Befürworter war Augustus Pitt Rivers, einer der führenden Archäologen des neunzehnten Jahrhunderts, der nicht nur selbst verbrannt werden wollte, sondern auch darauf bestand, dass seine Gattin trotz ihrer unermüdlich vorgebrachten Einwände verbrannt wurde. »Verdammt noch mal, Weib. Brennen wirst du!«, erklärte er, wann immer sie das Thema anschnitt. Doch Pitt Rivers starb 1900 und wurde eingeäschert, obwohl es immer noch nicht legal war, während seine Frau ihn überlebte und die friedliche Erdbestattung bekam, die sie immer hatte haben wollen.

In Großbritannien lehnte man das Kremieren noch lange vehement ab. Die Gegner fanden die willentliche Zerstörung eines toten Körpers unmoralisch oder führten praktische Überlegungen ins Feld. Viele argumentierten auch, die Verbrennung vernichte Beweise in Mordfällen. Es war der Bewegung auch einigermaßen abträglich, dass einer ihrer Hauptvertreter im Grunde irre war.

Er hieß William Price, war Arzt im ländlichen Wales und bekannt für unendlich viele Überspanntheiten. Militanter Chartist, Druide und Vegetarier, weigerte er sich, Strümpfe zu tragen oder Münzen anzufassen. Mit über achtzig zeugte er mit seiner Haushälterin einen Sohn und nannte ihn Jesus Christus. Doch der Säugling starb Anfang 1884, und Price beschloss, ihn auf einem Scheiterhaufen auf seinem Grundstück zu verbrennen. Als die Dorfbewohner die Flammen sahen und einen genaueren Blick riskierten, tanzte Price, als Druide gewandet, um den Scheiterhaufen und intonierte seltsame Gesänge. Empört gingen sie dazwischen, um ihm handgreiflich Einhalt zu gebieten, und in dem Durcheinander riss Price das halb verbrannte Baby aus dem Feuer und flüchtete mit ihm ins Haus, wo er es in einer Schachtel unter seinem Bett aufbewahrte, bis er ein paar Tage später verhaftet wurde. Er wurde angeklagt, aber entlassen, als der Richter entschied, dass er nichts getan habe, das eindeutig verbrecherisch sei, denn das Kind sei ja nicht ganz verbrannt. Die Sache der Feuerbestattung erlitt jedoch einen schweren Rückschlag.

Während sie woanders Routine wurde, legalisierte man sie in Großbritannien erst 1902, gerade rechtzeitig, dass sich unser Mr. Marsham dafür hätte entscheiden können, wenn er gewollt hätte. Aber er wollte nicht.

Sechzehntes Kapitel

Das Badezimmer

I.

Nur selten liest man eine derart falsche, völlig aus der Luft gegriffene Behauptung über die Hygiene der Menschen wie folgende aus dem Klassiker *Die Stadt. Geschichte und Ausblick* (deutsch 1963) des berühmten Architekturkritikers Lewis Mumford:

> Über Jahrtausende haben Stadtbewohner schlechte, oft sogar ziemlich üble hygienische Bedingungen ertragen und sich in Müll und Dreck gewälzt, obwohl sie den Unrat ganz einfach hätten beseitigen können. Gelegentlich sauber zu machen wäre kaum widerwärtiger gewesen, als durch den ständig herumliegenden Schmutz zu laufen und den Gestank einzuatmen. Wenn man eine Erklärung für diese Gleichgültigkeit hätte, dann würde man auch besser verstehen, warum es fünf Jahrtausende nach Entstehung der Stadt gedauert hat, bis in dieser Hinsicht Fortschritte gemacht wurden. Selbst Tiere – sogar Schweine, die ihr Lager stets mit großer Mühe sauber halten – fänden diese Zustände abstoßend.

An Skara Brae auf den Orkneyinseln haben wir schon gesehen, dass sich die Menschen bereits sehr lange sehr wohl um Schmutz, Unrat und Abfall kümmerten, noch dazu oft überraschend kompetent. Und Skara Brae ist kein Einzelfall. Auch vor 4500 Jahren hatte ein Haus im Industal, an einem Ort namens Mohenjo-Daro, ein raffiniertes System von Müllschächten, durch die man Abfall aus dem Wohnbereich in eine Müllgrube entsorgen konnte. Das antike Babylon hatte Abwasserrinnen und ein Kanalisationssystem. Vor über 3500 Jahren hatten die Minoer fließendes Wasser, Badewannen und andere zivilisatorische Annehmlichkeiten. Kurzum, Sauberkeit und allgemeine Körperpflege sind in vielen Kulturen schon so lange wichtig gewesen, dass man gar nicht weiß, wo man anfangen soll.

Die alten Griechen waren zum Beispiel begeisterte Bader. Und sie zogen sich gern nackt aus – »gymnasion« bedeutet »Ort, an dem man (nackt) Sport treibt« –, hielten Schwitzen für gesund und hüpften nach ihrem täglichen Fitnesstraining aus hygienischen Gründen gern ins gemeinsame Bad. Gebadet wurde zügig, man wollte schnell fertig sein. Das ernsthafte Baden – das wohlig lange – fängt mit den Römern an. Niemand hat so ausgiebig und sorgsam gebadet wie die Römer.

Sie liebten Wasser über alles – ein Haus in Pompeji hatte dreißig Wasserhähne –, und ein System von Aquädukten versorgte ihre großen Städte immer mit reichlich frischem Nass. Rom bekam jeden Tag pro Kopf extrem üppige tausend Liter und mehr, sieben- oder achtmal die Menge, die ein Römer im Durchschnitt heute braucht.

Für die alten Römer waren die Bäder mehr als nur ein Ort, an dem man sich saubermachte. Hierher zog man sich tagtäglich zurück, konnte sich wunderbar die Zeit vertreiben und das Baden zum Lebensstil erheben. In römischen Bädern gab es Bibliotheken, Läden, Fitnessräume, Friseure, Kosmetikerinnen, Faustballplätze, Snackbars und Bordelle, und sie wurden von Menschen aller Gesellschaftsschichten benutzt. »Wenn man einen Mann kennenlernte, war es üblich, ihn zu fragen, wo er badete«, schreibt Katherine Ashenburg in ihrer, nun ja, erfrischenden Geschichte der Sauberkeit, *Schmutzige Wäsche. Eine nicht ganz saubere Geschichte*. Manche römischen Bäder hatten palastähnliche Ausmaße. In die Thermen des Caracalla passten sechzehnhundert Badegäste auf einmal, in die des Diokletian dreitausend.

Ein badender Römer planschte und schnaufte sich durch eine Reihe verschieden temperierter Becken – vom *frigidarium,* dem kalten Bad, zum *calidarium,* dem warmen. Unterwegs machte er oder sie im *unctorium* (oder *unctuarium*) einen Zwischenstopp, wo er oder sie sich mit duftenden Ölen einreiben ließ, und dann ging's weiter zum *laconium* oder Dampfraum, wo er oder sie ordentlich ins Schwitzen geriet und dann die Öle mit einem Instrument namens *strigilium* abgeschrubbt wurden, wobei gleichzeitig auch jeglicher Schmutz und andere Verunreinigungen verschwanden. All das geschah in ritueller Reihenfolge, wenn sich die Historiker auch nicht darauf einigen können, in welcher (vielleicht weil es von Ort zu Ort und Zeit zu Zeit eben doch voneinander abwich). Wir wissen sehr vieles nicht über die Römer und ihre Badegewohnheiten – ob Sklaven mit freien Bürgern badeten oder wie oft und wie lange die Leute sich im Bade tummelten. Sie selbst zeigten sich bisweilen beunruhigt über die Qualität des Wassers und das, was sie darin herumschwimmen sahen, was eher darauf hindeutet, dass sie insgesamt doch nicht so scharf auf eine Runde Planschen waren, wie wir heute immer meinen.

Aber allem Anschein nach galten fast in der gesamten Römerzeit in den Bädern strenge Gebote der Schicklichkeit, damit auch alles gesund und gesittet zuging. Allerdings sah man die Dinge in dem Maße, wie sich die Sitten in Rom wandelten, auch in den Bädern lockerer. Männer und Frauen badeten zusammen, und vielleicht, aber keineswegs sicher, badeten Frauen sogar mit männlichen Sklaven. Auch hier weiß keiner wirklich, was ablief, nur die frühen Christen, die fanden es gar nicht toll. Römische Bäder waren für sie lasterhaft und verderbt – wenn schon nicht unhygienisch, so doch moralisch unsauber.

Das Christentum hatte es merkwürdigerweise nie so mit der Sauberkeit, ja, entwickelte schon früh eine seltsame Tradition, Heiligkeit mit Ungewaschensein gleichzusetzen. Als Thomas Becket 1170 ermordet worden war, bemerkten diejenigen, die ihn aufbahrten, beifällig, dass es in seiner Unterwäsche »von Läusen wimmelte«, und während des gesamten Mittelalters erntete man mit einem Gelübde, sich nicht zu waschen, todsicher ewige Seligkeit. Viele Menschen liefen zu Fuß von England ins Heilige Land, aber als ein Mönch namens Godric das auch tat, ohne sich einmal nass zu machen, wurde er schnurstracks zum Heiligen Godric befördert.

Als sich allerdings im Mittelalter die Pest ausbreitete, überdachten die Menschen ihre Einstellung zur Hygiene und überlegten etwas genauer, wie sie sich gegen die Krankheit schützen konnten. Leider kamen sie überall zum genau falschen Ergebnis. Die besten Köpfe waren einhellig der Meinung, dass Baden die Hautporen öffne, dadurch tödliche Dünste leichter in den Körper eindringen könnten und man am besten die Poren mit Schmutz verstopfe. Die nächsten sechshundert Jahre wuschen sich die meisten Leute nicht, ja, vermieden es nach Kräften, überhaupt mit Wasser in Berührung zu kommen. Sie zahlten einen hohen Preis. Infektionen wurden Teil des täglichen Lebens, Furunkel, Ausschlag und Pusteln gang und gäbe. Eigentlich juckte es alle in einem fort. Ständig hatte man leichte Beschwerden, in ernsthaftere Erkrankungen schickte man sich.

Verheerende Seuchen entstanden, Millionen starben, und die Seuchen verschwanden oft, ohne dass man wusste, warum. Am berüchtigtsten war die Pest. Im Grunde waren es zwei Krankheiten: die Beulenpest, die so hieß, weil die Opfer schmerzhafte Beulen am Hals, in den Leisten und Achselhöhlen bekamen, und die noch tödlichere und ansteckendere Lungenpest, die das Atemsystem zerstörte. Doch es gab auch viele andere fatale Seuchen. Die sogenannte Englische Schwitzkrankheit, über die wir immer noch so gut wie nichts wissen, trat als Epidemie in den Jahren 1485, 1508, 1517 und 1528 auf und raffte Tausende dahin. Dann verschwand sie und kam nie wieder (na, bis jetzt nicht, toi, toi, toi). In den 1550er Jahren folgte ihr ein noch seltsameres Fieber, »die neue Krankheit«, die »im ganzen Königreich entsetzlich tobte und an der eine außergewöhnlich große Zahl Männer jeden Standes starb, aber besonders adlige Herren und Männer von großem Wohlstand«, notierte ein Zeitgenosse. Dazwischen und manchmal auch gleichzeitig ereigneten sich Ausbrüche von Ergotismus, dem besagten Antoniusfeuer, das durch eine Vergiftung mit Mutterkorn-Alkaloiden verursacht wurde. Mutterkorn wuchs auf Roggen, und Menschen, die zu viel davon gegessen hatten, fielen ins Delirium, erlitten Lähmungen, bekamen Fieber, verloren das Bewusstsein und starben meist. Eigentümlich am Ergotismus war, dass es wie Hundebellen klang, wenn man hustete. Die allerschlimmste Krankheit waren die Pocken, weil sie so häufig vorkamen und so verheerend wüteten. Es gab zwei Haupttypen: die normalen und die hämorrhagischen. Beide waren schlimm, aber Letztere, die Schwarzen Blattern, bei denen innere Blutungen ebenso wie blutgefüllte Pusteln auftraten, waren schmerzhafter und führten häufiger zum Tod. Fast neunzig Prozent der Infizierten starben, ungefähr doppelt so viele wie an den normalen Blattern. Bis ins achtzehnte Jahrhundert – als man mit dem Impfen begann – fielen den Pocken in Europa westlich von Russland 400 000 Menschen im Jahr zum Opfer, so viele wie keiner anderen Krankheit.

Da die Folgen so unberechenbar waren, wussten die Überlebenden nie, unter welchen sie leiden würden. Viele erblindeten oder trugen schreckliche bleibende Narben davon, doch manche überstanden die Infektion auch unbeschadet. Die Pocken gab es schon seit Jahrtausenden, sie breiteten sich in Europa aber erst zu Beginn des sechzehnten Jahrhunderts aus. In England wurde ihr Auftreten 1518 zum ersten Mal schriftlich festgehalten.

Es begann mit plötzlichem hohen Fieber, begleitet von fürchterlichen, qualvollen Schmerzen und heftigem Durst. Etwa am dritten Tag bildeten sich normalerweise die Pusteln und überzogen je nach Verlauf mehr oder weniger den ganzen Körper des Kranken. Am furchtbarsten war es, wenn man hörte, dass ein naher Verwandter »übervoll« war. Im allerschlimmsten Falle wurde der Betroffene eine einzige große Pustel. In diesem Stadium stieg das Fieber wieder sehr hoch, die Pusteln brachen auf, und ein faulig riechender Eiter troff heraus. Wer dieses Fieber überlebte, überlebte im Allgemeinen auch die ganze Krankheit. Doch ausgestanden war sie damit noch nicht, denn die Pusteln verschorften und begannen unerträglich zu jucken. Erst wenn der Wundschorf abfiel, wusste man, ob und, wenn ja, wie schwere Narben man behalten würde. Königin Elisabeth I. erkrankte als junge Frau und starb fast an den Pocken, doch sie erholte sich komplett und ohne Narben. Ihre Freundin Lady Mary Sidney, die sie gepflegt hatte, war weniger vom Glück begünstigt. »Als ich ging, war sie eine Dame in der Blüte ihrer Schönheit«, schrieb ihr Mann, »[...] und als ich wiederkam, fand ich sie so schlimm verunstaltet, wie die Pocken eine Dame nur verunstalten können.« Die Herzogin von Richmond, die das Modell für die Figur der Britannia auf dem englischen Penny war, wurde ein Jahrhundert später ähnlich entstellt.

Die Pocken waren dann leider auch der Grund dafür, wie man andere Krankheiten zu kurieren versuchte. Das Austreten des Eiters führte zu der Annahme, dass der Körper versuche, die Gifte loszuwerden. Pockenkranke wurden also heftig zur Ader gelassen, bekamen Abführmittel und Schwitzkuren, und ihre Pusteln wurden aufgeschnitten. Bald wurden diese »Heil«methoden auch bei allen möglichen anderen Krankheiten angewendet – und fast immer wurde dadurch alles nur noch schlimmer.

Sicher hatten die schrecklichen Seuchen nicht alle unmittelbar etwas mit Waschen oder Nichtwaschen zu tun, aber das wussten die Leute nicht, beziehungsweise sie wollten nichts davon hören. Natürlich wussten alle, dass Syphilis durch Geschlechtsverkehr übertragen wurde, aber sie brachten sie trotzdem stets nur mit Badehäusern in Verbindung. Prostituierte durften Badehäusern höchstens auf hundert Schritt nahe kommen, zuletzt schloss man in Europa Badehäuser ganz. Als es die nicht mehr gab, gewöhnten sich die Leute allerdings vollends ab, sich zu waschen – viele waren ohnehin nicht sonderlich daran gewöhnt. Gut, ein wenig

Körperpflege wurde betrieben, doch man war wählerisch. »Wasch deine Hände oft, deine Füße selten und deinen Kopf nie« war ein bekanntes englisches Sprichwort. Königin Elisabeth I. badete getreulich einmal im Monat, »ob es nötig war oder nicht« (eine viel zitierte Hinzufügung). 1653 notierte John Evelyn in seinem Tagebuch den halbherzigen Entschluss, sich einmal im Jahr die Haare zu waschen. Robert Hooke, der Wissenschaftler, wusch sich die Füße oft (weil er es beruhigend fand), scheint aber ansonsten über die Knöchel hinaus nicht viel Zeit in feuchtem Zustand verbracht zu haben. Samuel Pepys erwähnt in seinem Tagebuch nur einmal, dass seine Frau gebadet hat. In Frankreich badete König Ludwig XIII. praktisch bis zu seinem siebenten Geburtstag im Jahre 1608 gar nicht.

Wenn man überhaupt Wasser benutzte, dann zu streng medizinischen Zwecken. In den 1570er Jahren wurden Bath und Buxton beliebte Badeorte, aber die Leute waren trotzdem skeptisch. »Mich dünkt, es kann nicht sauber sein, wenn so viele Körper sich im selbigen Wasser ergehen«, notierte Pepys etliche Zeit später, im Sommer 1668, als er überlegte, ob er das Bad gebrauchen sollte. Zu seiner Verwunderung gefiel es ihm, er verbrachte bei seinem Premierentauchgang zwei Stunden im Wasser und bezahlte dann jemanden, der ihn, eingewickelt in ein Tuch, in seine Wohnung trug.

Als die Europäer die Neue Welt in immer größeren Zahlen besuchten, verströmten sie wie zu Hause einen so widerlichen Geruch, dass die Indianer ein ums andere Mal betonten, wie sehr sie stanken. Nichts allerdings berührte indigene Menschen seltsamer als der europäische Brauch, sich die Nase in ein feines Taschentuch zu schneuzen und es dann sorgsam zusammenzufalten und wieder in die Tasche zu stecken, als enthalte es nun ein kostbares Andenken.

Bis zu einem bestimmten Grade wurde aber doch erwartet, dass man sich sauber hielt. Einem angeekelten Beobachter am Hofe

Jakobs I. fiel auf, dass der König nur dann in Kontakt mit Wasser kam, wenn er seine Fingerspitzen mit einer feuchten Serviette abtupfte. Manche Menschen wurden sogar für ihre Schmutzstarre berühmt; etwa der elfte Herzog von Norfolk, der Wasser und Seife derart heftig verabscheute, dass seine Diener immer warten mussten, bis er sturzbetrunken war, um ihn sauber zu schrubben. Oder wie Thomas Paine, der große politische Journalist und Aufklärer, von Kopf bis Fuß verschmutzt und dreckig, oder der kultivierte James Boswell, dessen Körpergeruch bei vielen Aufsehen erregte in einem Zeitalter, in dem das einiges bedeutete. Doch selbst Boswell war ein Waisenknabe gegen seinen Zeitgenossen, den Marquis d'Argens, der sein Unterhemd so viele Jahre trug, dass es fest an ihm klebte und »Stücke Haut mit abgingen«, als man ihn endlich überzeugen konnte, es auszuziehen.

Manche Leute brüsteten sich sogar damit, dass sie schmutzig waren. Als die Adelsdame Lady Mary Wortley Montagu, eine der ersten großen weiblichen Reisenden in der ersten Hälfte des achtzehnten Jahrhunderts, einer neuen Bekannten die Hände schüttelte, rief diese aus, ihre Hände starrten ja vor Schmutz. »Oje, was würden Sie wohl sagen, wenn Sie meine Füße sähen?«, erwiderte Lady Mary fröhlich. Viele Leute waren nur noch so wenig an Wasser in größeren Mengen gewöhnt, dass sie schon bei dem Gedanken daran schlotterten. Als Henry Drinker, ein prominenter Bürger Philadelphias, 1798 eine Dusche in seinem Garten installierte, schob seine Frau Elizabeth es ein Jahr auf, sie auszuprobieren, weil sie »seit achtundzwanzig Jahren nicht mehr überall nass gewesen« war. Im achtzehnten Jahrhundert bekam man am zuverlässigsten ein Bad, wenn man verrückt war. Dann konnten sie einen gar nicht genug baden. 1701 begann Sir John Floyer außerdem, kalte Bäder als Heilmittel für alle möglichen anderen Gebrechen zu empfehlen. Er vertrat die Theorie, dass ein Körper, den man in kaltes Wasser tauche, mit »Entsetzen und Überraschung« reagiere, wodurch wiederum abgestumpfte und erschöpfte Sinne belebt würden.

Benjamin Franklin versuchte es mit einer anderen Herangehensweise. Während seiner Londoner Jahre entwickelte er eine Vorliebe für »Luftbäder« und sonnte sich nackt vor einem offenen Fenster im oberen Stockwerk seines Hauses. Sauberer wurde er dadurch gewiss nicht, doch es scheint ihm auch nicht geschadet und wenigstens für Gesprächsstoff bei den Nachbarn gesorgt zu haben. Merkwürdig angesagt war auch die »Trockenwäsche«: sich mit einer Bürste abzuschrubben und dabei die eine oder andere Laus zu verscheuchen. Viele Leute glaubten, Leinen habe die besondere Eigenschaft, Schmutz von der Haut zu absorbieren. »Sie ›wuschen‹ sich, indem sie ein frisches Hemd anzogen«, sagt Katherine Ashenburg. Aber die Mehrheit ignorierte Schmutz und Gestank oder bekämpfte sie mit Kosmetika und Parfum. Wo alle stinken, stinkt keiner mehr.

Dann kam Wasser plötzlich in Mode, wenn auch nur, wie gesagt, als Therapeutikum. 1702 ging Königin Anne zur Behandlung ihrer Gicht nach Bath, prompt stiegen sein Ruf und Ansehen als Heilbad beträchtlich. Annes gesundheitliche Probleme hatten zwar mit Wasser nicht das Geringste zu tun, sondern mit Überfressen, doch schon bald schossen Badeorte wie Pilze aus dem Boden – Harrogate und Cheltenham in England, Llandrindod Wells in Wales. In den Küstenstädten behauptete man allerdings, die wirklich heilenden Wasser kämen aus dem Meer – komischerweise stets nur in der eigenen unmittelbaren Umgebung. Scarborough an der Küste Yorkshires garantierte Linderung bei »Schlaganfällen, Epilepsie, Katalepsie, Schwindel, Gelbsucht, hypochondrischer Melancholie und Blähungen«.

Der berühmteste Pionier der Wasserkurerei war Dr. Richard Russell, der 1750 (auf Latein) ein Buch über die heilenden Eigenschaften des Meerwassers schrieb, das vier Jahre später als *Eine Abhandlung über den Gebrauch des Meerwassers bei Krankheiten der Drüsen* erschien. Russell empfahl Meerwasser als wirksames Mittel gegen diverse Gebrechen, von Gicht und Rheumatismus bis zu »Blutandrang zum Kopf«. Leidende sollten nicht nur in Meerwasser eintauchen, sondern es auch in großzügigen Mengen trinken. Russell eröffnete eine Praxis in dem Fischerdorf Brighthelmstone an der Küste von Sussex und hatte solchen Erfolg, dass das Dorf wuchs und gedieh und sich in Brighton verwandelte, weiland der schickste Badeort der Welt. Russell bekam den Beinamen »Erfinder des Meeres«.

In der ersten Zeit badeten viele Leute nackt (was bei denen, die sich das gern alles genau und manchmal mit Hilfe eines Fernglases anschauten, für große Entrüstung sorgte). Die Zurückhaltenderen hüllten sich reichlich in manchmal gefährlich schwere Roben. Wirklich hoch schlugen die Wellen der Empörung, als die ärmeren Zeitgenossen auftauchten und »Männlein und Weiblein durcheinander« sich am Strand ihrer Kleidung entledigten, ins Wasser stapften und das (für viele) einzige Bad des Jahres nahmen. Damit es wieder gesitteter zuging, wurden Badekarren ersonnen, mit Türen und Treppen ausgestattete Wagen, die man ins Wasser schob und die es den Badenden erlaubten, diskret und ungesehen in die Wellen zu steigen. Ein wichtiger wohltätiger Effekt des Badens im Meer war weniger das Eintauchen in selbiges als vielmehr das energische Abrubbeln mit trockenen Flanelltüchern danach.

Brightons Zukunft war dauerhaft gesichert, als der Prinz von Wales, also der Thronfolger, es im September 1783 zum ersten Mal besuchte, gerade als die Amerikanische Revolution mit der Unterzeichnung des Vertrages von Paris endete. Er hoffte, Besserung für seine geschwollenen Drüsen im Hals zu finden, und wurde nicht enttäuscht. Brighton gefiel ihm so gut, dass er sofort seinen exotischen Pavillon dort bauen ließ. Und um bei seinen Behandlungen nicht den Blicken des gemeinen Volks ausgesetzt zu sein, ließ er sich ein Privatbad einrichten, das mit Meerwasser gefüllt war.

George III., sein Vater, der ebenfalls mehr Privatsphäre suchte, ging nach Weymouth, einem verschlafenen Hafenstädtchen weiter westlich in Dorset, musste aber zu seinem Kummer erleben, dass Tausende Untertanen am Strand warteten, um Ihro Majestät alles Gute zu wünschen und beim ersten Wellenbad zuzusehen. Als er in einer gewaltigen Robe aus blauem Serge ins Wasser stieg, intonierte eine in einem benachbarten Badekarren verborgene Kapelle »God Save the King«. Doch dem König wurden seine Trips nach Weymouth lieb und teuer, und er beehrte es fast jedes Jahr, bis er zunehmend wahnsinnig wurde und sich den Blicken der Öffentlichkeit nicht mehr preisgeben konnte.

Tobias Smollett, Arzt und Romanautor, der an Bronchialerkrankungen litt, brachte das Wasserkuren ans Mittelmeer. Zum Erstaunen der einheimischen Bevölkerung ging er in Nizza jeden Tag schwimmen. »Sie fanden es sehr eigenartig, dass sich ein anscheinend schwindsüchtiger Mann ins Meer stürzte, besonders wenn es sehr kalt war, und einige Ärzte prognostizierten seinen alsbaldigen Tod«, schrieb ein Zeitgenosse. Aber die Gewohnheit setzte sich durch, und Smolletts *Reise durch Frankreich und Italien* (1766) half sehr dabei, die Riviera zu kreieren.

Es dauerte jedoch nicht lange, bis Scharlatane begriffen, dass mit dem Badespaß leichtes Geld zu verdienen war. James Graham (1745–94) war in dieser Hinsicht besonders erfolgreich. Selbsternannter Arzt, qualifiziert nur durch seine Chuzpe, reüssierte er in der zweiten Hälfte des achtzehnten Jahrhunderts in Bath und London. Er benutzte Magneten, elektrische Apparaturen und andere surrende Gerätschaften, um Patienten von Gebresten aller Art zu kurieren, insbesondere denen, die für sexuelles Unglück wie Impotenz und Frigidität verantwortlich waren. Er hob das Heilbaden auf ein höheres, reizvoll erotisches Niveau, bot seinen Klienten Milchbäder an, von milden elektrischen Strömen durchflossene Bäder sowie Schlammbäder (die er Erdbäder nannte), und alle in einem theatermäßig aufgemotzten Ambiente mit Musik, klassischen Statuen, parfümierter Luft und spärlich bekleideten Hostessen, von denen eine angeblich Emma Lyon, die zukünftige Lady Hamilton und Geliebte Lord Nelsons war. Für alle, deren Probleme auf diese liebevoll verführerische Fürsorge nicht ansprachen, bot er noch die Benutzung eines riesigen, stark unter Strom gesetzten »Himmlischen Betts« zum Preis von 50 Pfund pro Nacht an. Die Matratze war mit Rosenblättern und Gewürzen gefüllt.

Leider stieg Graham sein Erfolg zu Kopfe, und er prahlte mit Dingen, die selbst seine ergebensten Anhänger nicht mehr gutheißen konnten. Er hielt eine Vorlesung mit dem Titel »Wie man viele Wochen, Monate oder Jahre leben kann, ohne auch nur irgendetwas zu essen« und versprach in einer anderen seinen Zuhörern ein gesundes Leben bis zum Alter von einhundertfünfzig Jahren. Als er sich zu immer abstruseren Behauptungen verstieg, gingen seine Geschäfte rapide schlechter. 1782 wurde zur Begleichung seiner Schulden sein Besitz gepfändet, und das war das Ende von James Graham.

Heute wird er immer als skurriler Quacksalber beschrieben, und das war er ja auch, doch man sollte nicht vergessen, dass viele seiner Vorlieben und Überzeugungen sich fest im Leben der Engländer verankerten und weit über die kurze Zeit seines kometenhaften Aufstiegs hielten. Kalte Bäder etwa und einfaches Essen, harte Betten, der Aufenthalt in gesunder eisiger Luft, Schlafen bei weit geöffneten Fenstern und – nicht zu vergessen – die unerschütterliche Abscheu vor Masturbation.

Als sich die Menschen allmählich an den Gedanken gewöhnten, dass es nichts schadete, wenn sie sich von Zeit zu Zeit nass machten, verkehrten sich liebgewordene Theorien zur persönlichen Hygiene urplötzlich in ihr Gegenteil. Statt dass rosige Haut und offene Poren schlecht für die Gesundheit waren, glaubte man jetzt zunehmend, die Haut sei eine wunderbare Belüftungsanlage: Kohlendioxyd und sonstige Gifte, die man einatmete, würden durch die Haut wieder ausgestoßen. Umgekehrt sammelten sich natürliche Gifte gefährlich im Körper an, wenn die Poren durch Staub und andere uralte Ablagerungen verstopft waren. Man glaubte nun auch, dass schmutzige Leute wegen ihrer verstopften Poren so oft krank waren beziehungsweise starben. Das demonstrierte drastisch ein Arzt an einem Pferd, das, ganz mit Teer angestrichen, rasch schwächer wurde und jämmerlich einging. (Dabei hatte es weniger Probleme mit der Atmung als vielmehr mit der Temperaturregulierung.)

Dass man sich nur deshalb wusch, um sauber zu sein und gut zu riechen, setzte sich bemerkenswert langsam durch. Als John Wesley, der Begründer des Methodismus, in einer Predigt den Satz »Sauberkeit kommt der Göttlichkeit am nächsten« prägte, meinte er saubere Kleidung, nicht einen sauberen Körper. Zur körperlichen Sauberkeit empfahl er lediglich »häufiges Rasieren und Füßewaschen«. Der junge Student Karl Marx wiederum bekam in den 1830er Jahren von seiner besorgten Mutter diesbezüglich strikte Anweisungen mit auf den Weg. Sie ersuchte ihn vor allem, »sich einmal in der Woche mit Schwamm und Seife abzuschrubbeln«. Zur Zeit der Weltausstellung änderten sich die Auffassungen dann aber eindeutig. Auf der Ausstellung selbst wurden mehr als siebenhundert Seifen und Parfums gezeigt, worin sich doch eine gewisse Nachfrage spiegelte, und zwei Jahre später erhielt die Sache der Sauberkeit noch einmal Auftrieb, weil die Regierung endlich die alte Seifensteuer aufhob. Doch selbst 1861 noch konnte ein englischer Arzt ein Buch schreiben, das den Titel *Bäder und wie man sie nimmt* trug.

Was die Viktorianer letztendlich zum Baden animierte, war die Erfahrung, dass man sich damit herrlich malträtieren konnte. Diese Leute hatten einen Selbstquälinstinkt, und mit und im Wasser konnten sie den perfekt ausleben. In vielen Tagebüchern ist festgehalten, wie die Leute das Eis in den Waschschüsseln zertrümmern mussten, damit sie sich morgens waschen konnten, und Reverend Francis Kilvert bemerkte am Weihnachtsmorgen 1870 beim Baden lustvoll, wie schartige Eisstücke an den Seiten seiner Badewanne hingen und ihm in die Haut stachen. Auch Duschen boten allerlei Möglichkeiten zur Selbstkasteiung und wurden oft so stark wie möglich gebaut. Ein früher Typ von Dusche war so kräftig, dass die Leute sich vor der Benutzung eine schützende Kopfbedeckung anlegen mussten, damit sie nicht von ihren eigenen Sanitäranlagen bewusstlos geschlagen wurden.

II.

Vielleicht hat kein Wort im Englischen einen vielfältigeren Bedeutungswandel durchlaufen als das Wort »toilet«. Ursprünglich, um 1540 herum, war es eine Art Tuch, eine Verkleinerungsform von »Toile«, ein Wort, das man immer noch für einen Kunstseidenstoff in Leinwandbindung benutzt. Dann wurde es ein kleines Tuch für den Putztisch, dann die Sachen, die auf einem Putztisch standen. Dann der Putz- beziehungsweise Toilettentisch selbst, dann der Vorgang des Toilette-Machens, dann der Vorgang des Besucher-Empfangens, während man Toilette machte, dann alle Arten von Privatzimmern neben einem Schlafzimmer, dann ein Raum, den man als Klosett benutzte, und schließlich das Klosett selbst. Womit erklärt ist, warum man sich »toilet water« im Englischen gern ins Gesicht tupft und es gleichzeitig »Wasser in einer Toilette« ist.

»Garderobe« änderte bis zu seiner schon erwähnten vielfachen Bedeutung jetzt auch mehrfach seinen Sinn. Zusammengesetzt aus »garder« und »robe« bedeutete es zuerst einen Lagerraum, dann jeden Privatraum, dann (kurzzeitig) eine Schlafkammer und schließlich einen Abort. Ein stilles Örtchen war der Abort mitnichten. Die Römer liebten den »Stuhl-Gang« insbesondere, wenn muntere Reden ihn begleiteten. Ihre öffentlichen Latrinen hatten meist zwanzig und mehr Sitze kuschelig nahe nebeneinander, und die Leute benutzten sie so unbefangen wie heute einen Bus. (Um die unvermeidliche Frage zu beantworten: Ja, vor jeder Sitzreihe befand sich eine Wasserrinne, und die Benutzer tauchten an Stöcken befestigte Schwämme ins Wasser, um sich damit abzuwischen.) Dass einem die Anwesenheit Fremder nicht das Geringste ausmachte, währte bis weit in moderne Zeiten. In Hampton Court gab es ein »Großes Haus der Erleichterung«, in dem sich vierzehn Leute auf einmal erleichtern konnten. Charles II. nahm immer zwei Diener mit, wenn er dorthin ging. In Mount Vernon, George Washingtons Heim, sind die Sitze der beiden gut erhaltenen, liebevoll gepflegten Innentoiletten nebeneinander.

Besonders die Engländer waren lange dafür bekannt, dass sie sich um Privatheit beim Stuhlgang nicht scherten. Giacomo Casanova, der italienische Abenteurer, erzählte, dass er bei einem Besuch in London häufig jemanden am Straßenrand oder vor Hauswänden vor aller Augen »die Schleusen öffnen« sah. Pepys hält auch in seinem Tagebuch fest, dass seine Frau sich einmal auf der Straße hinhockte und »ihr Geschäft verrichtete«.

»Wasserklosett« bezeichnete ursprünglich den Ort, wo königliche Einläufe verabreicht wurden. Die Franzosen nannten eine Innentoilette von 1770 an »un lieu à l'anglaise«, also einen englischen Ort, was möglicherweise eine Erklärung für die Herkunft des englischen Wortes »loo«, das deutsche Örtchen, bietet. In Monticello baute Thomas Jefferson drei Innentoiletten ein – vermutlich die ersten in Amerika –, die mit Luftschächten versehen waren, durch die Gerüche entweichen konnten. Aber selbst für die Zeit Jeffersons (eigentlich für jede Zeit) waren sie technisch nicht sehr ausgereift: Die Ausscheidungen fielen und flossen in einen Sammeltopf, der von Sklaven geleert wurde. Im Weißen Haus – oder Präsidentenhaus, wie es damals hieß – ließ Jefferson allerdings drei der ersten Toiletten mit Wasserspülung überhaupt installieren. Sie wurden von Regenwasserzisternen auf dem Dachboden gespeist.

Mitte des neunzehnten Jahrhunderts erfand Reverend Henry Moule, Pfarrer in Dorset, das sogenannte Erdklosett. Es war im Wesentlichen ein Leibstuhl samt Behälter mit trockener Erde, aus dem, wenn man an einem Griff zog, eine abgemessene Menge Erdreich in den Sammelkübel fiel und damit Geruch und Anblick der Hinterlassenschaften überdeckte. Erdklosetts waren eine Zeitlang besonders in ländlichen Gebieten Englands sehr beliebt, wurden dann jedoch rasch von Klosetts mit Wasserspülung abgelöst, in denen die Hinterlassenschaften eben nicht nur bedeckt, sondern in einer Sturzflut weggeschwemmt wurden – zumindest wenn sie funktionierten, was in der ersten Zeit nicht immer, ja nicht einmal oft der Fall war.

Die meisten Leute benutzten weiterhin Nachttöpfe, die sie in einem Schrank in ihrem Schlafzimmer oder in einem Abstellraum aufbewahrten. Ausländische Besucher waren häufig entsetzt von der englischen Sitte, Nachttöpfe in Schränken oder in Sideboards im Esszimmer aufzubewahren, in die sich die Männer, kaum hatten die Frauen sich zurückgezogen, gern erleichterten. Manche Zimmer waren auch mit dem »nötigen Stuhl« in der Ecke ausgestattet. Ein französischer Besucher in Philadelphia, Moreau de Saint-Méry, bemerkte mit Erstaunen, dass ein Mann die Blumen aus einer Vase nahm und hineinpieselte. Ein anderer französischer Besucher berichtete etwa zur gleichen Zeit, dass man ihm auf die Bitte um ein Nachtgeschirr für sein Schlafzimmer gesagt habe, er solle aus dem Fenster machen wie alle anderen auch. Als er darauf bestand, doch lieber in irgendetwas »hineinmachen zu wollen«, brachte ihm sein leicht perplexer Gastgeber einen Wasserkessel, schärfte ihm aber strengstens ein, dass er ihn rechtzeitig am nächsten Morgen zum Frühstück zurück brauche.

Am meisten fällt einem bei Geschichten über Toilettensitten auf, dass die Leute entsetzt sind über die Usancen anderer Länder. Und zwar ohne Ausnahme! So gab es ebenso viele Klagen über die Gepflogenheiten der Franzosen wie Klagen der Franzosen über die ihrer Nachbarn. Seit Jahrhunderten hieß es zum Beispiel schon, dass in Frankreich »viel in Kamine gepisst wurde«. Gemeinhin beschuldigte man die Franzosen auch dessen, dass sie sich auf Treppen erleichterten, »selbst in Versailles kam das noch im achtzehnten Jahrhundert vor«, schreibt Mark Girouard in *Leben im französischen Landhaus*. Versailles rühmte sich, einhundert Badezimmer und dreihundert Toilettenstühle zu besitzen, aber merkwürdigerweise waren sie bei Weitem nicht ausgelastet, und 1715 sicherte ein Erlass Bewohnern und Besuchern zu, dass von nun an die Flure wöchentlich von Exkrementen gereinigt würden.

Die meisten Abwässer sollten in Senkgruben abfließen, doch für gewöhnlich achtete man nicht sonderlich darauf, ob sie auch ordentlich funktionierten, und so sickerten sie oft in die Wasservorräte des Nachbarn und schwappten im schlimmsten Falle über. Einen solchen Vorfall notierte Samuel Pepys in seinem Tagebuch: »Als ich in meinen Keller ging [...] trat ich mit dem Fuß in einen großen Haufen Kacke [...] und stellte fest, dass Mr. Turners Grube voll ist und in meinen Keller überläuft, was lästig ist.«

Die Leute, die die Jauchegruben leerten, hießen *nightsoil men*, und wenn es je einen weniger beneidenswerten Broterwerb gegeben hat, dann muss der wohl erst noch gefunden werden. Die Männer arbeiteten in Gruppen von drei oder vier. Einer – der kleinste, können wir annehmen – wurde in die Grube hinabgelassen, um den Dreck in Eimer zu schaufeln. Ein zweiter stand an der Grube, um den Eimer hochzuhieven und hinunterzulassen, und die beiden anderen trugen die vollen Eimer zu einem wartenden Karren. Die Arbeit war nicht nur unangenehm, sondern auch gefährlich, weil die Männer ersticken konnten und jederzeit das Risiko einer Explosion bestand, da sie bei Laternenlicht in einer mit viel Gas gefüllten Umgebung arbeiteten.

Das *Gentleman's Magazine* berichtete 1753 über den Fall eines Fäkaliensammlers, der in ein Toilettengewölbe in einer Londoner Schenke ging und fast sofort von der fauligen Luft überwältigt wurde. »Er schrie um Hilfe und fiel sofort nach vorn aufs Gesicht«, berichtete ein Augenzeuge. Ein Kollege, der dem Ersten helfen wollte, wurde ebenfalls ohnmächtig. Zwei weitere Männer, die in die Kammer wollten, konnten wegen des widerwärtigen Gestanks nicht weitergehen, aber es gelang ihnen, die Tür ein wenig zu öffnen und die schlimmsten Gase herauszulassen. Als die

Retter die beiden ersten Männer herausholen konnten, war der eine tot und auch dem anderen schließlich nicht mehr zu helfen.

Weil die Fäkaliensammler saftige Gebühren erhoben, wurden Senkgruben in ärmeren Gegenden selten geleert und flossen häufig über – kein Wunder bei der hohen Auslastung der meisten Gruben im Innenstadtbereich. Viele Londoner Stadtteile waren hoffnungslos überbevölkert. Im schlimmsten Elendsviertel, St. Giles, wo sich Hogarths »Gin Lane«, die Gin-Gasse, befindet, lebten dicht gedrängt 54 000 Menschen in wenigen Straßen. Nach einer Zählung wohnten in einer Gasse elfhundert Personen in siebenundzwanzig Häusern; das heißt mehr als vierzig Menschen in einem Haus. Weiter östlich in Spitalfields fanden Inspektoren dreiundsechzig Menschen in einem Haus, in dem es ganze neun Betten gab, eins für sieben Personen. Ein Wort unbekannter Herkunft kam auf, um solche Viertel zu beschreiben: »Slum«. Charles Dickens war einer der Ersten, der es – in einem Brief im Jahr 1851 – benutzte.

So viel zusammengeballte Menschheit erzeugte enorme Mengen Abfall – viel mehr, als man mit dem System von Senkgruben allein bewältigen konnte. Ein städtischer Inspektor notierte, dass er zwei Häuser in St. Giles besucht habe, in denen die Keller fast einen Meter hoch mit menschlichen Exkrementen und Unrat standen und im Hof draußen eine fünfzehn Zentimeter hohe Schicht. Damit die Bewohner durch den Hof gehen konnten, hatten sie Ziegel als Trittsteine ausgelegt.

Eine Untersuchung der ärmeren Stadtteile in Leeds in den 1830er Jahren stellte fest, dass viele Straßen in »Kehricht und Abwässern schwammen« und eine, in der 176 Familien wohnten, seit fünfzehn Jahren nicht gereinigt worden war. In Liverpool lebte bis zu einem Sechstel der Stadtbevölkerung in dunklen Kellern, in die nur allzu leicht Abwässer einsickerten. Und menschliche Ausscheidungen waren natürlich nur ein kleiner Teil der gewaltigen Mengen an Unrat, die in den dicht bewohnten und sich rasch industrialisierenden Städten anfielen.

In London nahm die Themse alles auf, was unerwünscht war: für den Verzehr ungeeignet gewordenes Fleisch, Schlachtabfälle, tote Katzen und Hunde, Essensreste, Industrieabfälle, menschliche Exkremente – alles, was das Herz begehrte. Allein die Tiere, die Tag für Tag zum Smithfield Market getrieben wurden, um in Beefsteaks und Lammkoteletts verwandelt zu werden, hinterließen auf dem Weg dorthin im Jahr 40000 Tonnen Mist. Der kam natürlich noch zu dem ganzen Kot von Hunden, Pferden, Gänsen, Enten, Hühnern und überall herumwühlenden Schweinen hinzu, die als Haustiere gehalten wurden. Leimsieder, Gerber, Färber, Talgkerzenzieher – auch aus allen möglichen chemischen Betrieben trugen Abfallprodukte zu den täglichen Drecklawinen bei, und die landeten letztlich in der Themse, wo man immer hoffte, dass die Ebbe sie ins Meer hinaustragen würde. Aber die Gezeiten strömen in beide Richtungen, und das Wasser, das bei Ebbe Unrat mit ins Meer hinausnahm, brachte bei Flut auch eine Menge davon wieder mit zurück. Der Fluss war ein ewiger »Strom flüssigen Dungs«, meinte ein Beobachter, und Tobias Smollett sagte in *Humphry Clinkers Reise,* dass »die menschlichen Exkremente noch der am wenigsten üble Teil« seien, denn im Fluss schwammen »alle Färbemittel und giftigen Substanzen, die in Werkstätten und Manufakturen benutzt wurden, angereichert mit den verwesenden Kadavern von Tieren und Menschen, und vermischt mit den Ausschwemmungen aller Waschtröge, Hundehütten und allgemeiner Kloaken«. Die Themse wurde so giftig, dass aus einem beim Tunnelgraben bei Rotherhite entstandenen Leck als Erstes nicht Flusswasser, sondern konzentrierte Gase strömten. Diese entzündeten sich prompt an den Lampen der Arbeiter, so dass die Männer in die absurd verzweifelte Lage gerieten, nicht nur vor den hereinplatzenden Wassern fortrennen zu müssen, sondern auch vor einem Schwall brennender Luft.

Die Flüsschen, die in die Themse mündeten, waren oft noch verschmutzter als die Themse selbst. Der Fleet stand 1831 »vor sich stauendem Dreck« praktisch still. Sogar das Wasser in der Serpentine im Hyde Park wurde immer fauliger, so dass die Parkbesucher sich stets auf der Seite des Sees aufhielten, wo der Wind nicht hinwehte. In den 1860er Jahren wurde eine 4,50 Meter tiefe Schicht Fäulnisschlamm herausgeräumt.

Und zu der Misere kam jetzt noch etwas hinzu, das sich unerwartet als Katastrophe erwies: das Wasserklosett. Solche Klos des einen oder anderen Typs gab es schon seit geraumer Zeit. Das allererste wurde von John Harington gebaut, Patensohn von Königin Elisabeth I. Als Harington ihr 1597 seine Erfindung vorführte, war sie höchst entzückt und ließ sie sofort im Richmond Palace einbauen. Doch diese Neuheit war ihrer Zeit so weit voraus, dass fast zweihundert Jahre verstrichen, bevor Joseph Bramah, Möbelschreiner und Schlosser, 1778 ein Patent für die erste moderne Spültoilette beantragte, die sich nur in bescheidenem Maße durchsetzte. Viele andere Modelle folgten – keine dieser frühen Toiletten funktionierte allerdings besonders gut. Manchmal wurde der Inhalt der Kloschüssel nicht weg-, sondern in die andere Richtung gespült, so dass der Raum sogar mit mehr von dem angefüllt war, was der entsetzte Benutzer so hoffnungsfroh hatte loswerden wollen. Bis zur Entwicklung des U-Bogens und des Geruchsverschlusses – nach jeder Spülung fließt die notwendige kleine Wassermenge wieder unten in die Toilette – drangen die Gerüche der Senkgrube und der Kanalisation stets an den Ort ihres Ursprungs zurück und konnten besonders bei Hitze unerträglich werden.

Das Problem wurde von einem der großen, gewiss passendsten Namen in der Menschheitsgeschichte gelöst, Thomas Crapper (1837–1910), der sicher nicht freiwillig so hieß, denn »crap« bedeutet Scheiße. Er kam aus einer armen Familie in Yorkshire in Nordengland und ging angeblich im Alter von elf Jahren zu Fuß nach London. Dort begann er in Chelsea eine Klempnerlehre und erfand die klassische und in Großbritannien auch immer noch bekannte Toilette, bei der man an einer Kette zieht, wodurch ein darüber hängender Wasserbehälter geleert wird: Die Toilette erhielt den schönen Namen *Marlboro Silent Water Waste Preventer* (Marlboroer stiller Wasserverschwendungsverhinderer), war sauber, gegen Auslaufen geschützt, frei von Gerüchen und wunderbar zuverlässig. Und Crapper wurde mit der Herstellung reich und ein berühmter Mann.

Der Durchbruch für Spültoiletten kam auf der Weltausstellung 1851, da wurde sie eine der herausragenderen Attraktionen. Über achthunderttausend Menschen warteten geduldig in langen Schlangen, um sie einmal zu erleben – für die meisten etwas vollkommen Neues –, und waren von dem Geräusch und dem Wasserstrudel, der alles wegspülte, so angetan, dass sie sie sofort in ihren eigenen Häusern installieren lassen wollten. Vielleicht hat sich kein teures Konsumgut in der Geschichte so schnell durchgesetzt. Mitte der 1850er Jahre spülten in London schon zweihunderttausend fröhlich vor sich hin.

Problematisch war, dass die Londoner Kanalisation nur dafür eingerichtet war, Regenwasser abzutransportieren, und der stetigen Sintflut von kompakten menschlichen Exkrementen nicht gewachsen war. Die Abwasserkanäle füllten sich mit zähem, klebrigem Schlamm, der nicht abfloss. Sogenannte »flushermen«, Kanalreiniger, wurden angestellt, Verstopfungen zu finden und zu beseitigen. Weitere Berufe, die mit der neuen Abwasserbeseitigung entstanden, waren die der »tosher« und »mudlarks«, die die Dreckjauche in den Kanalisationskanälen und an den stinkenden Flussufern durchwühlten, um verlorene Schmuckstücke oder auch mal einen Silberlöffel zu finden. Alles in allem betrachtet verdienten sie gutes Geld, aber ihr Job war gefährlich. Auch die Luft in der Kanalisation konnte tödlich sein. Weil das Kanalisationssystem ausgedehnt und unüberschaubar und nicht in Plänen aufgezeichnet war, verirrten sich viele und fanden nicht mehr heraus. Gerüchte besagten, dass so mancher von Ratten angegriffen und gefressen wurde.

Mörderische Epidemien waren in der klinisch wenig reinen

Welt vor den Antibiotika an der Tagesordnung. Nach einem Ausbruch der Cholera 1832 waren geschätzte 60 000 Briten tot. Es folgte eine verheerende Grippeepidemie in den Jahren 1837/38 und 1848, 1854 und 1867 wieder die Cholera. Zwischen und mitten in diesen Angriffen auf das Leben der Nation kamen tödliche Ausbrüche von Typhus, rheumatischem Fieber, Scharlach, Diphtherie, Pocken und allem möglichem Anderen. Zwischen 1850 und 1870 starben allein 1500 Menschen im Jahr an Typhus und von 1840 bis 1910 etwa 10 000 Kinder an Keuchhusten. An Masern noch mehr. Kurzum, auch im neunzehnten Jahrhundert gab es noch eine Unmenge Arten, diese Welt zu verlassen.

Die Cholera war anfangs nicht einmal sehr gefürchtet, aus dem entschieden verachtenswerten Grund, dass nur arme Leute sie bekamen und arme Leute arm waren, weil sie so geboren wurden. Wenn man auch ein paar von ihnen großmütig zugestand, dass sie es nicht verdienten, war man überwiegend der Meinung, dass die meisten von Natur aus »sorglos, leichtsinnig und trunksüchtig und gewohnheitsmäßig gierig nach sinnlicher Befriedigung« waren, wie es in einem Regierungsbericht kurz und knapp zusammengefasst wurde. Sogar Friedrich Engels, ein weit mitfühlenderer Beobachter als viele andere, konnte in *Die Lage der arbeitenden Klasse in England* schreiben: »Der südliche, leichtsinnige Charakter des Irländers, seine Roheit, die ihn wenig über einen Wilden stellt, seine Verachtung aller menschlicheren Genüsse, deren er eben wegen dieser Roheit unfähig ist, sein Schmutz und seine Armut, alles das begünstigt bei ihm die Trunksucht.«

Als also 1832 in den dicht bevölkerten Innenstädten die Leute wie die Fliegen an einer brandneuen Krankheit aus Indien namens Cholera starben, betrachtete man es als Unglück, wie es die Armen eben von Zeit zu Zeit ereilte. Cholera galt als »Pest des armen Mannes«. In New York waren mehr als vierzig Prozent der Opfer arme irische Einwanderer und auch Schwarze überproportional betroffen. Die staatliche Gesundheitsbehörde erklärte wahrhaftig, die Krankheit beschränke sich auf die lasterhaften

Armen und sei »ausschließlich auf ihre Lebensgewohnheiten zurückzuführen«.

Doch dann erfasste die Cholera auch die Leute in wohlhabenden Stadtvierteln, und das Entsetzen war groß. Seit dem Schwarzen Tod waren die Menschen von einer Krankheit nicht mehr derartig in Angst und Schrecken versetzt worden. Typisch für die Cholera war ihre Schnelligkeit. Die Symptome – heftiger Durchfall und Erbrechen, qualvolle Krämpfe, entsetzliche Kopfschmerzen – kamen urplötzlich und alle zusammen. Die Sterblichkeitsrate betrug fünfzig Prozent und manchmal mehr, und dieses Tempo verstörte die Leute in der Tat: der grausige unmittelbare Übergang von vollkommenem Wohlbefinden zu Schmerzen und Qualen, Delirium und Tod. Furchtbar, einen geliebten Menschen beim Frühstück noch froh und munter und beim Abendessen tot zu sehen.

Dabei beeinträchtigten andere Krankheiten das Leben der Menschen viel schlimmer. Wer die Cholera überlebte, wurde meist wieder ganz gesund, aber Scharlachopfer blieben oft taub oder hirngeschädigt und Pockenpatienten, wie beschrieben, scheußlich entstellt. Die Cholera jedoch wurde zur fixen Idee der Nation. Zwischen 1845 und 1856 wurden auf Englisch mehr als siebenhundert Bücher darüber publiziert. Besondere Sorgen bereitete den Leuten, dass sie nicht wussten, woher die Krankheit kam oder wie man sich vor ihr schützen konnte. »Was ist die Cholera?«, fragte die *Lancet* 1853. »Ein Pilz, ein Insekt, ein Miasma, eine elektrische Störung, ein Mangel an Ozon, eine krankhafte Ausschwemmung des Magen-Darm-Kanals? Wir wissen nichts darüber.«

Am weitesten verbreitet war der Glaube, dass Cholera und andere schreckliche Krankheiten von unreiner Luft kamen. Alles, was Abfall war oder verdorben – Abwasser, Leichen auf Friedhöfen, verrottende Pflanzen, menschliches Ausatmen –, hielt man für Ursachen von Krankheiten und potenziell tödlich. »Ansteckende Lüfte und dichter Gestank ziehen verheerend, unsichtbar

durch alle Straßen [...] und schonen keinen, und der Vorüber-
gehende atmet mit jedem Atemzug verdampften verrottenden
Gossendreck und Fäulnis tief in beide Lungen ein«, schrieb ein
Chronist, einen Hauch drastisch, um die Mitte des Jahrhunderts.
Und Liverpools oberster Gesundheitsbeamter errechnete 1844
selbstüberzeugt präzise das Ausmaß des Schadens, der da an-
gerichtet wurde. Er berichtete ans Parlament: »Durch die bloße
Lungentätigkeit der Bewohner Liverpools wird täglich eine drei
Fuß hohe Luftschicht, die die ganze Fläche der Stadt bedeckt,
ungeeignet für die Atmung der Menschen.«

Der hingebungsvollste, einflussreichste Miasmatheorie-Gläu-
bige, also jemand, der die Ursache von Krankheiten in der giftigen Luft sieht, war Edwin Chadwick, Sekretär der Kommission,
die die Durchführung der Armengesetze überwachte, und Autor
des *Berichts über die sanitären Bedingungen der arbeitenden Bevölkerung Großbritanniens,* der – das gibt's doch nicht! – 1842 ein
Bestseller wurde. Chadwicks Grundüberzeugung war, dass man
die Krankheiten loswerde, wenn man die Gerüche loswerde. »Alle
Gerüche sind Krankheit«, erklärte er auf eine Parlamentsanfrage.
Er wollte arme Stadtviertel und die Behausungen darin säubern,
nicht um die Lebensbedingungen für die Bewohner angenehmer
zu machen, sondern um den Gestank zu beseitigen.

Chadwick war ein verklemmter, freudloser Gesell und neigte
zu Eifersüchteleien und Streit um Statusfragen. Er war ausgebildeter Jurist und verbrachte den größten Teil seines Arbeitslebens
in königlichen Kommissionen, die sich mit der Verbesserung der
Armengesetzgebung beschäftigten, mit den Arbeitsbedingungen
in Fabriken, den hygienischen Verhältnissen in den Städten sowie
der Reorganisation der Registrierung von Geburten, Sterbefällen
und Eheschließungen. Fast niemand mochte ihn. Doch der werktätigen Bevölkerung zutiefst verhasst wurde er mit seiner Arbeit
zum Armengesetz von 1834, nach dem ein nationales System von
Arbeitshäusern eingeführt wurde, die letztlich nichts anderes als
Strafanstalten waren. Chadwick war die »unbeliebteste Person im

gesamten Vereinigten Königreich«, schrieb ein Biograf. Selbst seine Familie scheint nicht viel für ihn übriggehabt zu haben. Seine Mutter war gestorben, als er noch klein war, doch nachdem sein Vater wieder geheiratet hatte und mit seiner zweiten Frau nach Brooklyn ausgewandert war, hatte er offenbar auch mit ihnen nichts mehr zu schaffen.

Eines der Kinder aus der zweiten Ehe war übrigens Henry Chadwick, der einen vollkommen anderen Berufsweg einschlug. Er wurde Sportjournalist und eifriger früher Förderer des organisierten Baseball. Ja, manchen gilt er sogar als Vater des Spiels in seiner modernen Form. Er erfand die Scorecard, den Spielberichtsbogen, den tabellarischen Spielbericht und viele der im Baseball heißgeliebten statistischen Feinheiten wie Batting Average und Earned Run Average. Und wenn Sie wissen wollen, warum ein Baseballspielbericht und ein Cricketbericht einander so auffallend ähnlich sind – Henry Chadwick orientierte sich an den Cricketberichten.

Die Miasmatheorie hatte einen ernsthaften Fehler: Sie war von vorn bis hinten unbegründet. Das begriff aber leider nur ein Mann, und der schaffte es nicht, andere von seiner Meinung zu überzeugen. Er hieß John Snow.

Er wurde 1813 in bescheidenen Verhältnissen in York geboren – sein Vater war einfacher Arbeiter –, was sein Bild von der Gesellschaft sicher sehr geprägt hat. Jedenfalls war er der einzige seiner ärztlichen Zunft, der den Armen nicht die Schuld an ihren Krankheiten in die Schuhe schob. Stattdessen machte er die erbärmlichen Lebensbedingungen, über die diese Menschen nicht bestimmen konnten, für ihre Anfälligkeit für Ansteckungen verantwortlich. Noch nie zuvor war jemand so unvoreingenommen und aufgeschlossen an die Untersuchung von Epidemien herangegangen.

Snow studierte Medizin in Newcastle, ließ sich aber in London nieder. Dort wurde er einer der führenden Narkoseärzte der Zeit, als die Anästhesie noch in den Kinderschuhen steckte.

Selbst heute noch ist sie eine heikle Angelegenheit, doch in den Anfangstagen, als die verabreichten Dosen des Narkosemittels auf wenig mehr als Gefühl und hoffnungsfrohen Vermutungen basierten, waren Tod und andere grässliche Folgen ganz normal. 1853 wurde Snow herbeigerufen, um Königin Victoria bei ihrer achten Geburt Chloroform zu verabreichen. Was insofern höchst überraschend war, als der Gebrauch von Chloroform nicht nur neu war – es war erst sechs Jahre zuvor von einem Arzt in Edinburgh entdeckt worden –, sondern auch entschieden gefährlich. Schon viele Menschen waren bei seiner Anwendung gestorben. Es nun lediglich dazu einzusetzen, um der Königin die schmerzhaften Wehen zu erleichtern, war nach Ansicht der meisten Mediziner sträflich unvorsichtig. Die *Lancet* berichtete darüber als beunruhigendes Gerücht und drückte ihr Erstaunen aus, dass ein approbierter Arzt bei einer Angehörigen des Königshauses ein derartiges Wagnis einging, ohne dass deren Leben auf dem Spiel stand. Doch offenbar zögerte Snow nicht, damals oder auch später Chloroform zu verwenden, obwohl er in seiner Praxis ständig heftig an die Risiken erinnert wurde. Im April 1857 starb ihm einer seiner Patienten, weil er mit einem neuen Narkosemittel, Amylen, experimentierte und die zuträgliche Dosis falsch eingeschätzt hatte. Genau eine Woche danach verabreichte er der Königin Chloroform.

Wenn er nicht Menschen half, vor einer Operation das Bewusstsein zu verlieren, verbrachte Snow viel Zeit mit der Erforschung von Krankheitsursachen. Er fragte sich insbesondere, warum die Cholera manche Viertel verheerte und andere verschonte. In Southwark war die Todesrate bei Cholera sechs Mal höher als im angrenzenden Lambeth. Wenn Cholera von schlechter Luft verursacht wurde – warum steckten sich dann Menschen, die in benachbarten Stadtvierteln im Prinzip die gleiche Luft atmeten, nicht an? Und weiter: Wenn die Cholera durch Ausdünstungen verbreitet wurde, hätten ja die Leute, die am direktesten damit in Berührung kamen – die Kanalreiniger, Fäkaliensammler und alle anderen, die sich ihren Lebensunterhalt in und mit menschlichen Exkrementen verdienten –, die häufigsten Opfer sein müssen. Dem war aber keineswegs so. Nach der Choleraepidemie 1848 fand Snow keinen einzigen Kanalreiniger, der zu Tode gekommen war.

Snows unsterbliches Verdienst war nicht, dass er die Ursache von Cholera überhaupt herausfand, sondern dass er mit streng wissenschaftlichen Methoden den Beweis dafür erbrachte. Er legte exakte Karten an, auf denen man ablesen konnte, wo die Choleraopfer wohnten bzw. gewohnt hatten, und dabei entstanden faszinierende Muster. Das Bethlehem Hospital, die berühmte Irrenanstalt Bedlam, hatte zum Beispiel kein einziges Opfer zu verzeichnen, während Menschen in den Straßen darum herum in alarmierenden Zahlen niedergestreckt wurden. Und woran lag es? Das Hospital hatte einen Brunnen auf der Anlage und damit eine eigene Wasserversorgung, während die Menschen draußen ihr Wasser an öffentlichen Brunnen holten. Und die Bevölkerung von Lambeth trank Wasser, das von sauberen Quellen außerhalb der Stadt kam, während die in Southwark daneben sich ihr Wasser direkt aus der verschmutzten Themse holte.

Snow berichtete über seine Funde 1849 in einem Pamphlet mit dem Titel »Zur Übertragungsweise von Cholera«, in dem er eine eindeutige Verbindung zwischen Cholera und Wasser aufzeigte, das mit menschlichen Exkrementen verunreinigt war. Es ist eines der wichtigsten Dokumente in der Geschichte der Statistik, der Volksgesundheit, der Demografie und Pathologie – ja, eines der wichtigsten Dokumente des neunzehnten Jahrhunderts überhaupt. Nur, dass es keiner las, und die Epidemien kamen und gingen.

1854 wütete die Cholera in Soho besonders bösartig. Innerhalb von zehn Tagen starben mehr als fünfhundert Menschen nur in der Gegend um die Broad Street. Die Opferzahlen wären sogar noch höher ausgefallen, wenn nicht so viele Menschen aus dem Viertel geflüchtet wären.

Die Verteilung der Sterbefälle zeigte rätselhafte Anomalien. Eines der Opfer starb in Hampstead und ein anderes in Islington – beide meilenweit von der Broad Street entfernt. Snow machte sich auf den langen Weg nach dort, wo die Opfer gelebt hatten und aufgebahrt waren, und befragte Verwandte und Nachbarn. Dabei erfuhr er, dass die Frau in Hampstead das Wasser aus der Broad Street liebte – ja, sogar so sehr, dass sie es sich regelmäßig ins Haus liefern ließ – und, kurz bevor sie krank wurde, davon getrunken hatte. Das Opfer in Islington war ihre Nichte, die sie besucht und auch von dem Wasser getrunken hatte.

Snow gelang es, den Gemeinderat dazu zu bewegen, den Schwengel von einer Wasserpumpe in der Broad Street zu entfernen, wonach in der Umgebung keiner mehr an Cholera starb – so wird es jedenfalls berichtet. In Wirklichkeit war die Epidemie schon im Abklingen begriffen, als der Schwengel entfernt wurde, hauptsächlich weil so viele Leute das Weite gesucht hatten.

Trotz der gesammelten Beweise wurden Snows Schlussfolgerungen nicht ernst genommen. Snow redete vor einem Parlamentarischen Untersuchungsausschuss, und der Vorsitzende Sir Benjamin Hall sah sich außerstande, den Ergebnissen Glauben zu schenken. Völlig konsterniert fragte er Snow: »Geht dieser Ausschuss richtig in der Annahme, dass nach Ihrem Dafürhalten die Ausdünstungen der Leimsiederwerkstätten, die einen für die Sinne üblen Geruch verbreiten, der Gesundheit der Bewohner des Viertels in keiner Weise abträglich sind?«

»Ja, der Meinung bin ich«, erwiderte Snow, doch leider kam er mit seiner stets bescheidenen Art nicht viel weiter, und die Behörden wiesen auch jetzt noch seine Behauptungen zurück.

Heute begreift man eigentlich gar nicht, wie radikal und unerwünscht Snows Ansichten waren. Viele Leute vom Fach hassten ihn vehement. Die *Lancet* argwöhnte sogar, dass er auf der Gehaltsliste einer Branche stehe, deren Interesse und Wunsch es sei, weiterhin die Luft mit »Pestilenzdünsten, Miasmen und schlimmen Abscheulichkeiten aller Arten« zu verpesten und reich zu werden, indem sie ihre Nachbarn vergifte. »Nach eingehender Prüfung«, schloss auch die Parlamentarische Untersuchung, »sehen wir keinen Grund, die geäußerte Ansicht zu übernehmen.«

Doch schließlich kam es, wie es kommen musste. Im Sommer 1858 suchte eine Hitzewelle mit großer Trockenheit London heim, der Müll wurde nicht weggeschwemmt und sammelte sich. Die Temperaturen stiegen bis weit über dreißig Grad Celsius und blieben so hoch – sehr ungewöhnlich für London. Das Resultat war »der Große Gestank«, wie *The Times* es nannte. Die Themse stank so widerwärtig, dass die Leute, wenn sie es irgend vermeiden konnten, sich nicht mehr in der Nähe des Flusses aufhielten. »Wer den Gestank einmal eingeatmet hat, kann ihn nie wieder vergessen«, schrieb eine Zeitung. Die Vorhänge im neuen Parlamentsgebäude wurden fest zugezogen und mit einer Lösung aus Kalziumchlorid besprizt, um die tödlichen Gerüche zu mildern, doch die Leute wurden panisch. Man musste Sitzungen unterbrechen. Abgeordnete, die in die Bibliothek zu gelangen versuchten, die zum Fluss hin lag, »waren sofort zum Rückzug gezwungen, jeder einzelne Mann mit einem Taschentuch vor der Nase«, berichtet Stephen Halliday.

Snow erlebte all das nicht mehr. Leider auch nicht, dass er und seine Ideen rehabilitiert wurden. Mitten im »Großen Gestank« starb er an einem Schlaganfall und erfuhr nie, dass er später als Held gefeiert wurde. Er war erst fünfundvierzig Jahre alt. Sein Tod wurde kaum zur Kenntnis genommen.

Gott sei Dank war schon eine andere heldenhafte Gestalt dabei, die Bühne zu betreten – Joseph Bazalgette. Zufällig arbeitete er in einem Büro genau um die Ecke von Snow, wenn sich die beiden Männer auch, soweit wir wissen, nie begegnet sind. Bazalgette war ein sehr kleiner, schlanker Mann und federleicht, kompensierte aber seine Jockey-Figur mit einem spektakulär buschigen Schnauzbart, der buchstäblich von Ohr zu Ohr reichte. Wie die des anderen großen viktorianischen Ingenieurs Isambard Kingdom Brunel waren seine Vorfahren Franzosen. Doch bei seiner Geburt im Jahre 1819 war die Familie schon fünfunddreißig Jahre in England ansässig. Der Vater war Fregattenkapitän in der königlichen Marine, und unser Held wuchs in sehr privilegierten Verhältnissen auf, er wurde von Privatlehrern erzogen und genoss alle sonstigen Vorzüge einer solchen familiären Umgebung.

Da ihm wegen seiner zarten Statur die Militärlaufbahn verschlossen war, wurde er Eisenbahningenieur, trat aber 1849 im Alter von dreißig in die Metropolitan Commission of Sewers, die Londoner Kommission zu Fragen der Kanalisation ein, wo er bald zum Chefingenieur aufstieg. Nie gab es einen größeren Fürsprecher für den Bau einer Kanalisation. Nichts, was die Entsorgung von Abwässern und Abfall betraf, entging seiner genauen Überprüfung. Weil es so gut wie keine öffentlichen Toiletten in London gab, entwarf er Pläne, wie man sie an allen wichtigen Stellen der Stadt aufstellen konnte. Der Urin sollte gesammelt und an die Industrie verkauft werden (abgestandenen Urin brauchte man zur Alaunherstellung). Mit jedem Urinal konnten so 48 Pfund im Jahr verdient werden, ein schönes Sümmchen. Der Plan wurde nie umgesetzt, aber es verbreitete sich die allgemeine Überzeugung, dass Joseph Bazalgette der Mann war, an den man sich wenden musste, wenn es um Abwässer ging.

Nach dem »Großen Gestank« war klar, dass das Abwassersystem in London erneuert werden musste, und Bazalgette bekam den Zuschlag. Es war eine gewaltige Aufgabe. Er musste in eine Stadt, in der das Leben pulsierte und tobte, fast zweitausend Kilometer Tunnel bauen, die unbegrenzt halten sollten und mittels derer man jeden letzten von drei Millionen Menschen erzeugten Dreckkrümel wegschaffen und zukünftig anfallende Abwässer unbekannter Menge bewältigen wollte. Das hieß Land erwerben, Wegerechte aushandeln, Baumaterialien besorgen und verteilen und Massen von Arbeitern dirigieren. Schon der Gedanke an das Ausmaß des Jobs war erschöpfend. Für die Tunnel brauchte man 318 Millionen Ziegelsteine und musste knapp

Bau der Abwasserröhren bei Old Ford, Bow, East London

2,75 Millionen Kubikmeter Erde ausgraben und abtransportieren. Und das Ganze mit einem Budget von gerade mal drei Millionen Pfund Sterling.

Bazalgette übertraf alle Erwartungen aufs Feinste. Beim Bau des neuen Abwassersystems gestaltete er fünf Kilometer Flussufer der Themse um und schuf sowohl das Chelsea als auch das Albert and Victoria Embankment, wozu viel von der ausgegrabenen Erde gebraucht wurde. Die neuen Uferbefestigungen boten nicht nur Platz für ein darin verlaufendes, mächtiges Abwasserrohr – eine regelrechte Abwasserautobahn –, sondern auch noch reichlich Raum für eine neue U-Bahn-Linie, Gasleitungen und andere Versorgungseinrichtungen darunter sowie oben für eine neue Entlastungsstraße. Insgesamt gewann Bazalgette zweiundfünfzig Morgen Land, auf dem er Parks und Promenaden anlegen ließ. Durch die Uferbefestigungen wurde der Fluss natürlich schmaler und schneller – und klärte sich dadurch auch besser selbst. Es gibt wohl schwerlich irgendwo ein Werk von Ingenieuren, das so viele weitreichende Verbesserungen mit sich brachte – Verbesserungen für die Gesundheit der Bevölkerung, den öffentlichen Nahverkehr, den Straßenverkehr, für die Naherholung und die Flusswirtschaft. Noch heute werden über diese Kanalisation Londons Abwässer weggeschafft, und Einheimische und Touristen ergehen sich an den Embankments und in den Stadtparks immer noch gern.

Weil Bazalgette so wenig Mittel hatte, konnte er die Kanalisation nur bis zum östlichen Rand der Metropole führen, bis zu einem Gelände namens Barking Reach. Dort ergossen sich aus gewaltigen Abwasserrohren täglich fast 570 Millionen Liter ungeklärter, klumpiger, übelst stinkender Brühe in die Themse. Da der Ort aber leider immer noch über dreißig Kilometer vom offenen Meer entfernt war, war das Grund zur ständigen Klage für die bekümmerten, unglücklichen Menschen, die entlang dieser dreißig Kilometer wohnten, doch die Gezeitenfluten waren stark genug, um den meisten Unrat ein für alle Mal (wenn auch nicht immer geruchlos) ins Meer zu befördern und dafür zu sorgen, dass in London nie wieder Epidemien ausbrachen, die von Abwässern verursacht wurden.

Die neuen Abwasserrohre spielten eine unselige Rolle in der größten Tragödie, die sich je auf der Themse ereignete. Im September 1878 tuckerte ein Vergnügungsdampfer namens *Princess Alice*, zum Bersten voll mit Ausflüglern, nach einem Tag am Meer nach London zurück und kollidierte mit einem anderen Schiff in Barking genau an dem Ort beziehungsweise in dem Moment, als die beiden gigantischen Rohre in Aktion traten. Die *Princess Alice* sank in weniger als fünf Minuten. Fast achthundert Menschen ertranken in erstickendem Schlamm und ungeklärten Abwässern. Selbst wer schwimmen konnte, kam nur schwer durch den klebrigen Unrat. Noch tagelang trieben Leichen an die Wasseroberfläche. Viele, berichtete *The Times,* waren von den Gasen, die die Bakterien erzeugten, so aufgequollen, dass sie gar nicht in normale Särge passten.

1876 entdeckte Robert Koch, ein bis dahin unbekannter Landarzt in Deutschland, die Mikrobe *Bacillus anthracis,* die für den Milzbrand verantwortlich zeichnet, und sieben Jahre später den Bazillus *Vibrio cholerae,* Verursacher der Cholera. Endlich, endlich war hier der Beweis, dass einzelne Mikroorganismen bestimmte Krankheiten hervorriefen. Bemerkenswert, dass wir ungefähr genauso lange, wie wir elektrisches Licht und Telefon haben, wissen, dass Keime Menschen umbringen können. Edwin Chadwick glaubte es nie und schlug sein ganzes Leben lang stets neue Methoden vor, Gerüche zu vertreiben, um Krankheiten zu verhindern. Einer seiner letzten und schrägeren visionären Vorschläge bestand darin, überall in London eine Reihe von Türmen zu bauen, die dem neuen Eiffelturm in Paris nachgebildet werden und als mächtige Ventilatoren fungieren sollten, nämlich frische gesunde Luft aus der Höhe einsaugen und sie auf Bodenhöhe wieder ausstoßen. Im Sommer 1890 nahm er die unerschütterliche Überzeugung, dass Dünste in der Luft Epidemien verursachen, mit ins Grab.

Bazalgette wandte sich unterdes anderen Projekten zu. In Hammersmith, Battersea und Putney baute er einige der schönsten Brücken Londons und trieb zur Entlastung des immer höheren Verkehrsaufkommens mehrere kühne neue Straßen wie die Charing Cross Road und die Shaftesbury Avenue durch das Herz der Stadt. Gegen Ende seines Lebens wurde er in den Ritterstand erhoben, doch eigentlich bekam er den ihm gebührenden Ruhm nie. Das passiert Erbauern von Abwasseranlagen selten. Mit einer bescheidenen Statue auf dem Victoria Embankment neben der Themse wird seiner gedacht. Er starb einige Monate nach Chadwick.

III.

In den Vereinigten Staaten war die Situation komplizierter als in England. Reisende waren oft beeindruckt, dass Epidemien dort seltener und nicht so heftig auftraten. Dafür gab es einen guten Grund: Amerikanische Gemeinwesen waren allgemein sauberer. Das lag weniger daran, dass Amerikaner mehr auf sich und ihre Umgebung hielten, als vielmehr daran, dass die Städte offener und weitläufiger waren und Ansteckungen und Kreuzinfektionen weniger Chancen hatten. Doch andererseits mussten sich die Menschen in der Neuen Welt mit zusätzlichen Erkrankungen herumschlagen, von denen ihnen etliche vollkommen rätselhaft waren. Eine hieß »Milchkrankheit«. Leute, die Milch tranken, fielen manchmal einfach ins Delirium und starben schnell – wie zum Beispiel Abraham Lincolns Mutter –, doch die Milch, die sie getrunken hatten, roch und schmeckte genau wie andere, und niemand wusste, was der Grund für die Infektion war. Erst im späten neunzehnten Jahrhundert fand endlich jemand heraus, dass Kühe die Schuldigen waren, die eine Pflanze namens Runzeliger Wasserdost gefuttert hatten, die harmlos für sie war, aber ihre Milch giftig machte.

Tödlicher und weit und breit gefürchteter war das Gelbfieber. Es ist eine Viruserkrankung, die so genannt wurde, weil die Haut der Erkrankten oft blassgelb wurde. Die übleren Symptome waren allerdings hohes Fieber und schwarzes Erbrechen. Das Gelbfieber kam mit Sklavenschiffen aus Afrika nach Amerika. Der erste Fall wurde 1647 auf Barbados registriert. Eine schreckliche Krankheit. Ein Arzt, der sie bekam, sagte, er habe sich gefühlt, »als seien drei oder vier Haken an meinen Augäpfeln befestigt und als zöge sie jemand hinter mir mit Gewalt aus ihren Höhlen nach innen in meinen Kopf«. Keiner wusste, was die Ursache war, aber man meinte allgemein – mehr intuitiv als verstandesmäßig –, dass es verseuchtes Wasser war.

In den 1790er Jahren begann ein heroischer englischer Einwanderer, Benjamin Latrobe, damit, die Wasserqualität amerikanischer Städte entscheidend zu verbessern. Latrobe war nur wegen eines privaten Unglücks in den Vereinigten Staaten. Er hatte als erfolgreicher Architekt und Ingenieur in England gelebt, bis 1793 seine Frau bei der Geburt ihres Kindes starb. Am Boden zerstört beschloss er, in das Heimatland seiner Mutter, nach Amerika, auszuwandern und sich dort ein neues Leben aufzubauen. Eine Zeitlang war er der einzige Architekt und Ingenieur des Landes, der eine formale Ausbildung genossen hatte, und als solcher bekam er wichtige Aufträge, vom Gebäude der Bank of Pennsylvania in Philadelphia bis zum neuen Capitol in Washington.

Hauptsächlich trieb ihn aber die Überzeugung um, dass man etwas gegen das verschmutzte Wasser tun musste, das Tausende von Menschen unnötig das Leben gekostet hatte. Nachdem es in der Hauptstadt der jungen Nation, Philadelphia, nach dem verheerenden Gelbfieberausbruch von 1793 in den nächsten Jahren auch weitere gegeben hatte, brachte er die Behörden dazu, die Überschwemmungsgebiete in der Stadt trockenzulegen und sauberes frisches Wasser von außerhalb der Stadtgrenzen zu holen. Diese Maßnahmen wirkten wahre Wunder, und die Krankheit kam nie wieder mit solch zerstörerischer Kraft nach Philadelphia zurück. Als Latrobe Ähnliches in New Orleans schaffen wollte, starb er dort 1820 ausgerechnet an Gelbfieber.

In Städten, die die Wasserversorgung nicht verbesserten, folgte die Strafe auf dem Fuß. Bis etwa 1800 kam das gesamte Frischwasser für Manhattan aus einem einzigen schmutzigen Teich – kaum mehr als einem »bloßen Abwassertümpel« in den Worten eines Zeitgenossen –, der im Südteil Manhattans als Collect Pond bekannt war. Als die Bevölkerungszahlen nach dem Bau des Erie-

Kanals in die Höhe schnellten, verschlimmerte sich die Situation dramatisch. In den 1830er Jahren schätzte man, dass jeden Tag einhundert Tonnen Exkremente in die Sickergruben der Stadt wanderten, und die verunreinigten oft Brunnen in ihrer Nähe. Allgemein und oft unübersehbar war das Wasser in New York verdreckt und nicht trinkbar. Dann gab es 1832 nicht nur eine Cholera-, sondern auch eine Gelbfieberepidemie in der Stadt. Insgesamt starben mehr als viermal so viele Menschen daran als bei der schrecklichen Seuche in Philadelphia, wo das Wasser durch Latrobes Eingreifen mittlerweile sauberer geworden war. Die Wahnsinnsepidemie in New York brachte ebenso wie der »Große Gestank« in London die Dinge ins Rollen, und 1837 begann man mit der Arbeit am Croton-Aquädukt, über das nach seiner Fertigstellung 1842 endlich reines, unbedenkliches Wasser in die Stadt kam.

In einem war Amerika allerdings dem Rest der Welt überlegen: im Bau von privaten Toiletten. Der Hauptantrieb dazu kam jedoch nicht von Hausbesitzern, sondern von Hotels. Das allererste Hotel der Welt, das mit jedem Zimmer ein Bad zur Verfügung stellte, war das Mount Vernon Hotel im Badeort Cape May an der Küste von New Jersey. Das war 1853 und seiner Zeit so weit voraus, dass mehr als ein halbes Jahrhundert verging, bevor andere Hotels eine ebensolche Extravaganz anboten. Doch zunehmend wurden Bäder – wenn auch Gemeinschaftsbäder am Ende des Flurs und keine privaten im eigenen Zimmer – Standard in Hotels, zuerst in den Vereinigten Staaten und dann in Europa, und Hoteliers, die diesem Trend nicht folgten, gerieten ins Hintertreffen.

Denkwürdig demonstriert wurde das in dem riesigen und ansonsten herrlichen Midland Hotel am Bahnhof St. Pancras in London. Nach Plänen des großen George Gilbert Scott, der auch das Albert Memorial entworfen hatte, sollte das Midland das luxuriöseste Hotel der Welt werden. Es kostete in heutigem Geld 300 Millionen Pfund, eröffnete 1873 und war in fast jeder Hinsicht fantastisch. Nur in einer nicht: Verblüffenderweise baute Scott zwar sechshundert Zimmer, aber nur vier Bäder. Fast vom ersten Tage an war das Midland ein Fiasko.

In Privathäusern waren Badezimmer mit Toiletten mehr oder weniger Glückssache. Bis spät ins neunzehnte Jahrhundert hinein waren in vielen Häusern Wasserleitungen bis in die Küche und vielleicht zu einer Toilette im Erdgeschoss verlegt, aber nicht in ein richtiges Badezimmer, weil der Druck in den Leitungen zu gering war, um das Wasser nach oben zu befördern. In Europa waren die Reichen unerwartet zögerlich, ihre Lebensqualität mit Bädern zu verbessern – auch wenn der Wasserdruck es erlaubt hätte. »Badezimmer sind für Diener«, sagte ein englischer Aristokrat naserümpfend. Und der Duc de Doudeauville erwiderte auf die Frage, ob er in seinem neuen Haus Wasserleitungen einbauen lassen werde, hochmütig: »Ich baue kein Hotel.« Im Gegensatz dazu wollten die Amerikaner auf die Wohltaten eines heißen Bades oder einer Toilette mit Wasserspülung bald nicht mehr verzichten. Als der Zeitungsbaron William Randolph Hearst St. Donat's, eine walisische Burg- bzw. Schlossanlage, erstand, ließ er als Allererstes zweiunddreißig Badezimmer einbauen.

Anfangs waren Badezimmer nicht charmanter eingerichtet als heute ein Heizungskeller, sie waren streng zweckmäßig. In schon existierenden Häusern musste man Bäder im Übrigen dort einbauen, wo es gerade ging. Meist wurden sie in ein ehemaliges Schlafzimmer verlegt, doch manchmal auch in Alkoven oder mit sanfter Gewalt in andere merkwürdige Ecken. Im Pfarrhaus in Whatfield in Suffolk richtete man das Bad einfach hinter einem Wandschirm in der Eingangsdiele ein. Die Größen von Badewannen, Toiletten und Waschbecken waren unglaublich unterschiedlich. In Lanhydrock House in Cornwall war die Wanne so groß, dass man über eine Trittleiter hineinklettern musste. Andere Badezimmer mit eingebauten Duschen sahen aus wie Pferde-Waschanlagen.

Auch technische Probleme verzögerten den Siegeszug von Badezimmern. Eine Wanne aus einem Stück zu gießen, nicht zu dick und nicht zu schwer, war überraschend schwierig. In gewisser Weise war es leichter, eine gusseiserne Brücke als eine gusseiserne Badewanne zu bauen. Letztere mit einer Oberfläche zu versehen, die weder absplitterte, fleckig wurde, Haarrisse bekam noch sich schnell abnutzte, war auch nicht einfach. Heißes Wasser erwies sich als kolossal zerstörerisch. Zink-, Kupfer- und gusseiserne Badewannen sahen herrlich aus, aber die Oberfläche blieb nicht lange schön. Erst mit der Erfindung der Porzellanemaille etwa 1910 wurden Badewannen haltbar und ansehnlich. Man sprayte ein Pulvergemisch auf das Gusseisen und brannte es wiederholt, bis es einen porzellanähnlichen Glanz annahm. Porzellanemaille war im Übrigen weder Porzellan noch Emaille, sondern eine glasartige Deckschicht. Badewannenoberflächen aus Emaille konnten sehr transparent sein, wenn man dem Glasurgemisch weder Weißmacher noch andere Farben zusetzte.

Endlich hatte die Welt Badewannen, die gut aussahen und ihr gutes Aussehen auch lange bewahrten. Leider waren sie weiterhin extrem teuer. 1910 kostete allein eine Wanne unter Umständen 200 Dollar – was sich normale Haushalte nicht leisten konnten. Doch als die Hersteller größere Mengen anfertigen konnten, fielen die Preise, und 1940 konnte ein Amerikaner eine ganze Badezimmereinrichtung – Becken, Badewanne und Toilette – für 70 Dollar kaufen, und das Geld hatten fast alle.

Anderswo blieben Bäder Luxus. In Europa mangelte es meist an dem nötigen Platz. 1954 hatte lediglich eine von zehn französischen Wohnungen eine Dusche oder ein Bad. In Großbritannien, erinnert sich die Journalistin Katharine Whitehorn, durften sie und ihre Kolleginnen bis Ende der 1950er Jahre in der Frauenzeitschrift *Woman's Own* keine Artikel über Badezimmer bringen, weil nicht genügend britische Heime welche hatten und Berichte darüber womöglich nur Neid hervorgerufen hätten.

Unser altes Pfarrhaus hatte natürlich 1851 kein Badezimmer.

Doch der Architekt, der stets faszinierende Edward Tull, hatte ein Wasserklosett vorgesehen – 1851 eine ziemliche Neuheit. Noch ungewöhnlicher war der Ort, den er dafür aussuchte: den Treppenabsatz der Haupttreppe.

Da aber in den Bauplänen überhaupt keine Abwasserrohre vorgesehen sind, hat Tull das Ganze wahrscheinlich doch nicht richtig durchdacht. Was sowieso belanglos ist, denn das Wasserklosett wurde nie gebaut.

Siebzehntes Kapitel

Der Ankleideraum

I.

Im September 1991 wanderten Helmut und Erika Simon aus Nürnberg am Rand eines Gletschers in den Ötztaler Alpen entlang, genauer gesagt am Tisenjoch an der Grenze zwischen Österreich und Italien, als sie plötzlich eine menschliche Leiche sahen, die aus dem Eis hervorstak. Sie war ledrig und sehr ausgemergelt, ansonsten aber offenbar vollständig erhalten.

Die Simons machten einen Umweg von drei Kilometern, um ihre Entdeckung in der nächsten bewirtschafteten Berghütte zu melden, und die Polizei wurde gerufen. Als die Gendarmen an der Fundstelle eintrafen, sahen sie allerdings schnell, dass das kein Fall für sie, sondern für die Archäologen war. Die persönlichen Gegenstände – Kupferbeil, Dolch aus Feuerstein, Pfeile und Köcher –, die bei der Leiche lagen, verrieten, dass sie aus einem viel früheren, primitiveren Zeitalter stammte.

Spätere Datierungen mit der Radiokarbonmethode erbrachten, dass der Mann vor über fünftausend Jahren gestorben war. Er bekam rasch den Spitznamen Ötzi, nach dem nächstgrößeren Tal, dem Ötztal; andere nannten ihn Eismann. Ötzi hatte nicht nur verschiedenste Werkzeuge dabei, sondern war außerdem von Kopf bis Fuß bekleidet. Noch nie war etwas derart vollständig Erhaltenes und derart Altes gefunden worden.

Anders, als man gemeinhin annimmt, tauchen Gletscherleichen nie völlig unversehrt wieder auf. Vielmehr zermahlen und zerquetschen die Eismassen alles, was in ihnen gefangen ist, so dass von den sterblichen Überresten am Ende normalerweise nur noch Moleküle übrig bleiben. Ganz selten einmal werden die Leichen bizarr lang gezogen, wie Comicfiguren, die von einer Dampfwalze überrollt werden. Und wenn kein Sauerstoff daran kommt, können sie auch verseifen; dann verwandelt sich vor allem das Unterhautfettgewebe in eine wächserne, übelriechende Substanz, die Adipocire genannt wird. Solche Leichen sehen gespenstisch aus, als seien sie aus Seife geschnitzt, und verlieren alle individuellen Züge.

Ötzis Körper war so gut konserviert, weil ungewöhnlich günstige Umstände zusammentrafen. Erstens starb er im Freien an einem trockenen Tag mit rasch fallenden Temperaturen und wurde im Grunde gefriergetrocknet. Zweitens schneite es in der Zeit danach immer mal wieder; trockener, leichter Pulverschnee bedeckte die Leiche, so dass Ötzi vermutlich jahrelang in dem tiefgefrorenen Zustand blieb, bevor der Gletscher ihm schließlich langsam näher kam. Drittens wurde er zum Glück nur vom Gletscherrand erfasst, was ihn und – nicht weniger wichtig – seine Besitztümer davor bewahrte, verstreut und zerdrückt zu werden. Wäre Ötzi ein paar Schritte näher am Gletscher oder ein wenig weiter unten am Hang oder bei Nieselregen oder Sonne oder überhaupt bei anderen Wetterverhältnissen gestorben, hätten wir ihn heute nicht. Im Leben war er vielleicht ein ganz gewöhnlicher Mann, im Tod ist er eine der seltensten Leichen überhaupt.

Einzigartig aufregend an ihm ist, dass er nicht in einem Grab lag und die persönlichen Gegenstände sorgsam um ihn herum arrangiert waren, sondern dass hier ein Mensch mitten aus dem Leben gerissen wurde, mit den Alltagsdingen, die er bei seinem Tode mit sich führte. So etwas hatte man noch nie gefunden, und beinahe hätte man alles zerstört, weil man vier Tage lang übereifrig versuchte, ihn zu bergen. Jeder, der vorbeikam, durfte mal an dem Eis herumhacken, in dem die Leiche feststeckte. Ein wohlmeinender Helfer packte einen Stock und versuchte damit zu graben, doch der zerbrach. »Der Stock«, berichtete die *National*

Geographic, »erwies sich als Teil des Rahmens der Rückentrage aus Haselholz und Lärchenholz, die der Eismann dabeigehabt hatte.« Die Freiwilligen benutzten wahrhaftig dessen unschätzbar wertvolle Gegenstände, um ihn auszugraben!

Dann nahm sich die österreichische Polizei des Falles an, und Ötzi wurde eilends in einen Kühlraum nach Innsbruck geschafft. Doch eine darauf folgende GPS-Ortung ergab, dass sich der Fundort gerade noch auf italienischem Territorium befunden hatte, und nach einigem juristischen Hickhack mussten die Österreicher die kostbare Leiche wieder hergeben, und sie wurde über den Brenner nach Italien gebracht.

Heute ruht Ötzi auf einem Glastisch in einem gekühlten Raum im Archäologischen Museum in Bozen. Seine Haut hat die Farbe und Struktur feinen Leders und liegt straff über den Knochen. Sein Gesichtsausdruck ist müde-resigniert. Seit er vor fast zwanzig Jahren aus den Bergen heruntergebracht wurde, ist er eine der kriminalistisch am meisten untersuchten Leichen in der Menschheitsgeschichte geworden. Verblüffend exakt konnten Wissenschaftler viele Einzelheiten aus seinem Leben ermitteln. Mit Elektronenmikroskopen fanden sie heraus, dass er am Tage seines Todes Steinbock und Rotwild, Dinkelbrot und einige nicht zu bestimmende Gemüsesorten gegessen hat. Aus Pollenkörnern in seinem Dickdarm und den Lungen schlossen sie, dass er im Frühling gestorben ist und den Tag unten im Tal begonnen hat.

Nach einer Untersuchung der Isotopenzusammensetzung in seinem Zahnschmelz vermochten sie sogar zu sagen, was er als Kind gegessen und getrunken hat, und vor allem, wo er aufgewachsen ist, nämlich im Eisacktal in Südtirol. Später zog er ins Vinschgau, auch in Südtirol an der heutigen Grenze zur Schweiz. Die größte Überraschung war sein Alter: Auf mindestens vierzig, aber womöglich sogar dreiundfünfzig Lenze hatte er es gebracht, womit er wahnsinnig alt für die Zeit geworden wäre. Vieles konnten die Forscher allerdings auch nicht erklären, zum Beispiel, wie er gestorben war und was er zum Zeitpunkt seines Todes dreitausend Meter über dem Meeresspiegel wollte. Sein Bogen war nicht gespannt und erst halb fertig, und die Pfeile waren bis auf zwei ebenfalls nicht schussbereit und damit nutzlos. Trotzdem hatte er sie dabei.

Normalerweise besuchen nicht viele Leute kleine archäologische Museen in Provinzhauptstädten, doch ins Bozener Museum strömen sie das ganze Jahr hindurch in Scharen, stehen Schlange, um den Mann aus der Eiszeit durch ein kleines Fenster anzuschauen, und der Geschenkeshop mit Ötzi-Souvenirs boomt. Ötzi selbst liegt nackt auf dem Rücken auf seinem Glastisch. Seine braune Haut glänzt feucht, weil man ihn in einem ständigen Sprühnebel konserviert. Eigentlich ist erst mal gar nichts Besonderes an ihm. Er ist ein vollkommen normales, wenn auch ungewöhnlich altes und gut erhaltenes menschliches Wesen. Ungewöhnlich sind auch seine vielen Besitztümer. Anhand ihrer kann man eine Zeitreise unternehmen.

Ötzi besaß Schuhe, Kleidung, zwei Birkenrindengefäße, einen Dolch mit Scheide, ein Beil, einen Bogenstab, Köcher und Pfeile, verschiedene kleine Werkzeuge und hatte außerdem ein paar Beeren, ein Stück Steinbockfleisch sowie zwei walnussgroße, kugelige Klumpen eines Baumpilzes dabei, eines Birkenporlings, die ihm als Antibiotikum bei kleinen Wunden oder als Mittel gegen Bauchschmerzen dienten und die er sich, sorgfältig auf einen Fellstreifen gefädelt, ums Handgelenk gebunden hatte. In einem der mit Spitzahornblättern ausgekleideten Gefäße wiederum müssen sich Glutstücke befunden haben, mit denen er Feuer anzünden konnte. Viele dieser Dinge hatte man bis dahin noch nie gesehen, ja, nicht einmal eine Vorstellung davon gehabt, dass es dergleichen überhaupt gab.

Ötzis Ausrüstung war aus achtzehn verschiedenen Hölzern gefertigt – eine erstaunliche Vielfalt. Das Überraschendste aber war sein Beil. Es hatte eine kupferne Klinge und gehört zum Typ Remedello-Beil; der Name stammt von der gleichnamigen Fundstelle Remedello bei Brescia. Doch Ötzis Beil war um einige Jahrhunderte älter als das älteste Remedello-Beil. »Es war, als habe man aus einer mittelalterlichen Grabstätte ein modernes Gewehr geborgen«, sagte ein Forscher. Durch den Fund des Beils musste man die Kupferzeit in Europa um mehr als eintausend Jahre früher ansetzen.

Doch geradezu eine Offenbarung war die Kleidung, absolut aufregend. Vor Ötzi hatte man keine Ahnung – genauer gesagt, man konnte *nur ahnen* –, wie sich Steinzeitmenschen kleideten. Erhalten geblieben waren ja lediglich Teile. Doch hier war nun ein vollständiges Outfit, das voller Überraschungen steckte. Es bestand aus verschiedenen Fellen, von Rotwild, Bären, Gämsen, Ziegen und Kühen. Außerdem hatte Ötzi ein viereckiges Stück geflochtenes Gras dabei, das neunzig Zentimeter lang war und das er vielleicht als Regencape, vielleicht als Schlafmatte benutzte. Noch einmal: Nichts dergleichen hatte man je gesehen oder sich auch nur auszumalen gewagt.

Ötzi trug Beinkleider aus Fellstücken der Hausziege, die mit Lederriemen an einem Gürtel befestigt wurden und ungefähr so aussahen wie die Nylonstrümpfe und Strapse von Hollywood-Pin-up-Girls im Zweiten Weltkrieg. Auf so eine Montur wäre man doch nie gekommen! Des Weiteren trug Ötzi einen Lendenschurz aus Ziegenleder und eine Mütze aus dem Fell eines Braunbären – vielleicht eine Jagdtrophäe und sicher sehr warm und beneidenswert schick. Die übrige Kleidung war meist aus dem Leder und Fell von Rotwild und nicht etwa von Haustieren, was man eigentlich erwartet hätte.

Die Schuhe waren der helle Wahn. Eigentlich sahen sie aus wie ein Paar Vogelnester auf Sohlen aus steifem Bärenleder. Sie schienen hoffnungslos schlecht erdacht und wenig solide zu sein. Aber fasziniert davon schusterte ein tschechischer Fuß- und Schuhexperte namens Václav Pátek sorgfältig eine exakte Kopie aus den gleichen Materialien und probierte sie bei einer Gebirgswanderung aus. Sie waren, berichtete er mit einer gewissen Verblüffung, »bequemer und funktionstüchtiger« als alle modernen Schuhe, die er je getragen hatte. Auf rutschigem Stein hatte man einen besseren Halt als mit den gummibesohlten Schuhen von heute, und es war so gut wie unmöglich, sich Blasen zu laufen. Vor allem schützten sie extrem gut gegen Kälte.

Trotz all der forensischen Stocherei vergingen zehn Jahre, bevor jemand bemerkte, dass in Ötzis linker Schulter eine Pfeilspitze steckte. Bei genaueren Untersuchungen fand man dann Blutflecken auf seiner Kleidung und seinen Waffen, und zwar Flecken vom Blut vier anderer Menschen. Ötzi musste in irgendeinem gewalttätigen Showdown getötet worden sein. Warum ihn seine Feinde zu einem hohen Bergpass hinaufjagten, ist allerdings heute nicht einmal mehr mit viel Fantasie zu klären. Doch wieso haben sich die Mörder seine Besitztümer nicht geschnappt? Die waren doch – besonders das Beil – überaus wertvoll. Nein, nachdem sie ihn über eine weite Strecke verfolgt und sich mit ihm einen reichlich blutigen Nahkampf geliefert hatten – damit das Blut von vier Leuten spritzt, muss es ganz schön hoch hergehen –, ließen sie ihn und alles, was er mit sich führte, einfach liegen, wo er hingefallen war. Was für uns natürlich Glück ist, denn die Gegenstände geben Antworten auf alle möglichen sonst nicht zu beantwortenden Fragen, außer der einen, die uns wahrscheinlich ewig quälen wird: Was um alles in der Welt lief da oben ab?

Wir befinden uns im Ankleidezimmer, zumindest in dem Raum, den Edward Tull so bezeichnet hat. Zu den vielen bauplanerischen Kuriositäten gehörte es, dass Tull keinen Durchgang zwischen Ankleideraum und Schlafzimmer daneben vorsah, sondern dass sich beide Räume jeweils zum Flur im ersten Stock hin öffneten. Wenn sich Mr. Marsham also anziehen wollte, hätte er ein paar Schritte über den Flur vom Schlaf- zum Ankleidezimmer laufen müssen und nach dem Auskleiden umgekehrt vom Ankleide- zum Schlafzimmer – eine komische Organisation, allemal, wenn man bedenkt, dass nur ein paar Schritte entfernt das »Schlafzimmer der weiblichen Bediensteten« war – also das der getreuen Jungfer Worm. Da waren gelegentliche peinliche Begegnungen doch geradezu unumgänglich. Na, vielleicht waren sie gar nicht peinlich, denn ein Kuriosum ist im Grunde ja auch, wie kuschelig nah beieinander die Schlafzimmer lagen, obwohl die Bereiche von Herrschaft und Dienerschaft während des Tages so streng voneinander getrennt waren. Nicht leicht, diesen Haushalt richtig zu verstehen.

Aber wie dem auch sei, Mr. Marsham überlegte es sich offenbar anders, denn in dem Haus, wie es dann gebaut wurde, waren Schlaf- und Ankleidezimmer miteinander verbunden. Letzteres ist jetzt und vermutlich auch schon seit fast einem Jahrhundert ein Badezimmer. Natürlich ziehen wir uns manchmal darin an, und das passt gut, denn wir wollen hier auf die lange und wirklich recht mysteriöse Geschichte der Kleidung und des Sich-Ankleidens zu sprechen kommen.

Seit wann die Menschen Kleidung tragen, ist schwer zu sagen. Bekannt ist, dass vor ungefähr vierzigtausend Jahren, nach einer immensen Zeitspanne, in der sie nicht viel mehr taten als sich fortzupflanzen und zu überleben, die Cro-Magnon-Menschen die Bühne betraten (benannt nach einer Höhle in der Dordogne, wo man ihre Knochenreste zuerst fand). Sie waren ihrem Verhalten nach moderne Menschen mit einem großen Hirn. Und unter diesen neuen Menschen war ein Schlaufuchs, der eine der größten, am meisten unterschätzten Erfindungen der Geschichte tätigte: die des Seils. Ein Seil ist etwas wunderbar Elementares. Man legt zwei Faserstücke nebeneinander und verdreht sie miteinander. Damit erreicht man zweierlei: Man bekommt eine starke Schnur und kann lange Fäden und Schnüre aus kurzen Fasern drehen. Stellen Sie sich vor, wo wir ohne sie wären. Es gäbe keinen Stoff und keine Kleidung, keine Angelschnüre, Netze, Schlingen, Fallstricke, Taue, Hundeleinen, Gurte, Reepe, Schleudern, keinen Pfeil und keinen Bogen und tausend andere nützliche Dinge auch nicht. Elizabeth Wayland Barber, Textilhistorikerin, übertrieb kaum, als sie sagte: »Es war die Waffe, mit der die Menschen die Erde erobern konnten.«

Historisch gesehen waren die gebräuchlichsten Fasern Leinen und Hanf. Leinen, aus Flachs gewonnen, war beliebt, weil Flachs schnell und hoch, nämlich bis zu einer Höhe von einem Meter zwanzig, wächst und in einem Monat gesät und im nächsten geerntet werden kann. Der Nachteil ist, dass seine Verarbeitung langwierig und öde ist. Circa zwanzig verschiedene Tätigkeiten sind nötig, um die Flachsfasern auszulösen und zum Spinnen weich genug zu machen. Für das Ganze gibt es geheimnisvolle Namen wie Raufen, Riffeln, Brechen, Rotten, Schwingen, Hecheln, aber im Wesentlichen geht es um Schlagen, Trennen, Einweichen und sonst wie die biegsame innere Faser oder den Bast von den hölzernen Teilen des Stängels zu lösen.

Schlussendlich bekommt man aber einen robusten, vielseitig verwendbaren Stoff: Leinen. Obwohl wir bei Leinen eher an schneeweiß denken, ist seine natürliche Farbe braun. Damit es weiß wird, muss man es in der Sonne bleichen, eine langsame, sich oft über Monate hinziehende Angelegenheit. Die qualitativ schlechteren Stücke bleicht man nicht und macht Leinwand oder Sackleinen daraus. Man kann Leinen im Übrigen nicht gut färben, also nicht viel tun, damit es aufregend wird.

Hanf ist dem Flachs sehr verwandt, nur grober und nicht so angenehm zu tragen; man benutzte ihn für Taue und Segel. Ausgleichende Gerechtigkeit: Man konnte ihn rauchen und high werden, was erklärt, meint Barber, dass er in der Antike häufiger und in vielen Gegenden angebaut wurde. Anders gesagt: Die Menschen im Altertum liebten ihren Hanf und bauten mehr davon an, als sie für Seil oder Segel gebraucht hätten.

Das Hauptmaterial für Kleidung war im Mittelalter Wolle. Wolle war viel wärmer als Leinen und trug sich nicht so schnell auf, doch Wollfasern sind kurz und waren wahrscheinlich schwierig zu verarbeiten; die Schafe waren auch früher überraschend wenig wollig. Das bisschen Wolle, das sie hatten, war ursprünglich ein daunenartiger Flaum unter Dreadlocks aus verfilzten Haaren. Bis die Tiere die wandelnden Flauschbündel wurden, die wir heute kennen und schätzen, bedurfte es Jahrhunderte sorgfältiger Zucht. Wolle wurde am Anfang auch nicht geschoren, sondern – schmerzhaft – ausgezupft. Kein Wunder, dass Schafe heute noch hibbelig werden, wenn Zweibeiner auftauchen.

Sobald die Menschen im Mittelalter aber einen Haufen Wolle zusammengezupft hatten, fing die eigentliche Arbeit erst an. Um schließlich Kleidung daraus machen zu können, musste man die Wolle unter anderem waschen, kämmen, kardieren, kardätschen, verspinnen, ausrüsten und walken. Zum Walken gehörte, das Gewebte zu schlagen und zu schrumpfen, zum Ausrüsten beispielsweise das Appretieren. Kämmte man die Fasern flach, bekam man einen strapazierfähigen, aber vergleichsweise steifen Stoff: Kammgarn. Um weichere Wolle zu bekommen, benutzte man sogenannte Krempel, mit denen man die Fasern flauschiger machte. Damit der fertige Stoff glänzender wurde, mixte man manchmal Haar von Wieseln, Hermelinen und anderen Tieren darunter.

An vierter Stelle bei den verwendeten Stoffen kam Seide. Seide war ein rarer Luxus, buchstäblich Gold wert! Straftatenregister aus dem achtzehnten und neunzehnten Jahrhundert verzeichnen fast immer lang und breit, was Seidendiebe zu erwarten hatten. Die Delinquenten kamen ins Gefängnis oder wurden nach Australien deportiert, nur weil sie ein Taschentuch, ein Päckchen Spitze oder eine andere Kleinigkeit gestohlen hatten. Doch es waren keine Kleinigkeiten. Ein Paar Seidenstrümpfe konnte fünf Pfund und ein Päckchen Spitze zwanzig Pfund kosten. Ein Seidenumhang war erst für fünfzig Pfund zu haben – so viel, dass nur Mitglieder des hohen Adels sich einen leisten konnten. Wenn die Leute überhaupt etwas aus Seide besaßen, dann in Form von Bändern, Bordüren und Schleifen.

Die Chinesen schützten die Geheimnisse der Seidenproduktion mit Ingrimm; wenn man auch nur ein Maulbeersamenkörnchen aus dem Land schmuggelte, drohte einem die Hinrichtung.

Doch zumindest was Nordeuropa betraf, hätten die Chinesen sich keine Sorgen zu machen brauchen, denn Maulbeerbäume waren zu frostempfindlich, um dort zu gedeihen. Großbritannien versuchte einhundert Jahre lang mit allen Mitteln, Seide herzustellen, und erzielte manchmal auch gute Resultate, doch die kalten Winter waren ein Nachteil, den es nicht kompensieren konnte.

Mit den wenigen Materialien und einem bisschen Dekomaterial wie Federn und Hermelin machten sich die Menschen trotzdem wunderbare Outfits, so schön, dass es die Herrschenden im vierzehnten Jahrhundert für nötig befanden, Aufwands- oder Luxusgesetze zu erlassen, um ihren Untertanen auch in dem, was sie auf dem Leibe trugen, Grenzen zu setzen. In den Gesetzen wurde mit fanatischer Genauigkeit geregelt, welche Stoffe in welchen Farben ein Individuum tragen durfte. Zu Zeiten Shakespeares durfte jemand mit einem Jahreseinkommen von zwanzig Pfund ein Satinwams, aber kein Satingewand tragen, während jemandem mit einhundert Pfund im Jahr bei Satin keine Einschränkungen auferlegt wurden. Aus Samt wiederum durfte er lediglich Wämser haben, und das auch nur, wenn der Samt nicht purpurrot oder blau war. Diese Farben waren Angehörigen höherer Stände vorbehalten. Genau einzuhaltende Bestimmungen existierten auch bei der Menge des Stoffes, den man bei einem bestimmten Kleidungsstück verwenden durfte, und ob dieses gefältelt oder glatt getragen werden durfte oder musste und so weiter. Als König Jakob I. 1603 Shakespeare und seine Schauspielerkollegen zu seiner königlichen Truppe, den King's Men, ernannte, gehörte zu den Vergünstigungen, dass sie gut vier Meter scharlachrotes Tuch geschenkt bekamen und es tragen durften, eine ziemliche Ehre für die Herren aus der eher wenig salonfähigen Theaterbranche.

Die Aufwandsgesetze wurden einerseits deshalb erlassen, damit sich bloß niemand über seinen Stand erhob, andererseits aber auch zur Förderung der einheimischen Industrie, denn oft wurden sie so abgefasst, dass sie den Import ausländischer Stoffe sehr erschwerten. Es gab sogar einmal ein Kappengesetz, mittels dessen den Kappenmachern durch eine Rezession geholfen werden sollte. Die Leute mussten Kappen statt Hüte tragen. Aus unbekannten Gründen ärgerten sich die Puritaner ganz furchtbar darüber und handelten sich oft Geldstrafen ein, weil sie dagegen verstießen. Verschiedene Kleiderordnungen wurden 1337, 1363, 1463, 1483, 1510, 1533 und 1554 erlassen, doch im Großen und Ganzen nicht sehr streng durchgesetzt. Jedenfalls findet man kaum Dokumente zu Gerichtsverfahren, und 1604 wurden sie allesamt aufgehoben.

Wer eher ein vernunftgesteuerter Typ ist, für den ist Mode zwangsläufig ein Buch mit sieben Siegeln. Während langer Phasen in der Geschichte – vielleicht der meisten – scheint es, als sei Sinn und Zweck von Mode einzig und allein gewesen, so lächerlich wie möglich auszusehen. War die Kleidung dann auch noch so unbequem wie möglich, war der Triumph perfekt.

Unpraktische Kleidung zu tragen ist natürlich eine Art zu zeigen, dass man nicht körperlich arbeiten muss. Und das war historisch und in vielen Kulturen meist erheblich wichtiger als Bequemlichkeit. Im sechzehnten Jahrhundert kam zum Beispiel Stärke in Mode, und man schmückte sich mit immer prächtigeren Halskrausen, auch wenn einem die riesigsten kaum zu essen erlaubten. Damit man sich trotzdem Nahrhaftes in den Mund befördern konnte, wurden Löffel mit besonders langem Stiel hergestellt. Dass dennoch viel gekleckert wurde und mancher bei einer Mahlzeit hungrig blieb, ist anzunehmen.

Selbst den simpelsten Dingen verlieh man eine herrliche Sinnlosigkeit. Als um 1650 Knöpfe aufkamen, konnten die Leute gar nicht genug davon kriegen und applizierten sie in schmückender Hülle und Fülle auf Rücken, Kragen und Ärmel jedweder Oberbekleidung, selbst wenn sie dort zu gar nichts nütze waren. Ein Relikt davon ist die kurze Reihe überflüssiger Knöpfe unten an Jackett- und Jackenärmeln. Die waren immer rein dekorativ und nie von praktischem Wert, doch seit dreihundertfünfzig Jahren bringen wir sie immer noch dort an, als könnten wir nicht ohne.

Am irrationalsten war vielleicht einhundertfünfzig Jahre lang die Mode für Männer, Perücken zu tragen. Wie bei so vielem gehörte auch hier Samuel Pepys zu den Vorreitern und notierte 1663 mit einigem Unbehagen den Kauf eines solchen, noch nicht sehr verbreiteten Kopfschmucks. Ja, Perücken waren so neu, dass Pepys Angst hatte, die Leute würden in der Kirche über ihn lachen. Als das nicht der Fall war, war er sehr erleichtert und sogar ein wenig stolz. Besorgt aber blieb er darum (und das nicht ganz unbegründet), dass das Haar der Perücken unter Umständen von Pestopfern kam. Vielleicht sagt nichts mehr über die Macht der wechselnden Moden aus, als dass Pepys weiterhin Perücken trug, obwohl er befürchtete, sie könnten ihm den Tod bringen.

Hergestellt wurden sie aus fast allem: menschlichem Haar, Pferdehaar, Baumwollfäden, Ziegenhaar, Seide. Ein Produzent warb für ein Modell aus feinstem Draht. Es gab unendlich viele Arten und Stile: Beutelperücken, Knotenperücken, Offizierspérücken mit Pferdeschwanz und Locken an der Seite und Ramilliesperücken mit einem besonders langen Pferdeschwanz, der oben und unten mit einem schwarzen Bändchen zusammengebunden war, ferner Blumenkohlperücken, Stutzperücken und viele andere mehr, und alle unterschieden sich hauptsächlich in der Länge des Zopfes oder darin, wie lockig die Locken waren. Eine Vollperücke konnte fünfzig Pfund kosten, und bald waren die Dinger auch so wertvoll, dass sie in Testamenten genannt und weitervererbt wurden. Je üppiger die Perücke – die *wig* –, desto höher stand ihr Träger auf der sozialen Stufenleiter – und wurde zum *bigwig,* zum hohen Tier. Auch bei Überfällen gehörten die Perücken mit zum Ersten, was Räuber erbeuteten. Aber wie lächerlich der überdimensionale Kopfschmuck oft war, entging vor allem den Komödienschreibern nicht. Vanbrugh ließ in *Der Rückfall, Oder die gefährdete Tugend* eine seiner Figuren, einen Perückenmacher, eine Perücke preisen, die »so lang und voller Haar ist, dass sie Euch bei jeglichem Wetter als Hut und Umhang dienen kann«.

Alle Perücken waren kratzig, unbequem und heiß, besonders im Sommer. Um sie er*trägl*icher zu machen, rasierten sich viele Männer die Köpfe. Wir wären also überrascht, wenn wir viele berühmte Herren aus dem siebzehnten und achtzehnten Jahrhundert so sähen, wie ihre Gattinnen sie morgens als Erstes erblickten. Es war schon ein wenig bizarr: Eineinhalb Jahrhunderte lang ließen Männer ihr eigenes, ihnen doch vollkommen angenehmes Haar abscheren und bedeckten ihre Köpfe mit etwas Fremdem, recht Unangenehmem. Oft ließen sie sogar ihr eigenes Haar zu einer Perücke verarbeiten. Leute, die sich keine Perücke leisten konnten, bemühten sich wiederum, ihre Frisur wie eine Perücke aussehen zu lassen.

Die künstlichen Haargebilde waren sehr pflegeintensiv. Einmal in der Woche musste man sie wegschicken, damit ihre Locken auf erhitzten Wicklern oder sogar im Ofen neu gelegt wurden. Von etwa 1700 an, aus Gründen, die weder etwas mit gesundem Menschenverstand noch mit Praktikabilität zu tun gehabt haben können, wurde es Mode, jeden Tag einen Schwall weißen Puders auf seinen Kopf niederrieseln zu lassen. Das gebräuchlichste Mittel war gewöhnliches Haushaltsmehl. Als die Weizenernten in Frankreich in den 1770er Jahren mehrfach schlecht ausfielen und die hungernden Menschen begriffen, dass ohnehin schon knappes Mehl nicht zu Brot verbacken wurde, sondern auf den privilegierten Häuptern der Aristokratie landete, revoltierten sie. Ende des achtzehnten Jahrhunderts war Haarpuder meist farbig – besonders beliebt: blau und rosa – und parfümiert.

Man konnte die Perücke pudern, wenn sie auf einem sogenannten Haubenstock stand, war aber überwiegend der Meinung, dass man nur dann höchste Eleganz erzielte, wenn man sie dabei aufhatte. Dazu musste der Besitzer sie aufsetzen, Schultern und Oberkörper mit einem Tuch bedecken und das Gesicht in einen

Papiertrichter stecken (um nicht zu ersticken), während ein mit einem Blasebalg bewaffneter Diener oder *frisseur* den Kopf mit wahren Puderwolken einstaubte. Ein paar anspruchsvollere Zeitgenossen trieben die Sache sogar noch weiter. Ein gewisser Fürst Kaunitz ließ von vier Dienern vier verschiedenfarbige Wolken Puder in die Luft pusten und stolzierte dann so hindurch, dass genau der gewünschte Effekt erzielt wurde. Nachdem ein Lord Effingham davon erfahren hatte, bestallte er fünf französische *frisseurs*, die sich nur um sein Haar kümmern mussten; Lord Scarborough heuerte sechs an.

Und dann kamen Perücken urplötzlich aus der Mode. Verzweifelt ersuchten die Perückenmacher George III. darum, das Perückentragen Männern gesetzlich vorzuschreiben, doch der König lehnte ab. Zu Beginn des neunzehnten Jahrhunderts wollte sie niemand mehr, und man benutzte sie als Staubwedel. Überlebt haben sie nur in bestimmten Gerichtssälen in Großbritannien und im Commonwealth. Soweit ich weiß, sind die Perücken der Juristen aus Pferdehaar und kosten ungefähr sechshundert Pfund. Viele Anwälte tauchten sie in Tee, damit sie nicht so neu aussahen, doch sie, die Träger, alt und erfahren.

Die Damenwelt hob die Frisuren wortwörtlich auf ein anderes Niveau. Man türmte eigenes Haar auf Drahtgerüsten auf und erreichte durch Untermischen von gefetteter Wolle und Pferdehaar monumentale Höhen. Damenperücken waren oft mehr als fünfundsiebzig Zentimeter hoch und machten ihre Trägerin durchschnittlich bis zu 2,25 Meter groß. Wenn die Damen in der Kutsche fahren mussten, um Termine außer Haus wahrzunehmen, setzten sie sich oft auf den Boden oder steckten die Köpfe zum Fenster hinaus. Mindestens zwei Todesfälle von Frauen wurden dem Umstand zugeschrieben, dass ihr Haar Lüster gestreift und Feuer gefangen hatte.

Die Frisuren wurden so kompliziert und ornamental, dass sie mit einem vollkommen neuen Vokabular bezeichnet wurden und sogar einzelne Locken oder Lockensträhnen eigene Namen

Extremfrisuren: Fräulein Plaudertasche zieht Doctor Doppelte Gebühren wegen ihrer Kopfbekleidung »Pantheon« zurate.

bekamen. Nur »Chignon« für einen Nackenknoten ist davon übrig geblieben. Wegen des ungeheuren Frisieraufwands ließen Frauen ihr Haar nicht selten monatelang unangetastet und schmierten höchstens ab und zu einen Klacks Paste hinein, damit alles hübsch zementiert blieb. Viele schliefen auf besonderen Holzblöcken, damit ihre hochkomplizierten Haartrachten nicht zerstört wurden. Da sie das Ganze natürlich nicht wuschen, wimmelte es oft von Insekten darin, besonders von Rüsselkäfern. Es wird berichtet, dass eine Frau eine Fehlgeburt erlitt, als sie entdeckte, dass in ihrem Oberdeck Mäuse nisteten.

Die Blütezeit der turmhohen Damenfrisuren kam in den 1790er Jahren, als die Männer schon kaum noch Perücken trugen. Frauenperücken waren häufig mit Bändern und Federn geschmückt, doch manchmal mit noch üppigeren Aufbauten. John Woodforde erwähnt in seiner *Geschichte der Eitelkeit* eine Frau, die ein Modellschiff spazieren führte: Komplett mit Segeln und Kanonen ritt es sozusagen auf dem Kamm ihrer Haarwellen, als wolle es sie vor einer Enterung schützen.

In der Zeit wurde es auch Mode, künstliche Muttermale zu tragen, die *mouches* oder Schönheitspflästerchen. Immer neue Formen wie Sterne oder Halbmonde kamen hinzu. Die gepflegte Dame platzierte sie auf Gesicht, Hals oder Schultern. Eine klebte sich angeblich einmal eine Kutsche samt sechs galoppierenden Pferden auf die Wange. Auf dem Höhepunkt dieser Marotte trugen die Leute ein solches Übermaß an *mouches,* dass es ausgesehen haben muss, als seien sie übersät mit Fliegen, was das Wort auf Französisch ja auch heißt. Männer wie Frauen liebten diese »Fliegen«, angeblich konnte man gleich noch seine politische Gesinnung damit kundtun: In England bedeuteten sie auf der rechten Wange, dass man ein Whig und damit in gewisser Weise fortschrittlich war, auf der linken, dass man sich den Tories zugehörig fühlte. Ein Herz auf der rechten Wange signalisierte außerdem, dass man verheiratet war, auf der linken, verlobt. Die Schönheitspflästerchen wurden so kompliziert und differenziert, dass auch sie ein ganzes Vokabular hervorbrachten. Eines auf dem Kinn war als *silencieuse* bekannt und signalisierte, dass die Trägerin schweigsam war; eines auf der Nase als *l'impudente* beziehungsweise *effrontée* (passend für eine Dame mit lockeren Sitten), eines mitten auf die Stirn als *majestueuse* (für ein würdevolles weibliches Wesen), und so ging's weiter über den ganzen Kopf. Wie um zu zeigen, dass Kreativität, die ins Lächerliche abdriftet, keine Grenzen kennt, war es kurz der letzte Schrei, unechte Augenbrauen aus Mäusefell zu tragen.

Schönheitspflästerchen waren aber wenigstens nicht giftig, und damit über Jahrhunderte im Grunde die einzigen Kosmetika, die halbwegs harmlos waren. In England gab es eine lange Tradition, sich um vermeintlichen Liebreizes willen zu vergiften. Pupillen konnten mit Tropfen der Belladonnatinktur (Tollkirschensaft) attraktiv geweitet werden, doch am gefährlichsten war das Bleiweiß, eine Paste aus Bleikarbonat, die äußerst beliebt war. Frauen mit Pockennarben spachtelten diese mit Bleiweiß wie mit Mörtel aus, doch auch viele Frauen, die gar nicht durch Narben entstellt waren, benutzten es, um sich eine wunderhübsche gespenstische Blässe zu geben. Bleiweiß blieb bemerkenswert lange in Gebrauch. In der Kosmetik zum ersten Mal erwähnt wird es 1519, als man notierte, dass die Dame von Welt »Gesicht, Hals und Büste mit Bleiweiß weißt«, und 1754 wunderte sich die Zeitschrift *Connoisseur* immer noch, dass »jede Dame, die man trifft, mit Bleiweißpaste und Pampe beschmiert ist«. Bleiweiß hatte drei schlimme Nachteile: Es brach, wenn die Trägerin lächelte oder überhaupt das Gesicht verzog, es wurde nach ein paar Stunden grau, und wenn man es lange benutzte, konnte man daran sterben. Zumindest konnten einem die Augen schmerzhaft anschwellen und die Zähne locker werden und ausfallen. Mindestens zwei bekannte Schönheiten, die Kurtisane Kitty Fisher und die Gesellschaftsdame Maria Gunning, Gräfin von Coventry, sollen sich beide, als sie noch in den Zwanzigern waren, mit Bleiweiß vergiftet haben, aber einschät-

zen, wie viele andere durch ihre Liebe zu Bleiweiß vorzeitig starben oder ihre Gesundheit zerrütteten, kann man beim besten
Willen nicht.

Giftige Tränklein waren auch beliebt. Bis ins neunzehnte
Jahrhundert hinein nahmen viele Frauen zur Verbesserung ihres Teints ein Gebräu zu sich, das Fowler's Solution hieß und
verdünntes Arsen war. Dante Gabriel Rossettis Gattin, Elizabeth Siddal (vor allem in Erinnerung als Modell für die ertrun-
kene Ophelia in John Everett Millais' Gemälde), schluckte das
Zeug mit Begeisterung, und es trug gewiss zu ihrem frühen Tod
1862 bei.[*]

Auch Männer trugen Make-up und kleideten sich etwa ein
Jahrhundert lang atemberaubend weiblich, manchmal in den un-
erwartetsten Situationen. Der Graf von Orléans, Bruder Ludwig
XIV., war (wie die Schriftstellerin Nancy Mitford freimütig formuliert) »einer der berühmtesten Sodomiten der Geschichte« –
ein tapferer Soldat, dessen Verhalten bisweilen zugleich ein wenig unorthodox war. »Bemalt, gepudert, mit aneinanderklebenden
Wimpern, geschmückt mit Bändern und Diamanten« kam er aufs
Schlachtfeld, schrieb Mitford im *Sonnenkönig*. »Aus Angst, seine
Perücke werde zerdrückt, trug er nie eine Kopfbedeckung. Einmal in Aktion, war er mutig wie ein Löwe, Sorgen bereitete ihm
nur, was Sonne und Staub seinem Teint anhaben könnten.« Männer wie Frauen schmückten ihr Haar mit allen möglichen Federn
und umwanden jede vorwitzige Locke mit einem Band. Manche
Männer trugen auch High Heels – keine klobigen Plateauschuhe,
sondern welche mit schlanken, spitzen, bis zu fünfzehn Zentimetern hohen Absätzen – oder auch Pelzmuffe, um die Hände warm
zu halten. Im Sommer verzichteten viele nicht auf Sonnenschir-
me, und fast alle übergossen sich mit Parfüm. In England nannte

---

[*] Außer sich vor Kummer begrub ihr Gatte sie mit einem Bündel seiner Gedichte, die er vorher leider nicht kopiert hatte. Sieben Jahre später überlegte er
sich die Sache anders, ließ das Grab öffnen und die Gedichte herausholen. Sie
erschienen im darauffolgenden Jahr.

man diese Leute *macaronis,* nach der Pastasorte, die sie auf ihren Reisen nach Italien kennengelernt hatten.

Komisch, dass ausgerechnet die Herren, die sich damals eher in Zurückhaltung übten, nämlich die Rivalen der *macaronis* in Kleidungsfragen, die Dandys, heute als overdressed gelten. Früher war das Gegenteil der Fall. George »Beau« Brummell, der von 1778 bis 1840 lebte, war ein Paradebeispiel für die dezente Prachtentfaltung in der damaligen Männermode. Brummell war weder reich noch talentiert noch mit Intelligenz gesegnet. Aber er zog sich besser an als jemals ein Mann zuvor. Nicht farbenprächtiger oder extravaganter, sondern einfach nur sorgfältiger.

Er wurde in recht privilegierten Verhältnissen geboren, in der Downing Street, denn sein Vater war ein bewährter Ratgeber des Premierministers Lord North. Brummell besuchte Eton und kurz auch Oxford, nahm dann aber einen Posten im Regiment des Prinzen von Wales an, bei den Zehnten Husaren. Ob er Talent zum Schlachtenlenker hatte, weiß man nicht, er wurde nie auf die Probe gestellt; seine Hauptaufgabe war es, in der Uniform gut auszusehen und bei formalen Anlässen als Begleiter und Sekundant des Prinzen zu agieren. Der Prinz und er wurden enge Freunde.

Brummell wohnte in Mayfair, und sein Haus wurde einige Jahre lang zum Epizentrum eines der unfasslichsten Rituale in der Geschichte Londons. Jeden Nachmittag bewegte sich eine Prozession höchst reputierlicher erwachsener Männer auf Brummells Haus zu, um dort präsent zu sein, wenn er sich ankleidete. Zu denen, die regelmäßig durch Anwesenheit glänzten, gehörten der Prinz von Wales, drei Herzöge, ein Marquis, zwei Grafen und der Dramatiker Richard Brinsley Sheridan. Sie saßen da und beobachteten in ehrfurchtsvollem Schweigen, wie Brummell sein tägliches Pflege- und Ankleideprogramm mit einem Bad begann. Alle staunten natürlich Bauklötze, dass er jeden Tag badete – »und alle Teile seines Körpers wusch«, wie ein Augenzeuge fassungslos bemerkte. Obendrein mit heißem Wasser! Manchmal fügte er

Milch hinzu, was ebenfalls zu einer Mode wurde, wenn auch mit ungeahnten Folgen. Als sich nämlich herumsprach, dass der verschrumpelte, geizige Marquis von Queensberry, der in der Nähe wohnte, gleichermaßen Milchbäder zu nehmen pflegte, ging der Verkauf von Milch in dem Stadtviertel zurück, weil geraunt wurde, er bringe die Milch zum Wiederverkauf zurück, nachdem er seine verdorrte, altersschlappe Haut darin gepflegt hatte.

Dandys kleideten sich mit aller Sorgfalt zurückhaltend. Brummell beschränkte sich fast ausschließlich auf drei einfache Farben: weiß, gelbbraun und blauschwarz. Was die Dandys auszeichnete, war nicht die Üppigkeit ihres Gefieders, sondern die Sorgfalt, mit der sie es putzten. Hauptsächlich galt es, die perfekte Silhouette zu finden. In stundenlanger Arbeit zupften und zuppelten sie so lange, bis jede Falte und jeder Aufschlag unübertrefflich gut, ja, perfekt saßen. Als ein Besucher einmal bei Brummell ankam und der Boden mit Halstüchern übersät war, fragte er Robinson, Brummells Diener, was los sei. »Das«, seufzte Robinson, »sind unsere Fehlversuche.« Dandys zogen sich endlos an, wieder aus und wieder an. An einem Tag schafften sie normalerweise mindestens drei Hemden und zwei Paar Hosen, vier oder fünf Halstücher, zwei Westen, mehrere Paar Strümpfe und einen kleinen Stapel Taschentücher (zum anmutigen Winken).

Teilweise wurde die Mode auch von dem immer größer werdenden Leibesumfang des Prinzen von Wales diktiert – »Prinz Wal«, kicherte man sich hinter seinem Rücken zu. Als der Mann die Dreißiger erreichte, war er ein solcher Fleischklops, dass er mit Gewalt in ein Korsett aus Fischbein geschnürt werden musste, das seine Diener taktvoll als seinen »Gürtel« bezeichneten und einer, der es sehen durfte, als »Bastille aus Fischbein«. Georges Oberkörperfettmassen wurden nach oben durch das Loch für den Hals geschoben wie Zahnpasta aus der Tube; die sehr hohen Kragen, die in seiner Zeit modern waren, fungierten also als eine Art von zusätzlichem Mini-Korsett und mussten die Überfülle an Kinnen und flabbrigen Kehllappen verbergen.

Das einzige Kleidungsstück, mit dem sich Dandys hervortaten, waren ihre Hosen. Ihre *pantaloons* waren oft supereng und bildeten alles ab, weil die feinen Herren keine Unterwäsche darunter trugen. Jane Carlyle, die einmal abends den Grafen d'Orsay gesehen hatte, notierte in ihrem Tagebuch, vielleicht einen Hauch atemlos, dass die Hosen des Grafen »hautfarben gewesen seien und gesessen hätten wie ein Fingerhandschuh«. Der Stil war dem der Reithosen von Brummells Regiment nachempfunden. Jacketts wurden mit Schößen hinten, vorn aber kurz geschneidert, so dass sie die Leistengegend perfekt einrahmten. Zum ersten Mal in der Geschichte war die Kleidung der Männer bewusst sexyer als die der Frauen.

Offenbar konnte Brummell jede Dame – und jeden Herrn – haben, nach der oder dem es ihn gelüstete, ob er aber davon Gebrauch machte oder nicht, ist faszinierend unklar. Allem Anschein nach war er asexuell; wir wissen von keiner Beziehung, mit Mann oder Frau, in der es um anderen Verkehr als den der eindringlichen Worte ging. Merkwürdig bei einem wegen seiner Erscheinung berühmten Mann ist im Übrigen, dass wir eigentlich nicht wissen, wie er aussah. Vier angebliche Porträts von ihm existieren, aber sie sind extrem unterschiedlich, und man kann nicht herausfinden, welches – wenn überhaupt eines – ihm ähnlich ist.

Brummell fiel abrupt und unwiderruflich in Ungnade. Er und der Prinz von Wales überwarfen sich und sprachen nie mehr miteinander. Bei einer Gesellschaft ignorierte der Prinz von Wales Brummell betont und redete stattdessen mit dessen Begleiter. Als der Prinz weiterging, wandte sich Brummell an seinen Freund und machte eine der unklügsten Bemerkungen in der ganzen Geschichte der Sitten und Gebräuche: »Wer ist Ihr fetter Freund?«

Eine solche Beleidigung war gesellschaftlicher Selbstmord. Kurz danach holten Brummells Schulden ihn ein, und er flüchtete nach Frankreich. Die letzten zweieinhalb Jahrzehnte seines

Lebens lebte er, hauptsächlich in Calais, in Armut und wurde langsam immer dementer, sah aber auf seine gediegene, sorgfältig gepflegte Weise immer sensationell aus.

II.

Genau zu der Zeit, als Beau Brummell die Modeszene in London und darüber hinaus beherrschte, begann ein neuer Stoff die Welt zu verändern, besonders die Welt der verarbeitenden Industrie. Ich meine natürlich den aus Baumwolle. Die Bedeutung der Baumwolle in der Geschichte kann man kaum hoch genug ansetzen.

Heute ist sie so ein alltägliches Material, dass wir vergessen, wie extrem wertvoll sie einmal war – wertvoller als Seide. Erst als die Ostindiengesellschaft anfing, Kattun aus Indien zu importieren, konnte man sich Baumwollstoffe plötzlich leisten. Kattun war damals im Grunde ein Sammelbegriff für Chintzstoffe, Musselin, Perkal und anderes farbenprächtiges Material, das westliche Konsumenten in unermessliches Entzücken versetzte, weil es so leicht und gut waschbar war und die Farben nicht abfärbten. Wenn auch einige Baumwollstoffe aus Ägypten kamen, war Indien der Hauptexporteur, wovon unzählige Worte zeugen: Khaki, Gingham, Musselin, Pyjama, Schal, Seersucker und andere mehr.

Das immer bessere Angebot an indischen Baumwollstoffen freute die Konsumenten, aber nicht die europäischen Hersteller. Unfähig, damit zu konkurrieren, verlangten die Textilarbeiter fast überall Schutz und bekamen ihn auch fast überall. In den meisten Ländern Europas wurde der Import von Baumwollfertigerzeugnissen während des gesamten achtzehnten Jahrhunderts verboten.

Rohbaumwolle durfte man noch einführen; ihre Weiterverarbeitung wurde nun zur mächtigen Antriebskraft für die britische

Textilindustrie. Baumwolle war zwar schwer zu spinnen und zu verweben, doch die Leute versuchten mit aller Kraft, eine Lösung dafür zu finden. Die Lösung, die sie fanden, war die Industrielle Revolution.

Um Ballen flauschiger Baumwolle in nützliche Dinge wie Bettwäsche und Jeans zu verwandeln, bedarf es zweier wesentlicher Tätigkeiten: des Spinnens und des Webens. Spinnen ist der Vorgang, in dem man mit Spulen kurze Baumwollfasern in lange Fäden verwandelt, das heißt immer wieder kurze Fasern hinzufügt, und das Ganze dreht – wovon wir ja schon beim Seilmachen gesprochen haben. Man webt, indem man zwei Fäden oder Fasern im rechten Winkel zueinander verflicht und ein Gewebe entsteht. Die Maschine, mit der man das macht, ist der Webstuhl. Auf dem sind eigentlich nur eine Reihe von Fäden festgezurrt, durch die man andere Fäden hindurchfädelt, um das Gewebe herzustellen. Die festen Fäden heißen Kettfäden oder Kette, die anderen Schussfäden oder Schuss. Verflicht man horizontale und vertikale Fäden miteinander, erhält man Stoff. Die meisten Alltagsdinge, die im Haushalt vorkommen – Laken, Bettwäsche, Taschentücher und dergleichen –, werden immer noch in dieser elementaren Art gewebt.

Spinnen und Weben waren Heimindustrien und ernährten eine große Anzahl Menschen. Traditionell war das Spinnen die Arbeit der Frauen und das Weben die der Männer. Spinnen dauerte aber viel länger als Weben, und der Unterschied wurde noch krasser, als John Kay, ein junger Mann aus Lancashire, 1733 den »fliegenden Schützen« oder »Schnellschützen« erfand – die erste einer ganzen Reihe von Erfindungen, die einen gewaltigen Durchbruch für die Textilindustrie bedeuteten. Kays Schnellschütze verdoppelte die Geschwindigkeit, in der man weben konnte. Die Spinner, die ohnehin schon nicht mitkamen, gerieten nun immer hoffnungsloser ins Hintertreffen, so dass in der Produktionskette Probleme entstanden, die enormen ökonomischen Druck auf alle Beteiligten ausübten.

Angeblich wurden Weber und Spinner so wütend auf Kay, dass sie sein Haus angriffen und er nach Frankreich fliehen musste, wo er in Armut starb. Diese Geschichte wird, wie der Industriehistoriker Peter Willis sagt, mit »dogmatischer Inbrunst« selbst heute noch erzählt, obwohl sie in Wirklichkeit von hinten bis vorn nicht stimmt. Kay starb in Armut, aber nur, weil er in seinem Leben vieles falsch gemacht hatte. Er wollte zum Beispiel die Maschinen selbst herstellen und sie dann an die Manufakturbesitzer vermieten, setzte aber die Miete so hoch an, dass niemand interessiert war. Währenddessen wurde sein Apparat weit und breit illegal nachgebaut, und er gab sein ganzes Geld dafür aus, durch alle Instanzen um Entschädigung zu prozessieren, ohne etwas zu erreichen. Schließlich ging er nach Frankreich, weil er – vergebens – hoffte, dort mehr Erfolg zu haben. Er lebte noch fast fünfzig Jahre nach seiner Erfindung. Und wurde nie attackiert oder gar davongejagt.

Erst eine Generation später fand jemand, dem man das kaum zugetraut hätte, eine Lösung für das Spinnproblem. 1764 stellte ein des Lesens und Schreibens unkundiger Weber aus Lancashire namens James Hargreaves ein genial simples Gerät her, das er Spinning Jenny nannte und das die Arbeit von zehn Spinnern verrichtete, weil mehrere Spindeln verwendet wurden. Viel weiß man nicht über Hargreaves, nur dass er in Lancashire geboren wurde und aufgewachsen ist, jung geheiratet hat und zwölf Kinder hatte. Ein Porträt von ihm gibt es, soweit bekannt, nicht. Er war von allen wichtigen Gestalten der frühen Industriellen Revolution am ärmsten und hatte am meisten Pech. Im Gegensatz zu Kay kriegte er nämlich wirklich Ärger. Eine aufgebrachte Menschenmenge kam zu seinem Haus, zündete zwanzig halb fertige Jennys und die meisten seiner Werkzeuge an – ein furchtbarer, ein niederschmetternder Verlust für einen armen Mann –, und er hörte vorsichtshalber mit der Produktion eine Weile auf. Übrigens ist die Jenny nicht nach seiner Tochter benannt, wie oft behauptet wird, sondern »jenny« war in Nordengland ein Ausdruck für »engine«, Maschine.

Auf Bildern macht Hargreaves' Maschine nicht viel her – im Prinzip waren es zehn Spulen auf einem Rahmen plus Rad, mit dem man sie drehen konnte. Doch sie läutete die Zukunft der Briten als Industrienation ein. Weniger erfreulich war, dass sie den Beginn der Kinderarbeit beschleunigte, denn Kinder, die fingerfertiger und kleiner als Erwachsene waren, konnten in den weniger zugänglichen Bereichen der Jenny zum Beispiel zerrissene Fäden wieder aneinanderknüpfen, ohne dass man die Maschinen anhalten musste.

Vor Hargreaves' Erfindung verspannen englische Heimarbeiter mit der Hand jährlich 225 000 Kilo Rohbaumwolle, 1785 war diese Zahl dank der Jenny und den verfeinerten Versionen, die folgten, auf über sieben Millionen gestiegen. Hargreaves allerdings bekam kaum etwas von dem mit seinen Maschinen geschaffenen Wohlstand ab, und das lag zum großen Teil an den Machenschaften eines Richard Arkwright, dem am wenigsten netten, wenigsten kreativen, aber erfolgreichsten Mann der frühen Industriellen Revolution.

Wie Kay und Hargreaves kam er aus Lancashire – wo wäre die Industrielle Revolution ohne die Männer aus Lancashire? 1732 in Preston geboren, war er elf Jahre jünger als Hargreaves und fast dreißig Jahre jünger als Kay. (Bei dieser Gelegenheit sollte man sich mal wieder in Erinnerung rufen, dass die Industrielle Revolution kein plötzliches, explosionsartiges Ereignis war, sondern dass die Dinge über mehrere Generationen hinweg und in vielen Bereichen allmählich entwickelt und verbessert wurden.) Bevor Arkwright »Industrieller« wurde, war er Kneipier, Perückenmacher und Wundarzt-Barbier, aufs Zähneziehen und zur Ader lassen Kranker und Leidender spezialisiert. Offenbar begann er sich für die Tuchherstellung durch die Freundschaft mit einem anderen John Kay zu interessieren – einem Uhrmacher, der mit dem gleichnamigen »Schnellschützen«-Erfinder aber weder verwandt noch verschwägert war. Mit Hilfe des Ersteren besorgte er sich alle nötigen Maschinen und Dinge und brachte die Baumwollherstellung unter ein Dach. Da er, freundlich ausgedrückt, nie von Skrupeln geplagt war, stahl er Hargreaves die Reste der Spinning Jenny ohne Zögern oder spätere Reue (geschweige denn Entschädigung), brach Geschäftsvereinbarungen und verriet Freunde und Partner, wann immer es ihm geboten oder profitabel erschien.

Sicher, er hatte ein Händchen weg für mechanische Verbesserungen, doch genial war er, wenn es galt, Chancen beim Schopf zu packen. Er war ein Organisator – eigentlich ein Wühler –, und zwar ein sehr, sehr guter. Mit einer Mischung aus harter Arbeit, Glück, Opportunismus und eiskalter Gewissenlosigkeit baute er für eine kurze, aber extrem lukrative Zeit buchstäblich ein Monopol auf das Baumwollgeschäft in England auf.

Die Menschen, die durch Arkwrights Maschinen ihre Arbeit verloren, gerieten nicht einfach nur in eine unangenehme Lage, nein, sie wurden in bitterste Not gestürzt. Das sah Arkwright offenbar voraus, denn er baute seine erste Fabrik wie eine Festung in einer entlegenen Ecke Derbyshires – das ja selbst schon eine entlegene Grafschaft war – und rüstete sie mit Kanonen und sogar einem Arsenal von fünfhundert Speeren aus. Er beherrschte den Markt in der mechanischen Produktion von Tuch und wurde unermesslich reich, wenn auch nicht beliebt oder besonders glücklich. Als er 1792 starb, hatte er fünftausend Arbeiter in Lohn und Brot und hinterließ eine halbe Million Pfund Sterling – eine Riesensumme für jedermann, aber besonders für jemanden, der einen Großteil seines Lebens als Perückenmacher und Wundarzt-Barbier verbracht hatte.

Die Industrielle Revolution Ende des achtzehnten Jahrhunderts machte ihrem Namen längst noch nicht alle Ehre. Das kam erst mit dem erstaunlich unkonventionell agierenden Pastor Edmund Cartwright (1743–1823), einer Schlüsselfigur jener Zeit. Cartwright stammte aus einer betuchten und einflussreichen Familie in Nottinghamshire und wollte gern Dichter werden, ging aber in den Kirchendienst und bekam eine Pfarrstelle in Leicestershire. Nach einer zufälligen Unterhaltung mit einem Tuchfabrikanten entwarf er – absolut aus dem Nichts – 1785 den mechanischen Webstuhl. Cartwrights Erfindung veränderte die Weltwirtschaft und machte Großbritannien nun wirklich reich. 1851, zur Zeit der ersten Weltausstellung, waren in England eine Viertelmillion dieser Webstühle in Gebrauch, und die Zahl wuchs pro Jahrzehnt um durchschnittlich 100 000, bis sie im Jahr 1913 in England 805 000 und fast drei Millionen in der ganzen Welt betrug.

Hätte Cartwright für seine Erfindungen auch nur annähernd das bekommen, was sie wert waren, wäre er der reichste Mann seiner Zeit geworden – so reich wie John D. Rockefeller oder Bill Gates in ihrer –, doch er verdiente überhaupt nichts daran und verschuldete sich sogar noch, als er versuchte, seine Patente zu schützen und durchzusetzen. 1809 gestand ihm das Parlament in London eine Pauschalsumme von 10 000 Pfund zu, fast nichts im Vergleich zu Arkwrights 500 000, doch immerhin so viel, dass er seine letzten Tage auskömmlich leben konnte.

Mittlerweile hatte er Geschmack am Erfinden gefunden und erfand Seilmacher- und Wollkämmmaschinen, beide sehr erfolgreich, sowie neue Typen von Druckmaschinen, Dampfmaschinen, Dachziegeln und Ziegelsteinen. Seine letzte Erfindung, 1823 kurz vor seinem Tod, war eine Kutsche »ohne Pferde«, aber mit Handkurbel. In seinem Patentantrag erklärte er selbstbewusst, dass das Gefährt, wenn zwei Männer unablässig, aber ohne übergebührliche Anstrengung kurbelten, bis zu vierzig Kilometer am Tag selbst über steilstes Gelände zurücklegen könne.

Als die mechanischen Webstühle schnurrten, hätte die Tuchindustrie voll abheben können, aber es gab nicht genug Baumwolle. Da im amerikanischen Süden das Klima zwar zu heiß und trocken für viele andere Feldfrüchte, aber für Baumwolle perfekt war, begann man sie dort anzupflanzen. Leider war die einzige

Sorte, die in den meisten Böden dort gedieh, keine rechte Alternative, weil die Fasern kurzstapelig und äußerst schwierig zu ernten waren. Die Samenkapseln waren voller klebriger Samen – auf jedes Kilo Baumwollfasern kamen drei Kilo Samen –, die Stück für Stück von Hand von der Faser getrennt werden mussten. Das war so arbeitsintensiv, dass es sich selbst mit Sklavenarbeit nicht rentierte. Die Sklaven zu ernähren und zu kleiden kostete viel mehr, als die Menge der selbst von den flinksten Händen gezupften, brauchbaren Baumwolle einbrachte.

Der Mann, der das Problem löste, wuchs weit weg von irgendwelchen Plantagen auf. Er hieß Eli Whitney, kam aus Westborough in Massachusetts, und wenn alles an der Geschichte wahr ist (was, wie wir gleich sehen, bezweifelt werden darf), dann war es der allerglücklichste Zufall, auf Grund dessen sein Name unsterblich wurde.

Gemeinhin wird Folgendes erzählt: Nachdem Whitney in Yale studiert hatte, nahm er 1793 bei einer Familie in South Carolina einen Job als Hauslehrer an. Doch als er dort ankam, eröffnete man ihm, das Gehalt werde nur die Hälfte des versprochenen betragen. Empört weigerte er sich, den Posten anzutreten, womit seiner Ehre Genüge getan war, er aber mittellos und fern der Heimat dastand.

Auf der Schiffsreise nach Süden hatte er eine muntere junge Witwe namens Catharine Greene kennengelernt, Frau des verstorbenen Generals Nathanael Greene, eines Helden des Amerikanischen Unabhängigkeitskrieges, dem eine dankbare Nation für seine Unterstützung George Washingtons in den dunkelsten Stunden des Krieges eine Plantage in Georgia geschenkt hatte. Leider war Greene als Neuengländer nicht an die Hitze in Georgia gewöhnt und wurde schon in seinem ersten Sommer dort von einem Hitzschlag dahingerafft. An die Witwe dieses Herrn Greene wandte sich Whitney also nun.

Die lebte zu der Zeit munter und fidel und ziemlich offen mit einem anderen Mann aus Yale zusammen, mit Phineas Miller, ihrem Plantagenverwalter. Gern nahmen sie Whitney in ihren Haushalt auf. Und dort lernte er das Problem mit den Baumwollsamenkapseln kennen. Kaum hatte er eine Kapsel genauer betrachtet, glaubte er sofort, er habe eine Lösung, begab sich in die Werkstatt der Plantage und baute eine simple, sich drehende Trommel mit Nägeln, die, wenn die Trommel sich drehte, die Baumwollfasern abrissen. Die Samen blieben zurück. Das neue Gerät war so effizient, dass es die Arbeit von fünfzig Sklaven erledigte. Whitney ließ seine »Gin« (Kurzform von *engine*) patentieren und bereitete sich darauf vor, unglaublich reich zu werden.

So weit die Geschichte, wie sie herkömmlich erzählt wird. Doch allem Anschein nach strotzt sie vor Unwahrheiten. Heute vermutet man, dass Whitney Miller von der Uni kannte – die Sache mit Yale ist ein gar zu großer Zufall –, dass er bereits damals von den Problemen des Baumwollanbaus auf US-amerikanischem Boden wusste, möglicherweise auf Millers Bitte in den Süden reiste und erste Entwürfe für die Cotton Gin, die Egrenier- oder Entkörnungsmaschine, mitbrachte. Und so erfand er sie auch offenbar nicht binnen weniger Stunden auf der Greene'schen Plantage, sondern hatte sich schon vorher über Wochen oder Monate in einer Werkstatt in Westborough dazu Gedanken gemacht.

Aber ganz gleichgültig, wie es sich zugetragen hat, das Maschinchen war ein kleines Wunderwerk. Whitney und Miller gründeten eine Firma mit allen Aussichten auf großen Profit, doch sie waren katastrophale Geschäftsleute. Für die Nutzung ihrer Maschine verlangten sie ein Drittel der Ernte – was sowohl Plantagenbesitzer als auch Gesetzgeber in den Südstaaten als schlicht raffgierig ansahen. Dass beide Männer Yankees waren, trug auch nicht zu einem besseren Geschäftsklima bei. Überzeugt, dass die Pflanzer im Süden sich nicht auf Ewigkeit diesem alles verändernden Stück Technik verweigern konnten, lehnten Whitney und Miller es trotzdem strikt ab, ihre Forderungen zu modifizieren. Hinsichtlich der Unwiderstehlichkeit der Cotton Gin hatten sie

Recht, aber sie hatten nicht bedacht, dass man sie auch leicht kopieren konnte. Jeder halbwegs anständige Schreiner konnte eine in ein paar Stunden zusammenzimmern. Bald ernteten die Plantagenbesitzer ihre Baumwolle mit selbstgebastelten Entkörnungsmaschinen. Whitney und Miller strengten in Georgia sechzig und anderswo weitere Prozesse an, stießen aber in den Südstaatengerichtshöfen auf wenig Sympathie. 1800 – nur sieben Jahre nach der Erfindung der Gin – gerieten Miller und Catharine Greene in solche finanzielle Bedrängnis, dass sie die Plantage veräußern mussten.

Der Süden aber wurde steinreich. Bald war die Baumwolle die meistgehandelte Ware der Welt, zwei Drittel aller Baumwolle kam von dort. Die Baumwollexporte aus den Vereinigten Staaten schossen von fast nichts vor der Erfindung der Cotton Gin bis auf sage und schreibe knapp eine Milliarde Kilo bei Ausbruch des Bürgerkrieges in die Höhe. Großbritannien importierte bis zu 84 Prozent davon.

Vor dem Höhenflug der Baumwolle war die Sklaverei im Abstieg begriffen gewesen, doch jetzt brauchte man viele Arbeitskräfte, weil das Baumwollpflücken im Gegensatz zur Verarbeitung immer noch sehr aufwändig war. Als Whitney seine Geräte entwarf, existierte die Sklaverei in gerade mal sechs Bundesstaaten; zu Beginn des Bürgerkrieges war sie in fünfzehn legal. Besonders schlimm: Die nördlichen Sklavenstaaten wie Virginia und Maryland, in denen sich der Baumwollanbau nicht lohnte, begannen ihren südlichen Nachbarn Sklaven zu verkaufen, sie rissen Familien auseinander und verschlimmerten das Leiden Zehntausender. Zwischen 1793 und dem Bürgerkrieg wurden mehr als 800 000 Sklaven in den Süden deportiert.

Gleichzeitig brauchten natürlich auch die boomenden Tuchfabriken in England viel, viel mehr Arbeiter – mehr als durch den Bevölkerungszuwachs dazukamen –, und man griff zunehmend auf Kinder zurück. Die waren gefügig, billig und konnten, wie erwähnt, schneller und geschmeidiger zwischen den Maschinen herumlaufen und Probleme beheben, wenn etwas zerbrach oder stockte. Selbst die aufgeklärtesten Fabrikbesitzer setzten Kinder in großer Zahl ein. Auf Kinderarbeit zu verzichten konnten sie sich schlichtweg nicht leisten.

Whitneys Erfindung machte nicht nur Leute auf beiden Seiten des Atlantik reich und Kinderarbeit unverzichtbar. Obendrein gab sie der Sklaverei neuen Auftrieb und bereitete den Boden für den Amerikanischen Bürgerkrieg. Vielleicht hat nie jemand mit einer simplen, gutgemeinten Erfindung mehr allgemeinen Reichtum, persönliche Enttäuschung und unbeabsichtigtes Leiden verursacht als Eli Whitney mit seiner Cotton Gin. Was man mit einer simplen Drehtrommel alles anrichten kann!

Einige Südstaaten erklärten sich schließlich bereit, Whitney ein wenig zu zahlen. Insgesamt verdiente er etwa 90 000 Dollar an der Gin – gerade genug, um seine Kosten zu decken. Er ging in den Norden zurück, ließ sich in New Haven in Connecticut nieder und landete dort den Geniestreich, der ihn endlich reich machen sollte. 1798 ergatterte er einen Vertrag, zehntausend Musketen für die Regierung in Washington zu fabrizieren. Die Waffen sollten mit einer neuen Methode hergestellt werden, die später Whitney- oder amerikanische Methode genannt wurde. Man baute Geräte, die eine endlose Menge von zusammenpassenden Teilen produzierten, die dann zu fertigen Produkten zusammengesetzt wurden. Keiner der Arbeiter brauchte besondere Fertigkeiten; die Fertigkeiten waren alle in der Maschine. Ein brillantes Konzept – Daniel J. Boorstin, seines Zeichens Historiker, hat es als *die* Innovation bezeichnet, die die Vereinigten Staaten reich gemacht hat.

Die Musketen brauchte man dringend, weil es zu der Zeit ganz danach aussah, als stünden die Vereinigten Staaten kurz vor einem Krieg mit Frankreich. Das Auftragsvolumen belief sich auf 134 000 Dollar – der satteste Regierungsauftrag, der bis dato im Land erteilt worden und an Whitney gegangen war, obwohl der keine Maschinen und keine Erfahrung hatte, Musketen zu produzieren. Doch 1801 führte Whitney Präsident John Adams und dem schon gewählten neuen Präsidenten Thomas Jefferson vor, wie man einen Tisch voll beliebiger Teile zu einer kompletten Waffe zusammensetzte (ein Ereignis, das noch Generationen später in allen Geschichtsbüchern stand). In Wirklichkeit hatte er hinter den Kulissen alle möglichen Probleme, das System zum Funktionieren zu bringen. Die Musketen wurden mehr als acht Jahre zu spät geliefert, lange nachdem die Krise abgeflaut war, für die sie ursprünglich vorgesehen waren. In einer im zwanzigsten Jahrhundert durchgeführten Analyse erhaltener Waffen wurde der Beweis erbracht, dass sie gar nicht mit dem Verfahren Whitneys hergestellt worden waren, sondern Teile enthielten, die man in der Fabrik handgefertigt hatte. Die berühmte Demonstration für die Präsidenten war eine Vorspiegelung falscher Tatsachen gewesen. Es kam auch heraus, dass Whitney während der acht Jahre überwiegend nicht an der Musketenbestellung gearbeitet, sondern mit dem Geld weiterhin versucht hatte, für seine Cotton Gin eine Vergütung zu bekommen.

III.

Im Vergleich zu allen Vorgängermaterialien war Baumwolle wunderbar leicht und kühl, dämpfte aber keineswegs den Drang, sich lächerlich zu kleiden, besonders nicht in der Damenwelt. Im Laufe des neunzehnten Jahrhunderts hüllten sich Frauen zunehmend in mehr Kleidung. Das konnten in den 1840er Jahren unter dem Kleid ein knielanges Unterkleid, ein Leibchen, bis zu einem halben Dutzend Unterröcke, ein Korsett und Unterhosen sein, alles nur, wie ein Historiker bemerkte, »um jede Andeutung von Figur so weit wie möglich zu vermeiden«. Dieser garderobenmäßige Aufwand wog oftmals beängstigend schwer; ihren täglichen Pflichten gingen Frauen leicht in achtzehn Kilo Kleidung nach. Wie sie es schafften, auch mal ein menschliches Bedürfnis zu erledigen, ist eine Frage, die Historiker bisher nicht erkundet haben. Krinolinen oder Reifröcke aus Fischbein oder Stahl führte man (wieder) ein, um mit weniger Unterkleidung dennoch zu der gewünschten Form zu kommen, doch während die Last kaum geringer wurde, eröffneten sich viel mehr Möglichkeiten für Missgeschicke. »Man wundert sich, wie beziehungsweise ob überhaupt viktorianische Damen in großer Krinoline durch ein gutbürgerlich möbliertes Wohnzimmer gehen konnten, ohne reihenweise Dinge von den Tischen zu fegen«, schreibt Liza Picard in ihrem Buch *Victorian London*. In eine Kutsche zu steigen erforderte viel Hin-und-her-überlegen, worauf ein faszinierter Briefeschreiber in einer Epistel nach Hause hinwies: »Unentschlossen, wie sie es anstellen sollte, drehte sich Miss Clara im Kreise wie ein Pfau. Schließlich entschied sie sich für einen kühnen seitlichen Ausfallschritt und enterte die Kutsche, indem sie den Unterrock zusammenquetschte, der sich dann wieder zu seinem ursprünglichen Volumen ausdehnte. Doch als ihre Schwestern auch noch eingestiegen waren, war kein Platz mehr für den Major« (oder einen anderen Begleiter).

Wenn sich die Trägerin einer Krinoline nach vorn beugte – um zum Beispiel einen Croquetball zu schlagen –, hob sich das gute Stück ein wenig und bot einen hinreißenden, kurzen Blick auf Rüschenstrümpfe, und jeder halbwegs kluge Mann gab sich galant und sagte: »Nach Ihnen, meine Dame.« Bei zu großem Druck hatten Krinolinen die bestürzende Tendenz, sich wie ein Regenschirm nach außen umzubiegen und nach oben zu stehen. Es gab unzählige Geschichten von Frauen, die, in ungebärdigen Reifen gefangen, nur noch herumtaumeln konnten. Lady Eleanor Stanley hielt in ihrem Tagebuch fest, dass die Herzogin von Manchester stolperte, als sie über einen Zaunübertritt klettern wollte – warum sie das in einer Krinoline versuchte, fragt man sich als halbwegs vernünftiger Mensch allerdings doch –, und dass »die Welt im Allgemeinen und der Duc de Malakoff im Besonderen« ihren schottenkarierten Schlüpfer sehen konnten. Kräftige Windböen sorgten ebenfalls häufig für Verstörung, und Treppen waren eine absolute Gefahr. Doch das größte Risiko war Feuer. »Viele Krinolinenträgerinnen verbrannten, weil sie versehentlich dem Feuer zu nahe gekommen waren«, schreiben C. Willett und Phillis Cunnington in ihrer überraschend ernsten *Geschichte der Unterwäsche*. Ein Hersteller warb stolz damit, dass seine Krinolinen »keine Unfälle verursachen und nicht bei gerichtlichen Untersuchungen von Todesursachen erwähnt werden«, wobei einem doch ein wenig mulmig werden kann.

Das goldene Zeitalter der Krinolinen war von 1857 bis 1866. Danach ließ man nicht etwa von ihnen ab, weil sie gefährlich und lächerlich waren, sondern weil sie zunehmend von den unteren Klassen getragen wurden und ihre Exklusivität flöten ging. »Heute muss jede Zofe ihre Krinoline haben«, mokierte sich ein Magazin, »und selbst Fabrikmädchen können nicht mehr ohne.« Wenn sich die allerdings mit Krinolinen zwischen den mahlenden Zahnrädern und den schnurrenden Treibriemen der Maschinen bewegten, begaben sie sich in Gefahren, die man sich unschwer ausmalen kann.

Der Abschied von den Krinolinen bedeutete freilich nicht, dass sich das Zeitalter sinnloser Unbequemlichkeit endlich seinem Ende zuneigte. Weit gefehlt, statt der Krinolinen kamen die Korsette, und mörderischere Kleidungsstücke hatte man seit Jahrhunderten nicht getragen. Einige maßgebliche Leute fanden das seltsamerweise erhebend, weil sie aus irgendeinem Grunde Opferbereitschaft und Keuschheit damit assoziierten. Das *Englishwoman's Domestic Magazine*, das populäre Periodikum für Damen jener Zeit, bemerkte 1866 voller Anerkennung, dass die Zöglinge eines Mädcheninternats montagmorgens in ihre Korsette geschnürt wurden und bis Samstag eingekastelt blieben. Dann durften sie die Stangen eine Stunde lang »zum Zwecke der Reinigung« lockern. Dank dieser Regelung, wusste man weiter zu berichten, konnten die Mädchen ihre Taillenweite in zwei Jahren im

Durchschnitt von achtundfünfzig auf dreiunddreißig Zentimeter verringern.

Das Bemühen, den Leibesumfang um fast jeden Preis herunterzufahren, war also durchaus vorhanden, doch der heute noch bestehende Glaube, dass Frauen sich operativ Rippen entfernen ließen, um ihre Taille noch besser zusammenschnüren zu können, ist Gott sei Dank ein Mythos. In dem wissenschaftlich bezaubernd präzisen *Das Korsett: eine Kulturgeschichte* schreibt Valerie Steele, sie habe keinerlei Beweise dafür gefunden, dass auch nur eine Operation durchgeführt worden sei, schon allein deshalb, weil die Operationstechniken im neunzehnten Jahrhundert noch gar nicht so weit waren.

Für Ärzte müssen die engen Korsetts in der zweiten Hälfte des neunzehnten Jahrhunderts ein rotes Tuch gewesen sein. Offenbar gab es kein System im Körper, das unter der einengenden Wirkung von Schnüren und Fischbein nicht heftig litt oder sogar zusammenbrach. Das Herz konnte nicht frei schlagen, was zu Blutstau führte. Sogenanntes träges Blut wiederum führte zu fast einhundert bekannten Leiden – Inkontinenz, Verdauungsstörungen, Leberversagen, »congestiver Hypertrophie der Gebärmutter« und Verlust der geistigen Kräfte, um nur ein paar zu nennen. In der *Lancet* warnte man regelmäßig vor den Gefahren der engen Korsetts und kam zumindest einmal zu dem Schluss, dass eine Frau deshalb den Tod gefunden hatte, weil ihr Herz nicht richtig schlagen konnte. Manche Ärzte waren überdies der Ansicht, dass eng geschnürte Unterwäsche Frauen anfälliger für Tuberkulose machte.

Zwangsläufig wurde dem Korsetttragen auch eine sexuelle Komponente zugeschrieben. Der Tonfall der Literatur, die sich dagegen aussprach, dass Frauen Korsett tragen sollten, war auffallend ähnlich demjenigen der Antimasturbationsliteratur für Männer. Man fürchtete nämlich, dass es zu einer tragischen Zunahme »amouröser Begierden« und womöglich sogar unfreiwilliger »sinnlicher Spasmen« kommen werde, wenn die Korsetts den

Blutzufluss zu den Organen in der Nähe der Fortpflanzungsorgane verlangsamten und diese zusammenpressten. Allmählich entwickelten sich Ängste um alle Teile des Körpers, die eng bekleidet wurden. Selbst eng sitzende Schuhe, meinte man, konnten gefährliches Kribbeln hervorrufen, ja sogar einen ausgewachsenen Krampf, bei dem man nur noch schlotterte und rasselte. Im schlimmsten Falle konnten Frauen durch ihre Kleidung sogar geistig zerrüttet werden. Von Orson Fowler stammt das Werk mit dem verführerischen Titel *Das enge Schnüren. Kritische Beiträge zur Physiologie und Phrenologie; oder zu den Übeln, die Körper und Geist auferlegt werden durch Stauchen der elementaren Lebensorgane, die die Lebensfunktionen hemmen und schwächen.* Darin legte Fowler die Theorie dar, dass die unnatürliche Beeinträchtigung der Blutzirkulation zusätzliches Blut in das Gehirn der Frauen pumpe, was zu einer permanenten, beunruhigenden Veränderung der Persönlichkeit führen könne.

Wirklichen Schaden konnten die engen Korsetts bei der Entwicklung der Babys anrichten. Viele Frauen trugen gefährlich weit in die Schwangerschaft hinein Korsette, ja schnürten sie sogar fester, um die verräterischen Beweise so lange wie möglich zu verbergen, dass sie an einem Ausbruch unanständiger »sinnlicher Spasmen« beteiligt gewesen waren.

Viktorianische Schicklichkeitsregeln waren so streng, dass es Damen nicht erlaubt war, in gemischter Gesellschaft Kerzen auszublasen, weil sie dazu die Lippen anzüglich hätten spitzen müssen. Damen sollten auch nicht sagen, sie gingen »zu Bett« – eine zu stimulierende Vorstellung –, sondern mussten »sich zurückziehen«. Letztendlich wurde es unmöglich, selbst in ärztlichen Zusammenhängen über Kleidung zu sprechen, ohne dass man zu Euphemismen griff. Hosen wurden zum »unteren Integument« oder schlichter zu den »Unaussprechlichen«, und Unterwäsche war »Leinen«. Untereinander konnten Frauen ihre Unterröcke oder mit gedämpfter Stimme Strümpfe erwähnen, doch sonst fast nichts, das mit nacktem Fleisch in Berührung kam.

Hinter den Kulissen ging es aber doch ein bisschen lustvoller zur Sache, als wir manchmal meinen. Als es ab Mitte des Jahrhunderts chemisch hergestellte Farben zu kaufen gab, von denen einige sehr kräftig und bunt waren, wurden sie mit als Erstes für Unterwäsche verwendet, für viele ein Skandal, weil sich damit die offensichtliche Frage stellte, wem zum Ergötzen all diese Farbe dienen sollte. Unterwäsche zu besticken wurde ähnlich beliebt und rief keine geringere Empörung hervor. In ebender Woche, in der das *Englishwoman's Domestic Magazine* die Mädchenschule lobte, in der junge Damen eine mörderische Woche lang in Korsetts eingeschnürt bleiben mussten, zeterte es: »Die viele Stickerei an Unterwäsche heute ist sündig. Eine junge Dame verbrachte einen Monat lang damit, ein Kleidungsstück mit Hohlsäumen und Stickereien zu versehen, das kaum ein anderes menschliches Wesen sieht als ihre Wäscherin.«

Eines hatten die viktorianischen Damen nicht: einen Büstenhalter. Die Korsett, die von unten alles hochschoben, stützten zwar die Brüste, doch wirklich bequem (hat man mir gesagt) ist es nur, wenn man die Brust in Schlingen hängt. Das sah als Erster ein Hersteller von Damenunterwäsche aus Camden in New Jersey. Luman Chapman besorgte sich 1863 ein Patent für »Brustaufbauscher« – eine Art frühen Bustier mit Nackenträger. Danach wurden in den Vereinigten Staaten zwischen 1863 und 1969 genau 1230 BHs patentiert.

Und mit diesem stolzen Rekord vor Augen gehen wir weiter ins Kinderzimmer.

Achtzehntes Kapitel

Das Kinderzimmer

I.

Anfang der 1960er Jahre behauptete der französische Historiker Philippe Ariès in seiner enorm einflussreichen *Geschichte der
Kindheit* etwas Verblüffendes: Bis zum sechzehnten Jahrhundert –
mindestens! – habe es so etwas wie Kindheit gar nicht gegeben.
Gewiss, Kinder seien kleine Menschen gewesen, doch ihr Leben
habe sich von dem der Erwachsenen nicht grundsätzlich unterschieden. »Die Vorstellung von Kindheit existierte nicht«, verkündete Ariès mit einer gewissen Endgültigkeit. Sie sei im Prinzip
eine Erfindung des neunzehnten Jahrhunderts.

Ariès war kein Spezialist auf dem Gebiet, und seine Ideen
gründeten sich fast ausschließlich auf indirekte Beweise, die heute
großteils angezweifelt werden, doch damals fanden seine Ansichten großen Anklang und weite Verbreitung. Bald erklärten auch
andere Historiker, dass Kinder in den vormodernen Gesellschaften nicht nur nicht beachtet, sondern nicht einmal sehr gemocht
wurden. »In der traditionellen Gesellschaft begegneten Mütter
Entwicklung und Wohlergehen von Kindern unter zwei Jahren
mit Gleichgültigkeit«, behauptete Edward Shorter in der *Geburt
der modernen Familie* (deutsch 1977) und führte als Grund die
hohe Sterblichkeitsrate bei Säuglingen an: »Man konnte sich nicht
erlauben, ein kleines Kind zu lieben, denn man wusste, dass es jederzeit vom Tod hinweggerissen werden konnte.«

Barbara Tuchman wiederholte diese Ansicht zwei Jahre später
in ihrem Bestseller *Der ferne Spiegel* (deutsch 1980). »Von allen

Eigenheiten, in denen sich das Mittelalter von der heutigen Zeit unterscheidet«, schrieb sie, »ist keine so auffallend wie der vergleichsweise Mangel an Interesse für Kinder.« In kleine Kinder Liebe zu investieren sei so riskant – »wenig lohnend«, sagte sie komischerweise –, dass man es als sinnlose Vergeudung von Energie überall unterdrückt habe. Gefühle hätten keinerlei Rolle gespielt. Tuchmans ernüchternder Ansicht nach waren Kinder lediglich »ein Produkt«. »Ein Kind wurde geboren und starb, und ein anderes nahm seinen Platz ein.« Oder, wie Ariès meint: »Allgemein, und zwar sehr lange, meinte man, dass man mehrere Kinder bekam, um ein paar zu behalten.« Diese Thesen wurden unter Kindheitshistorikern gang und gäbe, und zwanzig Jahre verstrichen, bis jemand fragte, ob sich darin nicht doch ein ernsthaftes Missverständnis der menschlichen Natur, wenn schon nicht der bekannten historischen Fakten widerspiegelte.

Natürlich starben Kinder früher sehr häufig, und Eltern mussten sich darauf einstellen. Natürlich war die Welt vor der Moderne ein Ort der winzigen Särge. Die gemeinhin angeführten Zahlen behaupten, dass ein Drittel der Kinder im ersten Lebensjahr starb und die Hälfte ihren fünften Geburtstag nicht erlebte. Selbst in den besten Häusern ging der Tod ein und aus. Stephen Inwood weist darauf hin, dass der Historiker Edward Gibbon im reichen Putney (damals noch bei London) aufwuchs, aber alle seine sechs Geschwister verlor, als diese noch klein waren. Das heißt jedoch nicht, dass Eltern beim Verlust eines Kindes weniger verzweifelt und traurig waren als Eltern heute. Der Tagebuchschreiber John Evelyn und seine Frau hatten acht Kinder und mussten sechs davon begraben. Jedes Mal waren die Eltern untröstlich. »Meines Lebens Freude geht dahin«, schrieb Evelyn schlicht, nachdem sein ältestes Kind 1658 drei Tage nach seinem fünften Geburtstag gestorben war. Der Schriftsteller William Brownlow verlor vier Jahre hintereinander jedes Jahr ein Kind, und es war jedes Mal ein Unglück, das »mich schier zerriss und zutiefst erschütterte«, schrieb er. Doch er und seine Frau mussten noch mehr erleiden:

Die tragischen Todesfälle wiederholten sich weitere drei Jahre, bis sie keine Kinder mehr hatten.

Niemand hat den Schmerz, den Eltern empfinden, besser ausgedrückt als Shakespeare. Die folgenden Zeilen sind kurz nach dem Tod seines elfjährigen Sohnes Hamnet verfasst und aus dem Stück König Johann:

> Gram füllt die Stelle des entfernten Kindes,
> Legt in sein Bett sich, geht mit mir umher,
> Nimmt seine allerliebsten Blicke an,
> Spricht seine Worte nach, erinnert mich
> An alle seine holden Gaben, füllt
> Die leeren Kleider aus mit seiner Bildung.

Das sind nicht die Worte eines Vaters, für den Kinder ein Produkt sind, und es gibt keinen Grund zu der Annahme – und keine Beweise –, dass Eltern zu irgendeiner Zeit in der Vergangenheit Glück und Wohlbefinden ihrer Kinder grundsätzlich gleichgültig waren. Dagegen spricht auch der Name des Zimmers, in dem wir uns jetzt befinden.* Das englische Wort für Kinderzimmer, *nursery*, taucht schriftlich zum ersten Mal 1330 auf und ist seitdem ununterbrochen in Gebrauch. Ein Zimmer, das ausschließlich auf die Bedürfnisse von Kindern zugeschnitten ist, passt ja wohl kaum zu der These, dass Kinder in einer Familie nicht zählten. Auch das Wort für Kindheit, »childhood«, existiert seit über tausend Jahren in der englischen Sprache (den ersten verbürgten Gebrauch finden wir im Evangeliar von Lindisfarne um 950).

---

* Wir werden nie erfahren, ob dieses Zimmer jemals ein Kinderzimmer war. Es gehört zu den nachträglichen Änderungen und nicht zu Edward Tulls Plan, in dem es nicht aufgeführt wird. Doch seine bescheidenen Ausmaße und die Lage neben dem großen Schlafzimmer legen den Schluss nahe, dass es als Kinderzimmer und nicht als zusätzliches Schlafzimmer genutzt werden sollte. Was natürlich wieder mal die spannende, aber nicht zu beantwortende Frage aufwirft, welche Hoffnungen und Wünsche der Junggeselle Mr. Marsham wohl hatte.

Was auch immer die Kindheit gefühlsmäßig für die Menschen bedeutete – als Daseinsform, als Zustand einer eigenen Existenz, ist sie ohne jeden Zweifel uralt. Die Auffassung, dass Kinder ihren Eltern gleichgültig waren oder sie als Wesen für sich kaum existierten, scheint also zuallermindest eine grobe Vereinfachung zu sein.

Womit ich keineswegs sagen will, dass die Kindheit in der Vergangenheit die lange, sorglose Herumtollerei war, wie wir sie uns heute gern vorstellen. Vom Moment der Empfängnis an war das Leben voller Gefahren. Für Mutter und Kind war natürlich die größte die Geburt selbst. Wenn da was schiefging, konnten Hebammen oder Ärzte kaum noch etwas tun. Ärzte nahmen zudem oft zu Behandlungen Zuflucht, die Leid und Gefahr noch größer machten: Mit der Begründung, die erschöpfte Mutter werde sich entspannen, ließen sie sie zur Ader und werteten es als Erfolg, wenn sie das Bewusstsein verlor; sie hüllten sie in kochend heiße Breiumschläge und entzogen ihr auf alle erdenkliche Weisen ihre schwindenden Reserven an Zuversicht und Energie.

Nicht selten blieben die Babys stecken. Dann konnten die Wehen drei Wochen und länger dauern, bis Mutter oder Kind oder beide mit den Kräften am Ende und nicht mehr zu retten waren. Starb ein Kind im Mutterleib, waren die Prozeduren, um es herauszubekommen, so grauenhaft, dass ich sie nicht beschreiben will. Es genügt zu erwähnen, dass man Haken benutzte und das Kind in Stücken herauszog. All das bedeutete nicht nur unsägliches Leiden für die Mutter, sondern auch das große Risiko, dass ihr Uterus verletzt wurde, und schlimmer noch, dass sie eine Infektion bekam. Wenn man das bedenkt, staunt man, dass auf hundert Geburten nur ein bis zwei Todesfälle fielen. Weil aber die meisten Frauen dauernd Kinder kriegten (sieben bis neun im Durchschnitt), erhöhte sich die Wahrscheinlichkeit dramatisch, nämlich eins zu acht, dass eine Frau irgendwann bei einer Geburt starb.

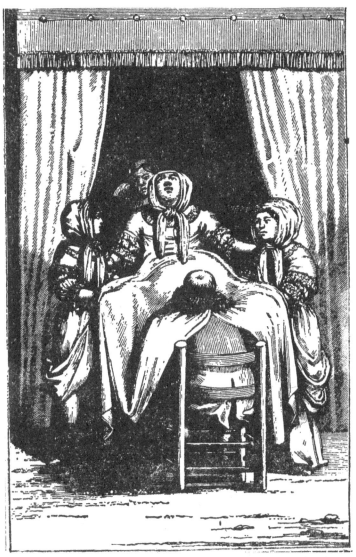

*Eine Frau im achtzehnten Jahrhundert, die ein Kind gebiert. (Man be-
achte, wie die Schicklichkeit gewahrt wird. Der Arzt hat sich ein Riesen-
tuch um den Hals gebunden.)*

Die Kinder waren in den ersten Jahren extrem gefährdet. Gewiss waren Krankheiten und Seuchen eine ständige Bedrohung, doch viel häufiger gab es tödliche Unfälle – ja, unglaublich viel häufiger sogar. Gerichtsdokumente aus dem dreizehnten und vierzehnten Jahrhundert verzeichnen, wie abrupt das Leben eines Kindes enden konnte: »in einer Grube ertrunken«, »von der Sau gebissen«, »in Topf mit heißem Wasser gefallen«, »von Karrenrad getroffen«, »in Trog mit heißem Futterbrei gefallen«, »in Menschenmenge zu Tode getrampelt« und dergleichen mehr. Emily Cockayne erzählt die traurige Geschichte eines kleinen Jungen, der seinen Freunden einen Spaß bereiten wollte, sich auf einen Weg legte und mit Stroh bedeckte. Ein vorbeifahrender Karren zerquetschte ihn.

Ariès und seine Anhänger sahen solche Sterbefälle als Beweis für elterliche Nachlässigkeit und fehlendes Interesse am unbeschadeten Aufwachsen ihrer Kinder, doch damit legt man moderne Maßstäbe an Verhaltensweisen unter historisch anderen Bedingungen an. Man darf nämlich nicht vergessen, dass eine Mutter im Mittelalter ständig mit allem Möglichen beschäftigt war. Vielleicht kümmerte sie sich gerade um ein krankes oder sterbendes Kind, hatte selbst hohes Fieber, mühte sich ab, ein Feuer zu entzünden (oder eines zu löschen), oder war mit tausend anderen Dingen beschäftigt. Wenn Kinder heute nicht mehr von Säuen totgebissen werden, dann nicht, weil sie besser beaufsichtigt werden, sondern, weil wir Säue nicht mehr in Küchen halten.

Recht viele moderne Schlussfolgerungen basieren außerdem auf Sterblichkeitszahlen, die heute als gar nicht mehr so gesichert gelten. Der Erste, der sich die Sache einmal sorgfältiger anschaute, war der Mathematiker und Astronom Edmond Halley, dessen Name heute natürlich wegen des nach ihm benannten Kometen noch bekannt ist. (Dabei entdeckte er ihn nicht, sondern erkannte nur, dass es derselbe Komet war, der schon drei Mal gesehen worden war. Der Halley'sche Komet bekam seinen Namen erst nach Halleys Tod.)

Halley erforschte unermüdlich ein ganzes Spektrum wissenschaftlicher Phänomene und verfasste Artikel dazu, vom Magnetismus bis zu den schlaffördernden Wirkungen von Opium. 1693 stieß er auf Zahlen zu den jährlichen Geburten und Todesfällen in Breslau, dem heutigen Wrocław, die ihn faszinierten, weil sie so ungewöhnlich vollständig waren. Mit ihnen entwickelte er Statistiken, anhand derer sich die Lebenserwartung eines Menschen errechnen ließ, und zwar präzise für jedes Alter. Einem Fünfundzwanzigjährigen konnte er sagen, dass für ihn die Wahrscheinlichkeit, im folgenden Jahr zu sterben, bei 1:80 lag; dass jemand, der das Alter von dreißig erreicht hatte, mit einigem Recht erwarten konnte, noch siebenundzwanzig Jahre zu leben; dass die Chancen eines vierzigjährigen Mannes, noch sieben Jahre zu leben, 5,5:1 waren und so weiter. Es waren sozusagen die ersten versicherungsmathematischen Statistiken, und abgesehen von allem anderen wäre die Lebensversicherungswirtschaft ohne sie gar nicht möglich gewesen.

Halleys Erkenntnisse wurden in den *Philosophical Transactions of the Royal Society,* einem *natur*wissenschaftlichen Journal, veröffentlicht und scheinen aus dem Grund der geneigten Aufmerksamkeit der Sozialhistoriker entgangen zu sein, was schade ist, weil sie hochinteressant sind. Die Zahlen zeigen zum Beispiel, dass in Breslau siebentausend Frauen im gebärfähigen Alter wohnten, jedes Jahr aber nur eintausendzweihundert Kinder gebaren – »wenig mehr als ein sechster Teil«, notierte er. Offenbar wusste die große Mehrheit der Frauen Maßnahmen zu ergreifen, die eine Schwangerschaft verhinderten. Kinder zu kriegen war also zumindest in Breslau keine unausweichliche Bürde, in die sich die Frauen schicken mussten, sondern weitgehend freiwillig.

Halleys Berechnungen zeigen auch, dass die Säuglings- und Kindersterblichkeit nicht ganz so verheerend war, wie man heute auf Grund der angegebenen Zahlen immer meint. In Breslau starb etwas mehr als ein Viertel der Kinder im ersten Lebensjahr, vierundvierzig Prozent erlebten ihren siebten Geburtstag nicht.

Natürlich sind das schreckliche Zahlen, doch Gott sei Dank besser als die Vergleichszahlen von einem Drittel und der Hälfte, die normalerweise angeführt werden. Erst bei Jugendlichen unter siebzehn Jahren erreichten sie in Breslau fünfzig Prozent. Das war schlimmer, als Halley erwartet hatte, und er benutzte seinen Bericht, um darauf hinzuweisen, dass die Menschen nicht mit einem langen Leben rechnen, sondern sich darauf gefasst machen sollten, vor ihrer Zeit zu sterben. »Zu Unrecht beklagen wir die Kürze unseres Lebens«, schrieb er, »und fühlen uns ungerecht behandelt, wenn wir kein hohes Alter erreichen. Dabei stirbt doch offenbar hier eine Hälfte derjenigen, die geboren werden, binnen siebzehn Jahren [...] Anstatt [also] über das, was wir einen unzeitigen Tod nennen, zu murren, sollten wir uns mit Geduld und Gleichmut hineinschicken, weil das die unabwendbare Condition unseres vergänglichen Stoffes ist.« In Wahrheit fiel es den Menschen also eindeutig schwerer, sich mit einem frühen Tod abzufinden, als die schlichte Zurkenntnisnahme der Zahlen vermuten lässt.

Die Statistiken wurden aber auch noch dadurch vertrackter, dass genau zu dieser Zeit Frauen in ganz Europa in Scharen an einer neuen Krankeit starben, die die Ärzte weder verstanden noch bekämpfen konnten. Es war das Kindbettfieber, das zum ersten Mal 1652 in Leipzig registriert wurde und gegen das die Ärzte in den nächsten zweihundertfünfzig Jahren machtlos bleiben sollten. Es war besonders gefürchtet, weil es plötzlich auftrat, oft mehrere Tage nach einer gesunden Geburt, wenn es der Mutter prächtig ging. Binnen Stunden bekam sie hohes Fieber und fiel ins Delirium, was eine Woche anhielt. Dann wurde sie entweder gesund oder starb. Meist starb sie. Bis Ende des neunzehnten Jahrhunderts schrieben die meisten Ärzte Kindbettfieber entweder schlechter Luft oder einer laschen Moral zu, doch es waren ihre schmuddeligen Finger, die Mikroben von einem empfindlichen Uterus zum anderen übertrugen. 1847 erkannte zwar der Wiener Arzt Ignaz Semmelweis, dass sich die Sterberaten bei verschiedenen Krankheiten extrem verringerten, wenn sich Ärzte und Personal die Hände in leicht gechlortem Wasser wuschen, doch kaum einer hörte auf ihn, und es vergingen noch einmal Jahrzehnte, bis keimtötende Vorsichtsmaßnahmen allgemein üblich wurden.

Mit Erfindung der Geburtszange, mit der man Kinder leichter herausziehen konnte, gab es für ein paar glückliche Frauen zumindest die Aussicht auf größere Sicherheit. Leider entschied sich der Erfinder, Peter Chamberlen, dagegen, die Allgemeinheit an seiner Erfindung teilhaben zu lassen. Er hielt sie geheim, um sie nur in seiner Praxis anzuwenden, und hundert Jahre lang änderten seine Erben an dieser beklagenswerten Tradition nichts. Dann wurde die Geburtszange unabhängig von anderen erfunden. Doch Tausende unbekannte Frauen waren in der Zwischenzeit natürlich unter unnötigen Qualen gestorben. Dabei hatte auch die Geburtszange ihre Risiken. Nicht sterilisiert und tief in den Geburtskanal eingeführt, konnte man, wenn man sie nicht mit größter Sorgfalt benutzte, Mutter und Kind leicht schädigen. Aus dem Grund schreckten auch viele Ärzte davor zurück, sie einzusetzen. Am berühmtesten wurde der Fall von Prinzessin Charlotte, der Erbin des britischen Throns, die 1817 bei der Geburt ihres ersten Kindes starb, weil der verantwortliche Arzt, Sir Richard Croft, seinen Kollegen den Gebrauch der Geburtszange nicht erlaubte. Nach mehr als fünfzig Stunden erschöpfender, erfolgloser Wehen starben Mutter und Kind. Charlottes Tod änderte den Lauf der britischen Geschichte. Hätte sie weitergelebt, hätte es kein viktorianisches Zeitalter, weil keine Königin Victoria, gegeben. Die schockierte Nation vergab Croft nicht. Seinerseits geschockt und verzweifelt darüber, wie tief er in Schmach und Schande gefallen war, schoss er sich eine Kugel in den Kopf.

Die nie nachlassende Hauptsorge der meisten Menschen, sowohl der Kinder als auch der Erwachsenen, war indes, überhaupt genug Geld zum Leben zu haben. In ärmeren Haushalten – also in den meisten – war jedes Mitglied vom frühestmöglichen Zeitpunkt an ein Wertschöpfungsinstrument. Als John Locke 1697 in einem Schriftstück für das Board of Trade (den frühen Vorläufer eines Handelsministeriums) vorschlug, die Kinder der Armen vom Alter von drei Jahren an zur Arbeit heranzuziehen, fand das keiner herzlos oder völlig aus der Luft gegriffen. Little Boy Blue, der kleine Junge aus dem englischen Kinderreim, der es nicht schaffte, die Schafe von der Wiese und die Kühe aus dem Korn zu halten, war garantiert nicht älter als vier, denn ältere Kinder wurden für weit schwerere Arbeiten als Viehhüten gebraucht.

Ja, wenn es hart auf hart kam, bürdete man Kindern schlimmste Knochenarbeit auf. Schon Sechsjährige, Mädchen wie Jungen, mussten in Bergwerken schuften, weil sie mit ihrem kleinen Körper in enge Gänge und Ecken kamen. Wegen der Hitze und um ihre Kleidung zu schonen, arbeiteten sie oft nackt. (Erwachsene Männer traditionell auch; Frauen normalerweise nackt bis zur Taille.) Einen Großteil des Jahres sahen Bergarbeiter keine Sonne, wodurch viele wegen Vitamin-D-Mangel im Wachstum behindert und für Krankheiten anfällig waren. Selbst vergleichsweise leichte Arbeit war oft gefährlich. Kinder in den Töpfereien und Porzellanfabriken Staffordshires reinigten oft Kübel, in denen sich Reste von Blei und Arsen befanden, die ihre jungen Körper langsam vergifteten und Lähmungen oder epileptische Anfälle verursachten.

Die am wenigsten beneideten Kinderarbeiter waren die kleinen Kaminkehrer oder Kletterjungs, wie sie auch genannt wurden. Früher als alle anderen wurden sie in diese Arbeit gepresst; sie arbeiteten schwerer und starben früher. Die meisten begannen ihr kurzes Berufsleben im Alter von fünf. Doch in Dokumenten gibt es einen Jungen, der mit dreieinhalb in die Ausbildung genommen wurde, also in einem Alter, in dem selbst die einfachsten Aufgaben verwirrend und angsteinflößend gewesen sein müssen. Man brauchte die kleinen Jungen, weil die Rauchfänge eng und oft irrsinnig verschachtelt waren. John Waller schreibt: »Manche bogen um rechtwinklige Ecken, verliefen waagerecht, diagonal hoch oder im Zickzack, ja fielen steil nach unten ab, bevor sie nach oben zum Schornstein strebten. Von einem Londoner Rauchfang ist bekannt, dass er geschlagene vierzehn Mal die Richtung wechselte.« Die Arbeitsbedingungen waren brutal. Und damit die Jungs nicht bummelten, zündete man gern einen Haufen Stroh im Kamin an, um ihnen buchstäblich Feuer unterm Po zu machen. Viele Kletterjungs waren mit elf, zwölf Jahren bucklig und gesundheitlich ruiniert. Hodenkrebs war offenbar eine besonders häufig auftretende Berufskrankheit.

In einer solch grausamen Welt, bar aller Hoffnung, sticht die Geschichte von Isaac Ware als wundersamer Glücksfall heraus. Der Name Ware taucht in den Baugeschichten des achtzehnten Jahrhunderts regelmäßig auf, denn er war der führende Baukritiker der Zeit, und seine Meinung hatte Gewicht. (Er hatte die roten Backsteine in Verruf gebracht, die er als »unangenehm fürs Auge« abtat.) Doch Ware wurde es nicht an der Wiege gesungen, dass er einmal ein bedeutender Mann werden sollte. Ja, er begann als Gassenjunge und Kaminkehrer und verdankte seine Bildung und seinen Erfolg einem außergewöhnlichen Akt der Menschenliebe. Ungefähr 1712 ging ein Herr – offiziell wurde sein Name niemals genannt, aber man nimmt an, dass es der dritte Earl of Burlington war, Bauherr des Chiswick House und einer der Trendsetter des Zeitalters – durch die Whitehall in London, als er einen Schornsteinfegerbuben sah, der mit einem Stück Holzkohle eine Skizze des Banqueting House auf den Bürgersteig zeichnete. Die Zeichnung zeugte von solch außergewöhnlichem Talent, dass Burlington sie sich von Nahem ansah. Der Junge, der dachte, er werde gescholten, brach in Tränen aus und versuchte, sie wegzuwischen. Burlington beruhigte ihn und begann, mit ihm zu reden, und war von seiner natürlichen Intelligenz so beeindruckt, dass er ihn von seinem Arbeitgeber freikaufte, zu sich ins Haus nahm und ihn behutsam und allmählich zum Gentleman erzog. Er schickte ihn auf Europareise und ließ ihn in allen feineren Dingen des Lebens unterweisen.

Ware wurde ein tüchtiger, wenn auch nicht brillanter Architekt, doch sein eigentliches Metier waren die Theorie der Architektur und die Architekturkritik. Er fertigte eine sehr geschätzte Übersetzung von Palladios *I quattro libri* an und schrieb die damalige Bibel der Bauästhetik, das schon erwähnte *Der Complette Corpus der Architectur.* Ware schüttelte seine bescheidene Herkunft nie ab. Als er 1766 starb, trug seine Haut angeblich immer noch die unauslöschlichen Flecken des Kaminkehrers.

Er war natürlich eine Ausnahme. Die meisten Kinder waren ihren Arbeitgebern auf Gedeih und vor allem Verderb ausgeliefert und wurden manchmal entsetzlich behandelt. Kurzzeitig berühmt-berüchtigt wurde der Fall zweier junger Lehrknaben eines Landwirts in Malmesbury in Wiltshire, der auf die Idee kam, sie zu kastrieren und als Sänger an eine Operncompagnie zu verkaufen. Beim zweiten wurde er in seinem schändlichen Tun unterbrochen, doch beim ersten kam jegliche Rettung zu spät.

Bis weit ins neunzehnte Jahrhundert hinein genossen Kinder so gut wie keinen juristischen Schutz. Vor 1814 verbot zum Beispiel nicht einmal ein Gesetz den Diebstahl von Kindern. 1802 entführte eine Frau namens Elizabeth Salmon ein Kind, das Elizabeth Impey hieß, aber der Prozess wurde ihr nur wegen Diebstahls der Haube und des Kleides gemacht; ausschließlich das war an ihrem Vergehen rechtswidrig. Weil das Entführen von Kindern so wenige Risiken barg, glaubte man weithin, dass sogenannte Zigeuner kleine Jungs und Mädchen stahlen und weiterverkauften, und offenbar kam das auch manches Mal vor. Berühmt wurde die Geschichte von Mary Davis, einer Frau aus guter Familie, die 1812 ihren verloren geglaubten Sohn als Kaminkehrer in einem Gasthaus fand, in dem sie nächtigte.

Mit Beginn der Industriellen Revolution wurde alles noch viel schlimmer. Bevor das Fabrik-Gesetz 1844 den Arbeitstag für Kinder verkürzte, waren die Arbeitstage an sechs Tagen in der

Woche zwölf bis vierzehn Stunden lang, und wenn die Auftragsbücher voll waren, unter Umständen noch länger. In einer Fabrik entdeckte man 1810, dass Lehrlinge von zehn vor sechs in der Früh bis nach neun Uhr abends an den Maschinen schufteten, nur eine einzige Pause von dreißig bis fünfundvierzig Minuten fürs Mittagessen hatten und das bisweilen noch an den Maschinen stehend einnehmen mussten. Dabei reichte die Ernährung meist kaum zum Überleben. »Sie essen Wasserporridge zum Frühstück und zum Abendessen und mittags im Allgemeinen Haferbrot und Melasse oder Haferbrot und dünne Brühe«, berichtete ein Fabrikinspektor. In manchen Fabriken herrschten entsetzlich ungesunde Zustände. Wenn Materialien wie Flachs bei der Verarbeitung feucht gehalten werden mussten, was mit Hilfe von Sprühapparaten geschah, verbrachten manche Arbeiter den gesamten Arbeitstag durchnässt in dem Dauernieseln, was im Winter unerträglich gewesen sein muss. Überhaupt waren fast alle Maschinenanlagen in den Fabriken hochgefährlich, besonders wenn die, die daran arbeiteten, erschöpft und hungrig waren. Manche Kinder, wurde berichtet, waren so müde, dass sie nicht einmal mehr die Kraft zum Essen hatten und mit dem Essen im Mund einschliefen.

Wenigstens hatten sie mehr oder weniger feste Arbeit. Das Leben derer, die nur Gelegenheitsarbeit bekamen, war eine einzige Lotterie. Etwa ein Drittel der Bewohner Zentrallondons, so schätzte man 1750, ging jeden Abend ins Bett, ohne einen Penny verdient zu haben, und der Anteil wurde im Laufe der Zeit immer größer. Tagelöhner wussten beim Erwachen morgens selten, ob sie an dem Tag genug zu essen haben würden. Die Lebensbedingungen vieler Menschen waren so rundum grässlich, dass Henry Mayhew einen ganzen Band seines vierbändigen *Die Armen von London* den Ärmsten von ihnen widmete, den Lumpensammlern, die so verzweifelt waren, dass sie fast alles, was am Wegesrand fallen gelassen wurde, aufsammelten. Mayhew schrieb:

Auf vieles, das in einem Landstädtchen von den Mittellosen durch einen Tritt aus dem Weg befördert wird [...], stürzt man sich in London, weil es eine Kostbarkeit ist und bares Geld wert. Eine zerdrückte, zerrissene Haube zum Beispiel oder noch besser, ein alter Hut, dreckig und speckig, zerdrückt, ohne Krempe oder nur noch Krempe, werden von der Straße aufgehoben und sorgsam in einem Beutel verstaut [...]

Das Los der Lumpensammler war manches Mal so grauenhaft, dass selbst die hartgesottensten Beamten schockiert waren. Ein Hausinspektor berichtete 1830: »Ich fand [ein Zimmer], belegt von einem Mann, zwei Frauen, zwei Kindern und außerdem der Leiche eines armen Mädchens, das ein paar Tage zuvor im Kindbett verstorben war.« Arme Eltern hatten traditionell eine zahlreiche Nachkommenschaft als Altersversorgung, denn sie hofften, dass genug ihrer Sprösslinge überleben und sie in ihren letzten Tagen ernähren würden. In der zweiten Hälfte des neunzehnten Jahrhunderts hatte ein Drittel der Familien in England acht oder mehr Kinder, ein weiteres Drittel fünf bis sieben und das letzte Drittel (überwiegend die Wohlhabenderen) vier oder weniger. In ärmeren Vierteln konnten Familien selten alle ihre Mitglieder ausreichend ernähren, heftigere oder weniger heftige Mangelernährung war an der Tagesordnung. Mindestens fünfzehn Prozent der Kinder, glaubt man, hatten die für Rachitis typischen krummen Beine und verformten Becken, und diese Unglücklichen waren überwiegend unter denen zu finden, die die bitterste Not litten. Ein Arzt im viktorianischen London veröffentlichte eine Liste der Dinge, mit denen, wie er selbst gesehen hatte, winzige Säuglinge gefüttert wurden: Kalbsfüße in Gelee, harte Muffins in Öl getränkt, knorpeliges Fleisch, das die Kinder nicht kauen konnten. Krabbelkinder (über)lebten bisweilen nur mit dem, was zu Boden fiel oder sie sonst wie ergattern konnten. Viele Kinder wurden mit sieben oder acht aus dem Haus gejagt, damit sie für sich selbst sorgten. In den 1860er Jahren gab es in London geschätzte einhunderttausend Straßenkinder, die keine Erziehung, keine Ausbildung, keine Gegenwart und keine Zukunft hatten. »Schon die pure Anzahl entsetzt einen«, berichtete ein Zeitgenosse.

Doch die Idee, sie zu bilden und auszubilden, war in breiten Kreisen der Gesellschaft absolut verpönt. Man befürchtete, wenn man den Armen zu einer Erziehung verhülfe, würden sie Ansprüche stellen, für die sie nicht das Zeug mitbrachten und auf die sie auch gar kein Recht hatten. Sir Charles Adderley, Ende der 1850er Jahre in der Regierung Lord Derbys mit staatlicher Erziehungspolitik befasst, sagte kategorisch: »Es ist erwiesenermaßen falsch, die einfachen Kinder der Arbeiterklasse über das Alter hinaus, in dem ihre richtige Arbeit beginnt, in der Schule zu behalten.« Täte man das, »wäre das so willkürlich und ungehörig, wie die Jungen in Eton und Harrow mit dem Spaten arbeiten zu lassen«.

Niemand vertrat solcherlei barbarische Ansichten besser als Pastor Thomas Robert Malthus (1766–1834), dessen Essay *Das Bevölkerungsgesetz* 1798 anonym publiziert wurde und sofort unglaublich Furore machte. Malthus schob den armen Massen selbst die Schuld an ihrer Misere zu und sprach sich vehement gegen Hilfe für sie aus. Sein Argument: Hilfe befördere nur deren Neigung zur Faulheit. »Selbst wenn sie die Möglichkeit haben, etwas zu sparen«, schrieb er, »tun sie das selten, denn alles, was sie nicht zu ihrer täglichen Notdurft brauchen, wandert gemeinhin ins Wirtshaus. Die Armengesetze in England, kann man deshalb behaupten, nehmen den einfachen Menschen sowohl die Kraft als auch den Willen zu sparen und untergraben damit einen der stärksten Anreize zu Nüchternheit und Fleiß und folglich zum Glück.« Besonderen Unmut hegte Malthus gegenüber den Iren; er fand, wie er 1817 einem Freund schrieb, »dass ein großer Teil dieses Volkes vom Erdboden getilgt werden sollte.« Von ausgeprägter christlicher Nächstenliebe war dieser Mann weiß Gott nicht beseelt.

Infolge der verheerenden Lebensbedingungen war die Sterb-

lichkeitsrate überall dort extrem hoch, wo Arme zusammengepfercht lebten. Wer um die Mitte des neunzehnten Jahrhunderts
geboren wurde, hatte in der mittelenglischen Industriestadt Dud-
ley eine durchschnittliche Lebenserwartung von 18,5 Jahren,
eine Lebensspanne, so gering wie seit der Bronzezeit nicht mehr.
Selbst dort, wo bessere Wohn- und Arbeitsbedingungen herrschten, betrug die durchschnittliche Lebenserwartung lediglich zwischen sechsundzwanzig und achtundzwanzig Jahren. In keiner
einzigen britischen Stadt überstieg sie dreißig.

Wie stets litten die Jüngsten am meisten, doch danach kräh-
te kein Hahn. Kaum etwas verrät wohl mehr über das Leben
in Großbritannien im neunzehnten Jahrhundert als die Tatsache,
dass der Tierschutzverein sechzig Jahre früher gegründet wurde als eine ähnliche Organisation zum Schutz der Kinder und
dass die erstgenannte Vereinigung 1840, etwas mehr als eineinhalb Jahrzehnte nach ihrer Gründung, »royal« wurde, während
der Nationale Kinderschutzbund des Segens der Monarchin bis
heute entbehren muss.

II.

Gerade als die Armen Englands dachten, viel schlimmer könne
es für sie nicht mehr werden, wurde es schlimmer. Ursache waren die Verabschiedung und rigorose Durchsetzung der neuen
Armengesetze aus dem Jahr 1834. Armenfürsorge war immer ein
heikles Thema gewesen. Was den wohlhabenderen Viktorianern
keine Ruhe ließ, war nicht die traurige Lage der Armen, sondern
waren eventuell entstehende Kosten. Hilfe für Arme gab es seit
Elisabethanischen Zeiten, doch es oblag der Entscheidung der
einzelnen Gemeinden, wie sie sie gestalteten. Manche waren einigermaßen großzügig, andere so herzlos, dass sie Kranke oder
Frauen in den Geburtswehen in eine andere Gemeinde trugen,

damit diese die juristische Verantwortung übernehmen musste. Uneheliche Geburten waren den Behörden ein besonderer Dorn im Auge, ja, sie waren fast besessen davon, die Missetäter sowohl angemessen zu bestrafen als auch zu zwingen, für die Folgen ihres Tuns aufzukommen. Ein typischer Erlass eines Gerichts in Lancashire aus den späten 1660er Jahren lautet folgendermaßen:

> Jane Sotworth aus Wrightington, Jungfer, schwört, dass Richard Garstange aus Fazerkerley, Landwirt, der Vater von Alice, ihrem Bastard, ist. Sie soll das Kind zwei Jahre in ihrer Obhut haben, vorausgesetzt, sie bettelt nicht, und dann soll Richard das Kind in seine Obhut nehmen, bis es zwölf Jahre alt ist. Er soll Jane eine Kuh und sechs Shilling Geldes geben. Beide, er und sie, sollen heutigen Tages in Ormeskirke ausgepeitscht werden.

Zu Beginn des neunzehnten Jahrhunderts verschärfte sich das Problem der Armenfürsorge zur nationalen Krise. Die Kosten der Kriege gegen Napoleon hatten das Staatssäckel schon um einiges leichter gemacht, doch mit Beginn des Friedens wurde es noch schlimmer, weil dreihunderttausend Soldaten und Matrosen ins Zivilleben zurückkehrten und in einer schon angespannten wirtschaftlichen Lage Arbeit suchten.

Allgemein tendierte man nun zu der Lösung, ein landesweites Netzwerk von Arbeitshäusern einzurichten, wo die Regeln überall gleich und einheitlich durchgesetzt werden sollten. Ein Ausschuss, dessen Sekretär der umtriebige Edwin Chadwick war, erwog die Angelegenheit mit der für das Zeitalter (und Chadwick) typischen Gründlichkeit und produzierte nach geraumer Zeit einen dreizehnbändigen Bericht. Konsens herrschte darin nur in einem einzigen Punkt: nämlich dass die neuen Arbeitshäuser so unangenehm wie möglich werden sollten, damit die Armen bloß nicht auf die Idee kamen, dort bleiben zu wollen. Einer, der als Experte vor dem Ausschuss auftrat, erzählte ein warnendes

Beispiel, und weil es so typisch für die herrschende Meinung war, soll es hier in ganzer Länge zitiert werden:

> Ich erinnere mich an den Fall einer Familie namens Wintle, die aus einem Mann, seiner Frau und fünf Kindern bestand. Vor ungefähr zwei Jahren waren der Vater, die Mutter und zwei Kinder sehr krank und gerieten in arge Bedrängnis, so dass sie genötigt waren, ihre wenigen Möbel zu verkaufen, um die Familie durchzubringen; sie wohnten in unserer Gemeinde, und als wir von ihrer so überaus misslichen Lage hörten, ging ich hin, um ihnen Hilfe anzubieten. Indes, sie lehnten die Hilfe energisch ab. Ich meldete dies dem Gemeindevorsteher, der beschloss, mich zu begleiten, und gemeinsam versuchten wir, die Familie zur Annahme der Hilfe zu bewegen; aber sie lehnten sie immer noch ab, und wir konnten sie nicht zwingen, unser Angebot anzunehmen. Wir nahmen aber einen solchen Anteil an dem Fall, dass wir ihnen 4 Shillinge in einem Päckchen mit einem Brief schickten, in dem wir sie baten, mehr Geld zu beantragen, wenn sie weiterhin krank wären; das taten sie, und von der Zeit an (das war vor zwei Jahren) bis heute sind, glaube ich, keine drei Wochen verstrichen, da sie nicht bei uns vorstellig geworden sind, obwohl seitdem selten oder nie mehr ein Familienmitglied krank gewesen ist. Wir haben diese Leute letztlich verdorben, da sie nicht mehr wie bisher zu Fleiß angehalten wurden; und ich zögere nicht zu behaupten, dass in neun von zehn Fällen das der bleibende Effekt ist, wenn die Armen erst einmal in den Genuss der Großzügigkeit der Gemeinde gekommen sind.

Scheinheilig wetterte der Kommissionsbericht gegen diejenigen, »die Gemeindehilfe als ihr Privileg ansehen, ja, als ihr Recht verlangen«. Hilfe für die Armen sei so großzügig verfügbar, befanden die Ausschussmitglieder, dass »der Pauper den Eindruck hat, die Regierung betrachte es als ihre Aufgabe, die gewöhnlichen Gesetze der Natur zu seinen Gunsten außer Kraft zu setzen. Namentlich wird erwartet, dass die Kinder nicht für die Missetaten ihrer Eltern haften – die Frau nicht für die des Mannes, der Mann nicht für die der Frau – und niemand der Mittel für sein Wohlergehen verlustig gehen solle, ganz gleich wie groß Trägheit, Verschwendungssucht oder Lasterhaftigkeit auch sein mögen«. Mit an Paranoia grenzender Besessenheit fuhr der Bericht fort, der Gedanke sei nicht abwegig, dass ein armer Arbeiter sich mit Absicht an »seiner Gemeinde räche«, indem er heirate und Kinder zeuge, »um zur Überbevölkerung in seiner Gemeinde beizutragen, deren Mittel allmählich aufgezehrt sind, da sie ihn und alle anderen Arbeiter der Gemeinde unterhalten soll«. Schließlich habe er nichts zu verlieren, denn er könne seine Kinder zu Hause arbeiten lassen, wo er, »wenn die Geschäfte florieren, den Gewinn einstreicht; und wenn sie darniederliegen, lässt er die Kinder von der Gemeinde unterhalten«.

Damit die Armen auf keinen Fall für ihre Faulheit belohnt wurden, sollte es in den neuen Arbeitshäusern so streng und freudlos zugehen wie möglich. Ehemänner wurden von ihren Frauen getrennt, Kinder von ihren Eltern; oft mussten die Insassen Sträflingskleidung tragen, und das Essen war mit Absicht ekelig. »Unter gar keinen Umständen darf das Essen besser als die normale Ernährung der arbeitenden Klassen in der Gegend sein, ja, nicht einmal gleich gut«, verfügte der Ausschuss. In den Speisesälen und während der Arbeitsstunden war Reden verboten. Jedwede Hoffnung auf das kleinste bisschen Zufriedenheit wurde erbarmungslos erstickt.

Um Unterkunft und sogenannte Verpflegung zu verdienen, mussten die Arbeitshäusler eine bestimmte Anzahl Stunden am Tag arbeiten. Häufig Werg zupfen. Werg war altes, dick mit Teer beschmiertes Seil, mit dem man Schiffe kalfaterte. Es zupfen hieß, Fasern und Stränge loszureißen, damit sie wieder benutzt werden konnten. Diese Arbeit war schwer und unendlich mühsam, und verletzen konnte man sich dabei auch – die steifen Fasern waren messerscharf. Im Poplar Workhouse in Ostlondon mussten männliche Insassen fünf Pfund Werg am Tag zupfen – fast doppelt so viel, wie man es von Zuchthäuslern verlangte. Wer das Soll nicht schaffte, wurde auf kleinere Essensrationen, das heißt Brot und Wasser gesetzt. 1873 waren zwei Drittel der Insassen von Poplar auf Sparflammenration. Im Armenhaus in Andover in Hampshire, wo die Insassen Knochen für Dünger zerschlagen mussten, lutschten sie vor lauter Hunger das Mark daraus.

Die medizinische Versorgung war nicht nur überall mangelhaft, sondern wurde auch nur höchst widerwillig gewährt. (Patienten aus Arbeitshäusern operierte man, um Kosten zu sparen, grundsätzlich ohne Narkose.) Krankheiten waren natürlich weit verbreitet, besonders die berüchtigte, in zwei Formen auftretende Tuberkulose: die Lungentuberkulose oder Schwindsucht und die Skrofulose, die Knochen, Muskeln und Haut befiel. Typhus war ebenfalls eine ständige Bedrohung. Weil Kinder ohnehin schon schlecht ernährt waren, forderten Krankheiten, die heute nur lästig sind, viele Opfer, im neunzehnten Jahrhundert besonders die Masern. Zehntausende starben auch an Keuchhusten und Diphtherie, und nirgendwo konnten sich diese Krankheiten besser ausbreiten als in einem schmutzigen, überbelegten Arbeitshaus.

Manche dieser Anstalten waren so schlimm, dass sie sogar eigene Krankheiten hervorbrachten. Eine chronische, nie näher diagnostizierte – heute meint man, dass es eine Kombination von Hautentzündungen war – hieß »die Krätze«. Höchstwahrscheinlich wurde sie von mangelhafter Hygiene hervorgerufen, doch schlechte Ernährung trug garantiert das Ihrige dazu bei. Wegen mangelhafter Hygiene und Unterernährung waren auch Faden- und Bandwürmer sowie andere schlängelige Eindringlinge mehr oder weniger allgemein verbreitet. Arzneimittelfirmen wie etwa eine in Manchester hatten dazu zwar Abführmittel ersonnen, die versprachen, selbst den letzten unwillkommenen Parasiten aus dem Darmtrakt zuverlässig, wenn auch hochexplosiv zu vertreiben (und ein Betroffener bezeugte auch stolz, er habe dreihundert Würmer »hervorgebracht, manche davon ungewöhnlich dick«), doch von solcher Rettung konnten die Menschen in Arbeitshäusern nur träumen.

Häufig litten sie an Hautflechten und anderen Pilzerkrankungen. Und dann die Läuse! Abhilfe versuchte man dadurch zu schaffen, dass man Bettwäsche in einer Lösung aus Quecksilberchlorid und Chlorkalk einweichte, wodurch die Wäsche nicht nur für die Läuse, sondern auch für die bedauernswerten Menschen, die darin schliefen, giftig wurde. Leute, die neu ins Arbeitshaus kamen, wurden mit groben Mitteln desinfiziert. In den Midlands ordnete eine Vorsteherin an, einen über die Maßen übelriechenden Knaben namens Henry Cartwright in eine Lösung aus Kaliumsulfat zu stecken, damit der Gestank verging. Stattdessen verging der Knabe. Als man ihn wieder herausfischte, war er tot.

Ganz gleichgültig waren den Behörden solche abscheulichen Vorgehensweisen nicht. In Brentwood in Essex wurde eine Pflegerin namens Elizabeth Gillespie vor Gericht gebracht und zu fünf Jahren Gefängnis verurteilt, weil sie ein Mädchen die Treppe hinuntergestoßen hatte, das daraufhin gestorben war. Trotzdem gehörten körperliche Misshandlungen und sexueller Missbrauch zum Alltag.

In der Praxis konnten die Arbeitshäuser immer nur eine gewisse Anzahl Menschen aufnehmen – nicht mehr als etwa ein Fünftel der Armen Englands gleichzeitig. Der Rest der Bedürftigen im Lande musste mit »Außerhausunterstützung« leben – kleinen Summen, die zur Miete und zum Essen beitragen sollten. Diese überhaupt in Empfang zu nehmen wurde manchmal grotesk schwer gemacht. C. S. Peel schreibt, dass ein Schäfer in Kent – »ein ehrlicher, fleißiger Mann, nicht durch eigene Schuld arbeitslos« – jeden Tag über vierzig Kilometer laufen musste, um die kärgliche Summe von einem Shilling und Sixpence für sich, seine Frau und die fünf Kinder abzuholen. Der Schäfer unternahm diesen täglichen Gewaltmarsch neun Wochen lang, dann brach er vor Hunger und Schwäche zusammen. In London beschied man eine Frau namens Annie Kaplan, die nach dem Tod ihres Mannes ihre sechs Kinder allein großziehen musste, sie könne mit der mageren Summe, die sie bekommen werde, keine sechs Kinder ernähren und möge zwei nennen, die ins Waisenhaus kommen sollten. Kaplan weigerte sich. »Wenn vier hungern, hungern sechs«, erklärte sie. »Wenn ich für vier ein Stück Brot habe, habe ich auch eins für sechs [...] Ich gebe keines der Kinder weg.« Die Behörden drängten sie, es sich noch einmal zu überlegen, und als sie das nicht tat, strichen sie die Unterstützung komplett. Was aus ihr und den Kindern wurde, ist unbekannt.

Einer der wenigen, die mit der Not der Armen fühlten, war interessanterweise jemand, von dem man es nicht erwartet hätte. Friedrich Engels kam 1842 mit einundzwanzig Jahren nach England, um in der Textilfirma seines Vaters in Manchester zu arbeiten. Ermen & Engels produzierten Nähgarn. Obwohl der junge Engels ein loyaler Sohn und einigermaßen gewissenhafter Geschäftsmann war – er wurde schließlich Teilhaber –, veruntreute er lange Zeit regelmäßig bescheidene Summen, um seinen Freund und Mitstreiter Karl Marx in London zu unterstützen.

Eigentlich passen diese beiden Männer nicht so recht zu einer asketischen Bewegung wie dem Kommunismus. Engels wünschte zwar den Niedergang des Kapitalismus ernsthaft herbei, wurde aber dank seiner reich und führte ein angenehmes Leben. Er hatte einen Stall mit Rassepferden, nahm an Wochenenden an Fuchsjagden teil, trank die besten Weine, hielt sich eine Geliebte, verkehrte in den höchsten gesellschaftlichen Kreisen Manchesters (zum Beispiel im vornehmen Albert Club) – mit einem Satz, er lebte ganz so, wie man es von einem wohlhabenden Mitglied des gehobenen Bürgertums erwarten würde. Marx hingegen prangerte die Bourgeoisie permanent an, lebte aber, so gut es ihm nur möglich war, ein bourgeoises Leben. Er schickte seine Töchter auf Privatschulen und prahlte bei jeder Gelegenheit mit der adligen Herkunft seiner Frau Jenny.

Dass Engels Marx geduldig unterstützte, war eine wunderbare Sache. Im weltbewegenden Jahr 1851 nahm Marx zwar einen Job als Auslandskorrespondent für die *New York Daily Tribune* an, doch Artikel zu schreiben hatte er nicht vor. Sein Englisch war nicht gut genug. Engels sollte für ihn schreiben und er das Honorar kassieren. Und so kam es auch. Aber selbst damit reichte das Einkommen nicht für seinen sorglos extravaganten Lebensstil, und er bat Engels, in der Firma Geld für ihn abzuzweigen. Und das tat Engels mit beträchtlichem persönlichen Risiko jahrelang.

Wenn Engels nicht die Fabrik leitete und Marx aushalf, interessierte er sich aufrichtig für die Not der Armen in Manchester. Er war nicht ohne Vorurteile (die Iren mochte er zum Beispiel nicht), doch keiner schrieb mit mehr Anteilnahme über das Leben in den viktorianischen Slums. In *Die Lage der arbeitenden Klasse in England* schilderte er, dass Menschen in »entsetzlichem Schmutz und Gestank« lebten, wo »Abfall, Unrat und Schmutz jeder Art aufgehäuft liegen, in Gärung und Fäulnis übergehen [...] so daß an solchen Orten Krankheiten sich erzeugten«. Er erzählte von einer Frau, deren beide kleine Jungen, frierend und am Rande des Hungertods, beim Essenstehlen erwischt worden waren. »Als der Polizeidiener zu ihr kam, fand er sie mit sechs ihrer Kinder in einem kleinen Hinterstübchen buchstäblich zusammengedrängt, ohne Möbel, ausgenommen zwei alte Binsenstühle ohne Boden, ein kleiner Tisch mit zwei zerbrochenen Beinen, eine zerbrochene Tasse und eine kleine Schüssel. Auf dem Herde kaum ein Funken Feuer und in der Ecke so viel alte Lumpen, als eine Frau in ihre Schürze nehmen konnte, die aber der ganzen Familie zum Bette dienten.«

Engels' Beschreibungen waren ohne jeden Zweifel anrührend und werden heute oft zitiert, doch häufig wird vergessen, dass das Buch 1845 nur auf Deutsch veröffentlicht und erst zweiunddreißig Jahre später ins Englische übersetzt wurde. Als Reformer britischer Institutionen hatte Engels erst, lange nachdem die Reformen begonnen hatten, überhaupt Einfluss.

Anderswo erregten die Lebensbedingungen der Armen aber dann doch Aufmerksamkeit. In den 1860er Jahren wurde es unter Journalisten Mode, sich als Landstreicher zu verkleiden und sich zu nicht so strengen Arbeitshäusern (die wir heute Obdachlosenunterkünfte nennen) Zutritt zu verschaffen, um die Verhältnisse darin zu ergründen und darüber zu berichten. Dann konnten Leser aus sicherer Entfernung zu Hause auf der Couch die aufregenden Erfahrungen teilen, die ihre Mitmenschen an diesen entsetzlichen Orten machten, wie zum Beispiel, dass sich die Insassen im Arbeitshaus von Lambeth nackt ausziehen und in ein trübes Badewasser steigen mussten, »das die Farbe von schwacher Lammbrühe hatte« und voll der abgeschuppten, schmierigen Hinterlassenschaften derjenigen war, die zuvor darin gebadet hatten. In den unwirtlichen Schlafsälen wurden Männer und Jungen, »alle vollkommen nackt«, auf Betten zusammengepfercht, die kaum mehr als Holzpritschen waren. »Jugendliche lagen in den Armen von Männern, Männer umschlangen sich in inniger Umarmung; es gab weder einen Ofen noch Licht noch eine Aufsicht, und die Schwachen und Matten waren den Starken und Rohen auf Gnade und Ungnade ausgeliefert. Die Luft war von pestilenzartigem Gestank erfüllt.«

Wegen solch aufwühlender Berichte begann eine neue Spezies von Wohltätern eine Reihe außergewöhnlicher Organisationen zu gründen: einen Ausschuss zur Beförderung der Einrichtung von Bädern und Waschhäusern für die arbeitenden Klassen, eine Gesellschaft zur Bekämpfung der Jugendlandstreicherei, eine Gesellschaft zur Förderung der Fensterbankgärtnerei unter den arbeitenden Klassen in Westminster, sogar eine Gesellschaft zur Rettung von Jungen, die noch nicht wegen eines kriminellen Vergehens verurteilt worden sind. Alle wollten den Armen helfen, nüchtern, christlich, fleißig, sauber, rechtschaffen, verantwortliche Eltern oder sonst wie tugendhaft zu werden oder zu bleiben. Andere Wohltäter versuchten die Wohnverhältnisse der Armen zu verbessern. Als einer der Großzügigsten erwies sich George

Peabody, ein US-amerikanischer Geschäftsmann, der seinen Wohnort 1837 nach England verlegt hatte. (Er stellte, wie Sie sich vielleicht erinnern, die Mittel zur Verfügung, mit Hilfe derer die US-amerikanischen Ausstellungsstände bei der Londoner Weltausstellung 1851 errichtet und bestückt werden konnten.) Peabody verwandte einen großen Teil seines riesigen Vermögens darauf, überall in London Mietshäuser für die Armen zu bauen. In seinen Siedlungen bekamen mehr als fünfzehntausend Menschen saubere, vergleichsweise geräumige Wohnungen, wenn auch die strenge Hand des Patriarchen überall spürbar war. Die Mieter durften ihre Wohnungen weder anstreichen noch mit Tapete bekleben noch Gardinen aufhängen noch sie sonst wie persönlich gestalten. Viel heiterer als Gefängniszellen waren sie letztlich auch nicht.

Eklatant war der Wandel, der mit dem Anwachsen der christlichen Missionstätigkeit einherging, und das zeigte sich ganz besonders in den Bemühungen eines Mannes, der Kindern in Not mehr half als jeder andere vor ihm (oft, ob sie es wollten oder nicht). Er hieß Thomas Barnardo, war als junger Ire Anfang der 1860er Jahre nach London gekommen und derart entsetzt über die Lebensbedingungen schutzloser Jugendlicher, dass er eine Organisation gründete, die offiziell »Nationaler Verein für die Bekehrung mittelloser, obdachloser Kinder e.V.«, bald aber allgemein nur »Dr. Barnardo's« hieß.

Barnardos Herkunft war in gewisser Weise exotisch. Er kam aus einer Familie sephardischer Juden aus Spanien, die zuerst nach Deutschland und dann nach Irland zog. Als Thomas 1845 geboren wurde, hatte sich die Familie einer eher grimmigen Variante des Protestantismus zugewandt. Er selbst geriet unter den Einfluss der fundamentalistischen Plymouth-Brüder und kam zu Beginn der 1860er Jahre nach London, weil er Arzt werden und als Missionar nach China gehen wollte. Dorthin kam er nie. Er wurde auch nie Arzt. Sondern entwickelte ein missionarisches Interesse an obdachlosen kleinen Jungen (zum Schluss auch Mädchen) und eröffnete mit geborgtem Geld sein erstes Heim in Stepney in Ostlondon.

Barnardo war ein brillanter Selbstdarsteller und führte eine ungeheuer erfolgreiche Werbekampagne mit »Vorher-Nachher«-Fotos der Kinder durch, die er rettete. Die »Vorher«-Fotos zeigten schmuddelige (und oft spärlich bekleidete), verwahrloste Kinder mit mürrischen Mienen, die »Nachher«-Fotos sauber Geschrubbte, hellwach und strahlend vor Freude über die christliche Rettung. Die Kampagne wurde so erfolgreich, dass Barnardo seine Aktivitäten bald in viele Richtungen ausdehnte. Er gründete Krankenhäuser, Heime für taubstumme Kinder, Heime für obdachlose Schuhputzer und vieles mehr. Der Slogan über dem Heim in Stepney lautete: »Hier wird keinem Kind in Not der Einlass verwehrt«. Das war ungewöhnlich nobel, und viele Leute hassten Barnardo deswegen. Denn die nicht an Bedingungen geknüpfte Aufnahme von Jungen verstieß natürlich gegen Geist und Buchstaben der Armengesetze von 1834.

Wegen seines grenzenlosen Machtstrebens geriet Barnardo in Konflikt mit einem Missionarskollegen, Frederick Charrington. Der Spross einer steinreichen Brauereifamilie aus dem East End war sozusagen über Nacht zur Missionarsarbeit gekommen. Er war aus einer Kneipe aus dem Besitz der Charrington-Brauerei getreten und hatte gesehen, wie ein Betrunkener davor seine Frau verprügelte, weil sie ihn angefleht hatte, ihr ein wenig Geld zu geben, damit sie ihren hungrigen Kindern etwas zu essen kaufen konnte. Von Stund an wurde Charrington Abstinenzler, verzichtete auf sein Erbe und begann unter den Armen zu arbeiten. Da er die Mile End Road, wo er große Zeltmissionen abhielt, als seinen persönlichen Machtbereich ansah, war er beleidigt, als Barnardo seine Absicht kundtat, dort ein Abstinenzlercafé zu eröffnen, und begann eine gnadenlose Rufmordkampagne gegen ihn. Mit Hilfe eines Wanderpredigers namens George Reynolds (der bis kurz zuvor Gepäckträger bei der Eisenbahn gewesen war) verbreitete er Gerüchte, Barnardo habe über seine Herkunft gelogen, führe seine Heime nicht ordentlich, schlafe mit seiner Vermieterin und täusche die Öffentlichkeit mit falschen Anzeigen. Zusätzlich deutete er zart an, dass Barnardos Heime Brutstätten der Sodomie, Trunksucht, Erpressung und anderer Laster allerübelster Sorte seien.

Das war schlecht für Barnardo, denn ein unangenehm großer Teil dieser Anschuldigungen traf zu. Barnardo log wirklich gern und machte alles nur noch schlimmer, als er nun mit ungeschickten Lügen antwortete. Als man ihm vorwarf, er nenne sich zu Unrecht Arzt – nach einem Gesetz von 1858 ein ziemlich ernsthaftes Vergehen –, zeigte er das Zeugnis einer deutschen Universität vor, das sich umgehend als miserable Fälschung herausstellte. Außerdem kam heraus, dass viele »Vorher-Nachher«-Fotos von geretteten Kindern »retuschiert« waren. Natürlich waren die Fotos immer von vorn bis hinten gestellt gewesen und zeigten die Kinder in kunstvoll zerrissener Kleidung, die viel reizvolles Fleisch enthüllte. Aber nun wurden sie von vielen Kritikern so interpretiert, als appellierten sie an niedrigste, abartigste Instinkte. Selbst Barnardos treueste Anhänger sahen ihre Loyalität auf eine harte Probe gestellt. Sie mussten sich im Übrigen nicht nur Sorgen um seinen Charakter und seinen guten Ruf, sondern auch um seine horrenden Schulden machen. Denn obwohl einer der unverrückbaren Grundsätze der Plymouth-Brüder unbedingte Sparsamkeit war, lieh sich Barnardo große Summen, um noch mehr Missionsstationen zu eröffnen.

Schlussendlich befand man ihn für schuldig, Fotos gefälscht und sich den Arztberuf angemaßt zu haben, doch von den schwerwiegenderen Anklagen wurde er freigesprochen. Ironischerweise war das Leben in einem Heim Barnardos kaum reizvoller als in einem der gefürchteten Arbeitshäuser. Die Insassen wurden um 5.30 Uhr morgens geweckt und mussten bis 18.30 Uhr arbeiten, dazwischen hatten sie kurze Pausen für Mahlzeiten, Gebete und ein wenig Schulunterricht. Abends gab es militärischen Drill, noch mehr Unterricht und noch mehr Beterei. Wer bei einem

Fluchtversuch erwischt wurde, wanderte in Einzelhaft. Barnardo ließ den Kindern oft auch keine freie Wahl, sondern kidnappte sie ganz im Geiste einer »menschenfreundlichen Entführung« von der Straße weg, und jedes Jahr wurden etwa fünfzehnhundert Jungen ohne viel Federlesens in die Kolonie Kanada verschifft, damit in den Heimen Platz für neue war.

Als Barnardo 1905 starb, hatte er 250000 Kinder aufgenommen. Der Organisation hinterließ er 250000 Pfund Schulden – eine Wahnsinnssumme.

III.

Bisher haben wir nur über arme Kinder gesprochen, doch reiche Kinder mussten ihre eigenen Torturen erleiden. Die hätten die hungernden Armen zwar sicher mit Kusshand erduldet, aber trotzdem waren es Torturen. Zum Beispiel mussten die Kinder lernen, ihre Emotionen zu unterdrücken und in einer Welt zu leben, in der Liebe nicht vorgesehen war. Fast vom Tage ihres Eintritts in die Welt erwartete man von Mittel- und Oberschichtkindern im viktorianischen Großbritannien Gehorsam, Pflichtbewusstsein, Ehrlichkeit, Fleiß, Beherrschung seiner Gefühle und vor allem emotionale Selbstgenügsamkeit. Ein gelegentlicher Händedruck war der Gipfel an körperlicher Wärme, die man nach der Kleinkindzeit erwarten konnte. Das typische Heim der wohlhabenden Klassen im viktorianischen Großbritannien war, mit den Worten eines Zeitzeugen, eine Hochburg »kalter, strenger und entschieden unmenschlicher Zurückhaltung, die jedweden auch nur ansatzweise freundlichen, bedachtsamen, mitfühlenden Umgang miteinander ausschloss, der doch unter Familienangehörigen üblich sein sollte«.

Reiche Kinder mussten die Drangsal der Charaktererziehung erdulden. Isabella Beetons Schwager Willy Smiles hatte elf Kinder, ließ den Frühstückstisch aber stets nur für zehn decken, damit keiner trödelte und zu spät zu Tisch kam. Gwen Raverat, Tochter eines Hochschullehrers in Cambridge, erinnerte sich als Erwachsene, wie sie immer Salz auf ihr tägliches Porridge streuen musste und nicht etwa die glitzernden Zuckermengen wie ihre Eltern bekam und dass sie keine Marmelade auf dem Brot essen durfte, weil etwas so Schmackhaftes ihrer Charakterstärke abträglich sei. Eine Zeitgenossin ähnlicher Herkunft entsann sich traurig des Essens, das ihr und ihrer Schwester während ihrer Kindheit serviert wurde: »Orangen gab es zu Weihnachten. Orangenmarmelade bekamen wir nie zu Gesicht.«

Mit dem Zerstören der Geschmacksnerven ging ein eigentümlicher Respekt vor den charakterbildenden Kräften von Angst und Furcht einher. Extrem beliebt waren Bücher, die junge Leser darauf vorbereiteten, dass der Tod sie in jedem Moment holen könne, und wenn nicht sie, dann bestimmt Mama oder Papa, Lieblingsschwester oder Lieblingsbruder. Es wurde dabei stets betont, wie wunderbar es im Himmel sei (obwohl es offenbar auch dort keine Marmelade gab). Absicht war angeblich, den Kindern die Angst vor dem Sterben zu nehmen, doch man erreichte nur das Gegenteil.

Manches literarische Werk sollte Kindern auch vermitteln, wie dumm und unverzeihlich es war, den Erwachsenen nicht zu gehorchen. In der bekannten »Gar traurigen Geschichte mit dem Feuerzeug« hört Paulinchen nicht auf das von den Katzen zitierte Verbot von Vater und Mutter, mit Streichhölzern zu spielen.

Paulinchen hört die Katzen nicht!
Das Hölzchen brennt gar hell und licht.
Das flackert lustig, knistert laut,
Grad wie ihr's auf dem Bilde schaut.
Paulinchen aber freut sich sehr
Und sprang im Zimmer hin und her.
[...]

Doch weh! Die Flamme fasst das Kleid!
Die Schürze brennt; es leuchtet weit.
Es brennt die Hand, es brennt das Haar,
Es brennt das ganze Kind sogar.

Damit auch bloß keine Missverständnisse aufkamen, sahen die jungen Leser auf einer sehr anschaulichen Illustration, wie das Mädchen »lichterloh« brannte, auf dem Gesicht ein Ausdruck tiefster Verblüffung. Der Schluss der Geschichte geht wie folgt:

Verbrannt ist alles ganz und gar,
Das arme Kind mit Haut und Haar.
Ein Häuflein Asche blieb allein
Und beide Schuh, so hübsch und fein.

Die tragische Ballade gehört zu einer Reihe von Langgedichten des deutschen Arztes Heinrich Hoffmann, der sie ursprünglich schrieb, um seine Kinder dazu anzuhalten, immer schön brav und vorsichtig zu sein. Seine Bücher waren sehr beliebt und wurden vielfach übersetzt (unter anderem von Mark Twain). Stets war das Muster gleich: Die Kinder wurden einer Versuchung ausgesetzt, der sie schwer widerstehen konnten, und bekamen dann demonstriert, wie schmerzhaft und unwiderruflich die Konsequenzen waren, wenn man ihr nachgab. Fast alles, was Kinder tun, nutzte Hoffmann als Gelegenheit zu erzieherischer Grausamkeit. In der »Geschichte vom Daumenlutscher« ermahnt die Mutter Konrad, nicht am Daumen zu lutschen, wenn sie kurz fortgeht, denn:

Der Schneider mit der Scher
Kommt sonst ganz geschwind daher,
Und die Daumen schneidet er
Ab, als ob Papier es wär.

Leider hört der Knabe nicht auf den guten Rat seiner Erziehungsberechtigten und muss erleben, dass in Hoffmanns Welt die Strafe auf dem Fuße folgt und unerbittlich vollstreckt wird.

> Fort geht nun die Mutter und,
> Wupp, den Daumen in den Mund.

> Bautz, da geht die Türe auf,
> Und herein in schnellem Lauf
> Springt der Schneider in die Stub
> Zu dem Daumen-Lutscher-Bub.
> Weh! Jetzt geht es klipp und klapp,
> Mit der Scher die Daumen ab,
> Mit der großen scharfen Scher!
> Hei! Da schreit der Konrad sehr!

> Als die Mutter kommt nach Haus,
> Sieht der Konrad traurig aus.
> Ohne Daumen steht er dort,
> Die sind alle beide fort.

Ältere Kinder fanden Hoffmanns Gedichte vielleicht lustig, doch kleinere müssen sie in Angst und Schrecken versetzt haben – was ja auch beabsichtigt war –, insbesondere, da sie mit drastischen Bildern einhergingen, auf denen Kinder in Flammen stehen und zu einem Häuflein Asche verbrennen oder ihnen das Blut dort herausspritzt, wo sich vorher nützliche Körperglieder befanden.

Reichere Kinder waren oft vollkommen hilflos der Dienerschaft und deren persönlichen Marotten ausgeliefert. Der zukünftige Lord Curzon, der als Sohn eines Pfarrers in Derbyshire aufwuchs, wurde jahrelang von einer, wie es scheint, psychotischen Gouvernante terrorisiert, die ihn stundenlang auf einem Stuhl festband oder in einem Schrank einschloss, den Nachtisch von seinem Essenstablett aß, ihn zwang, in Briefen Vergehen zu gestehen, die er nie begangen hatte, und ihn in einem lächerlichen Kittel und mit einem Schild um den Hals durchs Dorf trieb, auf dem »LÜGNER«, »DIEB« oder sonst ein Schimpfwort stand, das er nicht verdiente, weil er nichts verbrochen hatte. Traumatisiert von diesen Erfahrungen konnte er erst als Erwachsener darüber sprechen. Nicht ganz so schlimm, aber auch entsetzlich, waren die Erlebnisse des zukünftigen sechsten Earl of Beauchamp, der in den Klauen einer Gouvernante war, die sich als religiöse Fanatikerin herausstellte. Sie zwang ihn, jeden Sonntag sieben Gottesdienste zu besuchen und in der Zeit dazwischen Aufsätze über die unendliche Güte des Vaters im Himmel zu verfassen.

Für viele war das Martyrium der frühen Kindheit aber nur ein leichtes Warm-up für das anstrengende Leben in der Public School. Selten ist wohl im neunzehnten Jahrhundert mit mehr Begeisterung Härte praktiziert worden als in den englischen Public Schools. Vom Moment ihrer Ankunft an wurden die Schüler brutalen Maßnahmen unterworfen: kalte Bäder, häufige Züchtigung mit dem Rohrstock und Entzug von Essen, das ohnehin weder appetitlich noch sättigend war. Die Jungs im Radley College in der Nähe von Oxford litten so systematisch Hunger, dass sie schließlich Blumenzwiebeln im Schulgarten ausgruben und sie zum Essen über Kerzen in ihren Zimmern toasteten. In Schulen, wo es keine Blumenzwiebeln gab, aßen die Jungen die Kerzen. Der Romancier Alec Waugh, Bruder von Evelyn Waugh, ging zu einer Prep School namens Fernden, die die Ideale des Sadismus einzigartig hingebungsvoll hochhielt. An seinem ersten Tag dort wurden seine Finger in einen Topf mit Schwefelsäure getaucht, damit er nicht die Nägel kaute, und kurz danach musste er eine Schüssel mit Griespudding leer essen, in die er sich gerade erbrochen hatte, eine Erfahrung, die seine Liebe zu Griespudding verständlicherweise für den Rest seines Lebens dämpfte.

Auch alles andere war auf einer Privatschule kein Zuckerschlecken. Auf Bildern von Schlafsälen aus dem neunzehnten Jahrhundert sieht man, dass diese sich kaum von den entsprechenden Räumen in Gefängnissen und Arbeitshäusern unterschieden. Sie waren oft so kalt, dass das Waschwasser in Krügen und Schüsseln über Nacht gefror. Betten waren kaum mehr als Lattenroste, weich und warm hatte man es bestenfalls, wenn man ein paar grobe Decken bekam. In Westminster und Eton wurden jeden Abend etwa fünfzig Jungen in riesigen Sälen eingeschlossen und bis zum Morgen unbeaufsichtigt gelassen. Manchmal mussten Jungen aus den unteren Klassen mitten in der Nacht aufstehen und Schuhe putzen, Wasser holen und alle sonstigen Aufgaben erledigen, die vor dem Frühstück zu erledigen waren. Kein Wunder, dass Lewis Carroll als Erwachsener sagte, nichts auf der Welt könne den Wunsch in ihm wecken, seine Schulzeit noch einmal zu erleben.

Viele Jungen wurden jeden Tag gezüchtigt, manche sogar zweimal. Nicht bestraft zu werden war ein Grund zum Feiern. »Letzte Woche war ich viel besser in Mathematik und habe nicht einmal die Rute bekommen«, schrieb zu Beginn des neunzehnten Jahrhunderts ein Junge aus Winchester glücklich nach Hause. Züchtigungen bestanden über Jahrhunderte im Allgemeinen aus drei bis sechs Schlägen aus dem Lauf mit einer peitschenähnlichen Rute, doch bisweilen ging es mit weit mehr Gewalt zur Sache. 1682 wurde in Eton ein Direktor entlassen, nachdem er einen Jungen totgeschlagen hatte. Eine erstaunliche Anzahl junger Männer entwickelte Geschmack am Zischen der herabsausenden Rute und dem stechenden Schmerz – und zwar so sehr, dass die Franzosen Lustpeitschen als »le vice anglais« (englisches Laster) bezeichneten. Zumindest zwei Premierminister aus dem neunzehnten Jahrhundert, Melbourne und Gladstone, waren begeisterte Flagellanten, und eine Mrs. Collet führte ein Bordell in Covent Garden, das auf Sex mit Schlägen spezialisiert war.

Vor allem anderen aber erwartete man von der nachwachsenden Generation, dass sie tat, was ihr gesagt wurde, und zwar auch, wenn sie schon längst volljährig war. Eltern behielten sich das

Recht vor, Ehepartner auszusuchen, sich in die Berufwahl einzumischen, ja selbst Lebensweise, politische Überzeugung, Kleidungsstil und vieles andere mehr zu beeinflussen. Und gern strichen sie dem Nachwuchs auch das Geld, wenn ihren Befehlen nicht gehorcht wurde. Mayhew, der Sozialreformer, wurde enterbt, als er sich den Anweisungen seines Vaters widersetzte und nicht Anwalt wurde. Das gleiche Schicksal ereilte, einen nach dem anderen, sechs seiner sieben Brüder. Nur der siebente wollte gern Anwalt werden (oder vielleicht auch nur den Familiensitz haben), qualifizierte sich pflichtbewusst als solcher und bekam das ganze Erbe. Die Dichterin Elizabeth Barrett wurde enterbt, weil sie Robert Browning ehelichte, der nicht nur arm wie eine Kirchenmaus war, sondern – o Schreck! – auch noch Enkel eines Kneipenbesitzers. Die entsetzten Eltern von Alice Roberts enterbten ihre Tochter, als sie stur darauf beharrte, den armen Sohn eines römisch-katholischen Klavierstimmers zu heiraten. Zum Glück für Miss Roberts war es der zukünftige Komponist Edward Elgar und machte sie auch so reich.

Bisweilen führten weit banalere Überlegungen zur Enterbung. Der zweite Lord Townshend, der sich schon seit Jahren über das unmännliche Verhalten seines Filius ärgerte, strich ihn ohne viel Federlesens aus dem Testament, als der unselige Jüngling eines Tages mit rosafarbenen Schuhbändern ins Zimmer spazierte. Viel geredet wurde auch über den sechsten Duke of Somerset, der als »der stolze Herzog« bekannt war und von seinen Töchtern immer verlangte, in seiner Gegenwart zu stehen. Als er einmal vom Mittagsschläfchen erwachte und eine sitzend erwischte, enterbte er das undankbare Ding angeblich.

Erschütternd, ja deprimierend ist es oft, wie rasch Eltern nicht nur die finanziellen Mittel, sondern ihre Zuneigung entzogen. Elizabeth Barrett und ihr Vater hatten ein sehr enges Verhältnis zueinander, doch als sie sich von der Eheschließung mit Robert Browning nicht abhalten ließ, brach Mr. Barrett sofort jeglichen Kontakt zu ihr ab. Und obwohl sie einen Mann geheiratet hatte, der begabt und angesehen, und die Ehe eine echte Liebesheirat war, sprach er nie wieder mit seiner Tochter und schrieb ihr auch nie. In der obskuren Welt viktorianischer Eltern war Gehorsam weitaus wichtiger als Zuneigung und Glück, und diese merkwürdige, für viel Leid sorgende Einstellung hielt sich in den meisten begüterten Häusern bis in die Zeit des Ersten Weltkriegs hinein.

So gesehen, schufen die Viktorianer die Kindheit nicht, sondern schafften sie ab. Freilich ist die Sache komplizierter. Dadurch, dass man den Kindern Liebe vorenthielt, wenn sie jung waren, aber dann deren Leben bis weit in das Erwachsenenalter hinein zu bestimmen versuchte, ergab sich eine merkwürdige Konstellation: Die Kindheit wurde gleichzeitig erstickt und ewig verlängert. Kein Wunder eigentlich, dass das Ende des viktorianischen Zeitalters mit dem Beginn der Psychoanalyse zusammenfiel.

Den Eltern die Stirn zu bieten war ein solches Tabu, dass die meisten Kinder, auch als Erwachsene, darauf verzichteten. Charles Darwin illustriert das perfekt. Als man ihm die Möglichkeit bot, die Reise der HMS *Beagle* mitzumachen, schrieb er einen rührenden Brief an seinen Vater, in dem er genau darlegte, warum er unbedingt reisen wollte, brach sich aber gleich danach einen ab, ihm zu versichern, dass er sofort seinen Namen von der Passagierliste streichen lassen werde, wenn seinem Vater die Idee auch nur im Geringsten »Unbehagen« bereite. Mr. Darwin senior bedachte das Ganze und erklärte, dass die Idee ihm in der Tat Unbehagen bereite, woraufhin Charles ohne einen Muckser des Protests verzichtete. Für ihn wäre es nie in Frage gekommen, seinem Vater nicht zu gehorchen.

Natürlich fuhr Darwin am Ende doch, und warum sein Vater nachgab, hatte großteils mit einem entscheidenden Umstand zu tun, der in vielen Bürgerfamilien vorkam: Heirat in der Familie. Cousins und Cousinen zu heiraten war bis weit ins neunzehnte Jahrhundert hinein erstaunlich verbreitet, und das zeigt sich geradezu exemplarisch in den Familien Darwin und Wedgwood (den berühmten Porzellanfabrikanten). Charles heiratete seine Cousine ersten Grades, Emma Wedgwood, Tochter seines geliebten Onkels Josiah. Charles' Schwester Caroline heiratete den Sohn des Onkels, Josiah Wedgwood III., also Emmas Bruder und Cousin ersten Grades der Geschwister Darwin. Ein anderer Bruder Emmas heiratete keine Darwin, aber eine Cousine ersten Grades aus einem anderen Zweig seiner Wedgwood-Familie und fügte dem erstaunlich verzwickten Genmix noch einen Strang hinzu. Schließlich heiratete Charles Langton, der mit keiner der beiden Familien verwandt war, zuerst Charlotte Wedgwood, auch eine Tochter von Josiah und Cousine von Charles Darwin, und, als die starb, Darwins Schwester Emily – und wurde auf diese Weise der Gatte der Schwägerin seiner Schwägerin, so dass seine Kinder aus dieser Verbindung sich selbst Cousins und Cousinen ersten Grades waren. In welcher Beziehung Neffen, Nichten und die nächste Generation von Cousinen und Cousins zueinander standen, versuchen wir besser nicht mehr darzustellen.

Heraus kam aber erstaunlicherweise eine der glücklichsten Familien des neunzehnten Jahrhunderts. Denn fast alle Darwins und Wedgwoods waren einander aufrichtig zugetan, was gut für uns ist, denn als Darwins Vater Bedenken gegen die Fahrt mit der *Beagle* äußerte, verwendete sich Onkel Josiah gern für seinen Neffen und künftigen Schwiegersohn Charles und unterhielt sich mit dessen Vater, seinem Cousin Robert. Ja, und Robert ließ sich von seiner Meinung abbringen, weil er Josiah sehr schätzte.

Dank seines Onkels und einer Tradition, die Gene in der Familie zu behalten, fuhr Charles Darwin die nächsten fünf Jahre zur See und sammelte Fakten, die ihn auf die Evolutionslehre brachten. Und mit dieser wissenschaftlichen Glanzleistung wollen wir uns noch ein wenig beschäftigen, während wir weiter zum oberen Teil des Hauses gehen, zum allerletzten Raum.

Neunzehntes Kapitel

Der Dachboden

I.

In dem ereignisreichen Sommer 1851, als die Menschen in Scharen in die Londoner Weltausstellung strömten und Thomas Marsham sein neues Haus in Norfolk bezog, brachte Charles Darwin ein dickes Manuskript zu seinen Verlegern, das Ergebnis von acht Jahren hingebungsvoller Forschungsarbeit zu Wesen und Verhalten der Rankenfußkrebse. Die *Monographie der fossilen Lepadidae, oder Cirripediae Pedunculatae Großbritanniens* klingt nicht nach kurzweiliger Unterhaltung und war es auch nicht, doch das Werk sicherte Darwin seinen Ruf als Naturforscher und verlieh ihm, mit den Worten eines Biografen, »die Autorität, über Variabilität und Transmutation zu sprechen«. Oder anders gesagt: über die Evolution. Dabei war Darwin mit den Rankenfußkrebsen noch gar nicht fertig. Drei Jahre später legte er eine 684-Seiten-Studie über sessile Cirripedien und eine bescheidenere Begleitstudie über die Rankenfußkrebsfossilien vor, die im ersten Werk nicht behandelt worden waren. »Ich hasse Rankenfußkrebse, wie sie noch nie ein Mensch gehasst haben kann«, sagte er nach Abschluss der Arbeit, und wer könnte das nicht verstehen?

Die *Fossilen Lepadidae* waren kein Bestseller, aber sie verkauften sich auch nicht schlechter als ein anderes 1851 veröffentlichtes Buch – eine seltsame, geheimnisvoll weitschweifige Parabel über den Walfang mit dem Titel *Der Wal.* Das Buch kam eigentlich zur rechten Zeit, denn überall wurden Wale bis zur Ausrottung gejagt, doch Kritiker und Leser erwärmten sich nicht dafür, sie verstanden es nicht. Es war zu dicht geschrieben und verwirrend, zu düster und nachdenklich. Einen Monat später kam das Buch in den Vereinigten Staaten unter einem anderen Titel heraus: *Moby Dick*, verkaufte sich aber auch nicht besser. Der Misserfolg war überraschend, denn der Autor, der zweiunddreißig Jahre alte Herman Melville, war mit zwei früheren Geschichten über Abenteuer auf dem Meer, *Taipi* und *Omu*, sehr erfolgreich gewesen. *Moby Dick* schlug während seiner Lebenszeit nie ein. Auch sonst nichts mehr aus Melvilles Feder. Er starb fast vergessen 1891. Sein letztes Buch, *Billy Budd*, fand erst mehr als dreißig Jahre nach seinem Tod einen Verleger.

Obwohl Mr. Marsham wahrscheinlich weder *Moby Dick* noch *Fossile Lepadidae* kannte, spiegelt sich in beiden Büchern ein grundsätzlicher Wandel wider, der schon vor ihrer Publikation die denkende Welt erfasst hatte: der beinahe zwanghafte Drang, jede noch so kleine erkennbare Tatsache festzuhalten und ihr schwarz auf weiß dauerhaft Anerkennung zu verschaffen. Unter Herren mit einem Hang zur Wissenschaft war Feldforschung der allerletzte Schrei. Manche entschieden sich für Geologie und sonstige Naturwissenschaften, andere sammelten Altertümer. Die Abenteuerlustigsten opferten den Komfort von Heim und Herd und oft Jahre ihres Lebens, um entfernte Ecken der Welt zu erkunden. Sie wurden – Wissenschaftler und Forscher.

Ihre Neugierde und Hingabe waren unerschöpflich. Kein Ort war zu entlegen oder zu unwirtlich, kein Ding nicht der Betrachtung wert. Es war die Ära, in der der Pflanzenjäger Robert Fortune als Einheimischer verkleidet durch China reiste und Informationen über Anbau und Verarbeitung von Tee sammelte, als David Livingstone sich den Sambesi hinauf und in die dunkelsten Ecken Afrikas kämpfte, als Abenteuerbotaniker das Innere Nord- und Südamerikas durchkämmten und interessante neue Tiere und Pflanzen suchten und als Charles Darwin, gerade einmal zweiundzwanzig Jahre alt, als Naturforscher zu einer abenteuerlichen Fahrt aufbrach.

Fast alles, dem Darwin während der fünf Jahre seiner Reise begegnete, war ihm der Aufmerksamkeit wert. Er notierte so viele Fakten und brachte eine solche Fülle an tierischen, pflanzlichen, geologischen und fossilen Fundstücken mit, dass er schon eineinhalb Jahrzehnte brauchte, um nur durch die Rankenfußkrebse zu kommen. Neben vielem anderen fand er Hunderte neuer Pflanzenarten, machte viele wichtige Fossilien- und geologische Entdeckungen, entwickelte eine weithin beachtete Hypothese zur Bildung von Korallenatollen und sammelte Materialien und Erkenntnisse, die ihn zu einer revolutionären Theorie des Lebens führten – nicht schlecht für einen jungen Mann, der, wenn sein Vater sich durchgesetzt hätte, Landpfarrer geworden wäre wie unser Mr. Marsham. (Eine Aussicht, die Darwin fürchterlich fand.)

Eine der Ironien an der Fahrt der *Beagle* war, dass Kapitän Robert FitzRoy den jungen Darwin angeheuert hatte, weil er theologisch gebildet war und Beweise für eine biblische Interpretation der Geschichte finden sollte. Als Josiah Wedgwood auf Robert Darwin eingeredet hatte, er möge Charles gehen lassen, hatte er sich große Mühe mit dem Argument gegeben, dass »die Beschäftigung mit Naturgeschichte [...] für einen Pfarrer sehr angemessen« sei. Letztlich war es natürlich so, dass Darwin, je mehr er von der Welt sah, desto mehr zu dem Schluss kam, dass Geschichte und Entwicklung der Erde weit älter und komplizierter waren, als man allgemein annahm. Schon in seiner Theorie über die Korallenatolle ging es um eine Zeitspanne, die weit über die sieben Schöpfungstage in der Bibel hinausging. Was den frommen, launischen Kapitän FitzRoy zutiefst erboste.

Schlussendlich entwickelte Darwin natürlich eine Theorie – die des Überlebens der Bestangepassten, wie wir sie gemeinhin kennen; die der natürlichen Selektion, wie er sie nannte –, die die wunderbare Komplexität aller Lebewesen erklärte, ohne dass man überhaupt eine Gottheit dazu erfinden musste. 1842, sechs Jahre nach dem Ende seiner Reise, verfasste er eine 230-Seiten-Zusammenfassung, in der er die grundsätzlichen Bestandteile der Theorie umriss. Dann machte er etwas Erstaunliches: Er schloss den Text in eine Schublade und ließ ihn sechzehn Jahre lang darin liegen. Das Thema war ihm zu heiß für eine öffentliche Debatte.

Dabei waren schon lange vor Darwin Leute immer wieder auf Dinge gestoßen, die nicht zu orthodoxen Glaubensvorstellungen passten. Eines der ersten Male passierte es ein paar Kilometer von unserm alten Pfarrhaus entfernt, im Dorf Hoxne, wo Ende der 1790er Jahre ein wohlhabender Landbesitzer und begeisterter Sammler vorgeschichtlicher Relikte namens John Frere ein kleines Lager mit Feuersteinwerkzeugen entdeckte, die dort zusammen mit den Knochen lange ausgestorbener Tiere lagen, die wiederum auf eine Koexistenz hinwiesen, die es gar nicht hätte geben dürfen. In einem Brief an die Londoner Gesellschaft für Altertumskunde berichtete Frere, dass die Werkzeuge von Menschen hergestellt worden seien, »die noch kein Metall hatten [...], [was] uns dazu verleiten könnte, sie in eine wirklich sehr weit entfernte Periode zu versetzen«. Das war eine für die Zeit über die Maßen scharfsinnige Erkenntnis – ja, so scharfsinnig, dass sie fast gänzlich ignoriert wurde. Der Sekretär der Gesellschaft dankte ihm für diese »kuriose und sehr interessante Mitteilung«, und das war's dann für die nächsten vierzig Jahre.[*]

Doch dann fanden auch andere Leute Werkzeuge und uralte Knochen verwirrend nah beisammen. In einer Höhle in der Nähe von Torquay in Devon entdeckte Pater John MacEnery, ein katholischer Prieser und Amateurgräber, mehr oder weniger unstrittige Beweise, dass Menschen Mammuts und andere nun ausgestorbene Tiere gejagt hatten. MacEnery fand diesen Gedanken so unangenehm – weil den biblischen Vorstellungen wi-

---

[*] Als man einhundert Jahre später die Bedeutung des Fundes endlich begriff, benannte man zu Ehren des Ortes, wo Frere ihn gemacht hatte, ein geologisches Zeitalter Hoxnian Interglacial (auf Deutsch die Holstein-Warmzeit).

dersprechend –, dass er seine Funde für sich behielt. Dann entdeckte ein französischer Zollbeamter namens Jacques Boucher de Perthes am Kiesufer der Somme auch solche Knochen samt Werkzeugen und schrieb ein langes, wichtiges Werk darüber, das international Aufmerksamkeit erregte: *Keltische und vorsintflutliche Altertümer.*

Fast zur gleichen Zeit ging William Pengelly, ein englischer Schulrektor, noch einmal in MacEnerys Höhle und in eine andere im nahen Brixham und berichtete über die Funde, die MacEnery nicht mitzuteilen gewagt hatte. Um die Mitte des neunzehnten Jahrhunderts wurde also zunehmend deutlich, dass die Erde nicht nur eine Menge Geschichte barg, sondern sogar das hatte, was erst viel später Vorgeschichte genannt wurde.

Dann schickte im Frühsommer 1858 Alfred Russel Wallace Charles Darwin ein Päckchen vom Indonesischen Archipel, dessen Inhalt wie eine Bombe einschlug und berühmt geworden ist: die Rohfassung eines Aufsatzes »Über die Neigung der Arten, sich auf unbestimmte Zeit vom ursprünglichen Typ zu entfernen«. Darin entwickelte Wallace Darwins eigene Theorie, zu der er unabhängig und in aller Unschuld gelangt war. »Ich habe noch nie einen größeren Zufall erlebt«, schrieb Darwin. »Wenn Wallace meine Manuskriptskizze aus dem Jahr 1842 zusammengefasst hätte, hätte die Darstellung nicht besser sein können.«

Die Regeln hätten es erfordert, dass Darwin beiseitegetreten wäre und Wallace das volle Verdienst für die Theorie hätte zukommen lassen, doch zu einer solch noblen Geste war Darwin nicht fähig. Die Theorie lag ihm zu sehr am Herzen. Zusätzlich kompliziert war in der Zeit, dass sein achtzehn Monate alter Sohn Charles schwer an Scharlach erkrankt war. Trotzdem schaffte Darwin es, sich brieflich sofort an seine hervorragendsten Wissenschaftlerfreunde zu wenden, und sie halfen ihm, eine Lösung zu finden. Man einigte sich darauf, dass Joseph Hooker und Charles Lyell bei einem Treffen der Linnäischen Gesellschaft in London eine Zusammenfassung der beiden Papiere vortragen und dabei Darwin und Wallace gleichen Anteil an der Urheberschaft für die neue Theorie geben sollten. Das geschah am ersten Juli 1858. Wallace, nichts von diesen Machenschaften ahnend, war weit weg am anderen Ende der Welt, Darwin konnte nicht kommen, weil er und seine Frau an dem Tag ihren Sohn begruben.

Aber er setzte sich nun umgehend daran, seine Vorarbeiten zu einem Buch auszuformulieren, und im November 1859 wurde es als *Über die Entstehung der Arten im Thier- und Pflanzen-Reich durch natürliche Züchtung, oder Erhaltung der vervollkommneten Rassen im Kampfe um's Daseyn* veröffentlicht (Deutsch 1860). Es wurde sofort zum Bestseller. Darwins Theorie brachte das gesamte Weltbild durcheinander, und viele Leute wünschten sich sehnsüchtig, sie sei nicht wahr. Darwin selbst sagte zu einem Freund, das Buch zu schreiben sei gewesen, »wie einen Mord zu gestehen«.

Viele gläubige Menschen konnten einfach nicht akzeptieren, dass die Erde so alt und so willkürlich belebt worden war, wie all die neuen Ideen suggerierten. Ein führender Naturforscher, Philip Henry Gosse, stellte eine gewissermaßen verzweifelte Theorie auf, die er »Prochronismus« nannte und der gemäß Gott die Erde nur so alt aussehen ließ, damit wissbegierige Menschen an interessanteren Dingen herumknobeln konnten. Selbst Fossilien, behauptete Gosse, habe Gott in der einen geschäftigen Schöpfungswoche in die Felsen gesetzt.

Allmählich aber akzeptierten gebildete Menschen, dass die Welt nicht nur älter war, als die Bibel meinte, sondern auch viel komplizierter, unvollkommener und konfuser. Natürlich unterminierte das die ganze Basis, auf der Kirchenmänner wie Mr. Marsham so zuversichtlich wirkten. Für ihre gesellschaftliche Stellung war es der Anfang vom Ende.

In ihrer Begeisterung, Schätze auszugraben, richteten viele aus der neuen Spezies von Forschern entsetzlichen Schaden an. »Wie

Kartoffeln« buddelten sie Artefakte aus, bemerkte ein alarmierter Beobachter. In Norfolk räumten zum tiefen Bedauern späterer Forschergenerationen Mitglieder der neuen Archäologischen Gesellschaft von Norfolk und Norwich (gegründet, kurz bevor Mr. Marsham seine Stelle in unserem Dorf antrat) weit über hundert Grabhügel aus, einen großen Teil der Grabhügel in der Grafschaft überhaupt, ohne dass sie zu den Funden und ihrer Lage irgendwelche Aufzeichnungen machten.

Es ist schon eine schmerzliche Ironie der Geschichte: Als die Briten ihre Vergangenheit entdeckten, zerstörten sie gleichzeitig einen großen Teil davon. Niemand verkörperte den raffgierigen Typ Sammler besser als William Greenwell (1820–1918), Kanonikus der Kathedrale von Durham, dem wir schon als Erfinder von Greenwell's Glory begegnet sind, der (bei denen, die solche Dinge rühmen) hochgerühmten Forellenfliege. Im Verlaufe eines langen Lebens legte Greenwell »durch Schenkungen, Ankäufe und Straftaten«, wie ein Historiker sagte, eine außergewöhnliche Sammlung von Artefakten an. Er grub im Alleingang 443 Hügelgräber in ganz England aus, besser gesagt, er »fraß sich durch«. Sein Sammlerdrang war nicht zu bremsen, aber er verfuhr dabei absolut schludrig. Er hinterließ buchstäblich keine Notizen oder Dokumentationen, weshalb es so gut wie unmöglich ist, zu erkennen, was von wo kommt.

Seine einzige gute Tat ist, dass er einen Mann mit dem prächtigen Namen Augustus Henry Lane Fox Pitt Rivers mit dem Zauber der Archäologie bekannt machte. Pitt Rivers wiederum ist wegen zweier Dinge denkwürdig: als einer der bedeutendsten frühen Archäologen und absolut fieser Typ. Wir sind ihm in diesem Buch schon beiläufig begegnet. Er war das Ungeheuer, das darauf bestand, dass seine Frau kremiert wurde. (»Verdammt noch mal, Weib. Brennen wirst du!«, beliebte er zu scherzen.) Pitt Rivers kam aus einer interessanten Familie, von der wir ebenfalls schon einige Mitglieder kennengelernt haben, insbesondere zwei seiner Großtanten, die echte Kracher waren. Die erste, Penelope, ehelichte den Viscount Ligonier of Clonmell und war, wenn Sie sich erinnern, diejenige, die eine Affäre mit einem italienischen Grafen hatte und dann mit ihrem Lakaien durchbrannte. Die zweite Tante war die junge Frau, die Peter Beckford heiratete, sich aber verhängnisvollerweise in dessen Cousin William, den Erbauer von Fonthill Abbey, verliebte. Beide Damen waren die Töchter von George Pitt, dem ersten Baron Rivers, von dem unser Pitt Rivers beide Hälften seines Namens hat.

Augustus Pitt Rivers war ein großer, einschüchternder Mann, dem berühmt schnell die Sicherungen durchbrannten, Herrscher über ein Anwesen von 27 000 Morgen, das Rushmore hieß und in der Nähe von Salisbury lag. Er war berüchtigt für seinen Geiz. Als seine Frau einmal die Dorfbewohner zu einer Weihnachtsfeier nach Rushmore eingeladen hatte, musste sie bekümmert erleben, dass niemand kam. Sie wusste nicht, dass ihr Gatte von ihrem Vorhaben gehört und die Tore zum Gut mit Vorhängeschlössern hatte schließen lassen.

Er neigte zu übermäßigen, jähen Gewaltausbrüchen. Nachdem er einem seiner Söhne wegen eines nicht bekannten Vergehens das Haus verboten hatte, untersagte er seinen anderen Kindern auch gleich den Kontakt mit ihm. Doch eine Tochter, Alice, hatte Mitleid mit ihrem Bruder, traf ihn an der Grenze des Anwesens und gab ihm Geld. Pitt erfuhr davon, fing sie auf dem Rückweg ab und prügelte sie mit ihrer eigenen Reitgerte windelweich.

Pitts Spezialität, ja, gar eine Art Hobby war es, betagte Pächter zwangszuräumen. Einmal kündigte er einem Mann und seiner körperbehinderten Frau, beide über achtzig. Als sie ihn baten, seine Entscheidung zu überdenken, weil sie keine Verwandten hätten und nicht wüssten, wo sie hingehen sollten, antwortete er ihnen ungerührt: »Mit Bedauern habe ich Ihren Brief gelesen und erfahren, wie sehr es Ihnen missfällt, Hinton zu verlassen. Um es kurz zu machen: Meine Pflichten gegenüber meinem Besitz machen es unabdingbar, dass ich das Haus sobald wie möglich in

Besitz nehme.« Das Paar wurde unverzüglich vor die Tür gesetzt, obwohl Pitt Rivers das Haus nie weitervermietete und es nach dem, was sein Biograf Mark Bowden sagt, höchstwahrscheinlich auch nie vorhatte.[*]

Trotz seiner menschlichen Mängel war Pitt Rivers ein hervorragender Archäologe – ja, sogar einer der Väter der modernen Archäologie, denn er brachte Systematik und Genauigkeit hinein. Sorgfältig beschriftete er Keramik- und andere Fragmente, als das noch keineswegs die Regel war. Das systematische Gliedern und sogenannte Typologisieren archäologischer Funde wurde seine Erfindung. Überraschenderweise war er weniger interessiert an glitzernden Kostbarkeiten als an Gegenständen des täglichen Lebens: Bechern, Kämmen, Zierperlen und dergleichen, die bis dato immer sehr unterbewertet worden waren. Er begeisterte sich auch für präzise Untersuchungsmethoden. Um menschliche Schädel exakt vermessen zu können, erfand er ein Gerät, das Kraniometer. Nach seinem Tod bildete seine Sammlung die Grundlage für das großartige Pitt Rivers Museum in Oxford.

Großteils dank Pitt Rivers' Methodik wurde die Archäologie in der zweiten Hälfte des neunzehnten Jahrhunderts mehr wie eine Wissenschaft und weniger wie eine Schatzsuche betrieben, und mit der unfasslichen Schlamperei der frühen Altertums»forscher« hatte es ein Ende. In anderer Hinsicht aber wurde die Zerstörung

---

[*] Pitt Rivers' ältester Sohn Alexander scheint die Vorliebe seines Erzeugers, Pächter zu schurigeln, geerbt zu haben. Ein Mann, der sein Leben lang der sanfteste Mensch auf Erden gewesen war, wurde von dem jungen Alexander derart zur Verzweiflung getrieben, dass er in riesigen Lettern mit Unkrautvernichtungsmittel »VERPÄCHTERSCHUFT« auf den Rasen von Rushmore schrieb. Alexander verklagte ihn wegen Verleumdung und bekam einen symbolischen Schadenersatz von einem Shilling, konnte sich aber freuen, dass die Prozesskosten den Pächter finanziell ruiniert hatten. Pitt Rivers' andere acht Kinder waren anscheinend alle anständige Leutchen. George – der mit dem Hausverbot und unfreiwilliger Grund für die Prügel, die seine Schwester bezog – wurde erfolgreicher Erfinder mit Schwerpunkt elektrische Beleuchtung. Bei der Internationalen Elektrizitätsausstellung in Paris 1881 führte er eine Glühlampe vor, die den Erfindungen von Edison oder Swan in nichts nachstand.

noch schlimmer. Praktisch alle alten Monumente waren in Großbritannien in privater Hand, und kein Gesetz zwang die Besitzer, sich darum zu kümmern. Es gab unendlich viele Geschichten von Leuten, die Dinge zerstörten, weil sie ihnen lästig waren oder sie ihre Besonderheit nicht erkannten. Auf den Orkneyinseln, in Stenness, unweit von Skara Brae, zerstörte ein Farmer einen prähistorischen Megalithen, den Odinstein, weil der ihm beim Pflügen im Weg war. Als er auch noch die heute berühmten Steine von Stenness zerstören wollte, gelang es den entsetzten Inselbewohnern, ihn davon abzubringen.

Selbst etwas so Unvergleichliches wie Stonehenge war bedroht. Immer wieder schnitzten Besucher ihren Namen in die Steine und schlugen sich Stücke ab, um sie als Souvenir mitzunehmen. Ein Mann wurde erwischt, als er mit einem Vorschlaghammer einen der Steine bearbeitete. Anfang der 1870er Jahre verkündete die London-South Western Railway Pläne, eine Strecke mitten durch den Steinkreis zu führen. Als sich die Leute beschwerten, konterte ein Eisenbahnbeamter, dass Stonehenge »vollkommen kaputt und für niemanden heute von allergeringstem Nutzen sei«.

Ganz klar: Das uralte Erbe Großbritanniens brauchte einen Retter. Auf trat einer der ungewöhnlichsten Männer dieses ungewöhnlichen Zeitalters. Er hieß John Lubbock und ist erstaunlicherweise kaum bekannt. Einen Mann, der auf mehr Gebieten mehr nützliche Dinge tat und weniger Ruhm dafür erntete, findet man schwerlich.

Lubbock war der Sohn eines reichen Bankers und wuchs in der Nachbarschaft von Charles Darwin in Kent auf. Er spielte mit Darwins Kindern und ging in Darwins Haus ein und aus. Da er sich für die Naturgeschichte interessierte, mochte ihn der große Mann sehr. Die beiden verbrachten viele Stunden zusammen in Darwins Arbeitszimmer und schauten sich – jeder durch sein Mikroskop – Präparate an. Als Darwin wieder einmal an Depressionen litt, war der junge Lubbock der einzige Besucher, den er empfing.

SIR JOHN LUBBOCK, MITGLIED DES PARLAMENTS
UND FELLOW DER ROYAL SOCIETY

WIE NUTZT DIE EMSIGE BANKERBIENE
IHRE GUTEN STUNDEN NUR?
STUDIERT AN FEIERTAGEN GERNE
SELTNE INSEKTEN UND WILDBLUMEN, PUR!

Eine Karikatur im Punch: John Lubbock, Architekt des »Bank Holiday Acts« und des Denkmalschutzgesetzes

Als Erwachsener folgte Lubbock seinem Vater ins Bankge-
schäft, doch sein Herz hing an der Naturwissenschaft. Er experimentierte unermüdlich, wenn auch ein wenig exzentrisch. Einmal
versuchte er drei Monate lang, seinem Hund das Lesen beizu-
bringen. Als sein Interesse für die Archäologie aufkeimte, lernte
er Dänisch, weil Dänemark damals in dem Bereich führend war.
Weil er sich außerdem sehr für Insekten interessierte, hielt er ein
Bienenvolk in seinem Wohnzimmer, um dessen Gewohnheiten
besser studieren zu können. 1886 entdeckte er die Pauropoda,
die Wenigfüßer, aus der Familie der winzigen und bis dato unbekannten Milben, die in unserem Kapitel über »Haustiere« vorkamen. Da viele Milben, wie wir ja gesehen haben, erst Mitte
des zwanzigsten Jahrhunderts von der Wissenschaft zur Kenntnis genommen wurden, war die Entdeckung einer Familie davon 1886 eine beachtliche Leistung, vor allem für einen Banker,
der sich nur abends und an Wochenenden mit den naturwissen-
schaftlichen Fragen beschäftigen konnte. Nicht weniger beacht-
lich waren Lubbocks Studien der Variabilität der Nervensysteme
bei Insekten, mit der sich Darwins Idee der »Abstammung mit
Modifikation« beweisen ließ.

Aber Lubbock war nicht nur Banker und begeisterter In-
sektenkundler, sondern auch ein hervorragender Archäologe, Mitglied des Kuratoriums des Britischen Museums, Parlamentsabgeordneter, Vizekanzler (und damit Chef) der London
University und Autor populärer Bücher und noch vieles andere mehr. Als Archäologe prägte er die Begriffe »paläolithisch
(altsteinzeitlich), »mesolithisch (mittelsteinzeitlich)« und »neo-
lithisch (jungsteinzeitlich)« und war einer der Ersten, die das
praktische neue Wort »Vorgeschichte« benutzten. Als Politiker
und Mitglied des Parlaments für die Liberale Partei wurde er
außerdem zum Fürsprecher der arbeitenden Bevölkerung. Er
brachte Gesetze zur Reduzierung der Arbeitsstunden in Läden
auf zehn Stunden am Tag ein und drückte 1871 – buchstäblich
im Alleingang – den Bank Holidays Act durch, ein Gesetz, das

die atemberaubende Idee hatte, dass Arbeiter bezahlte nicht-kirchliche Feiertage bekamen.[*]

Der Jubel allüberall war groß. Vor Lubbocks neuem Gesetz durften die meisten Lohnabhängigen am Karfreitag, am ersten oder zweiten Weihnachtsfeiertag (aber so gut wie nie an beiden) und an Sonntagen der Arbeit fernbleiben, und damit hatte es sich. Ein zusätzlicher arbeitsfreier Tag – noch dazu im Sommer – war zu schön, um wahr zu sein. Lubbock war nach allgemeiner Meinung der beliebteste Mann in England, und »Bank holidays« hießen lange liebevoll »St. Lubbock's days«. Keiner hätte sich damals wohl vorstellen können, dass sein Name eines Tages vergessen sein würde.

In unserem Zusammenhang ist Lubbock wegen einer weiteren Neuerung wichtig: wegen des Denkmalschutzes beziehungsweise der Denkmalpflege. 1872 erfuhr er von einem Pfarrer im ländlichen Wiltshire, dass ein großer Teil von Avebury, einem uralten Steinkreis, der erheblich größer, aber nicht so malerisch war wie Stonehenge, wegen Bebauung abgerissen werden sollte. Lubbock kaufte das bedrohte Land zusammen mit zwei anderen in der Nähe gelegenen Altertümern, dem West Kennet Long Barrow (ein Hügelgrab) und Silbury Hill, einem enorm hohen, ebenfalls menschengemachten Grabhügel, dem größten in Europa.

Doch er konnte natürlich nicht alles, was bedroht war, vor der Zerstörung bewahren und drängte auf eine Gesetzgebung, mit der historische Stätten geschützt werden konnten. Das zu erreichen war nicht halb so einfach, wie der gesunde Menschenverstand meint, denn die herrschenden Tories unter Benjamin Disraeli sahen es als unerhörten Angriff auf Eigentumsrechte an. Der Gedanke, dass ein staatlicher Beamter befugt sein sollte, das

---

[*] Der Name »Bank holiday« war allerdings komisch, und Lubbock erklärte eigentlich nie, wie er darauf gekommen war. Schließlich hätte er ihn einfach »Staatsfeiertag« oder »Arbeitsfeiertag« oder sonst wie nennen können. Manchmal wird gesagt, der »Bank holiday« sei ursprünglich nur für Bankangestellte gedacht gewesen, doch dem war nicht so. Alle hatten ein Anrecht darauf.

Land einer Person höheren Standes zu betreten und ihr zu sagen, was sie mit dem eigenen Anwesen tun und lassen konnte, wurde als absurd empfunden – skandalös! Doch Lubbock blieb stur und drückte 1882 unter der neuen liberalen Regierung Gladstone das Denkmalschutzgesetz im Parlament durch – ein Meilenstein in der Geschichte der Gesetzgebung, wenn es denn je einen gegeben hat.

Weil der Denkmalschutz so eine heikle Sache war, ernannte man zum ersten Inspektor der Denkmäler jemanden, den die Landbesitzer auch respektieren würden, idealerweise ebenfalls einen großen Landbesitzer. Und zufällig kannte Lubbock einen solchen Mann – der übrigens sein neuer Schwiegervater werden sollte und niemand anderes war als Augustus Henry Lane Fox Pitt Rivers.

Dass sie durch Heirat miteinander verwandt wurden, muss die beiden Männer nicht minder überrascht haben als uns heute. Zum einen waren sie fast gleich alt. Der gerade erst verwitwete Lubbock lernte Pitt Rivers' Tochter Alice Anfang der 1880er Jahre bei einem Wochenendbesuch auf Castle Howard kennen, als er fast fünfzig und Alice gerade mal achtzehn war. Warum es zwischen den beiden funkte, entzieht sich leider unserer Kenntnis, doch kurz darauf heirateten sie. Sonderlich glücklich wurde die Ehe nicht. Alice war jünger als einige von Lubbocks Kindern, was für schwierige Beziehungen sorgte, und scheint sich auch nicht sehr für seine Arbeit interessiert zu haben. Aber ganz gewiss war das Leben mit Lubbock besser als mit einem jähzornigen prügelnden Vater.

Ob Lubbock nicht wusste, wie brutal Pitt Rivers zu Alice gewesen war, oder ob er es schlicht zu übersehen geruhte? Beides war damals möglich. Jedenfalls kamen die beiden Männer gut miteinander klar, sicher, weil sie so viele gemeinsame Interessen hatten.

Als oberster Denkmalschützer hatte Pitt Rivers keine großartige Macht. Seine Anweisungen lauteten, wichtige Monumente ausfindig zu machen, die vom Verfall bedroht waren, und dem Besitzer anzubieten, sie, falls gewünscht, in staatliche Obhut zu nehmen. Obwohl die Besitzer die Stätten dann nicht unterhalten mussten, scheuten die meisten davor zurück. Ein solcher Schritt hieß, die Kontrolle über einen Teil des eigenen Besitzes abzugeben – und selbst Lubbock zögerte, bevor er Silbury Hill aufgab. Dabei waren aus dem Gesetz schon wohlweislich Häuser, Burgen und Schlösser sowie kirchliche Gebäude ausgelassen worden. Es ging wirklich nur um ganz alte Denkmäler. Erschwerend kam hinzu, dass das zuständige Ministerium Pitt Rivers so gut wie kein Geld zur Verfügung stellte – die Hälfte des Jahresbudgets reichte gerade einmal dafür, einen niedrigen Zaun um eine einzige Begräbnisstätte zu ziehen. Ab 1890 zahlte es ihm dann überhaupt kein Gehalt mehr, sondern übernahm nur noch die Spesen und richtete zugleich die Bitte an ihn, nicht noch mehr »Reklame« für Denkmäler zu machen.

Pitt Rivers starb 1900. In achtzehn Jahren schaffte er es mit knapper Not, dreiundvierzig Denkmäler zu listen (wie es so schön heißt), kaum mehr als zwei pro Jahr. (Heute beträgt die Anzahl der gelisteten Denkmäler mehr als 19000.) Doch er setzte in zweierlei Hinsicht ein Zeichen: Er machte klar, dass historische Gebäude und Stätten so kostbar sind, dass man sie bewahren sollte. Und er ließ keinen Zweifel daran, dass deren Besitzer die Pflicht hatten, sie zu pflegen. Das wurde zu Pitt Rivers' Zeiten selten streng befolgt, doch der Grundstein für den Denkmalschutz war damit gelegt. Weitere Maßnahmen folgten: 1877 wurde die Gesellschaft für Denkmalschutz unter der Leitung des Textildesigners William Morris gegründet, der National Trust folgte 1895.

Gefahren lauerten dennoch überall. Stonehenge blieb in privater Hand, und der Besitzer, Sir Edmund Antrobus, weigerte sich, auf die Ratschläge der Regierung zu hören, ja überhaupt Inspektoren auf sein Land zu lassen. Um die Jahrhundertwende kursierte plötzlich die Nachricht, dass ein anonymer Käufer die Steine in die Vereinigten Staaten verschiffen und sie als Touristenattraktion irgendwo im Westen wieder aufstellen lassen wollte. Hätte Antrobus ein solches Angebot angenommen, hätte ihn von Gesetzes wegen nichts und niemand davon abhalten können. Nach Pitt Rivers' Tod blieb die Stelle des obersten Denkmalschützers der Nation zehn Jahre lang unbesetzt. Man wollte das Geld sparen.

II.

In dieser ganzen Zeit veränderte sich das Leben auf dem Lande drastisch. Großbritannien erlebte eine der schlimmsten Wirtschaftskrisen der neueren Geschichte, die von der darbenden Landwirtschaft ausging. In den 1870er Jahren fuhren Bauern und Landbesitzer sieben Mal katastrophale Ernten ein, konnten aber die Ausfälle nicht, wie stets in der Vergangenheit, durch höhere Preise kompensieren, weil die Konkurrenz aus Übersee gewaltig war. Vor allem aus den Vereinigten Staaten, wo dank des McCormick-Reapers, der Mähmaschine, und weiterer großer klappernder Gerätschaften irrsinnig hohe Erträge erzielt wurden. Zwischen 1872 und 1902 stieg in den USA die Weizenproduktion um das Siebenfache, während sie in derselben Zeit in Großbritannien um knapp die Hälfte sank.

Auch die Preise fielen kolossal, im letzten Viertel des neunzehnten Jahrhunderts grob gerechnet um die Hälfte. Das galt nicht nur für Weizen, Gerste und Hafer, sondern auch für Speck, Schweine-, Hammel- und Schaffleisch. Der Preis für Wolle fiel von 28 Shilling das Bündel von gut drei Kilo auf gerade mal 12. Abertausende Pächter schlitterten in den Ruin. Mehr als einhunderttausend Bauern und Landarbeiter verließen das Land. Die Felder lagen brach, Pachten wurden nicht gezahlt. Besserung war nicht in Sicht. Die Gemeinden schrumpften, die Kirchen leerten sich, die Gläubigen, die blieben, waren ärmer denn je. Auch die Zeiten für Landpfarrer wurden immer schlechter. Und gut sollten sie nie wieder werden.

Auf dem Höhepunkt der Landwirtschaftskrise tat die liberale britische Regierung etwas Merkwürdiges. Sie erfand eine Steuer, die eine gesellschaftliche Schicht bestrafte, die ohnehin schon heftig litt und an den Problemen eigentlich völlig unschuldig war. Besitzer großer Ländereien und Anwesen sollten nun plötzlich Erbschaftssteuer zahlen.

Ausgeheckt hatte die neue Steuer Schatzkanzler Sir William George Granville Venables Vernon Harcourt, ein Mann, den anscheinend niemand leiden mochte, solange er lebte. Wegen seiner Körperfülle »Jumbo« für seine Freunde (nicht unbedingt freundlich gemeint), war er eigentlich nicht der geborene Peiniger der landbesitzenden Klasse, denn er gehörte selbst dazu. Der Harcourt'sche Familiensitz war Nuneham Park in Oxfordshire, den wir in diesem Buch schon besucht haben. Es war das Anwesen, das ein früherer Harcourt ummodelte, dann vergaß, wo der alte Dorfbrunnen war, hineinplumpste und ertrank.

Solange es Tories gegeben hatte, hatten sich die Harcourts zu ihnen gezählt. Folglich wurde auch Williams Eintritt in die Liberale Partei in der Familie als allerschwärzester Verrat angesehen. Doch selbst die Liberalen waren von seiner Steuer überrascht. Lord Rosebery, der Premierminister (selbst Großgrundbesitzer) überlegte, ob man nicht in Fällen, in denen zwei Erben in rascher Folge starben, weniger rigide sein sollte. Einen Landbesitz ein zweites Mal zu besteuern, bevor der Erbe die Möglichkeit gehabt hatte, die Finanzen der Familie wieder auf Vordermann zu bringen, war hart. Harcourt verweigerte sich aber allen Appellen an Zugeständnisse.

Dass er selbst so gut wie keine Chance hatte, den Familiensitz zu erben, mag seine Auffassungen beeinflusst haben. Doch vermutlich zu seiner großen Überraschung ging er an ihn, als der Sohn seines älteren Bruders im Frühjahr 1904 plötzlich ohne Nachkommen starb. Dieses Glücks konnte er sich indes nicht lange erfreuen, weil er sechs Monate später selbst verschied, was bedeutete, dass seine Erben zu den Ersten gehörten, die nun zweimal besteuert wurden, wie es Rosebery befürchtet und er verworfen hatte. Nicht oft geht's im Leben so schön auf.

Die Erbschaftssteuer betrug damals vergleichsweise bescheidene acht Prozent bei Besitzen, die eine Million Pfund und mehr wert waren, doch sie erwies sich als solch zuverlässige Steuereinnahme und war so beliebt bei denen, die sie nicht bezahlen mussten, dass sie immer wieder erhöht wurde. Am Ende des Ersten Weltkriegs war sie schließlich bei sechzig Prozent angekommen – eine Höhe, die selbst den Reichsten die Tränen in die Augen trieb. In der Zeit wurde aber auch die Einkommensteuer immer wieder erhöht und andere neue Steuern erfunden – auf baulich nicht erschlossenes Land, die sogenannte Wertzuwachssteuer etwa, und eine sogenannte *surtax* oder *super tax,* also eine Supersteuer auf sehr hohe Einkommen. Überproportional viel in die Staatskasse entrichten mussten all diejenigen, die viel Land und einen vornehmen Akzent hatten. Für die oberen Klassen wurde das zwanzigste Jahrhundert, mit den Worten David Cannadines, eine Zeit »zunehmend düsterer Aussichten«.

Die meisten lebten ständig im Zustand latenter Krise. Wenn es eng wurde – wenn man ein Dach erneuern musste oder eine Steuerforderung auf der Matte lag –, konnte man die Katastrophe eigentlich nur abwenden, indem man Erbstücke verkaufte. Gemälde, Tapisserien, Schmuck, Bücher, Porzellan, das Tafelsilber, seltene Briefmarken, alles, was einen halbwegs vernünftigen Preis erzielte, wanderte aus englischen Landsitzen in Museen oder ins Ausland. Damals kaufte zum Beispiel Henry Clay Folger jeden Ersten Folioband von Shakespeare auf, dessen er habhaft werden konnte, erwarb George Washington Vanderbilt all die Kostbarkeiten, mit denen er die 250 Zimmer seiner Villa Biltmore vollstellte, schleppten Männer wie Andrew Mellon, Henry Clay Frick und J. P. Morgan Wagenladungen voller Alter Meister ab und erstand William Randolph Hearst alles, was noch rausmusste.

Kaum ein großer englischer Familiensitz in Großbritannien kam ungerupft davon. Die Howards auf Howard Castle trennten sich von einhundertzehn Alten Meistern und mehr als tausend seltenen Büchern. In Blenheim Palace verkauften die Herzöge von Marlborough Gemälde stapelweise, darunter achtzehn Werke von Rubens und mehr als ein Dutzend van Dycks, und entdeckten dann, wenn auch reichlich spät, dass es finanziell attraktiver war, begüterte Amerikanerinnen zu heiraten. Selbst der fabelhaft reiche Duke of Hamilton verkaufte 1882 für fast 400 000 Pfund Glitzerkram und ein paar Jahre später noch einmal Zeugs für 250 000 Pfund. Die großen Auktionshäuser in London wurden die reinsten Pfandhäuser.

Wenn die Besitzer alles Wertvolle von Wand und Boden verkauft hatten, verkauften sie manchmal Wand und Boden selbst. Ein Zimmer mit allen Einrichtungen wurde aus Wingerworth Hall in Derbyshire demontiert und im Kunstmuseum von St. Louis wieder aufgebaut. Eine Treppe von Grinling Gibbons aus Cassiobury Park in Hertfordshire stand fortan im Metropolitan Museum of Art in New York. Manchmal wurden ganze Häuser verkauft wie zum Beispiel Agecroft Hall, ein hübsches Tudor-Landhaus in Lancashire, das in nummerierte Stücke zerlegt, in Kisten gepackt und nach Richmond in Virginia verschifft wurde, wo es erneut zusammengesetzt wurde und heute noch stolz steht.

Sehr selten einmal aber ergab sich aus all dem Ungemach etwas Gutes. Die Erben von Sir Edmund Antrobus, die ihr Gut (inklusive Stonehenge) nicht halten konnten, brachten es 1915 auf den Markt. Ein Geschäftsmann aus der Gegend, der Rennpferdezüchter Sir Cecil Chubb, kaufte Stonehenge für 6600 Pfund – rund 300 000 Pfund in heutigem Geld, also keine Kleinigkeit – und schenkte es großzügig der Nation, womit es endlich nicht mehr bedroht war.

Ein solch glücklicher Ausgang war freilich selten. Für Hunderte von Landvillen gab es keine Rettung, und ihr trauriges Los war Verfall und schließlich Abbruch. Fast immer war das bedauerlich und manchmal skandalös. Streatlam Castle, einst eines der feinsten Häuser in der Grafschaft Durham, wurde der Heimatschutztruppe zur Verfügung gestellt, die es wahrhaftigen Gotts zum Übungsschießen benutzte! Aston Clinton, ein ungeheuer prächtiges, zauberhaftes Haus aus dem neunzehnten Jahrhundert, das einmal den Rothschilds gehört hatte, wurde von der Grafschaftsverwaltung von Buckinghamshire aufgekauft und abgerissen, die dort ein seelenloses Ausbildungszentrum hinsetzte. So wenig galten Landsitze noch, dass in Lincolnshire eine Filmgesellschaft angeblich einen solchen nur zu dem Zweck kaufen konnte, um ihn für die entscheidende Szene des Films abzufackeln.

Nirgendwo waren die Häuser sicher. Selbst Chiswick House, unbestritten ein herausragendes Gebäude, ging beinahe verloren. Eine Zeitlang war es eine Irrenanstalt, doch in den 1950er Jahren stand es leer und zum Abbruch frei. Zum Glück siegte dann aber doch die Vernunft, und heute ist es in sicherer Obhut der English Heritage, einer öffentlichen Körperschaft. Der National Trust rettete im Verlauf eines Jahrhunderts etwa zweihundert andere Häuser, und ein paar überlebten selbstständig, weil man sie zu Touristenattraktionen machte.

Viele andere große Landsitze fanden ein neues Leben als Schulen, Kliniken oder sonstige Institutionen. Sir William Harcourts Nuneham Park diente einen Großteil des zwanzigsten Jahrhunderts als Übungsgelände der Königlichen Luftwaffe. (Jetzt ist es ein religiöses Einkehrzentrum.)

Aber, wie gesagt, Hunderte andere große Häuser wurden ohne viel Tamtam abgetragen. In den 1950er Jahren, den Hochzeiten der Zerstörung, verschwanden im Durchschnitt zwei pro Woche. Wie viele genau es waren, ist unbekannt. 1974 richtete das Victoria&Albert-Museum eine gefeierte Ausstellung aus, »Die Zerstörung des Landhauses«, in der man das ungeheuerliche Verschwinden von Herrensitzen in den vergangenen einhundert Jahren dokumentierte. Die Kuratoren Marcus Binney und John Harris zählten 1116 Häuser, die abgerissen worden waren, doch weitere Untersuchungen ergaben sogar noch mehr. Allgemein geht man heute von etwa 2000 aus – ein schmerzhafter Verlust, wenn man bedenkt, dass es sich um die schönsten, beeindruckendsten, kühnsten, einflussreichsten und eigentlich doch wertzuschätzenden Wohngebäude handelte, die je auf unserem Planeten errichtet wurden.

III.

So war also die Lage, als Mr. Marsham und sein Jahrhundert sich gemeinsam ihren letzten Jahren näherten. Für unseren Alltag und für die Dinge, die darin eine Rolle spielen, hat es wohl nie eine interessantere oder ereignisreichere Zeit gegeben. Im neunzehnten Jahrhundert wurde das Leben in vielen Bereichen umfassend verändert – gesellschaftlich, intellektuell, technologisch und was die Einstellung zu Kleidung, Hygiene und Sex anbelangt. Mr. Marsham wurde 1822 in eine Welt geboren, die im Wesentlichen noch mittelalterlich war – eine Welt des Kerzenlichts, des Schröpfens mit Blutegeln, des Reisens im Schritttempo, der »Neu«igkeiten, die von weiter entfernten Orten nach Wochen und Monaten eintrafen. Doch er erlebte während seines Erdendaseins ein Wunder nach dem anderen: Dampfschiffe und rasende Eisenbahnen, die Telegrafie, Fotografie und Anästhesie, fließend Wasser im Haus, Gasbeleuchtung, keimtötende Mittel in der Medizin, Kühlschränke, Telefon, elektrisches Licht, aufgenommene und wieder abspielbare Musik, Autos und Flugzeuge, Wolkenkratzer, Filme, Radio und buchstäblich Tausende winziger Dinge mehr, von Seifen aus Massenherstellung bis zu mechanischen Rasenmähern.

Man kann sich wirklich kaum ausmalen, wie viele radikale Veränderungen die Menschen im neunzehnten Jahrhundert und besonders in dessen zweiter Hälfte tagtäglich erlebten. Selbst so etwas wie »das Wochenende« war brandneu. Der Begriff dafür, »week-end«, ist vor 1879 im Englischen nicht verbürgt. Dann erschien er in der Zeitschrift *Notes & Queries* in dem Satz: »Wenn in Staffordshire jemand am Samstagnachmittag, am Ende einer Arbeitswoche, losfährt, um den Abend des Samstag und den folgenden Sonntag mit Freunden weiter weg zu verbringen, heißt es, dass er sein *Wochenende* in So-und-so verbringt.« Gut, es bedeutete nur den Samstagnachmittag und Sonntag, und auch nur für bestimmte Leute. Aber ein Recht auf Erholung war fraglos im Anmarsch.

Bemerkenswert ist, dass die Welt zwar angenehmer für die meisten Menschen wurde – heller, mit besseren sanitären Anlagen im Haus, mehr Freizeit und mehr Unterhaltung, die man sich auch leisten konnte. Doch für Leute wie Mr. Marsham löste sie sich heimlich, still und leise auf. Die Landwirtschaftskrise, die in den 1870ern begann und quasi endlos andauerte, brachte den Landpfarrern ebenso deutliche Verschlechterungen wie den reichen Landbesitzern, von denen sie abhingen, und Pfarrer, deren Familienvermögen ebenfalls komplett auf Landbesitz basierte wie bei den Marshams, traf sie doppelt.

1900 belief sich das Gehalt eines Pfarrers an Kaufkraft auf nicht einmal mehr die Hälfte dessen, was es noch fünfzig Jahre zuvor betragen hatte. *Crockford's Clerical Dictionary* von 1903 berichtete wenig trostreich, dass ein »erheblicher Anteil« der Geistlichen nun »gerade noch genug zum Leben« hatte. Ein Reverend F.J. Bleasby, hieß es, hatte 470 vergebliche Bewerbungen für eine Pfarrstelle eingereicht und war schließlich, gedemütigt und erfolglos, in ein Arbeitshaus gegangen. Der wohlhabende Pfarrer gehörte ein für alle Mal der Vergangenheit an.

Auch die schönen, großen Pfarrhäuser auf dem Land, in denen es sich einst so angenehm und bequem leben ließ, wurden finanziell oft zu Fässern ohne Boden. Viele Geistliche, die aus bescheideneren Verhältnissen stammten und sich mit nun sehr geschrumpften Mitteln durchschlagen mussten, konnten im zwanzigsten Jahrhundert ihre Anwesen nicht mehr unterhalten. Eine Mrs. Lucy Burnett, Landpfarrersgattin in Yorkshire, klagte 1933 über die Größe des Pfarrhauses, das sie führen musste, vor einem Kirchenausschuss: »Wenn Sie in meiner Küche eine Blaskapelle spielen ließen, könnten Sie sie im Wohnzimmer nicht hören.« Für Renovierungen im Inneren mussten die Amtsinhaber aufkommen, doch ihnen fehlte zunehmend das Geld dafür. »So manches Pfarrhaus ist seit zwanzig, dreißig, ja selbst fünfzig Jahren nicht mehr renoviert worden«, schrieb Alan Savidge 1964 in einer Geschichte der Pfarrhäuser.

Die einfachste Lösung war es, die lästigen Kästen zu verkaufen und etwas Kleineres daneben zu bauen. Doch die mit diesen Transaktionen betrauten Beauftragten der anglikanischen Kirche erwiesen sich leider, leider nicht immer als die cleversten Geschäftsleute. Anthony Jennings beschreibt in *Das alte Pfarrhaus* (2009), dass sie 1983 etwas mehr als dreihundert Pfarrhäuser zu einem Durchschnittspreis von 64 000 Pfund verkauften und durchschnittlich 76 000 Pfund dafür ausgaben, viel schlechtere neue zu errichten.

Von den 13 000 Pfarrhäusern, die es 1900 gab, sind heute gerade mal noch 900 im Besitz der anglikanischen Kirche. Unseres wurde 1978 an einen Privatmann verkauft. (Für wie viel, weiß ich nicht.) Seine Geschichte als Pfarrhaus währte 127 Jahre, während derer es das Heim von acht Amtsträgern war. Ulkigerweise wohnten alle sieben, die nach Mr. Marsham kamen, länger darin als die so sehr im Dunklen bleibende Gestalt, die es bauen ließ. Thomas Marsham trat 1861, nach nur zehn Jahren in dem Haus, eine neue, ebenso unbedeutende Stelle wie seine alte an, und zwar als *rector* in Saxlingham, einem Dorf dreißig Kilometer weiter im Norden, nicht weit vom Meer.

Warum er sich ein solch stattliches Haus hat erbauen lassen, werden wir nie erfahren. Vielleicht wollte er eine entzückende junge Dame aus seiner Bekanntschaft beeindrucken, die ihn aber nicht nahm, sondern einen anderen ehelichte. Oder sie wollte ihn doch und starb, bevor er sie heimführen konnte. Beide Varianten waren im neunzehnten Jahrhundert mehr als normal, und beide würden einige der baulichen Mysterien des Hauses erklären, wie zum Beispiel das Kinderzimmer und das unbestimmt Weibliche am Pflaumenzimmer. Doch darüber können wir ewig spekulieren. Wir wissen nur, dass er, wenn er denn sein Glück im Leben fand, es nicht in der Ehe war.

Wir können aber wenigstens hoffen, dass seine Beziehung mit seiner ergebenen Haushälterin Miss Worm einer gewissen Wärme und Zuneigung nicht entbehrte, wie verhuscht und verkrampft sie auch immer war. Für beide war es jedenfalls die längste Beziehung ihres Lebens. Als Miss Worm 1899 im Alter von sechsundsiebzig Jahren starb, war sie mehr als ein halbes Jahrhundert in seinen Diensten gewesen. Im selben Jahr wurde das Familienanwesen der Marshams in Stratton Strawless in fünfzehn Parzellen verkauft; vermutlich konnte es sich niemand als Ganzes leisten. Der Verkauf bedeutete das Ende von vierhundert Jahren hervorragender gesellschaftlicher Stellung der Marshams in der Grafschaft. Heute bleibt als Erinnerung nur noch der Pub »Marsham Arms« im Dorf Hevingham, nicht weit von Stratton Strawless.

Mr. Marsham lebte noch knapp sechs Jahre danach. 1905 starb er in einem Altersheim in einem nicht weit entfernten Dorf. Er war dreiundachtzig Jahre alt, und außer der Zeit, in der er wegen seines Studiums fort gewesen war, hatte er sein ganzes Leben auf Norfolker Erde verbracht, innerhalb eines Radius von wenig mehr als dreißig Kilometern.

IV.

Hier auf dem Dachboden sind wir losgegangen – wie lange das jetzt her zu sein scheint! Ich war durch die Luke geklettert, um die Ursache für die undichte Stelle zu suchen (es war eine verrutschte Dachpfanne, dort kam der Regen durch), und entdeckte die Tür, die auf eine Stelle auf dem Dach führte, von der aus man den weiten Blick hat. Neulich habe ich mich zum ersten Mal, seit ich mit der Arbeit an diesem Buch begonnen habe, wieder dort hinaufgequält. Ich wollte wissen, ob ich die Welt ringsum jetzt, da ich ein wenig mehr über Mr. Marsham und das Leben damals wusste, anders sehen würde.

Die Antwortet lautet: Nein. Und überrascht war ich auch nicht etwa, weil sich die Welt unten seit den Zeiten Mr. Marshams so gewaltig verändert, sondern, weil sie sich so wenig verändert hat! Ein wiederauferstandener Mr. Marsham wäre natürlich beeindruckt von ein paar Neuerungen – von den Autos, die über eine Straße rasen, dem Hubschrauber, der laut über mir knattert –, doch im Wesentlichen würde er auf eine Landschaft schauen, die scheinbar zeitlos und ihm unglaublich vertraut wäre.

Dieser Eindruck von Beständigkeit ist natürlich trügerisch. Die Landschaft verändert sich nämlich doch, nur eben zu langsam, als dass man es merkt, selbst im Verlaufe von hundertsechzig Jahren. Ginge man einen längeren Zeitabschnitt zurück, sähe man jede Menge Veränderungen. Vor fünfhundert Jahren hätte man außer der Kirche, ein paar Hecken und Feldformationen sowie ein paar gemütlichen Straßen fast nichts Bekanntes gesehen. Noch ein bisschen früher hätte man vielleicht den Römer erblickt, der den phallusförmigen Anhänger hat fallen lassen. Und vor, sagen wir, 400 000 Jahren hätten hier Löwen, Elefanten und anderes exotisches Getier auf ariden Ebenen gejagt und gegrast. Das waren die Viecher, die die Knochen hinterließen, von denen die ersten Sammler von Altertümern wie John Frère nicht weit von hier, in Hoxne, so fasziniert waren. Die Stätte seines Fundes kann man von unserem Dach aus nicht sehen, dafür ist sie zu weit weg, aber die Knochen, die er aufhob, könnten sehr gut von Tieren stammen, die sich einmal auf unserem Land gütlich getan haben.

Verblüffenderweise war das Klima, das diese Tiere in diesen Teil der Welt verschlug, im Mittel nur um etwa drei Grad Celsius wärmer als das von heute. Manche unserer Zeitgenossen werden sogar noch erleben, dass es in Großbritannien wieder so warm ist. Ob das Land dann eine ausgetrocknete Serengeti oder ein üppig grünes Paradies mit Weinanbau und Früchten das ganze Jahr hindurch ist – darüber kann man im Rahmen dieses Buches nicht spekulieren. Sicher aber ist, dass es sehr verschieden sein wird und dass sich die Menschen zukünftig schneller anpassen müssen als mit geologischer Geschwindigkeit.

Was man von unserem Dach aus nicht sehen kann, ist, wie viel Energie und anderes nötig sind, damit wir die Annehmlichkeiten und Bequemlichkeit genießen können, die wir alle nun im Alltag erwarten. Unglaublich, ja, schockierend viel. Von der gesamten Energie, die seit Beginn der Industriellen Revolution auf der Erde produziert beziehungsweise bereitgestellt worden ist, ist die Hälfte in den letzten zwanzig Jahren erzeugt und genutzt worden. Überproportional von uns, den Menschen in der reichen Welt; wir sind extrem privilegiert.

Der durchschnittliche Bewohner von Tansania verursacht in einem knappen Jahr die gleiche Menge Kohlendioxidausstoß, auf die ein Europäer mit Leichtigkeit alle zweieinhalb Tage und ein US-Amerikaner alle achtundzwanzig Stunden kommt. Kurzum, wir können deshalb so leben, wie wir leben, weil wir Ressourcen tausendmal schneller verbrauchen als die meisten Bewohner unseres Planeten. Eines Tages – und glauben Sie nicht, dass der so fern ist –, verlangen diese ungefähr sechs Milliarden weniger gut gestellten Menschen zwangsläufig das, was wir haben, und zwar genauso leicht, wie wir es bekommen. Doch dazu bedarf es größerer Ressourcen als die, die die Erde so ohne Weiteres hervorbringen kann.

Die allergrößte Ironie der Geschichte wäre es, wenn wir in unserem endlosen Streben nach Bequemlichkeit und Glück eine Welt schaffen, in der es beides nicht mehr gibt. Doch das wäre natürlich ein anderes Buch.

Danksagung

Wie immer stehe ich in der Schuld vieler Menschen, die mir mit fachlicher Hilfe und fachlichem Wissen bei den Vorarbeiten zu diesem Buch geholfen haben. Als da wären:

In England die Professoren Tim Burt, Maurice Tucker und Mark White von der Durham University, Reverend Nicholas Holtam von der Kirche St. Martin-in-the-Fields in London, Michael Sadgrove, Dekan der Durham Cathedral; Keith Blackmore von *The Times,* Beth McHattie und Philip Davies von der English Heritage, Aosaf Afzal, Dominic Reid und Keith Moore von der Royal Society sowie die Mitarbeiter der London Library und der Durham University Library.

In den Vereinigten Staaten Elizabeth Chew, Bob Self, Susan Stein, Richard Gilder und Bill Beiswanger, allesamt für Monticello zuständig; Dennis Pogue, Denkmalschützer von Mount Vernon; Jan Dempsey von der Wenham Public Library in Massachusetts und die Mitarbeiter der Lauinger Library an der Georgetown University und der Drake University Library in Des Moines.

Auf Weisen, die zu vielfältig sind, als dass ich sie hier aufzählen könnte, schulde ich Dank Carol Heaton, Fred Morris, Gerry Howard, Marianne Velmans, Deborah Adams, Sheila Lee, Dan McLean, Alison Barrow, Larry Finlay, Andrew Orme, Daniel Wiles und Tom und Nancy Jones. Besonderen Dank möchte ich meinen Kindern Catherine und Sam aussprechen, für viel heroischen, immer freundlichen Beistand. Vor allem aber – wie immer – bin ich am dankbarsten meiner teuren, unendlich geduldigen Gattin Cynthia.

Bibliographie

Englische Titel im Text, die nicht ins Deutsche übersetzt wurden oder auf Deutsch nicht aufgefunden werden konnten, hat die Übersetzerin um der besseren Lesbarkeit willen nach bestem Wissen und Gewissen ins Deutsche verbracht.

Abse, Joan, *John Ruskin: The Passionate Moralist.* London: Quartet Books, 1980.

Ackroyd, Peter, *Albion: The Origins of the English Imagination.* London: Chatto & Windus, 2002.

Acton, Liza, *Modern Cookery for Private Families.* London: Longman, Brown, Green and Longmans [correct], 1858.

Adams, William Howard (ed.), *The Eye of Thomas Jefferson.* Washington: National Gallery of Art, 1976.

Addison, Sir William, *Farmhouses in the English Landscape.* London: Robert Hale, 1986.

Alcabes, Philip, *Dread: How Fear and Fantasy Have Fueled Epidemics from the Black Death to Avian Flu.* New York: Public Affairs, 2009.

Allen, Edward, *How Buildings Work: The Natural Order of Architecture.* New York: Oxford University Press, 1980.

Amato, Ivan, *Stuff: The Materials the World Is Made Of.* New York: Basic Books, 1997.

Andrade, E. N. da C., *A Brief History of the Royal Society.* London: Royal Society, 1960.

Ariès, Philippe, *Geschichte der Kindheit.* Mit einem Vorwort von Hartmut v. Hentig. München/Wien: Hanser, 1975. dt. von Caroline Neubaur und Karin Kersten.

Arnstein, Walter L., *Britain Yesterday and Today: 1830 to the Present.* Lexington, Mass.: D. C. Heath and Co., 1971.

Ashenburg, Katherine, *The Dirt on Clean: An Unsanitized History.* New York: North Point Press/Farrar, Straus and Giroux, 2007.

Ashton, Rosemary, *Thomas and Jane Carlyle: Portrait of a Marriage.* London: Chatto & Windus, 2001.

Aslet, Clive, *The American Country House*. New Haven: Yale University Press, 1990.

Ayres, James, *Domestic Interiors: The British Tradition 1500–1850*. New Haven: Yale University Press, 2003.

Baer, N.S. and R. Snethlage (eds.), *Saving Our Architectural Heritage: The Conservation of Historic Stone Structures*. Chichester: John Wiley and Sons, 1997.

Baird, Rosemary, *Mistress of the House: Great Ladies and Grand Houses 1670–1830*. London: Weidenfeld & Nicolson, 2003.

Bakalar, Nicholas, *Where the Germs Are: A Scientific Safari*. New York: John Wiley & Sons, 2003.

Baker, Hollis S., *Furniture in the Ancient World: Origins and Evolution 3100–475BC*. New York: Macmillan, 1966.

Baldon, Cleo, and I.B. Melchoir, *Steps and Stairways*. New York: Rizzoli International, 1989.

Ball, Philip, *Bright Earth: The Invention of Colour*. London: Viking, 2001.

Balter, Michael, *The Goddess and the Bull: Çatalhöyük: An Archaeological Journey to the Dawn of Civilization*. New York: Free Press, 2005.

Barber, E.J.W., *Prehistoric Textiles: The Development of Cloth in the Neolithic and Bronze Ages, with Special Reference to the Aegean*. Princeton, N.J.: Princeton University Press, 1991.

–, *Women's Work: The First 20,000 Years; Women, Cloth and Society in Early Times*. New York: WW Norton, 1994.

Barker, Graeme, *The Agricultural Revolution in Prehistory: Why Did Foragers Become Farmers?* Oxford: Oxford University Press, 2006.

Bascomb, Neal, *Higher: A Historic Race to the Sky and the Making of a City*. New York: Broadway Books, 2003.

Bates, Elizabeth Bidwell, and Jonathan L. Fairbanks, *American Furniture 1620 to the Present*. New York: Richard Marek Publishers, 1981.

Baugh, Albert C., and Thomas Cable, *A History of the English Language* (fifth edition). Upper Saddle River, N.J.: Prentice Hall, 2002.

Bax, B. Anthony, *The English Parsonage*. London: John Murray, 1964.

Beard, Geoffrey, *The Work of Robert Adam*. Edinburgh: John Bartholomew & Son, 1978.

Beauchamp, K.G., *Exhibiting Electricity*. London: The Institution of Electrical Engineers, 1997.

Beebe, Lucius, *The Big Spenders*. Garden City, New York: Doubleday, 1966.

Beeton, Mrs Isabella, *The Book of Household Management*. London: S.O. Beeton, 1861.

Belanger, Terry, *Lunacy and the Arrangement of Books*. New Castle, Delaware: Oak Knoll Press, 2003.

Bentley, Peter J., *The Undercover Scientist: Investigating the Mishaps of Everyday Life*. London: Random House, 2008.

Berenbaum, May R., *Bugs in the System: Insects and Their Impact on Human Affairs*. Reading, Mass.: Helix Books, 1995.

Bernstein, William, *A Splendid Exchange: How Trade Shaped the World.* London: Atlantic Books, 2008.

Berresford, John (ed.), *The Diary of a Country Parson: The Reverend James Woodforde,* (5 vols.). Oxford: Clarendon Press, 1924.

Berry, R.J. (ed.), *Biology of the House Mouse.* London: Zoological Society of London, 1981.

Best, Gary Dean, *The Dollar Decade: Mammon and the Machine in 1920s America.* Westport, Conn.: Praeger Publishers, 2003.

Binney, Marcus, *SAVE Britain's Heritage, 1975–2005: Thirty Years of Campaigning.* London: Scala Publishers, 2005.

Boardman, Barrington, *From Harding to Hiroshima.* New York: Dembner Books, 1985.

Bodanis, David, *The Secret Garden.* New York: Simon & Schuster, 1992.

–, *Electric Universe: The Shocking True Story of Electricity.* New York: Crown Publishers, 2005.

Boorstin, Daniel J., *The Americans: The National Experience.* New York: Random House, 1965.

–, *The Discoverers.* London: Penguin, 1983.

Botton, Alain de: *Glück und Architektur,* Frankfurt: Fischer, 2008, dt. von Bernhard Robben.

Boucher, Bruce, *Palladio: The Architect in His Time.* New York: Abbeville Press, 1994.

Bourke, Joanna, *Fear: A Cultural History.* London: Virago Press, 2005.

Bourne, Jonathan, and Vanessa Brett, *Lighting in the Domestic Interior: Renaissance to Art Nouveau.* London: Sotheby's, 1991.

Bourne, Russell, *Cradle of Violence: How Boston's Waterfront Mobs Ignited the American Revolution.* Hoboken, N.J.: John Wiley & Sons, 2006.

Bowers, Brian, *A History of Electric Light and Power.* London: Science Museum, 1982.

Brand, Stewart, *How Buildings Learn: What Happens After They're Built.* New York: Viking, 1994.

Brady, Patricia, *Martha Washington: An American Life.* New York: Viking, 2005.

Brands, H.W., *The First American: The Life and Times of Benjamin Franklin.* London: Doubleday, 2000.

Breen, T.H., *The Marketplace of Revolution: How Consumer Politics Shaped American Independence.* Oxford: Oxford University Press, 2004.

Brett, Gerard, *Dinner Is Served: A History of Dining in England, 1400–1900.* London: Rupert Hart-Davis, 1968.

Bridenbaugh, Carl, *Early Americans.* New York: Oxford University Press, 1981.

Briggs, Asa, *Victorian People: Some Reassessments of People, Institutions, Ideas and Events,* 1851–1867. London: Oldhams Press, 1954.

Brimblecombe, Peter, *The Big Smoke: A History of Air Pollution in London Since Medieval Times.* London: Methuen, 1987.

Brittain-Catlin, Timothy, *The English Parsonage in the Early Nineteenth Century.* Reading: Spire Books, 2008.

Brodie, Fawn M., *Thomas Jefferson: An Intimate History.* New York: W.W. Norton, 1974.

Brooke, Iris, *English Costume of the Seventeenth Century.* London: Adam & Charles Black, 1934.

Brooks, John, *Once in Golconda: A True Drama of Wall Street 1920–1938.* New York: Harper & Row, 1969.

Brothwell, Don and Patricia, *Food in Antiquity: A Survey of the Diet of Early Peoples.* Baltimore: Johns Hopkins University Press, 1969.

Brown, Kevin, *The Pox: The Life and Near Death of a Very Social Disease.* Stroud, Gloucestershire: Sutton Publishing, 2006.

Brunskill, Ian, and Andrew Sanders, *Great Victorian Lives: An Era in Obituaries.* London: Times Books, 2007.

Brunskill, Ronald, *Brick Building in Britain.* London: Victor Gollancz, 1990.

– and Alec Clifton-Taylor, *English Brickwork.* London: Hyperion/Ward Lock, 1977.

Burchard, John, and Albert Bush-Brown, *The Architecture of America: A Social and Cultural History.* Boston: Little, Brown, 1961.

Burkhardt, Frederick, and Sydney Smith (eds.), *The Correspondence of Charles Darwin, 1821–1836.* Cambridge: Cambridge University Press, 1985.

Burns, Ric, and James Sanders, *New York: An Illustrated History.* New York: Knopf, 1999.

Bushman, Richard L., *The Refinement of America: Persons, Houses, Cities.* New York: Vintage Books, 1992.

Busvine, James R., *Insects and Hygiene: The Biology and Control of Insect Pests of Medical and Domestic Importance in Britain.* London: Methuen, 1951.

Byles, Jeff, *Rubble: Unearthing the History of Demolition.* New York: Harmony Books, 2005.

Cadbury, Deborah, *Seven Wonders of the Industrial World.* London: Harper Perennial, 2004.

Calman, Sir Kenneth C., *Medical Education: Past, Present and Future.* Edinburgh: Churchill Livingstone, 2007.

Cannadine, David, *The Pleasures of the Past.* London: Collins, 1989.

–, *Aspects of Aristocracy: Grandeur and Decline in Modern Britain.* New Haven: Yale University Press, 1994.

–, *The Decline and Fall of the British Aristocracy.* London: Penguin, 2005.

Carpenter, Kenneth J., *The History of Scurvy and Vitamin C.* Cambridge: Cambridge University Press, 1986.

Carson, Gerald, *The Polite Americans.* New York: William Morrow, 1966.

Carter, Gwendolen M., *The Government of the United Kingdom.* New York: Harcourt Brace Jovanovich, 1972.

Carter, W. Hodding, *Flushed: How the Plumber Saved Civilization*. New York: Atria Books, 2006.

Carver, Martin, *Sutton Hoo: Burial Ground of Kings*. London: British Museum Press, 1998.

Caspall, John, *Fire and Light in the Home pre-1820*. Woodbridge, Suffolk: Antique Collectors Club, 1987.

Cassidy, Tina, *Birth: A History*. London: Chatto & Windus, 2007.

Catchpole, Antonia, David Clark and Robert Peberdy, *Burford: Buildings and People in a Cotswold Town*. London: Phillimore, 2008.

Catling, Harold, *The Spinning Mule*. Newton Abbot: David & Charles, 1970.

Chadwick, Edwin, *Report from His Majesty's Commissioners for Inquiring into the Administration and Practical Operation of the Poor Laws*. London: B. Fellowes, 1834.

Chadwick, George F., *The Works of Sir Joseph Paxton*. London: Architectural Press, 1961.

Chadwick, Owen, *The Victorian Church*. London: Adam & Charles Black, 1970.

Chandos, John, *Boys Together: English Public Schools 1800–1864*. London: Hutchinson, 1984.

Chisholm, Kate, *Fanny Burney: Her Life, 1752–1840*. London: Chatto & Windus, 1998.

Churchill, Allen, *The Splendor Seekers*. New York: Grosset & Dunlap, 1974.

Cieraad, Irene, *At Home: An Anthropology of Domestic Space*. Syracuse, New York: Syracuse University Press, 1999.

Clark, H. F., *The English Landscape Garden*. London: Pleiades Books, 1948.

Cleland, Liza, Mary Harlow and Lloyd Llewellyn-Jones (eds.), *The Clothed Body in the Ancient World*. London: Oxbow Books, 2005.

Clifton-Taylor, Alec, *The Pattern of English Building*. London: Faber and Faber, 1987.

Cloudsley-Thompson, *Spiders, Scorpions, Centipedes and Mites*. London: Pergamon Press, 1968.

Cockayne, Emily, *Hubbub: Filth, Noise & Stench in England 1600–1770*. New Haven: Yale University Press, 2007.

Cohen, Deborah, *Household Gods: The British and Their Possessions*. New Haven: Yale University Press, 2006.

Coleridge, Arthur, *Chippendale Furniture, Circa 1745–1765*. New York: Clarkson N. Potter, 1968.

Colley, Linda, *Britons: Forging the Nation 1707–1837*. London: Pimlico, 1992.

Collingwood, W. G., *The Life of John Ruskin*. London, Methuen and Co., 1900.

Collins, Irene: *Jane Austen: The Parson's Daughter*. London: Hambledon Press, 1998.

Colquhoun, Kate, *A Thing in Disguise: The Visionary Life of Joseph Paxton*. London: Harper Perennial, 2004.

–, *Taste: The Story of Britain Through Its Cooking*. London: Bloomsbury, 2007.

Corson, Richard, *Fashions in Hair: The First Five Thousand Years*. London: Peter Owen, 1965.

–, *Fashions in Makeup from Ancient to Modern Times*. London: Peter Owen, 2003.

Cossons, Neil (ed.), *Making of the Modern World: Milestone of Science and Technology*. London: John Murray, 1992.

Cowan, Henry J., *The Master Builders: A History of Structural and Environmental Design from Ancient Egypt to the Nineteenth Century*. New York: John Wiley & Sons, 1977.

Cowan, Ruth Schwartz, *More Work for Mother: The Ironies of Household Technology from the Open Hearth to the Microwave*. New York: Basic Books, 1983.

Coward, Barry, *The Stuart Age: England, 1603–1714* (second ed). London: Longman, 1980.

Cox, Margaret, *Life and Death in Spitalfields, 1700 to 1850*. York: Council for British Archaeology, 1996.

Crinson, Mark and Jules Lubbock, *Architecture, Art or Profession? Three Hundred Years of Architectural Education in Britain*. Manchester: Prince of Wales Institute of Architecture, 1994.

Crompton, Frank, *Workhouse Children*. London: Sutton Publishing, 1997.

Crossley, Fred H., *Timber Building in England: From Early Times to the End of the Seventeenth Century*. London: B.T. Batsford, 1951.

Crowfoot, Elisabeth, Frances Pritchard and Kay Staniland, *Textiles and Clothing c. 1150–c. 1450*. London: HMSO, 1992.

Cruickshank, Dan, *The Story of Britain's Best Buildings*. London: BBC, 2002.

Crystal, David, *The Stories of English*. London: Allen Lane, 2004.

Cullwick, Hannah, *The Diaries of Hannah Cullwick, Victorian Maidservant*. London: Virago, 1984.

Cummings, Richard Osborn, *The American and His Food: A History of Food Habits in the United States*. Chicago: University of Chicago Press, 1970.

Cunningham, Hugh, *The Children of the Poor: Representations of Childhood Since the Seventeenth Century*. Oxford: Blackwell, 1991.

Cunnington, C. Willett and Phillis [correct], *The History of Underclothes*. London: Faber and Faber, 1951.

Curl, James Stevens, *The Victorian Celebration of Death*. London: Sutton Publishing, 2000.

Dale, Antony, *James Wyatt: Architect, 1746–1813*. Oxford: Basil Blackwell, 1936.

Dalzell, Robert F., and Lee Baldwin Dalzell, *George Washington's Mount Vernon: At Home in Revolutionary America*. Oxford: Oxford University Press, 1998.

Daniels, Jonathan, *The Time Between the Wars: Armistice to Pearl Harbor.* New York: Doubleday, 1966.

Daumas, Maurice (ed.), *A History of Technology and Invention: Progress Through the Ages* (3 vols.). New York: Crown Publishing, 1979.

David, Saul, *The Indian Mutiny: 1857.* London: Viking, 2002.

Davidson, Marshall B., *The American Heritage History of Colonial America.* Boston: American Heritage, 1967.

Davies, Norman, *The Isles: A History.* London: Macmillan, 1999.

Davies, Stevie, *A Century of Troubles: England 1600–1700.* London: Pan Macmillan/Channel 4, 2001.

Davin, Anna, *Growing Up Poor: Home, School and Street Life in London, 1870–1914.* London: Rivers Oram Press, 1996.

Davis, Dorothy, *A History of Shopping.* London: Routledge & Kegan Paul, 1966.

Davis, Pearce, *The Development of the American Glass Industry.* Cambridge, Mass.: Harvard University Press, 1949.

Deetz, James, *In Small Things Forgotten: The Archaeology of Early American Life.* New York: Doubleday, 1977.

DeLaine, J., and D.E. Johnston (eds.), *Roman Baths and Bathing.* Portsmouth, Rhode Island: Journal of Roman Archaeology, 1999.

Desmond, Adrian, and James Moore, *Darwin.* London: Michael Joseph, 1991.

de Sola Pool, Ithiel, *Forecasting the Telephone: A Retrospective Technological Assessment.* Norwood, N.J.: Ablex Publishing, 1983.

Díaz-Andreu, Margarita, *A World History of Nineteenth-Century Archaeology: Nationalism, Colonialism, and the Past.* Oxford: Oxford University Press, 2007.

Dillon, Francis, *The Pilgrims.* Garden City, N.Y.: Doubleday, 1975.

Dirks, Nicholas B., *The Scandal of Empire: Indian and the Creation of Imperial Britain.* Cambridge, Massachusetts: Belknap Press, 2006.

Dolan, Eric J., *Leviathan: The History of Whaling in America.* New York: W.W. Norton, 2007.

Douglas, Ann, *Terrible Honesty: Mongrel Manhattan in the 1920s.* New York: Noonday Press/Farrar, Straus and Giroux, 1995.

Downes, Kerry, *Sir Jan Vanbrugh: A Biography.* London: Sidgwick & Jackson, 1987.

Dutton, Ralph, *The English Country House.* London: B.T. Batsford, 1935.

Dyer, Christopher, *Making a Living in the Middle Ages: The People of Britain 850–1520.* New Haven: Yale University Press, 2002.

Ede, Janet, and Norma Virgoe, *Religious Worship in Norfolk: The 1851 Census of Accommodation and Attendance at Worship.* Norwich: Norfolk Record Society, 1998.

Eden, Mary, and Richard Carrington, *The Philosophy of the Bed.* London: Hutchinson, 1961.

Ekirch, A. Roger, *At Day's Close: A History of Nighttime,* London: Phoenix, 2006.

Elliott, Charles, *The Transplanted Gardener.* New York: Lyons & Burford, 1995.

Emsley, John, *The Elements of Murder: A History of Poison.* Oxford: Oxford University Press, 2005.

Evans, G. Blakemore (ed.), *The Riverside Shakespeare.* Boston: Houghton Mifflin Co., 1974.

Evenson, A. Edward, *The Telephone Patent Conspiracy of 1876: The Elisha Gray – Alexander Bell Controversy and Its Many Players.* Jefferson, N.C.: McFarland and Co., 2000.

Fagan, Brian, *The Long Summer: How Climate Changed Civilization.* London: Granta, 2004.

Farrell-Beck, Jane, and Colleen Gau, *Uplift: The Bra in America.* Philadelphia: University of Pennsylvania Press, 2002.

Felstead, Alison, Jonathan Franklin and L. Pinfield, *Directory of British Architects, 1834–1900.* London: Mansell, 1993.

Fernández-Armesto, Felipe, *Food: A History.* London: Pan, 2001.

Filby, Frederick A., *A History of Food Adulteration and Analysis.* London: George Allen & Unwin, 1934.

Flanders, Judith, *The Victorian House: Domestic Life from Childbirth to Deathbed.* London: HarperCollins, 2003.

–, *Consuming Passions: Leisure and Pleasure in Victorian Britain.* London: Harper Perennial, 2007.

Flannery, Tim, *The Weather Makers: The History and Future Impact of Climate Change.* Melbourne: Text Publishing, 2005.

Fletcher, Anthony, *Growing Up in England: The Experience of Childhood, 1600–1914.* New Haven: Yale University Press, 2008.

Fowler, Brenda, *Iceman: Uncovering the Life and Times of a Prehistoric Man Found in an Alpine Glacier.* London: Macmillan, 2001.

Forbes, Esther, *Paul Revere and the World He Lived In.* Boston: Houghton Mifflin, 1942.

Fort, Tom, *The Grass Is Greener: Our Love Affair with the Lawn.* London: HarperCollins, 2000.

Fortey, Adrian, *Objects of Desire: Design and Society Since 1750.* London: Thames & Hudson, 1995.

Foss, Michael, The *Age of Patronage: The Arts in Society 1660–1750.* London: Hamish Hamilton, 1971.

Fraser, Antonia, *King Charles II.* London: Weidenfeld & Nicolson, 1979.

–, *The Weaker Vessel: Woman's Lot in Seventeenth-Century England.* London: Phoenix Press, 1984.

Freedman, Paul, *Out of the East: Spices and the Medieval Imagination.* New Haven: Yale University Press, 2008.

Gardiner, Juliet, *Wartime: Britain 1939–1945*. London: Headline, 2004.

Garrett, Elisabeth [correct] Donaghy, *At Home: The American Family 1750–1870*. New York: Henry N. Abrams, 1990.

Garrett, Laurie, *The Coming Plague: Newly Emerging Diseases in a World Out of Balance*. New York: Farrar, Straus and Giroux, 1994.

Gascoigne, John, *Joseph Banks and the English Enlightenment: Useful Knowledge and Polite Culture*. Cambridge: Cambridge University Press, 1994.

Gayle, Margot, and Carl Gayle, *Cast-Iron Architecture in America: The Significance of James Bogardos*. New York: W.W. Norton & Co., 1998.

Gelis, Jacques, *History of Childbirth: Fertility, Pregnancy and Birth in Early Modern Europe*. Boston: Northeastern University Press, 1991.

George, Wilma, *Biologist Philosopher: A Study of the Life and Writings of Alfred Russel Wallace*. London: Abelard-Schuman, 1964.

Gerin, Winifred, *Charlotte Brontë: The Evolution of Genius*. Oxford: Clarendon Press, 1967.

Gilbert, Christopher, *The Life and Works of Thomas Chippendale*. London: Christie's 1978.

Girouard, Mark, *Das feine Leben auf dem Lande: Architektur, Kultur und Geschichte der englischen Oberschicht*. Frankfurt/New York: Campus, 1989. dt. von Wolfgang Rhiel.

–, *Life in the French Country House*. New York: Alfred A. Knopf, 2000.

Gloag, John, and Derek Bridgwater, *A History of Cast Iron in Architecture*. London: George Allen & Unwin, 1948.

Glynn, Ian and Jennifer, *The Life and Death of Smallpox*. London: Profile Books, 2004.

Godfrey, Eleanor S., *The Development of English Glassmaking 1560–1640*. Oxford: Clarendon Press, 1975.

Goodwin, Lorine Swainston, *The Pure Food, Drink, and Drug Crusaders, 1879–1914*. Jefferson, NC: McFarland & Co., 1999.

Gosnell, Mariana, *Ice: The Nature, the History, and the Uses of an Astonishing Science*. New York: Alfred A. Knopf, 2005.

Gotch, J. Alfred, *The Growth of the English House: From Early Feudal Times to the Close of the Eighteenth Century* (2nd ed.). London: Batsford, 1909.

Gray, Charlotte, *Reluctant Genius: Alexander Graham Bell and the Passion for Invention*. New York: Arcade Publishing, 2006.

Green, Charles, *Sutton Hoo: The Excavation of a Royal Ship-Burial*. London: Merlin Press, 1963.

Green, Harvey, *The Light of the Home: An Intimate View of the Lives of Women in Victorian America*. New York: Pantheon, 1983.

Green, Sally, *Prehistorian: A Biography of Vere Gordon Childe*. Bradford-on-Avon, Wiltshire: Moonraker Press, 1981.

Grenville, Jane, *Medieval Housing*. London: Leicester University Press, 1997.

Grohskopf, Bernice, *The Treasure of Sutton Hoo: Ship-Burial for an Anglo-Saxon King*. London: Robert Hale, 1971.

Grosvenor, Edwin S., and Morgan Wesson, *Alexander Graham Bell: The Life and Times of the Man Who Invented the Telephone*. New York: Harry N. Abrams, 1997.

Guinness, Desmond, and Julius Trousdale Sadler, Jr., *The Palladian Style in England, Ireland and America*. London: Thames & Hudson, 1976.

Halperin, John, *The Life of Jane Austen*. Baltimore: Johns Hopkins University Press, 1984.

Hanson, Neil, *The Confident Hope of a Miracle: The True History of the Spanish Armada*. London: Doubleday, 2003.

–, *The Dreadful Judgement: The True Story of the Great Fire of London, 1666*. London: Doubleday, 2001.

Hardyment, Christina, *From Mangle to Microwave: The Mechanization of Household Work*. Cambridge: Polity Press, 1985.

–, *Home Comfort: A History of Domestic Arrangements*. London: Viking, 1992.

Harris, Eileen, *Going to Bed*. London: HMSO, 1981.

–, *Keeping Warm*. London: Victoria & Albert Museum, 1982.

–, *The Genius of Robert Adam: His Interiors*. New Haven: Yale University Press, 2001.

Hart-Davis, Adam, *What the Tudors and Stuarts Did for Us*. London: Boxtree/Pan Macmillan, 2002.

Hartley, Sir Harold, *The Royal Society: Its Origins and Founders*. London: Royal Society, 1960.

Harvey, John, *English Medieval Architects: A Biographical Dictionary Down to 1550*. London: B.T. Batsford, 1954.

Headley, Gwyn, and Wim Meulenkamp, *Follies: A National Trust Guide*. London: Jonathan Cape, 1986.

Heffer, Simon, *Moral Desperado: A Life of Thomas Carlyle*. London: Weidenfeld and Nicolson, 1995.

Henderson, W. O., *The Life of Friedrich Engels*. London: Frank Cass, 1976.

Herbert, Victor, *Nutrition Cultism: Facts and Fictions*. Philadelphia: George F. Sticley Co., 1980.

Hibbert, Christopher, *London: The Biography of a City*. New York: William Morrow & Co., 1969.

–, *The Court at Windsor: A Domestic History*. London: Penguin, 1982.

–, *Redcoats and Rebels: The War for America, 1770–1781*. London: Grafton Books, 1990.

–, *Elizabeth I: A Personal History of the Virgin Queen*. London: Penguin, 2001.

–, *Queen Victoria: A Personal History*. London: HarperCollins, 2000.

Hill, Rosemary, *Stonehenge*. London: Profile Books, 2008.

–, *God's Architect: Pugin and the Building of Romantic Britain*. London: Penguin, 2008.

Hirst, Francis. W., *Life and Letters of Thomas Jefferson*. London: Macmillan, 1926.

Hix, John, *The Glass House*. London: Phaidon, 1974.

Hobsbawn, E.J., *Industry and Empire*. London: Penguin, 1968.

Hodder, Ian, *The Leopard's Tale: Revealing the Mysteries of Çatalhöyük*. London: Thames & Hudson, 2006.

Holme, Thea, *The Carlyles at Home*. London: Persephone, 2002.

Holderness, B.A., *Pre-Industrial England: Economy and Society from 1500 to 1750*. London: J.M. Dent & Sons, 1976.

Horn, Pamela, *The Rise and Fall of the Victorian Servant*. Dublin: Gill and Macmillan, 1975.

–, *Pleasures and Pastimes in Victorian Britain*. Stroud, Gloucestershire: Sutton Publishing, 1999.

Howarth, Patrick, *The Year Is 1851*. London: William Collins Publishers, 1951.

Hoyt, William G., and Walter B. Langbein, *Floods*. Princeton, N.J.: Princeton University Press, 1955.

Hughes, Kathryn, *The Short Life and Long Times of Mrs Beeton*. London: Fourth Estate, 2005.

Hunt, Tristram, *Building Jerusalem: The Rise and Fall of the Victorian City*. London: Phoenix, 2005.

Hutchinson, Horace G., *Life of Sir John Lubbock, Lord Averbury*. London: Macmillan, 1914.

Hyam, Ronald, *Britain's Imperial Century, 1815–1914: A Study of Empire and Expansion*. Basingstoke: Palgrave/Macmillan, 2002.

Inwood, Stephen, *A History of London*. London: Macmillan, 1998.

–, *City of Cities: The Birth of Modern London*. London: Macmillan, 2005.

Israel, Paul, *Edison: A Life of Invention*. New York: John Wilsey and Son, 1998.

Jackson-Stops, Gervase, *The Country House in Perspective*. London: Pavilion, 1990.

Jacobs, Jane, *The Economy of Cities*. London: Jonathan Cape, 1970.

Jenkins, David (ed.), *The Cambridge History of Western Textiles* (2 vols.). Cambridge: Cambridge University Press, 2003.

Jenkins, Simon, *England's Thousand Best Houses*. London: Penguin, 2004.

Jennings, Anthony, *The Old Rectory: The Story of the English Parsonage*. London: Continuum, 2009.

Jespersen, Otto, *Growth and Structure of the English Language* (ninth edition). Garden City, N.Y.: Doubleday, 1956.

John, Eric, *Reassessing Anglo-Saxon England*. Manchester: Manchester University Press, 1996.

Johnson, Malcolm, *St Martin-in-the-Fields*. Chichester, West Sussex: Phillimore & Co., 2005.

Johnson, Matthew, *Housing Culture: Traditional Architecture in an English Landscape*. London: UCL, 1993.

Johnston, Shirley, *Palm Beach Houses*. New York: Rizzoli International, 1991.

Jokilehto, Jukka, *A History of Architectural Conservation*. Oxford: Butterworth-Heinemann, 1999.

Jones, Maldwyn Allen, *American Immigration*. Chicago: University of Chicago Press, 1960.

Jupp, Peter C., and Clare Gittings, *Death in England*. Manchester: Manchester University Press, 1999.

Kay, Jane Holtz, *Lost Boston*. Boston: Houghton-Mifflin, 1980.

Keay, John, *The Spice Route: A History*. London: John Murray, 2005.

Kelly, Alison, *The Book of English Fireplaces*. London: Country Life Books, 1968.

–, *Mrs Coade's Stone*. Upton-upon-Severn: Self-Publishing Association/Georgian Group, 1999.

Kelly, Ian, *Beau Brummell: The Ultimate Dandy*. London: Hodder & Stoughton, 2005.

Keneally, Thomas, *The Great Shame and the Triumph of the Irish in the English-Speaking World*. New York: Nan Talese/Doubleday, 1999.

King, Ross, *The Judgment of Paris: The Revolutionary Decade That Gave the World Impressionism*. New York: Walker & Co., 2006.

Kipple, Kenneth F., and K. C. Ornelas (eds.), *The Cambridge World History of Food*. Cambridge: Cambridge University Press, 2000.

Kisseloff, Jeff, *You Must Remember This: An Oral History of Manhattan from the 1890s to World War II*. New York: Harcourt Brace Jovanovich, 1989.

Kostof, Spiro, *America by Design*. New York: Oxford University Press, 1987.

Koven, Seth, *Slumming: Sexual and Social Politics in Victorian London*. Princeton, NJ: Princeton University Press, 2004.

Kronenberger, Louis (ed.), *Atlantic Brief Lives: A Biographical Companion to the Arts*. Boston: Atlantic Monthly Press, 1965.

Kurlansky, Mark, *Salt: A World History*. London: Vintage, 2003.

–, *The Big Oyster: New York in the World, a Molluscular History*. London: Jonathan Cape, 2006.

Kyvig, David E., *Daily Life in the United States, 1920–1939*. Westport, Conn.: Greenwood Press, 2002.

Lacey, Robert, *Sir Walter Ralegh*. London: History Book Club, 1973.

– and Danny Danziger, *The Year 1000: What Life Was Like at the Turn of the First Millennium*. London: Abacus, 2003.

Laing, Alastair, *Lighting: The Arts and Living*. London: Victoria & Albert Museum, 1982.

Laing, Lloyd, *The Archaeology of Late Celtic Britain and Ireland, c. 400–1200 AD*. London: Methuen, 1975.

Lamb, H.H., *Historic Storms of the North Sea, British Isles and Northwest Europe.* Cambridge: Cambridge University Press, 1991.

Lambton, Lucinda, *Vanishing Victoriana.* London: Elsevier/Phaidon, 1976.

–, *Lucinda Lambton's A to A of Britain.* London: HarperCollins, 1996.

Lancaster, John, *Engineering Catastrophes: Causes and Effects of Major Accidents.* Cambridge: Abington Publishing, 1997.

Larwood, Jacob, *The Story of London's Parks.* London: Chatto & Windus, 1881.

Lasdun, Susan, *The English Park: Royal, Private and Public.* London: Andre Deutsch, 1991.

Laslett, Peter, *The World We Have Lost: England Before the Industrial Age* (second ed.). New York: Charles Scribner's Sons, 1993.

Leahy, Kevin, *Anglo-Saxon Crafts.* London: Tempus, 2003.

Leapman, Michael, *The World for a Shilling: How the Great Exhibition of 1851 Shaped a Nation.* London: Headline, 2001.

–, *Inigo: The Troubled Life of Inigo Jones, Architect of the English Renaissance.* London: Headline Books, 2003.

Lees-Milne, James, *Earls of Creation: Five Great Patrons of Eighteenth-Century Art.* London: Hamish Hamilton, 1962.

Levi, Peter, *The Life and Times of William Shakespeare.* London: Macmillan, 1998.

Lewis, R.A., *Edwin Chadwick and the Public Health Movement, 1832–1854.* London: Longmans, Green and Co., 1952.

Lind, Carla, *The Lost Buildings of Frank Lloyd Wright.* London: Thames & Hudson, 1996.

Lindsay, Jack, *1764: The Hurlyburly of Daily Life Exemplified in One Year of the Eighteenth Century.* London: Frederick Muller, 1959.

Lingeman, Richard, *Small Town America: A Narrative History 1620–The Present.* New York: G.P. Putnam's Sons, 1980.

Little, Lester D. (ed.), *Plague and the End of Antiquity: The Plague of 541–750.* Cambridge: Cambridge University Press, 2007.

Littlejohn, David, *The Fate of the English Country House.* Oxford: Oxford University Press, 1997.

Lofts, Norah, *Domestic Life in England.* London: Weidenfeld and Nicolson, 1976.

Longford, Elizabeth, *Wellington: A New Biography.* Stroud, Glos.: Sutton Publishing, 2001.

Loudon, Mrs., *Practical Instructions in Gardening for Ladies.* London: John Murray, 1841.

Lovill, Justin (ed.), *Ringing Church Bells to Ward Off Thunderstorms and Other Curiosities from the Original Notes and Queries.* London: Bunbury Press, 2009.

Lubbock, Jules, *The Tyranny of Taste: The Politics of Architecture and Design in Britain 1550–1960.* New Haven: Yale University Press, 1995.

Lucie-Smith, Edward, *Furniture:A Concise History*. NewYork: Oxford University Press, 1979.

Luyrette, Henri, *Gustave Eiffel*. New York: Rizzoli International, 1985.

Lynes, Russell, *The Domesticated Americans*. New York: Harper & Row, 1963.

Macinnis, Peter, *The Killer Beans of Calabar and Other Stories*. Sydney: Allen & Unwin, 2004.

Mackay, James A., *Sounds Out of Silence:A Life of Alexander Graham Bell*. Edinburgh: Mainstream Publishing, 1997.

Mann, Charles C., *1491: New Revelations of the Americas Before Columbus*. NewYork: Vintage, 2005.

Mark, Robert, *Light,Wind and Structure:The Mystery of the Master Builders*. Cambridge, Mass.: MIT Press, 1990.

Marsden, Christopher, *The English at the Seaside*. London: Collins, 1947.

Margetson, Stella, *The Long Party: High Society in the Twenties and Thirties*. Farnborough: D.C. Heath, 1974.

Marston, Maurice, *Sir Edwin Chadwick*. London: Leonard Parsons, 1925.

Mathias, Peter, *The First Industrial Nation:An Economic History of Britain, 1700–1914* (second ed.). London: Methuen, 1983.

Matthews, Leonard H. (ed.), *The Whale*. London: George Allen & Unwin, 1968.

McCurdy, Howard E., *Space and the American Imagination*. Washington: Smithsonian Institution Press, 1997.

McCusker, John J., and Russell R. Menard, *The Economy of British America, 1607–1789*. Chapel Hill: University of North Carolina Press, 1985.

McGee, Harold, *On Food and Cooking:The Science and Lore of the Kitchen*. London: Unwin Hyman, 1986.

McLaughlin, Jack, *Jefferson and Monticello:The Biography of a Builder*. New York: Henry Holt, 1988.

McWilliams, James E., *A Revolution in Eating: How the Quest for Food Shaped America*. NewYork: Columbia University Press, 2005.

Meacham, Standish, *Life Apart:The EnglishWorking Class 1880–1914*. London:Thames & Hudson, 1977.

Melosi, Martin V., *Garbage in the Cities: Refuse, Reform and the Environment 1880–1980*. College Station:Texas A&M University Press, 1981.

–, *The Sanitary City: Urban Infrastructure in America from ColonialTimes to the Present*. Baltimore: Johns Hopkins University Press, 2000.

Mennim, Michael, *Hall Houses*. York:William Sessions, 2005.

Mercer, David, *The Telephone: The Life Story of a Technology*. Westport, Conn.: Greenwood Press, 2006.

Mercer, Eric, *Furniture 700–1700*. London:Weidenfeld & Nicolson, 1969.

Miles, David,*The Tribes of Britain*. London: Weidenfield & Nicolson, 2005.

Miller, Ross, *American Apocalypse:The Great Fire and the Myth of Chicago*. Chicago: University of Chicago Press, 1990.

Mingay, G.E. (ed.), *The Agricultural Revolution: Changes in Agriculture 1650–1880*. London: Adam & Charles Black, 1997.

Mitford, Nancy, *The Sun King: Louis XIV at Versailles*. London: Sphere, 1969.

Mitchell, James K., and Kenichi Soga, *Fundamentals of Soil Behavior*. New York: John Wiley & Sons, 2005.

Moran, Joe, *Queuing for Beginners: The Story of Daily Life from Breakfast to Bedtime*. London: Profile Books, 2007.

Mordant Crook, J., *The Rise of the Nouveaux Riches: Style and Status in Victorian and Edwardian Architecture*. London: John Murray, 1999.

Morley, John, *Death, Heaven and the Victorians*. London: Studio Vista, 1971.

Morris, Richard, *Churches in the Landscape*. London: J.M. Dent & Sons, 1989.

Mowl, Timothy, *William Beckford: Composing for Mozart*. London: John Murray, 1998.

Moxham, Roy, *Tea: Addiction, Exploitation, and Empire*. London: Constable, 2003.

Mumford, Lewis: *Die Stadt: Geschichte und Ausblick*. Köln/Berlin: Kiepenheuer & Witsch, 1963. dt. von Helmut Lindemann.

Nasaw, David, *Going Out: The Rise and Fall of Public Amusements*. New York: Basic Books, 1993.

Newman, Lucile [correct] F. (ed.), *Hunger in History: Food Shortage, Poverty and Deprivation*. Oxford: Basil Blackwell, 1990.

Newton, Norman T., *Design on the Land: The Development of Landscape Architecture*. Cambridge, Mass.: Belknap Press, 1971.

Oakley, J. Ronald, *God's Country: America in the Fifties*. New York: Dembner Books, 1986.

Oliphant, Margaret, *The Curate in Charge* (second ed.). London: Macmillan, 1876.

Olmsted, Frederick Law, *Walks and Talks of an American Farmer in England*. London: David Bogue, 1852.

Olson, Sherry H., *Baltimore: The Building of an American City*. Baltimore: Johns Hopkins University Press, 1980.

Ordish, George, *The Great Wine Blight*. London: Sidgwick & Jackson, 1987.

Owen, David, *The Walls Around Us: The Thinking Person's Guide to How a House Works*. New York: Villard, 1992.

–, *Sheetrock & Shellac: A Thinking Person's Guide to the Art and Science of Home Improvement*. New York: Simon & Schuster, 2006.

Owen-Crocker, Gale R., *Dress in Anglo-Saxon England*. London: Boydell Press, 1986.

Palladio, Andrea, *The Four Books of Architecture* (facsimile edition). London: Isaac Ware, 1738.

Palmer, Arlene, *Glass in Early America*. New York: W.W. Norton, 1993.

Parissien, Steven. *Adam Style*. London: Phaidon, 1992.

–, *Palladian Style*. London: Phaidon, 1994.

–, *The Georgian House*. London: Aurum Press, 1995.

Paston-Williams, Sara, *The Art of Dining: A History of Cooking and Eating*. London: National Trust, 1993.

Patton, Mark, *Science, Politics and Business in the Work of Sir John Lubbock: A Man of Universal Mind*. Aldershot: Ashgate, 2007.

Peatross, C. Ford (ed.), *Historic America: Buildings, Structures and Sites*. Washington, D.C.: Library of Congress, 1983.

Petroski, Henry, *The Evolution of Useful Things*. New York: Vintage Books, 1994.

Petersen, Christian, *Bread and the British Economy, Circa 1770–1870*. Aldershot: Scolar Press, 1995.

Pettigrew, Jane, *Tea: A Social History*. London: National Trust, 2001.

Picard, Liza, *Shakespeare's London: Everyday Life in Elizabethan London*. London: Orion Books, 2003.

–, *Victorian London: The Life of a City 1840–1870*. London: Phoenix, 2005.

Piponnier, Françoise, and Perrine Mane, *Dress in the Middle Ages*. New Haven, Conn.: Yale University Press, 1997.

Planel, Philippe, *Locks and Lavatories: The Architecture of Privacy*. London: English Heritage, 2000.

Platt, Colin, *The Architecture of Medieval Britain: A Social History*. New Haven: Yale University Press, 1990.

Plumridge, Andrew, and Wim Meulenkamp, *Brickwork: Architecture and Design*. New York: Harry N. Abrams, 1993.

Pollan, Michael, *The Omnivore's Dilemma: A Natural History of Four Meals*. London: Penguin Books, 2007.

Pollard, Justin, *Seven Ages of Britain*. London: Hodder & Stoughton, 2003.

Porter, Roy, *Flesh in the Age of Reason*. London: Allen Lane, 2003.

Postgate, Raymond, *Story of a Year: 1848*. London: Jonathan Cape, 1955.

Pryce, Will, *Buildings in Wood: The History and Traditions of Architecture's Oldest Building Material*. New York: Rizzoli International, 2005.

Pullar, Philippa, *Consuming Passions: A History of English Food and Appetite*. London: Book Club Associates, 1977.

Quiney, Anthony, *Town Houses of Medieval Britain*. New Haven: Yale University Press, 2003.

Raby, Peter, *Alfred Russel Wallace: A Life*. London: Chatto & Windus, 2001.

Rackham, Oliver, *The History of the Countryside*. London: J.M. Dent & Sons, 1986.

Rapport, Mike, *1848: Year of Revolution*. New York: Basic Books, 2008.

Rathje, William, and Cullen Murphy, *Rubbish! The Archaeology of Garbage*. Tucson: University of Arizona Press, 2001.

Reader, John, *Cities*. London: William Heinemann, 2004.

–, *Propitious Esculent: The Potato in World History*. London: William Heinemann, 2008.

Reynolds, Andrew, *Later Anglo-Saxon England: Life & Landscape*. Stroud,
Glos.: Sutton Publishing, 1999.

Reynolds, Reginald, *Beds; With Many Noteworthy Instances of Lying On,
Under or About Them*. London: Andre Deutsch, 1952.

Ribeiro, Aleen, *Dress in Eighteenth-Century Europe, 1715–1789*. London:
B.T. Batsford, 1984.

Richardson, Tim, *The Arcadian Friends: Inventing the English Landscape*.
London: Bantam Press, 2007.

Riis, Jacob A., *How the Other Half Lives: Studies Among the Poor*. London:
Sampson Low, Marston, Searle & Rivington, 1891.

Rivers, Tony, Dan Cruickshank, Gillian Darley and Martin Pawley, *The
Name of the Room: A History of the British House and Home*. London:
BBC 1992.

Roach, Mary, *Bonk: Alles über Sex – von der Wissenschaft erforscht*. Frankfurt: Fischer, 2009. dt. von Irmengard Gabler.

Romer, John, *The History of Archaeology*. New York: Facts on File, 2001.

Root, Waverley, and Richard de Rochemont, *Eating in America: A History*.
New York: William Morrow, 1976.

Rose, Michael, *The English Poor Law 1780–1930*. Newton Abbot: David
& Charles, 1971.

Rosenthal, Joel T. (ed.), *Essays on Medieval Childhood: Responses to Recent
Debates*. Donington, Lincs.: Shaun Tyas, 2007.

Roth, Leland M., *American Architecture: A History*. Boulder, Colorado:
Westview Press, 2001.

Roueché, Berton, *Curiosities of Medicine: An Assembly of Medical Diversions
1552–1962*. London: Victor Gollancz, 1963.

Russell, E. John, *A History of Agricultural Science in Great Britain: 1620–
1954*. London: George Allen & Unwin, 1966.

Rybczynski, Witold, *Home: A Short History of an Idea*. London: Pocket
Books, 1987.

–, *Waiting for the Weekend*. New York: Viking, 1991.

–, *City Life. Urban Expectations in a New World*. London: Scribner, 1995.

–, *A Clearing in the Distance: Frederick Law Olmsted and America in the
Nineteenth Century*. New York: Scribner, 1999.

–, *The Look of Architecture*. New York: Oxford University Press, 2001.

–, *The Perfect House: A Journey with the Renaissance Master Andrea Palladio*.
New York: Scribner, 2002.

Salmon, Frank, *Building on Ruins: The Rediscovery of Rome and English Architecture*. Aldershot, Hampshire: Ashgate Press, 2000.

Salvadori, Mario, *Why Buildings Stand Up: The Strength of Architecture*.
New York: W.W. Norton, 1980.

–, and Matthys Levy, *Structural Design in Architecture*. Englewood Cliffs, N.J.: Prentice-Hall, 1967.

Sambrook, Pamela A., *The Country House Servant*. Stroud, Glos.: Sutton/ National Trust, 2004.

Sandburg, Carl, *Abraham Lincoln, the Prairie Years*, Reader's Digest Illustrated Edition.

Savidge, Alan, *The Parsonage in England: Its History and Architecture*. London: SPCK, 1964.

Scheller, William G., *Barons of Business: Their Lives and Lifestyles*. Los Angeles: Beaux Arts Editions, 2002.

Schlereth, Thomas J., *Victorian America: Transformations in Everyday Life, 1876–1915*. New York: HarperCollins, 1991.

Schneer, Jonathan, *The Thames: England's River*. London: Little, Brown, 2005.

Schofield, John, *Medieval London Houses* (second ed.). New Haven: Yale University Press, 2003.

Scott, Geoff, *Building Disasters and Failures: A Practical Report*. London: The Construction Press Ltd., 1976.

Scott, George Ryley [correct], *The Story of Baths and Bathing*. London: T. Werner Laurie Ltd, 1939.

Selinus, Olle, *Essentials of Medical Geology: Impacts of the Natural Environment on Public Health*. Amsterdam: Elsevier, 2005.

Shapiro, Laura, *Something from the Oven: Reinventing Dinner in 1950s America*. New York: Viking, 2004.

Shorter, Edward, *Die Geburt der modernen Familie*. Reinbek bei Hamburg: Rowohlt, 1977. dt. von Gustav Kilpper.

Simmons, I.G., *An Environmental History of Great Britain from 10,000 Years Ago to the Present*. Edinburgh: Edinburgh University Press, 2001.

–, *Global Environmental History: 10,000 BC to AD 2000*. Edinburgh: Edinburgh University Press, 2008.

Simo, Melanie L., *Loudon and the Landscape: From Country Seat to Metropolis*. New Haven: Yale University Press, 1988.

Sinclair, David, *The Pound: A Biography*. London: Century, 2000.

Skaggs, Jimmy M., *The Great Guano Rush: Entrepreneurs and American Overseas Expansion*. New York: St. Martin's Press, 1994.

Smith, Anthony, *The Body*. London: George Allen and Unwin, 1968.

Smith, Bernard J., and Patricia A. Warke (eds.), *Processes of Urban Stone Decay*. London: Donhead Publishers, 1995.

Smollett, Tobias, *Humphry Clinkers Reise*, übersetzt von Peter Staengle. Zürich: Manesse, 1996.

Sokolov, Raymond, *Why We Eat What We Eat*. New York: Summit Books, 1991.

Solnit, Rebecca, *Wanderlust: A History of Walking*. London: Verson, 2002.

Southern, R.W., *The Making of the Middle Ages*. London: Hutchinson's University Library, 1953.

Spann, Edward K., *The New Metropolis: New York City, 1840–1857.* New York: Columbia University Press, 1981.

Sproule, Anna, *Lost Houses of Britain.* Newton Abbot: David & Charles, 1982.

Starkey, David, *Elizabeth: The Struggle for the Throne.* London: HarperCollins, 2001.

Standage, Tom, *A History of the World in Six Glasses.* New York: Walker & Co., 2005.

Steele, Valerie, *Fashion and Eroticism: Ideals of Feminine Beauty from the Victorian Era to the Jazz Age.* New York: Oxford University Press, 1985.

–, *The Corset: A Cultural History.* New Haven: Yale University Press, 2001.

Steinbach, Susie, *Women in England, 1760–1914: A Social History.* London: Weidenfeld & Nicolson, 2004.

Steingarten, Jeffrey, *The Man Who Ate Everything: And Other Gastronomic Feats, Disputes, and Pleasurable Pursuits.* New York: Alfred A. Knopf, 1998.

Stenton, F.M., *Anglo-Saxon England.* Oxford: Clarendon Press, 1971.

Stern, Robert A.M., *Pride of Place: Building the American Dream.* Boston: Houghton-Mifflin, 1986.

Stewart, Amy, *The Earth Moved: On the Remarkable Achievements of Earthworms.* London: Frances Lincoln, 2004.

Stewart, Rachel, *The Town House in Georgian London.* New Haven: Yale University Press, 2009.

Strasser, Susan, *Never Done: A History of American Housework.* New York: Pantheon, 1982.

Stringer, Chris, *Homo Britannicus: The Incredible Story of Human Life in Britain.* London: Allen Lane, 2006.

Strong, Roy, *Tudor and Jacobean Portraits.* London: HMSO, 1960.

–, *A Little History of the English Country Church.* London: Vintage Books, 2008.

Stroud, Dorothy, *Capability Brown.* London: Faber & Faber, 1999.

Sullivan, Robert, *Rats: A Year with New York's Most Unwanted Inhabitants.* London: Granta, 2005.

Summerson, John, *Architecture in Britain 1530 to 1830.* London: Penguin, 1963.

–, *The Unromantic Castle and Other Essays.* London: Thames and Hudson, 1990.

–, *The Life and Work of John Nash, Architect.* London: Allen & Unwin, 1980.

Sutherland, Daniel E., *The Expansion of Everyday Life, 1860–1876.* New York: Harper & Row, 1986.

Tannahill, Reay, *Food in History.* London: Eyre Methuen, 1973.

–, *Sex in History.* London: Abacus, 1981.

Taylor, Christopher, *Village and Farmstead: A History of Rural Settlement in England.* London: George Philip & Son, 1983.

Taylor, Derek, *Ritzy: British Hotels 1837–1987*. London: Milman Press, 2003.

Templer, John A., *The Staircase: Studies of Hazards, Falls and Safer Design*. Cambridge, Mass.: MIT Press, 1992.

Thane, Elswyth, *Potomac Squire*. New York: Duell, Sloan and Pearce, 1963.

Thomas, Charles, *Celtic Britain*. London: Thames & Hudson, 1936.

Thompson, E.P., *The Making of the English Working Class*. London: Penguin, 1968.

Thompson, F.M.C. (ed.), *The Cambridge Social History of Britain 1750–1950* (vol. 2). Cambridge: Cambridge University Press, 1990.

Thompson, M.W., *General Pitt-Rivers: Evolution and Archaeology in the Nineteenth Century*. Bradford-on-Avon: Moonraker Press, 1977.

Thornton, Peter, *Seventeenth-Century Interior Decoration in England, France and Holland*. New Haven: Yale University Press, 1979.

Thurber, James, *The Years with Ross*. New York: Ballantine Books, 1972.

Thurley, Simon, *Hampton Court: A Social and Architectural History*. New Haven: Yale University Press, 2003.

–, *Lost Buildings of Britain*. London: Viking, 2004.

Tinniswood, Adrian, *The Polite Tourist: A History of Country House Visiting*. London: National Trust, 1989.

Tipper, Jess, *The Grubenhaus in Anglo-Saxon England: An Analysis and Interpretation of the Evidence from a Most Distinctive Building Type*. Yedingham, North Yorkshire: Landscape Research Centre, 2004.

Tomalin, Claire, *Samuel Pepys: The Unequalled Self*. London: Viking, 2002.

Toy, Edward T., *Getting Dressed*. London: Victoria and Albert Museum, 1981.

Traill, David A., *Schliemann of Troy: Treasure and Deceit*. London: John Murray, 1995.

Trevelyan, G.M., *Illustrated English Social History: Volume 3: The Eighteenth Century*. London: Penguin, 1966.

Trigger, Bruce G., *Gordon Childe: Revolutions in Archaeology*. London: Thames & Hudson, 1980.

Trollope, Frances, *Domestic Manners of the Americans*. New York: Alfred A. Knopf, 1949.

Tunis, Edwin, *Colonial Living*. Cleveland: World Publishing, 1957.

Turner, Jack, *Spice: The History of a Temptation*. London: Vintage, 2005.

Turner, Roger, *Capability Brown and the Eighteenth-Century English Landscape*. London: Phillimore, 1999.

Uglow, Jenny, *A Little History of British Gardening*. London: Chatto & Windus, 2004.

Upton, Dell and John Michael Vlatch (eds.), *Common Places: Readings in American Vernacular Architecture*. Athens, Ga: University of Georgia Press, 1986.

Vanderbilt II, Arthur, *Fortune's Children: The Fall of the House of Vanderbilt.* London: Michael Joseph, 1990.

Van Dulken, Stephen, *Inventing the Nineteenth Century: The Great Age of Victorian Inventions.* London: British Library, 2001.

Vidal, Gore, *The Last Empire: Essays 1992–2000.* New York: Doubleday, 2001.

Vinten-Johansen, Peter, Howard Brody, Nigel Paneth, Stephen Rachman, and Michael Rip, *Cholera, Chloroform, and the Science of Medicine: A Life of John Snow.* Oxford: Oxford University Press, 2003.

Vitruvius (translated by Morris Hicky Morgan), *The Ten Books of Architecture.* Cambridge, Mass.: Harvard University Press, 1914.

Wagner, Gillian, *Barnardo.* London: Weidenfeld & Nicolson, 1979.

Waller, John, *The Real Oliver Twist: Robert Blincoe: A Life That Illuminates an Age.* Cambridge: Icon Books, 2005.

Ware, Susan (ed.), *Forgotten Heroes.* New York: Free Press, 1998.

Warner, Jessica, *Craze: Gin and Debauchery in an Age of Reason.* New York: Four Walls Eight Windows, 2002.

Watkin, David, *Regency: A Guide and Gazeteer.* London: Barrie & Jenkins, 1982.

Watts, Sheldon, *Epidemics and History: Disease, Power and Imperialism.* New Haven: Yale University Press, 1997.

Waugh, Alexander, *Fathers and Sons.* London: Review Books, 2004.

Webster, Robin G. M. (ed.), *Stone Cleaning and the Nature, Soiling and Decay Mechanisms of Stone.* London: Donhead, 1992.

Weightman, Gavin, *The Frozen-Water Trade: A True Story.* New York: Hyperion, 2003.

–, *The Industrial Revolutionaries: The Creation of the Modern World, 1776–1914.* London: Atlantic Books, 2007.

Weinreb, Ben, and Christopher Hibbert, *The London Encyclopaedia.* London: Macmillan, 1985.

Weisman, Alan, *The World Without Us.* London: Virgin Books, 2007.

West, Anthony James, *The Shakespeare First Folio: The History of the Book* (2 vols.). Oxford: Oxford University Press, 2001.

Wharton, Edith, and Ogden Codman, Jr., *The Decoration of Houses.* New York: W.W. Norton, 1998.

Wheen, Francis, *Karl Marx.* London: Fourth Estate, 1999.

White, Gilbert, *The Natural History of Selborne.* London: Penguin, 1977.

Wilbur, Marguerite Eyer, *The East India Company and the British Empire in the Far East.* New York: Richard R. Smith, 1945.

Wilkinson, Philip, *The Shock of the Old: A Guide to British Buildings.* London: Channel 4 Books, 2001.

Willes, Margaret, *Reading Matters: Five Centuries of Discovering Books.* New Haven: Yale University Press, 2008.

Wilson, Bee, *Swindled: From Poison Sweets to Counterfeit Coffee – the Dark History of the Food Cheats.* London: John Murray, 2008.

Winkle, Kenneth J., *The Young Eagle: The Rise of Abraham Lincoln*. Dallas: Taylor Trade Publishing, 2001.

Wise, Sarah, *The Italian Boy: Murder and Gave-Robbery in 1830s London*. London: Jonathan Cape, 2004.

Wolmar, Christian, *Fire & Steam: How the Railways Transformed Britain*. London: Atlantic Books, 2007.

Wood, Margaret, *The English Medieaval House*. London: Bracken Books, 1983.

Wood, Peter, *Poverty and the Workhouse in Victorian Britain*. Stroud, Glos.: Alan Sutton, 1991.

Woodforde, John, *The History of Vanity*. London: St. Martin's Press, 1992.

Woolf, Virginia, *The London Scene*. London: Snow Books, 1975.

Worsley, Giles, *England's Lost Houses from the Archives of Country Life*. London: Aurum Press, 2002.

Wright, Lawrence, *Warm and Snug: The History of the Bed*. London: Routledge & Kegan Paul, 1962.

– *Clean and Decent: The Fascinating History of the Bathroom and the Water-Closet*. London: Penguin, 2000.

Wright, Ronald, *A Short History of Progress*. Toronto: Anansi Press, 2004.

Yafa, Stephen, *Cotton: The Biography of a Revolutionary Fiber*. New York: Penguin, 2006.

Yarwood, Doreen, *The Architecture of England: From Prehistoric Times to the Present Day*. London: B.T. Batsford, 1963.

Yergin, Daniel, *The Prize: The Epic Quest for Oil, Money, and Power*. New York: Simon & Schuster, 1991.

Youings, Joyce, *Sixteenth Century England*. London: Penguin, 1984.

Bildnachweis

S. 16 *Warten auf die Königin,* aus: *Dickinson's Comprehensive Pictures of the Great Exhibition in 1851.* 1854, Getty Images/Hulton Archive.

S. 50 Vere Gordon Childe, Skara Brae, Orkney Inseln, 1930. © Royal Commission on the Ancient and Historical Monuments of Scotland (Vere Gordon Childe Collection). Lizenzgeber www.rcahms.gov.uk.

S. 76 *Ein Fürstliches Bankett.* 1491, deutscher Holzschnitt: Privatsammlung/ The Bridgeman Art Library.

S. 112 *Bei Farmer Giles zu Hause, Weihnachten 1800.* Kolorierter Stich von William Heath, veröffentlicht 1830, Science Museum Pictorial/Science & Society-Picture Library.

S. 144 *Hannah Cullwick,* von Arthur Munby fotografiert; beim Schuheputzen, 1864; mit Eimer und Gießkanne, 1864; Beim Treppenputzen, 1872; als Kaminkehrer, 1862. Bibliothek des Trinity College, Cambridge.

S. 151 *Familiengruppe,* Federzeichnung von John Harden. 1804: mit freundlicher Genehmigung der National Library of Scotland.

S. 200 *Die große Westhalle zum großen Salon oder Oktagon, Fonthill Abbey,* Stich nach George Cattermole, 1823. © Historical Picture Archive/Corbis.

S. 246 *Glasgeschirr mit Dekantern, Bordeaux-Krügen und Karaffe,* aus: *Buch der Haushaltsführung* von Isabella Mary Beeton, 1892. © 2009 The British Library.

S. 268 *Über London mit der Eisenbahn,* Stich von Gustave Doré, aus: *London: eine Pilgerreise* von Gustave Doré und Blanchard Jerrold, 1872. Privatsammlung/The Stapleton Collection/The Bridgeman Art Library.

S. 278 *Eiffelturm im Bau,* 110 m hoch, Paris, 1888. Ullstein Bild/Roger Viollet.

S. 308 Patent für die Mausefalle »Kleiner Nager« von James Henry Atkinson, beantragt am 27. Juli 1899, Patentveröffentlichungsnummer GB 13277/1899; mit freundlicher Genehmigung der British Library.

S. 330 *Morgenempfang beim Wüstling,* Platte II aus »Werdegang eines Wüstlings« von William Hogarth, 1735. © Mary Evans Picture Library/Alamy/The Art Archive/Gianni Dagli.

S. 375 Zeichnung der Villa Rotonda, Vicenza, von Sir Charles Barry, 1820. Die Zeichnungssammlung der Bibliothek des Royal Institute of British

Architects; und Stich von Monticello, Virginia, aus dem neunzehnten Jahrhundert.

S. 397 *Perspektivzeichnung einer Treppe,* aus: *Eine complette Abhandlung über die Perspective* von Thomas Malton, 1779. Fotosammlung der Bibliothek des Royal Institute of British Architects.

S. 419 *Vierstachliger Harnröhrenring,* aus: *Zur Pathologie und Behandlung von Spermatorrhoe* von John Laws Milton, 1887. Wellcome Library London.

S. 471 *Bau der großen Abwasserröhren bei Old Ford, Bow,* 1859–65, Holzstich. Wellcome Library, London.

S. 494 *Fräulein Plaudertasche zieht Doctor Doppelte Gebühren wegen ihrer Kopfbekleidung »Pantheon« zurate,* 1772, anonymes Mezzotinto. Wellcome Library, London.

S. 521 Gebärende Frau, anonymer Holzstich, 1711. Wellcome Library, London.

S. 563 *John Lubbock, Erster Baron Avebury,* Karikatur von Edward Linley Sambourne, *Punch* vom 19. August 1882.

Personenregister

Sachregister

K

Kaffee 236
–häuser 237
Kakaobohnen 232
Kalium 222
Kalk
–licht 168 f.
–milch 407
–stein 255
–superphosphat 364
Kalmus 227
kalte Bäder 452
Kamin 83 f., 166 f., 181
–kehrer 526
Kammgarn 488
Kanada 254, 326, 544
Kanäle 185
Kanalisation, London
  s. London
Kansas 104, 233
Kapellen 72
Kappen 490
–gesetz 490
–macher 490
Karibik 206, 212
Kartoffel 61 f., 115 f., 232
Käse 95, 107, 115, 233
Katalepsie 434
Kathedrale in Durham 198
Kattun 501
Kavaliersreise 332
Kaviar 110
keimtötende
  Vorsichtsmaßnahmen 525
Keller 250, 254
Kelten 68
Kerosin 160, 162, 164, 168
Kerzen 150, 155
  Talgkerzen 155 f.
  Wachskerzen 155 f.
»Kerzenhalter«-Telefon 299
Kettfäden 502
Keuchhusten 462, 536

Kew 331
Kew Gardens 336
–, Pagode 335
Kimmeridge Bay, Dorset 156
Kindbettfieber 524
Kinder
–, arme 526–532, 541–544
–, reiche 544–552
–, tödliche Unfälle 522
Kinderarbeit 510, 526
– in Bergwerken 526
Kindersterblichkeit 523
Kinderzimmer 519, 576
Kindheit 517, 519 f.
Kings' Men 489
Kirharle, Nothumberland 337
Kissen 412
Kit-Cat-Club 187
Kleiderlaus 317
Kleiderordnungen (14.–16. Jhd.)
  490
Kleidung 486–491
–, Trauerkleidung 433
–sstück als Art Erbschaftssteuer
Kleine Eiszeit 255
Kleinzehnt 26
Kletterjungs s. Kaminkehrer
Klima 578
–forscher 32
–wandel 30
Klitorisentfernung 424 f.
Knochenmehl 364
Knole, Kent 87
Knöpfe 490 f.
Koagulationsvitamin 221
Kochbücher 106
Kochsalz/Tafelsalz 224
Koh-i-Noor (Diamant) 36
Kohle 160, 184, 265
– als Heizmaterial 83
–flöze 184
Kohlendioxidausstoß 578
Kohlengas 160

Poplar Workhouse 536
Porridge 529, 545
Portland-Stein 266
Portlandzement 290
Porzellanemaille 478
Porzellanfabriken 526
Potomac 388, 391
Pottwale 158 f.
Princess Alice (Schiff) 472
Privatschulen 548
Privatsphäre 181, 415, 450
privy 86
»Prochronismus« 558
Prostituierte 120, 446
Psychoanalyse 551
Public School 548
Punch 17, 24, 266
Purbeck-Marmor 259
Puritaner 409, 490
Pyjama 501

Q

Quecksilber 222 f., 426 f.
Queen's House, Greenwich 374

R

Rachitis 220, 530
Rad, Erfindung des –es 55
Radiokarbonmethode 480
Radley College, Oxford 548
Rankenfußkrebse 553, 555
Rasen 364–367
–mäher 365
Ratten 311 f., 314, 316, 413
–gift 125, 312
–plagen 312
Reblaus 358 ff.
rectors 26, 29
Regency 374
– -Zeit 263
Reifröcke 512
Remedello-Beil 483 f.
Resurgam (Schiff) 29

Rezession 179
rheumatisches Fieber 462
Richmond, Surrey, Eremitage 336
Rickettsienpocken 321
Rinderrassen 183
Rindfleisch 75, 104, 217
Rittenhouse, David 167
Rocky-Mountain-Heuschrecke
    326 f.
Rohbaumwolle 501
Rokeby Hall, Yorkshire 134
Rokkoko 206
Rom 67, 77, 442 f.
– Pantheon 290
–, Thermen des Caracalla 442
Roman Cement 290
Römer 65, 68, 442
–, »Stuhl-Gang« 454
–, fließendes Wasser 66
–, heiße Bäder 66
–, Zentralheizungen 66
Römische Villen 372 f.
Römisches Reich 65
room 72
Rothamstead Experimental
    Station 363
rotten boroughs 39
Royal Society 219
Rüböl 159
Rübsamen 159

S

Sachsen 65 ff.
Sägemehl 100, 230, 361, 413
Salem, Massachusetts 159
Salisbury, Kathedrale 10
Salon 85
Salpeter 362
Saltram, Devon 122
Salz 216, 223, 237
–gewinnung 225
–mangel 224
Sämaschine 183

Unsere Leseempfehlung

480 Seiten
Auch als
E-Book und
Hörbuch erhältlich

Vor über dreißig brach der Amerikaner Bill Bryson auf zu einer großen Erkundungsreise quer über die britische Insel. Inzwischen ist er ein alter Hase, was die Eigentümlichkeiten der Engländer betrifft, aber dennoch entdeckt er immer wieder Neues. Kein Wunder also, dass es ihn reizt, diese Insel erneut ausgiebig zu bereisen. Er lässt nichts aus und beantwortet zahlreiche Fragen. Wie heißt der Big Ben eigentlich wirklich? Wer war Mr. Everest? Bill Bryson will noch einmal wissen, was dieses Land so liebenswert macht, und begibt sich auf den Weg – schließlich ist er wieder reif für die Insel!

goldmann-verlag.de

Bill Bryson

wurde 1951 in Des Moines, Iowa, geboren. 1977 zog er nach
Großbritannien und schrieb dort mehrere Jahre u. a. für die *Times*
und den *Independent*. Mit seinem Englandbuch »Reif für die Insel«
gelang Bryson der Durchbruch. Heute ist er in Großbritannien der
erfolgreichste Sachbuchautor der Gegenwart. Seine Bücher werden
in viele Sprachen übersetzt und stürmen stets die internationalen
Bestsellerlisten. 1996 kehrte Bill Bryson mit seiner Familie in die USA
zurück, wo es ihn jedoch nicht lange hielt. Er war erneut »Reif für die
Insel«, wo er heute auch wieder lebt.

<u>Von Bill Bryson ist bei Goldmann außerdem lieferbar:</u>

Eine kurze Geschichte des menschlichen Körpers

It's teatime, my dear!

Sommer 1927

Shakespeare – wie ich ihn sehe

Streiflichter aus Amerika. Die USA für Anfänger und Fortgeschrittene

Mein Amerika

Straßen der Erinnerung. Reisen durch das vergessene Amerika

Eine kurze Geschichte von fast allem

Frühstück mit Kängurus. Australische Abenteuer

Streifzüge durch das Abendland. Europa für Anfänger und
    Fortgeschrittene

Picknick mit Bären

Reif für die Insel. England für Anfänger und Fortgeschrittene

(📖 Alle auch als E-Book erhältlich)

GOLDMANN
Lesen erleben